ENVI遥感图像处理方法

（第二版）

ENVI Yaogan Tuxiang Chuli Fangfa

邓书斌　陈秋锦　杜会建　徐恩惠　编著

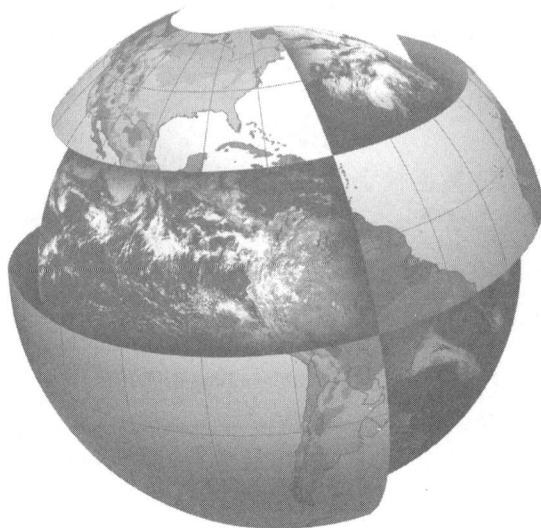

高等教育出版社·北京

图书在版编目（ＣＩＰ）数据

ＥＮＶＩ遥感图像处理方法／邓书斌等编著．—北京：
高等教育出版社，2014.10(2021.8 重印)
ISBN 978-7-04-041066-2

Ⅰ.①E…　Ⅱ.①邓…　Ⅲ.①遥感图像-图像处理-
方法　Ⅳ.①TP751

中国版本图书馆 CIP 数据核字（2014）第 199079 号

策划编辑	关 焱	责任编辑	关 焱	封面设计	李卫青	版式设计 余 杨
插图绘制	杜晓丹	责任校对	孟 玲	责任印制	耿 轩	

出版发行	高等教育出版社	咨询电话	400-810-0598	
社　　址	北京市西城区德外大街 4 号	网　　址	http://www.hep.edu.cn	
邮政编码	100120		http://www.hep.com.cn	
印　　刷	固安县铭成印刷有限公司	网上订购	http://www.landraco.com	
开　　本	787mm×1092mm　1/16		http://www.landraco.com.cn	
印　　张	30.75	版　　次	2014 年 10 月第 1 版	
字　　数	720 千字	印　　次	2021 年 8 月第 10 次印刷	
购书热线	010-58581118	定　　价	86.00 元	

再 版 前 言

　　ENVI（The Environment for Visualizing Images）是由遥感领域的科学家采用交互式数据语言 IDL（Interactive Data Language）开发的一套功能强大的遥感图像处理软件。ENVI5.1 于 2013 年 12 月正式发布，延续 ENVI5 的界面风格，支持最新的传感器、支持 HDF5 数据；拥有新的光谱曲线显示窗口；新增的流程化镶嵌工具能自动生成接边线；全新的感兴趣区工具可将感兴趣区用于任何与之有地理重叠的栅格数据；提供了更多的波谱库数据、全球 DEM 数据和全球小比例尺 Shapefile 矢量数据；新增了高级的色彩平衡功能；新增了工程化的管理方式，能将打开的多个数据保存为工程文件；改进的正射校正工具可大大提高处理效率；新增的 API 接口也更容易使用。

　　目前，关于 ENVI 的中文教程仍然比较少，尤其是最新 ENVI5.1 版本软件在操作界面上有了很大的改进，笔者于 2010 年出版的《ENVI 遥感图像处理方法》中的部分内容已不适用于新版本软件的操作，给广大用户学习和应用软件带来了诸多不便。基于此，在 Esri 中国信息技术有限公司的大力支持下，笔者根据多年遥感应用研究和软件操作经验，并在上一版图书及读者反馈需求的基础上，基于最新 ENVI5.1 版本软件编写完成本书。与上一版相比，《ENVI 遥感图像处理方法》（第二版）除了根据 ENVI5.1 版本软件更新了操作步骤外，还在部分章节设有完整实例，例如，火烧迹地信息提取、城市绿地信息提取、林冠状态遥感动态监测、农业耕作用地变化监测、水体水色参数遥感反演、地表温度反演、最小二乘混合像元分解扩展工具开发等；新增的卫星图像处理涉及了 Landsat 8、环境一号、资源三号等卫星图像。全书按照遥感图像处理流程，由浅入深，逐步引导读者掌握 ENVI 软件操作。各个章节相对独立，读者可视个人情况选择阅读。

　　全书分为 16 章，第 1～3 章介绍了 ENVI 软件的基础知识，可作为 ENVI 软件入门，也可作为参考内容；第 4～8 章介绍了遥感图像处理一般流程，包括图像几何校正、图像融合、图像镶嵌、图像裁剪、图像增强等预处理，图像分类、矢量处理、制图等图像基本处理，这 5 章可独立阅读；第 9～12 章为专业操作，包括正射校正、面向对象图像特征提取、地形分析和可视化、遥感动态监测；第 13、14 章是光谱分析和高光谱处理方面的内容，包括辐射定标与大气校正、高光谱与光谱分析技术；第 15 章介绍了 ENVI 非常灵活的波段运算与波谱运算；第 16 章介绍了 ENVI 的二次开发功能。书中所有操作和实验数据都在随书附赠的 DVD 光盘中，读者可参照书中内容一步步练习。

　　全书的编写力求实现内容科学准确、系统完整、通俗易懂，让初学者能快速掌握 ENVI 软件的操作和应用，同时对专家级用户也具有一定的参考价值。全书不仅包括了 ENVI 主模块的全部功能，还介绍了大气校正模块（Atmospheric Correction）、立体像对高程提取模块（DEM Extraction）、面向对象空间特征提取模块（ENVI FX）3 个扩展模块。本书可作为 ENVI 软件用户的学习指南，对从事遥感应用研究的专业人员和测绘、遥感、地理信息系统、地理学等相关专业的科研人员及高校师生也具有一定的参考价值。

　　由于作者水平有限，书中难免出现疏漏和错误，敬请读者批评指正。

作　者

2014 年 5 月

目　　录

第 1 章　ENVI 软件概述

为了更好地掌握 ENVI 软件，首先需要了解其概况。

本章主要介绍以下内容：

➢ ENVI 的背景
➢ ENVI 功能结构与特点
➢ ENVI 工程化应用
➢ ENVI 可利用资源

1.1　ENVI 的背景

ENVI（The Environment for Visualizing Images）和交互式数据语言 IDL（Interactive Data Language）是美国 Exelis VIS 公司的旗舰产品。ENVI 是由遥感领域的科学家采用 IDL 开发的一套功能强大的遥感图像处理软件。IDL 是进行二维或多维数据可视化、分析和应用开发的理想软件工具。

创建于 1977 年的 RSI 公司（现为 Exelis VIS 公司）已经成功地为其用户提供了超过 30 年的科学可视化软件服务，提供的综合软件解决方案帮助科学家、工程师、研究人员和医学专业人员把复杂的数据转化为有用的信息。目前，Exelis VIS 的用户数超过 20 万，遍布 80 个国家与地区。2004 年，RSI 公司并入上市公司 ITT 公司，并于 2011 年 11 月正式成立 Exelis VIS 公司，属 ITT 三大子公司之一，使 ENVI 和 IDL 的发展更加有利与快速，将更多的新功能与算法加入新版本中。

今天，众多的图像分析师和科学家选择 ENVI 来获取遥感图像中的信息，其应用领域包括环境保护、气象、石油矿产勘探、农业、林业、医学、国防和安全、地球科学、公用设施管理、遥感工程、水利、海洋、测绘勘察以及城市与区域规划等。

1.2　ENVI 功能结构与特点

ENVI 是一个完整的遥感图像处理平台，其软件处理技术覆盖了图像数据的输入/输出、定标、几何校正、正射校正、图像融合、图像镶嵌、图像裁剪、图像增强、图像解译、图像分类、基于知识的决策树分类、面向对象图像分类、动态监测、矢量处理、DEM 提取及地形分析、雷达数据处理、制图、与 GIS 的整合，并提供了专业可靠的波谱分析工具和高光谱分析工具。ENVI 软件可支持所有的 UNIX、Mac OS X、Linux 系统，以及 PC 机的 Windows 2000/XP/Vista/7/8 操作系统。ENVI 可以快速、便捷、准确地从遥感图像中获得所需的信息；它提供先进的、人性化的实用工具来方便用户读取、探测、准备、分析和共享图像中的信息；还可以利用 IDL 为 ENVI 编写扩展功能。

ENVI 是以模块化的方式组成的，可扩展模块包括：

● 大气校正模块（Atmospheric Correction）——校正了由大气气溶胶等引起的散射和由于漫反射引起的邻域效应，消除大气和光照等因素对地物反射的影响，获得地物反射率和辐射率、地表温度等真实物理模型参数，同时可以进行卷云和不透明云层的分类。

● 面向对象空间特征提取模块（Feature Extraction，FX）——根据图像空间和光谱特征，即采用面向对象方法，从高分辨率全色或者多光谱数据中提取特征信息。

● 立体像对高程提取模块（DEM Extraction）——可以从卫星图像或航空图像的立体像对中快速获得 DEM 数据，同时还可以交互量测特征地物的高度或者收集 3D 特征并导出为 3D Shapefile 格式文件。

● 正射校正扩展模块（Orthorectification）——提供基于传感器物理模型的图像正射校正功能，可以一次性完成大区域、若干景图像和多传感器的正射校正，并能以镶嵌结果的方式输出，提供接边线、颜色平衡等工具，采用流程化向导式操作方式。

● LiDAR 数据处理和分析模块（ENVI LiDAR）——提供高级的 LiDAR 数据浏览、处理和分析工具，能读取原始的 LAS 数据、NITF LAS 数据和 ASCII 文件，浏览现实场景。能自动对 LiDAR 数据进行分类，提取包括地形（DSM、DEM）、等高线、树木、建筑物、电力线、电线杆、正射图等二、三维信息，提取的信息可直接通过菜单传递到 ArcGIS 中进行使用和分析。

● NITF 图像处理扩展模块（Certified NITF）——读写、转化、显示标准 NITF 格式文件。

ENVI 具有以下几个特点：

（1）操作简单、易学——ENVI 的一个显著特点是具有灵活、友好的界面，使其简单易学、便于操作和使用。

（2）先进、可靠的图像分析工具——全套图像信息智能化提取工具，全面提升图像的价值。

（3）专业的光谱分析——高光谱分析一直处于世界领先地位。

（4）随心所欲扩展新功能——底层的 IDL 语言可以帮助用户轻松地添加、扩展 ENVI 的功能，甚至开发定制自己的专业遥感平台。

（5）流程化向导式的图像处理工具——ENVI 将众多主流的图像处理过程集成到流程化（Workflow）图像处理工具中，进一步提高了图像处理的效率。

（6）与 ArcGIS 的整合——从 2007 年开始与 Esri 公司全面合作，为遥感和 GIS 的一体化集成提供了一个典型的解决方案。

1.3　ENVI 工程化应用

ENVI 提供先进的、人性化的实用工具来方便用户读取、准备、探测、分析和共享图像中的信息。

1. 读取几乎任何图像类型和格式

ENVI 支持各种类型航空和航天传感器的图像，包括全色、多光谱、高光谱、雷达、热红外、激光雷达、地形数据和 GPS 数据等。ENVI 支持上百种图像以及矢量数据格式，包括 HDF5、Geodatabase、GeoTIFF 和 JITC 认证的 NITF 等格式。同时，ENVI 的企业级性能可以让你通过内部组织机构或互联网快速、轻松地访问 OGC 和 JPIP 兼容服务器上的图像。

2. 准备图像

ENVI 提供了自动预处理工具，可以快速、轻松地预处理图像，以便进行查看浏览或其他分析。通过 ENVI，可以对图像进行以下处理：
- 几何/正射校正
- 图像（自动）配准
- 辐射定标
- 大气校正
- 创建矢量叠加
- 确定感兴趣区（ROI）
- 创建数字高程模型（DEM）
- 图像融合，掩膜和镶嵌
- 调整大小、旋转或数据类型转换

3. 探测图像

ENVI 提供了一个直观的用户界面和易用的工具，可以轻松、快速地浏览和探测图像。可以使用 ENVI 完成的工作包括：浏览大型数据集和元数据、对图像进行视觉对比、创建三维地形可视化场景、创建散点图、探测像素特征等。

4. 分析图像

ENVI 提供了领先的图像处理功能，方便从事各种用途的信息提取。ENVI 提供了一套完整的经科学实践证明的成熟工具用于分析图像。

1）数据分析工具

ENVI 包括一套综合数据分析工具，通过实践证明的成熟算法快速、便捷、准确地分析图像。
- 创建图像统计资料，如自相关系数和协方差
- 计算图像统计信息，如平均值、最小/最大值、标准差
- 提取线性特征
- 图像变换，如主成分计算、最小噪声分离、独立主成分分析
- 变化检测

- 空间特征测量
- 地形建模和特征提取
- 应用通用或自定义的滤波器
- 执行自定义的波段和光谱数学函数

2）光谱分析工具

光谱分析通过像素在不同波长范围上的反应，来获取有关物质的信息。ENVI 拥有目前先进的、易于使用的光谱分析工具，能够很容易地进行科学的图像分析。ENVI 的光谱分析工具包括以下功能：

- 监督和非监督方法进行图像分类
- 使用强大的光谱库识别光谱特征
- 光谱分析识别地物
- 检测和识别目标
- 识别感兴趣的特征
- 对感兴趣物质的分析和制图
- 执行像素级和亚像素级的分析
- 使用分类后处理工具完善分类结果
- 使用植被分析工具计算森林健康度

5. 共享信息

ENVI 能轻松地整合现有的工作流，让你能在任何环境中与同事们分享地图和报告。所处理的图像可以输出成常见的矢量格式和栅格图像，便于协同和演示。

6. 自定义遥感图像应用

ENVI 建立于一个强大的开发语言——IDL 之上。IDL 允许对其特性和功能进行扩展或自定义，以符合用户的具体要求。这个强大而灵活的平台，可以让你创建批处理、自定义菜单、添加自己的算法和工具，甚至将 C++ 和 Java 代码集成到你的工具中等。

1.4　ENVI 可利用资源

ENVI 的可利用资源主要有如下几类。

1. 软件自带帮助

ENVI 自带内容丰富的帮助文件以及软件操作手册。

2. ENVI/IDL 美国官方网站资源

- http：//www. exelisvis. com/
包含丰富的软件操作文档、解决方案、扩展补丁以及世界各地的 ENVI 用户使用心得。

3. ENVI/IDL 中国官方技术博客

- http://blog. sina. com. cn/enviidl

ENVI/IDL 技术殿堂，拥有丰富的 ENVI/IDL 学习资源：技术博文、教学视频、开发文档、行业动态、解决方案和最新的市场活动信息等。

4. 技术支持邮箱

ENVI-IDL@ esrichina. com. cn

5. 技术支持热线

400-819-2881-7

第 2 章　ENVI 遥感图像处理基础

ENVI 是一个成熟的商业化软件，拥有标准的文件格式，包含一套文件命名约定规范，同时支持众多通用文件格式。使用 ENVI 之前，可以通过配置常用系统参数来提高效率，ENVI 根据遥感图像处理流程设置的菜单功能易于使用。

本章主要介绍以下内容：

- ➤ 文件系统和存储
- ➤ 常用系统配置说明
- ➤ 菜单命令及其功能
- ➤ 数据输入与输出
- ➤ 常见商业卫星数据

2.1　文件系统和存储

2.1.1　栅格文件系统

ENVI 栅格文件格式：ENVI 使用的是通用栅格数据格式，包含一个简单的二进制文件和一个相关的 ASCII（文本）的头文件（文件后缀名为 .hdr）。

1. 头文件

ENVI 头文件包含用于读取图像数据文件的信息，它通常创建于一个数据文件第一次被 ENVI 读取时。单独的 ENVI 头文本文件提供关于图像尺寸、嵌入的头文件（若存在）、数据格式及其他相关信息。所需信息通过交互式输入，或自动地用"文件吸取"创建，并且以后可以编辑修改。你也可以在 ENVI 之外使用一个文本编辑器生成一个 ENVI 头文件（不推荐使用）。

2. 数据文件

通用栅格数据都会存储为二进制的字节流，通常它将以 BSQ（band sequential；按波段顺序存储）、BIP（band interleaved by pixel；按波段像元交叉存储）或者 BIL（band interleaved by line；按波段行交叉存储）的方式进行存储。数据文件的后缀名可以任意设置，甚至可以不设置。

1）BSQ

BSQ 是最简单的存储格式，提供了最佳的空间处理能力。它先将图像同一波段的数据逐行存储下来，再以相同的方式存储下一波段的数据。如果要获取图像单个波谱波段的空间点（X，Y）的信息，那么采用 BSQ 方式存储是最佳的选择。

2）BIP

BIP 格式提供了最佳的波谱处理能力。以 BIP 格式存储的图像，将按顺序存储所有波段的第一个像素，接着是第二个像素的所有波段，然后是第三个像素的所有波段，等等，交叉存取直到所有像素都存完为止。这种格式为图像数据波谱（Z）的存取提供了最佳的性能。

3）BIL

BIL 是介于空间处理和波谱处理之间的一种折中的存储格式，也是大多数 ENVI 处理操作中所推荐使用的文件格式。以 BIL 格式存储的图像，将先存储第一个波段的第一行，接着是第二个波段的第一行，然后是第三个波段的第一行，交叉存取直到所有波段都存储完为止。每个波段随后的行都将按照类似的方式交叉存储。

2.1.2 栅格文件保存

图像原始的 DN（digital number）值记录图像的光谱信息，不能轻易更改。在窗口中显示的一般是经过拉伸等增强处理的 LUT 上的灰度值，在保存文件时有不同的方式。

1. 菜单保存功能

在主界面中，选择 File→Save As 菜单，可以将图像另存为 ENVI、NITF、TIFF 等格式文件。保存的为原始数据，没有拉伸等增强处理。

在主界面中，选择 File→Chip View To→File 菜单，可以将当前视窗显示的图像保存为 NITF、ENVI、TIFF、JPEG、JPEG2000 等图像格式，相当于截屏。

在主界面中，选择 File→Chip View To→ PowerPoint 菜单，可以将当前视窗中的图像导入新建的 PowerPoint 文件。

2. 处理工具得到的结果

ENVI 中由处理工具得到的结果都是 ENVI 标准栅格格式（除非选择了 TIFF）。即使输出文件名中手动增加了 .tif 或者其他文件后缀名，得到的结果依然是 ENVI 标准栅格格式。

3. Toolbox 保存功能

在 Toolbox 工具箱中的搜索框输入"Save File As"即可看到各种可另存为的数据格式。可以利用这些工具将文件另存为 ArcView Raster、PEG2000、ASCII、CADRG 等格式。

2.1.3　ENVI 的文件命名约定

ENVI 的文件处理设计的极其灵活，它在对文件命名时，除不能使用用于头文件的扩展名 . hdr 之外，不加任何限制。为了便于使用，一些 ENVI 功能预先约定含特定扩展名的文件类型，如表 2.1 所示。当使用 ENVI 相应功能时，应当使用约定的文件名，使文件处理效率最高。

表 2.1　ENVI 文件命名约定

文 件 类 型	扩　展　名	文 件 类 型	扩　展　名
ENVI 坏行列表	. bll	ENVI 镶嵌模板文件	. mos
ENVI 数学和波谱运算表达式	. exp	ENVI n 维可视化状态文件	. ndv
ENVI 定标因子文件	. cff	ENVI 像元纯净指数计算文件	. cnt
ENVI 等高线文件	. lev	ENVI 感兴趣区	. roi 或 . xml
ENVI 密度分割范围文件	. dsr	ENVI 波谱库	. sli
ENVI 显示组工程文件	. grp	ENVI 启动脚本	. ini
ENVI 图层工程文件	. json	ENVI 统计文件	. sta
ENVI 滤波核文件	. ker	ENVI 统计报表	. txt
ENVI 控制点文件	. pts	ENVI 三维场景浏览路径文件	. pat
ENVI 网格文件	. grd	ENVI 磁带脚本	. fmt
ENVI 头文件	. hdr	ENVI 矢量文件	. evf
ENVI 图像文件	未定义	ENVI 矢量模板文件	. vec
ENVI 查找表	. lut	JPL AIRSAR 压缩的 Stokes 矩阵数据	. stk
ENVI 图例	. key	SIR-C 压缩数据产品	. cdp

2.2　常用系统配置说明

2.2.1　安装目录结构

一般情况下，ENVI 安装在 Exelis 文件夹下，完整版本包括 IDL、License 等文件夹。ENVI 的所有文件及文件夹保存在 ... \ Program Files \ Exelis \ ENVI51 下。目录下包括 ENVI5.1 安装目录（表 2.2）和 ENVI 经典模式安装目录（表 2.3）。

表 2.2　ENVI5.1 安装目录说明

文件夹名称	说　　明
Bin	相应的 ENVI 运行目录
Classic	ENVI 经典模式安装路径
Custom_code	自定义代码

续表

文件夹名称	说　明
Data	ENVI 自带数据目录，包括一对全色和多光谱 QuickBird 图像、全球低分辨率 DEM 数据和矢量数据等
Extensions	自主开发的、可执行程序，如各种补丁程序
Gptools	GP 工具箱文件
Help	ENVI 帮助文档
Resource	ENVI 资源文件夹，包含图标文件、语言配置文件、波谱库等
Save	软件框架库

表 2.3　ENVI Classic 经典模式安装目录说明

文件夹名称	说　明
Bin	相应的 ENVI 运行目录
Data	数据目录，包括一矢量文件夹（一些矢量数据）、两个 TM 5 栅格数据、两个 DEM 数据和一个高光谱数据
Filt_func	ENVI 常规传感器的波谱响应函数文件，例如，ASTER、MODIS、SPOT、TM 等
Help	ENVI 帮助文档
Lib	IDL 生成的可编译的程序，用于二次开发
Map_proj	图像的投影信息，文本格式，客户可以进行定制
Menu	ENVI 菜单文件，可以进行中、英文菜单互换
Save	应用 IDL 可视化语言编译好的、可执行的 ENVI 程序
Save_add	客户自主开发的可执行程序，如各种补丁程序
Spec_lib	波谱库，不同地区可以有不同的波谱库，用户可以自定义

2.2.2　常用系统设置

为了提高 ENVI 运算效率，选择开始→ENVI5.1→Tools→ENVI Classic，启动 ENVI Classic 界面，选择 File→Preferences→Miscollaneous 菜单。缓冲大小（cache size）可以设置为物理内存的 50% ~75%；"Image Tile Size" 的设置原则不能超过 4 MB，如果为 64 位操作系统，如内存 8 GB，可设置为 50 ~ 100 MB。

打开 ENVI5.1，主界面中选择 File→Preferences，可以设置 ENVI 系统参数。下面介绍几个常见参数设置。

1. 默认文件目录（Default Directories）

在 Preferences 面板中选择 Settings→Directories 选项，如图 2.1 所示，设置一些 ENVI 默认打开的文件夹，如默认数据目录（Default Input Directory）、临时文件目录（Temporary Directory）、默认输出文件目录（Output Directory）、ENVI 补丁文件（Extensions File Directory）。其中带有 * 符号的设置项需要重启 ENVI 生效。

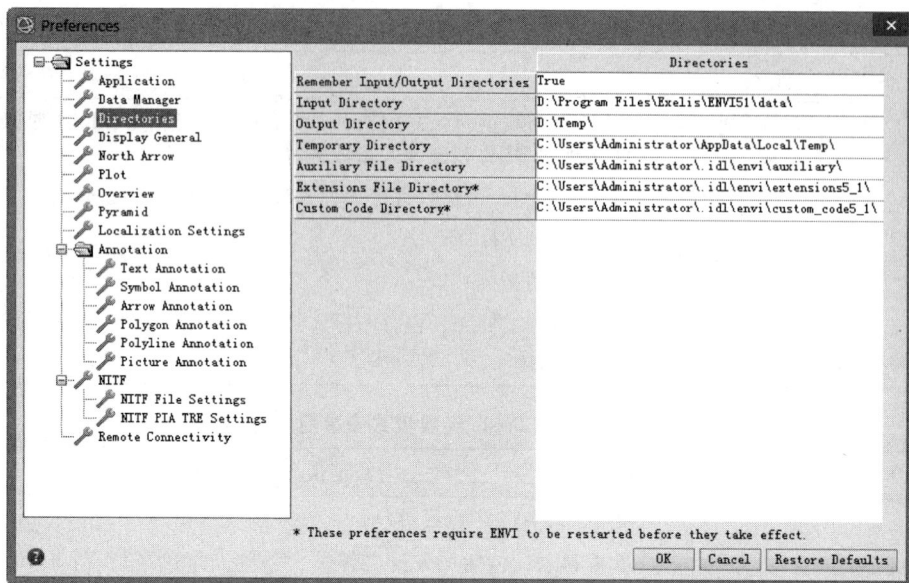

图 2.1　默认文件目录设置

2. 数据管理设置（Data Manager）

在 Preferences 面板中选择 Settings→Data Manager 选项，如图 2.2 所示，可以设置是否自动显示打开文件、多光谱数据显示模式、打开新图像时是否清空视窗、ENVI 启动时是否自动启动 Data Manager 等选项。

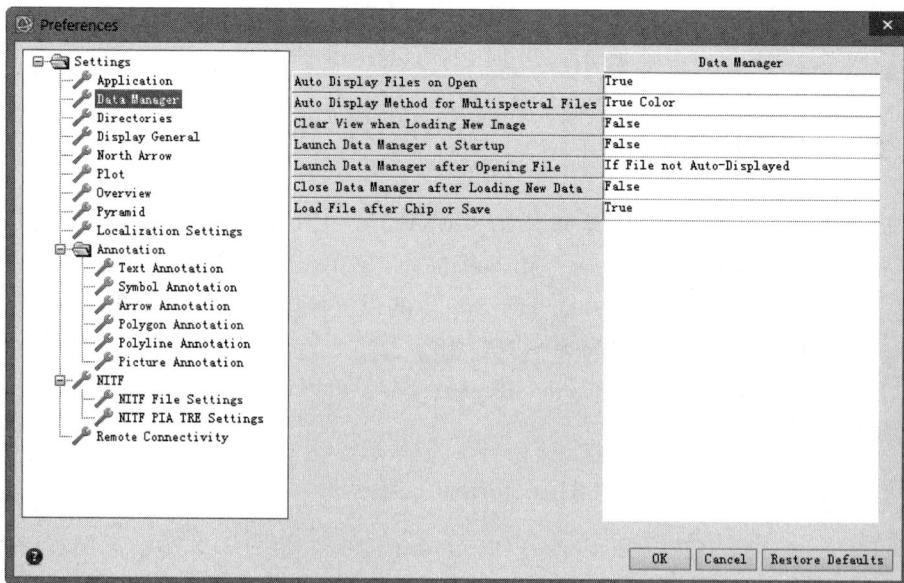

图 2.2　数据管理设置

3. 显示设置（Display General）

在 Preferences 面板中选择 Settings→Display General 选项，如图 2.3 所示，可以设置默认缩放因子、缩放插值方法、默认选择颜色等属性。同样可以设置默认滚轮按下功能、使用显卡加速功能、经纬度显示方法、是否显示指北针等。

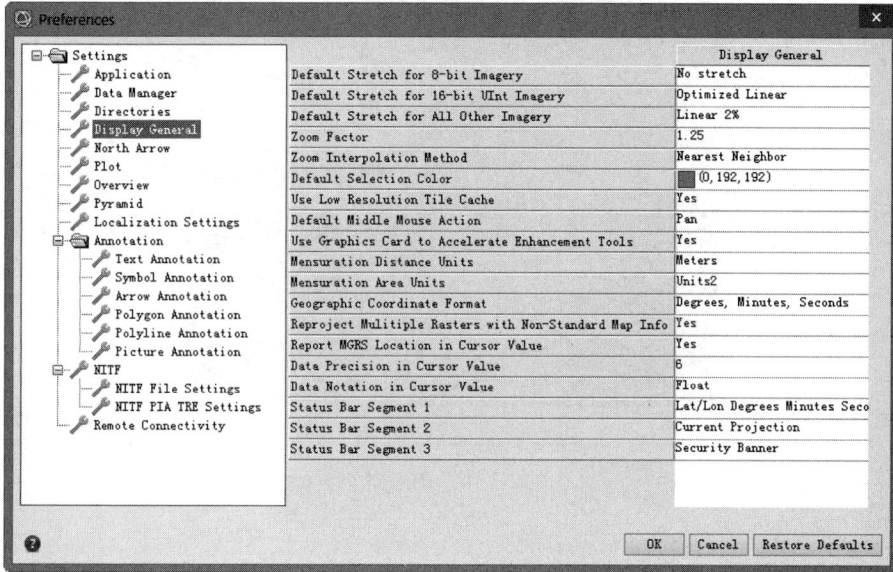

图 2.3　显示设置

2.3　菜单命令及其功能

2.3.1　图形用户界面

ENVI 的图形用户界面（GUI）有 ENVI5 和 ENVI Classic 两种风格。ENVI Classic 的界面是主菜单，包括 12 项下拉菜单，如图 2.4 所示。ENVI5 的界面是将图层管理、图像显示、鼠标信息、工具箱、工具栏等集中在一个窗体中，如图 2.5 所示。

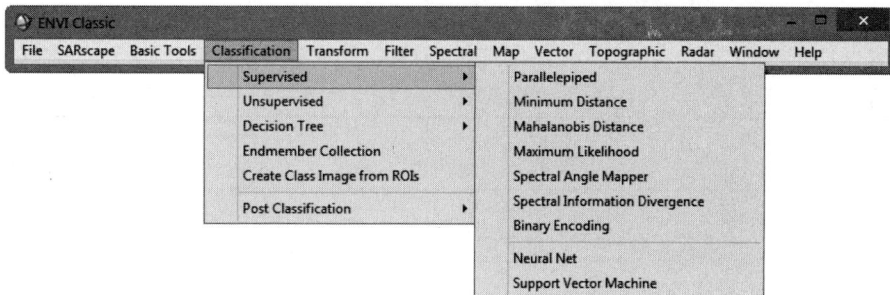

图 2.4　ENVI Classic 图形用户界面

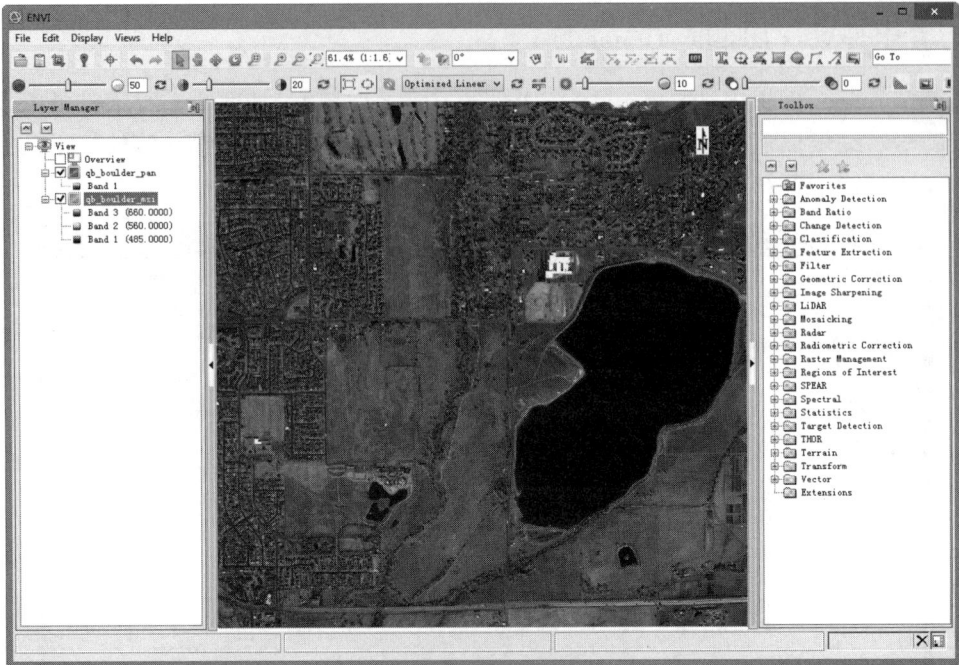

图 2.5　ENVI5.1 图形用户界面

2.3.2　菜单命令与功能

ENVI 的菜单命令包括主界面下拉菜单（表 2.4）、Toolbox 工具箱中的功能菜单（表 2.5）和右键菜单等。每个 Toolbox 工具箱中的功能子菜单参见表 2.6～表 2.27。

表 2.4　ENVI 主界面下拉菜单

菜 单 命 令	功　　　能
File（文件）	完成文件读入和写出、系统配置参数等
Edit（视图编辑）	撤销/恢复上一步操作、视图重命名、移除选中视图、移除所有视图等
Display（显示）	图像自定义拉伸、浏览波谱库文件、2D 散点图、光谱剖面图、透视窗口显示等
View（视窗）	新建视窗、打开多个视窗（最多能开 16 个）、多视窗链接
Help（帮助）	启动帮助

表 2.5　Toolbox 工具箱

工具箱名称	功　　　能
Anomaly Detection（异常探测）	启动异常探测工具
Band Ratio（波段比值）	启动波段比值工具，包括波段运算和计算波段比值的工具
Change Detection（变化检测）	启动变化检测，包括直接比较法变化检测和分类后比较法

续表

工具箱名称	功　　能
Classification（图像分类）	启动图像分类模块，包括监督与非监督分类、决策树分类、端元获取、分类后处理、灰度分割等
Feature Extraction（面向对象信息提取）	启动面向对象信息提取模块，包括基于样本的面向对象信息提取、基于规则的面向对象信息提取、图像分割等
Filter（滤波工具）	启动滤波工具，包括空间域滤波、形态学滤波、纹理分析、自适应滤波、傅里叶变换及频率域滤波等
Geometric Correction（几何校正工具）	启动几何校正模块，包括图像几何校正、图像配准、图像正射校正、ASCII 文件坐标转换等
Image Sharpening（图像融合）	启动图像融合模块，将一幅低分辨率的彩色图像与一幅高分辨率的灰度图像融合
LiDAR（激光雷达数据浏览）	启动激光雷达数据浏览工具，包括激光雷达数据浏览界面、LAS 数据转换、浏览 LAS 数据头文件
Mosaicking（图像镶嵌）	启动图像镶嵌模块，包括基于像素的镶嵌和基于地理坐标的镶嵌等
Radar（雷达工具）	启动雷达处理和分析工具，包括雷达文件定标、消除天线增益畸变、斜地距转换、生成入射角图像、滤波、彩色图像合成、极化雷达处理、TOPSAR 工具等
Radiometric Correction（辐射校正工具）	启动辐射校正模块，包括图像辐射定标、图像大气校正、热红外数据定标等
Raster Management（栅格数据管理）	启动栅格数据管理模块，包括图像拉伸、坐标转换、头文件编辑、生成测试数据、与 IDL 通信、图像掩膜、重采样、图像保存等
Regions of Interest（感兴趣区工具）	启动感兴趣区工具，包括波段阈值生成 ROI、ROI 生成分类文件、ROI 裁剪、矢量转为 ROI 等
SPEAR（流程化工具）	启动流程化图像处理工具，包括 16 个工具
Spectral（光谱分析工具）	启动波谱分析工具，包括波谱库的建立、重采样和浏览、波谱分割、波谱运算、波谱端元的判断、波谱数据的 n 维可视化、波谱特征拟合、植被分析等
Statistics（统计工具）	启动统计工具，包括生成图像统计文件、浏览统计文件等
Target Detection（目标探测）	启动目标探测与识别工具
THOR（高光谱分析流程化工具）	启动高光谱分析流程化工具
Terrain（地形工具）	启动地形分析工具，包括打开 DEM 数据格式、地形建模、地形特征提取、DEM 提取、等高线生成 DEM、点数据栅格化等
Transform（图像变换）	启动图像转换模块，包括颜色空间变换、图像增强变换、PCA 变换、ICA 变换、MNF 变换、TC 变换
Vector（矢量工具）	启动矢量工具，包括转换为 shp 矢量格式、数字化、栅矢转换等
Extensions（扩展工具）	启动用户自定义的扩展功能

表 2.6　Anomaly Detection 工具箱及其功能

工 具 名 称	功　　能
Anomaly Detection Workflow（异常检测流程化工具）	启动异常检测流程化工具
RX Anomaly Detection（RX 异常检测）	启动 RX 异常检测工具

表 2.7　Band Ratio 工具箱及其功能

工 具 名 称	功　　能
Band Math（波段运算）	自定义简单或复杂的处理程序进行波段间运算
Band Ratios（波段比值）	波段之间的比值运算

表 2.8　Change Detection 工具箱及其功能

工 具 名 称	功　　能
Change Detection Difference Map（直接比较法生成变化图像）	对两幅图像直接生成变化图像
Change Detection Statistics（分类后处理变化统计）	对两个分类后的数据生成土地利用转移矩阵
Image Change Workflow（直接比较法流程化工具）	启动直接比较法动态检测流程化工具
Thematic Change Workflow（分类后比较法流程化工具）	启动分类后比较法动态检测流程化工具

表 2.9　Classification 工具箱及其功能

工 具 名 称	功　　能
Classification Workflow（图像分类流程化工具）	启动图像分类流程化工具
Decision Tree（决策树分类）	启动图像决策树分类工具
Endmember Collection（端元波谱收集器）	收集端元波谱，用于分类和高光谱分析
Post Classification（分类后处理）	对分类结果进行后处理
Raster Color Slices（灰度分割）	对图像进行灰度分割
Supervised Classification（监督分类）	启动监督分类模块，包括 12 种分类器
Unsupervised Classification（非监督分类）	启动非监督分类模块，包括 2 种分类器

表 2.10　Feature Extraction 工具箱及其功能

工 具 名 称	功　　能
Example Based Feature Extraction Workflow（基于样本的面向对象信息提取工具）	启动基于样本的面向对象特征提取流程化工具
Rule Based Feature Extraction Workflow（基于规则的面向对象信息提取工具）	启动基于规则的面向对象特征提取流程化工具
Segment Only Feature Extraction Workflow（对象提取工具）	只对图像进行分割、合并处理，提取对象
Segmentation Image（图像分割）	图像分割工具

表 2.11　Filter 工具箱及其功能

工 具 名 称	功 能
Bit Errors Filter（位误差滤波）	位误差滤波去除位误差噪声
Co-occurrence Measures（基于二阶概率统计的滤波）	8 个基于二阶矩阵的纹理滤波
Convolutions and Morphology（卷积与形态学滤波）	运行卷积滤波和形态学滤波
Enhanced Frost Filter（增强的 Frost 滤波）	减少雷达图像的斑点噪声，同时保留纹理信息
Enhanced Lee Filter（增强的 Lee 滤波）	减少雷达图像的斑点噪声，同时保留纹理信息
FFT（Forward）（傅里叶变换）	启动傅里叶变换
FFT（Inverse）（反向傅里叶变换）	启动傅里叶反变换
FFT Filter Definition（定义傅里叶变换核）	交互式的定义 FFT 滤波核
Frost Filter（Frost 滤波）	减少雷达图像的斑点噪声，同时保留边缘信息
Gamma Filter（Gamma 滤波）	减少雷达图像的斑点噪声，同时保留边缘信息
Kuan Filter（Kuan 滤波）	减少雷达图像的斑点噪声，同时保留边缘信息
Lee Filter（Lee 滤波）	平滑强度图上的噪声
Local Sigma Filter（Local Sigma 滤波）	减少雷达图像的斑点噪声，同时保留细节信息
Occurrence Measures（基于概率统计的滤波）	5 个不同的基于概率统计的纹理滤波

表 2.12　Geometric Correction 工具箱及其功能

工 具 名 称	功 能
ASCII Coordinate Conversion（ASCII 坐标转换）	将一种投影和参数的 ASCII 坐标转换为另外一种
Build GLT（构建 GLT 文件）	创建地理查找表文件
Build Geometry File by Sensor（对不同传感器构建几何文件）	构建不同传感器的几何文件
Build Super GLT（建立超级 GLT 文件）	从 IGM 文件建立超级 GLT 文件
Georeference by Sensor（不同传感器的几何校正工具）	启动自动几何校正模块，包括针对不同传感器的工具
Georeference from GLT（用 GLT 进行几何校正）	使用 GLT 文件对数据进行几何校正
Georeference from IGM（用 IGM 进行几何校正）	使用 IGM 文件对数据进行几何校正
Map Coordinate Converter（地图坐标转换）	一个"坐标计算器"，使坐标在经纬度和相应的地图投影之间转换
Orthorectification（正射校正）	启动正射校正工具，包括主模块的正射校正功能和正射校正扩展模块
Registration（几何校正）	启动几何校正工具
Reproject GLT with Bowtie Correction（用蝴蝶结校正对 GLT 重投影）	蝴蝶结校正工具，对 GLT 重投影
Super GLT Georeference（超级 GLT 几何校正）	使用超级 GLT 文件进行几何校正
Super IGM Georeference（超级 IGM 几何校正）	使用超级 IGM 文件进行几何校正

表 2.13　Image Sharpening 工具箱及其功能

工 具 名 称	功　　能
CN Spectral Sharpening（CN 融合）	启动 CN 变换融合工具
Color Normalized（Brovey）Sharpening（Brovey 变换融合）	启动 Brovey 变换融合工具
Gram-Schmidt Pan Sharpening（GS 融合）	启动 GS 变换融合工具
HSV Sharpening（HSV 变换融合）	启动 HSV 变换融合工具
PC Spectral Sharpening（主成分变换融合）	启动 PC 变换融合工具

表 2.14　LiDAR 工具箱及其功能

工 具 名 称	功　　能
3D LiDAR Viewer（打开 LiDAR 浏览器）	启动 3D LiDAR 数据浏览器
Convert LAS File to Raster/Vector（LAS 数据转换为栅格/矢量）	LAS 数据转换为栅格/矢量工具
View LAS Header（查看 LAS 头文件）	查看 LAS 头文件

表 2.15　Mosaicking 工具箱及其功能

工 具 名 称	功　　能
Pixel Based Mosaicking（基于像元的镶嵌工具）	启动基于像元的镶嵌工具
Seamless Mosaic（无缝镶嵌流程化工具）	启动无缝镶嵌流程化工具

表 2.16　Radar 工具箱及其功能

工 具 名 称	功　　能
AIRSAR（AIRSAR 处理工具）	启动 AIRSAR 处理工具
Antenna Pattern Correction（天线阵列校正）	消除雷达图像在垂直于飞行方向上的畸变
Beta Nought Calibration（雷达亮度定标）	将雷达数据定标为雷达亮度（β^0）
Generic Incidence Angle Image（入射角图像）	从雷达数据中生成入射角图像
Generic Slant-to-Ground Range（斜地距转换）	斜距数据转换为地距数据
RADARSAT（RADARSAT 处理工具）	RADARSAT 数据处理工具，包括斜地距转换、生成入射角图像、查看元数据文件等
SIR-C（SIR-C 处理工具）	SIR-C 数据处理工具，如多视、极化信号等
Save COSMO-SkyMed Metadata to XML（将 CSM 元数据保存为 XML 文件）	把 CSM 元数据保存为 XML 文件
Sigma Nought Calibration（后向散射系数定标）	将雷达数据定标为后向散射系数（σ^0）
Synthetic Color Image（图像假彩色合成）	将一幅灰度图像转换成一幅彩色合成图像
TOPSAR（TOPSAR 处理工具）	启动 TOPSAR 工具，包括数据转换和打开数据文件
View COSMO-SkyMed Header Basic（查看 CSM 的简单信息）	查看 CSM 数据的基本信息

工 具 名 称	功　　能
View COSMO–SkyMed Header Extended（查看 CSM 的详细信息）	查看 CSM 数据的详细信息
View Generic CEOS Header（查看一般的 CEOS 头文件）	查看一般的 CEOS 头文件

表 2.17　Radiometric Correction 工具箱及其功能

工 具 名 称	功　　能
Apply Gain and Offset（应用增益和偏移）	使用增益和偏移进行定标
Atmospheric Correction Module（大气校正模块）	启动大气校正模块，包括 FLAASH 和快速大气校正
Calibrate AVHRR（AVHRR 定标）	启动 AVHRR 定标工具
Calibrate TIMS（热红外数据定标）	启动热红外数据定标工具
Cross–Track Illumination Correction（水平航迹亮度校正）	去除水平航迹方向的亮度变化
Dark Subtraction（暗像元采集）	确定暗像元的像素值
EFFORT Polishing（EFFORT 波谱打磨）	EFFORT 优化波谱曲线
Save COSMO–SkyMed Metadata to XML（将 CSM 元数据存成 XML 文件）	将 CSM 元数据存成 XML 文件
Emissivity Alpha Residuals（发射率 Alpha 残差）	从热红外辐射数据中获取发射率
Emissivity Normalization（发射率标准化）	从热红外辐射数据中计算发射率和温度值
Emissivity Reference Channel（发射率参考通道）	从热红外辐射数据中反演发射率和温度值
Empirical Line Calibrate Existing（经验线性法定标工具）	使用现有的系数进行定标
Empirical Line Compute Factors（经验线性法定标工具）	计算定标系数并进行定标
Flat Field Calibration（平场域定标）	平场域法计算反射率
IAR Reflectance Calibration（内部平均法定标）	内部平均法计算反射率
Log Residuals Calibration（对数残差法定标）	对数残差法计算反射率
Radiometric Calibration（定标工具）	通用的数据定标工具
Thermal Atmospheric Correction（热红外大气校正工具）	近似去除热红外辐射数据中的大气影响

表 2.18　Raster Management 工具箱及其功能

工 具 名 称	功　　能
Convert Complex Data（复数数据转换）	将复数数据合成为图像输出
Convert Interleave（数据转换）	数据存储格式之间进行转换
Create Coordinate System String（生成坐标系统字符串）	生成文本形式的坐标系字符串，可以添加到 ENVI 头文件中或用于二次开发的 API

续表

工 具 名 称	功　　能
Create ENVI Meta File（生成 ENVI 元文件）	生成 ENVI 元文件，建立多个文件索引便于打开查看
Data Viewer（数据浏览）	在字节程度上检查数据文件的方式，可用来浏览文件结构、识别未知文件类型等
Data-Specific Utilities（数据特定格式）	查看某种特定格式的数据，如 HDF
Destripe（条带去除）	去除传感器周期性的扫描条带
ENVI Queue Manager（ENVI 处理队列管理）	执行被排序的操作程序
Edit ENVI Header（编辑 ENVI 头文件）	编辑文件扩展名为 .hdr 的头文件信息
Generate Test Data（生成测试数据）	建立各种测试图像，包括常量值图像、水平或垂直灰阶图像、服从标准正态分布的随机数图像以及由高斯点扩散函数产生的图像
IDL（与 IDL 交互）	与 IDL 交互功能，包括输入任何在 ENVI 命令行中定义的 IDL 变量；将一个 ENVI 波段或文件输出为 ENVI 命令行中的 IDL 变量
Layer Stacking（图层叠加）	构建一个新的多波段文件
Masking（图像掩膜）	创建和使用图像掩膜
New File Builder（新文件建立）	从 ENVI 数据文件、外部文件或者内存中建立一个新的 ENVI 数据文件
Replace Bad Lines（替换坏道）	替换图像的坏道
Reproject Raster（栅格重投影）	对栅格数据进行投影转换，该工具直接使用 ArcGIS 的投影引擎
Resize Data（数据重采样）	调整一幅图像的尺寸大小
Rotate/Flip Data（旋转/翻转数据）	执行几种"标准的"图像旋转
Save As（数据另存为）	将数据保存为其他格式，如 JPGE2000
Stretch Data（数据拉伸）	执行文件-文件的对比度拉伸

表 2.19　Regions of Interest 工具箱及其功能

工 具 名 称	功　　能
Band Threshold to ROI（波段阈值生成 ROI）	利用波段阈值范围生成 ROI 文件
Buffer Zone from ROIs（利用 ROI 生成缓冲区）	利用 ROI 生成缓冲区
Classification Image from ROIs（用 ROI 生成分类文件）	利用 ROI 生成分类文件
Merge（Union/Intersection）ROIs（ROI 合并/求交）	ROI 合并、求交集
ROI Separability（ROI 可分离性）	计算 ROI 之间的可分离性
Subset Data from ROIs（ROI 裁剪）	利用 ROI 裁剪数据
Vector to ROI（矢量转为 ROI）	用矢量数据转换为 ROI 文件

表 2.20 **SPEAR 工具箱及其功能**

工 具 名 称	功 能
SPEAR Anomaly Detection（异常探测）	利用 RXD 算法检测图像上与背景发生光谱异常的区域
SPEAR Change Detection（变化检测）	对多时相图像进行变化检测，提供 PCA、波段运算、Two-Color Multiview、MNF 和 ICA 变换及波谱角检测
SPEAR Google Earth Bridge（与 Google Earth 链接）	将栅格文件转成 Google Earth 格式文件（KML），并在 Google Earth 软件中显示
SPEAR Image-to-Map Registration（图像几何校正）	利用控制点对图像进行几何校正
SPEAR Independent Component Analysis（独立主成分分析）	对图像进行独立主成分分析，发现和分离图像中隐藏的噪声，可以用来降维、异常检测、降噪、分类和端元提取以及数据融合
SPEAR LOC – Roads（道路信息提取）	从图像中流程化提取道路信息，提供监督和非监督两种方法，输出栅格或矢量结果
SPEAR LOC – Water（水体信息提取）	从图像中流程化提取水体、隐蔽水沟信息，提供监督和非监督两种方法，输出栅格或矢量结果
SPEAR Metadata Browser（元数据浏览）	查看 NITF 的元数据信息
SPEAR Orthorectification（正射校正）	利用 RPCs 和地形数据对图像进行正射校正处理
SPEAR Pan Sharpening（数据融合）	融合高分辨率全色图像数据和低分辨率高光谱数据，提供 Gram-Schmid、HSV、Brovy、主成分分析 4 种方法
SPEAR Relative Water Depth（水相对深度提取）	从高光谱数据中快速获取感兴趣水域的水的相对深度信息图像，以不同颜色表示，提供对数比例转换和主成分分析两种方法
SPEAR Spectral Analogues（波谱相似地物提取）	从输入图像中提取与已知波谱信息地物类似的地物信息
SPEAR TERCAT（分类以及分类后处理）	对图像进行分类和分类后处理，提供辐射校正、分类方法选择、分类后处理和分类结果分割或矢量化操作步骤
SPEAR Vegetation Delineation（植被指数提取及分析）	快速识别植被的分布情况，并可视化该植被的生长水平
SPEAR Vertical Stripe Removal（图像垂直条纹去除）	去除图像的垂直条纹
SPEAR Watercraft Finder（船只提取）	利用水与船只的对比度以及船只的纹理特征来提取运动或静止的船只信息

表 2.21 **Spectral 工具箱及其功能**

工 具 名 称	功 能
Build 3D Cube（建立 3D 立方体）	获取一个多波谱或高光谱文件
Mapping Methods（物质制图）	启动高光谱制图方法

续表

工 具 名 称	功　　　能
Pixel Purity Index（纯净像元指数）	计算纯净像元指数，找波谱最"纯"的像元
SMACC Endmember Extraction（SMACC 端元提取）	启动 SMACC 端元提取模块
Spectral Analyst（波谱分析）	根据要素的波谱特征对它们进行识别
Spectral Libraries（波谱库）	创建波谱文件、波谱文件重采样
Spectral Math（波谱运算）	自定义简单或复杂的处理程序进行波谱间运算
Spectral Resampling（波谱重采样）	对波谱数据文件进行重采样
Spectral Slices（波谱切割）	通过一幅多波段图像抽取一个合成的空间/波谱剖面
Spectral Unmixing（光谱分离）	光谱分离工具，包括波谱沙漏向导、自动波谱沙漏工具用于波谱识别
Vegetation（植被分析）	启动植被分析模块，包括植被指数计算器、植被抑制、林木健康分析、易燃性分析、农作物胁迫分析等
n-Dimensional Visualizer（n 维数据可视化分析）	用于定位、识别、聚集数据集中最纯的像元和极值波谱反应

表 2.22　Statistics 工具箱及其功能

工 具 名 称	功　　　能
Compute Global Spatial Statistics（全局空间统计）	计算整个图像的空间自相关性
Compute Local Spatial Statistics（局部空间统计）	计算局部图像的空间自相关性
Compute Statistics（图像统计）	生成图像统计文件
Sum Data Bands（数据波段求和）	生成所有波段的和文件
View Statistics File（浏览统计文件）	浏览图像统计文件

表 2.23　Target Detection 工具箱及其功能

工 具 名 称	功　　　能
SAM Target Finder with BandMax（基于 BandMax 的 SAM 目标查找向导）	启动基于 BandMax 的 SAM 目标查找向导用于目标的探测
Target Detection Wizard（目标探测向导）	启动目标探测向导

表 2.24　THOR 工具箱及其功能

工 具 名 称	功　　　能
THOR Anomaly Detection（高光谱异常探测）	发现图像中光谱异常的地物
THOR Atmospheric Correction（高光谱大气校正）	对高光谱数据做大气校正
THOR Change Detection（高光谱动态检测）	对两个时相的数据提取变化的区域
THOR Hyperspectral Material Identification（高光谱物质识别）	与波谱库对比识别某个光谱曲线代表的地物

续表

工 具 名 称	功　　能
THOR LOC–Water and Trails（高光谱水体和道路提取）	从高光谱图像中提取水或道路信息
THOR Material Identification（高光谱物质识别）	与波谱库对比识别某个光谱曲线代表的地物
THOR Spectral Library Builder（高光谱波谱库建立）	建立 MRSL 格式的波谱库文件
THOR Spectral Library Viewer（高光谱波谱库浏览）	浏览 MRSL 格式的波谱库文件
THOR Stressed Vegetation（高光谱植被胁迫）	流程化的植被胁迫工具
THOR Target Detection（高光谱目标探测）	探测与已知目标相匹配的地物
THOR Transform Band Weights（波段权重变换工具）	可视化每个波段对图像变换后的每个波段的贡献
Tools（工具）	高光谱处理工具，如光谱平滑

表 2.25　Terrain 工具箱及其功能

工 具 名 称	功　　能
3D SurfaceView（三维可视化）	创建三维场景并浏览
Convert Contours to DEM（等高线生成 DEM）	将等高线内插为 DEM
Create Hill Shade Image（山体阴影图生成）	利用一个颜色表或一幅彩色显示图像，从 DEM 中生成一幅阴影地貌图像
DEM Extraction（DEM 提取）	从立体像对中提取 DEM
Rasterize Point Data（点数据栅格化）	将不规则栅格数据点内插为一幅栅格图像
Replace Bad Values（坏值替换）	利用表面拟合技术计算所得到的数值，填充 DEM 中的坏数值
Topographic Features（地貌特征分析）	根据 DEM 数据获取地貌特征
Topographic Modeling（地形模型）	根据 DEM 数据计算地形模型
Viewshed Analysis Workflow（视域分析）	根据地形要素进行可视化范围的分析

表 2.26　Transform 工具箱及其功能

工 具 名 称	功　　能
Color Transforms（颜色空间变换）	将 3 个波段 R、G、B 图像变换到一个特定的颜色空间
Decorrelation Stretch（去相关拉伸）	消除多光谱数据集中的相关性
ICA Rotation（独立主成分分析）	对图像作独立主成分分析
MNF Rotation（最小噪声分离变换）	对图像作最小噪声分离变换
PCA Rotation（主成分分析）	对图像作主成分分析
Photographic Stretch（彩色拉伸）	对图像进行增强，生成一幅与目视效果吻合良好的 RGB 图像
Saturation Stretch（饱和度拉伸）	彩色增强，生成具有较高颜色饱和度的图像
Synthetic Color Image（合成彩图图像）	将一幅灰阶图像变换成一幅彩色合成图像
Tasseled Cap（缨帽变换）	对图像作缨帽变换

表 2.27　Vector 工具箱及其功能

工 具 名 称	功　　　能
Classic EVF to Shapefile（evf 转为 shp 文件）	将 ENVI Classic 的 evf 格式矢量文件转为 shp 矢量文件
Classic ROI to Shapefile（roi 转为 shp 文件）	将 ENVI Classic 的 roi 文件转为 shp 矢量文件
Intelligent Digitizer（智能数字化工具）	启动智能数字化工具
Raster to Vector（栅格转矢量）	为栅格图像中的每一个特定的 DN 等值线生成一个矢量层

表 2.28　ENVI 工具栏及其功能

工具栏图标	工 具 名 称	功　　　能
	Open（打开数据）	打开 ENVI 能直接识别的数据
	Data Manager（数据管理器）	打开数据管理器，进行波段组合、数据信息查看、图层加载和移除等操作
	Clip to File（保存显示图像）	将当前显示的图像保存为 NITF、ENVI、TIFF、JPEG、JPEG2000 等图像格式，相当于截屏
	Cursor Value（光标值）	查看光标所在位置的像素值、坐标等信息
	Crosshair（十字丝）	打开十字丝，定位到像元，并显示光标值
	Undo ViewZoom/Stretch Type（取消上一步缩放/拉伸效果）	取消上一次缩放/拉伸效果
	Redo ViewZoom/Stretch Type（恢复上一步缩放/拉伸效果）	恢复上一次缩放/拉伸效果
	Select（选择）	鼠标切换为选择功能
	Pan（平移）	鼠标切换为平移浏览功能
	Fly（飞行）	鼠标切换为飞行浏览功能
	Rotate View（视图旋转）	鼠标切换为旋转视图功能
	Zoom（聚焦）	鼠标切换为聚焦放大功能
	Fixed Zoom In（放大）	图像放大
	Fixed Zoom Out（缩小）	图像缩小
	Zoom to Full Extent（全局显示）	缩放到全局显示的比例
	Top Up（朝上）	旋转图像使物体的垂直方向朝上，用 RPC 信息计算旋转角度
	North Up（朝北）	旋转有地理坐标的图像使正北向朝上
	Arbitrary Profile（任意剖面曲线）	绘制任意剖面曲线
	Spectral Profile（光谱曲线）	绘制光谱曲线
	ROI Tool（ROI 工具）	打开一个 ROI 工具

工具栏图标	工 具 名 称	功　　能
	Vector Creat（矢量创建）	切换鼠标功能为绘制矢量
	Vector Edit（矢量编辑）	选择矢量进行编辑
	Vertex Edit（节点编辑）	显示矢量节点进行编辑
	Vector Join（矢量连接）	将两个线状的矢量连接在一起
	Feature Counting（标记个数）	在图像上添加标记
	Text Annotation（文本注记）	在图像上添加文本注记
	Symbol Annotation（符号注记）	在图像上添加符号注记
	Polygon Annotation（面状注记）	在图像上添加面状的注记
	Rectangle Annotation（矩形注记）	在图像上添加矩形状的注记
	Ellipse Annotation（圆形注记）	在图像上添加圆形注记
	Polyline Annotation（线状注记）	在图像上添加线状注记
	Arrow Annotation（箭头注记）	在图像上添加箭头注记
	Picture Annotation（图片注记）	在图像上添加图片注记
Go To	定位到某个位置	输入像元坐标，单击回车，进行像元定位
	Brightness（亮度调节）	移动滑动条块调节图像亮度
	Reset Brightness（亮度重置）	重置原始亮度
	Contrast（对比度调节）	移动滑动条块调节图像对比度
	Reset Contrast（对比度重置）	重置原始对比度
	Strech on Full Extent（基于整个图像进行拉伸）	基于整个图像进行拉伸
	Strech on View Extent（基于视窗范围内的图像进行拉伸计算）	基于视窗范围内的图像进行拉伸计算，并应用于整个图像
	Updata Strech（刷新拉伸）	刷新拉伸方法
Linear 2% / No stretch / Linear / Linear 1% / Linear 2% / Linear 5% / Equalization / Gaussian / Square Root / Logarithmic / Optimized Linear / Custom	拉伸方法	选择拉伸方法
	Reset Strech Type（重置拉伸方法）	恢复为默认拉伸方法
	Custom Strech（自定义拉伸）	根据直方图进行自定义拉伸
	Sharpen（锐化调节）	移动滑动条块调节图像锐化程度
	Reset Sharpen（锐化重置）	重置原始的锐化度
	Transparency（透明度）	移动滑动条块调节图层的透明度

工具栏图标	工 具 名 称	功　　能
	Reset Transparency（透明度重置）	重置图层的透明度
	Mensuration（量测工具）	量测像元之间的距离
	Portal（小窗对比）	在视图上打开一个小窗口显示下层的图像，便于上下两个图层对比
	View Blend（视图切换）	视图在两个图层之间缓慢切换，便于上下两个图层对比
	View Flicker（视图闪烁）	视图在两个图层之间闪烁，便于上下两个图层对比
	View Swipe（视图卷帘）	自动卷帘显示，便于上下两个图层对比

2.4　数据输入与输出

2.4.1　ENVI 支持数据格式

ENVI 支持众多的卫星和航空传感器，包括：

- Panchromatic（全色）
- Multispectral（多光谱）
- Hyperspectral（高光谱）
- Radar（雷达）
- Thermal（热量数据）
- Terrain（地形数据）
- LiDAR（激光雷达）

支持上百种图像以及矢量数据格式的输入（表 2.29）、多种格式图像文件的直接调入以及 30 多种格式的输出（表 2.30）。

表 2.29　支持的输入格式

ADS40	BigTIFF	DMC
ALOS Data	Binary	DMSP Data
• PRISM/PRISM RPC	Bitmap	DPPDB
• AVNIR-2	CADRG	DTED
• PALSAR	CARTOSAT-1 Data	DubaiSat
ArcGIS® Geodatabase	CIB	ECRG
ASTER Data	CRESDA	EO-1
ATSR Data	• GF-1	• HDF4
AVHRR Data	• ZY-1-02C	• GeoTIFF
AVIRIS Data	• ZY-3	ER Mapper

Elevation Data	• JPEG	LAS LiDAR
• USGS DEM	• JPEG 2000	Military Format
• USGS SDTS DEM	• MrSID	• NITF 2.0, 2.1
• DTED	• PDS	• NISIF 1.0
• FORMOSAT-2	• PICT	• ADRG, CADRG
• GEOTIFF & RPC	• PNG	• CIB
• SRTM	• SRF	• TFRD
ENVISAT level 1b, level 2	• TIFF、GeoTIFF	MERIS
• MERIS	• XWD	MIVIS
• AATSR	Gzip Compressed Files	MODIS
• ASAR	JPIP	MODIS Simulator（MAS-50 HDF）
EROS（HDF-EOS）	Hymap	MrSID
• ASTER	商业软件	NigeriaSat-1
• MISR	• ArcView（bil）	NigeriaSat-2
• MODIS	• ECW	NPP VIIRS
EROS A level 1a, 1b	• ENVI	OGC WCS/OGC WMS
Esri File Geodatabase	• ERDAS（lan、img、ige）	• GIF
Esri Personal Geodatabase	• ER Mapper	• JPEG
Esri GRID Format	• MrSID	• PNG
Esri Image Services	• PCI（pix）	• TIFF/GeoTIFF
Esri Mosaic datasets	IRS Data in EOSAT Fast Format	Orbview-3
FORMOSAT-2	&Superstructural	• GEOTIFF/RPC
GeoEye-1	IKONOS	• NITF/RPC
GIF	• NITF	• Mosaic Tiled
GeoTIFF	• GeoTIFF	Pleiades-HR
Göktürk-2	JPEG 2000	• DIMAP V1
Generic Image Format：	KOMPSAT-2	• 1A, 1B Primary
• ASCII（x,y,z columns, grids）	KOMPSAT-3	• Ortho DIMAP V2（JPEG2000,TIFF）
• BMP	Landsat MSS, TM, ETM, OLI/TIRS	PNG
• ECW	• EOSAT FAST	QuickBird
• Flat binary files	• GeoTIFF	• GEOTIFF/RPC
• GeoJ2K	• HDF4	• NITF/RPC
• HDF	• NLAPS	• Mosaic Tiled
• HDF4	• ACRES CCRS	Radar Data：
• HDF5	• MRLS	• RADARSAT-1
• HDF-EOS	• ESA CEOS	• RADARSAT-2

• AIRSAR	• HDF4	• Native DEM
• ASAR	SPOT Data	• SDTS DEM
• PALSAR	• SPOT 5（DIMP）and level 1 metadata	WorldView
• SICD	• 1A，1B，2A，CAP	• WorldView Mosaic Tiles
• COSMO–SkyMed	• ACRES	• WorldView–1
• SIR–C/X–SAR	• HDF Vegetation	• WorldView–2
• TOPSAR	• GeoSPOT	矢量格式：
• ERS	• SPOT 6 DIMAP V2	• ARC Interchange Format（. eoo）
RapidEye	• SISA	• ENVI Vector（. evf）
• Level–1B Basic	• Vegetation （HDF4）	• Esri Shape（. shp）with attributes
• Level–3A Ortho	SSOT DIMAP V2	• Esri Enterprise Geodatabase
• Level–3B Area–based Ortho	Thermal Data	• Esri File Geodatabase
RASAT	• TIMS	• Esri Personal Geodatabase
ResourceSat–1	• MASTER（MODIS/ASTER Simulator）	• Esri Layers
• Fast	• ASTER	• AutoCAD DXF（. dxf）
• Super Structured	• AATSR	• USGS DLG（. ddf，. dlg）
• HDF5	User–Definable Data Formats	• USGS SDTS
JERS	USGS	• MapInfo（. mif）
SeaWiFS （OrbView–2）	• DOQ	• Microstation . DGN（. dgn）
• CEOS	• DRG	

表 2.30　支持的输出格式

ArcGIS Geodatabase	• Gzip Compressed
Google Earth	• HDF
• KML Creation	• JPEG
• Footprints	• NITF 1. 1，2. 0，2. 1
• Image Overlay	• PCI（. pix）
栅格格式	• PICT
• ArcView（. bil）	• PNG
• ASCII	• SRF
• BMP	• TIFF
• BigTIFF	• XWD
• CADRG	矢量格式
• CIB	• ESRI Shapefiles （with attributes）
• DTED Level–0，1，2	• Dxf
• ENVI meta data	• ENVI Vector Format
• ENVI raster	Direct Output to Printer
• ERDAS（. lan，. img）	PostScript
• ER Mapper（. ers）	MPEG
• ESRI GRID	VRML
• GeoTIFF	Output to Tape
• JPEG2000	

2.4.2　常见数据的输入

在主界面中，使用 File→Open 菜单打开 ENVI 图像文件或其他已知格式的二进制图像文件。ENVI 自动识别和读取下列类型的文件：AVHRR、BMP、DPPDB、DTED、ER Mapper，PCI（.pix）、ERDAS 7.x（.lan）、ERDAS IMAGINE 8.x（.img）、Esri Grid、GeoTIFF、HDF、HDF SeaWiFS、HDF5、JPEG、JPEG 2000、Landsat 7 Fast（.fst）、Landsat 7 HDF、MAS – 50、MRLC（.dda）、MrSID、NLAPS、PDS、RADARSAT、SRF、TFRD、TIFF。数据仍保留其原有格式，必要的信息从数据头文件中读取。

2.4.3　特定数据的输入

虽然上述的 File→Open 菜单可以打开大多数文件类型，但对于特定的已知文件类型，利用内部或外部的头文件信息通常会更加方便。使用 File→Open As 菜单，ENVI 能够读取一些标准文件类型的若干格式，包括精选的遥感格式、军事格式、数字高程模型格式、图像处理软件格式及通用图像格式。ENVI 从内部头文件读取必要的参数，因此不必在 Header Information 对话框中输入任何信息。

如下为打开一个多波段 Landsat GeoTIFF 格式的步骤：

（1）在主界面中，选择 File→Open AS→Landsat→GeoTIFF with Metadata。

（2）选择 *_MTL.txt 文件。

（3）单击 Open 按钮打开。ENVI 自动将每个 TIFF 单波段图像打开并进行分组，同时自动从头文件中读取包括 gains 和 bias、太阳高度角和方位角、成像时间等信息。

对于普通的二进制文件，可以使用 File→Open As→Binary 菜单打开，下面为具体操作步骤：

（1）在主菜单中，选择 File→Open As→Binary 菜单，打开普通二进制文件。

（2）在打开的 Header Info 对话框中填写如下图像信息（图 2.6）：

● Samples：图像文件的列数。

● Lines：图像文件的行数。

● Bands：图像文件的波段数。

● Offset：图像文件从文件开头到实际数据起始处的字节偏移量。

● xstart 和 ystart：图像左上角的起始像元坐标。

● Data Type：选择适当的数据类型（字节型、整型、无符号整型、长整型、无符号长整型、浮点型、双精度型、64 位整型、无符号 64 位整型、复数型或双精度复数型）。

● Byte Order：选择数据的字节顺序。这个参数在不同的平台有所不同：对于 DEC 和 PC 机，选择"Host（Intel）"：for the host least significant first 字节顺序；对于其他所有平台，选择"Network（IEEE）"：for the network most significant first 字节顺序。使用"Interleave"下拉菜单，选择下列选项，以确定数据存储顺序。

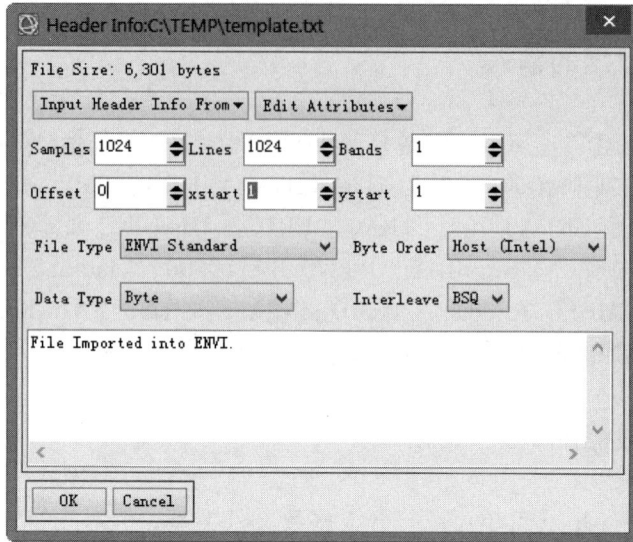

图 2.6　Header Info 对话框

（3）单击 OK 按钮，ENVI 自动生成一个头文件（.hdr）并把文件打开。

2.4.4　数据的输出

在 ENVI 中为了提高处理速度，会将输入的任何数据格式经过处理后生成 ENVI 自己的格式。虽然很多处理过程的图像输出对话框中可以修改其他后缀名，如 .tif 等，实际输出的图像还是 ENVI 标准栅格格式。输出其他栅格格式可选择以下两种方式：

1. 主界面

在主界面中，选择 File→Save As，在文件选择对话框中选择输出的文件，单击 OK 按钮，打开输出格式及路径选择框。图 2.7 为输出 TIFF 的输出对话框。

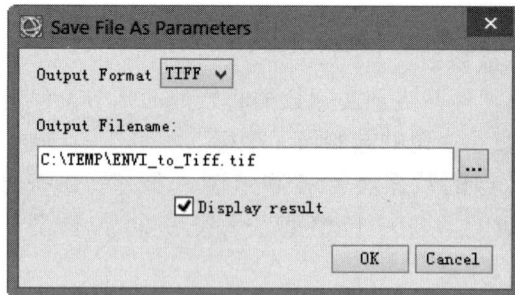

图 2.7　文件保存路径选择框

2. Toolbox 工具箱

在 Toolbox 工具箱中，选择 Raster Management/Save As 下面的工具（图 2.8），可以利用这些工具将文件另存为 ArcView Raster、ASCII、JPEG2000 等格式。

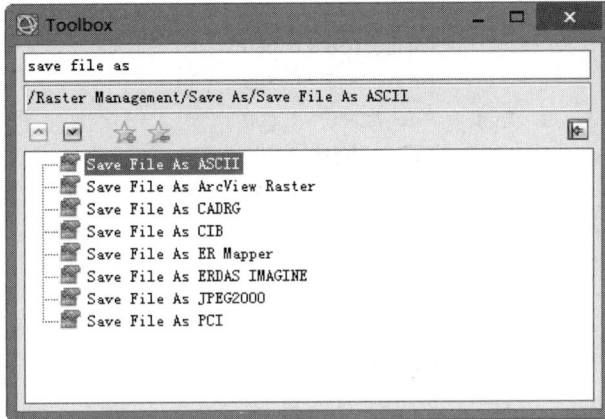

图 2.8　Toolbox 工具箱中的图像输出功能

2.5　常见卫星数据

最近几年，卫星传感器发展非常迅速，空间分辨率越来越高。表 2.31 中为常见中等分辨率的卫星，表 2.32 中为高分辨率卫星，表 2.33 中为国产卫星数据。

表 2.31　中等分辨率卫星一览表

卫星	发射时间	国家	波段/μm	空间分辨率/m	宽幅/视场/km	访问周期/天
Landsat TM5	1984	美国	TM1:0.45~0.52	30	185×185	16
			TM2:0.52~0.60			
			TM3:0.63~0.69			
			TM4:0.76~0.90			
			TM5:1.55~1.75			
			TM7:2.08~2.35			
			TM6:10.40~12.5	120		
Landsat ETM+	1999	美国	TM1:0.450~0.515	30	185×185	16
			TM2:0.525~0.605			
			TM3:0.630~0.690			
			TM4:0.775~0.900			
			TM5:1.550~1.750			
			TM7:2.090~2.350			
			TM6:10.40~12.5	60		
			TM8:0.52~0.900	15		

卫星	发射时间	国家	波段/μm	空间分辨率/m	宽幅/视场/km	访问周期/天
Landsat 8	2013	美国	TM1:0. 433 ~ 0. 453	30	185×185	16
			TM2:0. 450 ~ 0. 515			
			TM3:0. 525 ~ 0. 600			
			TM4:0. 630 ~ 0. 680			
			TM5:0. 845 ~ 0. 885			
			TM6:1. 560 ~ 1. 660			
			TM7:2. 100 ~ 2. 300			
			TM9:1. 360 ~ 1. 390			
			TM8:0. 52 ~ 0. 900	15		
			TM10:10. 6 ~ 11. 2	100		
			TM11:11. 5 ~ 12. 5			
SPOT 4	2001	法国	Pan:0. 49 ~ 0. 73	10	60×60	26
			G:0. 50 ~ 0. 59	20		
			R:0. 61 ~ 0. 68			
			NIR:0. 78 ~ 0. 89			
			SWIR:1. 58 ~ 1. 78			
ASTER	1999	日本	可见光/近红外部分	15	60×60	15
			B1: 0. 52 ~ 0. 60			
			B2: 0. 63 ~ 0. 69			
			B3: 0. 76 ~ 0. 86			
			短波红外部分	30		
			B4:1. 600 ~ 1. 700			
			B5:2. 145 ~ 2. 185			
			B6:2. 185 ~ 2. 225			
			B7:2. 235 ~ 2. 285			
			B8:2. 295 ~ 2. 365			
			B9:2. 360 ~ 2. 430			
			热红外部分	90		
			B10:8. 125 ~ 8. 475			
			B11:8. 475 ~ 8. 825			
			B12:8. 925 ~ 9. 275			
			B13:10. 250 ~ 10. 950			
			B14:10. 950 ~ 11. 650			

表 2. 32　商业高分辨率卫星参数一览表

卫星	发射时间	国家和地区	波段/μm	空间分辨率/m	宽幅/视场/km	访问周期/天
IKONOS	1999	美国	Pan:0. 45 ~ 0. 90	1	11×11	1. 5 ~ 2. 9
			B:0. 45 ~ 0. 53	4		
			G:0. 52 ~ 0. 61			
			R:0. 64 ~ 0. 72			
			NIR:0. 77 ~ 0. 88			

卫星	发射时间	国家和地区	波段/μm	空间分辨率/m	宽幅/视场/km	访问周期/天
SPOT 5	2001	法国	Pan:0.49~0.69	5或2.5(超模式)	60×60	26
			G:0.49~0.61	10		
			R:0.61~0.68			
			NIR:0.78~0.89			
			SWIR:1.58~1.78	20		
QuickBird	2001	美国	Pan:0.45~0.90	0.61	16.5×16.5	1~3.5
			B:0.45~0.52	2.44		
			G:0.52~0.60			
			R:0.63~0.90			
			NIR:0.76~0.90			
FORMOSAT II	2004	中国台湾	Pan:0.45~0.90	2	24×24	1
			B:0.45~0.52	8		
			G:0.52~0.60			
			R:0.63~0.69			
			NIR:0.76~0.90			
EROS-B	2006	以色列	Pan:0.50~0.90	0.7	7×7, 7×140 (条带)	5
CartoSAT-1(P5)	2005	印度	Pan:0.50~0.85	2.5	30×30	5
ALOS (已停止运行)	2005	日本	Pan:0.52~0.77	2.5	35×35	2
			B:0.42~0.50	10	70×70	
			G:0.52~0.60			
			R:0.61~0.69			
			NIR:0.76~0.89			
北京一号小卫星	2005	中国	Pan:0.500~0.800	4	24.2×24.2	3~5
			G:0.523~0.605	32	600×600	
			R:0.630~0.690			
			NIR:0.774~0.9			
KOMPSAT-2	2006	韩国	Pan:0.50~0.90	1	15×15	3
			B:0.45~0.52	4		
			G:0.52~0.60			
			R:0.63~0.69			
			NIR:0.76~0.90			

卫星	发射时间	国家和地区	波段/μm	空间分辨率/m	宽幅/视场/km	访问周期/天
WorldView-1，2（WorldView-1只有全色波段）	2008 WorldView-2（2009）	美国	Pan：0.450～0.800	0.5	30×30 或 60×60	1.1～3.7
			B：0.450～0.510	2.4		
			G：0.510～0.580			
			R：0.630～0.690			
			NIR：0.770～0.895			
			海岸：0.400～0.450			
			黄色：0.585～0.625			
			红边：0.7055～0.745			
			近2：0.860～1.040			
GEOEye-1	2008	美国	Pan：0.45～0.90	0.41（0.5）	15×15	2～3
			B：0.45～0.51	1.65		
			G：0.51～0.58			
			R：0.655～0.690			
			NIR：0.78～0.92			
RapidEye	2008	德国	B：0.440～0.510	5.8	77×77	每天
			G：0.520～0.590			
			R：0.630～0.685			
			红边：0.690～0.730			
			NIR：0.760～0.850			
Pleiades-1	2011	法国	Pan：0.480～0.830	0.5	20×20	每天
			B：0.430～0.550	2	100×100	
			G：0.490～0.610		20×280	
			R：0.600～0.720			
			NIR：0.750～0.950			
SPOT 6	2012	法国	Pan：0.455～0.745	1.5	60×60	2～3
			B：0.455～0.525	6		
			G：0.530～0.590			
			R：0.625～0.695			
			NIR：0.760～0.890			

表 2.33 主要国产卫星参数一览表

卫星	发射时间	波段/μm	空间分辨率/m	宽幅/km	重访时间/天
资源一号 02C （ZY-1-02C）	2011	HR:0.50~0.80	2.36	54 两台拼接	3~5
		Pan:0.51~0.85	5	60	3~5
		G:0.52~0.59	10		
		R:0.63~0.69			
		NIR:0.77~0.89			
资源三号 （ZY-3）	2012	前视:0.50~0.80	3.5	52	3~5
		后视:0.50~0.80	3.5	52	3~5
		正视:0.50~0.80	2.1	51	3~5
		B:0.45~0.52	6	51	5
		G:0.52~0.59			
		R:0.63~0.69			
		NIR:0.77~0.89			
高分一号 （GF-1）	2013	Pan:0.45~0.90	2	60（2台相机组合）	4 或 41
		B:0.45~0.52	8 或 16		
		G:0.52~0.59		800（4台相机组合）	
		R:0.63~0.69			
		NIR:0.77~0.89			

第3章 数据显示操作

数据显示是遥感图像处理软件的重要功能之一。ENVI5.1数据显示功能采用新的图层管理机制，支持多图层叠加显示和分栏窗口显示等，包含图形化工具栏、图像交互操作工具、图像增强显示工具等。

本章主要介绍以下内容：

➢ 文件列表管理
➢ 显示窗口功能简介
➢ 工具栏操作
➢ Display 菜单操作
➢ View 菜单操作

3.1 文件列表管理

3.1.1 数据管理

数据管理（Data Manager）是管理 ENVI 文件的工具。它显示当前打开的所有文件和内存项的文件名；可以查看文件的所有已知信息，包括完整路径、行列和波段数、文件类型、数据类型、文件格式、字节顺序、投影信息等；可以进行加载数据到新的图层、打开新文件、关闭文件、浏览头文件、浏览显示波段的信息等操作。单击 File Information 按钮，可显示头文件信息；单击 Band Selection 按钮，可进行波段组合；单击 Load Data 按钮或 Load Grayscale 按钮，可将新的波段组合或某个灰度图像加载到新的图层，如图 3.1所示。

在数据管理面板中的不同文件名上单击右键，弹出的菜单项也不一样。图 3.2 所示为一个多波段栅格文件两种不同的右键快捷菜单。图 3.3 所示为一个感兴趣区文件两种不同的右键快捷菜单。图 3.4 所示为一个矢量文件的右键快捷菜单。

要打开数据管理面板，选择 File→Data Manager 或工具栏上的 图标，或按 F4 快捷键。数据管理中的工具栏有 7 个工具，功能见表 3.1 所示。

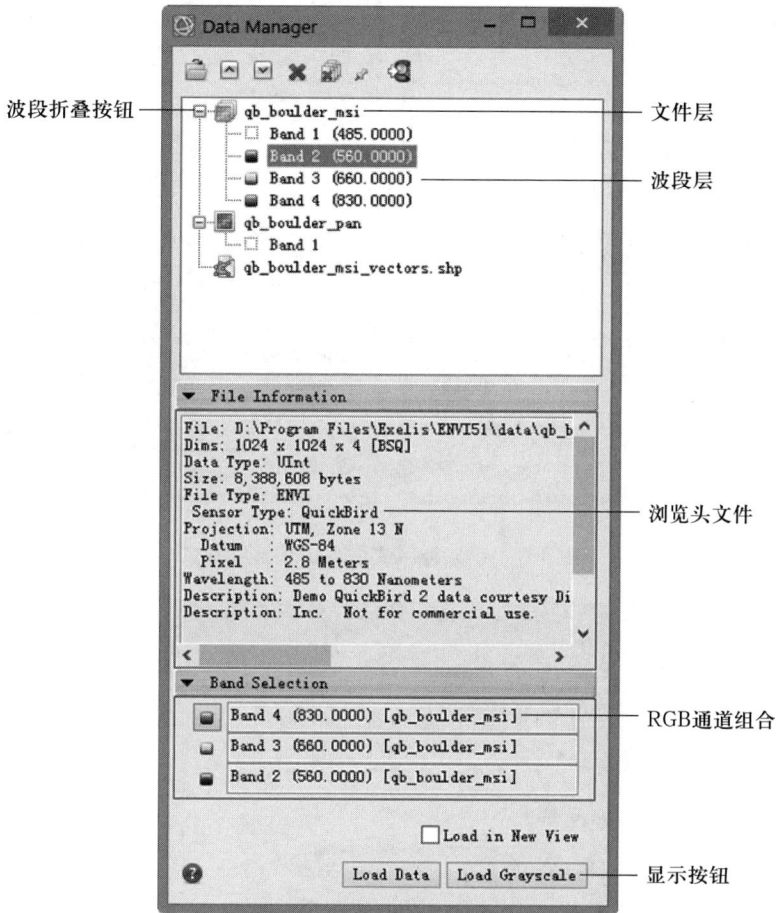

图 3.1 数据管理

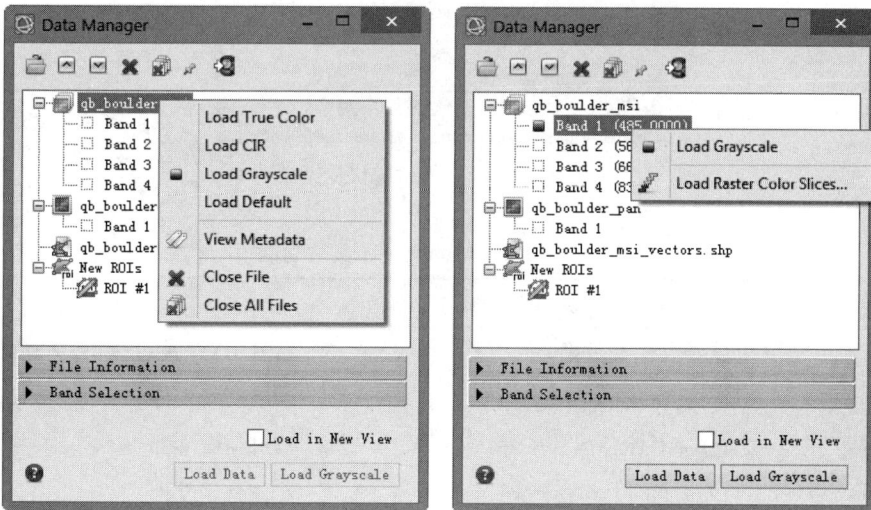

图 3.2 多波段栅格文件右键快捷菜单

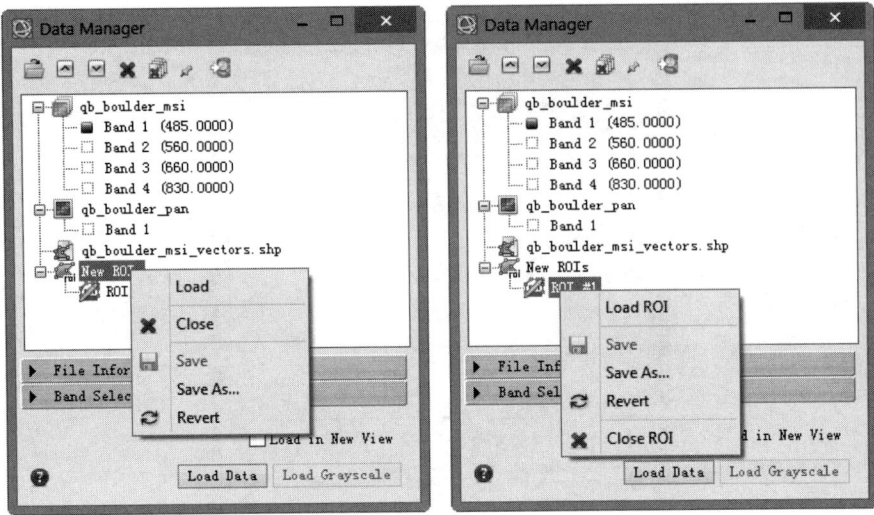

图 3.3　感兴趣区文件右键快捷菜单

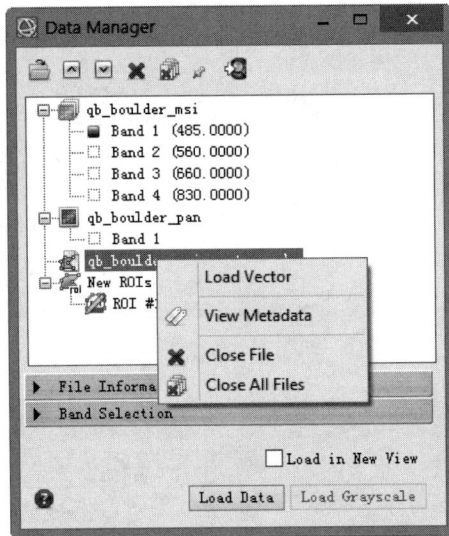

图 3.4　矢量文件右键快捷菜单

表 3.1　Data Manager 工具栏功能

工具栏图标	工 具 名 称	功　　能
	Open（打开数据）	打开 ENVI 能直接识别的数据文件
	Collapse All（折叠所有）	折叠所有文件
	Expand All（展开所有）	展开所有文件
	Close File（关闭文件）	关闭选中文件
	Close All Files（关闭所有文件）	关闭所有文件

续表

工具栏图标	工 具 名 称	功　　能
	Pin/Unpin（面板固定）	固定数据管理面板不自动关闭，不固定面板可自动关闭
	Open Selected File in ArcMap（传送选中图层到 ArcMap）	将选中的图层在 ArcMap 软件中打开

3.1.2　图层管理

图层管理（Layer Manager）是用于管理显示图层的工具。它显示了当前加载到图层中的图层名及波段等内容。可以显示或关闭图层、调整图层的上下顺序、移除图层等操作，如图 3.5 所示。

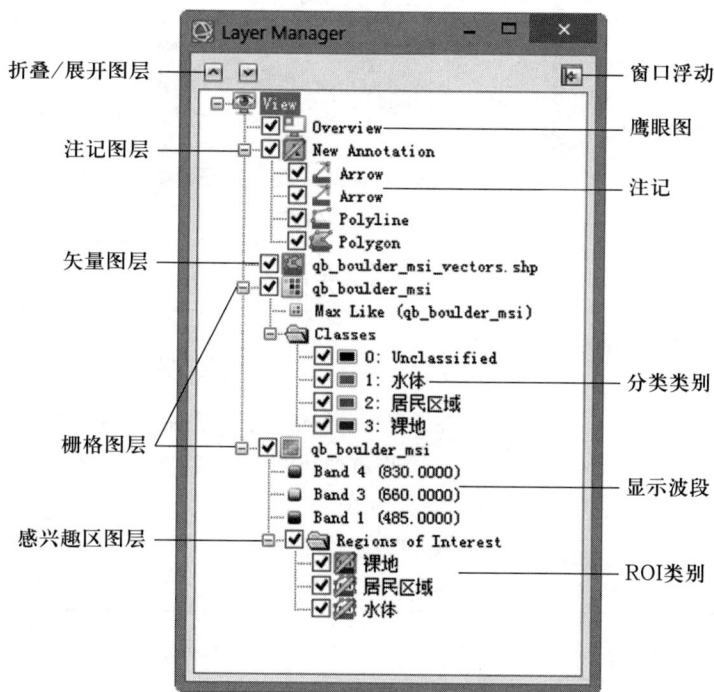

图 3.5　Layer Manager 工具

启动 ENVI 后，Layer Manager 默认在视窗左侧，单击 ◀ 可以隐藏和展开，单击 ▶ 可以浮动，关闭浮动窗口可以还原至显示窗口。

在 Layer Manager 中针对不同类型的图层设计的功能也有所不同。

1. View 视窗

ENVI 最多可以打开 16 个视窗，默认是打开一个当前显示的视窗，一个视窗下包含一

个或多个图层。在 View 上单击右键，弹出菜单项（图 3.6），菜单命令及功能如表 3.2
所示。

图 3.6　View 右键菜单项

表 3.2　View 右键功能

菜　单　命　令	功　　　　能
Rename Item…	为视窗命名
New	在该视窗下创建一个矢量图层或注记图层
View Properties	查看该视窗的属性，包括投影信息等
Remove View	移除该视窗
Remove All Layers	移除该视窗下所有图层
Help	帮助

2. Overview 鹰眼图

显示整个图像内容以及当前视窗显示的位置。右键有两个菜单：Show Snail Trail（显
示视窗移动轨迹）和 Clear Snail Trail（清除视窗移动轨迹）。

3. 栅格图层

栅格图层包括影像图、分类图、灰度分割图等。在栅格图层上单击右键，弹出菜单项
（图 3.7），菜单命令及功能如表 3.3 所示。

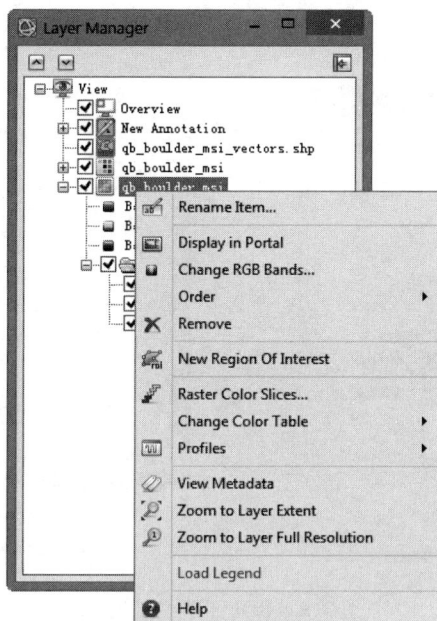

图 3.7 栅格图层右键菜单项

表 3.3 栅格图层右键功能

菜 单 命 令	功 能
Rename Item…	图层重命名
Display in Portal	在最上层打开一个透视窗口显示该图层的内容
Change RGB Bands…	选择波段进行 RGB 组合
Order	切换图层所在的位置顺序
Remove	移除该图层
New Region Of Interest	在图层上新建 ROI
Raster Color Slices…	对该图层进行灰度分割
Change Color Table	对单波段灰度图层选择色度带进行彩色显示
Profiles	绘制剖面图，包括光谱曲线，水平、垂直、任意方向的剖面
View Metadata	查看元数据文件，包括栅格基本信息、坐标系、地理范围、数据获取时间、波段信息、存放位置等
Zoom to Layer Extent	缩放至当前视窗
Zoom to Layer Full Resolution	显示图像原始大小
Load Legend	加载注记
Help	帮助

4. Regions of Interest 图层

Regions of Interest（ROI）图层是创建在栅格图层下的，在 ROI 图层以及每个 ROI 类别上单击鼠标右键，菜单如图 3.8 所示，菜单功能如表 3.4 和表 3.5 所示。

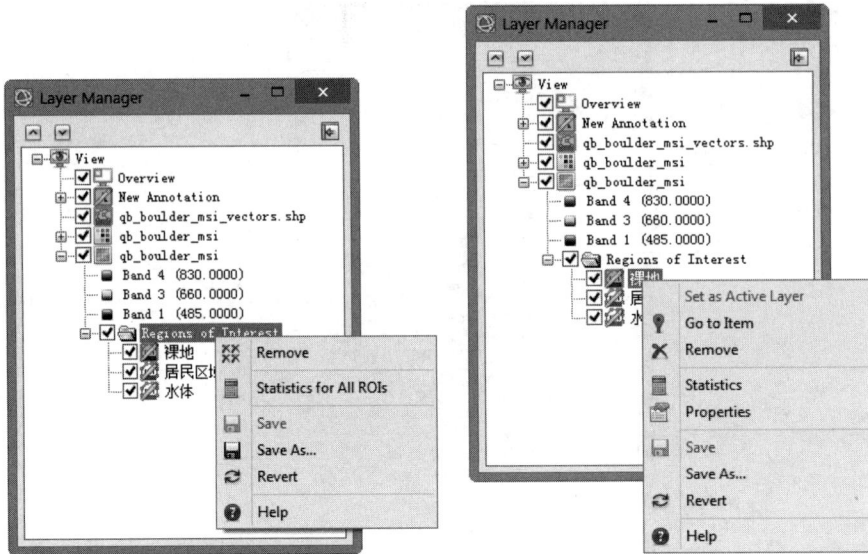

图 3.8　ROI 图层右键菜单

表 3.4　ROI 图层右键功能

菜　单　命　令	功　　　能
Remove	移除该图层
Statistics for All ROIs	对所有的 ROI 类别进行统计
Save	保存编辑的 ROI
Save As…	保存为 .xml 格式的 ROI 文件
Revert	撤销上一步编辑
Help	帮助

表 3.5　ROI 类别右键功能

菜　单　命　令	功　　　能
Set as Active Layer	设置活动图层
Go to Item	在视窗中心显示该类 ROI
Remove	移除该类 ROI
Statistics	统计该类 ROI
Properties	ROI 属性，包括名称和颜色
Save	保存编辑的 ROI
Save As…	保存为 .xml 格式的 ROI 文件
Revert	撤销上一步编辑
Help	帮助

5. 矢量图层

矢量图层右键菜单及功能说明如图 3.9 和表 3.6 所示。

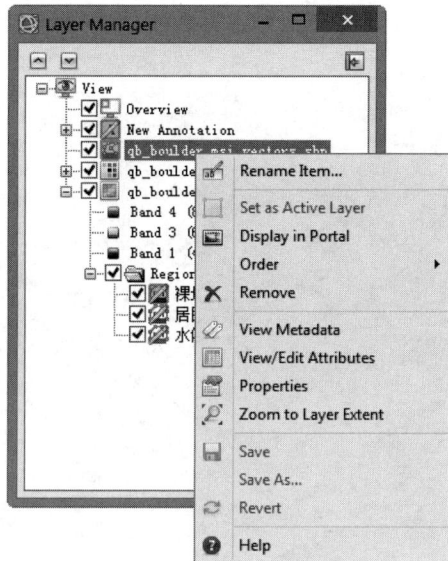

图 3.9　矢量图层右键菜单

表 3.6　矢量图层右键菜单功能

菜 单 命 令	功　　能
Rename Item…	图层重命名
Set as Active Layer	设置激活图层
Display in Portal	在最上层打开一个透视窗口显示该图层的内容
Order	切换图层所在的位置顺序
Remove	移除该图层
View Metadata	查看该图层的元数据信息，包括矢量类型、坐标系和范围
View/Edit Attributes	查看/编辑矢量属性表
Properties	矢量图层属性
Zoom to Layer Extent	缩放至当前图层范围
Save	保存
Save As…	另存为
Revert	撤销上一步操作
Help	帮助

3.2　显示窗口功能简介

3.2.1　ENVI 显示窗口

ENVI 的显示窗口将图层管理、图像显示、鼠标信息、工具箱、工具栏等集中在一个窗体中。在显示窗口中可进行数据浏览、数据处理和人机交互。显示窗口由 7 个部分组成（图 3.10）。

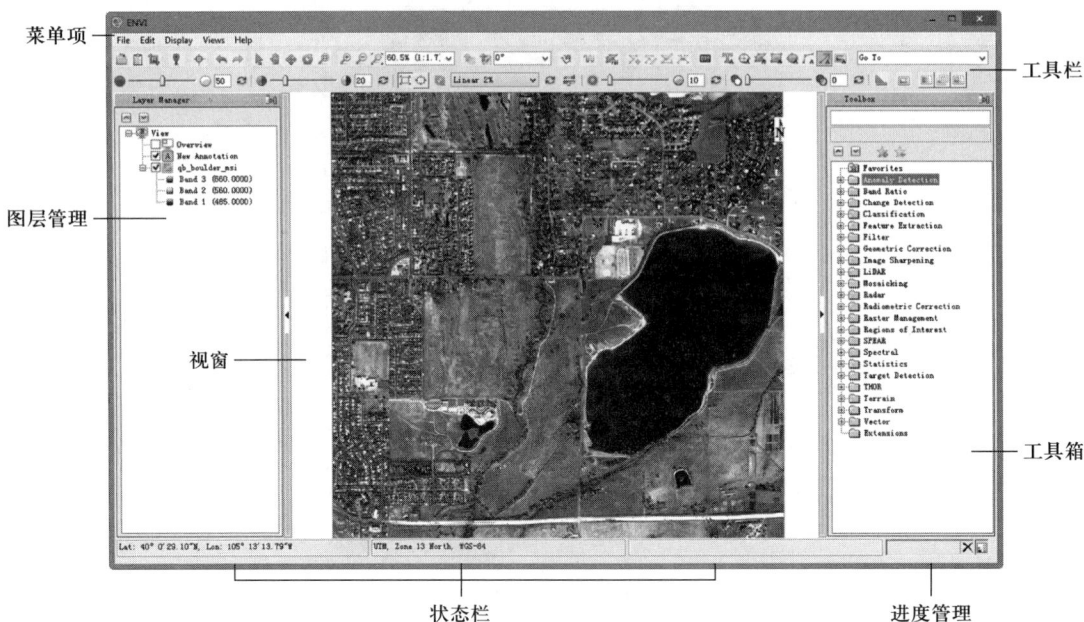

图 3.10　ENVI 显示窗口

● 菜单项：包括文件操作、显示操作、视窗操作的一些菜单功能，有些常用功能放置在工具栏中，可直接单击使用。

● 工具栏：常用的图像显示和操作的工具，下节将详细介绍。

● Layer Manager（图层管理）：管理视窗和数据图层，包含各类图层操作的功能。

● Toolbox（工具箱）：ENVI 的数据处理和分析工具。

● 视窗：图像显示窗口。打开一个文件时，一般会自动加载到视窗中显示。数据的显示、缩放、平移、旋转等操作都在视窗中完成。默认是一个视窗，最多可以打开 16 个视窗。

● 状态栏：显示鼠标在视窗中所在的像元信息，包括图层坐标系、像元坐标、像素值等以及数据处理的进度条。

● 进度管理栏：显示正在进行的数据处理的进度。

3.2.2　ENVI Classic 显示窗口

由于在一些操作中需要使用 ENVI Classic 经典的三视窗显示窗口，如 Image to Image 几何校正、Image to Map 几何校正等，这里简单介绍三视窗显示窗口。

经典的三视窗由三部分组成（图 3.11）。

● 主图像窗口（Image）：主图像窗口按图像文件实际分辨率显示图像的一部分。显示范围为 Scroll 窗口中的红色框（默认颜色）覆盖的区域。

● 滚动窗口（Scroll）：滚动窗口中的图像以重采样的分辨率显示整个图像内容。

显示窗口菜单

Image窗口

Scroll缩放倍数

Zoom缩放倍数

Scroll窗口

Zoom窗口

Zoom控制按钮

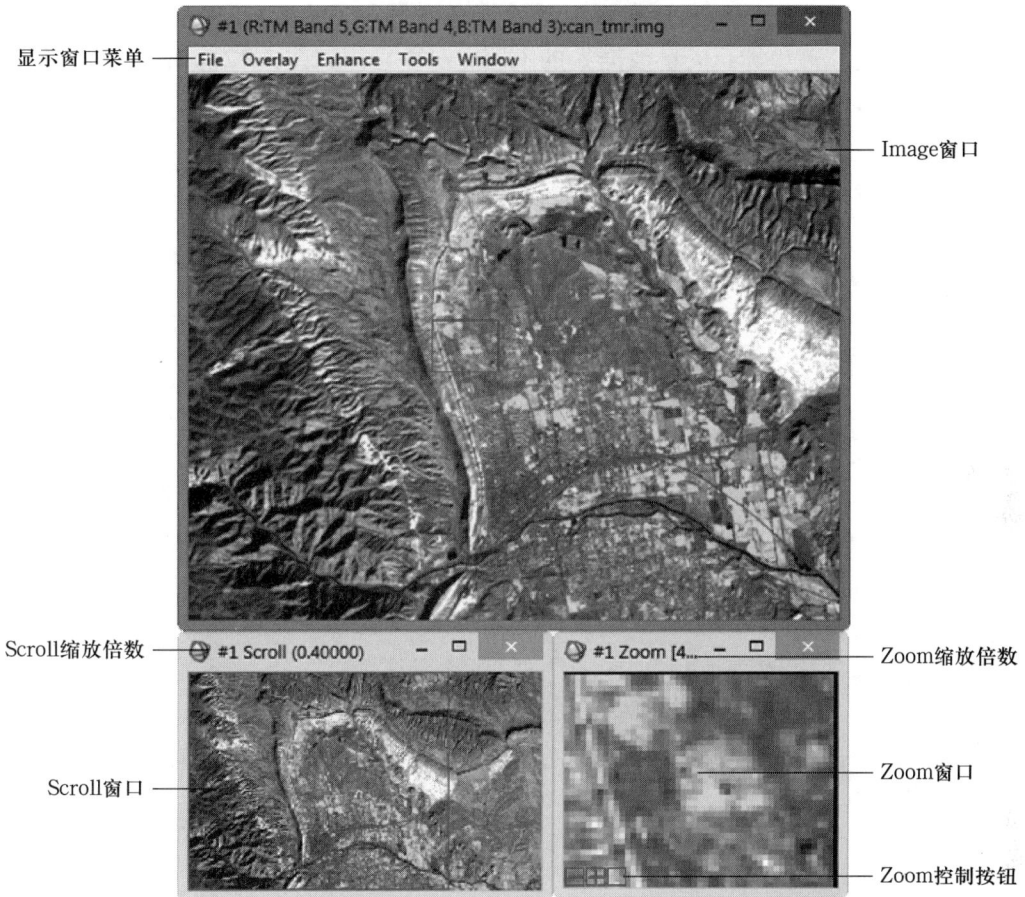

图 3.11　ENVI 通用 Display 窗口

● 放大窗口（Zoom）：放大窗口是一个小的图像显示窗口，它以用户自定义的放大系数来显示图像的一部分，可以无级放大到像元大小。显示范围为 Image 窗口中的红色框（默认颜色）覆盖的区域。

3.3　工具栏操作

3.3.1　工具栏功能

工具栏中包含了鼠标操作、矢量编辑、注记编辑、图层显示、距离量测等一些常用的工具，各工具的功能参见表 2.28。

3.3.2　光标查询功能

在主界面中，选择 Display→Cursor Value 或单击工具栏上的图标，打开 Cursor Value

窗口。Cursor Value 窗口中显示光标所在的像元位置的信息，显示的内容根据图像类型（无地理坐标、有地理坐标、矢量数据）的不同有所差别，如图 3.12 ~ 图 3.14 所示。

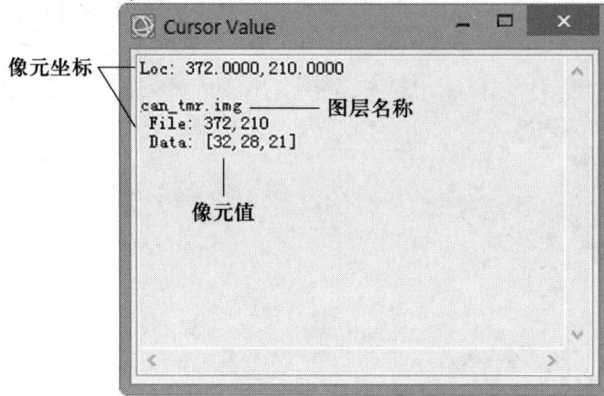

图 3.12　无地理坐标的数据光标值

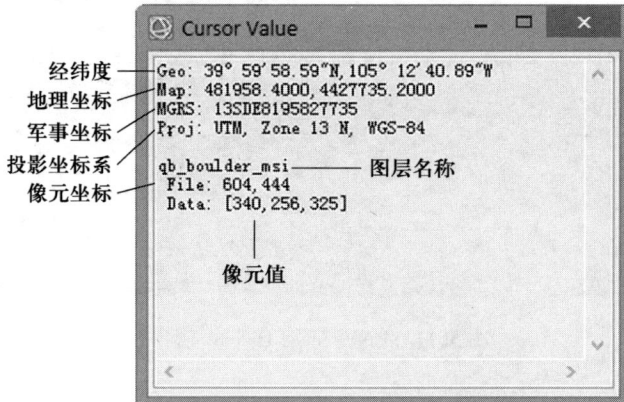

图 3.13　有地理坐标的数据光标值

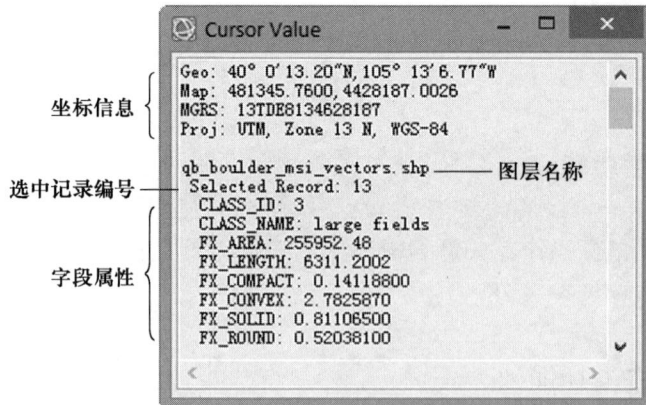

图 3.14　矢量数据的光标值

3.3.3 十字丝查询功能

单击工具栏上的十字丝定位功能 ⊕ 图标，视窗上显示十字丝，同时自动打开 Cursor Value 窗口，除了显示光标所在位置的信息之外，还显示了十字丝所定位像元的坐标，如图 3.15 所示。

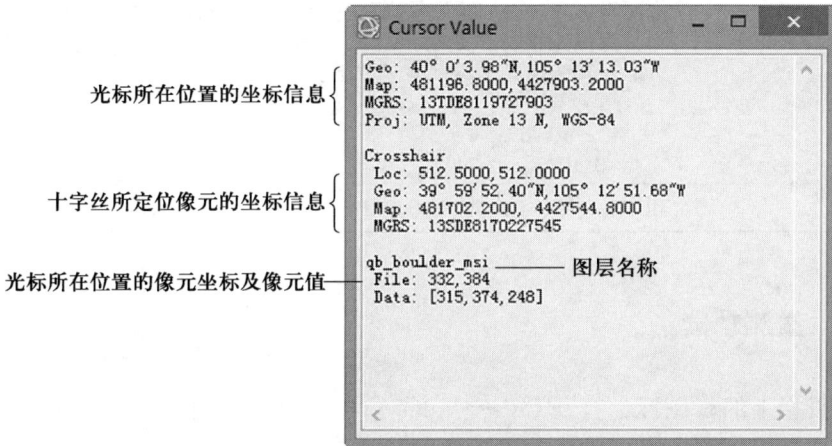

光标所在位置的坐标信息 {
  Geo: 40° 0′3.98″N,105° 13′13.03″W
  Map: 481196.8000,4427903.2000
  MGRS: 13TDE8119727903
  Proj: UTM, Zone 13 N, WGS-84

十字丝所定位像元的坐标信息 {
  Crosshair
   Loc: 512.5000,512.0000
   Geo: 39° 59′52.40″N,105° 12′51.68″W
   Map: 481702.2000, 4427544.8000
   MGRS: 13SDE8170227545

光标所在位置的像元坐标及像元值 {
  qb_boulder_msi ——— 图层名称
   File: 332,384
   Data: [315,374,248]

图 3.15　十字丝查询功能

3.3.4 像元定位功能

在工具栏 Go To 中输入像元坐标，单击回车，该像元则显示在图像中心位置。如果打开十字丝，则会以十字丝定位到该像元。输入的坐标类型和格式规定如表 3.7 所示。

表 3.7　像元定位功能对坐标的要求

输入的坐标类型	有效的坐标格式
经纬度坐标	经纬度坐标 X, Y, 可以是小数格式，也可以是度、分、秒格式 小数格式： 　40.004036, 105.219047 　40.004036N, 105.219047W 　40.0481N, 105.3420W 度、分、秒格式： 　40 0 14.53, 105 13 8.57 　40 0 14.53N, 105 13 8.57W 　40 0′34.34″N, 105 13′46.20″W
数据坐标	数据坐标 X, Y, 并在其中一个坐标后面加上 "＊" 标识： 　181.1＊, 91.1 　169＊, 79 　29＊, 45

续表

输入的坐标类型	有效的坐标格式
地理坐标	地理坐标 X，Y，如果输入的数据大于 30000，ENVI 认为其为地理坐标，格式如下： 481168，4426792 481872.8250，4427702.4750 482970.42，4427702.47
像元坐标	像元坐标 X，Y，如果坐标都为整数，或者超出了经纬度的范围，ENVI 认为其为像元坐标，如果坐标大于 30000，在其中一个坐标后面加上"p"以标识其为像元坐标，格式如下： 38p，45 433.5，469.5 −0.1039p，0.749
军事坐标	MGRS 坐标，如 13TDE8089728753

3.3.5　量测功能

单击工具栏上的 ![icon] 图标，打开 Cursor Value 窗口，可以量测图像上折线内各点之间距离和方向，还可以对多边形、矩形和椭圆的周长和面积进行测量。

（1）在工具栏中单击 ![icon] 图标，默认激活 ![icon] 工具，单击鼠标左键，在图像中绘制起始点和终点，两点间的距离和方向信息（相对于北的角度）则会显示在 Cursor Value 面板中，如图 3.16 所示。也可以切换 ![icon] 工具只量测方向。

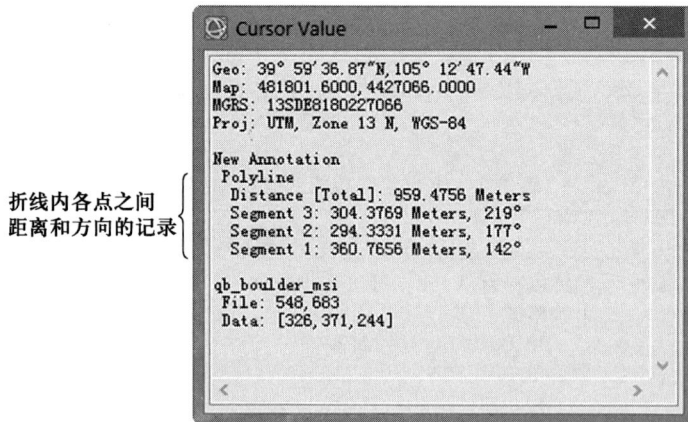

图 3.16　量测折线内两点之间的距离

（2）在 Layer Manager 中，在需要量测的图层上单击鼠标右键，选择 New Region of Interest Tool 菜单，选择 ![icon]、![icon] 或 ![icon] 图标，可分别在视窗中绘制多边形、矩形或圆形，在 Cursor Value 窗口中可实时显示所绘制形状的量测信息，包括多边形的面积和周长，如图 3.17 所示。

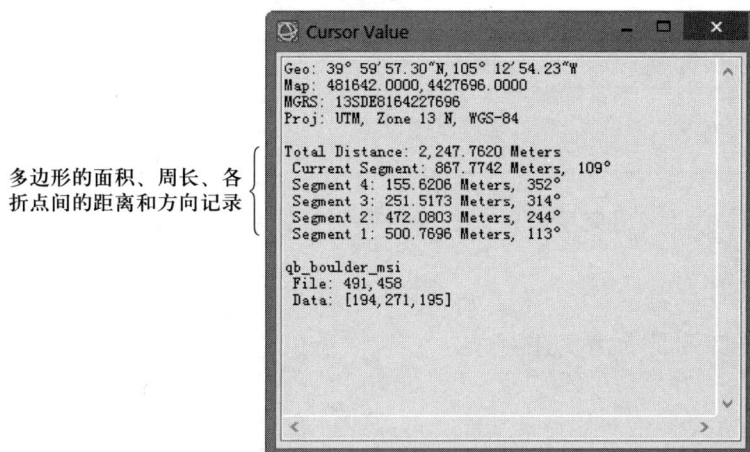

多边形的面积、周长、各折点间的距离和方向记录 {

图 3.17 多边形的量测信息

完成一个形状的量测，单击鼠标右键选择 Clear 菜单擦除，可以再次选择形状进行新的量测。

3.3.6 图像增强显示功能

ENVI5.1 提供包括线性和非线性在内的一系列拉伸方法，从而增强图像的对比度（这些增强操作没有改变原始的 DN 值）。如果数据的头文件中包含了默认的拉伸方法，在打开数据时会自动应用；如果头文件中没有包含默认的拉伸方法，打开数据时会根据数据类型应用不同拉伸方法：① 对 8 位的数据，不进行任何拉伸；② 对 16 位无符号整形数据，进行最优化的线性拉伸；③ 其他所有数据类型，都进行 2% 的线性拉伸（可以在系统设置里面设置默认的拉伸类型）。

在工具栏 No stretch 下拉菜单中提供了不同的拉伸方法，ENVI5.1 默认对所有图像范围进行拉伸统计。单击 按钮，是对当前显示的视窗范围进行拉伸统计，如果当前视窗范围有所改变，单击 刷新按钮重新进行拉伸统计，如果要恢复到用所有图像范围进行拉伸的效果，单击 按钮即可。ENVI5.1 提供的拉伸方法见表 3.8。

表 3.8 拉伸方法

拉 伸 方 法	功 能
No stretch	不应用拉伸
Linear，Linear1%，Linear2%，Linear5%	预设百分比的线性拉伸
Equalization	直方图均衡化拉伸
Gaussian	高斯拉伸，默认的标准差是 0.3
Square Root	平方根拉伸，把图像先转换到平方根的灰度范围，再进行线性拉伸
Logarithmic	对数拉伸

续表

拉 伸 方 法	功　　能
Optimized Linear	最优线性拉伸
Custom	用户自定义拉伸

使用 Custom ▦可实现交互式直方图拉伸功能，详细介绍可参考本书第 5 章图像增强相关内容。

3.3.7　图像对比显示功能

工具栏上有 4 个图像对比显示功能，可以通过卷帘、小窗口、闪烁等效果进行上下两个图层的对比显示。

1. 小窗口（Portal）

单击 Display→Protal 或者单击工具栏上的▣按钮，视窗上打开一个小窗口，里面显示位于下层位置的图层。按住鼠标左键，移动小窗口，鼠标放在边缘可以调整窗口大小；鼠标放在小窗口的最上方，会出现 ▮◀▷菜单，分别可以进行固定位置、开启切换和调整切换速度的操作。

2. 视窗切换（View Blend）

单击 Display→View Blend 或者单击工具栏上的▣按钮，视窗在两个图层之间进行缓慢的过渡。鼠标放在视窗最上方，会出现 ‖◀▷菜单，分别可以暂停切换和调整切换速度。

3. 视窗闪烁（View Flicker）

单击 Display→View Flicker 或者单击工具栏上的▣按钮，视窗在两个图层之间闪烁。鼠标放在视窗最上方，会出现 ‖◀▷菜单，分别可以暂停闪烁和调整闪烁速度。

4. 视窗卷帘（View Swipe）

单击 Display→View Swipe 或者单击工具栏上的▣按钮，视窗上开启一个卷帘并自动移动，进行两个图层对比。鼠标放在视窗最上方，出现 ‖◀▷菜单，分别可以暂停卷帘移动和调整卷帘移动速度。

提示：鼠标放在效果视窗最上方出现的菜单，右上角有✖按钮，单击可关闭对比效果。也可在 Layer Manager 中新开启的效果图层上单击鼠标右键，选择 Remove 菜单，关闭对比效果。

3.4　Display 菜单操作

Display 菜单包括与显示相关的一些功能，如表3.9 所示。

表 3.9 Display 菜单说明

菜 单 命 令	功 能
Custom Stretch	交互式拉伸（详见本书第 5 章图像增强相关内容）
Spectral Library Viewer	浏览标准波谱库
New Plot Window	新建绘图窗口
2D Scatter Plot	2 维散点图
Profiles	剖面
Spectial	波谱曲线
Horizontal	水平方向剖面
Vertical	垂直方向剖面
Arbitrary	任意方向剖面
Cursor Value	光标值
Portal	小窗口
View Blend	视图切换
View Flicker	视图闪烁
View Swipe	视图卷帘

3.4.1 Spectral Library Viewer（波谱库浏览器）

Spectral Library Viewer 是浏览波谱库文件的工具，ENVI 5.1 自带 5 种标准波谱库。单击 Display→Spectral Library Viewer，打开波谱库浏览面板，可显示 ENVI 5.1 自带的波谱库文件。例如，展开 Veg_lib（99）→Veg_1 dry. sli 文件夹，选择任意几条曲线显示，展开右侧的属性显示窗口，如图 3.18 所示。

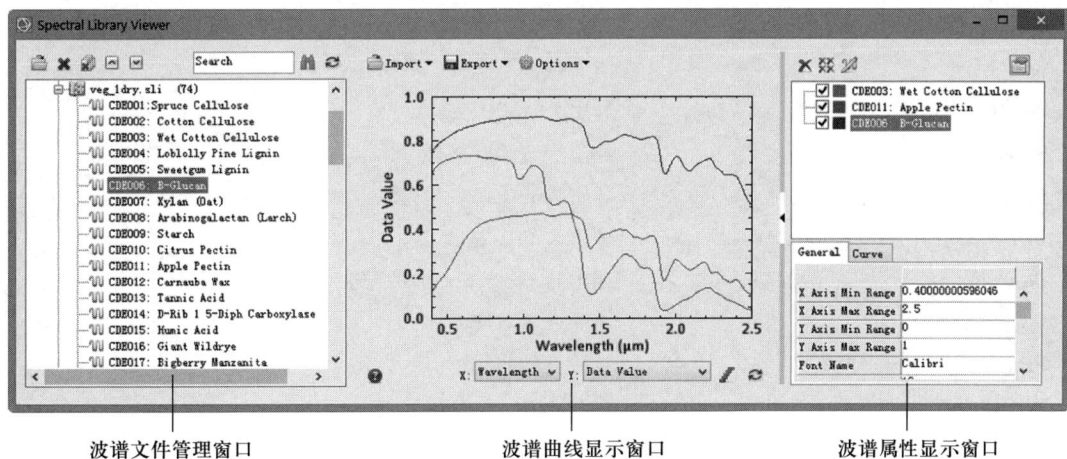

图 3.18 波谱库浏览面板

1. 波谱文件管理窗口

波谱文件管理窗口默认显示了 ENVI5.1 自带的波谱库文件夹以及用户打开的所有波谱库文件。工具栏按钮如表 3.10 所示。

表 3.10　波谱文件管理窗口工具栏及功能

工具栏图标	功　　能
⬜（Open Spectral Library）	打开波谱库文件，包括 .sli、.msl、.asd、.rad 格式
✖（Close Spectral Library）	关闭选中的波谱库文件
🖼（Close Spectral Libraries）	关闭所有的波谱库文件
🔼（Collapse All）	折叠波谱库文件
🔽（Expand All）	展开波谱库文件
serch	输入要搜索的波谱名称
🔍（Search）	单击搜索
🔁（Reset）	恢复上一步操作

2. 波谱曲线显示窗口

波谱曲线显示窗口显示了所选中的波谱曲线，包含的菜单项和选项功能如表 3.11 所示。

表 3.11　波谱曲线显示窗口功能

菜　单　项	功　　能
Import	导入文件
ASCII	导入 ASCII 格式文件
Spectral Library	导入波谱库文件
Export	导出文件
ASCII	导出为 ASCII 文件
Spectral Library	导出为波谱库文件
Image	导出为 Image 格式文件
PDF	导出为 PDF 格式文件
PostScript	导出为 PostScript 格式文件
Copy	截屏波谱曲线
Print	直接打印曲线
PowerPoint	在 PowerPoint 中展示
Options	选项
New Window with Plots	打开新的曲线绘制窗口，并保留已绘制的曲线
Crosshair Always On	波谱曲线上显示十字丝

续表

菜 单 项	功 能
Legend	为波谱曲线添加图例
X	X 轴可显示
Wavelength	波长（默认）
Index	波段 i，i 代表图像具有 i 个波段
Wavenumber	波数，即 1/wavelength
Y	Y 轴可显示
Data Value	原始 DN 值
Continuum Removed	包络线去除
Binary Encoding	二进制编码
✏ （Stack Plots）	同一窗口中显示多个地类的波谱曲线但不予重叠显示
🔁 （Reset Plot Range）	恢复原始数值范围曲线显示
▶ ◀ （Show/Hide）	显示或者隐藏 Plot Key 与曲线属性

3. 波谱属性显示窗口

波谱属性显示窗口显示了波谱曲线的名称、颜色、线形等属性信息，如表 3.12 所示。

表 3.12 波谱曲线显示窗口功能

属 性	属 性 说 明
General	一般属性
X Axis Min Range	X 轴最小值
X Axis Max Range	X 轴最大值
Y Axis Min Range	Y 轴最小值
Y Axis Max Range	Y 轴最大值
Font Name	字体名称
Font Size	字体大小
Plot Title	曲线标题
X Axis Title	X 轴标题
Y Axis Title	Y 轴标题
X Major Ticks	X 轴刻度
Y Major Ticks	Y 轴刻度
Left Margin	左边增加背景
Right Margin	右边增加背景
Top Margin	上边增加背景
Bottom Margin	下边增加背景
Background Color	背景颜色（默认为灰色）

续表

属　　　性	属 性 说 明
Foreground Color	曲线颜色（默认为黑色）
Stack Offset	曲线堆叠位移
Curve	曲线属性
Name	名称
Color	颜色
Line Style	线型
Thickness	线的粗细
Symbol	线上的符号
Symbol Color	符号的颜色
Symbol Size	符号的大小
Symbol Thickness	符号的粗细
Symbol Fill	符号填充
Symbol Fill Color	符号填充颜色
（Edit Data Value）	数据值编辑
（Show/Hide properties）	显示/隐藏属性

3.4.2　2D Scatter Plot（2D 散点图）

2D 散点图绘制工具绘制了图像两个波段的像元值在笛卡儿坐标系中的散点图，一个波段作为 X 坐标，另一个波段作为 Y 坐标。散点图显示了两个波段的相关性。

（1）在主界面中，选择 Display→2D Scatter Plot，打开 2D Scatter Plot（图 3.19）。

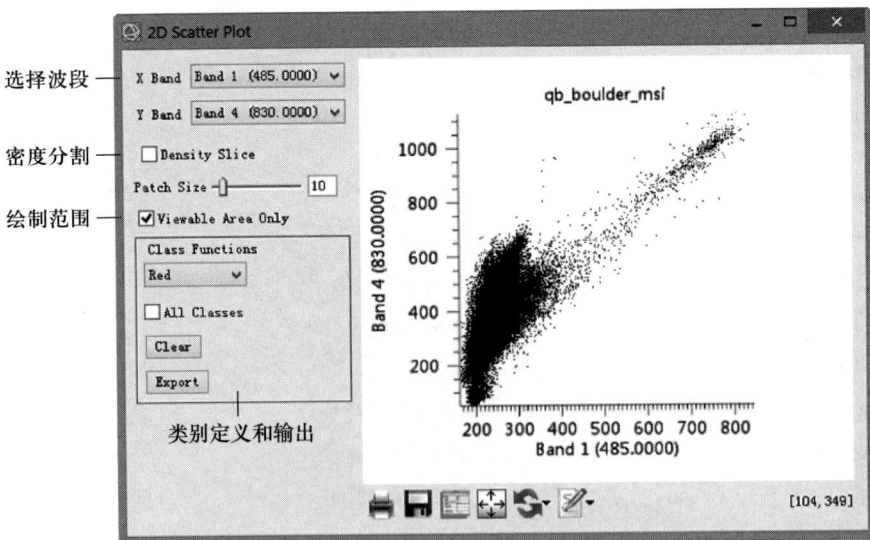

图 3.19　2D 散点图

（2）分别设置 X Band 和 Y Band 所对应的波段。默认值是当前显示的波段 1 和波段 4。

（3）散点图的放大与缩小。方法一：单击散点图窗口，按住 Shift 键，鼠标滚轮可以进行方法缩小；方法二：按住 Shift 键同时鼠标左键在散点图上拉框放大。单击 ⊕ 图标还原。

（4）Viewable Area Only 选项：仅可视范围，显示当前视窗范围内的散点图，防止绘制大数据量的散点图导致内存不足。该选项默认选择。

（5）Density Slice 选项：密度分割。散点图中的所有像元都是以黑色表示的，有一部分像元值在两个波段上是相同的，选择 Density Slice 选项，点的颜色从紫色（低密度）到红色（高密度）渐变。

（6）散点图和视窗图像的交互：按住鼠标左键在散点图上绘制一个区域，单击右键确定，选中的像元在视窗图像上相应地显示为红色；在散点图上单击鼠标中键，所选中的像元在图像上实时显示为红色；在图像上按住鼠标左键选中像元，散点图上相应的点实时显示为红色。可以调整 Patch size 参数来改变鼠标选中的像元个数。

（7）类别定义和输出：按住鼠标左键，在散点图上绘制区域，单击鼠标右键闭合，在散点图上与绘制区域相应的像元在图像上以红色显示。在 Class Functions 下拉框中选择其他颜色，同上方法绘制散点图上感兴趣的区域。单击 Export 按钮，所选类别可作为 ROI 叠加在图层上。如果勾选 All Classes 选项，所有类别的 ROI 叠加在图层上显示。单击 Clear 按钮，可删除散点图上的选中的感兴趣区域。

其他工具栏功能如表 3.13 所示。

表 3.13 2D 散点图窗口工具栏功能

工具栏按钮	功　　能
🖨 （Print）	打印
💾 （Save As）	保存为散点图文件，格式可以为 .img、.png 等
🖼 （Properties）	属性，包括散点图名称、是否显示、透明度、方法等
⊕ （Reset Axis Range）	坐标轴重置
🔄 （Edit）	编辑
Undo Send to Back	撤销上一步操作
Redo	重做上一步操作
Bring To Front	置于顶层
Send To Back	置于底层
Cut	剪切
Copy	复制
Paste	粘贴
✏ （Insert）	插入注记
Text	文本
Line	线
Rectangle	矩形

续表

工具栏按钮	功　　能
Oval	圆
Polygon	多边形
Freehand	任意线
Arrow	箭头
Legend	图例
Colorbar	色度带

3.4.3　Profiles（波谱剖面）

ENVI 可以获取水平的（X）、垂直的（Y）、波谱的（对每个像元为 Z）以及任意的剖面图。

1. Z 波谱剖面

ENVI 的 Z 波谱剖面用于交互地绘制指针处像元的波谱图（所有波段）。下面介绍从图像上获取波谱曲线的步骤。

（1）显示一幅多光谱或高光谱数据，选择 Display→Profiles→Spectral，或者右键选择工具栏中的 ![btn]，在快捷菜单中选择 Z Profile（Spectrum），打开 Spectral Profile 面板（图 3.20）。

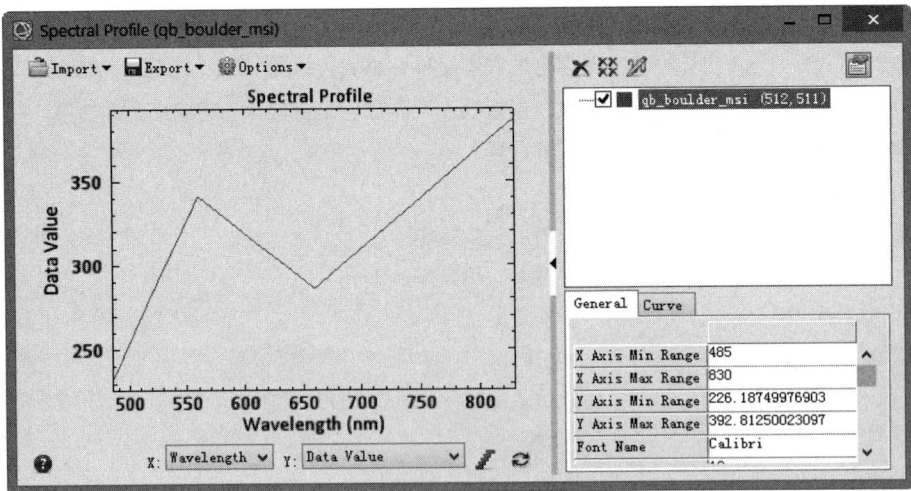

图 3.20　波谱曲线显示面板

（2）在 Spectral Profile 面板中，默认显示位于视窗中央像元的波谱曲线。

（3）左键单击像元，该像元的波谱曲线则显示在面板中。

Spectral Profile 面板包括波谱曲线显示面板和属性面板，面板中有菜单项和功能按钮，各功能说明见表 3.14 和表 3.15。

表 3.14 Spectral Profile 波谱曲线显示窗口菜单命令及其功能

菜 单 项	功 能
Import	导入文件
ASCII	导入文本数据
Spectral Library	导入波谱库数据
Export	导出文件
ASCII	导出为 ASCII 文件
Spectral Library	导出为波谱库文件
Image	导出为 Image 格式文件
PDF	导出为 PDF 格式文件
PostScript	导出为 PostScript 格式文件
Copy	截屏波谱曲线
Print	直接打印曲线
PowerPoint	在 PowerPoint 中展示
Options	选项
New Window with Plots	新建一个波谱显示窗口，并保留已经绘制的波谱曲线
Crosshair Always On	打开波谱曲线十字丝
Legend	打开图例
Vegetation Index（NDVI）	添加 NDVI 图例
RGB Bars	添加 RGB 线
Load New Band Combination	加载新的波段组合
Additional Profiles	附加的波谱
X	X 轴可显示
Wavelength	波长（默认）
Index	波段 i，i 代表图像具有 i 个波段
Wavenumber	波数，即 $1/$wavelength
Y	Y 轴可显示
Data Value	原始 DN 值
Continuum Removed	包络线去除
Binary Encoding	二进制编码
✐（Stack Plots）	同一窗口中显示多个地类的波谱曲线不予重叠显示
⟳（Reset Plot Range）	恢复原始数值范围曲线显示
▶、◀（Show/Hide）	显示或者隐藏 Plot Key 与曲线属性

表 3.15　Spectral Profile 波谱曲线属性窗口菜单命令及其功能

菜　单　项	属 性 说 明
General	一般属性
X Axis Min Range	X 轴最小值
X Axis Max Range	X 轴最大值
Y Axis Min Range	Y 轴最小值
Y Axis Max Range	Y 轴最大值
Font Name	字体名称
Font Size	字体大小
Plot Title	曲线标题
X Axis Title	X 轴标题
Y Axis Title	Y 轴标题
X Major Ticks	X 轴刻度
Y Major Ticks	Y 轴刻度
Left Margin	左边增加背景
Right Margin	右边增加背景
Top Margin	上边增加背景
Bottom Margin	下边增加背景
Background Color	背景颜色（默认为灰色）
Foreground Color	曲线颜色（默认为黑色）
Stack Offset	曲线堆叠位移
Spectral Average	波谱平均数
NDVI Orientation	NDVI 图例的方向
NDVI Width	NDVI 图例的宽度
Curve	曲线属性
Name	名称
Color	颜色
Line Style	线型
Thickness	线的粗细
Symbol	线上的符号
Symbol Color	符号的颜色
Symbol Size	符号的大小
Symbol Thickness	符号的粗细
Symbol Fill	符号填充
Symbol Fill Color	符号填充颜色
Legend	图例
Legend Style	图例的类型

续表

菜　单　项	属　性　说　明
Font Name	字体名称
Font Size	字体大小
Show Frame	显示边框
Frame Color	边框颜色
Show Background	显示背景
Background Color	背景颜色（默认是灰色）
✖ （Remove Selected Curve）	移除所选曲线
✖✖ （Remove All Curves）	移除所有曲线
📈 （Edit Data Value）	数据值编辑
📋 （Show/Hide properties）	显示/隐藏属性

2. 水平剖面

选择 Display→Profiles→Horizontal，打开 Horizontal Profile 面板（图 3.21），默认绘制的是视窗中心水平线剖面的曲线。在视窗中单击鼠标，可以看到不同行的剖面图。面板分为剖面曲线显示窗口和属性窗口，各功能可参考表 3.14 和表 3.15。

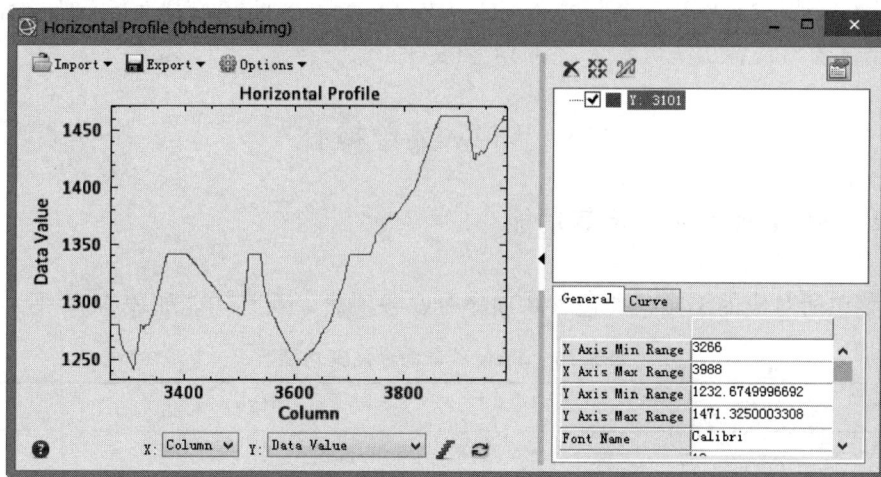

图 3.21　水平剖面曲线显示面板

3. 垂直剖面

选择 Display→Profiles→Vertical，打开 Vertical Profile 面板（图 3.22），默认绘制的是视窗中心垂直线剖面的曲线。在视窗中单击鼠标，可以看到不同列的剖面图。曲线绘制面板分为剖面曲线显示窗口和属性窗口，各功能可参考表 3.14 和表 3.15。

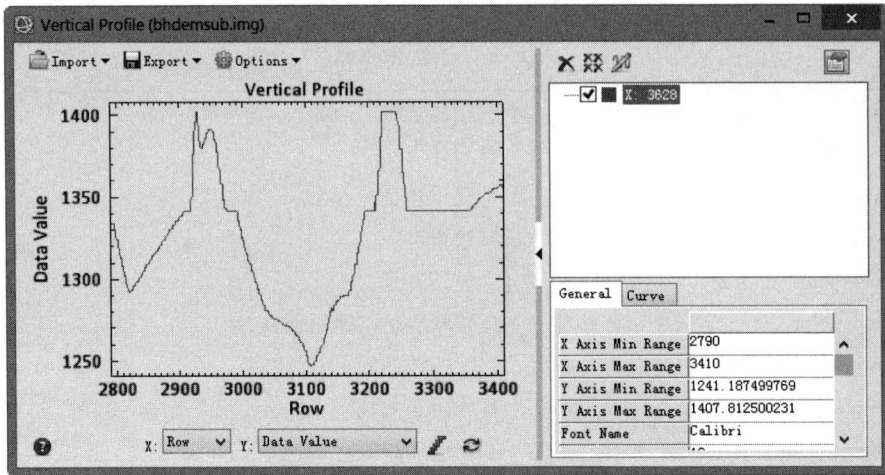

图 3.22　垂直剖面曲线显示面板

4. 任意剖面

选择 Display→Profiles→Arbitrary，或者单击工具栏上的 图标，使鼠标具有绘制功能，在视图上单击鼠标左键绘制任意剖面折线，单击右键，选择 Complete and Accept Polyline，自动打开 Arbitrary Profile 面板，绘制出该曲线的剖面图。回到视图中继续绘制一个新的剖面，会相应地打开一个新的 Arbitrary Profile 面板。曲线绘制面板分为剖面曲线显示窗口和属性窗口，各功能可参考表 3.14 和表 3.15。

3.5　View 菜单操作

3.5.1　View 菜单命令及其功能

View 菜单所对应的下拉菜单包含 8 项命令，各项命令及其功能如表 3.16 所示。

表 3.16　View 菜单命令及其功能

菜 单 命 令	功　　能
Creat New View	新建一个新的视窗
One View	只打开一个视窗（默认）
Two Vertical Views	打开左右两个视窗
Two Horizontal Views	打开上下两个视窗
2 * 2 Views	打开 4 个视窗
3 * 3 Views	打开 9 个视窗
4 * 4 Views	打开 16 个视窗
Link Views	视窗链接

3.5.2 Link Views（视窗链接）

Link Views（视窗链接）是对多个视窗中的图像进行链接显示，所以在进行视窗链接显示之前，需要至少打开两个视窗，并在视窗中分别显示图像。

（1）选择 View→Two Vertical Views，打开两个视窗。

（2）分别在两个视窗中打开两个相同区域的图像文件。

（3）选择 View→Link Views，打开 Link Views 面板（图 3.23）。

图 3.23　链接视窗创建窗口

（4）在 Link Views 窗口中，鼠标左键选择要链接的视窗 1 和视窗 2，则左侧 Links 下就创建了视窗链接，如图 3.23 所示，单击 OK 按钮。

（5）在 ENVI 界面，鼠标在其中一个视图上进行平移、放大、缩小等操作，另一个视窗同步显示同一个地理范围。

（6）关闭链接：选择 View→Link Views，打开 Link Views 面板，鼠标左键选择所要关闭的链接，单击 Remove 按钮，移除链接。

第4章 遥感图像预处理

图像预处理是遥感图像处理工程中非常重要的环节，主要包括图像几何校正、图像融合、图像镶嵌和图像裁剪等过程，处理顺序一般如图4.1所示。

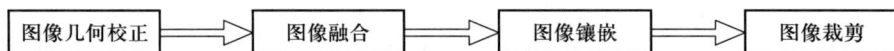

图像几何校正 ⟹ 图像融合 ⟹ 图像镶嵌 ⟹ 图像裁剪

图4.1 一般图像预处理流程

本章主要介绍以下内容：
➢ 自定义坐标系
➢ 图像几何校正
➢ 图像融合
➢ 图像镶嵌
➢ 图像裁剪
➢ 图像融合实例

4.1 自定义坐标系

一般国外商业软件的坐标系分为两种：标准坐标系（Standard）和自定义坐标系（Custom）。由于我国的特殊情况，往往需要自定义坐标系。后面很多图像处理过程涉及坐标系，这里首先介绍 ENVI5.1 中自定义坐标系的过程，以北京 54 坐标系、西安 80 坐标系和 CGCS2000 坐标系为例。

4.1.1 地理投影基本原理

常用到的地图坐标系有两种，即地理坐标系和投影坐标系。地理坐标系是以经纬度为单位的地球坐标系统，包括两个重要部分，即地球椭球体（spheroid）和大地基准面（datum）。由于地球表面的不规则性，它不能用数学公式来表达，也就无法实施运算，所以必须找一个形状和大小都很接近地球的椭球体来代替地球，这个椭球体被称为地球椭球体，我国常用的椭球体如表4.1所示。

大地基准面指目前参考椭球与 WGS84 参考椭球间的相对位置关系（3 个平移，3 个旋转，1 个缩放），可以用其中 3 个、4 个或者 7 个参数来描述它们之间的关系，每个椭球体都对应一个或多个大地基准面。

表 4.1 我国常用椭球体及参数

椭球体名称	年份	长半轴/m	短半轴/m	扁率
WGS84	1984	6378137.0	6356752.3	1∶298.257
克拉索夫斯基（Krasovsky）	1940	6378245.0	6356863.0	1∶298.3
IAG-75	1975	6378140.0	6356755.3	1∶298.257
CGCS2000（CRS80）	2008	6378137.0	6356752.3	1∶298.257

投影坐标系是利用一定的数学法则把地球表面上的经纬网表示到平面上，属于平面坐标系。数学法则指的是投影类型，目前我国普遍采用的是高斯-克吕格投影，在英美等国家称为横轴墨卡托投影（Transverse Mercator）。

高斯-克吕格投影的中央经线与赤道为互相垂直的直线，其他经线均为凹向并对称于中央经线的曲线，其他纬线均为以赤道为对称轴的向两极弯曲的曲线，经纬线成直角相交。在这个投影上，角度没有变形。中央经线长度比等于 1，没有长度变形，其余经线长度比均大于 1，长度变形为正，距中央经线愈远变形愈大，最大变形在边缘经线与赤道的交点上；面积变形也是距中央经线愈远，变形愈大。为了保证地图的精度，采用分带投影方法，即将投影范围的东西界加以限制，使其变形不超过一定的限度，这样把许多带结合起来，可成为整个区域的投影。高斯-克吕格投影的变形特征是：在同一条经线上，长度变形随纬度的降低而增大，在赤道处为最大；在同一条纬线上，长度变形随经差的增加而增大，且增大速度较快。在 6°带范围内，长度最大变形不超过 0.14%。

6°带是从 0°子午线起，自西向东每隔经差 6°为一投影带，全球分为 60 个带，各带的带号用自然序数 1，2，3，…，60 表示，即以东经 0~6°为第 1 带，其中央经线为 3°E，东经 6°~12°为第 2 带，其中央经线为 9°E，其余类推。3°带是从东经 1°30′的经线开始，每隔 3°为一带，全球划分为 120 个投影带。

在高斯-克吕格投影上，规定以中央经线为 X 轴，赤道为 Y 轴，两轴的交点为坐标原点。X 坐标值在赤道以北为正，以南为负；Y 坐标值在中央经线以东为正，以西为负。我国在北半球，X 坐标皆为正值。Y 坐标在中央经线以西为负值，运用起来很不方便。为了避免 Y 坐标出现负值，将各带的坐标纵轴西移 500 km，即将所有 Y 值都加 500 km。

由于采用了分带方法，各带的投影完全相同，某一坐标值 $(x，y)$，在每一投影带中均有一个，在全球则有 60 个同样的坐标值，不能确切表示该点的位置。因此，在 Y 值前，需冠以带号，这样的坐标称为通用坐标。

高斯-克吕格投影各带是按相同经差划分的，只要计算出一带各点的坐标，其余各带都是适用的。这个投影的坐标值由国家测绘部门根据地形图比例尺系列，事先计算制成坐标表，供作业单位使用。

我国规定 1∶1 万、1∶2.5 万、1∶5 万、1∶10 万、1∶25 万、1∶50 万比例尺地形图均采用高斯-克吕格投影。1∶2.5 万~1∶50 万比例尺地形图采用经差 6°分带，1∶1 万和 1∶2.5 万比例尺地形图采用经差 3°分带。

4.1.2　国内坐标系

在地面上建立一系列相连接的三角形，量取一段精确的距离作为起算边，在这个边的两端点，采用天文观测的方法确定其点位（经度、纬度和方位角），用精密测角仪器测定各三角形的角值，根据起算边的边长和点位，就可以推算出其他各点的坐标。这样推算出的坐标，称为大地坐标。

我国 1954 年在北京设立了大地坐标原点，由此计算出来的各大地控制点的坐标，称为 1954 年北京坐标系（简称"北京 54 坐标系"）。为了适应大地测量的发展，我国于 1978 年采用国际大地测量协会推荐的 IAG-75 地球椭球体建立了我国新的大地坐标系，并在 1986 年宣布在陕西省泾阳县设立了新的大地坐标原点，由此计算出来的各大地控制点坐标，称为 1980 年大地坐标系（简称"西安 80 坐标系"）。随着社会的进步，国民经济建设、国防建设和社会发展、科学研究等对国家大地坐标系提出了新的要求，迫切需要采用原点位于地球质量中心的坐标系统作为国家大地坐标系。2000 国家大地坐标系（China Geodetic Coordinate System 2000，CGCS2000）是全球地心坐标系在我国的具体体现，其原点为包括海洋和大气的整个地球的质量中心，CGCS2000 是我国当前最新的国家大地坐标系。

值得注意的是，我们经常给图像投影时用到的北京 54、西安 80 或者 CGCS2000 坐标系是指投影直角坐标系，表 4.2 所示为北京 54、西安 80 和 CGCS2000 坐标系采用的主要参数。

表 4.2　北京 54、西安 80 和 CGCS2000 坐标系采用的主要参数

坐 标 名 称	投 影 类 型	椭 球 体	基 准 面
北京 54	高斯-克吕格（横轴墨卡托）	克拉索夫斯基（Krasovsky）	D_Beijing_1954
西安 80	高斯-克吕格（横轴墨卡托）	IAG75	D_Xian_1980
CGCS2000	高斯-克吕格（横轴墨卡托）	CGCS2000	D_China_2000

从表 4.2 中可以看到，我们通常所称的北京 54、西安 80 和 CGCS2000 坐标系实际上指的是我国的三个大地基准面。

4.1.3　坐标系参数获取

对于地理坐标系，只需要确定两个参数，即椭球体和大地基准面。对于投影坐标系，投影类型为高斯-克吕格（横轴墨卡托），除了确定椭球体和大地基准面外，还需要确定中央经线。

确定大地基准面的关键是确定 7 个参数（或者其中几个参数），北京 54 坐标系基准面可以用 3 个平移参数来确定，即"-12,-113,-41,0,0,0,0"，很多软件近似为 Krasovsky(0,0,0,0,0,0,0)基准面。西安 80 坐标系的 7 参数比较特殊，各个区域不一样，一般有两个途

径：一是直接从测绘部门获取；二是根据 3 个以上具有西安 80 坐标系与其他坐标系的同名点坐标值，利用软件来推算，有一些绿色软件具有这个功能，如 Coord MG。

中央经线获取可根据已知带号计算，6°带用 $6*N-3$，3°带用 $3*N$。

4.1.4　ENVI 中自定义坐标系

ENVI 中的坐标定义文件存放在...\Exelis\ENVI51\classic\map_proj 文件夹下，3 个文件记录了坐标信息：ellipse. txt（椭球体参数文件）、datum. txt（基准面参数文件）、map_proj. txt（坐标系参数文件）。

在 ENVI 中，自定义坐标系分 3 步：定义椭球体、基准面和定义坐标参数。

第一步　添加椭球体

椭球体描述语法为

<椭球体名称>,<长半轴>,<短半轴>

使用记事本打开"ellipse. txt"，将"Krasovsky,6378245. 0,6356863. 0"、"IAG-75,6378140. 0,6356755. 3"和"CGCS2000,6378137. 0,6356752. 3"加入"ellipse. txt"末端。

注意："ellipse. txt"文件中已经有了克拉索夫斯基椭球，由于翻译原因，这里的英文名称是"Krassovsky"，为了让其他软件平台识别，这里新建一个"Krasovsky"椭球体。

第二步　添加基准面

基准面语法为

<基准面名称>,<椭球体名称>,<平移三参数>

使用记事本打开"datum. txt"，将"D_Beijing_1954, Krasovsky, -12, -113, -41"、"D_Xian_1980,IAG-75,0,0,0"和"D_China_2000,CGCS2000,0,0,0"加入"datum. txt"末端。

提示：为了更好地与 ArcGIS 系列产品兼容，从 ENVI4. 7 版本起，所有 ENVI 产品开始采用 ArcGIS 投影转换引擎（ENVI4. 7 之前的版本用的是 GCTP——常规制图转换包）。对用户来说，ENVI 菜单中所有的投影操作不变，同时还直接支持 ArcGIS 中的投影类型。但是自定义坐标系时有一些改变，需要基准面名称、投影坐标系名称与 ArcGIS 完全一致即可，字母的大小写也要相同。

第三步　定义坐标系

描述一个栅格文件的地理位置信息由两部分组成：坐标信息（Map）和投影信息（Projection）。坐标信息由起始点像素坐标以及对应的地理（投影）坐标和像素大小组成；投影信息就是坐标系信息。一般来说，如果坐标信息丢失，这个文件将会失去坐标；投影信息用来描述坐标信息，如果投影信息丢失，可以重新设定，也就是说，当一个软件下设定的投影信息在另外的软件下不能识别时，就可以通过修改投影信息来解决，不影响栅格文件的坐标信息。

在任何用到投影坐标的 ENVI 功能模块中都可以新建坐标系（在任何地图投影选择对话框中，单击 New 按钮）。下面介绍为丢失投影信息的图像设定坐标系的操作步骤。

（1）打开数据文件"f49e011021. img"（参见实验数据光盘\第 4 章 遥感图像预处理\

0-坐标定义）。

（2）在 Toolbox 工具箱中，双击/Raster Management/Edit ENVI Header 工具。在 Edit Header Input File 面板中选择输入文件。

（3）在 Header Info 面板中，单击 Edit Attributes 按钮，选择 Map Info 菜单，打开 Edit Map Information 面板。

（4）在 Edit Map Information 面板中，单击 Change Proj…按钮。

（5）在 Projection Selection 面板中，单击 New 按钮。

（6）在 Customized Map Projection Definition 面板中（图 4.2）输入如下参数：

- 投影坐标系名称（Projection Name）：Beijing_1954_GK_Zone_19。
- 投影类型（Projection Type）：Transverse Mercator。
- 基准面（Projection Datum）：D_Beijing_1954。
- 东偏距离（False eastion）：500000，如果想要坐标 X 值带有代号，就把带号加在 500000 前面，如 39 带，就填 39500000。
- 北偏距离（False northing）：0。
- 中央纬线（Latitude）：0。
- 中央经线（Longitude）：117。
- 中央经线长度比（Scale factor）：1，精度与 Gauss-Kruger 等同。

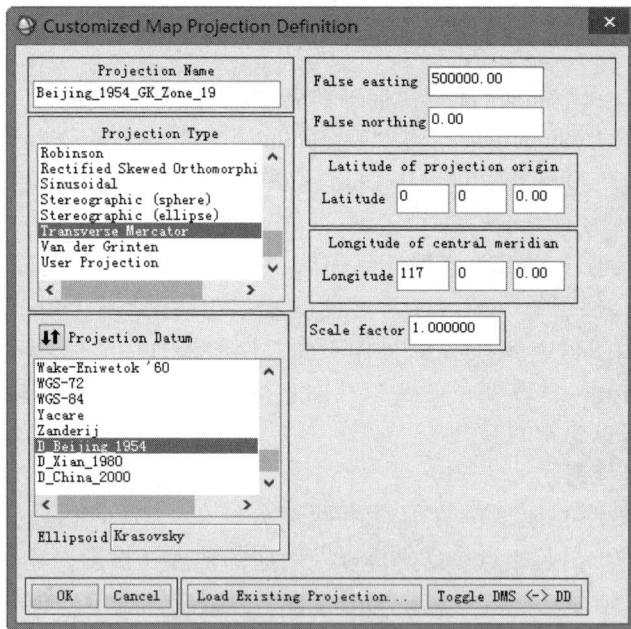

图 4.2　自定义坐标系

（7）单击 OK 按钮，在弹出对话框中选择"是"，然后单击 OK 按钮，将自定义坐标系存储在本地的"map_proj.txt"文件中。

（8）回到 Projection Selection 面板（图 4.3），选择刚自定义的坐标系"Beijing_1954_GK_Zone_19"。

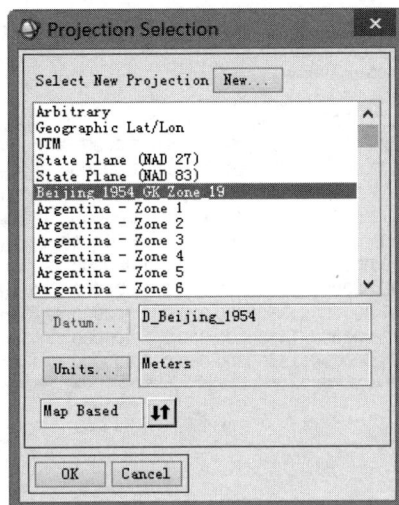

图 4.3 Projection Selection 面板

（9）回到 Edit Map Information 面板，单击 OK 按钮。

（10）回到 Header Info 面板，单击 OK 按钮。

（11）重新打开数据文件"f49e011021. img"。在 Data Manager 面板中，右键单击文件，选择 View Metadata 菜单，在打开的 Metadata Viewer 面板中选择左侧 Coordinate System（图 4.4），可以看到新添加的投影信息。

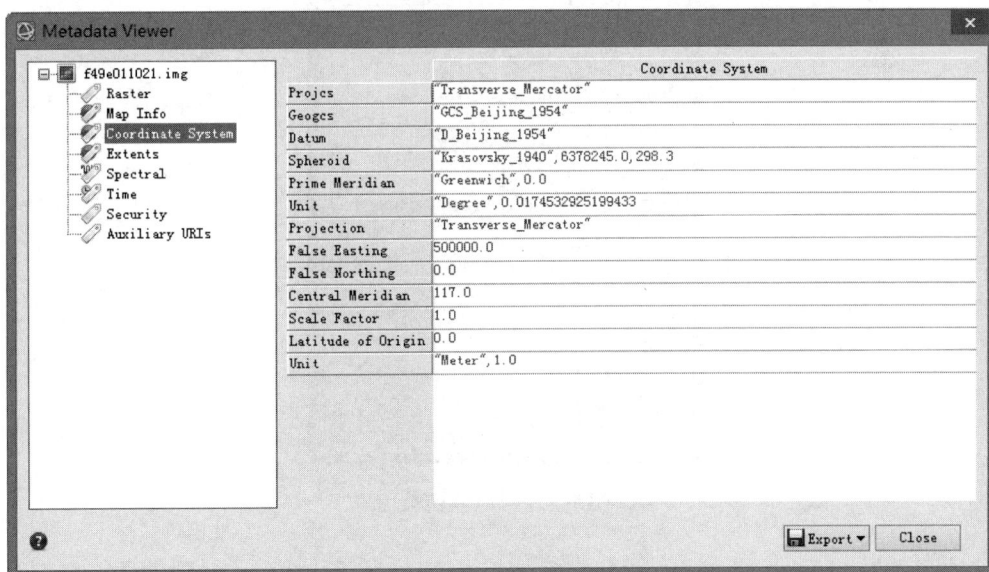

图 4.4 Metadata Viewer 面板

打开"map_proj. txt"，可以看到新建的坐标信息已经加入（图 4.5），这个自定义的坐标系就可以当作标准坐标系使用。

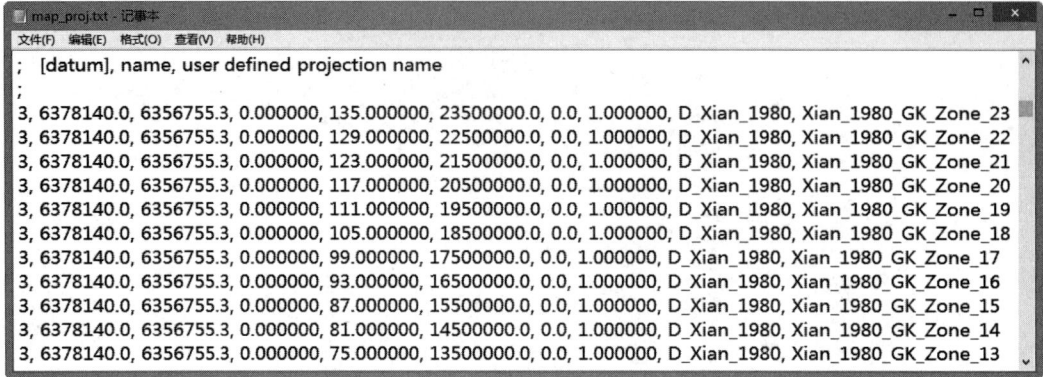

图 4.5　坐标信息列表

4.1.5　使用 ArcGIS 国内坐标系

虽然在 ENVI 中自定义坐标系非常方便，但是由于每一个坐标系均存在 3°和 6°分带，并且分带较多，如果逐个定义工作量较大。为了方便使用国内坐标系，提供定义好了的国内坐标系文件，只要替换 3 个 . txt 文件并重启动 ENVI，即可使用包含所有分带的国内坐标系（图 4.6）。坐标系文件参见实验数据光盘\0－坐标定义\国内坐标系文件\map_proj。

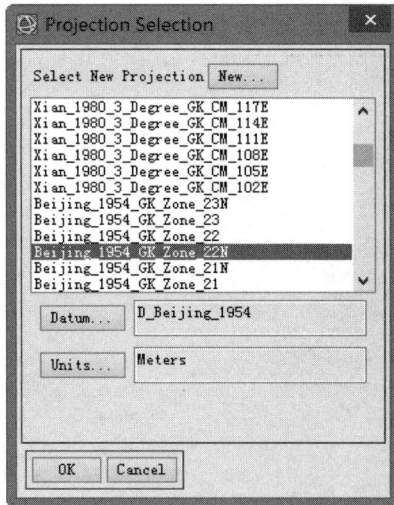

图 4.6　国内坐标系

4.2　图像几何校正

图像几何变形一般分为两大类：系统性和非系统性。系统性一般有传感器本身引起的，有规律可循和可预测性，可以用传感器模型来校正，卫星地面接收站已经完成这项工作；非系统性几何变形是不规律的，它可以是传感器平台本身的高度、姿态等不稳定，也可以是地球曲率及空气折射的变化以及地形的变化等。我们常说的几何校正就是消除这些非系统性几何变形。

几何校正是利用地面控制点和几何校正数学模型来矫正非系统因素产生的误差，同时也是将图像投影到平面上，使其符合地图投影系统的过程；由于校正过程中会将坐标系统赋予图像数据，所以此过程包括了地理编码（Geo-coding）。

4.2.1　图像几何校正概述

在开始介绍 ENVI 的几何校正方法和过程之前，首先对 ENVI 的几何校正功能要点进行简要说明，以便于随后的操作。

1. 几何校正方法

ENVI 针对不同的数据源和辅助数据，提供以下几种校正方法：

1）利用卫星自带地理定位文件进行几何校正

对于重返周期短，空间分辨率较低的卫星数据，如 AVHRR、MODIS、SeaWiFS 等，地面控制点的选择有相当的难度。我们可以用卫星传感器自带地理定位文件进行几何校正，校正精度主要受地理定位文件的影响。

在 Toolbox 工具箱中，选择 Geometric Correction/Georeference by Sensor/<选择传感器类型>，可以启动这种校正方法。

2）Image to Image 几何校正

以一幅没有经过几何校正的栅格文件或者已经经过几何校正的栅格文件作为基准图，通过从两幅图像上选择同名点（或控制点）来配准另外一幅栅格文件，使相同地物出现在校正后的图像相同位置。大多数几何校正都是利用此方法来完成的。

此操作需要在 ENVI Classic 中完成，选择主菜单→Map→Registration→Select GCPs：Image to Image，可以启动这种校正方法。

3）Imge to Map 几何校正

通过地面控制点对遥感图像几何进行平面化的过程，控制点可以是键盘输入、从矢量文件中获取或者从栅格文件中获取。地形图校正就可以采用此方法。

在 Toolbox 工具箱中，选择 Geometric Correction/Registration/Registration：Image to Map 工具，可以启动这种校正方法。

4）Image to Image 自动图像配准

根据像元灰度值或者地物特征自动寻找两幅图像上的同名点，根据同名点完成两幅图像的配置过程。当同一地区的两幅图像，由于各自校正误差的影响使得图上的相同地物不重叠时，可以利用此方法进行调整。

在 Toolbox 工具箱中，选择 Geometric Correction/Registration/Registration：Image to Image 工具，可以启动这种校正方法。

5）Image Registration Workflow 流程化工具

将具有不同坐标系、不同地理位置的图像配准到同一坐标系下，使图像中相同地理位置包含相同的地物。可以自动定位和匹配基准图像和待配准图像的同名点，使用可用空间参考信息和各种自动匹配技术来提高精度。

在 Toolbox 工具箱中，选择 Geometric Correction/Registration/Image Registration Workflow，可以启动这个流程化工具。

2. 控制点选择方式

ENVI 提供以下选择方式：

1）从栅格图像上选择

如果拥有需要校正图像区域的经过校正的图像、地形图等栅格数据，可以从中选择控制点，对应的控制点选择模式为 Image to Image 或 Image Registration Workflow。

2）从矢量数据中选择

如果拥有需要校正图像区域的经过校正的矢量数据，可以从中选择控制点，对应的模式为 Image to Map。

3）从文本文件中导入

事先已经通过 GPS 测量、摄影测量或者其他途径获得了控制点坐标数据，保存为以 [Map(x,y),Image(x,y)] 格式提供的文本文件，可以直接导入作为控制点，对应的控制点选择模式为 Image to Image 和 Image to Map。

4）键盘输入

如果只有控制点目标坐标信息或者只能从地图上获取坐标文件（如地形图等），只能通过键盘输入坐标数据并在图像上找到对应点，对应的模式为 Image to Map。

3. 控制点的预测与误差计算

1）控制点预测

ENVI 提供基于多项式计算模型的控制点预测功能。多项式次数可以调整为一次、二次和三次。对应最少控制点个数也不一样，选择一次多项式模型时，控制点数量达到 3 个时就可以开启自动预测功能。二次多项式为 9 个控制点，三次多项式为 16 个。

2）误差计算

ENVI 提供基于多项式计算模型和一次的仿射变换的误差计算。误差计算公式为

$$RMSE_{error}=\sqrt{(x'-x)^2+(y'-y)^2} \tag{4.1}$$

其中，x' 为多项式模型或一次的仿射变换计算得到 x 校正值，x 为控制点（同名点）的 x 值。

4. 几何校正计算模型

ENVI 提供 3 种计算模块。

1）仿射变换（RST）

至少需要 3 个控制点，使用以下计算公式：

$$x=a_1+a_2X+a_3Y$$
$$y=b_1+b_2X+b_3Y \tag{4.2}$$

2）多项式模型（Polynomial）

多项式模型在卫星图像校正过程中应用较多。在应用此模型时，需要确定多项式的次方数，通常选择 2 次或者 3 次。选择的次方数与所需的最少控制点是相关的，最少控制点计算公式为$(n+1)*2$，其中 n 为次方数。

例如，一次多项式的计算公式如下：

$$x=a_1+a_2X+a_3Y+a_4XY$$
$$y=b_1+b_2X+b_3Y+b_4XY \tag{4.3}$$

3）局部三角网（Taiangulation）

该方法要求较多的控制点，以及控制点分布均匀。

5. 重采样方法

重新定位后的像元在原图像中分布是不均匀的，即输出图像像元点在输入图像中的行列号不是或不全是正数关系。因此，需要根据输出图像上的各像元在输入图像中的位置，对原始图像按一定规则重新采样，进行亮度值的插值计算，建立新的图像矩阵。ENVI 提供的内插方法包括以下几种。

1）最近邻法（Nearest Neighbor）

取与所计算点(x,y)周围相邻的 4 个点，比较它们与被计算点的距离，哪个点距离最近，就取该点的亮度值作为(x,y)点的亮度值。

该方法的优点是输出图像仍然保持原来的像元值，简单，处理速度快。但这种方法最大可产生半个像元的位置偏移，可能造成输出图像中某些地物的不连贯。

2）双线性内插法（Bilinear）

取 (x,y) 点周围的 4 邻点，在 y 方向内插一次，再在 x 方向内插一次，得到 (x,y) 点的亮度值 $f(x,y)$。

虽然双线性内插法比最近邻发在计算量上有所增加，但精度明显提高，特别是对亮度不连续现象或线状特征的块状化现象有明显的改善。

3）三次卷积内插法（Cubic Convolution）

取与计算点周围相邻的 16 个点，先在某一方向内插，再根据计算结果在另一个方向上内插，得到一个连续内插函数。

这种方法对边缘有所增强，并具有均衡化和清晰化的效果，但它仍然破坏了原来的像元值，且计算量大。

一般认为，最邻近法有利于保持原始图像中的灰级，但对图像中的几何结构损坏较大。后两种方法虽然对像元值有所近似，但也在很大程度上保留了图像原有的几何结构，如道路网、水系、地物边界等。

4.2.2　基于自带定位信息的几何校正

下面所要介绍的是 MODIS L1B 数据的几何校正（参见实验数据光盘\第 4 章 遥感图像预处理\1-MODIS），其详细操作过程如下：

第一步　打开数据文件

MODIS 数据以 HDF（Hierarchical Data Format）格式保存，HDF 的全称为层次式文件格式。HDF 文件格式是一种具有自我描述性、可扩展性、自我组织性的可用于绝大多数科学研究的存储格式。

ENVI 支持 MODIS 的 MOD02 ~ MOD44 和 MYD02 ~ MYD44 产品。在主界面中选择→File→Open As→EOS→MODIS，选择打开 1 km 分辨率的 MODIS 文件"MOD021KM. A2013-185. 0245. 005. 2013185094144. hdf"。

ENVI 自动提取出头文件信息，包括地理参考信息和传感器定标参数等信息，并将图像波段加载到 Data Manager 中（图 4.7）。ENVI 自动将 MODIS 1 km 数据定标为 3 个部分数据：反射率（Reflectance）、辐射率（Radiance）和发射率（Emissive）。

第二步　选择校正模型

在 Toolbox 工具箱中，双击 Geometric Correction/Georeference by Sensor/Georeference MODIS 工具，在 Input MODIS File 对话框中单击文件名，可以在右边列表中查看文件信息。选择需要校正的文件，单击 OK 按钮，进入下一步 Georeference MODIS Parameters 对话框。

第三步　设置输出参数

（1）在 Georeference MODIS Parameters 对话框中（图 4.8），设置输出坐标系。

（2）在 Number Warp Points：X and Y fields 选择中，设置 X、Y 方向校正点的数量。在 X 方向的校正点数量应该小于等于 51 个，在 Y 方向的校正点数量应该小于等于行数。

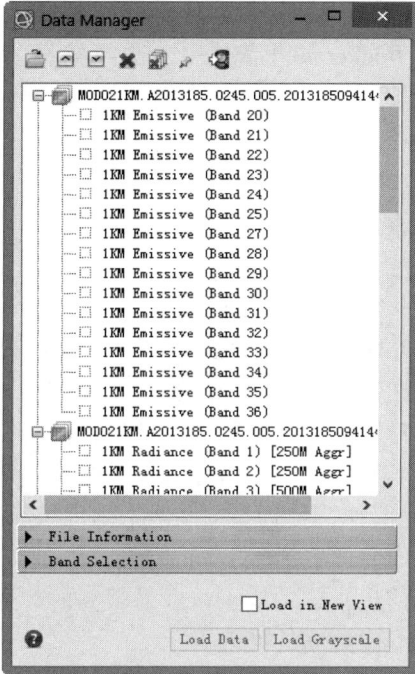

图 4.7　MODIS L 1B 数据的 Data Manager 面板　　　图 4.8　Georeference MODIS Parameters 对话框

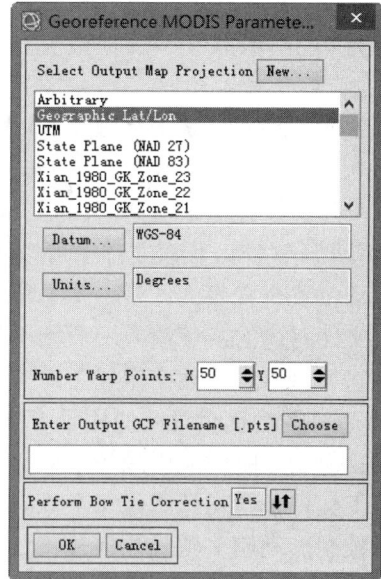

（3）可以将校正点导出成控制点文件（.pts），在 Enter Output GCP Filename 选项中单击 Choose 按钮，选择输出路径及文件名。

（4）Perform Bow Tie Correction 选项是用来消除 MODIS 的"蝴蝶效应"的，默认设置为"Yes"。

（5）单击 OK 按钮，进入 Registration Parameters 对话框（图4.9）。

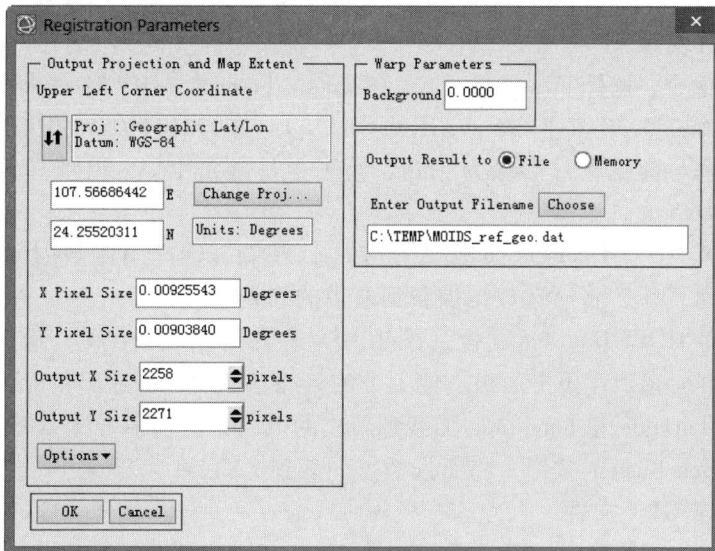

图 4.9　Registration Parameters 对话框

（6）在 Registration Parameters 对话框中，系统自动计算起始点的坐标值、像元大小、图像行列数据，可以根据要求更改。设置 Background 值为 0，选择路径和文件名输出。

（7）单击 OK 按钮，完成设置。

4.2.3　基于 GLT 的 FY-3 气象卫星几何校正

GLT 几何校正法利用输入的几何文件生成一个地理位置查找表（geographic lookup table，GLT）文件，从该文件中可以了解到某个初始像元在最终输出结果中的实际地理位置。地理位置查找表文件是一个二维图像文件，文件中包含两个波段：地理校正图像的行和列。文件对应的灰度值表示原始图像每个像素对应的地理位置坐标信息，用有符号整型存储，它的符号说明输出像元是对应于真实的输入像元，还是由邻近像元生成的填实像元（infill pixel），为正时说明使用了真实的像元位置值；符号为负时说明使用了邻近像元的位置值；值为 0 时说明周围 7 个像元内没有邻近像元位置值。

GLT 文件包含初始图像每个像元的地理定位信息，它的校正精度是很高的。避免了通过地面控制点利用多项式几何校正法对低分辨率图像数据的处理。

下面以我国的风云三号（FY-3）气象卫星可见光红外扫描辐射计（Visible and InfraRed Radiometer，VIRR）数据为例（参见实验数据光盘\第 4 章 遥感图像预处理\2-FY3），介绍这种几何校正方法。

我国的风云系列卫星使用 HDF5 作为数据存储格式。HDF5 是 HDF 系列格式的最新版本，为了充分利用当今计算机系统的能力和特点，克服 HDF4.x 的不足，采用了二叉树的方式建立文件内容的“索引”，通过“索引”可以方便、快捷地访问数据内容，支持大于 2 GB 的文件管理（HDF4.x 的极限），支持并行 I/O。HDF5 支持跨平台，它所支持的操作系统包括 Windows、Linux、Unix 等主流操作系统。

第一步　打开文件

（1）在主界面中，选择 File→Open As→Gerneric Formats→HDF5，选择文件“Z_SATE_C_BAWX_20090104070730_P_FY3A_VIRRX_GBAL_L1_20090104_0510_1000M_MS.H5”。

提示：风云三号数据文件后缀为 .hdf，为了更好地被 ENVI 识别，需要手动修改为 .h5 或 .he5 等 HDF5 文件后缀。

（2）在 Select HDF5 Datasets 面板（图 4.10）左侧，选择图像数据 EV_RefSV 选项，单击中间的 ➡ 加载箭头，将所选数据加载到右边的列表中。

（3）在 Select HDF5 Datasets 面板（图 4.10）左侧，按住 Ctrl 键，使用鼠标左键选中 Latitude 和 Longitude 选项，单击面板右侧下方的 🖼 按钮，可以新建 Raster 类别，然后单击中间的 ➡ 箭头将 Latitude 和 Longitude 加载到新建的 Raster 类别中（图 4.10）。

（4）单击 Open Rasters 按钮，将所选数据加载到 ENVI 中（图 4.11）。

第二步　生成 GLT 文件

（1）在 Toolbox 工具箱中，双击 Geometric Correction/Build GLT 工具。

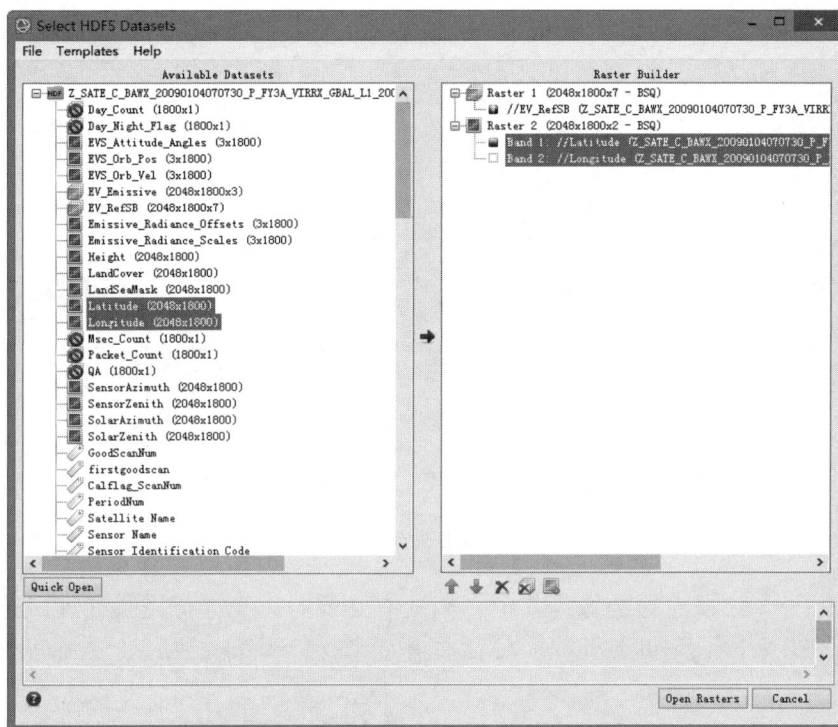

图 4.10 Select HDF5 Datasets 面板

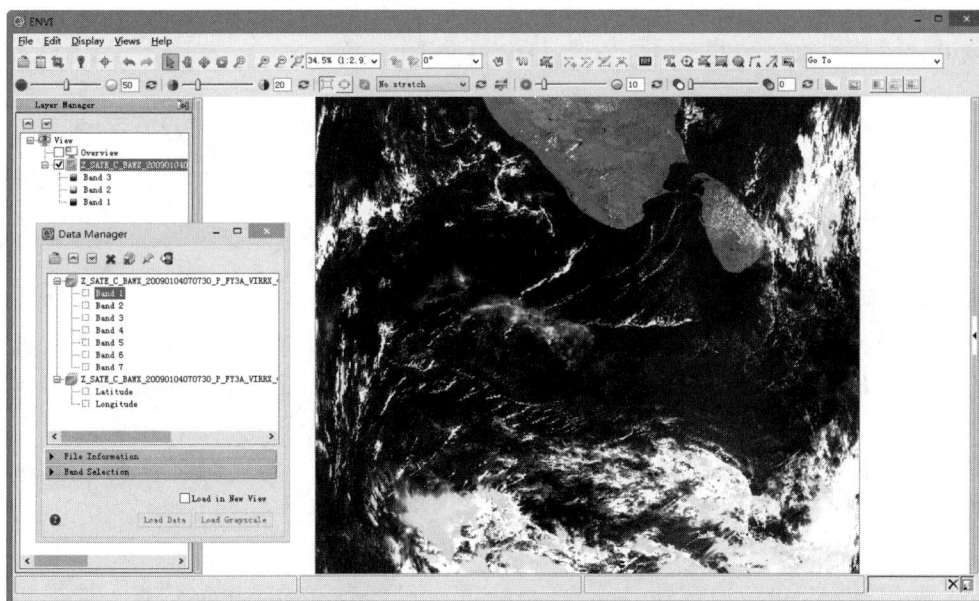

图 4.11 Data Manager 和数据加载

（2）在 Input X Geometry Band 对话框中，选择经度 Longitude 作为 *X* 波段，如图 4.12 所示。

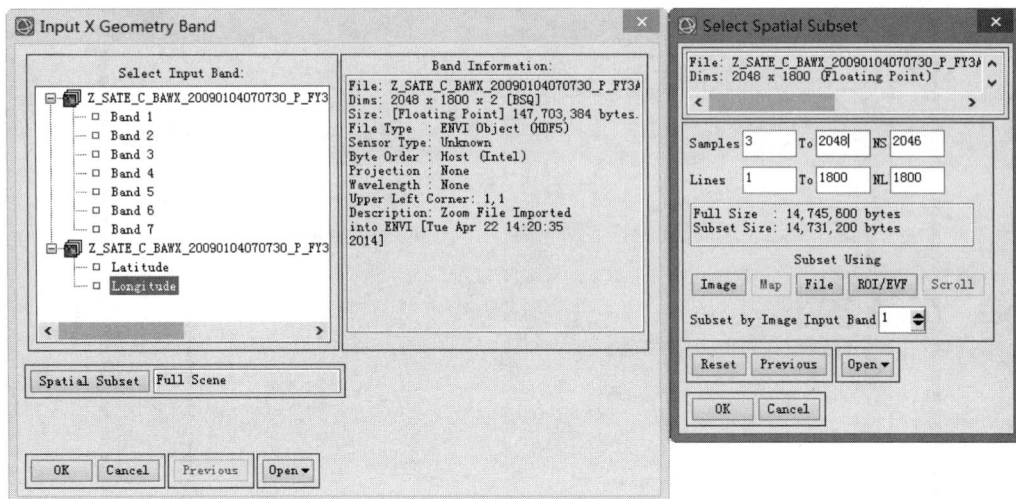

图 4.12   Input X Geometry Band 对话框

提示：由于 X 波段左边边缘为 0 值，因此有必要对边缘进行掩膜处理。选择 Spatial Subset 按钮，在 Select Spatial Subset 对话框中，设置 Samples 为 3，去掉开始的 3 个像素。

（3）在 Input Y Geometry Band 对话框中，选择纬度 Latitude 作为 Y 波段。

（4）在 Geometry Projection Information 对话框中，填写输出投影参数，这里选择 Geographic Lat/Lon 类型。

（5）在 Build Geometry Lookup File 对话框（图 4.13）中，填写输出像元大小（选择默认），旋转角度（Rotation）为 0（正上方为北），选择保存路径和文件名输出。

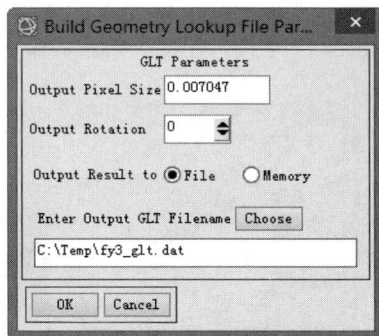

图 4.13   输出 GLT 文件

第三步   利用 GLT 文件几何校正图像

（1）在 Toolbox 工具箱中，双击 Geometric Correction/Georeference from GLT 工具，在 Input Geometry Lookup File 对话框中选择 GLT 文件，在 Input Data File 对话框中选择待校正文件。

提示：由于从 HDF5 数据集中打开的文件名称都一样，可通过左边的 File Information 来判断选择的文件。

（2）在输出对话框中，选择输出路径和文件名，单击 OK 按钮输出。

（3）输出结果会自动加载到 Data Manager 里，已经有了 Map Info 信息，选择相应的波段显示在视窗中。

第四步   查看结果

在 Toolbox 工具箱中，双击 SPEAR/SPEAR Google Earth Bridge 工具，将校正结果在 Google Earth 中叠加显示，可以看到校正结果和 Google Earth 基本重合（图 4.14）。

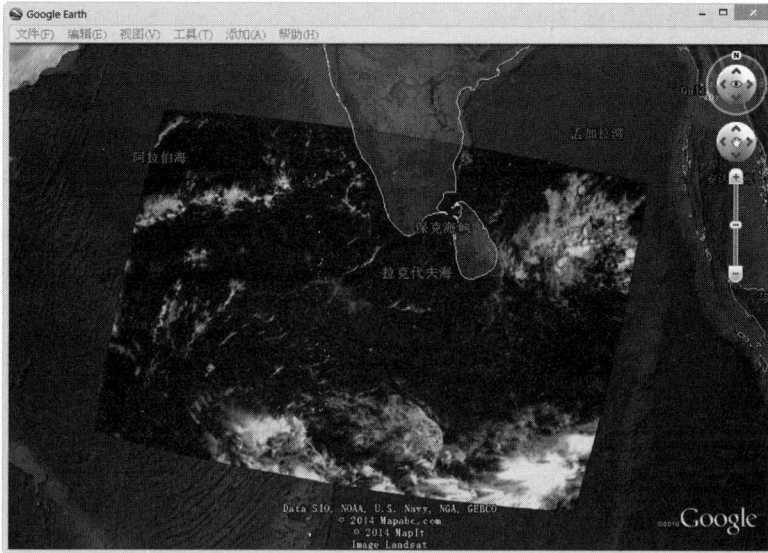

图 4.14 GLT 校正结果与 Google Earth 叠加显示

4.2.4 Image to Image 几何校正

下面介绍以具有地理参考的 SPOT 4 10 m 全色波段为基准，进行 Landsat 5 TM 30 m 图像的几何校正过程（参见实验数据光盘\第 4 章 遥感图像预处理\3–几何校正\Image to Image），文件都以 ENVI 标准栅格格式存储，其流程如图 4.15 所示。

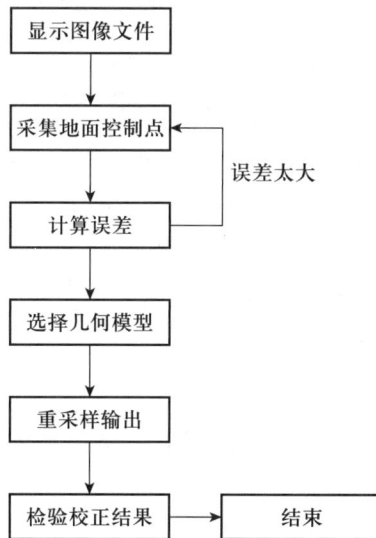

图 4.15 几何校正一般流程

本节内容需要在 ENVI Classic 下完成，选择开始→ENVI5.1→Tools→ENVI Classic，启动 ENVI Classic。

第一步　打开并显示图像文件

选择主菜单→File→Open Image File，将"bldr_sp. img"（SPOT 图像）和"bldr_tm. img"（TM 图像）文件打开，并将它们分别显示在 Display 窗口中。

第二步　启动几何校正模块

（1）选择主菜单→Map→Registration→Select GCPs：Image to Image，打开几何校正模块。

（2）选择显示 SPOT 文件的 Display 为基准图像（Base Image），显示 TM 文件的 Display 为待校正图像（Warp Image），如图 4.16 所示。单击 OK 按钮，进入采集地面控制点步骤。

第三步　采集地面控制点

在开始采集地面控制点之前，先对地面控制点选择对话框进行简要说明。

地面控制点选择对话框（图 4.17）由菜单条、功能按钮和文本选择框以及标签组成。菜单条中的菜单命令及其功能如表 4.3 所示。其他功能按钮、文本选择框和标签功能及其意义如表 4.4 所示。

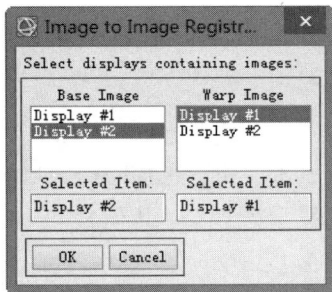

图 4.16　选择基准与待校正图像　　　　图 4.17　地面控制点选择对话框

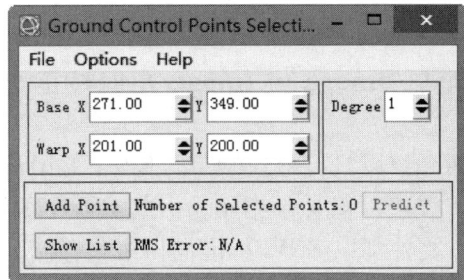

表 4.3　菜单命令及其功能

菜 单 命 令	功 能
File	文件
Save GCPs to ASCII	保存 GCP 为 ASCII 文件
Save Coefficients to ASCII	保存多项式系数保存到 ASCII 文件
Restore GCPs from ASCII	从 ASCII 文件中打开 GCP
Option	选项
Warp Displayed Band	配准当前显示的波段[①]
Warp File	配准整个文件[①]
Warp Displayes Band（as Image to Map）	校正当前显示的波段[②]
Warp File（as Image Map）	校正整个文件[②]
Reverse Base/Warp	颠倒基准图像和被校正图像角色
1st Degree（RST Only）	选择使用 RST 模型来计算误差
Auto Predict	打开/关闭自动预测点功能

续表

菜 单 命 令	功　　能
Label Points	打开/关闭 GCP 标签
Order Point by Error	打开/关闭根据误差从大到小对 GCPs 排序
Clear All Points	删除所有控制点
Set Point Colors	设置控制点标示颜色
Automatically Generate Tie Points	启动自动寻找同名点（Tie）功能

注：① 当基准图像没有地理投影时选择这种配准命令。如果基准图像具有地理投影而选择此命令，得到的结果诸如投影参数、像元大小将与基准图像相同。
② 当基准图像具有地理投影时，可以选择此命令，在输出结果时还可以更改校正图像的输出像元大小和投影参数。

表 4.4　其他功能按钮及其功能

其他功能按钮	功能/意义
选择文本框	
Base X	基准图像上的 Zoom 显示窗口十字光标的 X 像素坐标（列数）
Base Y	基准图像上的 Zoom 显示窗口十字光标的 Y 像素坐标（行数）
Warp X	校正图像上的 Zoom 显示窗口十字光标的 X 像素坐标（列数）
Warp Y	校正图像上的 Zoom 显示窗口十字光标的 Y 像素坐标（行数）
Degree	预测控制点、计算误差（RMS）多项式次数①
按钮	
Add Point	添加控制点
Predict	预测点位置，当控制点数量达到多项式最少点要求是可用
Show/Hide List	显示/关闭控制点列表
Delete Last Point	删除最后一个收集的控制点
标签	
Number of Selected Point	已收集的控制点个数
RMS Error	累积误差（单位为像元）

注：① 当控制点数量达到一定数量时才能更改，如控制点数为 6，Degree 值可以改成 2，最大为 3。

在地面控制点选择对话框中，单击 Show List 按钮，打开控制点列表（图 4.18），列表上各个字段及其含义如表 4.5 所示。

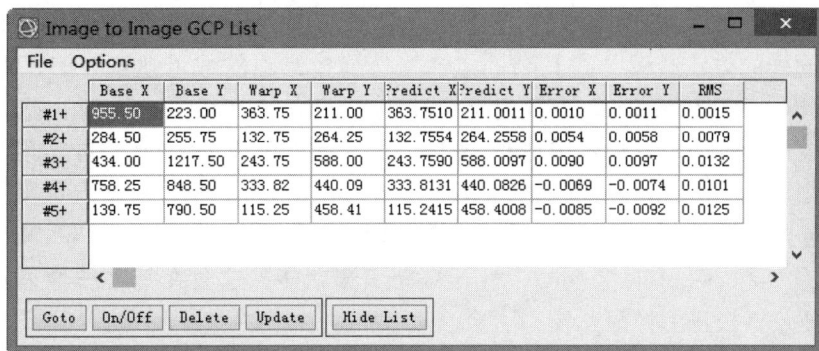

图 4.18　控制点列表

表 4.5　GCP 数据表字段及其含义

字　　段	含　　义
Base X	GCP 对应基准图像 X 像素坐标
Base Y	GCP 对应基准图像 Y 像素坐标
Warp X	GCP 对应校正图像 X 像素坐标
Warp Y	GCP 对应校正图像 Y 像素坐标
Predict X	预测 GCP 对应校正图像 X 像素坐标
Predict Y	预测 GCP 对应校正图像 Y 像素坐标
Error X	GCP 的 X 坐标误差
Error Y	GCP 的 Y 坐标误差
RMS	GCP 的 X、Y 总误差

另外还有 5 个功能按钮：

● Goto：要将缩放窗口定位到任何所选的 GCPs 处，在 GCP 列表中，选择所需的 GCPs，然后单击 Goto 按钮。

● On/Off：开启或关闭 GCP。

● Delete：删除选择的 GCP。

● Update：交互式更新 GCP 的位置。在 GCP 列表中，选择要更新位置的 GCP。在基图像与校正图像中重新定位缩放窗口。在 GCP 列表中，单击 Update 按钮，在 GCP 列表和两幅图像中，所选 GCP 位置将被新的 GCP 位置代替。

● Hide List：隐藏 GCP 列表。

下面介绍地面控制点采集过程。在图像几何校正过程中，采集地面控制点是一项重要和繁重的工作，直接影响最后的校正结果，具体过程如下：

（1）在 Ground Control Points Selection 对话框中，选择 Options→Point Colors，修改 GCP 在可用和不可用状态的颜色。

（2）在两个 Display 中移动方框位置，寻找明显的地物特征点作为输入 GCP。

（3）在 Zoom 窗口中，单击左小下角第三个按钮▓，打开定位十字光标，将十字光标到相同点上。

（4）在 Ground Control Points Selection 对话框中，单击 Add Point 按钮，将收集当前找到的点。

（5）用同样的方法继续寻找其余的点，当选择控制点的数量达到 3 时，RMS 被自动计算。Ground Control Points Selection 对话框中的 Predict 按钮可用，这时在基准图像显示窗口上面定位一个特征点，单击 Predict 按钮，校正图像显示窗口上会自动预测区域，适当调整一下位置，单击 Add Point 按钮，收集当前找到的点。随着控制点数量的增多，预测点的精度越来越高。

（6）选择 Options→Auto Predict，打开自动预测功能，这时在基准图像显示窗口上面定位一个特征点，校正图像显示窗口上会自动预测。

（7）当选择一定数量的控制点之后（至少 3 个）可以利用自动找点功能。

（8）在 Ground Control Points Selection 对话框中，选择 Options→Automatically Generate

Points，选择一个匹配波段，如选择信息量多的 Band 5，单击 OK 按钮。

（9）在 Automatic Tie Point Method Parameter 面板中，设置 Tie 点的数量（Number of Tie Points）：60，其他选择默认参数，单击 OK 按钮（图 4.19）。（Automatic Tie Point Method Parameter 面板的详细参数说明请参考本书"Image To Image 自动图像配准"相关内容。）

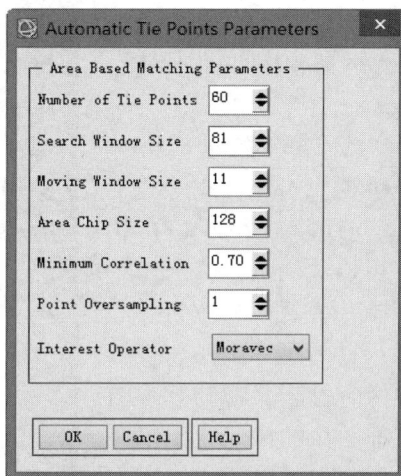

图 4.19　Tie 点选择参数设置

（10）在 Ground Control Points Selection 面板上，单击 Show List 按钮，可以看到选择的所有控制点列表，如图 4.20 所示。

图 4.20　控制点列表

（11）选择 Image to Image GCP List 上的 Options→Order Points by Error，按照 RMS 值由高到低排序。

（12）对于 RMS 过高的控制点，一是直接删除，选择此行并按 Delete 按钮；二是在两个图像的 ZOOM 窗口上，将十字光标重新定位到正确的位置，单击 Image to Image GCP List 上的 Update 按钮进行更新。

（13）在 Ground Control Points Selection 对话框中，RMS 值小于 1 个像素时（根据实际情况判断最小 RMS 值），点的数量足够且分布均匀，完成控制点的选择。

（14）在 Ground Control Points Selection 对话框中，选择 File→Save GCP s to ASCII，保存控制点。

第四步　选择校正参数输出结果

有两种校正输出方式：Warp File 和 Warp File（as Image Map）。

对于 Warp File：

（1）在 Ground Control Points Selection 对话框中，选择 Options→Warp File，选择校正文件（TM 文件）。

（2）在 Registration Parameters 面板中（图 4.21），校正方法选择多项式（2 次）。

（3）重采样（Resampling）选择"Cubic Convolution"，设置背景值（Background）为 0。

（4）输出图像范围（Output Image Extent）：默认是根据基准图像大小计算，可以适当调整。

（5）选择输出路径和文件名，单击 OK 按钮。

这种校正方式得到的结果，它的尺寸大小、投影参数和像元大小（如果基准图像有投影）都与基准图像一致。由于待校正图像与基准图像的像元大小不一致（TM 为 30 m，SPOT 为 10 m），这里推荐使用第二种校正输出方式，即 Warp File（as Image Map）菜单：

（1）在 Ground Control Points Selection 对话框中，选择 Options→Warp File（as Image Map），选择校正文件（TM 文件）。

图 4.21　Warp File 校正参数设置

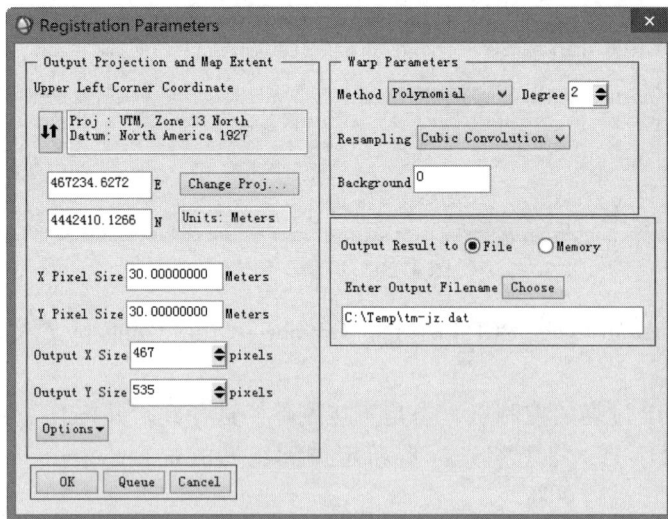

（2）在 Registration Parameters 面板中（图 4.22），默认设置投影参数和像元大小与基准图像一致。

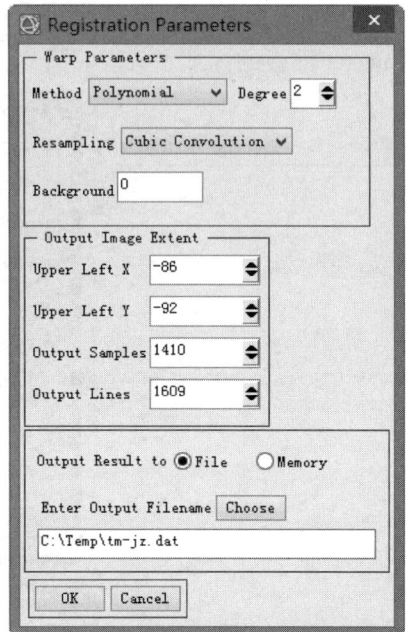

图 4.22　Warp File（as Image Map）校正参数设置

（3）投影参数不变，在 X 和 Y 的像元大小输入 30 m，回车，图像输出大小自动更改。

（4）校正方法选择多项式（2 次）。

（5）重采样选择 Cubic Convolution，设置背景值（Background）为 0。

（6）输出图像范围（Output Image Extent）：默认是根据基准图像大小计算，可以适当调整。

（7）选择输出路径和文件名，单击 OK 按钮。

在图 4.22 校正参数设置中，有一个 Option 按钮，它包含的菜单命令及其功能如表 4.6 所示。

表 4.6 校正参数设置面板中 Option 菜单命令及其功能

菜 单 命 令	功 能
Report output size in Pixels	以像素为输出文件大小的单位（默认选项）
Report output size in Meters	以米为输出文件大小的单位
Maintain map extent when pixel size change	当像元大小改变时，保持图像的长宽大小（默认选项）
Maintain output pixels when pixel size chages	当像元大小改变时，保持输出像元行列数不变
Restore initial values	恢复初始参数
Match existing file	匹配外部文件参数

第五步 检验校正结果

检验校正结果的基本方法是：同时在两个窗口中打开图像，其中一幅是校正后的图像，一幅是基准图像，进行视窗链接（Link Displays）及十字光标或者地理链接（Geographic Link）。

在显示校正后结果的 Image 窗口中，从右键快捷菜单中选择 Geographic Link 菜单，选择需要链接的两个窗口，打开十字光标进行查看，如图 4.23 所示。或者在 ENVI5.1 界面中打开基准图像和几何校正结果进行叠加对比分析。

图 4.23 检验校正结果

4.2.5　Image to Map 几何校正

　　Image to Map 几何校正校正过程与 Image to Image 几何校正基本类似，基本流程如图 4.15 所示，采集控制点方式更加灵活。如果控制点需要从不同途径收集或者直接从图上读取后键盘输入，可以采用这种方式，如地形图的校正。下面以山东省泰安市扫描地形图为例介绍这种几何校正方法。

　　第一步　打开图像

　　在主界面中，选择 File→Open，打开 "taian-drg. tif" 地形图文件。

　　第二步　启动校正模块

　　（1）在 Toolbox 工具箱中，双击 Geometric Correction/Registration/Registration：Image to Map 工具，在打开的 Select Image Display Bands Input Bands 面板中选择 R、G、B 对应的波段，单击 OK 按钮，打开几何校正模块。

　　（2）在 Image to Map Registration 面板中（图 4.24），选择 Beijing_1954_GK_Zone_20，设置 X/Y Pixel Size 为 4，单击 OK 按钮，打开 Ground Control Points Selection 面板。

　　提示：国内坐标系的使用方法可参考本书第 4.1.5 节 "使用 ArcGIS 国内坐标系" 的相关内容。

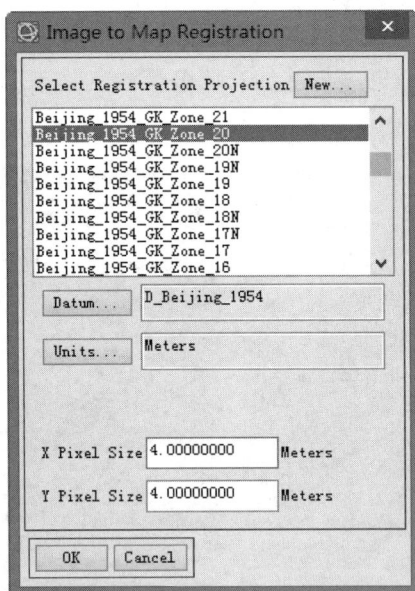

图 4.24　选择校正投影参数

　　第三步　采集地面控制点

　　（1）在校正图像 Display 中移动方框位置，定位到左上角第一个公里网交互处，从图上读取 X：20501000，Y：4003000，分别填入 Image to Map Registration 面板的 "E" 和 "N" 中，单击 Add Point 按钮，增加第一个控制点（图 4.25）。

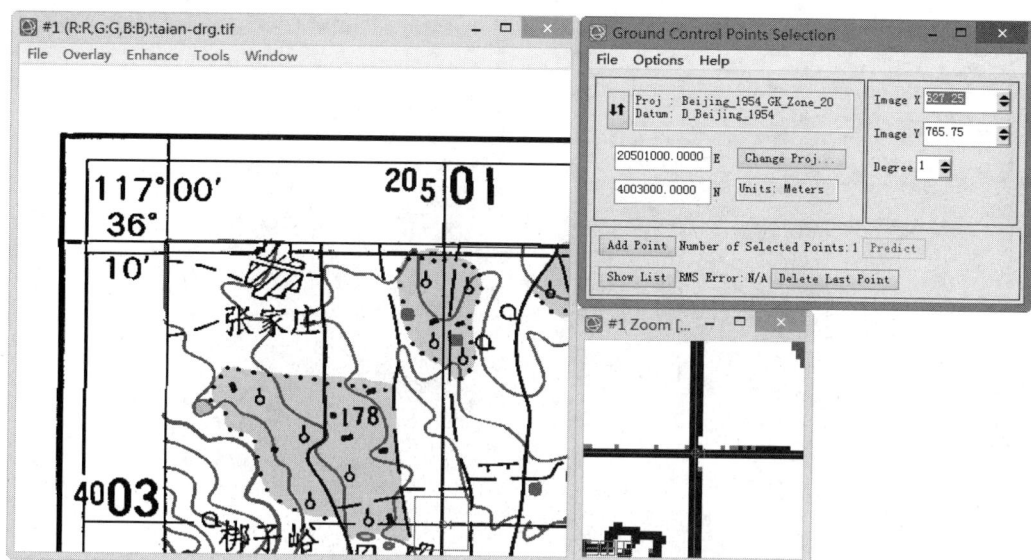

图 4.25　读取控制点坐标信息并手动输入

（2）在 Displsy 视图中，向右平移 10 个公里网网格，即到 X：20511000 处，在 Image to Map Registration 面板中分别填入 E：20511000 和 N：4003000，单击 Add Point 按钮，增加一个控制点。

（3）当选择第 3 个控制点时，Predict 按钮亮起，可以在"E"和"N"中输入坐标，单击 Pretict 按钮自动在图上大致定位，或者选择 Options→Auto Pretict，可以自动根据坐标值在图上定位。

（4）重复上述方法，在图中添加 9 个控制点，保证均匀分布。

（5）在 Ground Control Points Selection 对话框中，查看 RMS 值是否符合要求，单击 Show List 按钮，可以看到选择的所有控制点列表。如果 RMS 值符合精度要求，点的数量足够且分布均匀，在 Ground Control Points Selection 对话框中，选择 File→Save GCP s to ASCII，将控制点保存。完成控制点采集工作。

第四步　选择校正参数输出结果

在 Ground Control Points Selection 对话框中，选择 Options→Warp File，选择校正文件（TM 文件）。输出参数设置与第 4.2.4 节中的"Warp File（as Image Map）"类似。

第五步　检验校正结果

经过几何校正的扫描地形图已经具有标准的投影坐标系统，可以作为基准数据使用。

4.2.6　Image To Image 图像自动配准

经常在实际数据生产中会遇到这种情况，同一地区的图像或者相邻地区有重叠区的图像，由于几何校正误差的原因，重叠区的相同地物不能重叠，这对图像的融合、镶嵌等操作带来很大的影响，如图 4.26 所示。遇到这种情况，可以利用重叠区的匹配点和相应的计算模型进行精确配准。

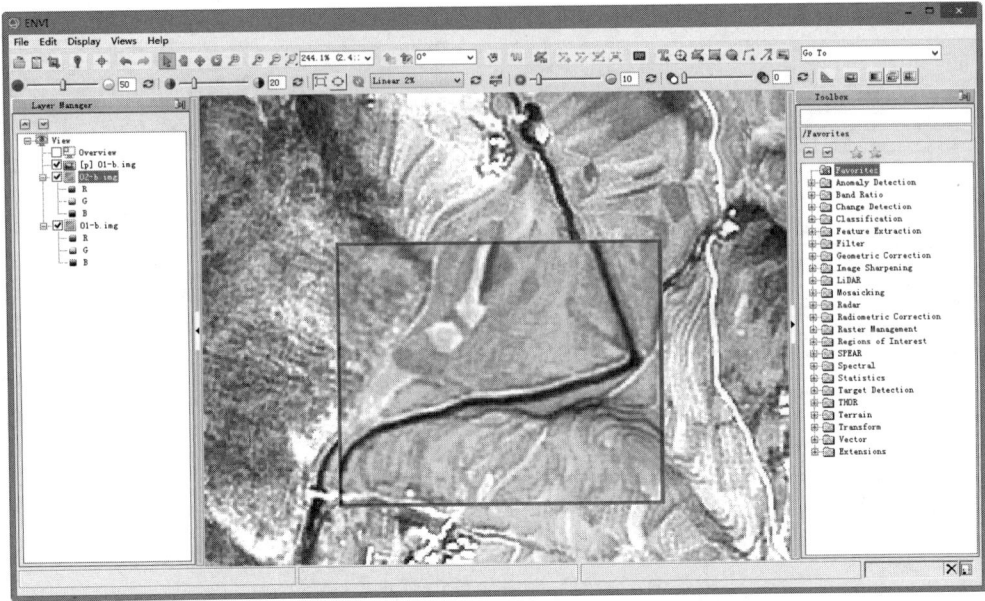

图 4.26　两幅图像叠加的错位现象

　　ENVI 提供图像自动配准工具，该工具能够自动产生匹配点，实现图像快速配准。下面以两幅经过几何校正，重叠区的相同地物不能重叠的图像为例，介绍图像自动配准工具的操作过程（参见实验数据光盘\第 4 章 遥感图像预处理\4-图像自动配准\Image to Image）。

第一步　打开图像和启动自动配准功能

　　（1）打开"01-b. img"和"02-b. img"两幅图像并在视图中显示。

　　（2）在 Toolbox 工具箱中，双击 Geometric Correction/Registration/Registration：Image to Image 工具，在 Select Input Band from Base Image 对话框中选择"01-b. img"作为基准图像（Base Image）的一个波段。一般选择范围较大的图像作为基准图像，选择噪声较少的波段，如红色、近红外等波段。单击 OK 按钮。

　　（3）在 Select Input Warp File 对话框中，选择另外一个图像文件"02-b. img"作为校正图像，单击 OK 按钮。

　　（4）在 Warp Band Matching Choice 对话框中（如果校正图像是多波段时），选择一个匹配波段，建议选择与基准图像相同的波段，单击 OK 按钮。

　　（5）这个时候会提示是否选择已经存在的匹配点文件（图 4.27）。选择"是"弹出匹配点文件选择对话框；如果选择"否"，直接进入下一步。

第二步　生成匹配点（同名点）

　　图像自动配准工具提供了基于区域灰度匹配方法来产生匹配点。基于区域灰度匹配方法是比较两幅图像局部区域的灰度值，通过灰度值相似程度寻找匹配像元位置。匹配点的精度很大程度上取决于基准图像和校正图像的相似关系，因此对于基准图像和校正图像，要求具有地理参考或者已经有 3 个以上的匹配点。

　　图 4.28 为基于区域的自动匹配参数选项，各项参数的意义如表 4.7 所示。

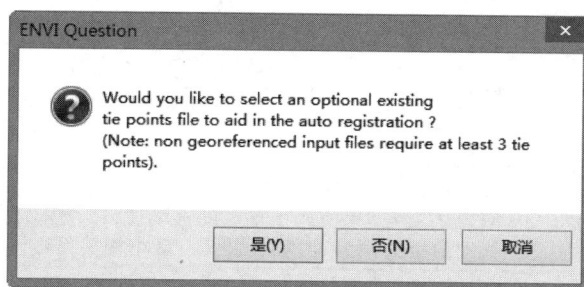

图 4.27 选择已经存在匹配点文件

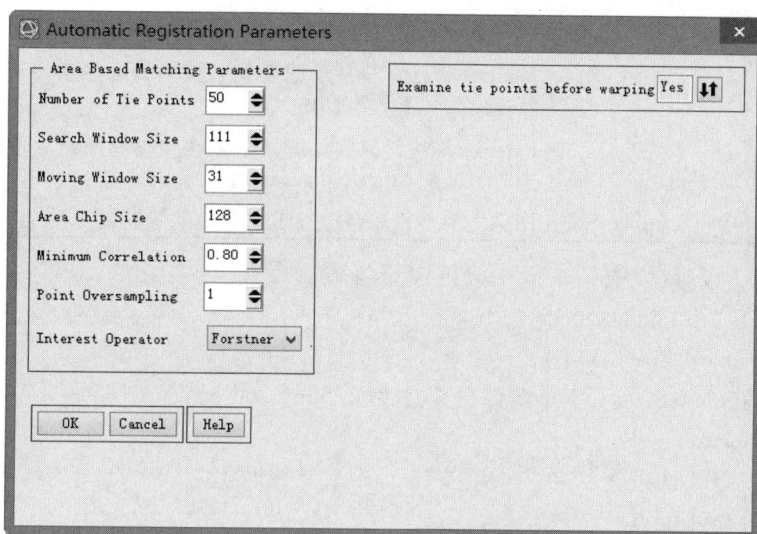

图 4.28 基于区域的自动匹配参数选项

表 4.7 基于区域的自动匹配参数及其意义

参　　数	意　　义
Number of Tie Points	寻找最大匹配点数量，默认为 25 个
Search Window Size	搜索窗口的大小。搜索窗口是图像的一个子集，移动窗口在其中进行扫描寻找地形特性匹配。搜索窗口大小可以是大于或等于 21 的任意整数，并且必须比移动窗口大。其默认值为 81，即搜索窗口的大小为 81 像素×81 像素。该参数的值越大，找到匹配点的可能性也越大，但同时也要耗费更多的计算时间
Moving Window Size	移动窗口的大小。移动窗口是在搜索窗口中进行检查、寻找地形特征匹配的小区域。移动窗口大小必须是奇数。最小的移动窗口大小是 5，即为 5 像素×5 像素。使用较大的移动窗口将会获得更加可靠的匹配结果，但也需要更多的处理时间。默认设置值为 11，即移动窗口大小为 11 像素×11 像素。移动窗口的大小与图像空间分布率有关系，根据如下所列设置： • 大于等于 10 m 分辨率图像，设置值的范围是 9 ~ 15 • 5 ~ 10 m 分辨率图像，设置值的范围是 11 ~ 21 • 1 ~ 5 m 分辨率图像，设置值的范围是 15 ~ 41 • 小于 1 m 分辨率图像，设置值的范围是 21 ~ 81 或者更高

续表

参　　数	意　　义
Area Chip Size	设定用于提取特征点的区域切片大小，默认值为 128。最小值为 64，最大值为 2048
Minimum Correlation	最小相关系数。设定可以被认为是候选匹配点的最小相关系数，默认值为 0.7。如果使用了很大的移动窗口，建议将此值设小一些。例如，移动窗口的值为 31 甚至更大，最小相关系数设为 0.6 甚至更小
Point Oversampling	采样点数目。设定在一个图像切片中采集匹配点的数目。这个值越大，得到的匹配点越多，所花时间越长。如果想获取高质量的匹配点，而且不想检查匹配点，这个值推荐使用 2
Interest Operator	设定感兴趣运算的算法：Moravec 和 Forstner
● Moravec	● Moravec 算法计算某个像素和它周围临近像素的灰度值差异，运算速度要比 Fornster 快
● Forstner	● Forstner 算法计算并分析某个像素和它周围临近像素的灰度梯度矩阵，匹配精度比 Moravec 高
Examine tie point before warping	校正图像之前是否需要检查匹配点（默认设置为 Yes）

根据表 4.7 的参数说明，本例中设置以下参数：

- Number Of Tie Points：50。
- Search Window Size：111。
- Moving Window Size：31（图像分辨率为 2.5 m）。
- Interest Operator：Forstner。

其他选择按照默认设置，单击 OK 按钮，开始寻找匹配点。

第三步　检查匹配点

寻找的匹配点自动显示在控制点列表中，在 Image to Image GCP List 面板中，选择 Options→Order Points by Error，即按照误差从大到小排序，删除误差较大的匹配点，或者在 Zoom 窗口中将十字光标重新定位，单击 Image to Image GCP List 面板中的 Update 按钮，进行微调，一直调整到总的 RMS 值小于 1 个像素且点的分布均匀。

如果寻找的点数量不够，在 Ground Control Points Selection 对话框中，选择 Options→Automatically Generate Tie Points，重新设置参数寻找匹配点，直到满足要求为止。

第四步　输出结果

（1）在 Ground Control Points Selection 对话框中，选择 Options→Warp File，选择待校正文件。

（2）在 Registration Parameters 面板中，设置：

- 校正模型（Method）：Ploynomial。
- 多项式次数（Degree）：2。
- 重采样（Resampling）方法：Cubic Convolution。

（3）选择输出路径和文件名，单击 OK 按钮输出。

第五步　检验结果

检验校正结果的基本方法是：同时将基准图像和校正结果图像显示在视窗中，单击工具图标打开透视（Portal）窗口，通过鼠标移动透视窗口检验图像的校正效果。

4.2.7　Image Registration Workflow 流程化工具

ENVI 提供图像自动配准流程化（Image Registration Workflow）工具。该工具以流程化的工作方式提供图像配准功能，将繁杂的参数设置步骤集成到统一的面板中，在少量或者无需人工干预的情况下自动定位和匹配同名点，从而将具有不同坐标系、不同地理位置的图像配准到同一坐标系下，使图像中相同地理位置包含相同的地物。本工具使用可用的空间参考信息和多种自动匹配技术来提高精度。

Image Registration Workflow 工具需要两幅图像，其中一幅是基准图像，另一幅则是待配准图像。配准工具支持的数据格式包括 ENVI、TIFF、NITF、JPEG2000、JPEG、Esri® raster layer、Geodatabase raster、Web Services。

基准图像必须包括标准的地图坐标或者 RPC 信息，不能是像素坐标或有坐标没有投影信息（arbitrary 坐标信息）或伪坐标（pseudo）；待配准图像没有严格约束，但如果没有坐标信息，需要至少手动选择 3 个同名点。

如果可输入的图像中某一幅具有更高的定位精度，或是正射图像，那么最好用这幅图像作为基准图像。下面以两幅具有标准地理信息、包含重叠区的图像为例，介绍 Image Registration Workflow 工具的操作过程（参见实验数据光盘\第 4 章 遥感图像预处理\4-图像自动配准\Image Registration Workflow）。

第一步　选择图像配准的文件

（1）打开"ikonos_4.0m.dat"和"quickbird_2.4m.dat"两幅图像。

（2）单击工具栏的 图标打开透视（Portal）窗口，通过鼠标移动透视窗口浏览两幅图像。

（3）在 Toolbox 工具箱中，双击 Geometric Correction/Registration/Image Registration Workflow 工具，启动图像自动配准流程化工具。

（4）在 File Selection 步骤中，单击 Base Image File 右侧的 Browse 按钮，选择"quickbird_2.4m.dat"作为基准图像；选择另外一个图像文件"ikonos_4.0m.dat"作为待配准图像，单击 Next 按钮，进入 Tie Points Generation 步骤。

第二步　自动生成匹配点

在 Tie Points Generation 步骤中有 3 个选项卡可供选择（图4.29），按照默认参数即可满足大多数的配准需求。下面对每个选项卡中的参数进行说明。

1）Main 选项卡

● 匹配算法（Matching Method）：Cross Correlation 方法：一般用于相同形态的图像，如都是光学图像；Mutual Information 方法：一般用于不同形态的图像，如光学-雷达图像、热红外-可见光等。

● 最小匹配点匹配度阈值（Minimum Matching Score）：自动找点功能会给找到的点计算一个分值，分值越高精度越高。当找到的匹配点低于这个阈值，则会自动删除不参与校正。阈值范围为 0~1。

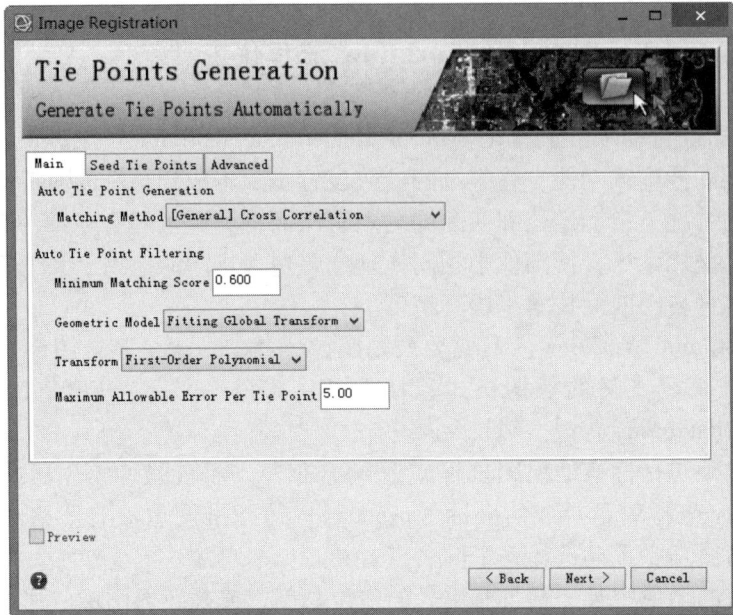

图 4.29   Tie Points Generation 面板

● 几何模型（Geometric Model）：提供 3 种过滤匹配点的几何模型，不同模型适用不同类型的图像，以及需要设置不同的参数，包括：

Fitting Global Transform 方法：适合绝大部分的图像。还需要设置以下两个参数。

变换模型（Transform）：包括一次多项式 First-Order Polynomial 和放射变化 RST。每个匹配点最大允许误差（Maximum Allowable Error Per Tie Point）：这个值越大，保留的匹配点越多，当然精度越差。

Frame Central Projection：适合于框幅式中心投影的航空图像数据。

Pushbroom Sensor：适合带有 RPC 文件的图像。

2）Seed Tie Points 选项卡

在这个选项卡中，可以实现对种子点（同名点）的读入、添加或者删除。以下两种情况需要手动选择种子点：

● 如果待配准图像没有坐标信息，需要手动选择至少 3 个同名点，即这里的种子点。

● 当基准图像或者待校正图像质量非常差，如地物变化很明显等情况，可以手动选择几个种子点，这样可以提高自动匹配的精度。

各个选项功能描述如下：

● Switch To Warp/Switch to Base：基准图像与待配准图像视图切换按钮。

● Show Table：种子点列表。

● Start Editing：添加和编辑种子点。

● Seed Tie Points：种子点个数。

提示：① 单击 Import Seed Tie Points 按钮，可以选择已有的匹配点文件；② 种子点（即同名点）具有编号，在基准图像中用紫色标记，在待配准图像中用绿色标记；③ 编号与 Tie Points Attribute Table （单击 Show Table 按钮打开） 中的 POINT_ID 属性一致。

3）Advanced 选项卡

在这个选项卡中，可以设置匹配波段、拟生成的匹配点数量、匹配和搜索窗口大小、匹配方法等。

各个参数描述如下：

- Matching Band in Base Image：基准图像配准波段。
- Matching Band in Warp Image：待配准图像配准波段。
- Requested Number of Tie Points：拟生成的匹配点个数，不能少于 9 个。
- Search Window Size （搜索窗口大小）：需要大于匹配窗口大小，搜索窗口越大，找到的点越精确，但是需要的时间越长。简单预测搜索窗大小的方法是让待配准图像 50% 透明显示，之后量测两个同名点之间的像素距离 D，搜索窗口最小为$(D+5)*2$。
- Matching Window Size （匹配窗口大小）：会根据输入图像的分辨率自动调整一个默认值。
- Interest Operator （匹配算法）：Forstner 方法精度最高，速度最慢。

本示例选择默认参数设置，单击 Next 按钮，进入 Review and Warp 步骤。

第三步 检查匹配点和预览结果

在 Review and Warp 步骤中，可以对自动生成的匹配点进行查看和编辑等操作。

1）Tie Points 选项卡

- Switch To Warp/Switch to Base：基准图像与待配准图像视图切换按钮。
- Show Table：匹配点列表。
- Start Editing：添加和编辑匹配点。
- Tie Points：匹配点个数。
- ▨ （Show Error Overlay）：当匹配点个数大于 5 个时，单击此按钮可以透明叠加显示相对误差，与 Tie Points Attribute Table 表格中的 ERROR 值一致。

单击 Show Table 按钮，打开匹配点列表（图 4.30），可以对匹配点进行编辑，最右列为误差值，右键选择 Sort By Selected Column Reverse 按照误差排序，可以直接删除误差较大的点。

2）Warping 选项卡

- Warping Method （校正模型）：仿射变化（RST）、多项式（Polynomial）、局部三角网（Triangulation），默认为多项式。
- Resampling （重采样）方法：Cubic Convolution。
- Background Value （背景值）：0。
- Output Pixel Size from （输出像元大小）：Warp Image。基准图像与待配准图像像元

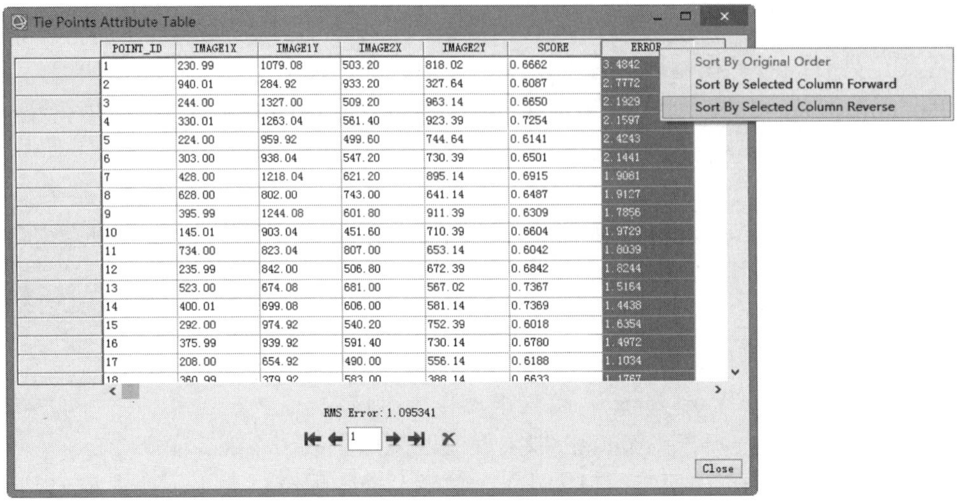

图 4.30　对匹配点按照误差进行排序

大小不一致时，根据需要设置输出像元大小。一般设置为与 Warp Image 一致。

当匹配点检查完毕并编辑后，勾选 Preview 选项实现配准效果（图 4.31）。如果部分区域配准精度不够时，检查附近区域的匹配点精度，进行编辑或删除等操作，然后重新预览，直到满足需求为止。

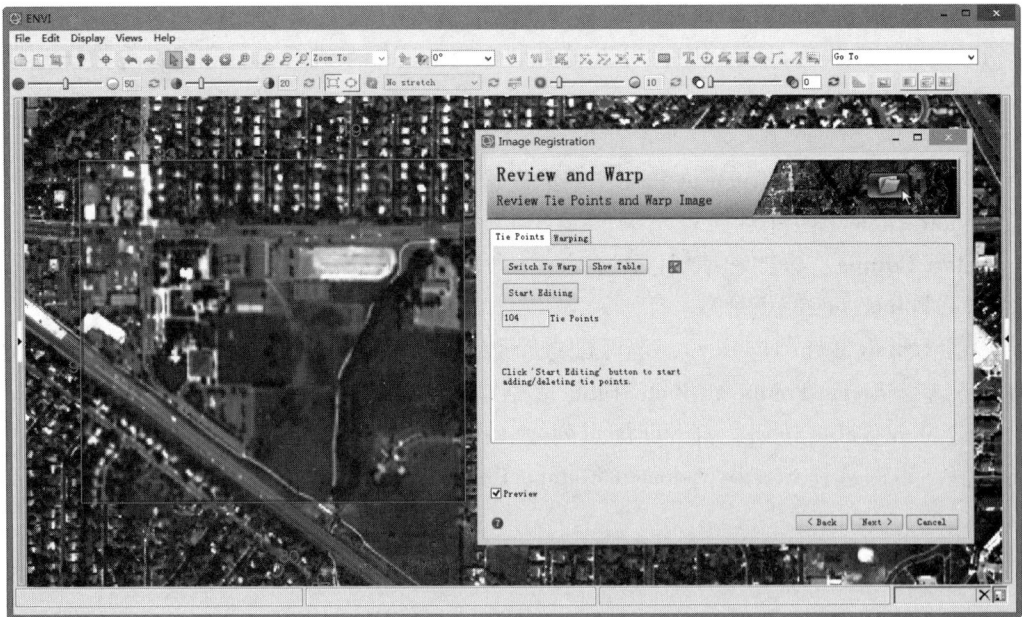

图 4.31　预览配准效果

第四步　输出结果

在 Export 步骤中，选择输出配准后图像和匹配点文件，单击 Finish 按钮，输出结果。

4.3 图像融合

图像融合是将低空间分辨率的多光谱图像或高光谱数据与高空间分辨率的单波段图像重采样生成一幅高分辨率多光谱图像的遥感图像处理技术，使得处理后的图像既有较高的空间分辨率，又具有多光谱特征。图像融合的关键是融合前两幅图像的精确配准以及处理过程中融合方法的选择。只有将两幅融合图像进行精确配准，才可能得到满意的结果。融合方法的选择取决于被融合图像的特征以及融合目的。同样的融合方法用在不同图像中，得到的结果往往会不一样。表4.8是ENVI中几种融合方法的适用范围介绍（参见实验数据光盘\第4章 遥感图像预处理\5-图像融合）。

表4.8 融合方法说明

融 合 方 法	适 用 范 围
HSV 变换	纹理改善，空间保持较好。光谱信息损失较大，受波段限制
Brovey 变换	光谱信息保持较好，受波段限制
乘积运算（CN）	对大的地貌类型效果好，同时可用于多光谱与高光谱图像的融合
主成分（PC）变换	无波段限制，光谱保持好。第一主成分信息高度集中，色调发生较大变化
Gram – Schmidt Pan Sharpening（GS）	改进了PCA中信息过分集中的问题，不受波段限制，较好的保持空间纹理信息，尤其能高保真保持光谱特征。专为最新高空间分辨率图像设计，能较好保持图像的纹理和光谱信息

其中，HSV变换和Brovey变换要求数据具有地理参考或者具有相同的尺寸大小。RGB输入波段数据类型必须为字节型（Byte）。这两种操作方法基本类似，下面介绍Brovey变换的操作过程。

（1）打开要融合的两个文件"TM-30m. dat"和"bldr_sp. dat"。

（2）在Toolbox工具箱中，双击Image Sharpening/Color Normalized（Brovey）Sharpening工具，在Select Input RGB对话框中，从可用波段列表中选择R、G、B波段，单击OK按钮。

（3）在High Resolution Input File面板中，选择高分辨率波段"bldr_sp. dat"，单击OK按钮。

（4）在Color Normalized（Brovey）输出面板中，选择重采样方式和输出文件路径及文件名，单击OK按钮，输出结果。

Gram-Schmidt Pan Sharpening（GS）融合方法通过统计分析方法对参与融合的各波段进行最佳匹配，避免了传统融合方法某些波段信息过度集中和新型高空间分辨率全色波段波长范围扩展所带来的光谱响应范围不一致问题，能保持融合前后图像波谱信息的一致性，是一种高保真的遥感图像融合方法。这种方法可以满足绝大部分图像的融合，比较适合高分辨率图像，包括QuickBird、IKONOS、GeoEye-1、WorldView、Pleiades、SPOT 6、资源三号、资源一号O2C、GF-1等。乘积运算（CN）要求数据具有中心波长和FWHM。

下面以 Gram-Schmidt Pan Sharpening（GS）融合方法为例，介绍操作过程。

（1）打开"qb_boulder_msi"和"qb_boulder_pan"（参见 ENVI5.1 自带实例数据…
\Exelis\ENVI51\data）。

（2）在 Toolbox 工具箱中，双击 Image Sharpening/Gram-Schmidt Pan Sharpening 工具。

（3）在 Select Low Spatial Resolution Multi Band Input File 对话框中，选择低分辨率多
光谱图像"qb_boulder_msi"；在 Select High Spatial Resolution Pan Input Band 对话框中，选
择高分辨率单波段图像"qb_boulder_pan"。

（4）在打开的 Pan Sharpening Parameters 对话框中（图 4.32），设置以下参数：
- 选择传感器类型（Sensor）：Quickbird。
- 选择重采样方法（Resampling）：Cubic Convolution。

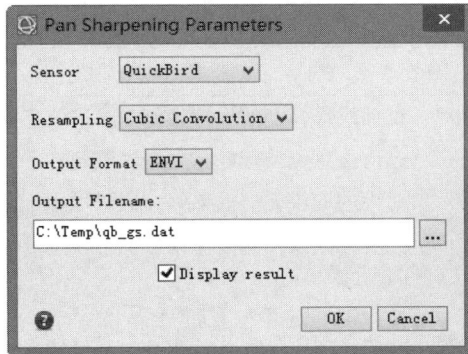

图 4.32　Pan Sharpening Parameters 对话框

（5）设置输出文件路径和文件名，单击 OK 按钮，输出结果。

提示：当输入多光谱和全色图像的传感器不一致时，选择 Sensor 为 Unknown。

下面对上述几种融合方法进行简单介绍。

1）HSV 变换

首先将 RGB 图像变换到 HSV 颜色空间，用高分辨率的图像代替颜色亮度值波段，自
动用最近邻、双线性或三次卷积技术将色度和饱和度重采样到高分辨率像元尺寸，然后再
将图像变换回 RGB 颜色空间。

2）Brovey 变换

对 RGB 图像和高分辨率数据进行数学合成，从而使图像融合，即 RGB 图像中的每一
个波段都乘以高分辨率数据与 RGB 图像波段总和的比值。然后自动地用最近邻、双线性
或三次卷积技术将 3 个 RGB 波段重采样到高分辨率像元尺寸。

3）Gram-Schmidt Pan Sharpening（GS）

第一步，从低分辨率的波段中复制出一个全色波段。第二步，对复制出的全色波段和
多波段进行 Gram-Schmidt 变换，其中全色波段被作为第一个波段。第三步，用高空间分

辨率的全色波段替换 Gram-Schmidt 变换后的第一个波段。最后，应用 Gram-Schmidt 反变换得到融合图像。

4）主成分（PC）变换

第一步，先对多光谱数据进行主成分变换。第二步，用高分辨率波段替换第一主成分波段，在此之前，高分辨率波段已被匹配到第一主成分波段，从而避免波谱信息失真。第三步，进行主成分反变换得到融合图像。

5）Color Normalized（CN）变换

也称为"能量分离变换"（Energy Subdivision Transform），它使用来自融合图像的高空间分辨率（低波谱分辨率）波段对输入图像的低空间分辨率（高波谱分辨率）波段进行增强。该方法仅对包含在融合图像波段的波谱范围内对应的输入波段进行融合，其他输入波段被直接输出而不进行融合处理。融合图像波段的波谱范围由波段中心波长和 FWHM（full width-half maximum）值限定，这两个参数都可以在融合图像的 ENVI 头文件中获得。

根据锐化图像波段的波谱范围，可以将输入图像的波段划分为各个波谱单元。系统按照如下方法对相应的波段单元同时进行处理。每个输入波段乘以融合波段，然后再除以波段单位中的输入波段总数，从而完成归一化：

$$CN\_Sharpened\_Band = \frac{InputBand * SharpeningBand * (Num\_Bands\_In\_Segment)}{(\sum Input\_Bands\_In\_Segment) + (Num\_Bands\_In\_Segment)}$$

该融合方法需要输入图像与融合图像的单位相同（即均为反射率、辐射率或 DN 值等）。如果融合图像与输入图像的单位不同，在融合输出面板中的 Sharpening Image Multiplicative Scale Factor 文本框中为融合图像键入一个比例系数，使之与输入图像相匹配。例如，如果输入图像是定标为单位（反射率 * 10000）的整型高光谱文件，但是融合图像是被定标为反射率（0～1）的浮点型多光谱文件，则应该输入的比例系数为 10000。如果输入图像为辐射率[单位为 $\mu W/(cm^2 \cdot nm \cdot sr)$]，而融合图像为辐射率[单位为 $\mu W/(cm^2 \cdot m \cdot sr)$]，则应该输入的比例系数为 0.001。

4.4 图 像 镶 嵌

图像镶嵌指在一定数学基础控制下，把多景相邻遥感图像拼接成一个大范围、无缝的图像的过程。

4.4.1 ENVI 图像镶嵌

ENVI 的图像镶嵌功能提供交互式的方式将没有地理坐标或者有地理坐标的多幅图像合并，生成一幅单一的合成图像。镶嵌功能提供了透明处理、匀色、羽化等功能。为了解决镶嵌颜色不一致、接边以及重叠区等问题，下面介绍 ENVI 的解决方法。

1. 接边线

接边线就是在镶嵌过程中，在相邻的两个图的重叠区内，按照一定规则选择一条线作为两个图的接边线。这样能改变接边处差异太大问题，如没有精确配准等。常选择重叠区的河流、道路等地物，沿着河流或者道路绘制接边线。ENVI 中的 Seamless Mosaic 工具提供自动生成接边线功能，并能够手动编辑。

2. 羽化（Feathering）

我们常常需要将镶嵌图像的接边线变得适当模糊，使其能很好地融入图像中。ENVI 提供了将图像间重合的边缘进行羽化的功能，我们可以指定羽化的距离，并沿着边缘或者接边线进行羽化。

1）边缘羽化（Edge Feathering）

按指定的像素距离来对图像进行均衡化处理。例如，如果指定的距离为 20 个像素，那么在边缘处将会有 0% 的顶部图像和 100% 的底部图像参与混合，输出镶嵌图像。在距接边线在指定的距离（20 个像素）时，将会使用 100% 的顶部图像和 0% 的底部图像，来输出镶嵌图像。在距边缘线 10 个像素的距离处，顶部和底部图像都会使用 50% 来混合计算输出镶嵌图像，如图 4.33 所示。

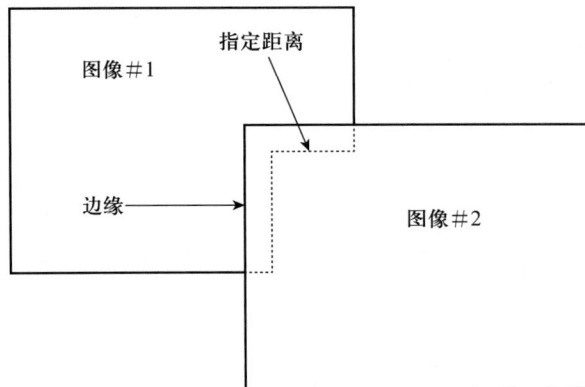

图 4.33　边缘羽化

2）接边线羽化（Seamline Feathering）

在距接边线特定距离范围内，对图像进行均衡化处理。例如，如果指定的距离为 20 个像素，那么在接边线处，将会有 100% 的顶部图像和 0% 的底部图像参与混合，输出镶嵌图像。而距接边线在指定的距离（20 个像素）之外时，将会使用 0% 的顶部图像和 100% 的底部图像，来输出镶嵌图像。在距边缘线 10 个像素的距离处，顶部和底部图像都会使用 50% 来混合计算输出镶嵌图像，如图 4.34 所示。

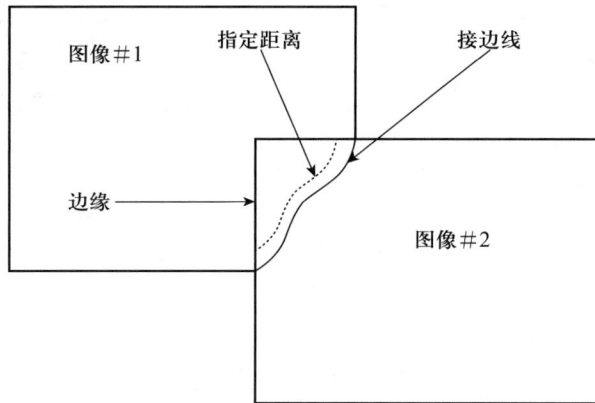

图 4.34 接边线羽化

3. 匀色

ENVI 采用颜色平衡的方法，尽量避免由于镶嵌图像颜色不一致而影响镶嵌结果。以一副图像为基准，统计各镶嵌图像的直方图（可以选择整幅基准图像或者重叠区的直方图），采用直方图匹配法匹配其他镶嵌图像，使得镶嵌图像具有相近的灰度特征。

4.4.2 无缝镶嵌工具（Seamless Mosaic）

ENVI 提供无缝镶嵌工具（Seamless Mosaic），所有功能集成在一个流程化的界面中，它的功能包括：

- 控制图层的叠放顺序。
- 设置忽略值、显示或隐藏图层或轮廓线、重新计算有效的轮廓线、选择重采样方法和输出范围、可指定输出波段和背景值。
- 进行颜色校正、羽化/调和。
- 提供高级的自动生成接边线功能，也可手动编辑接边线。
- 提供镶嵌结果的预览。

使用该工具可以对图像的镶嵌做到更精细的控制，包括镶嵌匀色、接边线和镶嵌预览等功能。下面以两幅航空图像为例（参见实验数据光盘\第 4 章 遥感图像预处理\6-图像镶嵌），介绍 ENVI 无缝镶嵌工具的操作流程。

第一步 启动无缝镶嵌工具并加载数据

（1）打开镶嵌输入文件"2002apr01. dat"和"2004apr13_warp. dat"。

（2）在 Toolbox 工具箱中，双击 Mosaicking/Seamless Mosaic 工具，打开 Seamless Mosaic 面板（图 4.35）。

（3）单击面板左上角的 ✚ 按钮，在打开的 File Selection 对话框中同时选中两幅图像，单击 OK 按钮，ENVI 自动将图像显示在视窗中。

（4）当图像重叠区存在背景值时，可以通过设置忽略值达到透明的效果。在 Data Ignore Value 列表中可设置每个图像的忽略值，或在 Data Ignore Value 列表上单击鼠标右键选择 Change Selected Parameters 菜单进行批量设置。

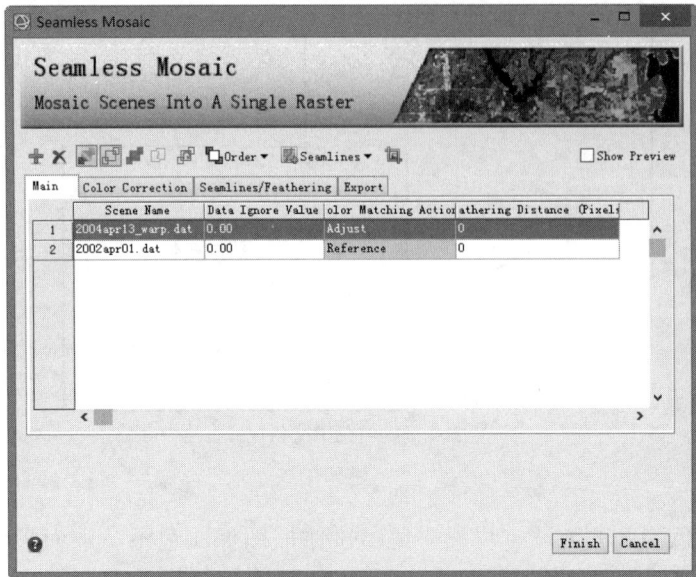

图 4.35　Seamless Mosaic 面板

提示：在每一次修改参数后，可以勾选面板右上角 Show Preview 选项预览镶嵌效果。
下面介绍 Seamless Mosaic 面板中工具栏图标的功能。

- ✚：添加文件。
- ✖：删除选中的文件。
- ▱：显示/隐藏已经添加的图像。
- ▱：显示/隐藏图像的轮廓线。
- ▰：显示/隐藏图像的半透明填充的轮廓范围。
- ▱：显示/隐藏接边线。
- ▱：重新计算轮廓线。
- Order▾：对选中的文件进行排序（文件列表从上到下按从顶层到底层的顺序显示）。
Bring To Front：置为顶层；Bring Forward：上移一层；Send Backward：下移一层；Send To
Back：置为底层。
- Seamlines▾：接边线相关操作。Auto Generate Seamlines：自动生成接边线；Start editing
seamlines：开始手动编辑接边线；Delete All Seamlines：删除所有接边线；Restore Seam
Polygons：加载之前保存的接边线；Save Seam Polygons：保存当前的接边线到本地文件中。
- ▱：绘制镶嵌结果的输出范围。绘制矩形完毕后，单击鼠标右键，选择 Accept
Subset Area 确定裁剪范围。同时可以右键选择 Clear Subset Area 清除矩形。

第二步　匀色处理

（1）首先确定一个图像作为基准。在 Color Matching Action 一列的表格中单击鼠标右
键（图 4.36），可以设置选中文件作为待校正图像（Adjust）、基准图像（Reference）或
不处理（None）。

（2）单击 Color Correction 选项卡，勾选 Histogram Matching 选项，其下有两个选项：

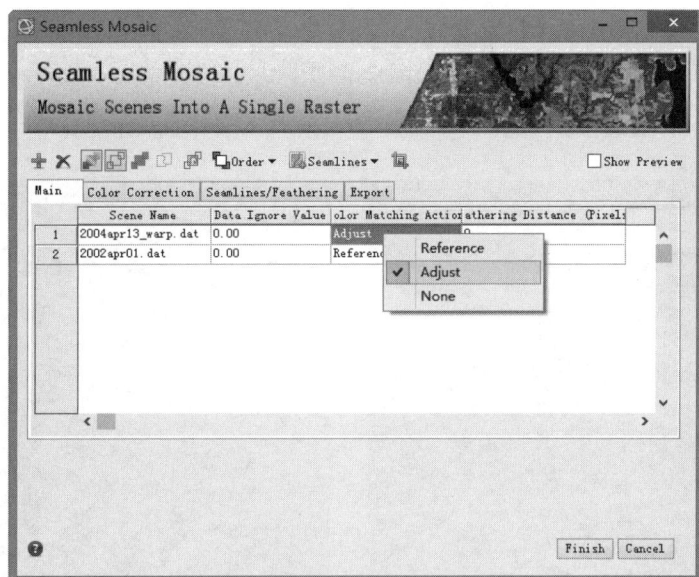

图 4.36 设置图像为基准或校正图像

- Overlap Area Only：仅统计重叠区直方图进行匹配。
- Entire Scene：统计整幅图像直方图进行匹配。

第三步 生成接边线

（1）选择 Seamlines→Auto Generate Seamlines 自动生成接边线（图 4.37）。

图 4.37 绿色为自动生成的接边线

（2）如果对生成的接边线不满意，可以手动编辑。单击 Seamlines → Start editing seamlines，按照图 4.38 的方法编辑接边线。

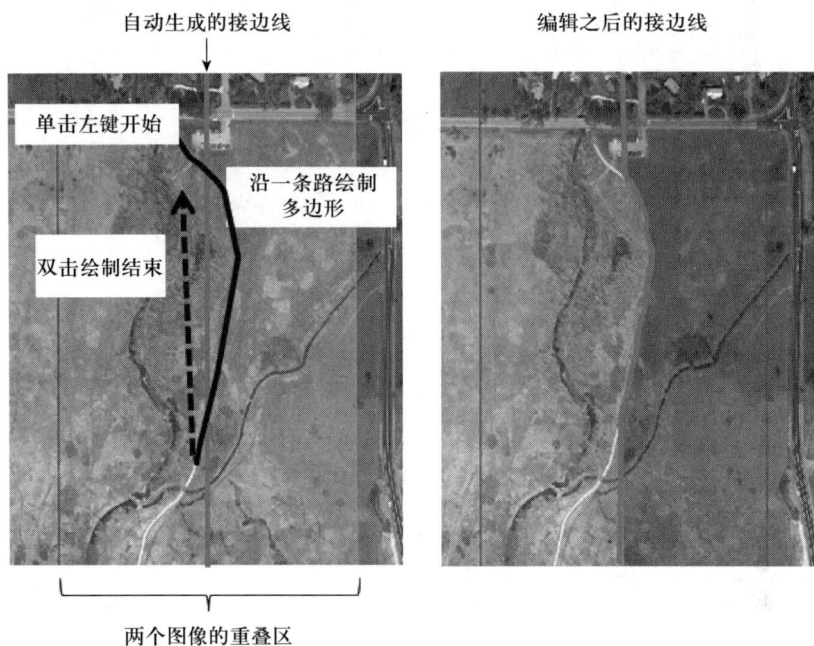

图 4.38　手动编辑接边线示意图

提示：在绘制过程中，可以使用键盘的 Backspace 键删除最后一个顶点。或单击鼠标右键选择 Clear Polygon，取消绘制多边形。切换到 Seamlines/Feathering 选项卡，可以取消使用接边线（取消勾选 Apply Seamlines）。

第四步　羽化设置

（1）单击 Main 选项卡，在 Feathering Distance（Pixels）列表中可以设置每个图像的羽化距离（单位为像元）。或在 Feathering Distance（Pixels）选项上单击鼠标右键选择 Change Selected Parameters 菜单进行批量设置。

（2）单击 Seamlines/Feathering 选项卡，在 Feathering 选项下可以选择：

● None：不使用羽化处理。

● Edge Feathering：使用边缘羽化。

● Seamline Feathering：使用接边线羽化。

第五步　输出结果

单击 Export 选项卡，设置如下参数：

● Output Format（输出格式）：ENVI。

● Output Filename（输出文件名）：设置输出路径与文件名。

● Display Result（是否显示结果）：勾选时会自动在 ENVI 中加载结果图像。

● Output Background Value（输出背景值）：0。

● Resampling Method（重采样方法）：Cubic Convolution。

● Select Output Bands（选择输出波段）：默认即可。

单击 Finish 按钮，完成整个图像镶嵌过程。

4.4.3　基于像素的图像镶嵌

下面介绍基于像素的图像镶嵌操作过程。

第一步　启动图像镶嵌工具

在 ENVI Toolbox 工具箱中，双击 Mosaicking/Pixel Based Mosaicking 工具，开始进行基于像素的镶嵌操作。Pixel Basic Mosaic 对话框由菜单条、图像窗口、文件列表和快捷菜单四部分组成。菜单条中的菜单命令及其功能如表4.9所示。

表4.9　Mosaic 菜单命令及其功能

菜 单 命 令	功　　能
Flie	文件
Apply	执行镶嵌输出结果
Save Template	保存模板文件
Restore Template	打开模板文件
Cancel	退出镶嵌面板
Import	输入
Import Files	导入文件，要求镶嵌文件的波段数一致
Import File and Edit Properties	导入文件并编辑镶嵌参数
Options	选项
Change Mosaic Size	修改镶嵌区域大小。基于像素的图像镶嵌时可用
Change Base Projection	修改镶嵌结果的投影参数（不可用）
Position Entries into Grid	将图像自动放置在网格中，用网格来定位。基于像素的图像镶嵌时可用
Center Entries	保持图像间相对位置的情况下，将图像向镶嵌窗口居中。基于像素的图像镶嵌时可用
Positioning Lock	要锁定图像间的相对位置，使它们可以作为一组同时移动。基于像素的图像镶嵌时可用
Use Thumbnail Images	显示/隐藏图像
Image Frames	显示/隐藏图像边框
Clear All Entries	清除所有的镶嵌参数设置

第二步　加载镶嵌图像

（1）在 Pixel Basic Mosaic 对话框中，选择 Import→Import Files，选择相应的镶嵌文件导入。

（2）在 Select Mosaic Size 对话框中，指定镶嵌图像的大小。可以通过将所有镶嵌图像的行列数相加，得到一个大概的范围。设置 X Size 为 10000，Y Size 为 12000。

第三步　调整图像位置

（1）在 Mosaic 面板的下方设置 X0 和 Y0 像素值，调整图像位置。也可以在图像窗口中，单击并按住鼠标左键，拖拽所选图像到所需的位置，然后松开鼠标左键就可以放置该图像了。

（2）如果镶嵌区域大小不适合，选择 Options→Change Mosaic Size，可重新设置镶嵌区域大小。

第四步　图像重叠设置

（1）选择文件列表中一个文件，单击右键选择 Edit Entry。

（2）在 Entry 面板中，设置 Data Value to Ignore 为 0，即忽略 0 值。

（3）设置 Feathering Distance 为 10，即羽化半径为 10 个像素，如图 4.39 所示。

第五步　颜色平衡设置

（1）首先确定一个图像作为基准，在文件列表中选择这个图像，单击右键选择 Edit Entry，打开 Entry 面板。

（2）将 Mosaic Display 设置为 RGB，并选择波段合成 RGB 图像显示。

（3）设置 Color Balancing 参数：Fixed，作为基准图像。

（4）同样的方法对其他图像文件进行设置，选择 Color Balancing 参数：Adjust。

第六步　输出结果

（1）在 Mosaic 面板中，选择 File→Apply；在

图 4.39　Entry 参数面板

Mosaic Parameters 面板中，设置输出像元大小、重采样方式、文件路径及文件名、背景值。其中，Color Balance using 选项默认的是统计重叠区的直方图，可以单击箭头切换按钮，切换到统计整个基准图像的直方图用于颜色平衡。

（2）整个镶嵌过程已经完成，显示镶嵌结果查看效果。上述 6 个步骤中，第四、五步是可选项，可根据实际情况选择。

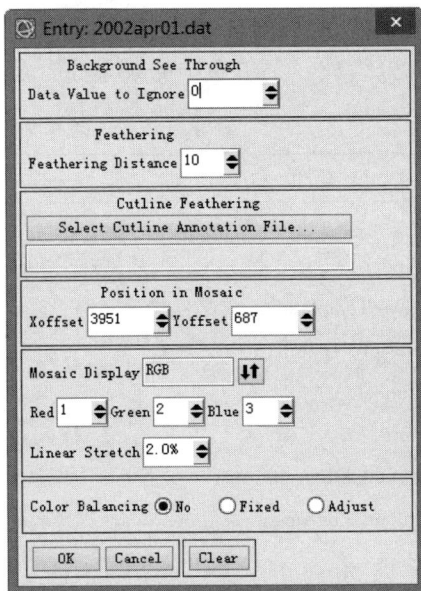

4.5　图像裁剪

图像裁剪的目的是将研究之外的区域去除。常用方法是按照行政区划边界或自然区划边界进行图像裁剪。在基础数据生产中，还经常要进行标准分幅裁剪。按照 ENVI 的图像裁剪过程，可分为规则裁剪和不规则裁剪（练习数据参见实验数据光盘\第 4 章 遥感图像预处理\7-图像裁剪）。

4.5.1 规则分幅裁剪

规则分幅裁剪是指裁剪图像的边界范围是一个矩形，这个矩形范围获取途径包括行列号、左上角和右下角两点坐标、图像文件、ROI/矢量文件。规则分幅裁剪功能在很多的处理过程中都可以启动（Spatial Subset）。下面介绍其中一种规则分幅裁剪过程。

（1）打开裁剪图像"Beijing_TM. dat"。

（2）在主界面中，选择 File→Save As。

（3）在打开的 File Selection 面板中，单击 Spatial Subset 按钮，打开右侧裁剪功能面板。

（4）利用多种方法来确定裁剪区域（图4.40）：

● 在图中使用鼠标手动绘制矩形区域，起始、终止行列号和区域大小显示在 Columns 和 Rows 标签。

● Columns/Rows 标签：通过手动输入起始、终止行列号或区域大小，确定裁剪范围。

● Use View Extent：使用当前 ENVI 视窗中显示的范围。

● Use Full Extent：使用整幅图像范围。

● Subset By File：可以根据矢量或栅格等外部文件的范围确定裁剪范围。在打开的 File Selection 面板中单击📁图标，可以打开外部文件。须保证待裁剪文件和外部文件均具有地理坐标信息。

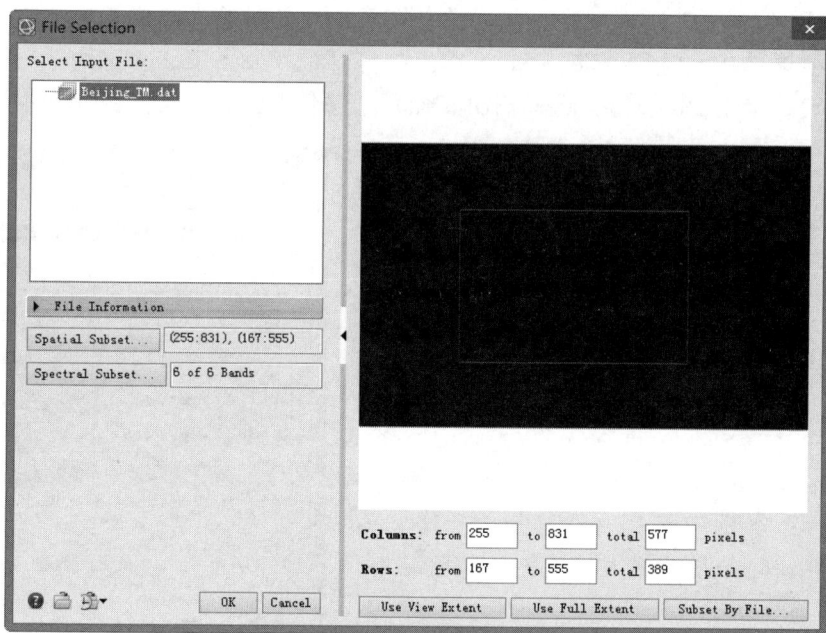

图 4.40 裁剪面板

（5）单击 OK 按钮，选择输出路径及文件名，完成规则分幅裁剪过程。

4.5.2　不规则分幅裁剪

不规则分幅裁剪是指裁剪图像的外边界范围是一个任意多边形。任意多边形可以是事先生成的一个完整的闭合多边形区域，可以是一个手工绘制的 ROI 多边形，也可以是ENVI 支持的矢量文件。针对不同的情况采用不同裁剪过程。下面介绍两种方法。

1. 手动绘制裁剪范围

（1）打开图像"Beijing_TM. dat"并显示在视窗中。

（2）在主界面中，选择 File→New→Vector Layer，在打开的 Create New Vector Layer 中设置如下参数：

- Layer Name（矢量图层名称）：SubsetVector。
- Record Type（矢量记录类型）：Polygon。
- Source Data（数据源）：Beijing_TM. dat。

（3）单击 OK 按钮，ENVI 自动选中工具栏的 ⬙ （Vector Create）图标，此时可以使用鼠标在视窗中绘制多边形。结合以下操作绘制多边形：

- 在绘制过程中单击鼠标右键，选择 Clear 可以取消绘制；
- 可以使用键盘中的 Backspace 键删除最后一个顶点；
- 在绘制结束时，选择鼠标右键菜单 Accept 闭合多边形。

提示：绘制完毕后，可以单击工具栏的 ⬙ 图标退出矢量编辑模式。

（4）在主菜单中，选择 File→Save As，在打开的 File Selection 面板中选择矢量层（SubsetVector），单击 OK 按钮，选择输出路径和文件名，将矢量文件保存在本地。

（5）在 Toolbox 工具箱中，双击 Regions of Interest/Subset Data from ROIs 工具，在打开的 Select Input File to Subset via ROI 面板中选择"Beijing_TM. dat"，单击 OK 按钮。

（6）在 Spatial Subset via ROI Parameters 面板中（图 4.41），设置以下参数：

- Select Input ROIs（在 ROI 列表中）：选择绘制的矢量文件。

- Mask pixels outside of ROI？（是否掩膜多边形外的像元）：本例中选择 Yes。提示：默认为No，得到的结果是矢量的最大外边框的裁剪结果，即矩形区域。

- Mask Background Value（裁剪背景值）：0。

（7）选择输出路径及文件名，单击 OK 按钮裁剪图像。

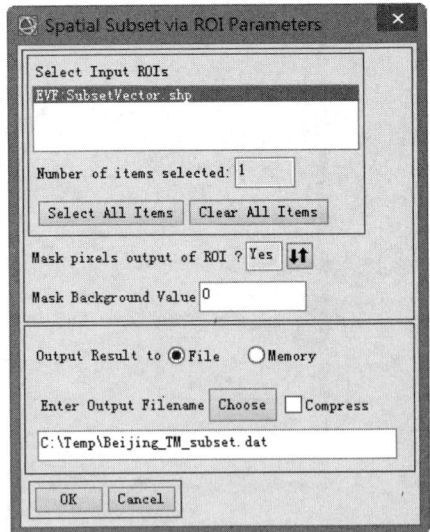

图 4.41　Spatial Subset via ROI
Parameters 面板

2. 外部矢量数据裁剪图像

（1）打开图像文件"Beijing_TM. dat"，并显示在视窗中，选择 Linear 2%拉伸显示。

（2）打开矢量文件（…/矢量数据/矢量. shp），在 Data Manager 中选中"矢量
. shp"，单击 Load Data 按钮，将矢量文件加载到视窗中（图4.42）。

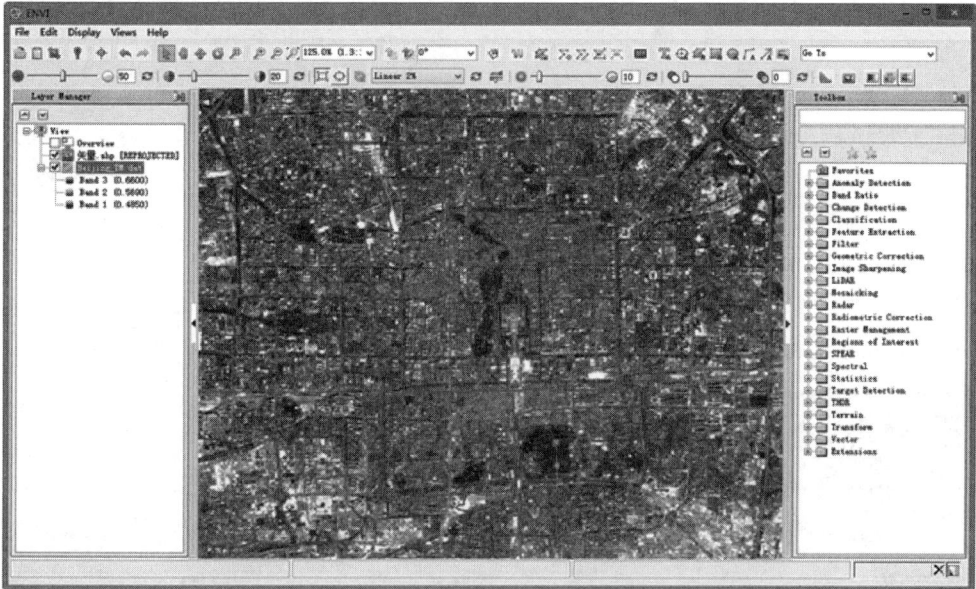

图4.42　加载外部矢量文件

（3）在 Toolbox 工具箱中，双击 Regions of Interest/Subset Data from ROIs 工具，在弹出
的 Select Input File to Subset via ROI 面板中选择"Beijing_TM. dat"，单击 OK 按钮。

（4）在 Spatial Subset via ROI Parameters 面板中，设置以下参数：

- Select Input ROIs（在 ROI 列表中）：选择矢量文件。
- Mask pixels outside of ROI?（是否掩膜多边形外的像元）：选择 Yes。
- Mask Background Value（裁剪背景值）：0。

（5）选择输出路径及文件名，单击 OK 按钮，裁剪图像。

4.6　图像融合实例

图像融合的关键之一是融合前两幅图像的精确配准，尤其是高分辨率图像。即使
全色图像和多光谱图像有一两个像素的几何位置偏差，也可能会造成图像融合结果
的重影现象。本实例使用两幅相同成像时间、不同分辨率（2.1 m 和 5.8 m）、经过正
射校正的全色和多光谱图像（参见实验数据光盘\第 4 章 遥感图像预处理\8 - 图像融
合实例）。

第一步　浏览数据

（1）在主界面中，选择 File→Open，打开"多光谱图像. dat"和"全色图像. dat"。

（2）单击工具栏的■按钮打开透视（Portal）窗口，通过鼠标移动透视窗口浏览两幅图像。可以看到，两幅图像上下位置偏差 2～3 个像素。

（3）在工具栏中，设置上面图层 50% 透明显示，可以看到有严重的"双眼皮"现象，这种情况会影响图像融合的效果。

第二步 图像配准

使用图像自动配准流程化工具（Image Registration Workflow）完成这两幅图像的配准。

（1）在 Toolbox 工具箱中，双击 Geometric Correction/Registration/Image Registration Workflow 工具，启动自动配准流程化工具。

（2）在 File Selection 步骤中，单击 Base Image File 右侧的 Browse 按钮，选择"全色图像 . dat"作为基准图像；选择另外一幅图像"多光谱图像 . dat"作为待配准图像，单击 Next 按钮，进入 Tie Points Generation 步骤。

（3）选择默认参数设置，单击 Next 按钮，进入 Review and Warp 步骤。

（4）自动生成的匹配点均匀地分布在图像上。RMS Error 为 0.48，如图 4.43 所示。

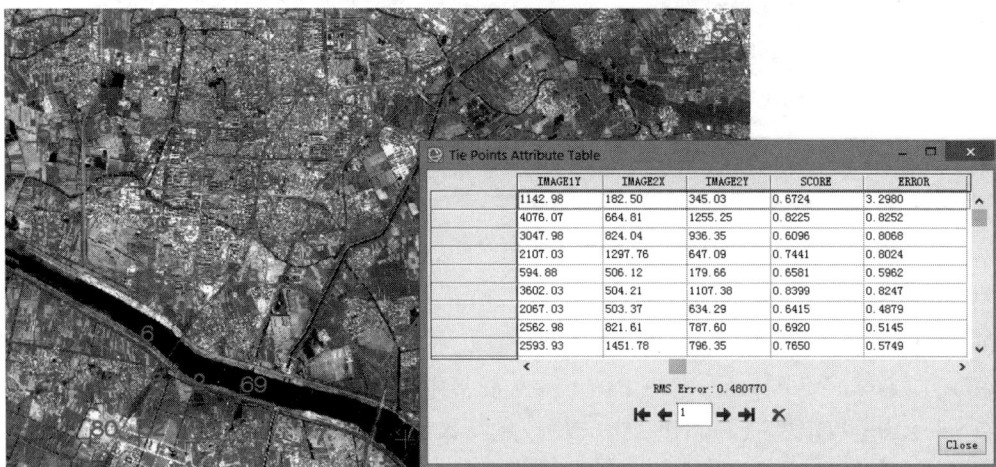

图 4.43 自动寻找的 Tie 点

（5）勾选 Preview 选项，预览配准结果小于 1 个像元。

（6）在 Review and Warp 步骤中，选择 Warping 选项卡，各个参数设置如下：

- Warping Method（校正模型）：多项式（Polynomial）。
- Resampling（重采样方法）：Cubic Convolution。
- Background Value（背景值）：0。
- Output Pixel Size from（输出像元大小）：Warp Image。

（7）单击 Next 按钮，在 Export 步骤，选择输出配准后的图像。

（8）单击 Finish 按钮，输出结果。

第三步 图像融合

（1）在 Toolbox 工具箱中，双击 Image Sharpening/Gram-Schmidt Pan Sharpening 工具。

（2）在 Select Low Spatial Resolution Multi Band Input File 对话框中选择配准结果，在 Select High Spatial Resolution Pan Input Band 对话框中选择"全色图像.dat"。

（3）在打开的 Pan Sharpening Parameters 对话框中，设置参数：

● 选择传感器类型（Sensor）：Unknown。

● 选择重采样方法（Resampling）：Cubic Convolution。

（4）设置输出文件路径和文件名，单击 OK 按钮，输出结果。

（5）浏览融合结果，已经没有了重影现象。

第 5 章 图 像 增 强

通过对图像数据采用各种图像增强算法，可以提高图像的目视效果，方便人工目视解译、图像分类中样本选取等。图像增强的主要目的是增强图像，以便处理结果图像比原始图像更适合于特定的应用要求。

本章主要介绍以下内容：

➢ 空间域增强处理
➢ 辐射增强处理
➢ 光谱增强处理
➢ 傅里叶变换
➢ 波段组合图像增强

5.1 空间域增强处理

空间域增强处理是通过直接改变图像中的单个像元及相邻像元的灰度值来增强图像。这种增强方式往往是有目的的，如增强图像中的线状物体细部部分或者主干部分等。

5.1.1 卷积滤波

卷积（Convolutions）滤波是通过消除特定的空间频率来使图像增强。根据增强类型（低频、中频和高频）不同可分为低通滤波、带通滤波和高通滤波。此外，还有可以增强图像某些方向特征的方向滤波等。它们的核心部分是卷积核。ENVI 提供很多卷积核，包括高通滤波（High Pass）、低通滤波（Low Pass）、拉普拉斯算子（Laplacian）、方向滤波（Directional）、高斯高通滤波（Gaussian High Pass）、高斯低通滤波（Gaussian Low Pass）、中值滤波（Median）、Sobel 和 Roberts 等，此外还可以自定义卷积核。具体操作如下：

（1）打开自带图像文件"can_tmr. img"。

（2）在 Toolbox 工具箱中，双击 Filter/Convolutions and Morphology 工具。

（3）在 Convolutions and Morphology Tool 中（图 5.1），选择 Covolutions→滤波类型。

（4）不同的滤波类型对应不同的参数，主要包括 3 项参数：

● Kernel Size（卷积核大小）：以奇数来表示，如 3×3、5×5 等，有些卷积核不能改变大小，包括 Sobel 和 Roberts。默认卷积核是正方形，如果需要使用非正方形，选择 Options→Square kernel。

● Image Add Back：输入一个加回值（add back）。将原始图像中的一部分"加回"到

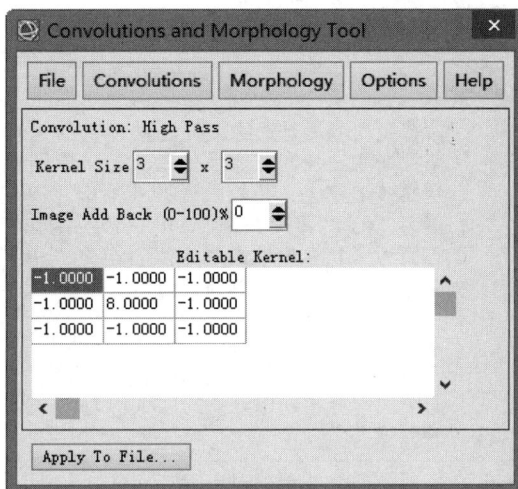

图 5.1　Convolutions and Morphology Tool

卷积滤波结果图像上，有助于保持图像的空间连续性。该方法经常用于图像锐化。"加回"值是原始图像在结果输出图像中所占的百分比。例如，如果为"加回"值输入40%，那么40%的原始图像将被"加回"到卷积滤波结果图像上，并生成最终的结果图像。

● Editable Kernel：卷积核中各项的值。在文本框中双击鼠标可以进行编辑，选择 File→Save Kernel 或者 Restore Kernel，可以把卷积核保存为文件（.ker）或者打开一个卷积核文件。

（5）卷积增强图像中的单个波段：

① 选择 Covolutions→High Pass，其他项按照默认设置，单击 Apply To File 按钮，在弹出的 Convolution Input File 面板中选择输入文件，单击 OK 按钮。

② 在 Convolution Parameters 中设置输出文件路径，然后单击 OK 按钮，执行图像增强。

（6）卷积增强图像文件：

① 单击 Apply To File 按钮，在 Convolution Input File 对话框中选择图像文件。

② 选择输出路径及文件名。

下面对 ENVI 中各种滤波作一简单说明，如表 5.1 所示。

表 5.1　各种滤波说明

滤　波	说　明
高通滤波器（High Pass）	高通滤波在保持图像高频信息的同时，消除了图像中的低频成分。它可以用来增强纹理、边缘等信息。高通滤波通过运用一个具有高中心值的变换核来完成（周围通常是负值权重）。ENVI 默认的高通滤波器使用 3×3 的变换核（中心值为"8"，周围像元值为"−1"），高通滤波卷积核的维数必须是奇数
低通滤波器（Low Pass）	低频滤波保存了图像中的低频成分，使图像平滑。ENVI 默认的低通滤波器使用 3×3 的变换核，每个变换核中的元素包含相同的权重，使用外围值的均值来代替中心像元值

续表

滤　波	说　明
拉普拉斯算子（Laplacian）	拉普拉斯滤波是边缘增强滤波，它的运行不用考虑边缘的方向。拉普拉斯滤波强调图像中的最大值，它通过运用一个具有高中心值的变换核来完成（一般来说，外围南北向与东西向权重均为负值，角落为"0"）。ENVI 中默认的拉普拉斯滤波使用一个大小为 3×3，中心值为"4"，南北向和东西向均为"−1"的变换核。所有的拉普拉斯滤波卷积核的维数都必须是奇数
方向滤波器（Directional）	方向滤波是边缘增强滤波，它有选择性地增强有特定方向成分的（如梯度）图像特征。方向滤波变换核元素的总和为 0。结果在输出的图像中有相同像元值的区域均为 0，不同像元值的区域呈现为较亮的边缘
高斯高通滤波（Gaussian High Pass）	高斯高通滤波器通过一个指定大小的高斯卷积函数对图像进行滤波。默认的变换核大小是 3×3，且卷积核的维数必须是奇数
高斯低通滤波（Gaussian Low Pass）	高斯低通滤波器通过一个指定大小的高斯卷积函数对图像进行滤波。默认的变换核大小是 3×3，且卷积核的维数必须是奇数
中值滤波器（Median）	中值滤波在保留大于卷积核的边缘的同时，平滑图像。这种方法对于消除椒盐噪声或斑点非常有效。ENVI 的中值滤波器用一个被滤波器的大小限定的邻近区的中值代替每一个中心像元值。默认的卷积核大小是 3×3
Sobel	Sobel 滤波器非线性边缘增强滤波，它是使用 Sobel 函数的近似值的特例，也是一个预先设置变换核为 3×3 的、非线性边缘增强的算子。滤波器的大小不能更改，也无法对卷积核进行编辑
Roberts	Roberts 滤波是一个类似于 Sobel 的非线性边缘探测滤波，它是使用 Roberts 函数预先设置的 2×2 近似值的特例，也是一个简单的二维空间差分方法，用于边缘锐化和分离。滤波器的大小不能更改，也无法对卷积核进行编辑
自定义卷积核（User Defined）	可以通过选择和编辑一个用户卷积核，定义常用的卷积变换核（包括矩形或正方形变换核）

5.1.2　数学形态学滤波

ENVI 中的数学形态学滤波包括以下类型：膨胀（Dilate）、腐蚀（Erode）、开运算（Opening）和闭运算（Closing），它们在增强二值图像和灰度图像中各有特点，详见表 5.2。

表 5.2　数学形态学滤波

滤波类型	特　点
膨胀（Dilate）	被用来在二值或灰度图像中填充比结构元素（变换核）小的孔。只能用于 unsigned byte、unsigned long-integer 和 unsigned integer 数据类型

续表

滤 波 类 型	特　　点
腐蚀（Erode）	被用来在二值或灰阶图像中消除比结构元素（变换核）小的像元
开运算（Opening）	开运算滤波器可以用于平滑图像边缘、打破狭窄峡部（break narrow isthmuses）、消除孤立像元、锐化图像最大和最小值信息。图像的开运算滤波被定义为先对图像进行腐蚀滤波，然后再用相同的结构元素（变换核）进行膨胀滤波。先对图像进行腐蚀滤波，然后再进行膨胀滤波可以达到与开运算滤波类似的效果
闭运算（Closing）	闭运算滤波器可以用于平滑图像边缘、融合窄缝和长而细的海湾、消除图像中的小孔、填充图像边缘的间隙。图像的闭运算滤波被定义为先对图像进行填充滤波，然后再用相同的结构元素（变换核）进行侵蚀滤波。先对图像进行膨胀滤波，然后再进行腐蚀滤波可以达到与闭运算滤波类似的效果

数学形态学滤波的操作过程与卷积滤波基本一样，在 Convolutions and Morphology Tool 面板中，选择 Morphology→对应的滤波。这里对其中两个特有的参数进行说明：

- Cycles：滤波的重复次数。
- Style：滤波格式"Binary"（二值的）、"Gray"（灰阶）或"Value"。选择"Binary"，输出的像元呈黑色或白色；选择"Gray"，保留梯度；选择"Value"，表示允许对所选像元的变换核值进行膨胀或腐蚀。

5.1.3　纹理分析

使用 Toolbox 工具箱或 Filter 中的两个工具可以应用基于概率统计或二阶概率统计的纹理滤波。许多图像包含的区域以亮度变化为特征，而不仅仅局限于亮度值。纹理是指图像色调作为等级函数在空间上的变化。被定义为纹理清晰的区域，灰度等级相对于不同纹理的地区一定是比较接近的。ENVI 支持几种基于概率统计或二阶概率统计的纹理滤波。

1. 基于概率统计的滤波（Occurrence measures）

使用 Occurrence Measures 工具可以应用 5 种不同的基于概率统计的纹理滤波。概率统计滤波可以利用的是数据范围（Data Range）、平均值（Mean）、方差（Variance）、信息熵（Entropy）和偏斜（skewness）。概率统计把处理窗口中每一个灰阶出现的次数用于纹理计算。操作过程如下：

（1）在 Toolbox 工具箱中，双击 Filter/Occurrence Measures 工具。在 Texture Input File 对话框中选择图像文件。

（2）在 Occurrence Measures Parameter 面板中（图 5.2），通过 Textures to Compute 选项的复选框，选择要创建的纹理图像。

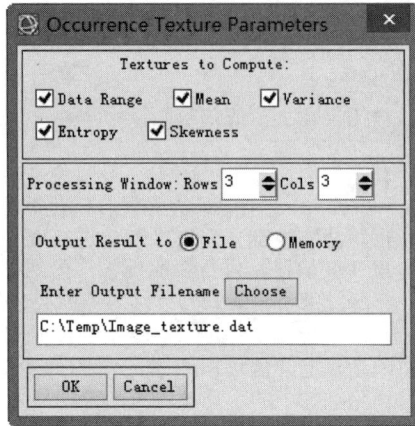

图 5.2　Occurrence Measures Parameter 面板

（3）在 Rows(Y)和 Cols(X)文本框中，输入处理窗口的大小。

（4）选择输出路径及文件名，单击 OK 按钮，开始处理。所选的纹理图像将计算出来，并被加载到 Data Manager 中。

2. 基于二阶概率统计的滤波（Co-occurrence measures）

使用 Co-occurrence Measures 工具可以应用 8 种基于二阶矩阵的纹理滤波，这些滤波包括均值（Mean）、方差（Variance）、协同性（Homogeneity）、对比度（Contrast）、相异性（Dissimilarity）、信息熵（Entropy）、二阶矩（Second Moment）和相关性（Correlation）。

二阶概率统计用一个灰色调空间相关性矩阵来计算纹理值，这是一个相对频率矩阵，即像元值在两个邻近处理窗口（由特定距离和方向分开）中的出现频率，该矩阵显示了一个像元和它的特定邻域之间关系的发生数。例如，图 5.3 所示的二阶概率矩阵是在一个 3×3 的窗口中由每一个像元和它的水平方向的邻域生成的（变换值 $x=1$，$y=0$）。一个 3×3 基窗口中的像元和在水平方向变换了一个像元的 3×3 窗口中的像元被用来生成二阶概率矩阵（图 5.3）。以下为操作过程。

图 5.3　二阶概率统计的滤波计算示意图

（1）在 Toolbox 工具箱中，双击 Filter/Co-occurrence Measures 工具，在 Texture Input File 对话框中选择图像文件。

（2）在 Co-occurrence Texture Parameters 对话框中（图 5.4），通过勾选 Textures to Compute 选项中的复选框，选择要创建的纹理图像。

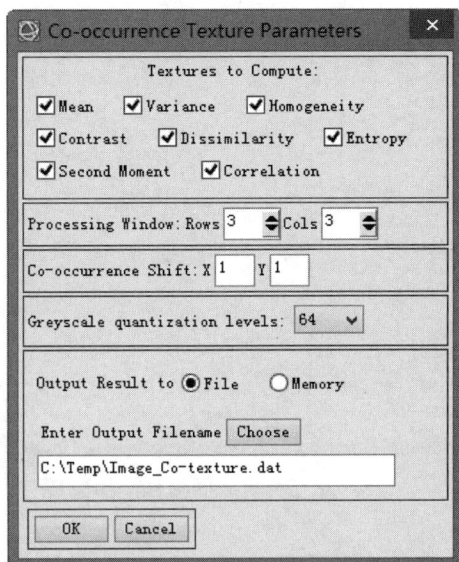

图 5.4　Co-occurrence Texture Parameters 对话框

（3）在 Rows(Y) 和 Cols(X) 文本框中，键入处理窗口的大小。

（4）输入 X、Y 变换值（Co-occurrence Shift），用于计算二阶概率矩阵。

（5）选择灰度量化级别（Greyscale quantization levels）：None、64、32 或者 16。

（6）选择输出路径及文件名，单击 OK 按钮，开始处理。所选的纹理图像将计算出来，并被放置在可用波段列表中。

5.2　辐射增强处理

辐射增强处理是通过对单个像元的灰度值进行变换处理来增强处理，如直方图匹配、直方图拉伸、去除条带噪声处理等。

5.2.1　交互式直方图拉伸

将一个多光谱图像打开并显示在视窗中，在主菜单中，选择 Display→Custom Stretch（或在工具箱中单击 图标），就可以打开交互式直方图拉伸操作面板（图 5.5）。在进行直方图拉伸时，可以选择直方图统计的数据范围，方法是在工具栏中：

- 单击 图标，可以设置统计全图范围；
- 单击 图标，可以设置统计当前视图范围内的数据。

对于彩色图像来说，在交互式直方图拉伸操作面板中（图 5.5），默认显示了当前视图中 R、G、B 3 个波段的直方图；可以使用面板右侧的按钮切换要显示直方图的波段。

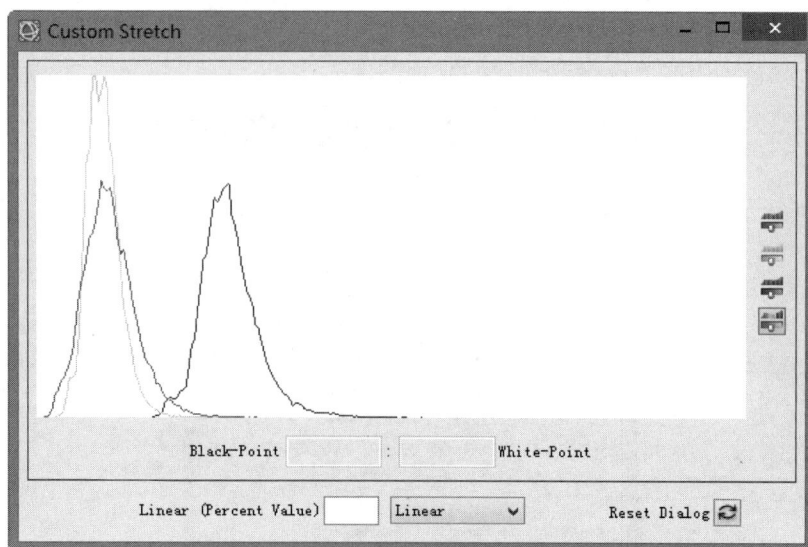

图 5.5　交互式直方图拉伸操作面板

当切换到 R 波段时，直方图中的两条垂线表明了当前拉伸所用到的最小值和最大值，其值显示在 Black-Point 和 White-Point 两个标签的文本框中；对于灰度图像来说，Custom Stretch 面板中只显示此波段的直方图。

下面介绍交互式直方图拉伸操作面板中的按钮命令及其功能。在 Custom Stretch 面板下方的下拉列表中，共有 5 种拉伸方法可供选择，其特点说明如表 5.3 所示。

表 5.3　可选择的拉伸方法及其功能描述

菜 单 命 令	功　　能
Linear（线性拉伸）	线性拉伸的最小和最大值分别设置为 0 和 255，两者之间的所有其他值设置为中间的线性输出值
Equalization（直方图均衡化拉伸）	对图像进行非线性拉伸，一定灰度范围内像元的数量大致相等，输出的直方图是一个较平的分段直方图
Gaussian（高斯拉伸）	系统默认的 Gaussian 拉伸使用均值 DN 127 和对应 0～255 的以正负 3 为标准差的值进行拉伸。输出直方图用一条红色曲线显示被选择的 Gaussian 函数。被拉伸数据的分布呈白色，并叠加显示在红色 Gaussian 函数上
Square Root（平方根拉伸）	计算输入直方图的平方根，然后应用线性拉伸
Logarithmic（对数拉伸）	对输入图像的灰阶进行对数拉伸，是一种非线性拉伸方法，可以有效地增强原始图像中较暗部分的特征。当选择此种拉伸方法时，对比度（Contrast）默认设为 0

下面介绍交互式直方图拉伸的操作过程。

（1）打开一个多光谱图像并在视窗中显示。在主界面中，选择 Display→Custom Stretch，打开交互式直方图拉伸操作面板。

（2）在面板右侧可以根据需要选择 R、G、B 3 个波段之一，这里以 R 波段为例。

（3）在交互式直方图拉伸操作面板下方的下拉列表中，可以选择不同的拉伸方法，由于不同拉伸方法操作和参数设置不一样，下面逐一介绍。

● Linear（线性拉伸）

① 在下拉列表中选择 Linear。

② 设定拉伸范围：将鼠标移动到直方图中的垂直线上，当鼠标变为横向双箭头时，按住左键可以移动直方图中的垂直线到所需要的位置，或在 Black-Point 和 White-Point 文本框中分别输入最小值和最大值，按回车生效。也可以在"Linear（Percent Value）"文本框内输入所需要的数据百分比，按回车生效。

③ 使用相同的操作方法修改 G、B 两个波段的最小值和最大值。

● Equalization（直方图均衡化拉伸）

① 在下拉列表中选择 Equalization。

② 设定拉伸范围：将鼠标移动到直方图中的垂直线上，当鼠标变为横向双箭头时，按住左键可以移动直方图中的垂直线到所需要的位置，或在 Black-Point 和 White-Point 文本框中分别输入最小值和最大值，按回车生效。

③ 使用相同的操作方法修改 G、B 两个波段的最小值和最大值。

● Gaussian（高斯拉伸）

① 在下拉列表中选择 Gaussian。

② 设定拉伸范围：将鼠标移动到直方图中的垂直线上，当鼠标变为横向双箭头时，按住左键可以移动直方图中的垂直线到所需要的位置，或在 Black-Point 和 White-Point 文本框中分别输入最小值和最大值，按回车生效。

③ 在 Gaussian（Standard Deviation）文本框中输入高斯标准差，按回车生效。

④ 使用相同的操作方法修改 G、B 两个波段的最小值和最大值。

● Square Root（平方根拉伸）

① 在下拉列表中选择 Square Root。

② 设定拉伸范围。将鼠标移动到直方图中的垂直线上，当鼠标变为横向双箭头时，按住左键可以移动直方图中的垂直线到所需要的位置，或在 Black-Point 和 White-Point 文本框中分别输入最小值和最大值，按回车生效。

③ 使用相同的操作方法修改 G、B 两个波段的最小值和最大值。

● Logarithmic（对数拉伸）

① 在下拉列表中选择 Logarithmic。

② 设定拉伸范围：将鼠标移动到直方图中的垂直线上，当鼠标变为横向双箭头时，按住左键可以移动直方图中的垂直线到所需要的位置，或在 Black-Point 和 White-Point 文本框中分别输入最小值和最大值，按回车生效。

③ 使用相同的操作方法修改 G、B 两个波段的最小值和最大值。

提示：单击面板右下侧的 Reset Dialog 按钮，可以恢复拉伸方法到打开此面板之前的状态。

5.2.2　坏道填补

有些图像，由于传感器等原因使得图像数据中具有坏数据行。在 ENVI 中，可以找出这些坏道用其他值填充。

（1）打开数据并在视窗中显示。

（2）单击工具栏中的 💡 图标，打开 Cursor Value 对话框，确定要替代行的位置。

（3）在 Toolbox 工具箱中，双击 Raster Management/Replace Bad Lines 工具。在 Bad Lines Input File 对话框中，选择一个图像文件。

（4）在 Bad Lines Parameters 对话框中（图 5.6），在 Bad Line 文本框中指定要替代的坏行，然后按回车键。这些行将显示在 Selected Lines 列表中。要从列表中删除行，单击它即可。设置完毕后，可以单击 Save 按钮将列表保存到文件，下次使用 Restore 按钮加载。

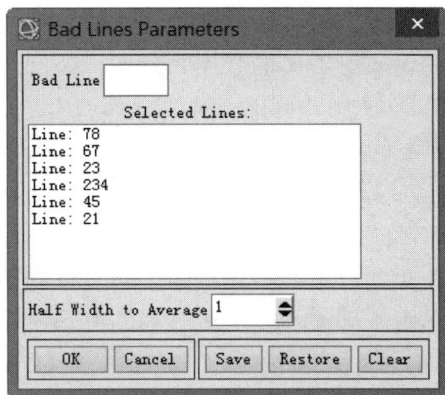

（5）在 Half Width to Average 文本框中，键入要参与计算平均值的邻近行数。

图 5.6　Bad Lines Parameters 面板

（6）单击 OK 按钮，在出现 Bad Lines Output 对话框时，选择输出路径及文件名，单击 OK 按钮，输出结果。

5.2.3　去条带处理

使用 Destripe Data 功能可以消除图像数据中的周期性扫描行条带。这种条带噪声经常在 Landsat MSS 数据中经常见到（每 6 行出现一次），在 Landsat TM 数据中也有（每 16 行出现一次）。通过计算每 n 行的平均值，并将每行归一化为各自的平均值。要求数据必须是原始格式（平行条带），并且没有被旋转或地理坐标定位。

（1）打开图像数据。

（2）在 Toolbox 工具箱中，双击 Raster Management/Destripe 工具。在打开 Destriping Input File 对话框中，选择输入文件。

（3）在 Destriping Parameters 对话框中，在标有 Number of Detectors 的文本框中输入条带出现的周期，例如，对于 Landsat TM，该值为 16。

（4）选择输入路径及文件名，单击 OK 按钮，输出结果。

5.3　光谱增强处理

光谱增强是基于多光谱数据对波段进行变换达到图像增强处理，如主成分变换、独立主成分变换、色彩空间变换和色彩拉伸等。

5.3.1 波段比的计算

计算波段的比值可以增强波段之间的波谱差异，减少地形的影响。用一个波段除以另一个波段生成一幅能提供相对波段强度的图像。该图像增强了波段之间的波谱差异。ENVI 以浮点型数据格式（默认）或字节型数据格式输出波段比值图像。可以将三个比值合成为一幅彩色比值合成图像（color-ratio-composite，CRC），用于判定每个像元波谱曲线的大致形状。

要计算波段比，必须输入一个"分子"波段和一个"分母"波段，波段比是分子与分母的比值。ENVI 能够核查分母为 0 的错误，并将他们的值设置为 0。ENVI 可以计算多个比值，并在一个文件中将它们作为多波段输出。

（1）打开一个多波段图像文件。

（2）在 Toolbox 工具箱中，双击 Band Ratio/Band Ratios 工具。

（3）在 Band Ratio Input Bands 对话框中（图5.7），从可用波段列表中（Select from the Available Bands）中选择分子（Numeratro）和分母（Denominator）波段。单击 Clear 按钮可以清除选择的分子和分母波段。

（4）单击 Enter Pair 按钮，将比值波段添加到 Selected Ratio Pairs 中。

（5）可以通过键入另外的波段比建立所需的多比值合成。在 Selected Ratio Pairs 列表中的所有比值都将在一个单独文件中作为多波段文件输出。单击 OK 按钮，显示 Band Ratios Parameters 对话框。

（6）在 Band Ratios Parameters 对话框中，选择输出数据类型（Output Data Type），默认是浮点型（Floating Point）。如果选择"Byte"，ENVI 将按照在"Min"和"Max"文本框中键入的数值对比值进行拉伸。

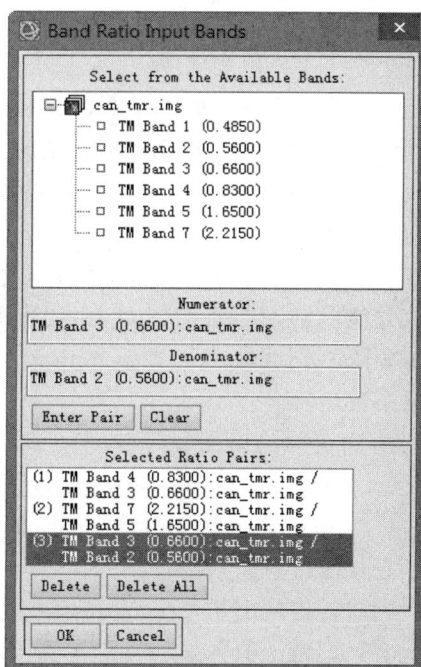

图 5.7　Band Ratio Input Bands 对话框

（7）选择输出输出文件路径及文件名，单击 OK 按钮。

5.3.2 主成分分析（PCA）

多光谱图像的各波段之间经常是高度相关的，它们的 DN 值以及显示出来的视觉效果往往很相似。主成分分析（Principal Component Analysis，PCA）就是一种去除波段之间的多余信息、将多波段的图像信息压缩到比原波段更有效的少数几个转换波段的方法。一般情况下，第一主成分（PC1）包含所有波段中 80% 的方差信息，前三个主成分包含了所有波段中 95% 以上的信息量。由于各波段之间的不相关，主成分波段可以生成更多颜色、饱和度更好的彩色合成图像。ENVI 中提供主成分正变换和主成分逆变换。

当使用主成分正变换时，ENVI 可以通过计算新的统计值，或根据已经存在的统计值进行主成分正变换。下面介绍具体的操作过程。

（1）打开图像文件。

（2）在 Toolbox 工具箱中，双击 Transform/PCA Rotation/Forward PCA Rotation New Statistics and Rotate 工具。在 Principal Components Input File 对话框中，选择图像文件。

（3）在 Forward PC Parameters 对话框中（图 5.8），在 Stats X/Y Resize Factor 文本框中键入小于等于 1 的调整系数，用于计算统计值时的数据二次采样。键入一个小于 1 的调整系数，将会提高统计计算速度。例如，使用一个 0.1 的调整系数，在统计计算时将只用到十分之一的像元。选择默认值为 1。

（4）键入一个输出统计路径及文件名。使用箭头切换按钮，选择根据 Covariance Matrix（协方差矩阵）或根据 Correlation Matrix（相关系数矩阵）计算主成分波段。一般来说，计算主成分时选择使用协方差矩阵。当波段之间数据范围差异较大时，选择相关系数矩阵。

（5）选择输出路径及文件名，输出数据类型为 Floating Point。

图 5.8　主成分分析对话框

（6）单击 Select Subset from Eigenvalues 标签右侧的箭头切换按钮，选择 "YES"。统计信息将被计算，并出现 Select Output PC Bands 对话框，列出每个波段及其相应的特征值；同时，也列出每个主成分波段中包含的数据方差的累积百分比。如果选择 "No"，则系统会计算特征值并显示供选择输出波段数。

（7）输出波段数（Number of Output PC Bands）选择默认值（输入文件的波段数）。

（8）单击 OK 按钮。

ENVI 处理完毕后，将出现 PC Eigenvalues 绘图窗口（图 5.9）。可以看到，第一、二、三分量具有很大的特征值。主成分波段将被导入可用波段列表中，选择 PC1、PC2、PC3 合成 RGB 显示，色彩非常饱和。选择 PC4、PC5、PC6 合成 RGB 显示，可以看到很多噪声。

在 Toolbox 工具箱中，双击 Statistics/View Statistics File 工具，打开主成分分析中得到的统计文件，可以得到各个波段的基本统计值、协方差矩阵、相关系数矩阵和特征向量矩阵，如图 5.10 所示。

在 Toolbox 工具箱中，双击 Transform/PCA Rotation/Inverse PCA Rotation 工具可以执行主成分逆变换。

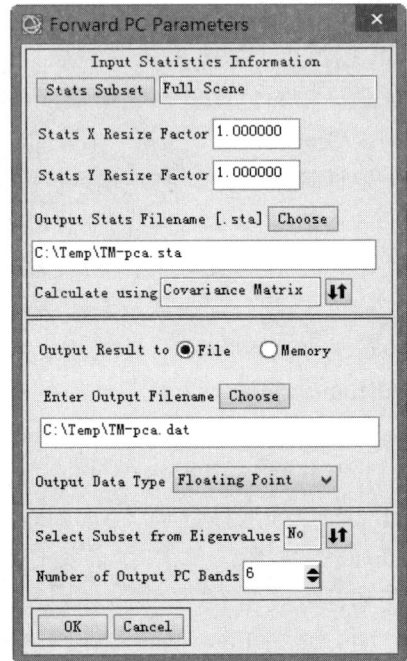

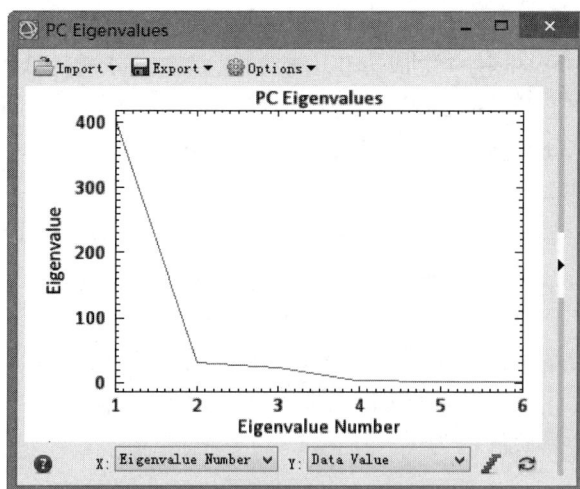

图 5.9　主成分分析特征值窗口

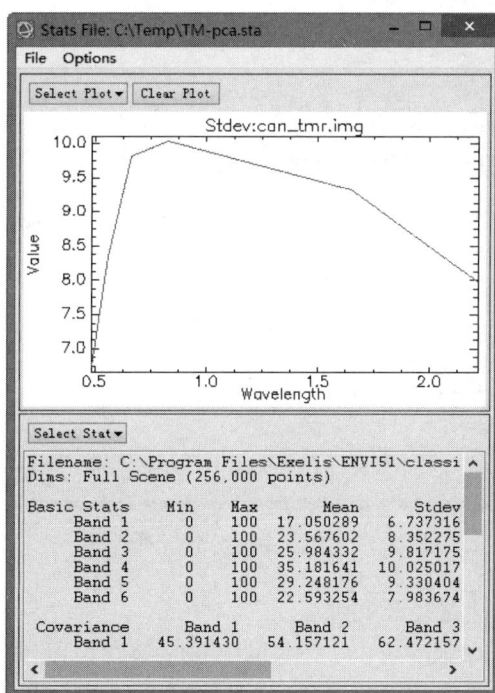

图 5.10　主成分分析得到的各波段统计值

5.3.3　独立主成分分析（ICA）

独立主成分分析（Independent Component Analysis，ICA）把多光谱或者高光谱数据转换成相互独立的部分（去相关），可以用来发现和分离图像中隐藏的噪声、降维、异常检测、降噪、分类和波谱端元提取以及数据融合，它把一组混合信号转化成相互独立的成分，在感兴趣信号与数据中其他信号相对较弱的情况下，这种变换要比主成分分析得到的结果更加有效。ENVI 中提供独立主成分正变换和独立主成分逆变换。

当使用独立主成分正变换时，ENVI 可以通过计算新的统计值，或根据已经存在的统计值，或其他独立主成分变换的变换文件，进行独立主成分正变换。

（1）打开图像文件。

（2）在 Toolbox 工具箱中，双击 Transform/ICA Rotation/Forward ICA Rotation New Statistics and Rotate 工具。在 Independent Components Input File 对话框中，选择图像文件。

（3）在 Forward IC Parameters 对话框中（图 5.11），在 Stats X/Y Resize Factor 文本框中键入小于等于 1 的调整系数，用于计算统计值时的数据二次采样。键入一个小于 1 的调整系数，将会提高统计计算速度。例如，使用一个 0.1 的调整系数，在统计计算时将只用到十分之一的像元。选择默认值为 1。

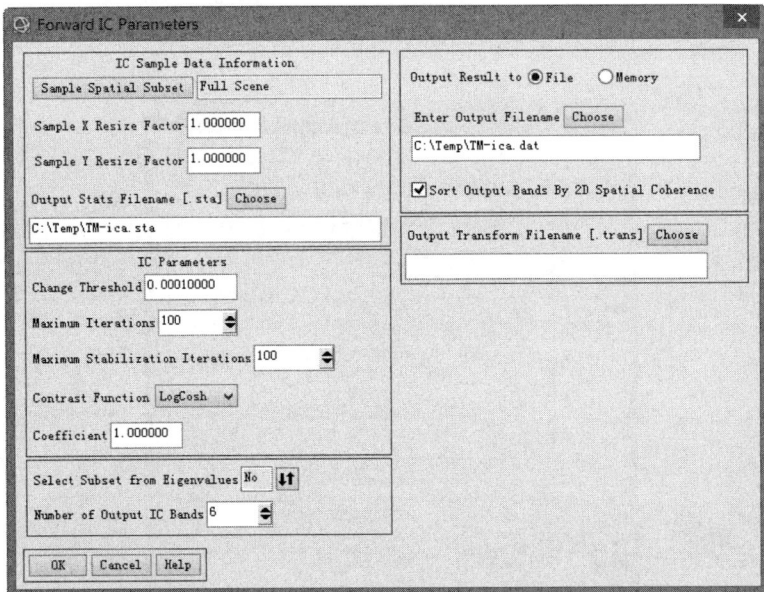

图 5.11　独立主成分分析对话框

（4）键入一个输出统计路径及文件名。

（5）变化阈值（Change Threshold），如果独立成分变化范围小于阈值，就退出迭代。值的范围为 $10^{-8} \sim 10^{-2}$，默认值为 10^{-4}。这个值越小，得到的结果越好，但计算量会增加。

（6）最大迭代次数（Maximum Iterations），最小为 100，值越大得到的结果越好，计算量也增加。

（7）最大稳定性迭代次数（Maximization Stabilization Iterations），当达到最大迭代次数还不收敛时，运行 stabilized fixed-point 算法优化结果。最小值为 0，值越大得到的结果越好。

（8）对比度函数（Contrast Function），提供 3 个函数：LogCosh、Kurtosis 和 Gaussian，

默认为 LogCosh。选择这个函数需要设置一个系数（Coefficient），范围为：1.0~2.0。

（9）单击 Select Subset from Eigenvalues 标签右侧的箭头切换按钮，选择"YES"，统计信息将被计算，并出现 Select Output PC Bands 对话框，列出每个波段和其相应的特征值。同时，也列出每个主成分波段中包含的数据方差的累积百分比。如果选择"No"，则系统会计算特征值并显示供选择输出波段数。

（10）输出波段数（Number of Output PC Bands），选择默认值（输入文件的波段数）。

（11）Sort Output Bands by 2D Spatial Coherence 复选框，如果选中，可以让噪声波段不出现在 IC1 中。

（12）选择结果输出路径及文件名。如果需要输出转换特征，在 Output Transform Filename 中输入路径和文件名（.trans）。这个文件可以用在类似图像中。

在 Toolbox 工具箱中，双击 Transform/ICA Rotation/Inverse ICA Rotation 工具可以执行独立主成分逆变换。

5.3.4 色彩空间变换

ENVI 支持将三波段红、绿、蓝（RGB）图像变换到一个特定的彩色空间，并且能从所选彩色空间变换回 RGB。两次变换之间，通过对比度拉伸，可以生成一个色彩增强的彩色合成图像。ENVI 支持的彩色空间包括"色度、饱和度、颜色亮度值（HSV）"、"色度、亮度、饱和度（HLS）"、HSV（USGS Munsell）。其中，色度代表像元的颜色，取值范围为 0~360；饱和度代表颜色的纯度，取值范围为 0~1；颜色亮度值颜色的亮度，取值范围为 0~1；亮度表示整个图形的明亮程度，取值范围为 0~1。

其中，HSV（USGS Munsell）彩色系统被土壤科学家和地质学家用于描述土壤和岩石的颜色特征。这套彩色系统已经被美国地质勘测部门作了修订，以描绘数字图像的颜色。USGS Munsell 变换将 RGB 坐标变换成了色彩坐标（色调、饱和度和颜色亮度值）。色度变化范围为 0~360，这里 0 和 360 代表蓝，120 代表绿，240 代表红。饱和度变化范围为 0~208，值越高代表颜色越纯。颜色亮度值的变化范围大致为 0~512，较高的值代表较亮的颜色。

色彩空间变换操作比较简单，下面以从 RGB 到 HSV 为例介绍操作过程，其他色彩空间变换操作过程类似。

（1）打开一个至少含 3 个波段的图像文件，显示 RGB 彩色图像。

（2）在 Toolbox 工具箱中，双击 Transform/Color Transforms/RGB to HSV Color Transform 工具。在 RGB to HSV Input Bands 对话框中，可以从可用波段列表中选择 3 个波段进行变换。

（3）在 RGB to HSV Parameters 对话框中，选择输出路径及文件名，单击 OK 按钮。

5.3.5 色彩拉伸

ENVI 提供去相关拉伸、Photographic 拉伸和饱和度拉伸。

1. 去相关拉伸

去相关拉伸处理可以消除多光谱数据中各波段间的高度相关性，从而生成一幅色彩亮丽的彩色合成图像。它首先是对图像做主成分分析，并对主成分图像进行对比度拉伸处理，然后再进行主成分逆变换，将图像恢复到 RGB 彩色空间，达到图像增强目的。

在 Toolbox 工具箱中，双击 Transform/Decorrelation Stretch 工具。在 Decorrelation Stretch Input Bands 对话框中，从可用波段列表中选择 3 个波段作为输入。在 Decorrelation Stretch Parameters 对话框中选择输出路径及文件名。

2. Photographic 拉伸

Photographic 拉伸可以对一幅真彩色输入图像进行增强，从而生成一幅与目视效果良好吻合的 RGB 图像。其结果与现实彩色照片类似。这种拉伸方法对真彩色输入图像的波段进行非线性缩放，然后将它们叠加。

在 Toolbox 工具箱中，双击 Transform/Photographic Stretch 工具。在 RGB Photographic Stretch Input Bands 输入对话框中，从可用波段列表中选择 3 个波段作为输入。在 RGB Photographic Stretch Parameters 对话框中选择输出路径及文件名。

3. 饱和度拉伸

饱和度拉伸是对输入的 3 波段图像进行彩色增强，生成具有较高颜色饱和度的波段。输入的数据由红、绿、蓝（RGB）空间变换为色度、饱和度和颜色亮度值（HSV）空间。对饱和度波段进行高斯拉伸，从而使数据分布到整个饱和度范围，然后逆变换回 RGB 空间，完成增强处理。

在 Toolbox 工具箱中，双击 Transform/Saturation Stretch 工具。在 Saturation Stretch Input Bands 对话框中，从可用波段列表中选择 3 个波段作为输入。在 Saturation Stretch Parameters 对话框中选择输出路径及文件名。

5.3.6　NDVI 计算

归一化植被指数（Normalized Difference Vegetation Index，NDVI）计算可以将多光谱数据变换成一个单独的图像波段，用于显示植被分布。较高的 NDVI 值预示着包含较多的绿色植被。ENVI 的 NDVI 使用如下标准算法：

$$NDVI = \frac{NIR-Red}{NIR+Red} \tag{5.1}$$

NDVI 值的范围在 -1 和 +1 之间。ENVI 已经为 Landsat TM、Landsat MSS、Landsat OLI、AVHRR、SPOT 和 AVIRIS 数据提前设置了相应波段；对于其他数据类型，用户可以自己指定波段来计算 NDVI 值。

（1）打开 TM 图像 "0112024. dat"（参见实验数据光盘 \ 第 5 章 图像增强）。

（2）在 Toolbox 工具箱中，双击 Spectral/Vegetation/NDVI 工具。在 NDVI Calculation

Input File 面板中，选择 TM 图像，单击 OK 按钮。

（3）在 NDVI Calculation Parameters 对话框中（图 5.12），单击 Input File Type 下拉菜单，选择"Landsat TM"。用于计算 NDVI 的波段将被自动导入到"Red"和"Near IR"文本框中。如果下拉列表中没有列出输入文件的传感器类型，在 Red 和 Near IR 文本框中，手动输入所需的波段数。

（4）在 Output Data Type 下拉列表中选择输出字节型（Byte）或浮点型（Floating Point）。如果选择字节型输出，键入最小 NDVI 值，该值将被拉伸为 0；键入最大 NDVI 值，该值将被拉伸为 255，获得的 ENVI 将被拉伸为 0~255 范围内。如果选择浮点型，ENVI 数值范围保持为-1.0~1.0。

（5）选择输出路径及文件名，单击 OK 按钮。

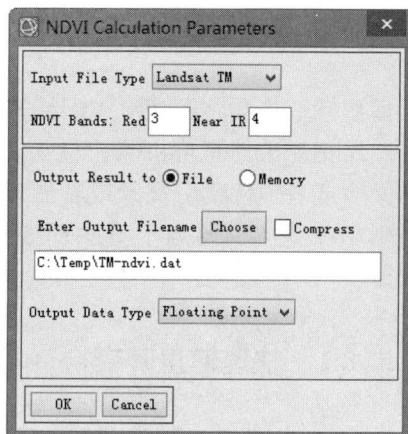

图 5.12 NDVI 计算对话框

5.3.7 缨帽变换

使用缨帽（Tassled Cap）变换可以对 Landsat MSS、Landsat 5 TM 或 Landsat 7 ETM 数据进行变换。对于 Landsat MSS 数据，缨帽变换对原始数据进行正交变换，把它们变换到一个四维空间中，包括土壤亮度指数 SBI、"绿度"植被指数 GVI、"黄度"（Yellow Stuff Index）指数 YVI，以及与大气影响密切相关的 non-such 指数 NSI（主要为噪声）。对于 Landsat 5 TM 数据，缨帽变换结果由 3 个因子组成——亮度、绿度与第三分量（Third）。其中的亮度和绿度相当于 Landsat MSS 数据缨帽中的 SBI 和 GVI，第三分量与土壤特征及湿度有关。对于 Landsat 7 ETM 数据，缨帽变换生成 6 个输出波段，包括亮度、绿度、湿度、第四分量（噪声）、第五分量和第六分量，这种类型的变换对定标后的反射率数据的效果要比灰度值数据更好。

（1）打开一个 Landsat 5 TM 数据"0112024.dat"（参见实验数据光盘\第 5 章 图像增强）。

（2）在 Toolbox 工具箱中，双击 Transform/Tasseled Cap 工具。在 Tasseled Cap Transform Input File 对话框中，选择输入 Landsat 5 TM 数据，单击 OK 按钮。

（3）在 Tasseled Cap Transform Parameters 面板中（图 5.13）。选择 Input File Type 选项中的"Landsat 5 TM"。

（4）选择输出路径及文件名，单击 OK 按钮。

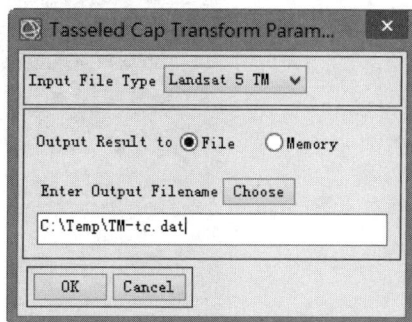

图 5.13 Tasseled Cap Transform Parameters 面板

5.4　傅里叶变换

傅里叶变换是将图像从空间域转换到频率域。首先，把图像波段转换成一系列不同频率的二维正弦波傅里叶图像；然后，在频率域内对傅里叶图像进行滤波、掩膜等各种操作，减少或者消除部分高频或者低频成分；最后，把频率域的傅里叶图像变换为空间域图像。傅里叶变换主要用于消除周期性噪声，还可以消除由于传感器异常引起的规律性错误。

5.4.1　快速傅里叶变换（FFT）

应用傅里叶变换的第一步是把图像波段转换成一系列不同频率的二维正弦波傅里叶图像。这个过程由快速傅里叶变换（FFT）来完成，具体操作如下：

（1）打开一个 TM 图像。

（2）在 Toolbox 工具箱中，双击 Filter/FFT（Forward）工具。在 Forward FFT Input File 对话框中，选择输入图像文件。

（3）在 Forward FFT Parameters 对话框中，选择输出路径及文件名。

在 Data Manager 中，选择一个 FFT 波段加载到视窗中（图 5.14）。从图上看，中间很亮的部分集中了图像的低频信息；外围较暗的部分集中了图形的高频信息；图中的外边框两个较明显的小白条是周期性条带噪声，方向与空间域中图像垂直。

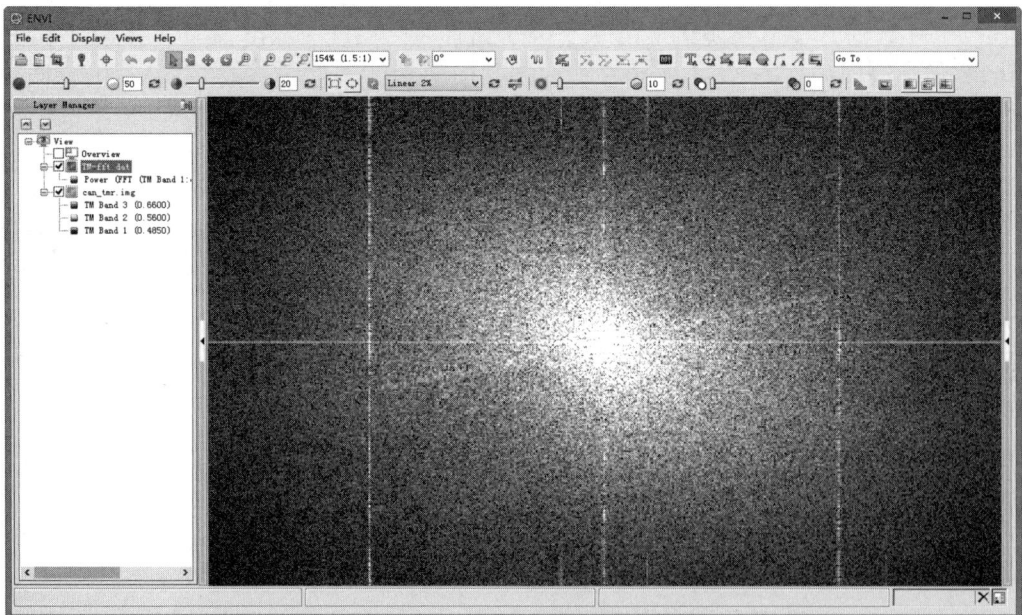

图 5.14　FFT 图像

5.4.2 定义 FFT 滤波器

在快速傅里叶变换得到的结果上，可以定义一些滤波器进行频率域的增强处理，过程如下：

（1）在 Toolbox 工具箱中，双击 Filter/FFT Filter Definition 工具。

（2）在 Filter Definition 对话框中（图 5.15），在 "Samples" 和 "Lines" 文本框中键入滤波器的尺寸大小。选择 Filter_Type→滤波器类型。选择不同的滤波器类型时，需要设置的参数不一样，如果选择自定义滤波器（User Defined），还需要借助注记工具。下面对各种滤波作简单介绍：

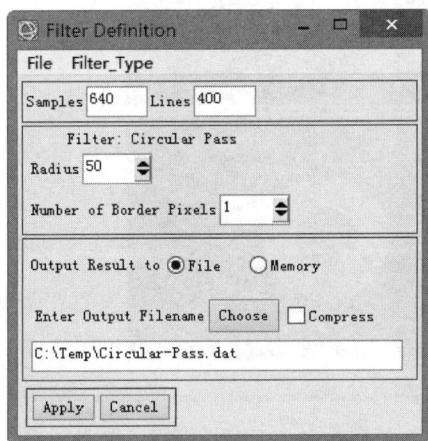

图 5.15　Filter Definition 对话框

● Circular Pass 和 Circular Cut：Circular Pass 为低通滤波器，Circular Cut 为高通滤波器。需要在 "Radius" 文本框中以像元为单位输入滤波半径。"Number of Border Pixels" 参数用于细化滤波器（平滑滤波器的边缘），0 值代表没有平滑。

● Band Pass 和 Band Cut：对于 Band Pass 或 Band Cut 滤波器，在 "Inner Radius" 和 "Outer Radius" 文本框中以像元为单位键入所需值，构成一个圆环，Band Pass 滤波器保留圆环以外的能量谱（FFT 图像），Band Cut 保留圆环以内的能量谱。"Number of Border Pixels" 参数用于细化滤波器（平滑滤波器的边缘），零值代表没有平滑。

● User Defined Pass 和 Band Cut：可以将 ENVI 的形状注记导入滤波器。

提示：注记文件需要在 ENVI Classic 中构建，具体方法如下：

① 启动 ENVI Classic，打开 FFT 正向变换后的图像。

② 在显示正向变换的 FFT 图像的主图像窗口中，选择 Overlay→Annotation。通过在 FFT 图像上绘制多边形或其他形状，勾绘出特定的噪声区域（一般说来，FFT 图像中的亮斑、行或楔形条带等代表噪声）。

③ 要构建一个适当对称的 FFT 滤波器，在注记窗口中选择 Options→Turn Mirror On。将绘制的注记保存为文件（. ann）。

④ 回到 Filter Definition 对话框中，单击 Ann File 按钮，选择刚才绘制的注记文件。User Defined Pass 滤波器保留形状注记以内的能量谱，User Defined Cut 则保留以外的能量谱。

（3）选择输出滤波器文件的路径及文件名，单击 Apply 按钮。输出的滤波器为 0 和 1 的二值图。图 5.16 展示了几种滤波器的效果图。

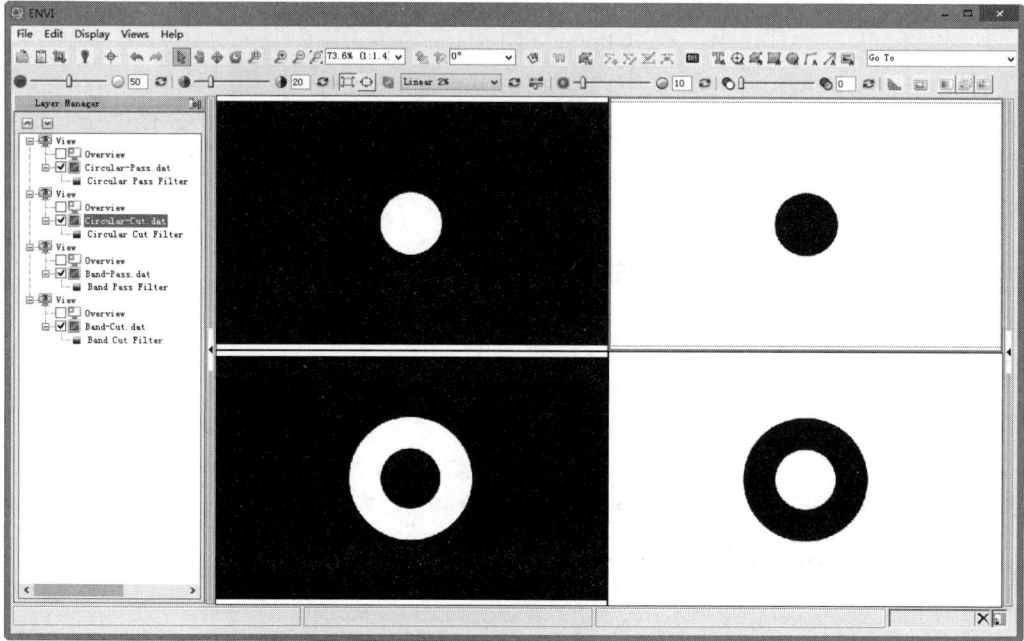

图 5.16　几种滤波器效果图

5.4.3　反向 FFT 变换

ENVI 反向 FFT 变换程序包含两步操作：先应用 FFT 滤波，然后将 FFT 图像反变换回空间域数据。操作过程如下：

（1）在 Toolbox 工具箱中，双击 Filter/FFT(Inverse)工具。在 Inverse FFT Input File 对话框中，选择 FFT 图像，单击 OK 按钮。

（2）在 Inverse FFT Filter File 对话框中，选择应用的滤波图像，单击 OK 按钮。

（3）在 Inverse FFT Parameters 窗口中，选择输出文件路径及文件名。在适当的下拉菜单中选择输出数据的类型（字节型、整型、浮点型等），单击 OK 按钮，处理图像。

5.5　波段组合图像增强

通常，在视窗中显示的彩色图像是 RGB 假彩色合成的图像。根据不同的用途选择不同波长范围内的波段作为 RGB 分量合成 RGB 彩色图像，如经常用到的自然彩色图像、标准假彩色图像、模拟真彩色图像等。

5.5 波段组合图像增强 · 125 ·

5.5.1 RGB 合成显示

ENVI 的合成 RGB 彩色图像显示过程是在 Data Manager 中完成的。

（1）在 Data Manager 面板中，将 Band Selection 展开（图 5.17）。

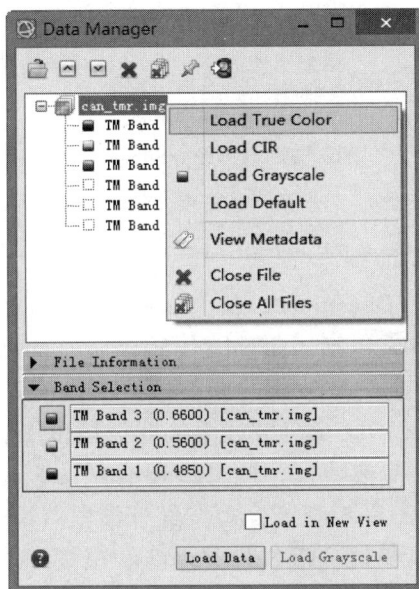

图 5.17　RGB 彩色合成显示

（2）分别为 RGB 分量选择波段。必须从相同图像文件中选择波段。

（3）单击 Load Data 按钮，就能在视窗中显示合成的 RGB 彩色图像。

当图像文件的各个波段具有中心波长（wavelength）时，ENVI 提供自然真彩色和标准假彩色显示方式（图 5.17），即在列表中单击文件名右键，选择"Load Ture Color"或者"Load CIR"。

不同的波段合成显示可以增强不同地物，表 5.4 是在长期实践中总结得出的 Landsat TM 不同波段合成对地物增强的效果。其他传感器的波动合成效果可以根据波段中心波长对应 Landsat TM 波段来合成。

表 5.4　Landsat TM 波段合成说明

RGB 组合	类　　型	特　　点
3、2、1	真彩色图像	用于各种地类识别。图像平淡、色调灰暗、彩色不饱和、信息量相对较少
4、3、2	标准假彩色图像	地物图像丰富、色彩鲜明、层次好，用于植被分类、水体识别，植被显示为红色
7、4、3	模拟真彩色图像	用于居民地、水体识别
7、5、4	非标准假彩色图像	画面偏蓝色，用于特殊的地质构造调查

续表

RGB 组合	类　　型	特　　点
5、4、1	非标准假彩色图像	植物类型较丰富，用于研究植物分类
4、5、3	非标准假彩色图像	① 利用了一个红波段、两个红外波段，因此凡是与水有关的地物在图像中都会比较清楚；② 强调显示水体，特别是水体边界很清晰，有利于区分河渠与道路；③ 由于采用的都是红波段或红外波段，对其他地物的清晰显示不够，但对海岸及其滩涂的调查比较适合；④ 具备标准假彩色图像的某些特点，但色彩不会很饱和，图像看上去不够明亮；⑤ 容易区分水浇地与旱地；居民地的外围边界虽不十分清晰，但内部的街区结构特征清楚；⑥ 植物会有较好的显示，但是植物类型的细分有困难
3、4、5	非标准接近于真色的假彩色图像	对水系、居民点及其市容街道和公园水体、林地的图像判读比较有利

　　Landsat 8 的陆地成像仪（Operational Land Imager，OLI）包括 9 个波段，可以组合更多的 RGB 方案（表 5.5）。OLI 包括了 ETM+ 传感器所有的波段，为了避免大气吸收特征，OLI 对波段进行了重新调整，比较大的调整是 OLI Band5（$0.845 \sim 0.885$ μm），排除了 0.825 μm 处水汽吸收特征；OLI 全色波段 Band8 波段范围较窄，这种方式可以在全色图像上更好地区分植被和无植被特征；此外，还有两个新增的波段：蓝波段（band1：$0.433 \sim 0.453$ μm）主要应用海岸带观测；短波红外波段（band9：$1.360 \sim 1.390$ μm）包括水汽强吸收特征，可用于云检测。近红外 Band5 和短波红外 Band9 与 MODIS 对应的波段接近。

表 5.5　OLI 波段合成的简单说明

RGB 组合	主 要 用 途
4（Red）、3（Green）、2（Blue）	自然真彩色
7（SWIR2）、6（SWIR1）、4（Red）	城市
5（NIR）、4（Red）、3（Green）	标准假彩色图像，植被
6（SWIR1）、5（NIR）、2（Blue）	农业
7（SWIR2）、6（SWIR1）、5（NIR）	穿透大气层，画面偏蓝色，用于特殊的地质构造调查
5（NIR）、6（SWIR1）、2（Blue）	健康植被
5（NIR）、6（SWIR1）、4（Red）	陆地/水
7（SWIR2）、5（NIR）、3（Green）	移除大气影响的自然表面
7（SWIR2）、5（NIR）、4（Red）	短波红外
6（SWIR1）、5（NIR）、4（Red）	植被分析

5.5.2　基于波段组合的假彩色合成

　　RGB 彩色图像中的 RGB 不仅可以是原始波段，有时为了让特定地物与背景形成很大的反差，可以加入其他信息作为 RGB 中的分量，如植被指数、矿物指数等。下面以增强植被信息为例介绍这种方法（练习数据参见实验数据光盘\ 第 5 章 图像增强）。

第一步 生成波段及组建多波段数据文件

（1）打开一幅经过几何校正的 TM 图像"0112024.dat"，图像上植被覆盖面积大。

（2）在 Toolbox 工具箱中，双击 Transform/PCA Rotation/Forward PCA Rotation New Statistics and Rotate 工具，对 TM 图像进行主成分分析。

（3）在 Toolbox 工具箱中，双击 Spectral/Vegetation/NDVI 工具，计算 TM 图像的 NDVI，输出浮点型结果。

（4）在 Toolbox 工具箱中，双击 Raster Management/Layer Stacking 工具。

（5）在 Layer Stacking Parameters 面板中（图 5.18），单击 Import File 按钮，在 Layer Stacking Input File 选择框中选择 TM 图像文件。

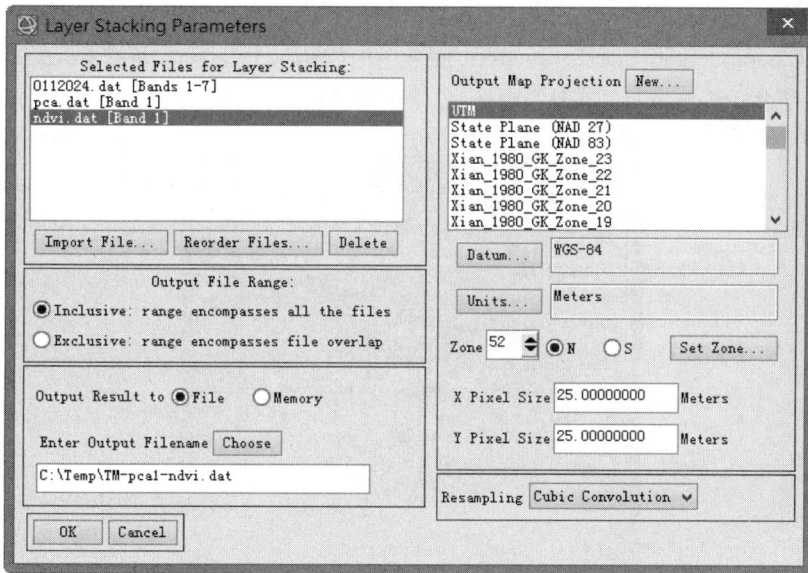

图 5.18 Layer Stacking Parameters 面板

（6）单击 Import File 按钮，在 Layer Stacking Input File 选择框中选中主成分分析结果，单击 Spectral Subset 按钮，只选择第一主成分分量（Band 1）。

（7）单击 Import File 按钮，在 Layer Stacking Input File 选择框中选择 NDVI 数据。

（8）选择 Inclusive（并集）。Exclusive 选项是各个波段间的交集。

（9）选择输出路径及文件名，像元大小和地图投影参数按照默认从输入图像中读取参数。

（10）Resampling（重采样）方法选择"Cubic Convolution"，单击 OK 按钮，输出结果。

第二步 选择 RGB 组成波段

通常，评价合成图像质量的途径有两种：一是采用信息论及数学方法，如信息熵、均方梯度反映光谱信息的偏差、相关系数等客观判断准则；二是通过彩色合成及视觉感官判断的主观判断准则，如目视解译、RGB 彩色合成原理等。本例的目标是增强植被覆盖信息，波段组合最终效果是要植被信息从背景信息中凸显出来，因而单波段信息量大小不是决定波段组合方案的主导因素，植被信息和背景信息间的高反差才是本例要达到的目的。故本例采用上述两种途径来选择和验证波段组合方案，即波段组合相关系数和 RGB 彩色合成原理及视觉感官判断。

以信息量来判断最佳波段组合，以组合的三波段标准差之和最大及组合波段间相关系数之和最小为依据。本例将 PCA 得到的第一分量 PC1 作为 R（红）波段，NDVI 值作为 G（绿）波段，从原始图像中选取某一个波段作为 B（蓝）波段进行假彩色合成。对 PC1、NDVI、TM1、TM2、TM3、TM4、TM5、TM6、TM7 进行波段间相关性分析。

（1）在 Toolbox 工具箱中，双击 Statistics/Compute Statistics 工具，选择在第一步中合成多波段文件作为统计文件。

（2）在 Compute Statistics Parameters 面板中（图 5.19），选择“Covariance”（协方差），选择“Out to Screen”，单击 OK 按钮，直接在窗口中显示统计结果。

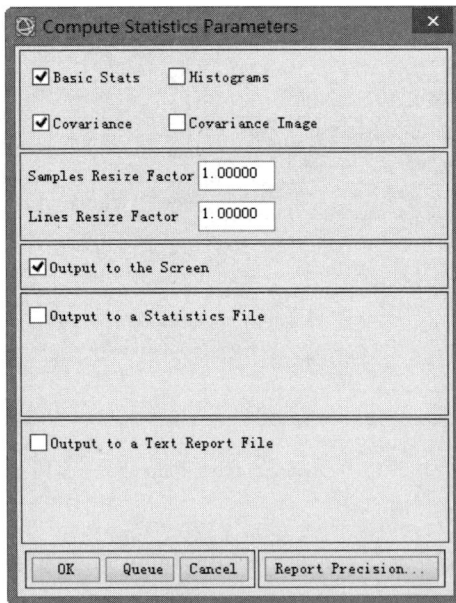

图 5.19　计算统计表文件

（3）在显示统计结果窗口中，找到相关系数项（Correlation），如图 5.20 所示。

Correlation	Band 1	Band 2	Band 3	Band 4	Band 5	Band 6	Band 7	Band 8	Band 9
Band 1	1.000000	0.934290	0.918788	−0.223732	0.779680	0.669658	0.824778	−0.850802	−0.659736
Band 2	0.934290	1.000000	0.934601	−0.138813	0.821443	0.603459	0.838271	−0.871259	−0.638660
Band 3	0.918788	0.934601	1.000000	−0.364626	0.825209	0.524435	0.900247	−0.900930	−0.811218
Band 4	−0.223732	−0.138813	−0.364626	1.000000	−0.073899	−0.028971	−0.294574	0.212842	0.787464
Band 5	0.779680	0.821443	0.825209	−0.073899	1.000000	0.635450	0.939231	−0.982206	−0.515498
Band 6	0.669658	0.603459	0.524435	−0.028971	0.635450	1.000000	0.588039	−0.653724	−0.254158
Band 7	0.824778	0.838271	0.900247	−0.294574	0.939231	0.588039	1.000000	−0.979526	−0.691665
Band 8	−0.850802	−0.871259	−0.900930	0.212842	−0.982206	−0.653724	−0.979526	1.000000	0.640990
Band 9	−0.659736	−0.638660	−0.811218	0.787464	−0.515498	−0.254158	−0.691665	0.640990	1.000000

图 5.20　统计结果查看

（4）从分析统计结果可以得到以下结论：TM1~3 波段具有很高的相关性，TM4 波段比较独立，TM5 波段和 TM7 波段相关性较高。因此，通过相关分析拟选择 TM1、TM4 和 TM7。上面提到，判断波段组合最佳效果信息量不是第一因素，下面从视觉效果和 RGB 彩色合成方面来进一步分析最佳波段组合方案。

（5）在波段列表中，分别选择 PC1、NDVI 和 TM1 合成 RGB，选择 PC1、NDVI 和 TM7 合成 RGB 彩色图像，查看结果。

第三步 应用合成结果

经过假彩色合成，颜色反差拉大，易于选择样本或训练区，应用于植被分类中能提高精度。

5.6 图像真彩色增强实例

多光谱图像彩色合成方法主要分为两种：自然真彩色合成和非自然假彩色合成。自然真彩色合成是指合成后的彩色图像上地物色彩与实际地物色彩接近或者一致，一般的方法就是多光谱图像的红、绿、蓝波段对应 R/G/B 合成显示；非自然假彩色则反之。

遥感图像自然真彩色合成方法可分为以下几种：① 直接用多光谱图像的红、绿、蓝波段合成，一般用于高分辨率图像，如 QuickBird、Worldview-2 等；② 利用其他波段加权处理，重新生成红、绿、蓝波段，一般用于增强某种地物颜色层次，如植被、水体等，一般用于中高分辨率图像，如资源三号等数据；③ 利用其他波段信息重新生成某一波段，一般用于缺少波段的图像，如 SPOT 5、ASTER、资源一号 02C 等缺少蓝波段的数据。

本实例介绍波段加权处理重新生成红、绿、蓝波段和重新生成新波段两种图像真彩色增强的方法。

5.6.1 波段加权真彩色增强

最常见的就是增强植被信息，可使用绿色和近红外波段加权运算，公式如下：
$$\text{Band}_{new} = a * \text{Band}_{gree} + (1-a) * \text{Band}_{nir} \tag{5.2}$$
其中，a 是权重值，取 0~1。a 值越小，植被显示越绿。

以红、新合成波段和蓝波段合成 RGB 显示。下面以资源三号多光谱图像为例，使用 ENVI 下的 Band Math 和 Layer Stacking 工具完成这个操作。

（1）打开"多光谱图像.dat"图像（参见实验数据光盘\第4章 遥感图像预处理\8-图像融合实例），这个数据包括近红外（Band 4）、红（Band 3）、绿（Band 2）、蓝（Band 1）波段。

（2）以 RGB（对应 Band 3、2、1）显示，看到植被颜色发暗，水体为深蓝色。

（3）在 Toolbox 工具箱中，双击 Band Ratio/Band Math 工具，在 Enter an expression 输入表达式：uint（b2 * 0.8+b4 * 0.2）。

提示：原数据为无符号 16 位（uint）数据类型，uint( ) 函数将结果输出为 uint 类型。

详细内容可参考本书第 15 章波段运算与波谱运算的相关内容。

（4）单击 OK 按钮，在 Variables to Bands Pairings 面板中（图 5.21），分别为 b2 和 b4 变量选择 Band 2 和 Band 4。

（5）选择输出路径和文件名。

（6）在 Toolbox 工具箱中，双击 Raster Management/Layer Stacking 工具。

（7）在 Layer Stacking Parameters 面板中，单击 Import File 按钮，在 Layer Stacking Input File 选择框中选中"多光谱图像 . dat"图像，单击 Spectral Subset 按钮，只选择 Band 1。

（8）单击 Import File 按钮，在 Layer Stacking Input File 选择框中选择前面合成的波段。

（9）单击 Import File 按钮，在 Layer Stacking Input File 选择框中选中"多光谱图像 . dat"图像，单击 Spectral Subset 按钮，只选择 Band 3。

（10）选择输出路径及文件名，像元大小和地图投影参数按照默认从输入图像中读取参数，重采样方法（Resampling）按照默认。

提示：只有当输入的文件或者波段坐标信息不一致时，才会进行图像重采样处理。

（11）单击 OK 按钮，输出结果。

（12）在数据管理（Data Manager）中，选

图 5.21　Variables to Bands
Pairings 面板

择以 Band 3、Band$_{new}$、Band 1 合成 RGB 显示。可以看到，植被显示为亮绿色，其他地物也得到一定的增强。

（13）对比增强前后的效果。

另外，为了让植被之外的地物颜色更加真实，可以只对植被进行增强，这里使用 NDVI 对植被进行区分。首先计算 NDVI（B3），使用以下 Band Math 波段运算表达式进行运算得到新的绿波段：

$$(B3 \ gt \ 0.2) * (b2 * 0.8 + b4 * 0.2) + (B3 \ le \ 0.2) * b2$$

5.6.2　生成新波段真彩色增强

SPOT 5、ASTER、资源一号 02C 等多光谱图像缺少蓝波段，可以通过其他波段加权计算生成蓝波段，主要有两种方法：

① 将原来的绿波段当作蓝波段，红波段仍采用原来的波段，绿波段用绿波段、近红外波段按 3:1 的加权算术平均值来代替，即 R：Band$_{red}$；G：（Band$_{green}$ ×3 + Band$_{nir}$）/4；B：Band$_{green}$。

② 原来的绿波段当作蓝波段（该波段靠近蓝波段的光谱范围），红波段仍采用原来的

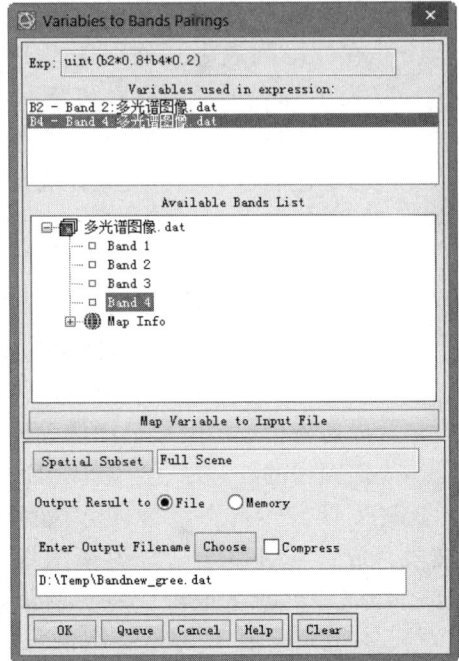

波段，绿波段用绿波段、红波段、近红外波段的算术平均值代替，即 R：$Band_{red}$；G：$(Band_{nir}+Band_{red}+Band_{green})/3$；B：$Band_{green}$。

下面以资源一号 02C 多光谱图像为例，介绍这种方法的具体步骤。

（1）打开"资源一号 02C 多光谱.dat"（参见实验数据光盘\第 5 章 图像增强）。这个数据包括近红外（Band 3）、红（Band 2）、绿（Band 1）波段。

（2）以 RGB（对应 Band3、2、1）显示，看到植被显示红色，属于标准假彩色显示方式。

（3）在 Toolbox 工具箱中，双击 Band Ratio/Band Math 工具，在 Enter an expression 输入表达式：byte((b1*3+b3)/4)。

提示：原数据为 8 位（byte）数据类型，byte()函数将结果输出为 byte 类型。详细可参考本书第 15 章波段运算与波谱运算的相关内容。

（4）单击 OK 按钮，在 Variables to Bands Pairings 面板中，分别为 b1 和 b3 变量选择 Band1 和 Band3。

（5）选择输出路径和文件名。

（6）在 Toolbox 工具箱中，双击 Raster Management/Layer Stacking 工具。

（7）在 Layer Stacking Parameters 面板中，在 Layer Stacking Input File 选择框中选中"资源一号 02C 多光谱.dat"图像，单击 Spectral Subset 按钮，只选择 Band 1。

（8）单击 Import File 按钮，在 Layer Stacking Input File 选择框中选择前面合成的波段。

（9）单击 Import File 按钮，在 Layer Stacking Input File 选择框中选中"资源一号 02C 多光谱.dat"图像，单击 Spectral Subset 按钮，只选择 Band 2。

（10）选择输出路径及文件名，像元大小和地图投影参数按照默认从输入图像中读取参数，重采样方法（Resampling）按照默认。

提示：只有当输入的文件或者波段坐标信息不一致时，才会进行图像重采样处理。

（11）单击 OK 按钮，输出结果。

（12）在数据管理（Data Manager）中，选择 Band 3、$Band_{new}$、Band 1 合成 RGB 显示。

类似的方法可实现上述第二种增强方法，BandMath 表达式为：byte((fix(b1)+b2+b3)/3)。

提示：原数据为 8 位（byte）数据类型，fix()函数将数据转化为 16 位数据，避免加法运算时数据溢出，byte()函数将结果输出为 byte 类型。

对比以上两种方法，总体上颜色相近。在人工建材方面，如砖红色的屋顶，第一种方法比第二种方法表现的色彩更真实。在水体方面，第二种方法偏紫色。

第6章 图像分类

遥感图像分类也称为遥感图像计算机信息提取技术，是通过模式识别理论，分析图像中反映同类地物的光谱、空间相似性和异类地物的差异，进而将遥感图像自动分成若干地物类别。图像分类可包括基于像素分类和基于对象分类。基于像素分类主要包括了监督分类和非监督分类、基于专家知识的决策树分类。基于对象分类除了利用光谱信息，还利用了纹理、形状等信息。

本章主要介绍以下内容：
➤ 遥感图像分类技术
➤ 灰度分割
➤ 监督分类
➤ 非监督分类
➤ 基于专家知识的决策树分类
➤ 分类后处理
➤ 流程化图像分类工具

6.1 遥感图像分类技术

遥感图像通过亮度值或像元值的高低差异（反映地物的光谱信息）及空间变化（反映地物的空间信息）来表示不同地物的差异，这是区分不同图像地物的物理基础。遥感图像分类就是利用计算机通过对遥感图像中各类地物的光谱信息和空间信息进行分析，选择特征，将图像中每个像元按照某种规则或算法划分为不同的类别，然后获得遥感图像中与实际地物的对应信息，从而实现遥感图像的分类。一般的分类方法可以分为两种：监督分类和非监督分类。将多源数据应用于图像分类中，发展成了基于专家知识的决策树分类。此外，还有灰度分割分类方法。

1. 灰度分割（Color Slices）

通常又称密度分割或彩色分割，应用于单波段灰度图像的分类方法。假设灰度图像上某像元值范围内表示一种物质，我们将这部分像元从图像上分离出来形成一类，可用于如植被指数、地表温度、地形等数据的分类。

2. 监督分类（Supervised Classification）

监督分类，又称"训练分类法"，用被确认类别的样本像元去识别其他未知类别像元的过程。它就是在分类之前通过目视判读和野外调查，对遥感图像上某些样区中图像地物的类别属性有了先验知识，对每一种类别选取一定数量的训练样本，计算机计算每种训练样区的统计或其他信息，同时用这些种子类别对判决函数进行训练，使其符合于对各种子类别分类的要求；随后用训练好的判决函数去对其他待分数据进行分类，使每个像元和训练样本作比较，按不同的规则将其划分到和其最相似的样本类，以此完成对整个图像的分类。

3. 非监督分类（Unsupervised Classification）

非监督分类，也称为"聚类分析"或"点群分类"。在多光谱图像中搜寻、定义其自然相似光谱集群的过程。它不必对图像地物获取先验知识，仅依靠图像上不同类地物光谱（或纹理）信息进行特征提取，再统计特征的差别来达到分类的目的，最后对已分出的各个类别的实际属性进行确认。

4. 基于专家知识的决策树分类（Decision Tree Classifier）

基于专家知识的决策树分类是基于遥感图像数据及其他空间数据，通过专家经验总结、简单的数学统计和归纳方法等，获得分类规则并进行遥感分类。分类规则易于理解，分类过程也符合人的认知过程。

6.2 灰 度 分 割

灰度分割的分类方法前提是已知灰度分割区间，之后应用 Raster Color Slices 工具进行分割。下面从 DEM 数据提取特定高程区域为例介绍 Raster Color Slices 工具的使用。

有两种方法启动 Raster Color Slices 工具：

● 在图层管理器（Layer Manager）中，在一个栅格图层上右键选择 Raster Color Slices 菜单。

● 在 Toolbox 工具箱中，双击 Classification/Raster Color Slices 工具。

（1）打开软件自带"bhdemsub. img"数据（…\Exelis\ENVI51\classic\data）。

（2）在图层管理器（Layer Manager）中的"bhdemsub. img"图层上右键选择 Raster Color Slices 菜单。在文件选择对话框中选择图像的一个波段，单击 OK 按钮，打开 Edit Raster Color Slices 面板。

（3）在 Edit Raster Color Slices 面板中，有两种方式进行灰度分割：

● 自动分割：默认是分成 16 个区间。单击 ![按钮] 按钮打开 Default Raster Color Slices 面板（图 6.1），可以设置以下参数：

Num Slices（分割数量）：设置分割的数量。

Colors（颜色）：设置颜色表，提供 IDL 标准颜色表。

分割区间设置：可以选择按照最大/小

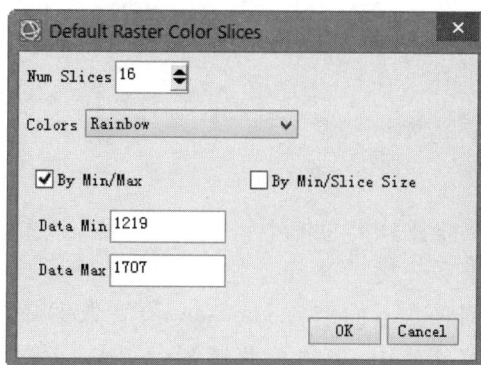

图 6.1 Default Raster Color Slices 面板

值（By Min/Max）或者最小值/分割区间（By Min/Slice Size）。

　　● 手动输入分割区间：

　　① 单击⨯⨯按钮删除所有分割区间；单击➕按钮，设置"Slice Min"为 1300，"Slice Max"为 1400；单击 Color 列中的色块可以修改颜色。

　　② 重复上面步骤增加 1401 ~ 1500 区间，如图 6.2 所示。单击 OK 按钮。

　　提示：每次输入一个值时，回车确认。

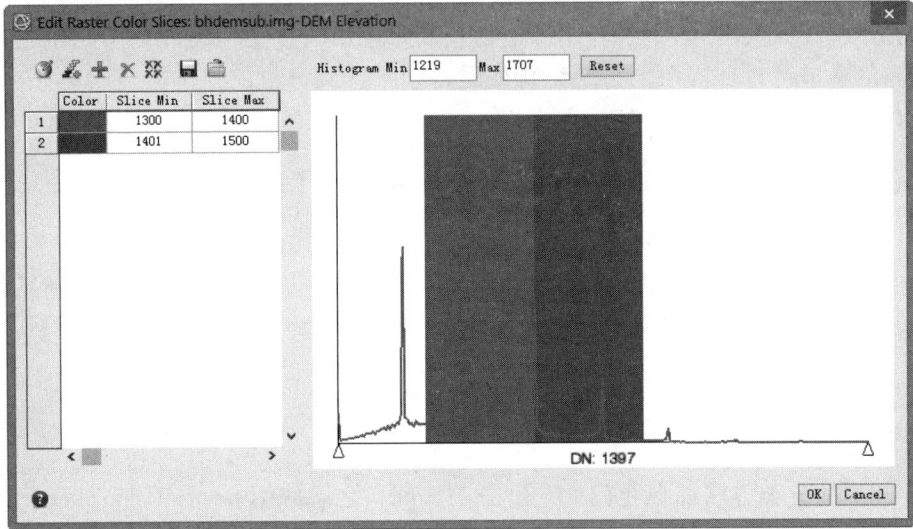

图 6.2　Edit Raster Color Slices 面板

　　（4）在显示窗口中可以看到，已经将 1300 ~ 1400 和 1400 ~ 1500 范围内的区域提取出来了。

　　（5）在图层管理器（Layer Manager）中的"Slices"选项上右键选择 Export Color Slices→Class Image，将分割的结果保存为 ENVI 分类图像文件。

　　（6）在 Slices 选项上右键选择"Statistics for All Color Slices"，可以统计分析所有类别。

　　提示：在 Slices 选项上右键选择"Edit Color Slices"，可以编辑分割结果。

6.3　监 督 分 类

　　监督分类总体上一般可分为 4 个过程：定义训练样本、执行监督分类、评价分类结果和分类后处理。其中，评价分类结果和分类后处理的顺序可以根据实际情况进行调整。下面结合 Landsat 5 TM 数据介绍监督分类过程（参见实验数据光盘\第 6 章图像分类\0 - 监督与非监督分类）。在实际应用中，可以根据需要执行其中部分操作步骤。

6.3.1 定义训练样本

ENVI 中是利用 ROI Tool 来定义训练样本的，也就是把感兴趣区当作训练样本。因此，定义训练样本的过程就是创建感兴趣区的过程。

第一步 打开分类图像并分析图像

训练样本的定义主要靠目视解译，TM 图像由 7 个波段组成，各个波段之间的相关性较高，不同的 RGB 组合可以得到不同的彩色图像。因此，需要根据分类种类以及地物特点选择不同的增强方法（详细的图像增强方法可参考第 5 章图像增强的相关内容）。下面介绍一种简单的增强方式：RGB 彩色合成。

（1）打开图像"can_tmr. img"，用 Band5、4、3 合成 RGB 显示。

（2）在显示的 RGB 图像中，色彩饱和，目视可以解译出 6 类地物。

（3）通过分析图像，定义 6 类地物样本：林地、草地、耕地、裸地、沙地和水体。

第二步 应用 ROI Tool 创建感兴趣区

从 RGB 彩色图像获取的感兴趣区用来定义训练样本。

（1）在主界面中的图层管理器（Layer Manager）中，在文件"can_tmr. img"上右键选择 New Region of Interest 菜单，打开 ROI Tool 对话框。

（2）在 ROI Tool 对话框中（图 6.3），以林地为例介绍整个操作步骤。设置以下参数：

• ROI Name（样本名称）：林地，回车确认样本名称。

• ROI Color（样本颜色）：单击右键选择一种颜色，如绿色。

（3）在 Geometry 选项中，选择 多边形类型按钮，在图像窗口中目视确定林地区域，单击鼠标左键绘制感兴趣区。当绘制结束时，可以双击鼠标左键完成一个感兴趣的绘制，或者右键选择以下其中一个菜单：

• Complete and Accept Polygon：结束一个多边形的绘制，类似双击鼠标左键。

• Complete Ploygon：确认感兴趣区绘制，还可以用鼠标移动位置或者编辑节点。

• Clear Polygon：放弃当前绘制的多边形。

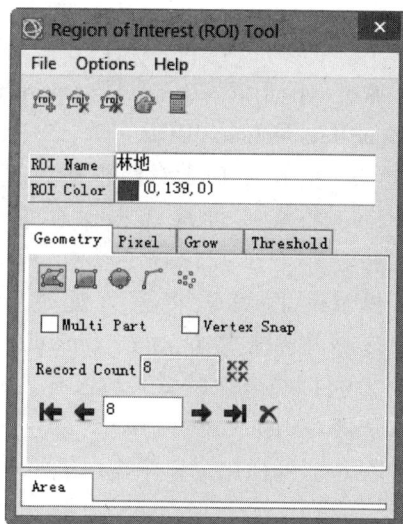

图 6.3 ROI Tool 工具定义训练样本

（4）在图上分别绘制几个感兴趣区，数量根据图像大小来确定。

提示：① 在键盘中，按 Backspace 键可以删除最后一个节点。

② 绘制过程中，可以按着鼠标滚轮实现图像的平移，鼠标滚轮实现放大和缩小。

③ 改变 RGB 组合方式，可在图层管理器（Layer Manager）中右键选择"Change RGB

Bands"。

（5）在 ROI Tool 对话框中，单击 🔳 按钮，新建一个训练样本种类，重复以上（2）、（3）、（4）步骤，所有的绘制的感兴趣区将显示在图层管理器中。

第三步　评价训练样本

ENVI 使用计算 ROI 可分离性（Compute ROI Separability）工具来计算任意类别间的统计距离，这个距离用于确定两个类别间的差异性程度。类别间的统计距离是基于下列方法计算的：Jeffries-Matusita 距离和转换分离度（Transformed Divergence），来衡量训练样本（ROI）的可分离性。

（1）在 ROI Tool 对话框中，选择 Options→Compute ROI Separability。

（2）在文件选择对话框时，选择输入 TM 图像文件，单击 OK 按钮。

（3）在 ROI Separability Calculation 对话框中，单击 Select All Items 按钮，选择所有 ROI 用于可分离性计算，单击 OK 按钮，可分离性将被计算并将结果显示在窗口中。

（4）本例中，林地和草地/灌木可分离度约为 1.66，草地/灌木和裸地可分离度约为 1.79，这三类样本需要修改（图 6.4）。

提示：ENVI 为每一个感兴趣区组合计算 Jeffries-Matusita 距离和转换分离度。在对话框底部，根据可分离性值的大小，从小到大列出感兴趣区组合。这两个参数的值为 0 ～ 2.0，大于 1.9 说明样本之间可分离性好，属于合格样本；小于 1.8，需要重新选择样本；小于 1，考虑将两类样本合成一类样本（在 ROI Tool 对话框中，选择 Options → Merge（Union/Intersection）ROIs）。

（5）在 ROI Tool 对话框中，选择 File→Save As，将所有训练样本保存为外部文件（.xml）。

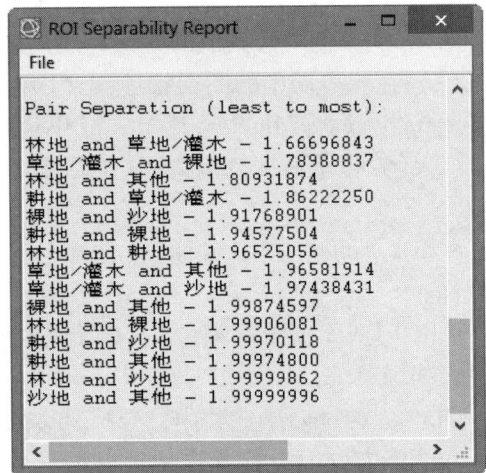

图 6.4　训练样本可分离性计算报表

提示：① 可以将感兴趣输出为 ENVI Classic 感兴趣格式（.roi）、Shapefile 矢量格式和 CSV 格式，选择 File→Export。

② 可以将选取的感兴趣区导入 n 维可视化（n-D Visualizer）中。在 ROI Tool 对话框中，选择 Options→Send ROIs to n-D Visuallizer，选择相应的待分类图像和需要评价的样本，在 n 维可视化窗口中显示训练样本，相同的样本集中在一起。

6.3.2　执行监督分类

根据分类的复杂度、精度需求等选择一种分类器。在 Toolbox 工具箱中，选择 Classification/Supervised Classification/分类器类型（表 6.1），还包括应用于高光谱数据的自适应一致估计（Adaptive Coherence Estimator）、二进制编码（Binary Encoding Classification）、最小能量约束（Constrained Energy Minimization）、正交子空间投影（Orthogonal Subspace

表 6.1　6 种监督分类器说明

分　类　器	说　明
平行六面体（Parallelpiped）	根据训练样本的亮度值形成一个 n 维的平行六面体数据空间，其他像元的光谱值如果落在平行六面体任何一个训练样本所对应的区域，就被划分其对应的类别中。平行六面体的尺度是由标准差阈值所确定的，而该标准差阈值则根据所选类的均值求出
最小距离（Minimum Distance）	利用训练样本数据计算出每一类的均值向量和标准差向量，然后以均值向量作为该类在特征空间中的中心位置，计算输入图像中每个像元到各类中心的距离，到哪一类中心的距离最小，该像元就归入哪一类
马氏距离（Mahalanobis Distance）	计算输入图像到各训练样本的马氏距离（一种有效的计算两个未知样本集的相似度的方法），最终统计马氏距离最小的，即为此类别
最大似然（Likelihood Classification）	假设每一个波段的每一类统计都呈正态分布，计算给定像元属于某一训练样本的似然度，像元最终被归并到似然度最大的一类当中
神经网络（Neural Net Classification）	指用计算机模拟人脑的结构，用许多小的处理单元模拟生物的神经元，用算法实现人脑的识别、记忆、思考过程应用于图像分类
支持向量机（Support Vector Machine Classification）	支持向量机分类（SVM）是一种建立在统计学习理论（Statistical Learning Theory，SLT）基础上的机器学习方法。SVM 可以自动寻找那些对分类有较大区分能力的支持向量，由此构造出分类器，可以将类与类之间的间隔最大化，因而有较好的推广性和较高的分类准确率

Projection）、波谱角（Spectral Angle Mapper Classification）和光谱信息散度（Spectral Information Divergence Classification）分类方法。这些方法详见第 14 章高光谱与光谱分析技术。

选择不同的分类器需要设置的参数不一样。

1. 平行六面体

（1）在 Toolbox 工具箱中，双击 Classification/Supervised Classification/Parallelepiped Classification 工具，在文件输入对话框中选择 TM 图像，单击 OK 按钮，打开 Parallelpiped 参数设置面板（图 6.5）。

（2）Select Classes from Regions：单击 Select All Items 按钮，选择全部的训练样本。

（3）Set Max stdev from Mean：设置标准差阈值，有 3 种类型：① None：不设置标准差阈值；② Single Value：为所有类别设置一个标准差阈值；③ Multiple Values：分别为每一个类别设置一个标准差阈值。选择 Single Value，值为 3。

（4）单击 Preview 选项，可以在右边窗口中预览分类结果，单击 Change View 按钮可以改变预览区域。

（5）选择分类结果的输出路径及文件名。

（6）设置 Output Rule Images 为"Yes"，选择规则图像输出路径及文件名。

（7）单击 OK 按钮，执行分类。

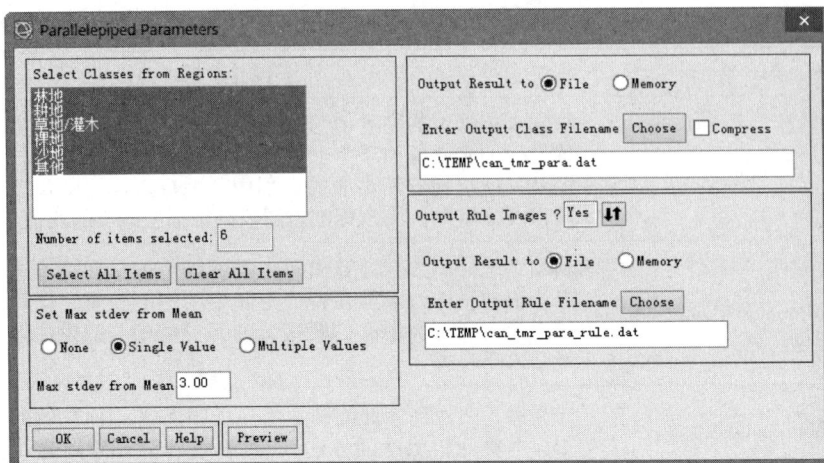

图 6.5　平行六面体分类器参数设置面板

2. 最小距离

（1）在 Toolbox 工具箱中，双击 Classification/Supervised Classification/Minimum Distance Classification 工具，在文件输入对话框中选择 TM 图像，单击 OK 按钮，打开 Minimum Distance 参数设置面板（图 6.6）。

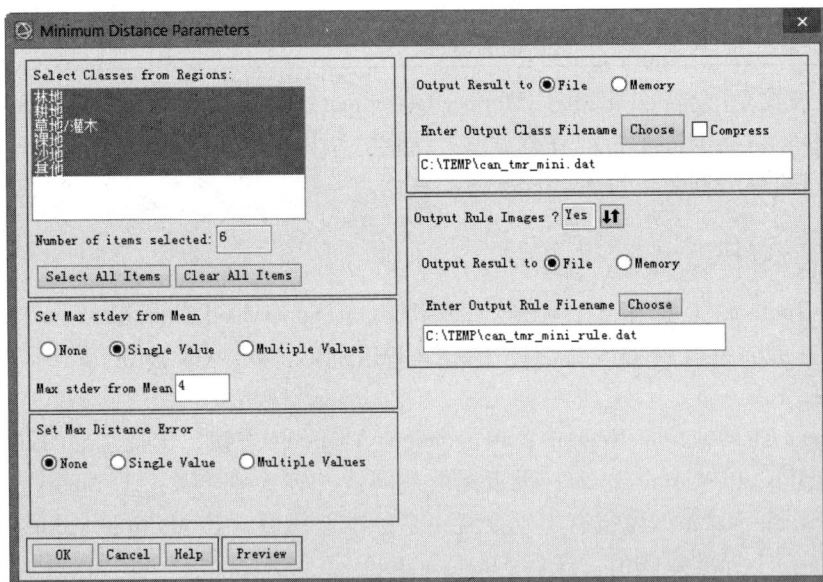

图 6.6　最小距离分类器参数设置面板

（2）Select Classes from Regions：单击 Select All Items 按钮，选择全部的训练样本。

（3）Set Max stdev from Mean：设置标准差阈值，有 3 种类型：① None：不设置标准

差阈值；② Single Value：为所有类别设置一个标准差阈值；③ Multiple Values：分别为每一个类别设置一个标准差阈值。选择 Single Value，值为4。

（4）Set Max Distance Error：设置最大距离误差，以 DN 值方式输入一个值，距离大于该值的像元不被分入该类（如果不满足所有类别的最大距离误差，它们就会被归为未分类类（unclassified））。有3种类型，这里选择"None"。

（5）单击 Preview 选项，可以在右边窗口中预览分类结果，单击 Change View 按钮可以改变预览区域。

（6）选择分类结果的输出路径及文件名。

（7）设置 Output Rule Images 选项为"Yes"，选择规则图像输出路径及文件名。

（8）单击 OK 按钮，执行分类。

3. 马氏距离

（1）在 Toolbox 工具箱中，双击 Classification/Supervised Classification/Mahalanobis Distance Classification 工具，在文件输入对话框中选择 TM 图像，单击 OK 按钮，打开 Mahalanobis Distance 参数设置面板（图6.7）。

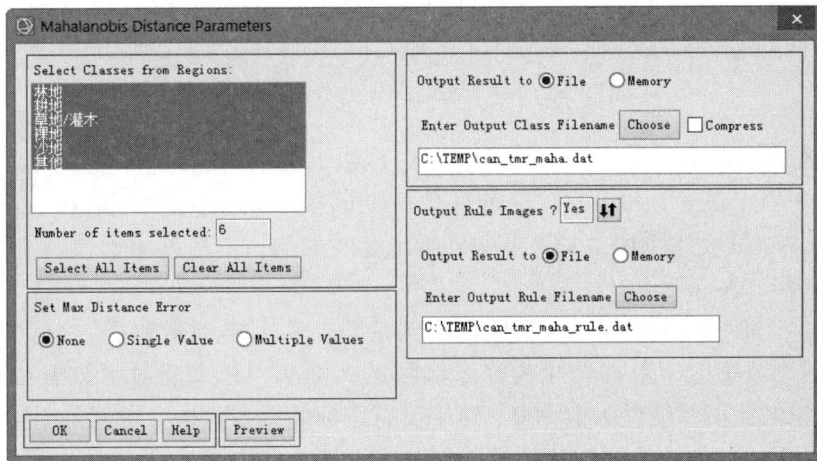

图 6.7　马氏距离分类器参数设置面板

（2）Select Classes from Regions：单击 Select All Items 按钮，选择全部的训练样本。

（3）Set Max Distance Error 选项：设置最大距离误差，以 DN 值方式输入一个值，距离大于该值的像元不被分入该类（如果不满足所有类别的最大距离误差，它们就会被归为未分类类（unclassified））。有3种类型，这里选择"None"。

（4）单击 Preview 选项，可以在右边窗口中预览分类结果，单击 Change View 按钮可以改变预览区域。

（5）选择分类结果的输出路径及文件名。

（6）设置 Output Rule Images 为"Yes"，选择规则图像输出路径及文件名。

（7）单击 OK 按钮，执行分类。

4. 最大似然

（1）在 Toolbox 工具箱中，双击 Classification/Supervised Classification/Maximum Likelihood Classification 工具，在文件输入对话框中选择 TM 图像。单击 OK 按钮，打开 Maximum Likelihood 参数设置面板（图 6.8）。

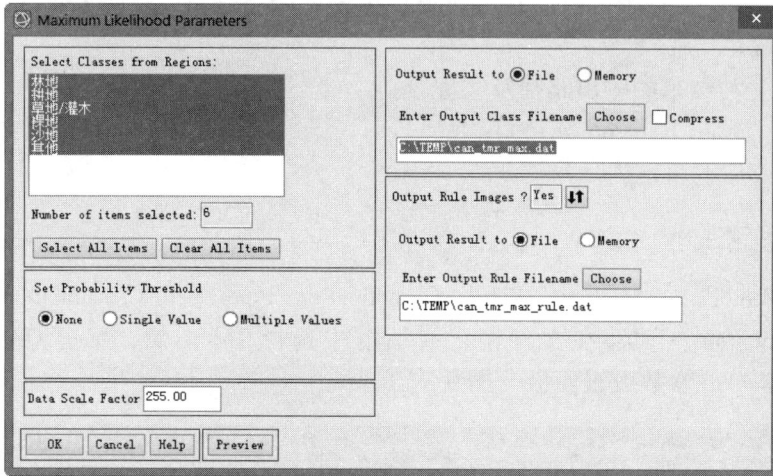

图 6.8　最大似然分类器参数设置面板

（2）Select Classes from Regions：单击 Select All Items 按钮，选择全部的训练样本。

（3）Set Probability Threshold：设置似然度的阈值。如果选择 "Single Value"，则在 Probability Threshold 文本框中，输入一个 0 到 1 之间的值，似然度小于该阈值则不被分入该类。本例选择 "None"。

（4）Data Scale Factor：输入一个数据比例系数。这个比例系数是一个比值系数，用于将整型反射率或辐射率数据转化为浮点型数据。例如，如果反射率数据在范围为 0 ~ 10 000，则设定的比例系数就为 10 000。对于没有定标的整型数据，也就是原始 DN 值，将比例系数设为 2^n-1，n 为数据的比特数，例如，对于 8 位数据，设定的比例系数为 255；对于 10 位数据，设定的比例系数为 1023；对于 11 位数据，设定的比例系数为 2047。

（5）单击 Preview 按钮，可以在右边窗口中预览分类结果；单击 Change View 按钮可以改变预览区域。

（6）选择分类结果的输出路径及文件名。

（7）设置 Output Rule Images 为 "Yes"，选择规则图像输出路径及文件名。

（8）单击 OK 按钮，执行分类。

5. 神经网络

（1）在 Toolbox 工具箱中，双击 Classification/Supervised Classification/Neural Net Classification 工具，在文件输入对话框中选择 TM 图像，单击 OK 按钮，打开 Neural Net Classification 参数设置面板（图 6.9）。

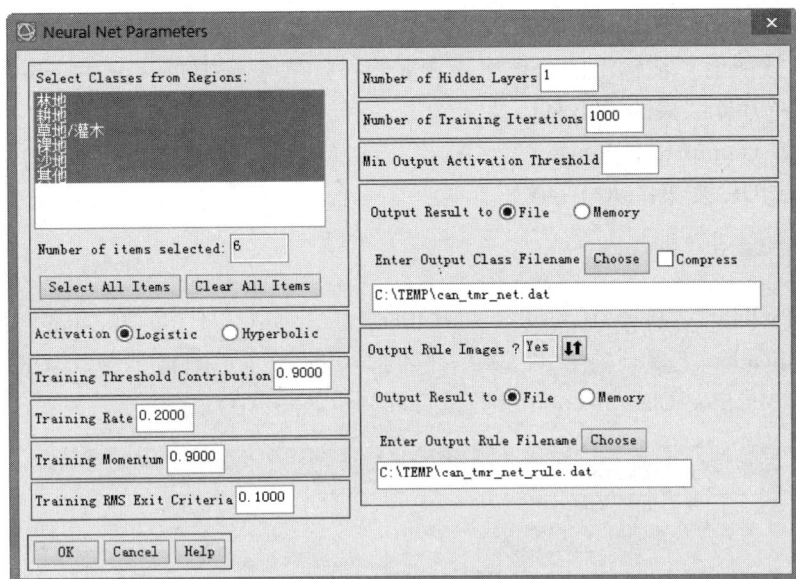

图 6.9 神经网络分类器参数设置面板

（2）Select Classes from Regions：单击 Select All Items 按钮，选择全部的训练样本。

（3）Activation：选择活化函数。对数（Logistic）和双曲线（Hyperbolic）。

（4）Training Threshold Contribution：输入训练贡献阈值（0~1）。该参数决定了与活化节点级别相关的内部权重的贡献量。它用于调节节点内部权重的变化。训练算法交互式地调整节点间的权重和节点阈值，从而使输出层和响应误差达到最小。将该参数设置为 0时不会调整节点的内部权重。适当调整节点的内部权重可以生成一幅较好的分类图像，但是如果设置的权重太大，对分类结果也会产生不良影响。

（5）Training Rate：设置权重调节速度（0~1）。参数值越大则使训练速度越快，但也增加摆动或者使训练结果不收敛。

（6）Training Momentum：输入一个 0~1 的值。该值大于 0 时，在 Training Rate 文本框中键入较大值不会引起摆动。该值越大，训练的步幅越大。该参数的作用是促使权重沿当前方向改变。

（7）Training RMS Exit Criteria：指定 RMS 误差为何值时训练应该停止。RMS 误差值在训练过程中将显示在图表中，当该值小于输入值时，即使还没有达到迭代次数，训练也会停止，然后开始进行分类。

（8）Number of Hidden Layers：键入所用隐藏层的数量。要进行线性分类，键入值为 0。没有隐藏层，不同的输入区域必须与一个单独的超平面线性分离。要进行非线性分类，输入值应该大于或等于 1，当输入的区域并非线性分离或需要两个超平面才能区分类别时，必须拥有至少一个隐藏层才能解决这个问题。两个隐藏层用于区分输入空间，空间中的不同要素不临近也不相连。

（9）Number of Training Iterations：输入用于训练的迭代次数。

（10）Min Output Activation Threshold：输入一个最小输出活化阈值。如果被分类像元的活化值小于该阈值，在输出的分类中该像元将被归入未分类中（unclassified）。

（11）选择分类结果的输出路径及文件名。

（12）设置 Output Rule Images 为"Yes"，选择规则图像输出路径及文件名。

（13）单击 OK 按钮，执行分类。

6. 支持向量机

（1）在 Toolbox 工具箱中，双击 Classification/Supervised Classification/Support Vector Machine Classification 工具，在文件输入对话框中选择 TM 图像，单击 OK 按钮，打开 Support Vector Machine Classification 参数设置面板（图 6.10）。

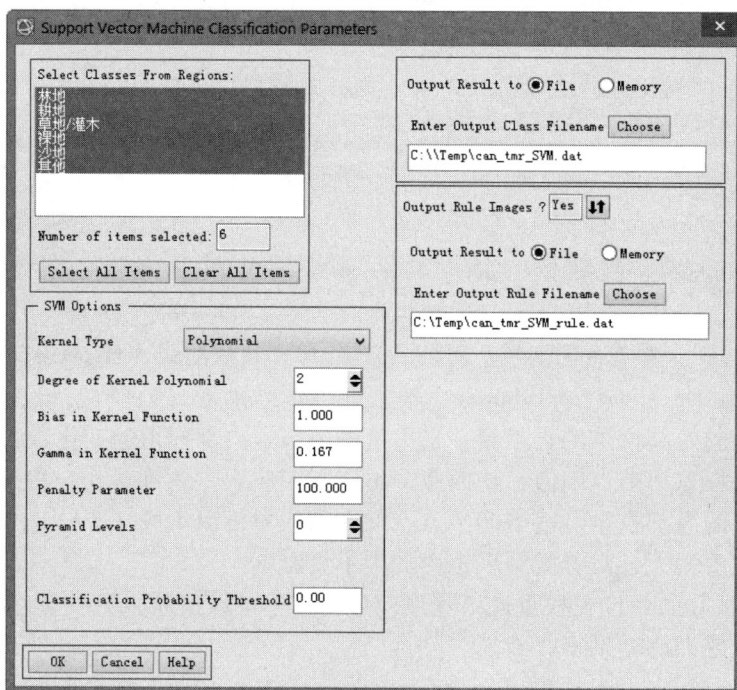

图 6.10　支持向量机分类器参数设置面板

（2）Kernel Type 下拉列表里的选项有 Linear、Polynomial、Radial Basis Function 和 Sigmoid。如果选择 Polynomial，设置一个核心多项式（Degree of Kernel Polynomial）的次数用于 SVM，最小值是 1，最大值是 6。如果选择 Polynomial 或 Sigmoid，使用向量机规则需要为 Kernel 指定"the Bias"，默认值是 1。如果选择 Polynomial、Radial Basis Function、Sigmoid，需要设置"Gamma in Kernel Function"参数，这个值是一个大于零的浮点型数据，默认值是输入图像波段数的倒数。

（3）Penalty Parameter：这个值是一个大于 0 的浮点型数据。这个参数控制了样本错误与分类刚性延伸之间的平衡，默认值是 100。

（4）Pyramid Levels：设置分级处理等级，用于 SVM 训练和分类处理过程。如果这个值为 0，将以原始分辨率处理；最大值随着图像的大小而改变。

（5）Pyramid Reclassification Threshold （0～1）：当 Pyramid Levels 值大于 0 时，需要设置这个重分类阈值。

（6）Classification Probability Threshold：为分类设置概率域值，如果一个像素计算得到所有的规则概率小于该值，该像素将不被分类，范围是 0～1，默认值是 0。

（7）选择分类结果的输出路径及文件名。

（8）设置 Output Rule Images 为"Yes"，选择规则图像输出路径及文件名。

（9）单击 OK 按钮，执行分类。

在上述 6 种分类器中都可以生成规则图像（Rule Images），它可以用来对分类的结果进行评估。如果需要，还可以根据指定的阈值重新进行分类。在不同分类方法所生成的规则图像中，像元值代表了不同的信息，如表 6.2 所示。

表 6.2 部分分类器中规则图像的像元值意义

分 类 器	像元值意义
平行六面体（Parallelepiped）	满足平行六面体准则的波段数
最小距离（Minimum Distance）	到类中心的距离
马氏距离（Mahalanobis Distance）	到类中心的距离
最大似然（Maximum Likelihood）	像元属于该类的概率

6.3.3 评价分类结果

执行完监督分类之后，需要对分类结果进行评价。ENVI 提供了多种评价方法，包括分类结果叠加、混淆矩阵（Confusion Matrices）和 ROC 曲线（ROC Curves）。下面简要介绍这几种方法。

1. 分类结果叠加

（1）在视窗中显示 TM 图像和分类结果。

（2）在图层管理器（Layer Manager）中，每个分类类别前面都有一个选择框，可以显示/隐藏该类。

（3）通过在图像上叠加分类结果，目视判断分类的精度。

2. 混淆矩阵

使用 Confusion Matrix 工具可以把分类结果的精度显示在一个混淆矩阵里（用于比较分类结果和地表真实信息）。ENVI 可以使用一幅地表真实图像或地表真实感兴趣区来计算混淆矩阵。

1）地表真实图像

当使用地表真实图像时，可以为每个分类计算误差掩膜图像，用于显示哪些像元被错误归类。计算之前先打开一个真实的分类图，格式为 ENVI 分类图像格式。

（1）在 Toolbox 工具箱中，双击 Classification/Post Classification/Generate Random Sample Using Ground Truth Image 工具。

（2）在 Classification Input File 对话框中，选择分类结果。

（3）在 Ground Truth Input File 对话框中，选择地表真实分类图像。

（4）在 Match Classes Parameters 对话框中（图 6.11），在两个列表中选择所要匹配的名称，再单击 Add Combination 按钮，把地表真实类别与最终分类结果相匹配。类别之间的匹配将显示在对话框底部的列表中。如果地表真实图像中的类别与分类图像中的类别名称相同，它们将自动匹配。单击 OK 按钮，输出混淆矩阵。

（5）在混淆矩阵输出窗口中（图 6.12），设置 Output Confusion Matrix 选项：选择像素（Pixels）和百分比（Percent）。

（6）选择误差图像输出路径及文件名。

（7）单击 OK 按钮，输出混淆矩阵。

图 6.11　分类匹配设置窗口　　　　　　　　图 6.12　混淆矩阵输出面板

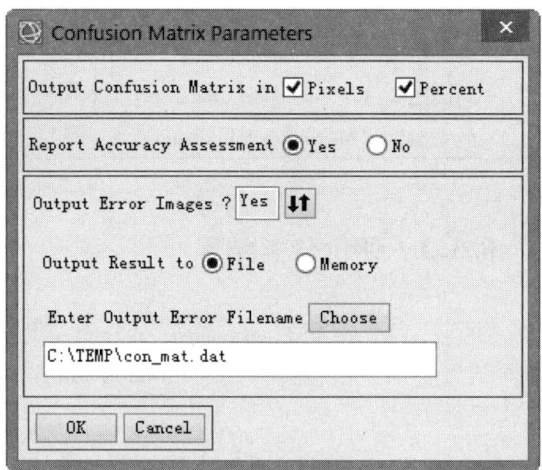

2）地表真实感兴趣区

使用地表真实感兴趣区之前，需要准备反映地表真实地物信息的 ROI 文件。可以在高分辨率图像上通过目视解译获取各个分类的地表真实感兴趣区，也可以通过野外实地调查，根据调查数据生成地表真实感兴趣区，制作方法与分类样本的方法一样。

（1）在主界面中，选择 File→Open，打开验证感兴趣区文件"can_tmr-验证.xml"。在 Select Base ROI Visualization La…对话中，选择分类结果文件。

（2）在 Toolbox 工具箱中，双击 Classification/Post Classification/Confusion Matrix Using Ground Truth ROIs 工具。

（3）在 Classification Input File 对话框中，选择分类结果图像，地表真实感兴趣区将被自动加载到 Match Classes Parameters 对话框中。

（4）在 Match Classes Parameters 对话框中，在两个列表中选择所要匹配的名称，再单击 Add Combination 按钮，把地表真实感兴趣区与最终分类结果相匹配。类别之间的匹配将显示在对话框底部的列表中。如果地表真实感兴趣区的类别与分类图像中的类别名称相同，它们将自动匹配。单击 OK 按钮，输出混淆矩阵。

（5）在混淆矩阵输出窗口（图 6.13）中，设置 Output Confusion Matrix：选择像素（Pixels）和百分比（Percent）。

（6）单击 OK 按钮，输出混淆矩阵。

在输出的混淆矩阵报表中（图 6.14），包含了要素：总体分类精度、Kappa 系数、混淆矩阵（概率）、错分误差、漏分误差、制图精度以及用户精度，以下是其中几项评价指标的说明。

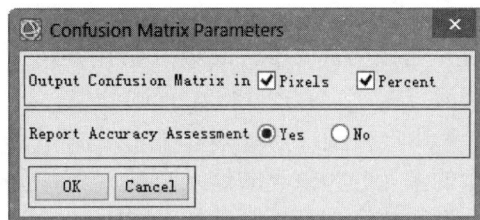

图 6.13　混淆矩阵输出窗口

Class	Commission (Percent)	Omission (Percent)	Commission (Pixels)	Omission (Pixels)
林地	4.19	0.62	21/501	3/483
耕地	0.75	1.31	4/530	7/533
草地/灌木	3.06	20.55	11/359	90/438
裸地	10.37	1.47	70/675	9/614
沙地	0.66	0.33	2/303	1/302
其他	1.18	0.59	4/339	2/337

Class	Prod. Acc. (Percent)	User Acc. (Percent)	Prod. Acc. (Pixels)	User Acc. (Pixels)
林地	99.38	95.81	480/483	480/501
耕地	98.69	99.25	526/533	526/530
草地/灌木	79.45	96.94	348/438	348/359
裸地	98.53	89.63	605/614	605/675
沙地	99.67	99.34	301/302	301/303
其他	99.41	98.82	335/337	335/339

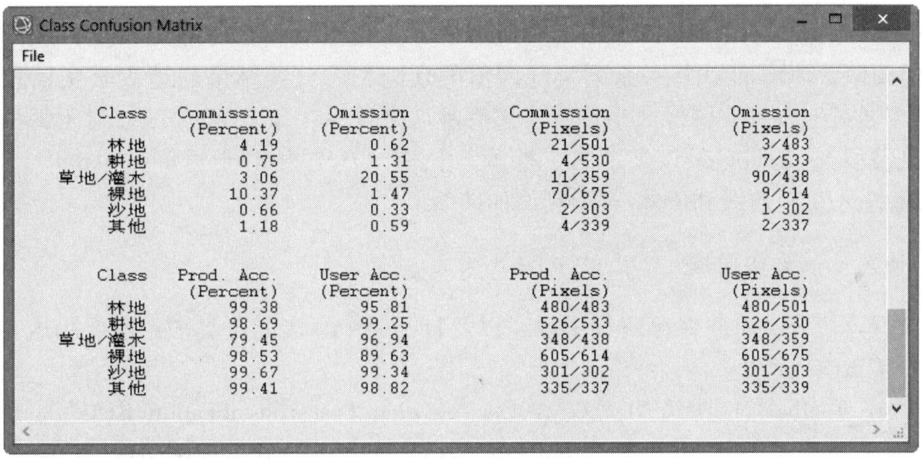

图 6.14　混淆矩阵报表

• 总体分类精度：等于被正确分类的像元总和除以总像元数。被正确分类的像元数目沿着混淆矩阵的对角线分布，总像元数等于所有真实参考源的像元总数，如本例精度分类精度表中的“Overall Accuracy”为(2595/2707) = 95.8626%。

提示：这只是个例子，直接在原分类图上选择验证样本使得分类精度很高。

• Kappa 系数：它是通过把所有真实参考的像元总数（N）乘以混淆矩阵对角线（XKK）的和，再减去某一类中真实参考像元数与该类中被分类像元总数之积之后，再除以像元总数的平方减去某一类中真实参考像元总数与该类中被分类像元总数之积对所有类别求和的结果。Kappa 计算公式为：

$$K=\frac{N\sum_{k}^{x}-\sum_{k}^{x}k\sum^{x}\sum k}{N^{2}-\sum_{k}^{x}k\sum^{x}\sum k} \tag{6.1}$$

• 错分误差（Commission）：指被分为某一类，而实际属于另一类的像元，它显示在混淆矩阵里面。例如，有 501 个像元为林地，其中正确分类 480 个，21 个是其他类别错分为林地（混淆矩阵中林地一行其他类的总和），那么其错分误差为(21/501)= 4.19%。

● 漏分误差（Omission）：指本身属于地表真实分类，当没有被分类器分到相应类别中的像元数。例如，在林地类别中，有真实参考像元483个，其中480个正确分类，其余3个被错分为其余类（混淆矩阵中耕地类中一列里其他类的总和），漏分误差为(3/483)= 0.62%

● 制图精度（Prod. Acc）：指分类器将整个图像的像元正确分为某类的像元数（对角线值）与该类真实参考总数（混淆矩阵中某类列的总和）的比率。例如，林地有483个真实参考像元，其中480个正确分类，因此林地的制图精度是(480/483)= 99.38%。

● 用户精度（User Acc）：指正确分到某类的像元总数（对角线值）与分类器将整个图像的像元分为该类的像元总数（混淆矩阵中该类行的总和）比率。如林地有480个正确分类，总共划分为林地的有501，所以林地的用户精度是(480/501)= 95.81%。

3. ROC 曲线

通过 ROC（Receiver Operating Characteristic）曲线来检测分类器的精度，从而选择合适的判定阈值。ROC 曲线将一系列不同阈值的规则图像分类结果与地表真实信息进行比较。ENVI 通过地表真实图像或地表真实感兴趣区来计算一条 ROC 曲线。对于每种所选类别（规则波段），都将记录该类别的"探测"概率（P_d）相对于"false alarm"（被错误分类）概率（P_{fa}）曲线和 P_d 相对于阈值的曲线。

1）使用地表真实图像

在执行监督分类时要保存规则图像，以及打开一个真实的分类图。需要用地表真实图像显示一条 ROC 曲线：

（1）在 Toolbox 工具箱中，双击 Classification/Post Classification/ROC Curves Using Ground Truth Image 工具。在 Rule Input File 对话框中，选择分类规则图像。规则图像中所选择的每个波段将用于生成一条 ROC 曲线。每一个规则波段匹配一种地表真实分类。

（2）在 Ground Truth Input File 对话框中，选择地表真实图像。

（3）在 Match Classes Parameters 对话框中，在两个列表中选择要匹配的类别名字，然后单击 Add Combination 按钮，将地表真实分类与规则图像分类相匹配。各个类别之间的匹配情况显示在对话框底部的列表中。如果地表真实图像中的类别与分类图像中的类别名称相同，它们将自动匹配。

（4）单击 OK 按钮，出现 ROC Curve Parameters 对话框（图 6.15）。

（5）Classify by：单击 ⇅ 按钮，选择用最大值（Maximum）或最小值对规则图像进行分类。如果规则图像来自于最小距离或波谱角分类器，选用最小值进行分类。如果规则图像来自于最大似然分类器，选用最大值进行分类。

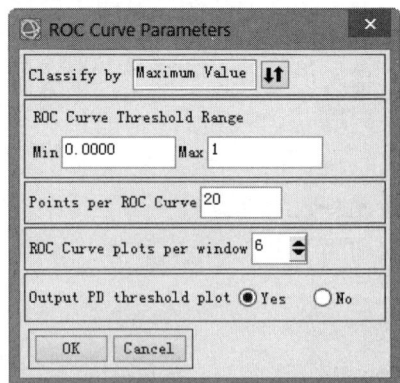

图 6.15　ROC 曲线参数设置对话框

（6）在 Min 和 Max 参数文本框中，为 ROC 曲线阈值范围键入最小值和最大值，规则图像将按照最小值和最大值之间（包括端点）的 N 等分阈值（由 Points per ROC curve 文本框设定）进行分类。这些分类中的每一个类别都与地表真实类别相比较，成为 ROC 曲线上的一个点。例如，如果规则图像来自最大似然分类器，最好选择键入的最小值为 0，最大值为 1。

（7）Points per ROC Curve：键入 ROC 曲线上的点数。

（8）ROC curve plots per window：键入每个窗口中图表的数量。

（9）Output PD threshold plot：选择 Yes 或 No 单选框，确定是否输出探测相对于阈值的曲线。

（10）单击 OK 按钮，在图表窗口中，绘制出 ROC 曲线和探测曲线。

2）使用地表真实感兴趣区

地表真实感兴趣区必须提前打开，且与选择的规则图像大小相同，否则需要重新匹配地表真实感兴趣区（具体方法参考前面"混淆矩阵"章节）。

（1）在 Toolbox 工具箱中，双击 Classification/Post Classification/ROC Curves Using Ground Truth ROIs 工具。

（2）在 Rule Input File 对话框中，选择分类规则图像，规则图像中所选择的每个波段将用于生成一条 ROC 曲线。

（3）在 Match Classes Parameters 对话框中，在两个列表中选择要匹配的类别名字，然后单击 Add Combination 按钮，将地表真实感兴趣区与规则图像分类相匹配。各个类别之间的匹配情况显示在对话框底部的列表中。如果地表真实感兴趣区中的类别与分类图像中的类别名称相同，它们将自动匹配。当所有需要的类合成以后，单击 OK 按钮。

（4）ROC Curve Parameters 对话框中的参数设置与前面的"使用地表真实图像"参数设置一样。

（5）单击 OK 按钮，在图表窗口中绘制出 ROC 曲线和探测曲线窗口。

6.4　非监督分类

ENVI 包括了 ISODATA 和 K-Mean 两种非监督分类方法。

ISODATA（Iterative Self-Orgnizing Data Analysize Technique）是一种重复自组织数据分析技术，计算数据空间中均匀分布的类均值，然后用最小距离技术将剩余像元进行迭代聚合，每次迭代都重新计算均值，且根据所得的新均值，对像元进行再分类。

K-Means 使用聚类分析方法，随机地查找聚类簇的聚类相似度相近，即中心位置，是利用各聚类中对象的均值所获得一个"中心对象"（引力中心）来进行计算的，然后迭代地重新配置他们，完成分类过程。

非监督分类总体上一般可分为 4 个过程：执行非监督分类、类别定义、合并子类和评价分类结果。

6.4.1　执行非监督分类

下面以 TM 图像为例介绍非监督分类操作过程。由于 ISODATA 和 K–Mean 参数设置不同，就两种分类方法分别介绍。

1. ISODATA

在 Toolbox 工具箱中，双击 Classification/Unsupervised Classification/IsoData Classification 工具，在 Classification Input File 对话框中，选择分类的 TM 图像文件，单击 OK 按钮，打开 ISODATA Parameters 对话框（图 6.16），下面设置 ISODATA Parameters 对话框中的参数。

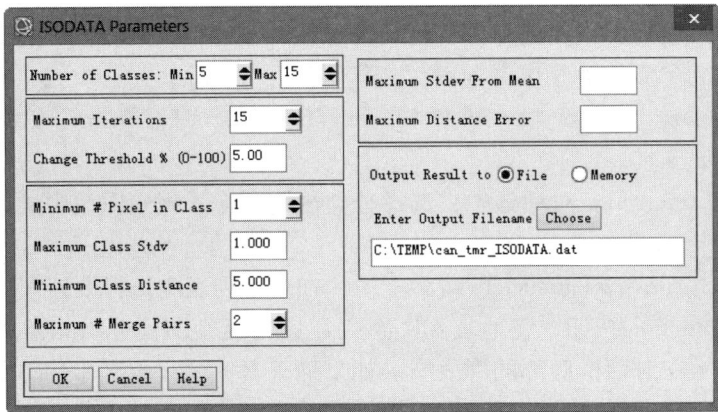

图 6.16　ISODATA 分类器参数设置

（1）类别数量范围（Number of Classes：Min，Max）：一般输入最小数量不能小于最终分类数量，最大数量为最终分类数量的 2~3 倍。Min：5，Max：15。

（2）最大迭代次数（Maximum Iterations）：15。迭代次数越大，得到的结果越精确，运算时间也越长。

（3）变换阈值（Change Threshold）：5。当每一类的变化像元数小于阈值时，结束迭代过程。这个值越小，得到的结果越精确，运算量也越大。

（4）Minimun # Pixel in Class：键入形成一类所需的最少像元数。如果某一类中的像元数小于最少像元数，该类将被删除，其中的像元被归并到距离最近的类中。

（5）最大分类标准差（Maximum Class Stdv）：1。以像素值为单位，如果某一类的标准差比该阈值大，该类将被拆分成两类。

（6）类别均值之间的最小距离（Minimum Class Distance）：5。以像素值为单位，如果类均值之间的距离小于输入的最小值，则类别将被合并。

（7）合并类别最大值（Maximum # Merge Pairs）：2。

（8）距离类别均值的最大标准差（Maximum Stdev From Mean）：为可选项。筛选小于这个标准差的像元参与分类。

（9）允许的最大距离误差（Maximum Distance Error）：为可选项。筛选小于这个最大距离误差的像元参与分类。

（10）选择输出路径及文件名，单击 OK 按钮，执行非监督分类。

2. K-Means

在 Toolbox 工具箱中，双击 Classification/Unsupervised Classification/K-Means Classification 工具，在 Classification Input File 对话框中，选择分类的 TM 图像文件，单击 OK 按钮，打开 K-Means Parameters 对话框（图 6.17），下面设置 K-Means Parameters 对话框中的参数。

（1）分类数量（Number of Classes）：15。一般为输最终分类数量的 2～3 倍。

（2）最大迭代次数（Maximum Iterations）：1。迭代次数越大，得到的结果越精确，运算时间也越长。

（3）距离类别均值的最大标准差（Maximum Stdev From Mean）：为可选项。筛选小于这个标准差的像元参与分类。

（4）允许的最大距离误差（Maximum Distance Error）：为可选项。筛选小于这个最大距离误差的像元参与分类。

（5）选择输出路径及文件名，单击 OK 按钮，执行非监督分类。

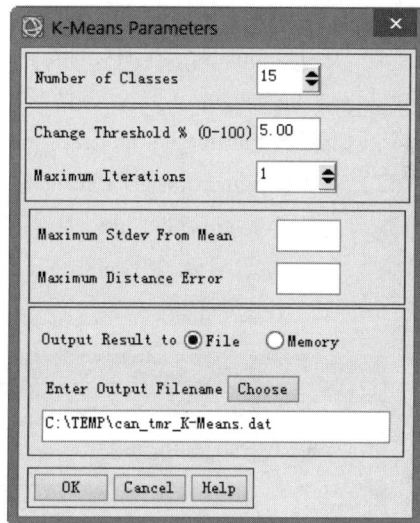

图 6.17　K-Means 分类器参数设置

6.4.2　类别定义与子类合并

执行非监督分类之后，获得了一个初步的分类结果，需要进行类别定义和合并子类的操作。

第一步　类别定义

类别定义的根据可以通过更高分辨率图像上目视解译获得，也可以是基于野外实地调查数据。

（1）打开目视解译底图并在视窗中显示（如果有）。

（2）打开 TM 非监督分类结果图像并在视窗口中显示。

（3）在图层管理器（Layer Manager）中，在 Classes 上右键选择 Hide All Classes 菜单，之后勾选 Class1，只显示一个分类类别，通过目视判别该类的名称。

（4）在 Toolbox 工具箱中，双击 Raster Management/Edit ENVI Header 工具，在文件输入对话框中选择 TM 非监督分类结果。

（5）在 Header Info 面板中，选择 Edit Attributes→Classification Info，按照默认单击 OK

按钮，打开 Class Color Map Editing 面板（图 6.18）。

（6）在 Class Color Map Editing 面板中，选择对应的类别，在 Class Name 中输入重新定义的类别名称，同时修改显示颜色。

（7）重复（3）~（6）步骤，定义其他类别。

提示：由于 ENVI5.1 版本中每次修改图像头文件信息后自动关闭图像，因此最好在步骤（3）中把所有的分类都判读后，在 Class Color Map Editing 面板中修改分类名称和颜色。

第二步 合并子类

在选择非监督分类类别数量时候，一般选择最终结果数量的 2~3 倍，因此在定义类别之后，需要将相同类别合并。

（1）在 Toolbox 工具箱中，双击 Classification/Post Classification/Combine Classes 工具。在 Combine Classes Input File 对话框中，选择定义好的分类结果，单击 OK 按钮，打开 Combine Classes Parameters 面板。

（2）在 Combine Classes Parameters 面板中（图 6.19），从 Select Input Class 中选择合并的类别，从 Selecct Out Class 中选择并入的类别，单击 Add Combination 按钮添加到合并方案中。合并方案显示在 Combined Classes 列表中，在 Combined Classes 列表中单击其中一项，可以从方案中移除。

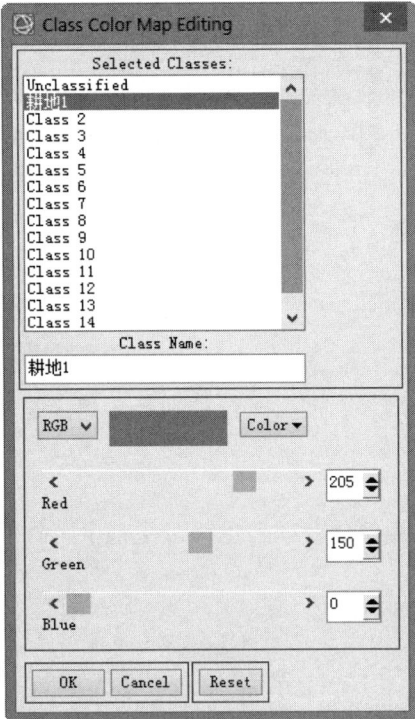

图 6.18 编辑分类名称和颜色

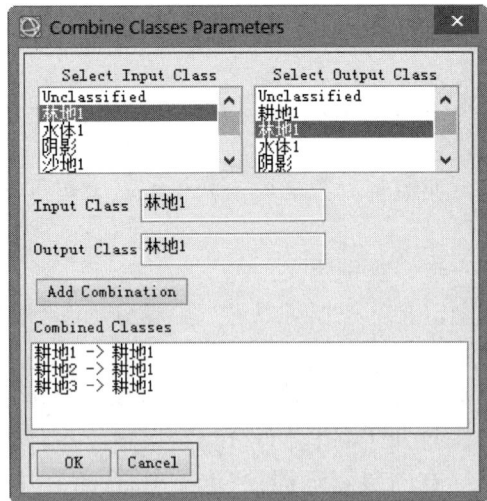

图 6.19 分类类别的合并

（3）合并方案确立之后，单击 OK 按钮，打开 Combine Classes Output 对话框，在 Remove Empty Classes 项中选择"Yes"，将空白类移除。

（4）选择输出合并结果路径及文件名，单击 OK 按钮，执行合并。

评价分类结果的过程与监督分类的方法一样，可参考前面的章节，这里不再赘述。

6.5 基于专家知识的决策树分类

基于专家知识的决策树分类是基于遥感图像数据及其他空间数据，通过专家经验总结、简单的数学统计和归纳方法等，获得分类规则并进行遥感分类。分类规则易于理解，分类过程也符合人的认知过程，最大的特点是利用多源数据。

总体上可分为 4 个过程：定义分类规则、构建决策树、执行决策树和评价分类结果。下面介绍基于专家知识的决策树分类过程（参见实验数据光盘\第 6 章 图像分类\1—决策树分类）。

6.5.1 定义分类规则

分类规则可以来自经验总结，如坡度小于 20°是缓坡等；也可以通过统计的方法从样本中获取规则，如 C4.5 算法、CART 算法、S-PLUS 算法等。如下为 C4.5 的基本思路。

C4.5 算法基本原理是从树的根节点处的所有训练样本开始（图 6.20），选取一个属性来区分这些样本。对属性的每一个值产生一个分支，分支属性值的相应样本子集被移到新生成的子节点上，这个算法递归地应用于每个子节点上，直到节点的所有样本都分区到某个类中，到达决策树的叶节点的每条路径表示一个分类规则。该算法采用了信息增益比例来选择属性，克服了用信息增益选择属性时偏向选择取值多的属性不足，并且在树构造过程中或者构造完成之后进行剪枝，能够对连续属性进行离散化处理。

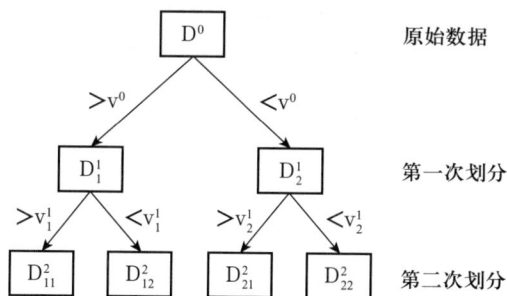

图 6.20　C4.5 算法获取规则示意图

算法中描述的属性也称为变量，来源于多源数据，如 DEM 文件可以当作是变量。下面以 Landsat TM 数据和 DEM 数据构成多源数据，获得分类规则：

- Class1（朝北缓坡植被）：NDVI>0.3，坡度小于 20°，朝北
- Class2（非朝北缓坡植被）：NDVI>0.3，坡度小于 20°，非朝北
- Class3（陡坡植被）：NDVI>0.3，坡度大于等于 20°
- Class4（水体）：NDVI≤0.3，波段 4 的 DN 值大于 0 而小于 20
- Class5（裸地）：NDVI≤0.3，波段 4 的 DN 值大于等于 20
- Class6（无数据区，背景）：NDVI≤0.3，波段 4 的 DN 值等于 0

6.5.2　规则表达式

在 ENVI 中，分类规则由变量和运算符组成的规则表达式来描述，在创建决策树之前，需要将分类规则转化成规则表达式。

在 ENVI 中，描述分类规则的表达式符合 IDL 编程规范，主要有 4 个部分构成：操作函数、变量、数字常量和数据格式转换函数，操作函数如表 6.3 所示。

表 6.3　操作函数

种　　类	可 用 函 数
基本运算	加（+）、减（−）、乘（＊）、除（∕）
三角函数	正弦 $\sin(x)$、余弦 $\cos(x)$、正切 $\tan(x)$
	反正弦 $\operatorname{asin}(x)$、反余弦 $\operatorname{acos}(x)$、反正切 $\operatorname{atan}(x)$
	双曲正弦 $\sinh(x)$、双曲余弦 $\cosh(x)$、双曲正切 $\tanh(x)$
关系和逻辑运算符	小于（LT）、小于等于（LE）、等于（EQ）、不等于（NE）、大于等于（GE）、大于（GT）
	并（AND）、或（OR）、NOT、XOR
	最小值运算符（<）和最大值运算符（>）
其他数学函数	指数（^）和自然指数 $\exp(x)$
	自然对数 $\operatorname{alog}(x)$
	以 10 为底的对数 $\operatorname{alog10}(x)$
	整型取整——$\operatorname{round}(x)$、$\operatorname{ceil}(x)$
	平方根 $\operatorname{sqrt}(x)$
	绝对值 $\operatorname{abs}(x)$

变量是指一个波段的数据或作用于数据的一个特定函数。变量名必须包含在大括号中，即{变量名}，如果是一个波段数据，可以直接命名为：bx，x 为不大于 5 位数的整数。如果变量被赋值为多波段文件，变量名必须包含一个写在方括号中的整数，表示波段数。例如，{pc[2]} 指被赋值给变量 pc 的文件的第二个波段。特定变量如表 6.4 所示。

表 6.4　特定变量

变　　量	作　　用
Slope	计算坡度
Aspect	计算坡向
Ndvi( )	计算归一化植被指数
Tascap[n]	穗帽变换，n 表示获取的是哪一分量

变　　量	作　　用
pc[n]	主成分分析，n 表示获取的是哪一分量
lpc[n]	局部主成分分析，n 表示获取的是哪一分量①
mnf[n]	最小噪声变换，n 表示获取的是哪一分量
lmnf[n]	局部最小噪声变换，n 表示获取的是哪一分量①
Stdev[n]	波段 n 的标准差
lStdev[n]	波段 n 的局部标准差①
Mean[n]	波段 n 的平均值
lMean[n]	波段 n 的局部平均值①
Min[n]、max[n]	波段 n 的最小、最大值
lMin[n]、lmax[n]	波段 n 的局部最小、最大值①

注：① 局部统计变量仅用于经过地理坐标定位的文件，且该文件必须与所选基文件的投影相同。

IDL 中的数据类型转换函数（表 6.5）在表达式中同样适用，在实际应用中用的最多的是将整数类型转换成浮点型。例如，与浮点型常数进行比较，表达式：b4/b3 gt 0.35，b3 和 b4 都是字节型，所以 b4/b3 得到的结果也是字节型的，这样影响最终结果，因此这个表达式应该写成：float(b4)/b3 gt 0.35。

表 6.5　数据类型转换函数

数　据　类　型	计　算　函　数	数　据　范　围
8 位字节型（Byte）	byte()	0-255
16 位整型（Integer）	fix()	-32768-32767
16 位无符号整型（Unsigned Int）	uint()	0-65535
32 位长整型（Long Integer）	long()	大约+/-20 亿
32 位无符号长整型（Unsigned Long）	ulong()	约 0~40 亿
32 位浮点型（Floating Point）	float()	+/-1e38
64 位双精度浮点型（Double Precision）	double()	+/-1e308
64 位整型（64-bit Integer）	long64()	约+/-9e18
无符号 64 位整型（Unsigned 64-bit）	ulong64()	约 0~2e19
复数型（Complex）	complex()	+/-1e38
双精度复数型（Double Complex）	dcomplex()	+/-1e308

"波段 1 大于波段 2 平均值，加上 2 倍的波段 2 的标准差"的表达式就可以如下表示：

$$b1 \ GT \ (\{mean[2]\}+2*\{stdev[2]\})$$

将定义好的分类规则转换成规则表达式：

Class1(朝北缓坡植被)：{NDVI} gt 0.3，{slope} lt 20，({aspect} lt 90) or ({aspect} gt 270)

Class2（非朝北缓坡植被）：｛NDVI｝gt 0.3,｛slope｝lt 20,（｛aspect｝gt 90）and（｛aspect｝lt 270）

Class3（陡坡植被）：｛NDVI｝gt 0.3,｛slope｝gt 20

Class4（水体）：｛NDVI｝le 0.3）,（b4 gt 0）and（b4 lt 20）

Class5（裸地）：｛NDVI｝le 0.3）,b4 ge 20

Class6（无数据区,背景）：｛NDVI｝le 0.3）,b4 eq 0

除了 ENVI 提供的特定变量外，还可以用 IDL 编写函数构建变量。函数的定义和使用与波段运算一致，区别是返回的结果必须是 0 或 1，也可以是二进制数组。

在 IDL 环境中编写一个函数，函数的作用是指定一个波段中几个灰度值设为 1，其余像元值设为 0，输出一个掩膜文件（二进制数组）。

```
FUNCTION dt_choose_values,data,values
  info=SIZE(data)
  result=MAKE_ARRAY(/BYTE,SIZE=info)
  FOR index=0L,(N_ELEMENTS(values)-1)DO $
    result+=(data EQ values[index])
RETURN,result
END
```

将保存的 .pro 文件存放到安装目录下的 Extensions 或 save_add 文件夹内，运行 ENVI+IDL 模式，在决策树中，就可以这样调用 dt_choose_values(b1,[20,22,24,26])。

6.5.3　创建决策树

ENVI 中的决策树是用二叉树来表达的，规则表达式生成一个单波段结果，并且包含一个二进制结果 0 或 1。0 结果被归属到"No"分支，1 结果被归属为"Yes"分支。下面介绍在 ENVI 下创建决策树的过程。

第一步　打开决策树窗口

（1）打开 TM 图像"boulder_tm.dat"以及 DEM 数据"boulder_dem.dat"。

（2）在 Toolbox 工具箱中，双击 Classi-fication/Decision Tree/New Decision Tree 工具，打开 ENVI Decision Tree 窗口，默认包含一个决策树节点和两个类别（分支）（图6.21）。

（3）在 ENVI Decision Tree 窗口中，有菜单命令和二叉树图形显示区域组成。

（4）菜单命令及功能说明如表6.6。

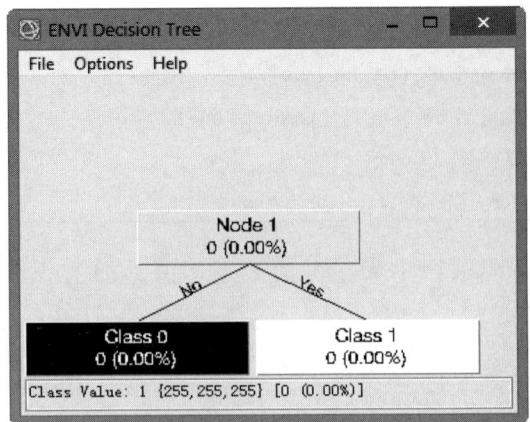

图6.21　决策树窗口

表 6.6 决策树窗口的菜单命令及功能

菜 单 命 令	功　能
File	文件
New Tree	新建决策树
Save Tree	保存决策树文件
Restore Tree	打开一个决策树文件
Options	选项
Rotate View	决策树方向水平/垂直显示切换
Zoom In	决策树进行放大
Zoom Out	决策树进行缩小
Assign Default Class Values	在决策树中按照从左到右的顺序重新指定类别数和颜色
Show Variable/File Pairings	隐藏/显示变量/文件对话框
Change Output Parameters	更改输出参数对话框
Execute	执行决策树

第二步　创建决策树

（1）单击 Node1 图标，打开节点属性编辑窗口（Edit Decision Properties）（图 6.22）。

（2）填写节点名称（Name）：NDVI>0.3。

（3）填写节点表达式（Expression）：｛ndvi｝gt 0.3。

（4）单击 OK 按钮，打开变量/文件选择对话框（Variable/File Pairings）（图 6.23），单击左边列表中的｛NDVI｝变量，在弹出的文件选择对话框中选择 TM 图像，给｛NDVI｝变量指定一个数据文件。如果图像文件中含有中心波长信息，ENVI 将自动判断在 NDVI 计算中需要哪一个波段；如果图像在所选的头文件中没有包含波长信息，那么 ENVI 就会进行提示，以确定 NDVI 计算中所需的红波段和近红外波段。单击 OK 按钮，可以看到属性编辑窗口中的第一层节点名称变成 NDVI>0.3。

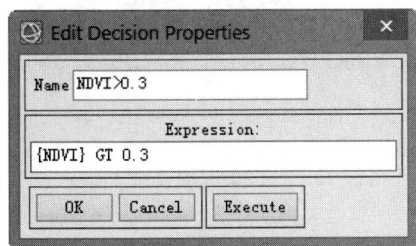

图 6.22　节点属性编辑窗口　　　　图 6.23　变量/文件选择对话框

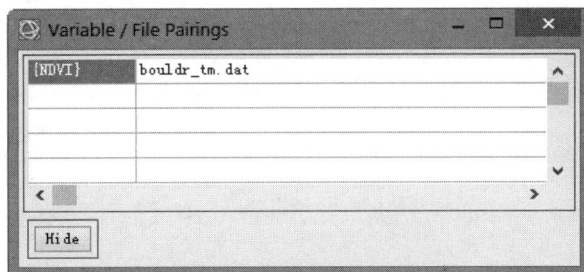

（5）第一个节点表达式设置完成，根据 NDVI>3 成立与否划分为两部分（例子中分成植被覆盖区与无植被区），继续添加第二层节点。

（6）鼠标右键单击 Class1，从快捷菜单中选择"Add Children"，将 NDVI 值高的那类进一步细分成两类。ENVI 自动地在 Class1 下创建两个新的类（Class1 和 Class2）。

（7）单击空白的节点，调出节点属性编辑窗口（Edit Decision Properties）。

（8）填写节点名称（Name）：Slope<20。

（9）填写节点表达式（Expression）：{slope} lt 20。

（10）单击 OK 按钮，调出变量/文件选择对话框（Variable/File Pairings），在弹出的文件选择对话框中选择 DEM 文件，给 {slope} 变量指定一个 DEM 文件。

（11）这样就把 NDVI 高的部分（NDVI>0.3：Yes）又划分为缓坡植被（Slope < 20：Yes）和陡坡植被（Slope<20：No）。

（12）重复（6）~（11）步骤，根据规则表达式把剩余的子节点加入。

（13）单击最底层的"Class#"，弹出输出分类属性（Edit Class Properties）（图 6.24）。

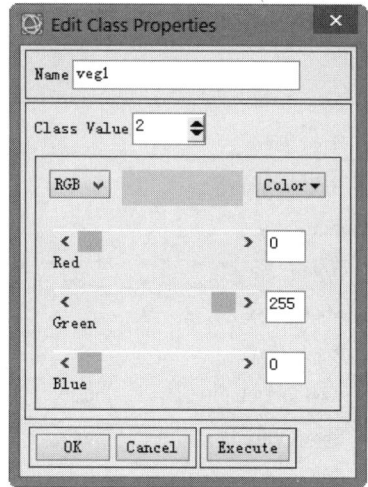

图 6.24　编辑输出分类属性

- 分类名称（Name）：Land。
- 分类值（Class Value）：1。
- 通过 Color 选择标准颜色或者用 Red、Green、Blue 滑动条分别选择对应的颜色。

（14）单击 OK 按钮，得到最终的决策树（图 6.25）。

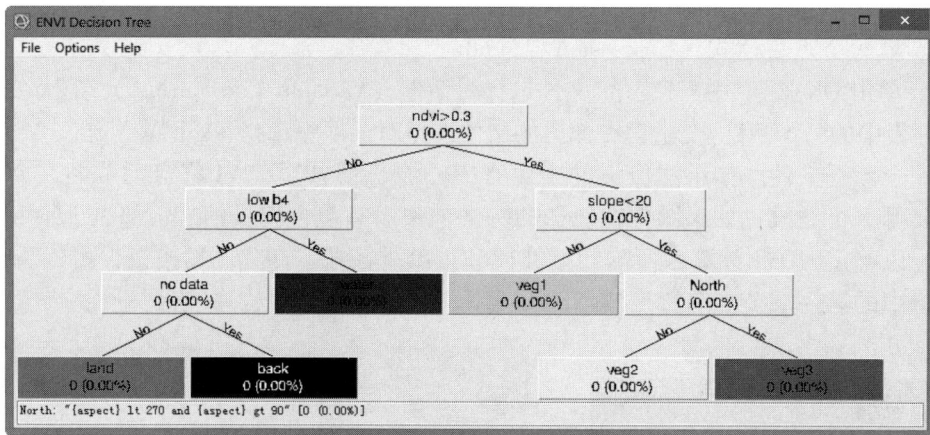

图 6.25　最终的决策树结果

（15）选择 File→ Save Tree，选择输出路径及文件名将决策树文件保存。

6.5.4　执行决策树

第一步　执行决策树

（1）在 ENVI Decision Tree 窗口中，选择 Options→Execute，打开 Decision Tree Execution Parameters 对话框（图 6.26）。

（2）在 Decision Tree Execution Parameters 对话框中，选择一个文件作为输出分类结果

的基准。分类结果的地图投影、像素大小和范围都将被调整，以匹配该基准图像。

（3）选择重采样方法（Resample）：Cubic Con-
volution。

（4）选择分类结果的输出路径及文件名，单
击 OK 按钮，执行决策树分类。

当决策树进行计算时，可以看到一个节点到
另一个节点的分类处理过程（浅绿色显示）。当分
类处理完成后，分类结果会自动地加载到一个新
的显示窗口中。在 ENVI Decision Tree 对话框的空
白背景上，单击鼠标右键，从弹出的快捷菜单中
选择 "Zoom In"。现在每个节点标签都会显示每
个分类的像素个数以及所包含像素占总图像像素
的百分比。

第二步　修改决策树

图 6.26　决策树执行参数设置面板

当对分类结果不满意时，可以修改决策树后
重新执行分类。

● 节点属性编辑：左键单击节点处，打开节点属性编辑窗口（Edit Decision
Properties），编辑节点名称和表达式。

右键单击节点处，打开 Prune Children（Retore Pruned Children）和 Delete Children 快
捷菜单供选择。Prune Children 菜单命令是剪除与后面子节点的联系，当执行决策树时，
它们不会再被使用；Restore Pruned Children 菜单命令恢复节点与后面子节点的联系；
Delete Children 菜单命令从决策树中将后面子节点永久地移除。

● 输出分类属性编辑：单击在最底层的分类，打开输出分类属性（Edit Class
Properties），编辑分类名、分类值和分类颜色。

● 变量赋值编辑：选择 Options→Show Variable/File Pairings，打开变量/文件选择对话
框（Variable/File Pairings），单击左边列表中的变量，可以修改变量对应的文件。

● 更改输出参数：第一次执行决策树之后，选择 Options→Execute 命名时，系统会按
照第一次输出参数的设置执行决策树，选择 Options→Change Output Parameters。打开
Decision Tree Execution Parameters 对话框，重新设置输出参数。

评价分类结果的过程与监督分类的方法一样，可参考前面的章节，这里不再赘述。

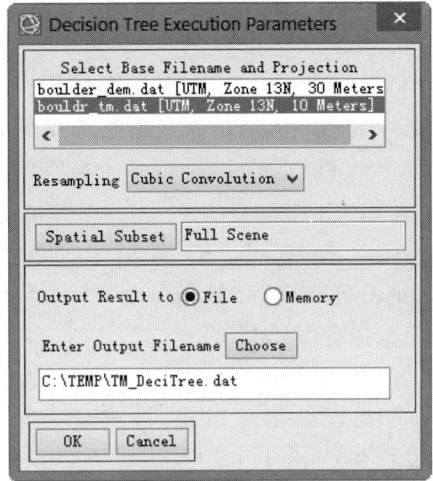

6.6　分类后处理

以上分类方法得到的是初步结果，一般难于达到最终的应用目的。所以，对获取的分
类结果需要再进行一些处理过程，才能得到最终理想的分类结果，这些处理过程通常称为
分类后处理。常用的分类后处理包括更改分类颜色、分类统计分析、小斑点处理、栅矢转
换等操作。

6.6.1　更改分类颜色

在显示分类结果时，分类结果中每一类自动呈现不同的颜色。每类的颜色与监督分类中选择的感兴趣区的颜色或基于决策树分类中预先选择的每类颜色相对应，可以通过以下方法重新定义分类结果中各个类别的颜色。

（1）打开分类结果。

（2）在 Toolbox 工具箱中，双击 Raster Management/Edit ENVI Header 工具，在文件输入对话框中选择分类结果。

（3）在 Header Info 面板中，选择 Edit Attributes→Classification Info，按照默认设置单击 OK 按钮，打开 Class Color Map Editing 面板。

（4）从 Selected Classes 列表中选择需要修改的类别。

（5）Class Name：输入新的类别名。

（6）选择 RGB、HLS 或 HSV 其中一种颜色系统。单击 Color▾ 按钮，选择标准颜色，或者通过移动颜色调整滑块分别调整各个颜色分量定义颜色。选择 Reset 可以恢复初始值。

（7）当完成对颜色的修改以后（图 6.27），单击 OK 按钮。

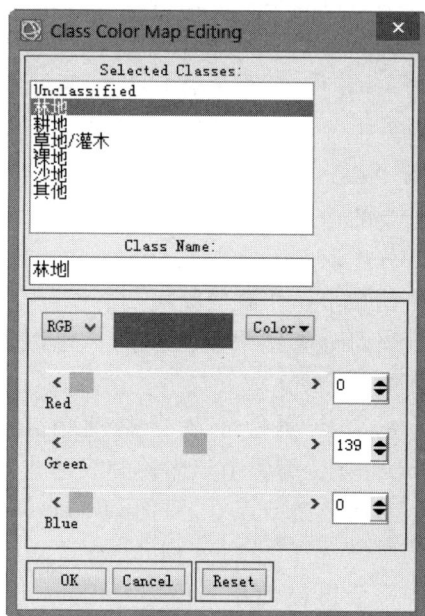

图 6.27　更改分类颜色面板

6.6.2　Majority/Minority 分析

应用监督分类或者非监督分类以及决策树分类，分类结果中不可避免地会产生一些面积很小的图斑。无论从专题制图的角度，还是从实际应用的角度，都有必要对这些小图斑进行剔除或重新分类。目前，常用的方法有 Majority/Minority 分析、聚类处理（Clump）和过滤处理（Sieve）。

Majority/Minority 分析采用类似于卷积滤波的方法将较大类别中的虚假像元归到该类中，先定义一个变换核尺寸，用变换核中占主要地位（像元素最多）的像元类别代替中心像元的类别。如果使用次要分析（Minority Analysis），将用变换核中占次要地位的像元的类别代替中心像元的类别。

在 Toolbox 工具箱中，双击 Classification/Post Classification/Majority/Minority Analysis 工具。在打开的文件选择对话框中，选择分类图像。打开 Majority/Minority Parameters 面板（图 6.28），下面填写 Majority/Minority Parameters 对话框中的参数。

（1）选择分类类别（Select Classes）：单击 Select All Items 按钮，选择所有类别。

（2）选择分析方法（Analysis Method）：Majority。

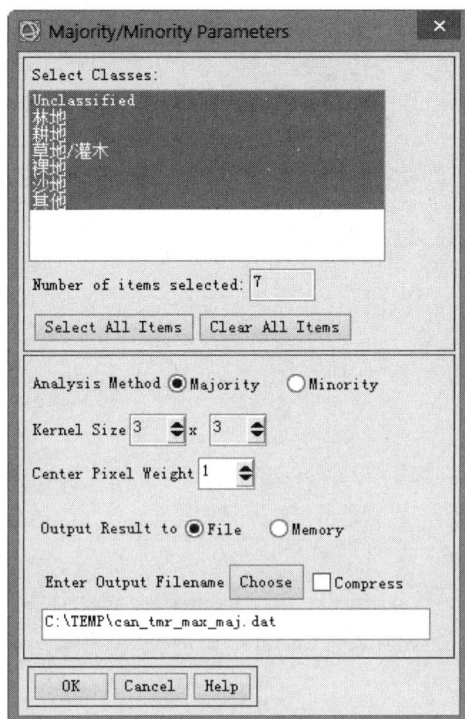

图 6.28 Majority/Minority Parameters 对话框

（3）选择变换核（Kernel Size）：3×3。必须是奇数且不必为正方形，变换核越大，分类图像越平滑。

（4）中心像元权重（Center Pixel Weight）：1。在判定在变换核中哪个类别占主体地位时，中心像元权重用于设定中心像元类别将被计算多少次。例如，如果输入的权重为1，系统仅计算1次中心像元类别；如果输入5，系统将计算5次中心像元类别。

（5）选择输出路径及文件名，单击 OK 按钮，执行 Majority/Minority 分析。

6.6.3　聚类处理（Clump）

聚类处理是运用形态学算子将邻近的类似分类区域聚类并合并。分类图像经常缺少空间连续性（分类区域中斑点或洞的存在）。低通滤波虽然可以用来平滑这些图像，但是类别信息常会被邻近类别的编码干扰，聚类处理解决了这个问题。首先将被选的分类用一个扩大操作合并到一起，然后用参数对话框中指定了大小的变换核对分类图像进行侵蚀操作。

在 Toolbox 工具箱中，双击 Classification/Post Classification/Clump Classes 工具。在 Classification Input File 对话框中，选择一个分类图像，单击击 OK 按钮，打开 Clump Parameters 面板（图 6.29）。下面填写 Clump Parameters 对话框中的参数。

（1）选择分类类别（Select Classes）：单击 Select All Items 按钮，选择所有类别。

（2）输入形态学算子大小（Rows 和 Cols）：3，3。

（3）选择输出路径及文件名，单击 OK 按钮，执行聚类处理。

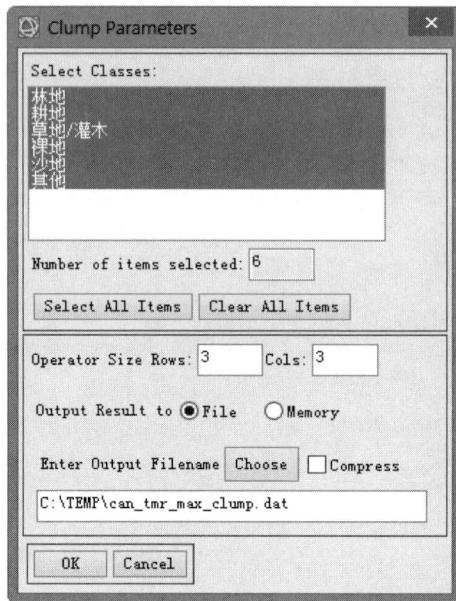

图 6.29　Clump Parameters 对话框

6.6.4　过滤处理（Sieve）

过滤处理解决分类图像中出现的孤岛问题。过滤处理使用斑点分组方法来消除这些被隔离的分类像元。类别筛选方法通过分析周围的 4 个或 8 个像元，判定一个像元是否与周围的像元同组。如果一类中被分析的像元数少于输入的阈值，这些像元就会被从该类中删除，删除的像元归为未分类的像元（Unclassified）。

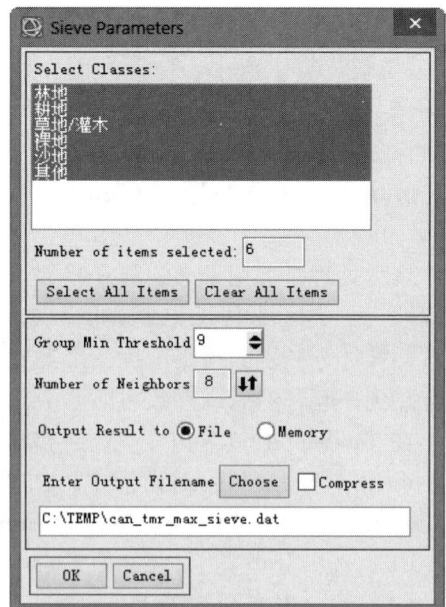

图 6.30　Sieve Parameters 对话框

在 Toolbox 工具箱中，双击 Classification/Post Classification/Sieve Classes 工具。在 Classification Input File 对话框中，选择一个分类图像，单击 OK 按钮，打开 Sieve Parameters 对话框（图 6.30）。下面填写 Sieve Parameters 对话框中的参数。

（1）选择分类类别（Select Classes）：单击 Select All Items 按钮，选择所有类别。

（2）输入过滤阈值（Group Min Threshold）：9。一组中小于该数值的像元将从相应类别中删除。

（3）确定聚类领域大小（Number of Neighbors）：8。

（4）选择输出路径及文件名，单击 OK 按钮，执行过滤处理。

6.6.5 分类统计（Class Statistics）

分类统计可以基于分类结果计算相关输入文件的统计信息。基本统计包括类别中的像元数、最小值、最大值、平均值以及类中每个波段的标准差等。可以绘制每一类的最小值、最大值、平均值以及标准差，还可以记录每类的直方图以及计算协方差矩阵、相关矩阵、特征值和特征向量，并显示所有分类的总结记录。

（1）在 Toolbox 工具箱中，双击 Classification/Post Classification/Class Statistics 工具。在打开的 Classification Input File 对话框中，选择一幅分类结果图像，单击 OK 按钮。

（2）在 Statistics Input File 对话框中，选择一个用于计算统计信息的输入文件，确定分类图像中各个类别对应的 DN 值，单击 OK 按钮。

（3）在 Class Selection 对话框中，在列表中单击类别名称，选择想计算统计的分类，单击 OK 按钮。

（4）在 Compute Statistics Parameter 对话框中（图6.31），在复选框中选择需要的统计项，包括以下3种统计类型。

● 基本统计（Basic Stats）：包括所有波段的最小值、最大值、均值和标准差，若该文件是多波段的，还包括特征值。

● 直方图统计（Histograms）：生成一个关于频率分布的统计直方图，列出图像直方图（如果直方图的灰度小于或等于256）中每个 DN 值的点的数量（Npts）、累积点的数量（Total）、每个灰度值的百分比（Pct）和累积百分比（Acc Pct）。

● 协方差统计（Covariance）：包括协方差矩阵和相关系数矩阵以及特征值和特征向量。当选择这一项时，还可以将协方差结果输出为图像（Covariance Image）。

本例将3种类型都选上。

（5）输出结果的方式包括3种：输出到屏幕显示、生成一个统计文件（.sta）和生成一个文本文件。其中生成的统计文件可以通过 Statistics→View Statistics File 命令打开。

本例将3种输出结果的方式都选上，单击 OK 按钮，执行统计。

如图6.32为显示统计结果的窗口，统计结果以图形和列表形式表示。从 Select Plot 下拉命令中选择图形绘制的对象，如基本统计信息、直方图等。

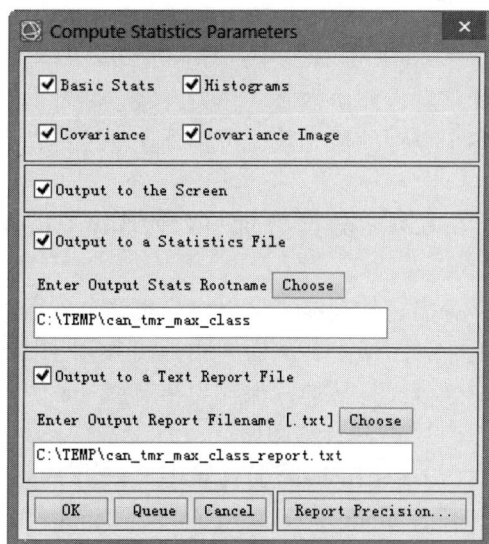

图6.31 计算统计参数设置面板

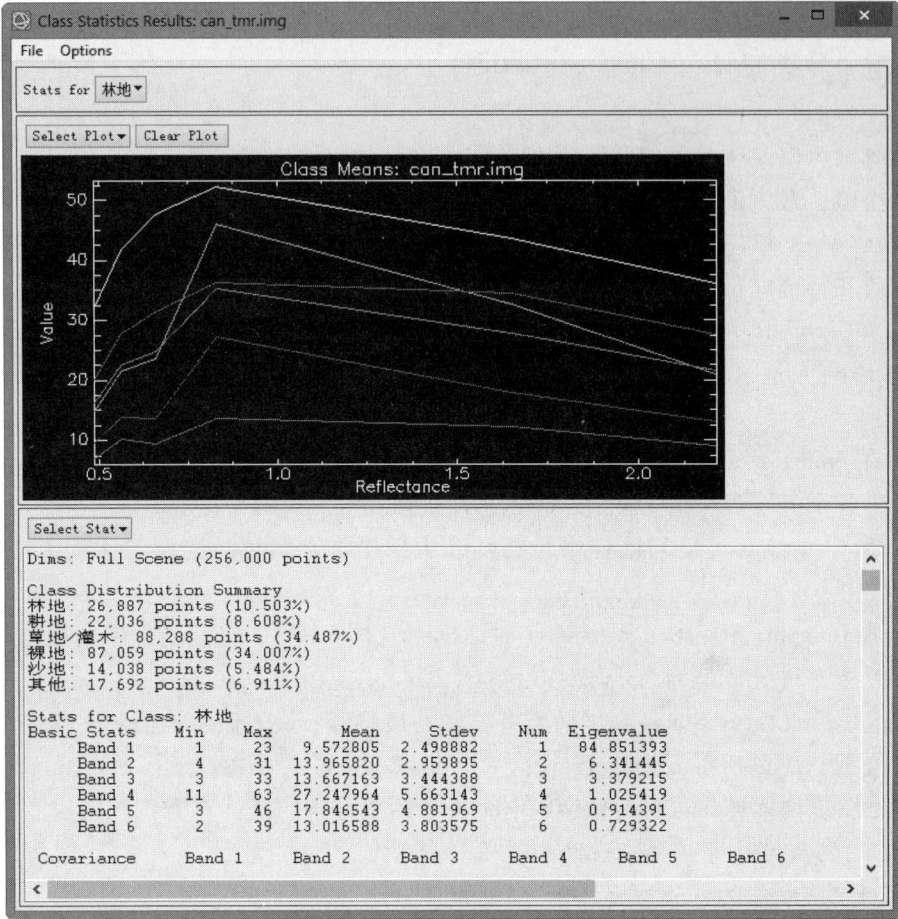

图 6.32　显示统计结果的窗口

从 Stats for 标签中选择分类结果中类别，在列表中显示类别对应输入图像文件 DN 值统计信息，如协方差、相关系数、特征向量等信息。在列表中的第一段显示的为分类结果中各个类别的像元数、占百分比等统计信息。

6.6.6　分类叠加（Overlay Classes）

分类叠加功能，可以将分类结果的各种类别叠加在一幅 RGB 彩色合成图或者灰度图像的背景图像上，从而生成一幅 RGB 图像。如果要想得到较好的效果，在叠加之前，背景图像可经过拉伸并保存为字节型（8 位）图像，下面是具体操作过程。

（1）打开背景图像。

（2）在 Toolbox 工具箱中，双击 Classification/Post Classification/Overlay Classes 工具。在打开的 Input Overlay RGB Image Input Bands 对话框中，分别为 R、G、B 选择背景图像波段（如果需要一个灰阶背景，为 RGB 输入同样的波谱波段），单击 OK 按钮。

（3）在打开的 Classification Input File 对话框中，选择分类结果图像，单击 OK 按钮。

（4）在打开的 Class Overlay to RGB Parameters 对话框中（图 6.33），选择需要叠加在背景图像上的类（Select Classes to Overlay）。

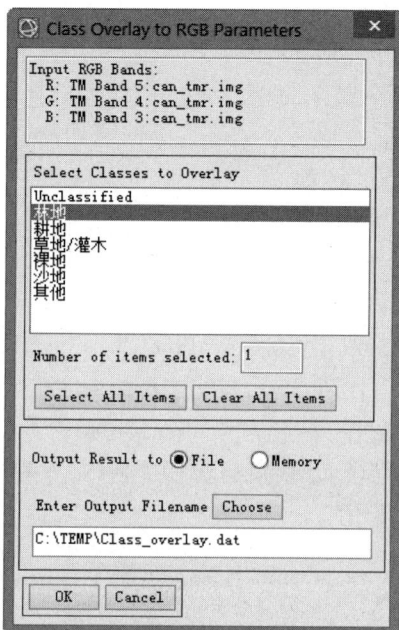

图 6.33　Class Overlay to RGB Parameters 对话框

（5）选择输出路径及文件名，单击 OK 按钮，执行分类叠加处理。

6.6.7　分类结果转矢量

在 Toolbox 工具箱中，双击 Classification/Post Classification/Classification to Vector 工具。在打开的 Raster to Vector Input Band 对话框中，选择分类结果，单击 OK 按钮，打开 Raster to Vector Parameters 对话框（图 6.34）。下面设置矢量输出参数。

（1）通过单击类别名称选择所需将被转化为矢量多边形的类别。

（2）在 Output 标签中，使用箭头切换按钮选择"Single Layer"把所有分类都输出到一个矢量层中。另外，"One Layer per Class"是选择将每个所选分类输出到单独的矢量层。

（3）选择输出文件路径及文件名，单击 OK 按钮，执行转换过程。

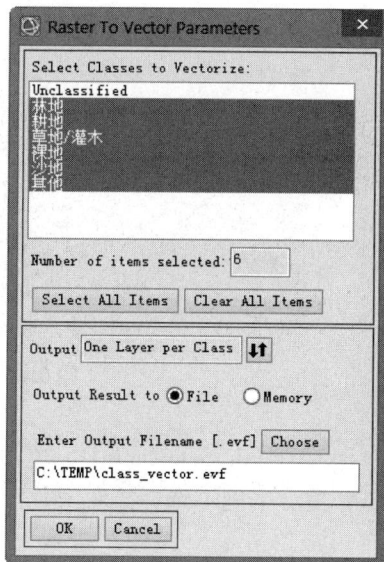

图 6.34　栅格转换为矢量参数设置

6.7　流程化图像分类工具

流程化图像分类工具（Classification Workflow）采用流程化的操作方式，将监督和非监督分类的操作步骤集成到一个操作面板中，包括样本选择、图像分类、分类后处理、矢量/栅格分类结果输出，使专业的遥感图像分类操作更加简便和高效。

下面以 EO‐1 卫星的经过图像融合处理的 10 m 空间分辨率、9 个波段的 ALI（Advanced Land Imager）数据为例，利用流程化图像分类工具对 ALI 数据进行分类，从而提取火烧迹地信息（参见实验数据光盘\第 6 章 图像分类\2‐火烧迹地提取）。

（1）打开"BurnALI_subset. dat"图像文件。

（2）在 Toolbox 工具箱中，双击 Classification/Classification Workflow 工具。

（3）在文件选择步骤中（图 6.35），单击 Browse 按钮，打开 File Selection 对话框，选择"BurnALI_subset. dat"文件，回到 Classification 面板。

提示：如果数据中有背景值而不参与分类，则需要在 File Selection 对话框中勾选NoData Value 选项，并设置背景值。

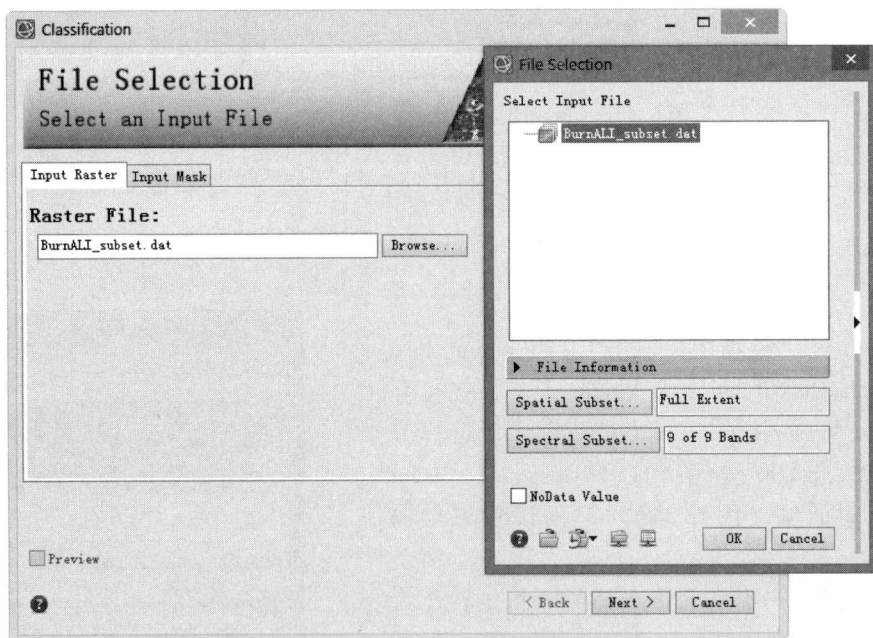

图 6.35　文件选择步骤（File Selection）

（4）在 File Selection 中，单击 Input Mask 选项卡，可以输入掩膜文件，指定掩膜区域参与分类。本例不选择掩膜文件。

（5）单击 Next 按钮，进入分类方法选择（Classification Type）步骤。ENVI 提供两种方法：

● 非监督分类（No Training Data）

a. 选择"No Training Data",单击 Next 按钮。

b. 在非监督分类(Unsupervised Classification)步骤中,提供 ISODATA 分类方法。在 Classes 选项中,设置分类类别数量(Requested Number Of Classes):5

c. 在 Advanced 选项卡中,设置最大迭代次数(Maximum Iterations):15;变化阈值(Change Threshold %):2。

提示:变化阈值是指当每一类的变化像元数小于阈值时,结束迭代过程。这个值越小,得到的结果越精确,运算量也越大。

d. 单击 Next 按钮,执行非监督分类。在图层管理器(Layer Manager)可以看到图像被分成了 5 类,其中一类是火烧迹地。后面的操作见步骤(6)内容。

● 监督分类(Use Training Data)

a. 选择"Use Training Data",单击 Next 按钮。

b. 在图层管理器(Layer Manager)中的"BurnALI_subset.dat"图层上,右键选择"Change RGB Bands",选择波段 9,6,4 组合增强火烧迹地信息,即红色区域为火烧迹地。

c. 在监督分类步骤(Supervised Classification)中,修改参数设置(图 6.36):分类名称(Class Name):火烧迹地;分类颜色(Class Color):默认;内部填充(Fill Interior):Solid。

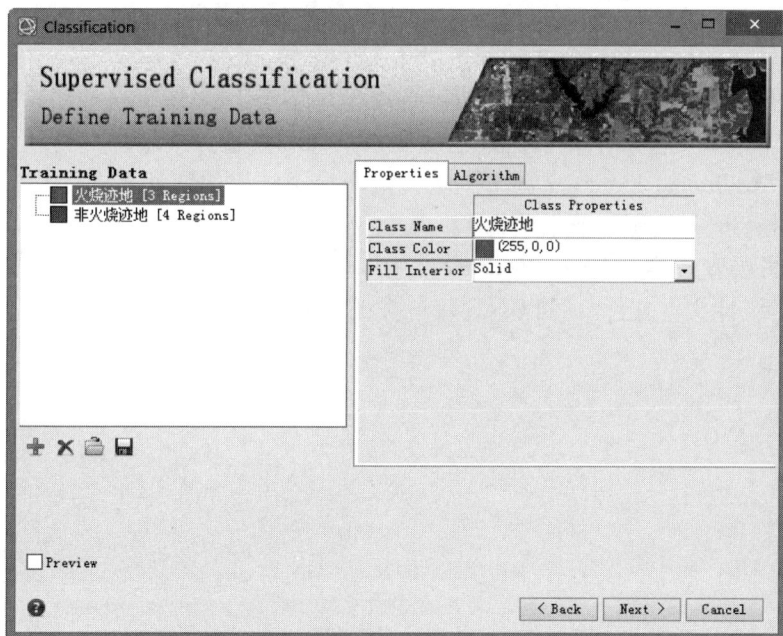

图 6.36 监督分类步骤(Supervised Classification)

d. 在图像上目视判断火烧迹地的区域,即选择显示为红色的图像区域作为样本,右键选择 Accept 菜单或者双击鼠标左键结束一个多边形样本的选择。重复操作选择几个多边形样本。

e. 单击█按钮新建一类,修改参数设置:分类名称(Class Name):非火烧迹地;分类颜色（Class Color）：默认；内部填充（Fill Interior）：Solid。

　　f. 用同样的方法选择一些"非火烧迹地"样本。

　　g. 勾选 Preview 选项可以预览分类结果。

　　提示：① 在移动图像时，要继续回到绘制样本的鼠标状态，可在单击工具栏中的 ▨▨◉ 注记绘制工具。

　　② 如果需要编辑或者删除某个多边形样本，将鼠标状态切换到 Select 状态，即箭头状态，选择需要编辑/删除的多边形，拖动多边形周边方块可以编辑大小，或者右键删除。

　　③ 按住鼠标滚轮可以实现屏幕移动。

　　h. 单击 Algorithm 选项卡，ENVI 提供 4 种监督分类方法，具体方法说明和参数设置参考本书第 6.3 节监督分类的相关内容。本例选择默认设置。

　　i. 单击 Next 按钮，执行监督分类。在图层管理器（Layer Manager）可以看到图像被分成了两类，其中一类是火烧迹地。

　　（6）执行非监督分类或者监督分类之后都会进入在"Cleanup"步骤，可以设置平滑阈值和聚类阈值，以去除分类结果中的"小碎块"。

　　● 平滑（Enable Smoothing）：主要去除椒盐噪声。例如，默认值为 3×3，就是在 3×3 范围内的中心点的像素值会被 9 个像素内最多像元数的类别代替。

　　● 聚类（Enable Aggregation）：主要去除小区域"小碎块"。例如，默认值为 9，就是小于等于 9 个像素的区域重新合并到邻近的更大的区域。

　　（7）本例选择默认参数，勾选 Preview 选项预览结果，单击 Next 按钮，执行处理。

　　（8）在"Export"步骤中，可选择输出栅格图像和矢量分类结果。

　　（9）切换 Additional Export 选项卡，选择输出分类结果的统计文件。

　　（10）单击 Finish 按钮，输出结果。

　　（11）在图层管理器（Layer Manager）中，勾选"火烧迹地"类别浏览结果。打开"＊_stats. txt"统计文本文件，可以看到每一类的面积统计和所占比重。

第7章 矢量处理

矢量数据是空间信息科学中重要的数据之一。在 ENVI 中,遥感图像处理成果可以以矢量数据格式输出,并应用于地理信息系统(GIS)中。

本章主要介绍以下内容:
- ➤ 矢量数据基本操作
- ➤ 创建矢量数据
- ➤ 编辑矢量数据

7.1 矢量数据基本操作

7.1.1 打开矢量数据

ENVI 支持的矢量格式包括 ENVI 内部矢量格式(.evf)、Shapefiles(.shp)以及 ArcGIS Geodatabase 中的矢量数据。在主菜单中,选择 File→Open,选择一个或多个矢量文件打开。下面为打开一个 Shapefile 文件的过程。

(1)在主界面中,选择 File→Open,在打开的文件选择对话框中,可以手动修改文件过滤类型:Shapefile(*.shp)。选择一个 Shapefile 文件,单击 OK 按钮打开。

(2)矢量文件会自动加载到 ENVI 视窗中(图7.1)。如果没有自动加载,可以打开 Data Manager 面板,在列表中选中矢量文件,单击 Load Data 按钮即可。

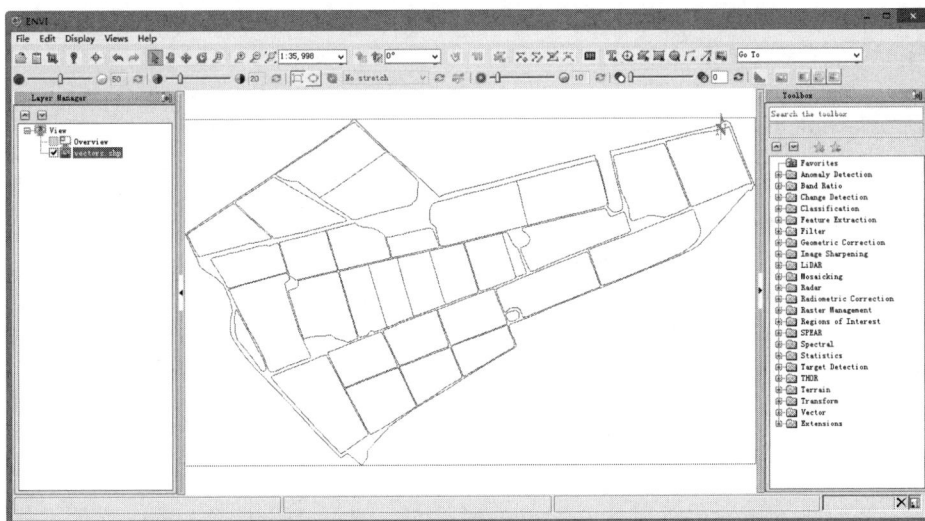

图 7.1 加载到 ENVI 视窗的矢量数据

7.1.2　矢量属性浏览器（Attribute Viewer）

ENVI 提供矢量数据属性浏览器，可以查看、排序和编辑属性信息。当矢量图层有一个关联的属性表时，可以在图层管理器（Layer Manager）中选择右键菜单 View/Edit Attributes，启动属性浏览器。如果 ArcGIS 的要素类图层（feature class layer）有一个关联属性表，可以通过右键菜单 View Attributes 启动属性浏览器。下面通过几个操作介绍属性浏览器的用法。

1. 选中矢量记录

在 Layer Manager 中，右键单击"vectors. shp"，选择菜单 View/Edit Attributes 启动属性浏览器。选中矢量记录有两种操作方法：

1) ENVI 视窗中操作

（1）在 ENVI 主界面中，选择工具栏 图标，使用鼠标左键在视窗中可以选中矢量对象。选中的矢量记录会在 Attribute Viewer 面板中高亮显示。
（2）同时可以按住 Ctrl 或 Shift 键，然后使用鼠标左键进行多选。或者使用鼠标批量框选矢量对象。

2) Attribute Viewer 面板中操作

（1）单击表格第一列中的数字按钮，可以选中相应的矢量记录。
（2）同时可以按住 Ctrl 或 Shift 键，然后使用鼠标左键进行多选。
（3）或者可以使用 Attribute Viewer 面板中的工具栏按钮：
- （Clear Selection）：清除已选记录。
- （Invert Selection）：反向选择记录。
- （Select All）：全选记录。

2. 矢量记录导航

使用 Attribute Viewer 面板下方的导航按钮可以对表格记录进行导航。从左到右 4 个按钮的作用分别为跳转到第一条记录、向前移动一条记录、向后移动一条记录、跳转到最后一条记录。同时，可以在按钮中间的文本框中手动输入记录号码，记录会自动跳转。

3. 编辑矢量属性

1) 删除属性列

选中需要删除的属性列，鼠标右键单击属性名，选择 Delete Columns 菜单，或单击面板菜单中的 Options→Delete Columns，便可删除属性列。

提示：同时可以利用 Ctrl 或 Shift 键，选中多个属性列，然后按照上述方法批量删除。

2）修改属性值

可以选中一个表格、多个表格、一列（行）、多列（行），然后选择右键菜单 Replace Selectet Cells with Value，或单击面板菜单中的 Options→Replace Selectet Cells with Value，在弹出的 Replace Cells With Value 面板中手动输入新值，单击 OK 按钮（图7.2）。

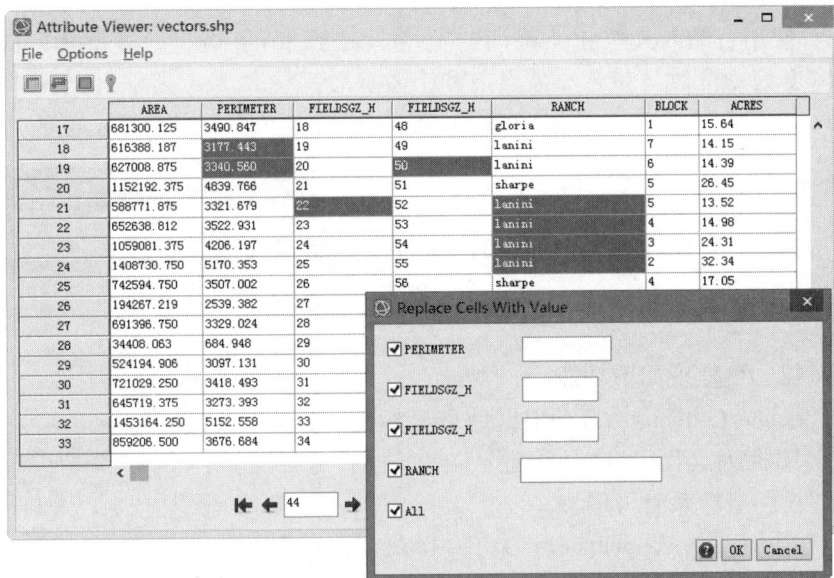

图7.2 矢量属性浏览器（Attribute Viewer）与修改属性值

3）根据属性值排序

选中排序依据的属性列，鼠标右键单击属性名，菜单中的功能如下。
- Sort By Original Order：恢复默认排序。
- Sort By Selected Column Forward：根据选中的属性列升序排列。
- Sort By Selected Column Reverse：根据选中的属性列降序排列。
- Sort By Current Selection：选中一条或多条记录后可用，将选中的记录按默认顺序排列。

4. 保存矢量记录

在 Attribute Viewer 面板的菜单中，选择 File→Save 或 Save As，可以保存已编辑的属性。另外可以使用 File→Save Selected Records to New Shapefile，将选中的记录另存为新的 Shapefile 文件。

5. 添加属性列

在 Attribute Viewer 面板中，选择菜单 Options→Add Columns。在打开的 Add Attribute Columns 面板中，可以完成如下 3 种操作。

1）添加属性列

单击按钮➕添加一条属性列，可以修改属性的如下参数：
- Name：属性名。
- Type：属性类型，可选项为 String 或 Number。
- Width：使用右侧箭头按钮调整列的宽度。对于 String 类型，宽度为字符个数；对于 Numbers 宽度为总位数（包含小数点前和小数点后）。
- Precision：使用右侧箭头按钮调整 Numbers 的精度（小数点后显示位数）。

2）删除属性列

单击✖按钮，可以删除列表中选中的属性列。

3）导入属性列

单击按钮，可实现如下功能。
- Auto Populate Columns：自动根据地理坐标信息计算出几个属性列（图 7.3）。注意：仅在数据具有标准地图投影坐标系时可用。
- From Shapefile：从 Shapefile 文件中获取属性。
- From Vector：在 ENVI 中已打开的矢量数据中获取属性，如 ArcGIS Geodatabase 矢量、Shapefiles 或 EVFs。

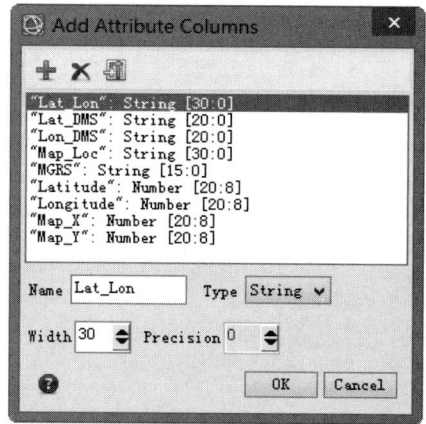

图 7.3　Auto Populate Columns 功能

7.1.3　使用 ENVI 自带矢量数据

ENVI5.1 提供全球小比例尺 Shapefile 矢量数据，包括海岸线、湖泊、河流、小岛、行政界线、居民地、港口、道路、机场、地理格网等。数据来自于 www. naturalearthdata. com。这些数据的存放路径为“…\Program Files\Exelis\ENVI51\data\”；投影坐标系均为 GCS_WGS_1984 坐标系。可用于 ENVI 中制图、与其他数据叠加分析、正射校正、地形分析等应用。

在 ENVI 主界面中，选择 File→Open World Data→“Vectors”，即可打开对应的矢量文件。如图 7.4 所示，分别打开了道路和河流。

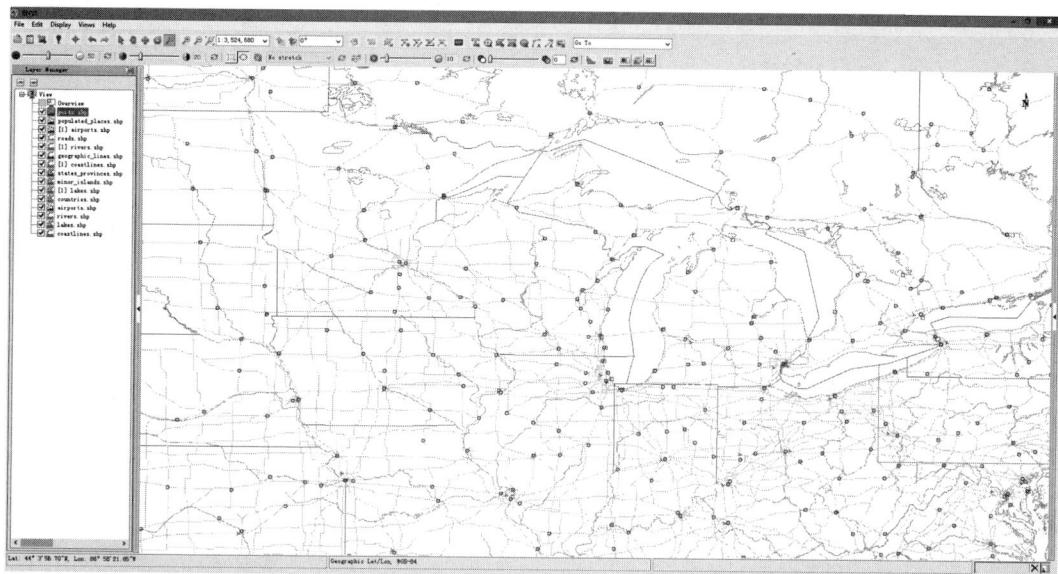

图 7.4 ENVI 自带部分矢量数据

7.2 创建矢量数据

ENVI 提供多种创建矢量数据的方法，包括屏幕数字化、栅格数据转换成矢量、ROI 文件转矢量等。下面以屏幕数字化为例，介绍 ENVI 中创建矢量数据的流程。

（1）在 ENVI 中打开栅格数据 "0826_ms.img"。

（2）在主界面中，选择 File→New→Vector Layer，在打开的 Create New Vector Layer 面板中设置如下参数，单击 OK 按钮。

- 图层名（Layer Name）：New Vector。
- 记录类型（Record Type）：Polygon，可选为 Point、MultiPoint、Polyline、Polygon。
- 源数据（Source Data）："0826_ms.img"。

提示：新建的矢量文件的范围和投影坐标系将与源数据一致。

（3）ENVI 工具栏中的图标 被激活，此时便可以使用鼠标在视窗中进行数字化的工作。单击鼠标左键绘制顶点，绘制结束后右键选择 Accept 菜单闭合多边形。

提示：在绘制过程中，可以右键选择 Clear 菜单取消绘制；可以使用 Backspace 按键删除上一个顶点。

（4）数字化工作结束后，在 Layer Manager 中，右键单击矢量图层，选择菜单 Save As，设置输出路径和文件名，将矢量文件保存在本地。

7.3 编辑矢量数据

本章节主要介绍编辑矢量空间数据的方法，属性编辑可参考第 7.1.2 节中相关内容。

7.3.1　空间数据修改

在绘制矢量出现错误时，需要进行修改与编辑。下面以 Polygon 类型为例，介绍操作方法。

（1）单击 ENVI 工具栏中的图标 （Vector Edit）。使用鼠标选中目标矢量，可以使用右键菜单进行删除、平滑等操作。具体功能如下：

- Delete：删除选中矢量。
- Remove Holes：移除多边形中的空洞。
- Smooth：平滑。
- Rectangulate：矩形化。
- Merge：合并（参考第 7.3.2 节内容）。
- Group：组合（参考第 7.3.2 节内容）。

（2）单击 ENVI 工具栏中的 图标（Vertex Edit），可以编辑矢量顶点。选中目标矢量，移动鼠标到顶点位置，当顶点被粉色矩形框包围时，可以使用鼠标移动顶点，然后选择右键菜单 Accept Changes。其他右键菜单功能如下：

- Insert Vertex：在鼠标位置插入顶点。
- Delete Vertex：删除选中顶点。
- Snap to Nearest Vertex：吸附到最近的顶点。
- Mark Vertex：标记顶点。
- Invert Marks：逆向标记顶点。
- Clear Marks：清除标记。
- Delete Marked Vertices：删除标记的顶点。
- Split at Marked Vertices：在标记顶点处断开。

（3）编辑结束后，使用右键菜单 Save 保存即可。

提示：在编辑中可以使用 ENVI 工具栏中的 和 图标分别进行撤销和重做操作。

7.3.2　矢量拓扑修改

矢量记录可以是点、多点、多线段和多边形。对于多线段和多边形，可以组合（Group）两个或多个记录，从而生成一个 MultiPart 记录。对于点，需要先将图层设置为多点，才能进行组合等操作。ENVI 中支持的拓扑修改类型如下：

1. 组合（Group）

对于多个单独的矢量记录，可以进行组合操作，生成一条 MultiPart 记录。选中两条线段后，单击右键菜单 Group 即可。图 7.5 为两个多线段组合前后的效果。在组合前，可以单独选中每条记录（图 7.5a），而组合后（图 7.5b）为一条 MultiPart 记录。

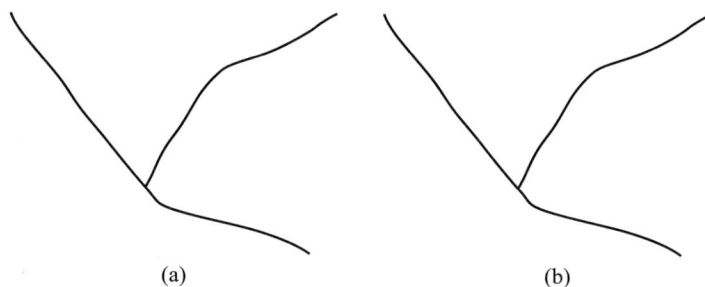

(a)   (b)

图 7.5   组合前（a）和组合后（b）

2. 合并（Merge）

对于多个单独的矢量记录，可以进行合并操作，生成一条新的记录。选中两个多边形后，单击右键菜单 Merge 即可。图 7.6 为两个多边形合并前后的效果。在合并前，可以单独选中每条记录（图 7.6a），而合并后（图 7.6b）为一条记录。

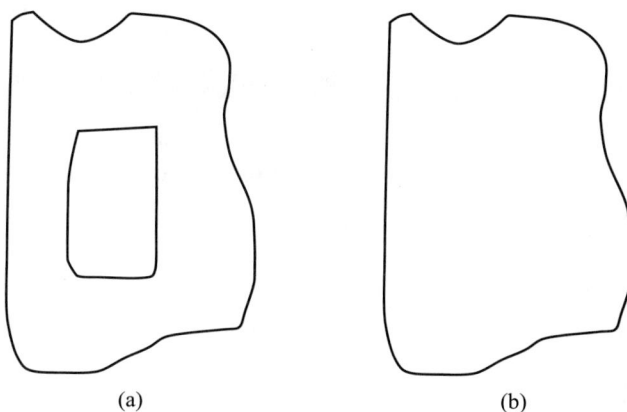

(a)   (b)

图 7.6   合并前（a）和合并后（b）

3. 连接（Join）

对于两条线段，可以进行连接操作，生成一条完整的线段。单击 ENVI 工具栏中的 图标，使用鼠标选中顶点，并拖拽到需要连接的顶点，右键选择菜单 Join 即可。图 7.7 为两条线段连接前后的效果。在连接前，可以单独选中每条记录（图 7.7a），而连接后（图 7.7b）为一条记录。

提示：当只有两条线段时，"连接"和"合并"均可达到图 7.7 的效果。"合并"只能自动连接距离最近的顶点，而"连接"可以使用鼠标指定连接的顶点。

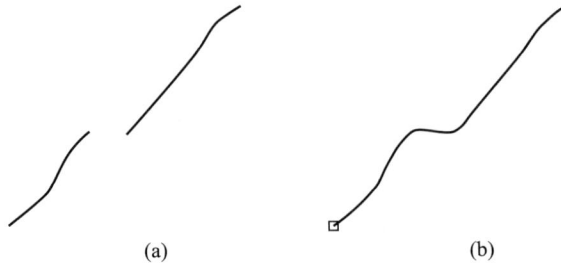

图 7.7　连接前（a）和连接后（b）

7.3.3　修改显示参数

ENVI 提供了很多显示参数设置，如修改矢量显示的颜色、线宽和填充等。在 Layer Manager 中，右键单击矢量层选择菜单 Properties，在打开的 Vector Properties 面板中可以进行如下设置：

（1）选择属性（Select Attribute）：在右侧下拉列表中可以选择根据某一个属性进行颜色设置。如图 7.8 所示，按照面积（AREA）从小到大进行排序，赋予不同的颜色。

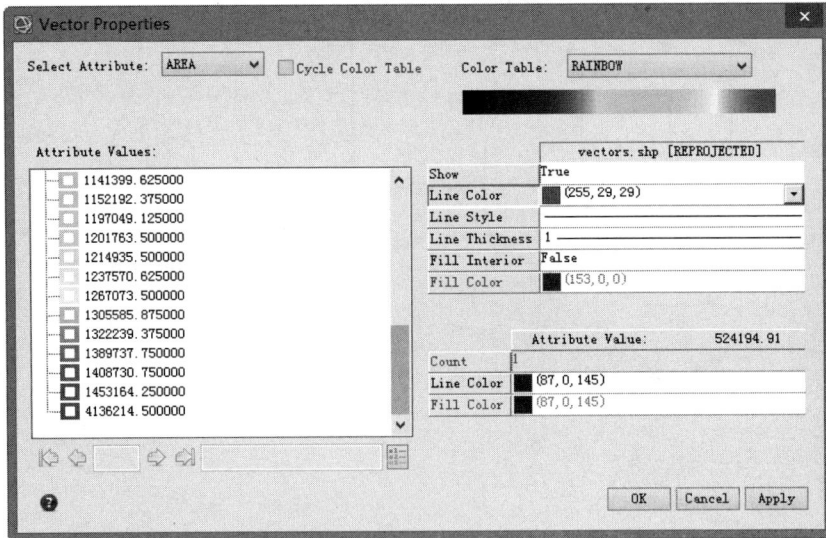

图 7.8　Vector Properties 面板

（2）颜色表（Color Table）：在右侧下拉列表中可以选择 Solid Color 或其他 ENVI 自带颜色表。

（3）属性列表（Attribute Values）：显示当前选择的属性值。

（4）右侧上方表格可以对记录进行全局设置，参数如下。

● Show：是否显示。

● Line Color：当设置 "Color Table" 为 "Solid Color" 时，可以全局设置所有记录的颜色。

- Line Style：线型。
- Line Thickness：线宽。
- Fill Interior：是否填充。
- Fill Color：填充颜色。

（5）右侧下方表格可以对选中记录进行单独设置，参数如下。

- Count：当前属性中所含的记录数。
- Line Color：选中记录的颜色。
- Fill Color：选中记录的填充颜色。

第 8 章　制　图

制图是遥感图像应用的重要内容之一，ENVI 提供了两种制图方法。第一种为 ENVI 快速制图（QuickMap），需要在 ENVI Classic 中完成；第二种为使用 ArcGIS 制图工具，可以直接加载 ArcGIS 制图模版，需要安装了 ArcGIS for Desktop。

本章主要介绍以下内容：

➤ ENVI Classic 地图制图

➤ 使用 ArcGIS 制图组件

8.1　ENVI Classic 地图制图

ENVI Classic 地图制图功能能够方便快捷、交互式地将一幅图像绘制成地图。可以先使用 ENVI 快速制图（QuickMap）功能生成基本制图，然后使用 ENVI 的注记功能或其他图像叠加功能按需要进行交互式地制图。快速制图可以设定地图比例、输出页的大小以及方位，能够选择图像的空间子集进行制图，还可以方便地添加基本地图要素，如地图公里网、比例尺、地图标题、标识、地图投影信息和其他基本地图注记。此外，ENVI 快速制图输出中的自定义注记功能允许插入图例、三北方向图表（Declination Diagrams）、箭头、图像或绘制图和附加的文本等要素。使用 ENVI Classic 注记或公里网叠合功能的交互式地图制图功能，用户可以修改快速制图的默认叠合设置，合理布置所有的地图要素。

8.1.1　快速制图

快速制图必须先显示一幅经过地理坐标定位的图像。下面以一幅具有地理投影信息的 Landsat TM 图像为数据源，介绍地图制图操作过程（参见实验数据光盘\第 8 章 制图）。

第一步　打开显示 Landsat TM 图像

（1）选择开始→ENVI5.1→Tools→ENVI Classic，启动 ENVI Classic。

（2）在 ENVI Classic 主菜单中，选择 File→Open Image File，选择 Landsat TM 图像文件"ysratio. img"并打开。

（3）选择 RGB Color 按钮，分别为 R、G、B 选项设置相应的波段，单击 Load RGB 按钮，将图像显示在 Display 窗口中。

（4）图像在显示窗口中显示出来，按照下列步骤创建快速制图模板，并添加其他地图要素。

第二步　生成快速制图模板

（1）从 Display 主图像窗口菜单中，选择 File→QuickMap→New QuickMap，打开

QuickMap Default Layout 对话框（图 8.1）。

在这个对话框中设置制图页面大小、页面方位以及地图比例。

页面长和宽计算公式如下：

$$Width = 图像实际宽度/比例尺+系数$$
$$Length = 图像实际长度/比例尺+系数$$

增加一个系数表示图框外的区域大小，一般默认为 100 像素。例如，本例中的计算过程为（Landsat TM 空间分辨率为 60 m），则图像实际大小为

东西宽：$416×60=24960$ m

南北长：$567×60=34020$ m

图 8.1　制图页面设置

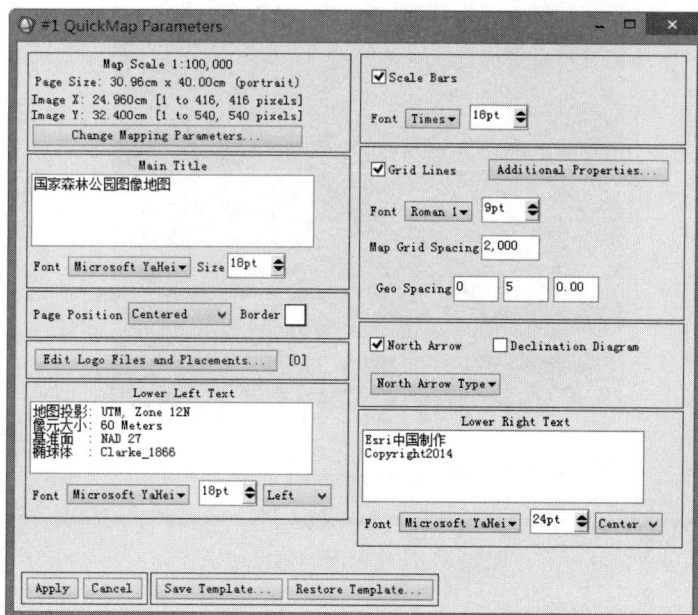

比例尺为 1∶100000，对应的框大小为 24.96 cm 和 34.02 cm，加上图框外 100 像素大小，实际页面大小大概为 30.96 cm×40.02 cm。

在 QuickMap Default Layout 对话框中设置以下参数，单击 OK 按钮。

- 页面宽度（Width）：30.96 cm。
- 页面高度（Heigth）：40.02 cm。
- 选择地图定位方式为（Orientation）：Portrait。
- 地图比例尺（Map Scale）：100,000。

（2）进入图像范围选择对话框（QuickMap Image Selection），选择图像的制图区域，使用鼠标左键单击红色方框的左下角并拖动方框，选中整个图像，单击 OK 按钮。

（3）在打开 QuickMap Parameters 面板（图 8.2）中设置以下参数。

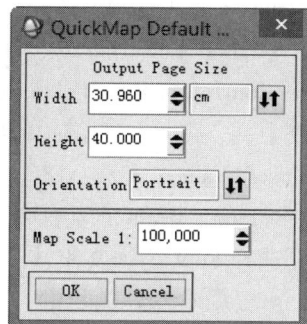

图 8.2　快速制图参数设置

- Main Title（主标题）：输入地图标题"国家森林公园图像地图"。
- Font（主标题字体）：选择 True Type61−80 中的 Microsoft Yahei；字体大小（Size）：24。
- Lower Left Text 文本框：使用鼠标右键单击文本框，在弹出的菜单中选择 Load Projection Info，从 ENVI 头文件中加载图像的投影信息，对投影信息稍作修改，如将英文改成中文，或增加图像拍摄时间信息、制图时间等信息；Font：选择 True Type61−80 中的 Microsoft Yahei；Size：18。
- Lower Right Text 文本框：输入制图单位信息和版权信息。如果用到中文字符，同样需要选择 Font 为中文字体。
- 根据本专题的目的，将 Scale Bars、Grid Lines、North Arrow 和 Declination Diagram 前面的复选框选中。单击 Grid Lines 项中的 Font，设置字体为 Hershey→Roman 1，消除经纬度单位中的"?"乱码。
- Map Grid Spacing：2000（公里网的间隔）。

（4）单击 Apply 按钮，查看制图效果（图 8.3）。

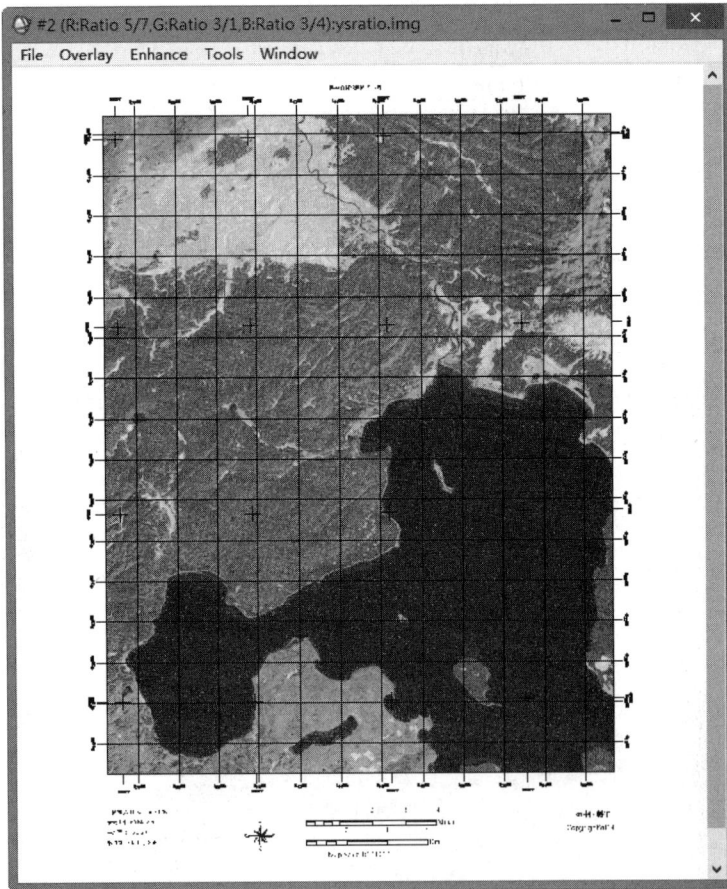

图 8.3　快速制图的输出结果

（5）如果需要，可以修改 QuickMap Parameter 面板中的设置，然后单击 Apply 按钮更新显示结果。

第三步 输出制图结果

（1）在 QuickMap Parameters 面板中单击 Save Template 按钮，选择输出文件路径及文件名，单击 OK 按钮，将快速制图的结果保存为快速制图模板文件，以备下次使用。同时，这个模板可以在处理相同像素大小的图像时进行调用，只需显示所需图像，并选择 File→QuickMap→from Previous Template 打开已经保存的快速制图模板。

（2）在主图像显示窗口中，选择 File→Save Image As→Postscript File，将制图结果输出为打印格式。

（3）选择 Output QuickMap to Printer 或 Standard Printing 复选框。

● Output QuickMap to Printer：根据在快速制图开始时所输入的参数对输出地图进行正确缩放。

● Standard Printing：生成快速制图时不考虑输入的页面尺寸和地图比例，需要手动输入参数。如果在快速制图设置时选择了较大的页面尺寸，最好使用 Standard Printing。

（4）选择 Output QuickMap to Printer 方式输出。

（5）得到的后缀名为".ps"的文件，在类似 Photoshop 的软件中可以将它栅格化并重新生成符合打印精度的图像格式。

8.1.2 自定义制图元素

上述快速制图功能生成了一幅基本的制图结果。ENVI 提供了多种定制地图制图的选项，可自定义丰富的制图元素，包括添加虚边框（virtual borders）、文本注记、公里网、等值线、插入绘图、叠加矢量以及叠加分类结果等。这些制图元素可以在快速制图结果的基础上添加，也可以在空白图像上添加。

下面以上一节快速制图结果为例，介绍如何添加这些制图元素。

1. 添加虚拟边框

默认的显示中只包含了图像，周围没有空白的空间。地图制图一般需要将某些地图要素放置在图像之外。ENVI Classic 提供了一个"虚拟边框"的功能来将注记放置在图像的周围而不用创建新的图像。下面介绍操作步骤。

（1）从快速制图的主显示窗口菜单栏中选择 File→Preferences。

（2）打开 Display Parameters 对话框（图8.4），在对话框的顶部（Display Border），分别输入100，400，150 和100，分别表示上、下、左、右边框的

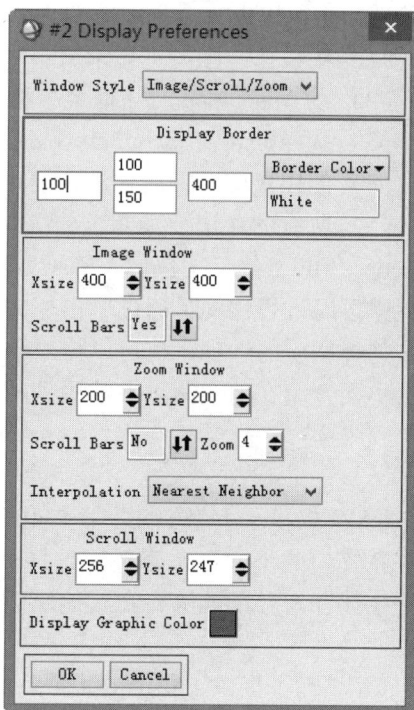

图 8.4 Display Preferences 对话框

大小（像素），并为边框选择一个所需的颜色，单击 OK 按钮。

（3）新边框的属性就会立即应用到地图图像中。

2. 添加/修改公里网

ENVI Classic 支持同时显示像素公里网、地图坐标公里网以及地理坐标（纬度/经度）网。当公里网被应用到地图图像中时，一个默认 100 像素宽的虚拟边框会被自动地添加到地图图像中。下面介绍添加或修改地图图像公里网的步骤：

（1）在快速制图的主显示窗口中，选择 Overlay → Grid Lines，打开 Grid Line Parameters 对话框，默认显示快速制图中设置的参数。

（2）Grid Spacing 文本框和 Spacing 文本框分别为格网间隔距离。

（3）选择 Options→Edit Map Grid Attributes 或者 Edit Geographic Grid Attributes 来修改所选公里网的显示属性。

（4）在 Grid Line Parameters 对话框中，单击 Apply 按钮，将新的公里网属性应用到地图图像显示中。

（5）在 Grid Line Parameters 对话框中，选择 File→Save Setup，将设置的参数保存为一个文件。

3. 添加/修改注记

注记是用来在地图制图中插入地图要素的一种常规手段。使用 ENVI Classic 的基本注记处理功能可以设置多种地图要素并放置在需要的位置。

（1）在快速制图的主显示窗口中，选择 Overlay→Annotation，打开 Annotation 对话框。

（2）在 Annotation 对话框菜单栏的 Object 下拉菜单中选择所需的注记要素。

（3）选择 Image、Scroll 或者 Zoom 单选按钮指定注记放置的窗口。

（4）使用鼠标左键放置注记要素，单击鼠标右键进行确定，再次单击右键确认注记。

（5）所有的注记要素都能被选择，然后进行修改。首先要在菜单中选择 Object→Selection/Edit，然后用鼠标左键拖画出一个矩形框包含要选择的对象。接着被选择的对象要素就可以进行移动，通过单击相应的小圆柄并拖放到一个新的位置。通过在 Selected 菜单中选择相应的选项，也可以将对象要素删除或复制。

下面介绍在地图制图中常用到的注记要素。

1）文字和符号注记

ENVI 提供了大量的文字字体和多种不同的标准符号集。除此之外，ENVI 还能使用安装在系统中的 TrueType 字体。这样就提供了对大量不同字体和符号访问的能力。所有的这些字体和符号都能够交互式地缩放大小和进行旋转，并能设置不同的颜色和字体的线条宽度。

ENVI 除了提供了特定的 TrueType 字体外，也提供了一些有用的符号（包括专用的指北针等）。在进行文字或符号注记时，可以从 Annotation 对话框 Font 按钮的下拉菜单中选择 ENVI Symbols。

在 Annotation 对话框中，选择 Object→Text 或者 Symbol。

对于文字注记，可以在对话框中部偏左的 Font 按钮菜单中选择字体，并在对话框中部相应按钮和文本框中选择字体大小、颜色以及方位参数。

对于符号注记，当选定对象要素后，就可以从 Annotation 对话框的符号表中选择所需的符号。

2）形状注记

可以绘制长方形、正方形、椭圆以及各种样式的多边形注记作为地图要素。这些形状注记可以仅仅是轮廓线，也可以是颜色或某种花纹填充而成的图形。同时，还可以交互式地放置形状注记，并进行简单的旋转或缩放。

在 Annotation 对话框中，选择 Object→Rectangle、Object→Ellipse 或者 Object→Polygon。

3）线段和箭头注记

ENVI 的注记功能允许在地图图像中放置折线（线段）和箭头。用户可以完全控制线段的颜色、线宽以及线形，修改箭头的形状和填充特性。

（1）在 Annotation 对话框中，选择 Object → Polyline 或者 Object → Arrow。

（2）单击鼠标左键定义箭头或者线段注记。

（3）使用鼠标右键确定当前的箭头或线段。

4）地图比例尺注记

ENVI 能够根据地图制图中图像的像元大小自动地生成地图比例尺。比例尺的单位选项可以为英尺、英里、米以及公里。比例尺可以单一放置，或是以组的方式放置。可以设定比例尺中分隔的数目以及最小分隔大小，修改比例尺中文字的字体和大小。

（1）在 Annotation 对话框中，选择 Object→Scale Bar。

（2）输入所需的属性参数（图 8.5），然后用鼠标左键放置地图比例尺。

（3）用鼠标右键确定注记的位置。

5）方向图表（Declination Diagrams）

ENVI 能够根据用户提供的属性特征自动地生成方向图表。图表的大小以及真北、格北（方格北）、磁北的方位角都要以十进制的数据形式输入。使用 ENVI 注记程序放置三北方向图表。

图 8.5　添加地图比例尺注记

（1）在 Annotation 对话框中，选择 Object→Declination。

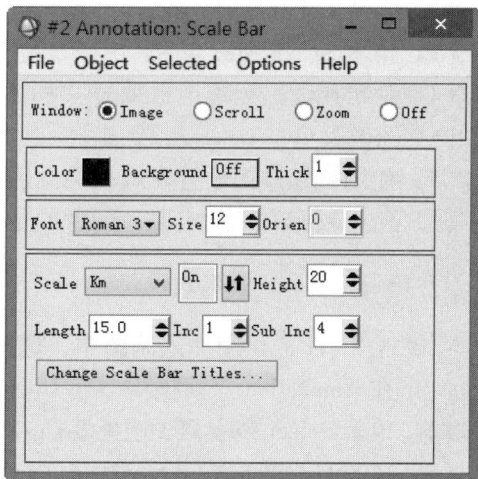

（2）使用鼠标左键放置方向注记。

（3）使用鼠标右键确定注记的位置。

6）图例注记

使用 ENVI 的图例编辑功能可以创建图例。图例周围的矩形方框以及方框上方图例的描述文字都是作为一个独立的注记放置的。

（1）在 Annotation 对话框中，选择 Object→Map Key。

（2）选择 Edit Map Key Items 按钮来添加、删除或者修改单个的图例项。对于分类图像和矢量层会自动生成图例。

（3）使用鼠标左键放置图例，使用鼠标右键确定图例的位置。

7）颜色色带（Color Ramp）注记

可以分别为灰阶和伪彩色图像创建灰度色带（Grayscale Ramp）或者彩色色带（Color Ramp）。该选项只适用于灰度或者伪彩色图像，对 RGB 彩色合成图像不可用。

（1）在 Annotation 对话框中，选择 Object→Color Ramp。

（2）输入色带范围的最小值和最大值以及所需的分阶间隔（Inc），设置垂直或水平的放置方位（Ramp）。

（3）使用鼠标左键放置颜色色标。

（4）使用鼠标右键确定颜色色标注记。

8）嵌入图像注记

（1）打开要被插入的图像。

（2）在 Annotation 对话框中，选择 Object→Image。

（3）单击 Select New Image 选择要被插入的图像。

（4）从可用波段列表中选取要被插入的图像。如果需要，可以在处理中选取空间子集、调整图像大小。

（5）使用鼠标左键放置要嵌入的图像。

（6）使用鼠标右键确定嵌入图像的位置。

9）绘图（Plot）嵌入式注记

可以将 ENVI 的绘图插入制图中，这些绘图包括剖面图、波谱曲线图等。

（1）在 Annotation 对话框中，选 Object→Plot。

（2）单击 Select New Plot 选择要插入的绘制图（绘制图必须已经被显示出来）。

（3）从 Select Plot Window 对话框中选择绘制图（Plot），输入所需的尺寸来设置绘制图的大小，单击 OK 按钮。

（4）使用鼠标左键放置绘制图。

（5）使用鼠标右键确定绘制图的位置。

4. 叠加分类图像

在地图制图过程中，ENVI 的分类图像能够作为覆盖图叠加。首先要打开分类结果，分类图像列在可用波段列表中，就可以被用来进行叠加操作。

（1）在快速制图的主显示窗口中，选择 Overlay→Classification，在打开的 Interactive Class Tool Input File 对话框中，选择分类图像，单击 OK 按钮，打开 Interactive Class Tool 对话框。

（2）在对话框中相应的 On 复选框中单击，打开并显示地图制图中要叠加的特定类。可以选择多个类进行叠加。

（3）在 Interactive Class Tool 对话框中，选择 Options → Edit class colors/names，修改类的颜色和名字。

5. 叠加等值线

ENVI 提供了勾画图像 "Z" 值的等值线的功能，并能将等值线作为矢量叠加到制图图像中。

（1）在快速制图的主显示窗口中，选择 Overlay→Contour Lines。

（2）在 Contour Band Choice 对话框中选择要生成等值线图的图像，单击 OK 按钮。

（3）在 Contour Plot 对话框中，单击 Apply 按钮使用默认的等值线设置。

（4）使用 Contour Plot 对话框可以添加新的等值线，修改等值线的数值，颜色以及线形等参数。

6. 叠加感兴趣区 （ROI）

使用各种方法生成的感兴趣区都能够合并叠加到 ENVI 的地图制图中。感兴趣区可以通过手动绘制，特定图像波段的阈值范围选取，利用二维 （2-D）或 n 维 （n-D）的散点图，或者矢量到栅格的转换来生成。要在地图制图中显示感兴趣区：在快速制图的主显示窗口中，选择 Overlay→Region of Interest，打开 ROI Tool 对话框，详细操作可参考前面章节内容。

7. 叠加矢量层

ENVI 能导入 ArcShape、ArcInfo 交换文件、DXF、MapInfo、Microstation DGN、USGS DLG 和 USGS SDTS 的矢量格式。

8.1.3 保存制图结果

地图制图的结果可以从主图像显示窗口进行保存。它既可以作为 ENVI 的显示组进行保存，以便后续的修改，也可以保存为永久的地图制图图像。

1. 保存显示组

这是一种灵活的保存方式，很容易在后续工作中进行修改。

（1）在快速制图的主显示窗口中，选择 File→Save as Display Group。

（2）选择输出路径及文件名，单击 OK 按钮。

（3）在 ENVI 主菜单中选择 File→Restore Display Group，选择显示组文件，再单击 Open 即可打开。

2. 保存为印刷格式

（1）在快速制图的主显示窗口中，选择 File→Save Image As→Postscript File，在弹出的对话框中有如下两个选项。

● 选择 Standard Printing 来输出一个 Postscript 文件，并指定页面大小和缩放参数。这个选项将提供附加的控制功能，但是可能会生成与原始的所选地图制图比例不相符的地图。

● 选择 Output QuickMap to Postscript 来输出到一个 Postscript 文件，且以所需的快速制图的页面大小和比例来输出。如果添加的注记造成地图图像太大，以至于不能输出到一个特定的页面大小时，ENVI 会提示是否输出到多个页面中。在这种情况下，单击 Yes 按钮，ENVI 将自动地创建多个 Postscript 文件。

（2）选择 Standard Printing 方式，打开 Output Display to PostScript File 对话框（图 8.6），系统自动产生一些参数，包括制图范围、比例尺（Map Scale）、叠加的地图要素（Change Graphic Overlay Selections）和缩放比例（Resize Factor）。

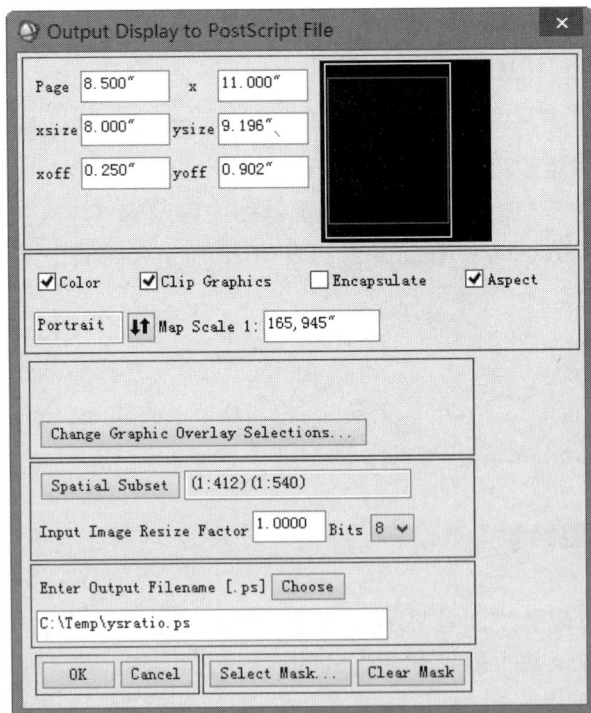

图 8.6　Standard Printing 输出对话框

（3）保存的印刷格式（.ps）可以在 Photoshop 等软件中打开。

3. 保存为图像文件

可以将地图制图的结果保存为一个图像文件。输出的格式可以是 ENVI（二进制）图像，如 BMP、HDF、JPEG、PICT、PNG、SRF、TIFF/GeoTIFF 以及 XWD，也可以输出为其他图像处理软件格式，如 ERDAS（.lan）、ERMAPPER、PCI 和 ArcView 的栅格图。

（1）在快速制图的主显示窗口中，选择 File→Save Image As→Image File。

（2）设定颜色分辨率（resolution）、输出文件类型以及其他参数。

（3）选择输出文件路径及文件名，单击 OK 按钮。

4. 直接打印结果

可以选择直接打印 ENVI 的地图制图，在这种情况下，地图制图将借助系统驱动程序，直接使用打印机进行打印。

（1）在快速制图的主显示窗口中，选择 File→Print，然后选择 Standard Printing 或者 Output QuickMap to Printer 选项。

（2）选择打印机，单击 OK 按钮。

8.2 使用 ArcGIS 制图组件

在 ENVI 中可以直接使用 ArcGIS for Desktop 的制图工具和制图模板来查看、修改、打印和输出制图结果，前提是需要安装 ArcGIS for Desktop。如果安装的 ArcGIS 为 10.0 版本，则需要安装 Esri® Hot Fix QFE-DT-10-164907。

在启动制图工具时，ENVI 默认加载的是 ArcGIS 的默认模板——ArcMap™ Normal template（Normal.mxt）。可以使用 ENVI 主菜单 File→Preferences 中的 Printing→Default Map Template 修改默认模板。

在使用 ArcGIS 制图工具时，目前支持具有以下 3 种坐标的数据：地理坐标系、投影坐标系、含有 RPC 信息。

下面介绍 ArcGIS 制图工具的打开方法和功能。

（1）选择开始→ENVI 5.1→32-bit→ENVI（32-bit），启动 32-bit ENVI。

提示：该功能只支持 Windows 系统。如果为 64-bit Windows，需要启动 32-bit ENVI。

（2）打开数据文件（ysratio.img）。

（3）在工具栏中，设置显示 Use Map Scale →1∶100000。

（4）在 ENVI 主菜单中选择 File→Print，启动 ENVI Print Layout 面板。面板中的按钮功能描述见表 8.1 所示。

表 8.1　ENVI Print Layout 面板中的按钮功能描述

按　　钮	按 钮 名 称	功 能 描 述
Map Template...	Map Template	选择并应用 ArcMap 的制图模板，在按钮右侧显示了当前所用的模板名称
▲	Select Elements	对文本、图形和其他对象进行如下操作：选择、修改大小和移动等。对于有提示 "Double-click to enter…" 的文本框，可以双击输入文字、修改字体、对齐方式和角度等
⊕	Zoom In	对整个制图视图进行放大操作，可以单击鼠标和拉框放大。同时，可以使用鼠标滚轮实现缩放。单击 Select Elements 按钮可以退出此功能
⊖	Zoom Out	对整个制图视图进行缩小操作，可以单击和拉框放大。同时，可以使用鼠标滚轮实现缩放。单击 Select Elements 按钮可以退出此功能
▦	Fixed Zoom In	以制图视图中心为基准进行放大操作
▦	Fixed Zoom Out	以制图视图中心为基准进行缩小操作
▣	Zoom Whole Page	将整个制图视图显示在窗口中
1:1	Zoom to 100%	以 1∶1 的比例显示整个制图视图
✋	Pan	使用鼠标拖拽平移制图视图
↻	Refresh View	刷新制图视图
⊕	Zoom In（Elements）	对图像框架进行放大操作，可以单击鼠标和拉框放大。单击 Select Elements 按钮可以退出此功能
⊖	Zoom Out（Elements）	对图像框架进行缩小操作，可以单击鼠标和拉框缩小。单击 Select Elements 按钮可以退出此功能
●	Full Extent（Elements）	将整个图像框架显示在制图视图中
✋	Pan（Elements）	使用鼠标拖拽平移图像框架
🗐	Data Frame Properties	弹出 Data Frame Properties 对话框，可以修改图像框架的属性，如范围、缩放系数和边界等
?	Display Help	打开制图的帮助文档
Print...	Print	使用打印机或绘图机打印制图结果。可以设置一些自定义选项
Export...	Export	保存制图结果为图像或其他图形文件格式。每个输出格式都对应了自定义选项。在 Export Map 对话框中，可以单击 Options 左侧箭头按钮来展开或隐藏选项面板
Close	Close	关闭制图面板

（5）单击 Map Template 按钮，选择 "LandscapeModern. mxt" 模板文件。

（6）单击🗐按钮打开图像框架属性，设置范围→固定比例尺→1∶10000。

（7）单击▲按钮调整边框大小，以及文字、图例等地图要素位置。

（8）双击标题文本框，在 Text Properties 中，输入 "国家森林公园 TM 影像"。

（9）双击右下角文本框，在 Text Properties 中，输入 "2014 年×××制作"。

（10）双击左下角图例，修改相应的设置。

（11）单击 Export 按钮，输出高分辨率的 TIF 格式。

提示：选择输出 EPS 格式，可以满足高分辨率彩色打印要求。

第9章 正射校正

正射校正是对图像空间和几何畸变进行校正生成多中心投影平面正射图像的处理过程，它除了能纠正一般系统因素产生的几何畸变外，还可以消除地形引起的几何畸变。它采用少量的地面控制点与相机或卫星模型相结合，确立相机（传感器）、图像和地面3个平台的简单关系，建立正确的校正公式，产生精确的正射图像。

本章主要介绍以下内容：
➤ ENVI 正射校正概述
➤ 卫星图像正射校正
➤ 自定义 RPC 正射校正

9.1 ENVI 正射校正概述

目前，ENVI 支持的正射校正包括两种模型：严格轨道模型（Pushbroom Sensor）和有理多项式系数（Rational Polynomial Coefficient，RPC），如表 9.1 所示。包括 ALOS/PRISM、ASTER、IKONOS、OrbView-3、QuickBird、SPOT 1~6、CARTOSAT-1（P5）、FORMOSAT-2、Worldview、GeoEye-1、KOMPSAT-2、RapidEye、Pleiades、资源一号 02C（ZY-1-02c）、资源三号（ZY-3）和高分一号（GF-1）等正射校正模型。

表 9.1 ENVI 支持的传感器模型

传 感 器	模 型	文 件
ALOS/PRISM	RPC	RPC 文件
ASTER	RPC	RPC 文件
CARTOSAT-1（P5）	RPC	RPC 文件
FORMOSAT-2	Pushbroom Sensor	星历参数文件（METADATA. DIM）
IKONOS	RPC	RPC 文件（_rpc. txt）
OrbView-3	RPC	RPC 文件（_metadata. pvl）
QuickBird	RPC	RPC 文件（. rpb）
WorldView-1，2	RPC	RPC 文件（. rpb）
GeoEye-1	RPC	RPC 文件（_rpc. txt）
KOMPSAT-2	RPC	RPC 文件（. rpc）
SPOT 5 Level 1A，1B	Pushbroom Sensor	星历参数文件（METADATA. DIM）

续表

传　感　器	模　　型	文　　件
SPOT 6	Pushbroom Sensor	星历参数文件（METADATA. DIM）
Pleiades–1/2	Pushbroom Sensor	星历参数文件（METADATA. DIM）
资源一号 02C（ZY–1–02c）	RPC	RPC 文件（. rpb）
资源三号（ZY–3）	RPC	RPC 文件（_rpc. txt）
高分一号（GF–1）	RPC	RPC 文件（. rpb）

ENVI 具有根据标准元数据建立 RPC 文件来校正正射数据的功能，也可以根据地面控制点（GCP）或者外方位元素（X_S，Y_S，Z_S，Omega，Phi，Kappa）建立 RPC 文件，来校正一般的推扫式卫星传感器、框幅式航空像片和数码航空像片。当获得的卫星数据提供轨道参数，如 ALOS PRISM 和 AVINIR、ASTER、CARTOSAT – 1、IKONOS、IRS – C、MOMS、QuickBird 和 WorldView–1 等，也可以利用这个功能来生成 RPC 文件进行正射校正。

ENVI 提供无控制点（Orthorectify 传感器类型）、有控制点（Orthorectify 传感器类型 With Ground Control）和正射校正流程化工具三种正射校正方式。

9.2　卫星图像正射校正

卫星图像的正射校正过程与 Image to Map 方式的几何校正过程基本一致，主要包括打开数据文件、选择传感器校正模型、选择控制点、计算控制点误差、设置输出参数 5 个步骤，其中地面控制点为（X,Y,Z），需要高程值。

下面以带有 RPC 文件的多光谱 QuickBird 图像、DEM 数据和地面控制点（GCPs）为例，介绍 ENVI 中的正射校正操作过程，文件是以 TIFF/GeoTIFF 格式提供（参见实验数据光盘\第 9 章 正射校正\QuickBird）。

9.2.1　无控制点的正射校正

这种正射校正方式主要依靠 RPC 文件和 DEM 数据定位和几何纠正图像，校正精度取决于所提供的 RPC 文件的定位精度和 DEM 分辨率。以下操作在 ENVI Classic 中完成。

（1）在主菜单中，选择 File→Open External File→QuickBird→GeoTIFF，打开待校正数据 "05JUL11182931–M1BS–005606990010_01_P008. TIF"。如果 QuickBird 是以 "Tiled" 方式提供的，可选择 Mosaic Tiled QuickBird Product 方式打开。

（2）在主菜单中，选择 File→Open Image File，打开正射校正需要的 DEM 数据文件 "phoenix_DEM_subset. tif"。

（3）在主菜单中，选择 Map→Orthorectification→ QuickBird → Orthorectify QuickBird，在文件对话框中选择打开的 QuickBird 数据，单击 OK 按钮，打开 Orthorectification Parameters 面板（图 9.1）。

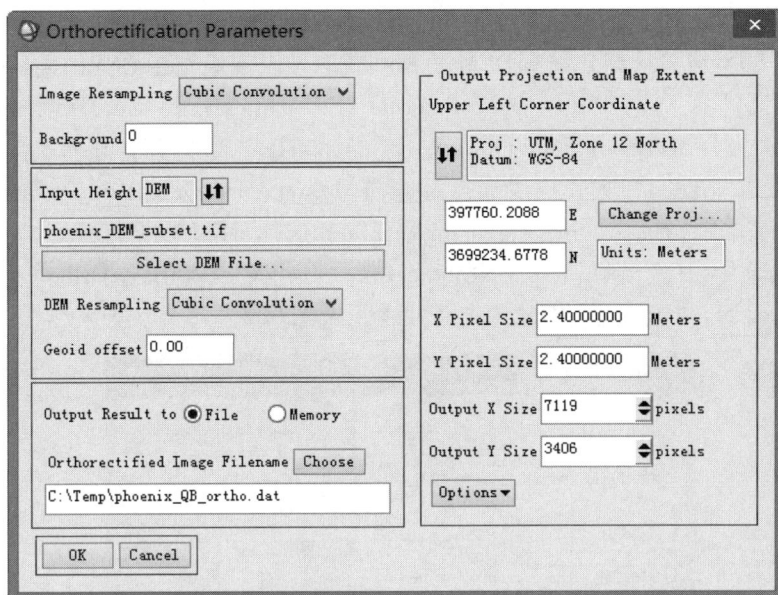

图 9.1 Orthorectification Parameters 面板

（4）在 Orthorectification Parameters 面板中，需要设置以下参数：

● 输出图像重采样方法（Image Resampling）：Cubic Convolution。

● 背景值（Background）：0。

● 输入高程信息（Input Height）：有 DEM 数据（DEM）和平均海拔（Fixed）两种方式。选择 DEM 方式，单击 Select DEM File 按钮，选择打开的 DEM 文件。

● DEM 重采样方法（DEM Resampling）：Cubic Convolution。ENVI 自动对 DEM 进行重采样，生成与校正图像投影和分辨率一致的数据。

● 高程修正系数（Geoid offset）：为大地水准面超过图像拍摄地平均海平面的高度。大多数的高程图像都提供了每个像素相应的超过平均海平面的高程信息。正射校正仍然需要每个像素相应的超过椭球体的高程信息。要将 DEM 中平均海平面高程值转换成椭球体的高程值，必须把大地水准面高程加到 DEM 中。修正系数可根据图像中心点的经纬度在如下网站查询：http://www.ngs.noaa.gov/cgi-bin/GEOID_STUFF/geoid99_prompt1.prl。

● 设置输出结果投影参数（Change Projection）：默认为 UTM 投影坐标。单击 Change Proj 按钮可更改输出投影方式。

● 输出像元大小（X Pixel Size 和 Y Pixel Size）：默认会计算一个大概值，一般有一定的误差，分别手动输入 2.4 m，回车确认输入（回车之后 *XY* 的范围会自动调整）。

（5）选择校正结果输出路径及文件名，单击 OK 按钮，执行正射校正过程。

9.2.2 有控制点的正射校正

利用地面控制点参与正射校正可以提高校正精度，控制点的（*x*，*y*）坐标选择与 Image

to Map 几何校正的控制点选择方式一致，包括从矢量、图像、二进制文件和手动输入方式，z 值可以是野外测量或者从高分辨率 DEM 数据中获取。以下操作在 ENVI Classic 中完成。

（1）在主菜单中，选择 File→Open External File→QuickBird→GeoTIFF，选择待校正数据"05JUL11182931-M1BS-005606990010_01_P008. TIF"并打开，显示在三视窗中。如果 QuickBird 是以"Tiled"方式提供的，可选择 Mosaic Tiled QuickBird Product 方式打开。

（2）在主菜单中，选择 File→Open Image File，选择 DEM 数据打开。

（3）在主菜单中，选择 Map→Orthorectification→QuickBird→Orthorectify QuickBird With Ground Control，打开地面控制点选择对话框（图9.2）。

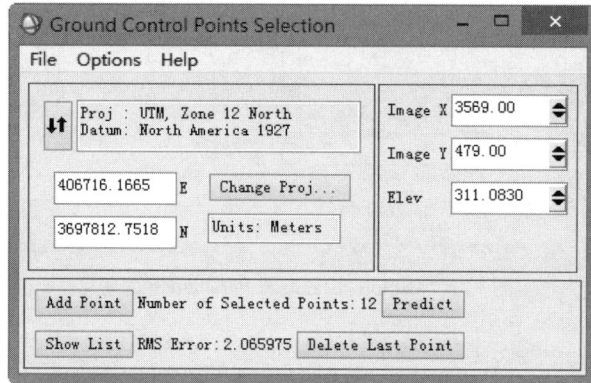

图9.2　地面控制点选择对话框

提示：如果已经打开多个视窗，需要选择输入文件的视窗。

（4）地面控制点的（x，y）选择步骤可参考本书第4.2.5节"Image to Map 几何校正"的相关内容。控制点的高程值（Elev）可以从 DEM 上获取，利用控制点的（x，y）值通过 DEM 显示窗口中的 Pixel Locator 工具定位，在 Cursor Location/Value 窗口中获取这个点的高程值。

（5）在 Ground Control Points Selection 对话框中，选择 File→Restore GCPs from ASCII，打开选择好的控制点文件（. pts）。

（6）系统根据 GCP（3 个以上）自动计算 RMS Error 值，一般情况下，一景 Quick-Bird 影像的控制点数目以 8～12 个为宜。RMS Error 值需要根据具体生成要求确定是否合格，以像素为单位，如本例约为 2.1 个像素，误差在 5 m 左右。

（7）在 Ground Control Points Selection 对话框中，选择 Options→Orthorectify File，在文件选择对话框中选择待校正的 QuickBird 文件，单击 OK 按钮，打开 Orthorectification Parameters 面板。

（8）Orthorectification Parameters 面板中的参数设置参考第9.2.1节"无控制点的正射校正"。

（9）执行正射校正过程。

将有控制点校正和无控制点校正的结果分别在 Display 中显示，利用 Geograhic Link 功能可对比查看两个结果。

9.2.3 正射校正流程化工具

ENVI5.1 版本提供了一个全新的正射校正流程化工具，可以方便地逐步完成正射校正操作。

1. 操作流程

以下操作在 ENVI5.1 中完成。

（1）在主界面中，选择 File → Open As → QuickBird，选择打开待校正数据"05JUL11182931−M1BS−005606990010_01_P008. TIL"。

（2）在主界面中，选择 File→Open，打开正射校正需要的 DEM 数据文件"phoenix_DEM_subset. tif"。

（3）在 Toolbox 工具箱中，双击 Geometric Correction/Orthorectification/RPC Orthorectification Workflow 工具，打开正射校正流程化工具（图9.3）。

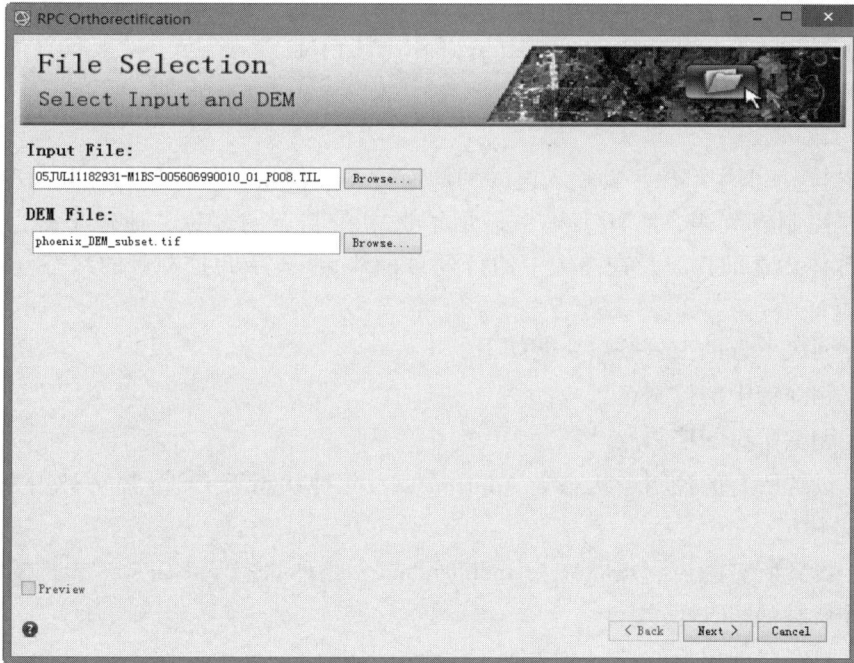

图9.3 正射校正流程化工具

（4）在 File Selection 步骤中，选择输入文件（Input File）和 DEM 文件（DEM File），单击 Next 按钮。

提示：自 ENVI5.1 版本起，ENVI 会默认使用自带的全球 900 m 空间分辨率 DEM 数据（GMTED2010. jp2），如果有更高精度的 DEM，可以替换此数据，从而提高正射校正的精度。

（5）在 RPC Refinement 步骤中，设置 4 个选项卡参数。

（6）单击 GCPs 选项卡，可以分别输入控制点（GCPs）。本例不使用地面控制点。

（7）单击 Advanced 选项卡，设置以下参数：

● 大地水准面校正（Geoid Correction）：选择默认参数。

● 输出像元大小（Output Pixel Size）：2.4 m。

● 图像重采样方法（Image Resampling）：Cubic Convolution。

● 采样间隔（Grid Spacing）：10。

（8）单击 Statistics 选项卡，选择默认参数。

（9）单击 Export 选项卡，设置以下参数：

● 输出文件格式（Output File）：ENVI。

● 输出文件名（Output Filename）：设置输出文件路径和文件名。

● 是否输出报告文件（Export Orthorectification Report）：选择默认参数。

（10）单击 Preview 选项，预览正射校正结果。

（11）单击 Finish 按钮，执行正射校正。

2. 工具详解

RPC Refinement 步骤中 3 个选项卡的详细说明如下：

1）GCPs 选项卡

在 GCPs 选项卡中可以手动输入已知的地面控制点信息，包括经纬度和高程等。左侧为已添加的控制点列表，右侧表格中显示了选中控制点的名称、地理坐标、高度（以 WGS84 椭球体为基准）以及在图像中的行列号；Status 表示此控制点的状态（Adjustment 或 Independent）。

控制点列表下方的工具按钮功能如下。

● ✖：删除选中的控制点。

● ✖✖：删除所有的控制点。

● ⚒：设置所有的控制点状态为 Adjustment。此种状态下 GCPs 都将被用来统计误差和调整 RPC 模型。

● ⚒：设置所有的控制点状态为 Independent。此种状态下 GCPs 不参与调整 RPC 模型，只统计单独的 GCP 误差。

● ▣：打开之前保存的控制点文件（. pts 或 . shp）。

● ▤：保存当前控制点到本地文件。

● ▣：Show error vector 选项，查看每个单独的 GCP 的相对误差（图 9.4a）。青色的线表示误差大小和方向；红色圆圈表示 CE95 水平误差值。

● ▣：Show error overlay 选项，当 GCPs 个数大于等于 3 个时单击此按钮，可以在所有的 GCPs 范围内叠加显示相对误差（图 9.4b）。

提示：当某个控制点误差大于 RMSE 的 3 倍时，控制点图标会变为 ⚑ 或 ⚑，从而提醒用户对控制点进行修正。

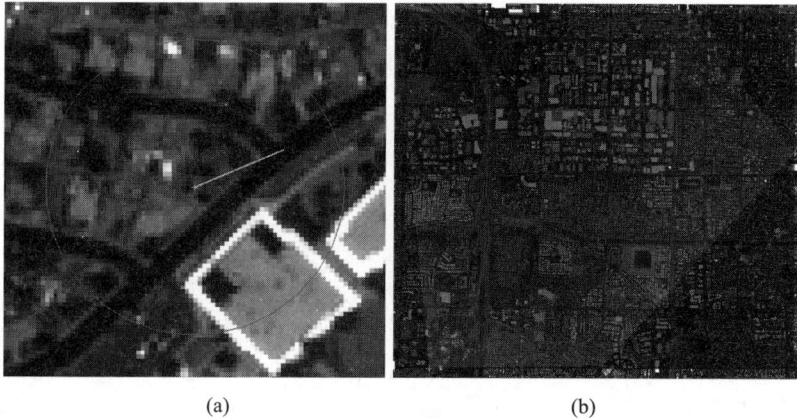

图 9.4 单个 GCP 误差（a）和叠加显示所有 GCP 误差（b）

2）Advanced 选项卡

● Geoid Correction：建议启用此设置项，可以在很大程度上提高 RPC 模型的水平和垂直精度。PRC 正射校正流程化工具使用 Earth Gravitational Model（EGM）1996 来进行大地水准面校正，可以自动确定偏移量。

● Output Pixel Size：设置输出图像的像元大小。默认值与输入图像一致。

● Image Resampling：设置重采样方法——最近邻域法（Nearest Neighbor）、双线性内插（Bilinear）、三次卷积（Cubic Convolution）。

● Grid Spacing：默认值为 10。表示采样间隔，每隔 10 个像元进行一个像元基于 RPC 的转换。设置的值越大，正射校正耗时越短，但是精度也越低。

当有高分辨率 DEM 并且处理区域具有明显的地形起伏时，可以设置此值为 1，将进行精确严格的正射校正，获取高精度的正射校正结果。

3）Statistics 选项卡

此选项卡只有在输入 GCPs 后才能使用，主要功能为统计 GCPs 的水平、垂直和总的 RMS 误差。

● GCP Statistics：在此区域有 3 个选项，分别表示使用全部、Adjustment、Independent 控制点进行误差统计。

● Horizontal Accuracy：水平方向误差，即 X 和 Y。RMSE X：表示 GCP 与图像像元位置在东向上的均方根误差（单位为 m）。RMSE Y：表示 GCP 与图像像元位置在北向上的均方根误差（单位为 m）。RMSE R：水平方向的均方根误差，与 Horizontal Accuracy 值相同。CE95：在 95% 置信区间的循环标准误差。

提示：为了获取精确的 CE95 误差，需要至少 20 个控制点。

● Vertical Accuracy：垂直误差，即 Z。RMSE Z：所有控制点的垂直均方根误差。单个 GCP 的垂直误差可查看 GCPs 选项卡右侧表格中的 Error Z。LE95：表示 GCP 测量的高程与 DEM 高程（经过 geoid offset 修正）的差值（单位为 m）。同样被称为在 95% 置信区间的线性误差。

9.3　自定义 RPC 正射校正

航空图像（框幅式和数码像片）和丢失 RPC 参数卫星图像数据，可以根据相机参数、传感器参数、外方位元素和地面控制点构建严格的物理校正模型，从而实现正射校正。

这些数据包括：

- 扫描的框幅式航空像片。
- 框幅中心投影（Frame Central Projection）的航空数码像片，如 Vexcel UltraCamD 等。
- 线中心投影（Line Central Projection）的航空数码像片，如 ADS40、STARLABO TLS 等。
- 推扫式卫星传感器（Pushbroom Sensor），包括 ALOS PRISM/AVINIR、ASTER、CARTOSAT-1，FORMOSAT-2，GeoEye-1，IKONOS，IRS-C，KOMPSAT-2，MOMS，QuickBird、WorldView-1、SPOT 以及已知传感器参数的其他卫星。

自定义 RPC 正射校正一般步骤如下：

（1）进行内定向（Interior Orientation；只针对航空像片而言）：内定向将建立相机参数和航空像片之间的关系。它将使用航空像片间的条状控制点、相机框标点和相机的焦距来进行内定向。

（2）进行外定向（Exterior Orientation）：外定向将把航空像片或者卫星像片上的地物点同实际已知的地面位置（地理坐标）和高程联系起来。通过选取地面控制点、输入相应的地理坐标来进行外定向。

（3）使用数字高程模型（DEM）进行正射校正：这一步将对航空像片和卫星像片进行真正的正射校正。校正过程中将使用定向文件、卫星位置参数以及共线方程（Collinearity Equation）。共线方程是由以上两步并利用数字高程模型共同建立生成的。

9.3.1　建立 RPCs

在 Toolbox 工具箱中，双击 Geometric Correction/Orthorectification/Build RPCs 工具，选择校正图像文件，就可以打开 Build RPC 面板。针对不同的传感器，需要设置的参数不完全一样，但有几个参数是一样的，包括焦距长度、像中心点坐标和外方位元素。下面一一介绍。

1. 框幅式相机——Frame Camera

框幅式相机最大的特点是利用框标点（Fiducial Mark）建立相机与图像之间的关系，即内定向。如图 9.5 所示，下面对几个参数逐一说明。

- 焦距长度（Focal Length）：相机的焦距，单位是 mm，它是确定摄影比例尺的重要参数，在相机参数报表中能获取这个参数。
- 像中心点坐标（Principal Point x0 和 Principal Point y0）：单位是 mm，一般在实验室校准，在相机参数报表中能获取这个参数。

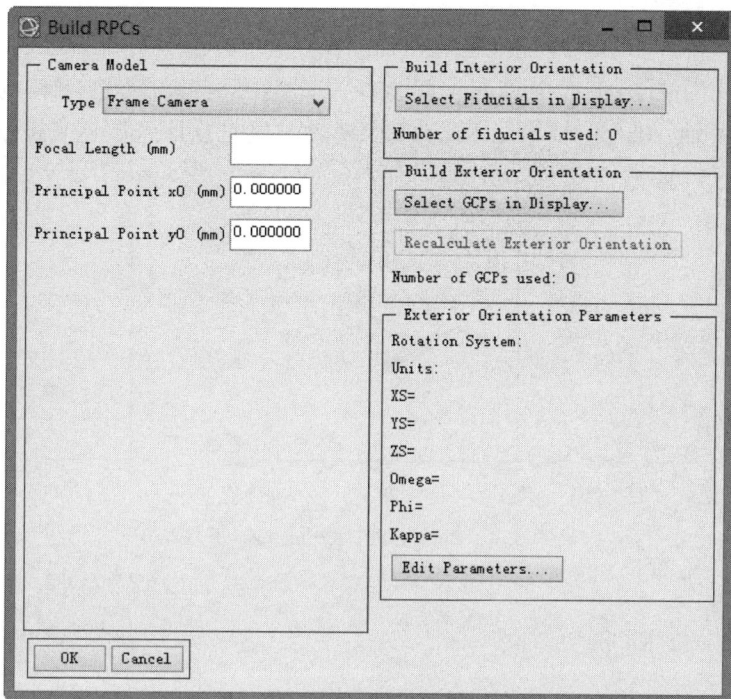

图 9.5　框幅式相机参数设置面板

● 选择框标点，单击 Select Fiducials in Display 按钮。框标点的选择和一般几何校正控制点的选择方式是一样的。框标点一般有 4 个或者 8 个，分布在周围，有一个非常醒目的标识，如十字丝加外圆圈。

建立外定向元素有两种途径：一是通过选取地面控制点，根据数学模型推算；二是由摄影测量系统实时测量提供。一般我们通过两者结合的方式，即通过高精度的地面控制点对提供的外范围元素进行计算后调整。单击 Select GCPs in Display 按钮，打开控制点选择面板，与几何校正中的控制点选取方法基本一致；单击 Edit Parameters 按钮，打开外方位元素编辑对话框（图 9.6）。

外方位元素包括 6 个元素：摄影中心点的坐标 $(X_S、Y_S、Z_S)$，称为直线元素，其中 X_S/Y_S 需要设定相应的投影参数（Select Projection for XS/YS）；3 个角元素（Omega、Phi、Kappa），也称"旋转元素"，它是描述像片在摄影瞬间的空间姿态的参数。有 3 种旋转系统（Rotation System），以下分别说明。

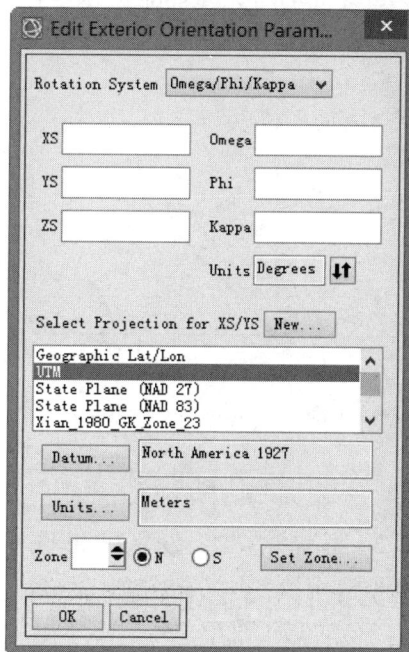

图 9.6　外方位元素编辑对话框

1）Omega/Phi/Kappa

SX 为主轴（图 9.7），这个轴的空间方向是固定不变的，不会随其他轴的变化而变化。Omega 是 *SX* 轴，Phi 是 *SY* 轴，Kappa 是 *SZ* 轴。这是默认选项，它被美国和世界上大多数国家采用。

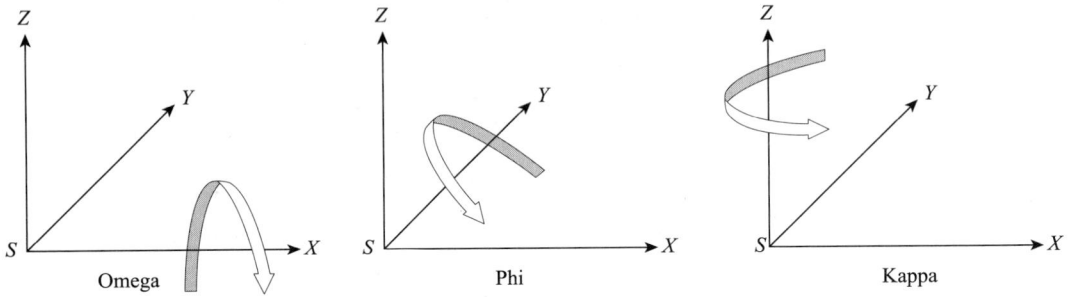

图 9.7　Omega/Phi/Kappa 旋转系统

2）+Phi/Omega/Kappa

SY 为主轴（图 9.8）。Phi 是 *SY* 轴，Omega 是 *SX* 轴，Kappa 是 *SZ* 轴。这种旋转系统常被德国采用。

3）−Phi/Omega/Kappa

与 +Phi/Omega/Kappa 基本一样，除了 Phi 是翻转的（图 9.9）。我国常采用这种旋转系统。

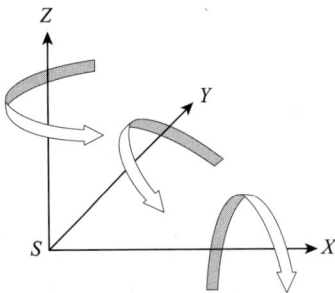

图 9.8　+Phi/Omega/Kappa 旋转系统　　　　图 9.9　−Phi/Omega/Kappa 旋转系统

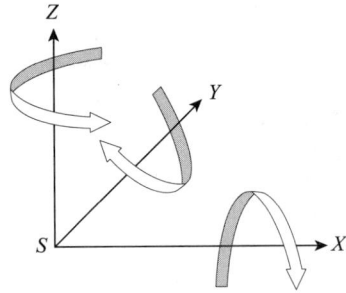

最终采用哪种角度旋转系统需要查看摄影记录报表。

2. 框幅中心投影数码相机——Digital（Frame Central）

在 Build RPCs 面板中，选择 Type：Digital（Frame Central），如图 9.10 所示。除了像焦距、像中心点坐标和外方位元素，还包括了 *X/Y* 像素大小（X Pixel Size 和 Y Pixel Size；单位为 mm），这个像素大小是相机 CCD 分辨率。

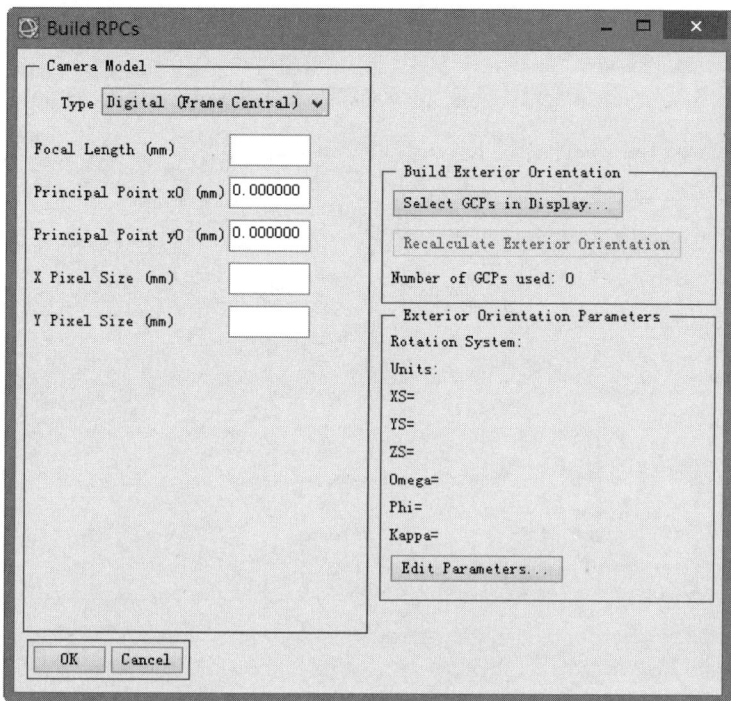

图 9.10 框幅中心投影数码相机

框幅中心投影数码相机和框幅式相机都是中心投影方式（图 9.11）。这种投影只有一个透视中心（*S*），所有的光线通过这个中心形成一个焦平面。任何物体（A）点，它的像点（a）点，其观点中心（*S*）都在空间中的同一直线上。像中心点（*o*）是通过透视中心点、垂直像平面的直线与像平面的交点。

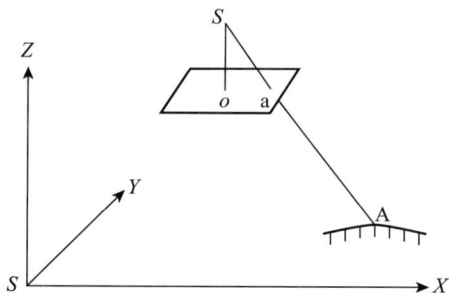

图 9.11 框幅中心投影

3. 线中心投影数码相机——Digital（Line Central）

在 Build RPCs 面板中，选择 Type：Digital（Line Central），如图 9.12 所示。除了 Digital（Frame Central）相机的参数外，还包括了以下两个参数：

● 传感器前进方向轴（Sensor Line Along Axis）：*X*——沿传感器前进方向为图像的 *x* 轴。*Y*——沿传感器前进方向为图像的 *y* 轴。

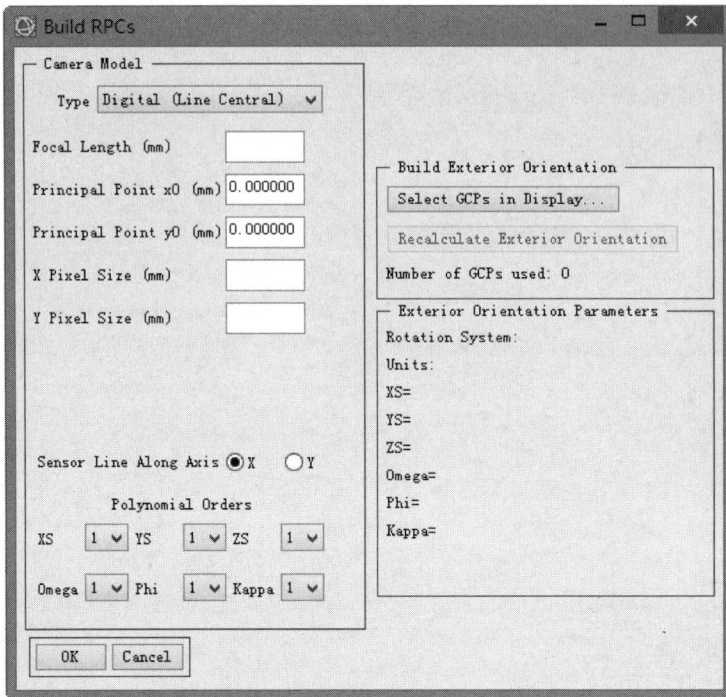

图 9.12　线中心投影数码相机

● Polynomial Orders：计算 X_S、Y_S、Z_S、Omega、Phi 和 Kappa 参数的多项式系数。0：作为常量应用整个图像。1：一次线性关系，如 $XS(i) = a_0 + a_1 y_i$。2：二次线性关系，如 $XS(i) = a_0 + a_1 y_i + a_2 y_i^2$。

线中心投影数码相机与推扫式卫星传感器很类似，每个扫描带都有自身的投影中心，如图 9.13 所示。

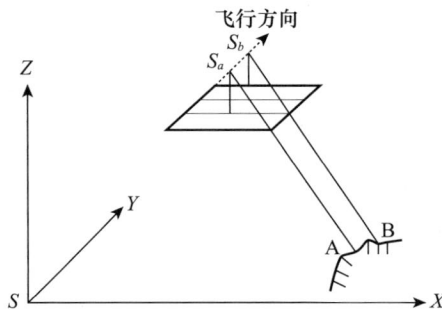

图 9.13　线中心投影

4. 推扫式卫星传感器——Pushbroom Sensor

在 Build RPCs 面板中，选择 Type：Pushbroom Sensor，如图 9.14 所示。其参数与 Digital（Line Central）的基本一样，以下两个参数除外：

● 沿轨道方向入射角（Incidence Angle Along Track）：卫星的垂直方向与向前或向后

观察方向之间的夹角。如果从透视中心到相应的地面点为观察方向，观察方向朝北时入射角为正。

• 垂直轨道方向入射角（Incidence Angle Across Track）：卫星的垂直方向与垂直轨道的侧向观察方向之间的夹角。如果从透视中心到相应的地面点为观察方向，观察方向朝东时入射角为正。

值得注意的是，这两个角度只用来设置初始外方位参数，不必很精确。

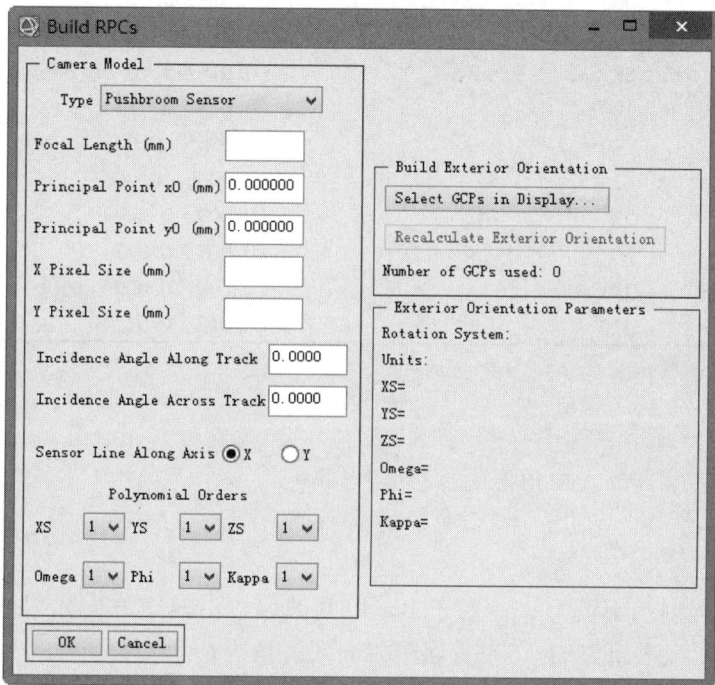

图 9.14　推扫式卫星传感器

9.3.2　常见相机（传感器）参数

1. 焦距与像素大小

比较常见的传感器的焦距长度和像素大小都是公开的，如表 9.2 所示。

表 9.2　常见传感器焦距与像素大小

传感器	焦距长/mm	像素大小/mm
ALOS AVNIR-2	800.0	(0.0115, 0.0115)
ALOS PRISM	1939.0	(0.007 cross-track, 0.0055 along-track)
ASTER	329.0（Bands 1, 2, 3N） 376.3（Band 3B）	(0.007, 0.007) Bands 1, 2, 3N, 3B
EROS-A1	3500	(0.013, 0.013)

续表

传 感 器	焦距长/mm	像素大小/mm
FORMOSAT-2	2896	(0.0065, 0.0065) 全色
IKONOS-2	10000	(0.012, 0.012) 全色
IRS-1C	982	(0.007, 0.007) 全色
IRS-1D	974.8	(0.007, 0.007) 全色
KOMPSAT-2	900 (全色), 2250 (多光谱)	(0.013, 0.013)
MOMS-02	660	(0.01, 0.01)
QuickBird	8836.2	(0.013745, 0.013745)
SPOT 1~4	1082	(0.013, 0.013) 全色
SPOT 5 HRS	580	(0.0065, 0.0065) 全色
ADS40	62.77	(0.0065, 0.0065)
Kodak DCS420	28	(0.009, 0.009)
STARLABO TLS	60	(0.007, 0.007)
Vexcel UltraCamD	101.4	(0.009, 0.009) 全色
Z/I Imaging DMC	120	(0.012, 0.012)

2. 入射角

以下是常见传感器的入射角说明。

1) ASTER

可以将两个入射角都设为0°。对于 Band 3B 波段，沿轨道方向入射角为-27.6°（逆轨方向）或者27°（顺轨方向），垂直轨道方向入射角为0°。

2) IKONOS

从 IKONOS 数据文件夹中找到 "*_metadata.txt" 文本文件，打开并找到 Nominal Collection Elevation 项和 Nominal GSD（Cross Scan and Along Scan）对应的角度值。利用这几个值通过下面公式计算沿轨道方向入射角和垂直轨道方向入射角：

$$\partial_{\text{across\_track}} = \tan^{-1}\sqrt{\frac{\tan^2(\partial_{\text{nominal}})+1-a^2}{1+a^2}} \tag{9.1}$$

$$\partial_{\text{along\_track}} = \tan^{-1}\sqrt{\frac{a^2(1+\tan^2(\partial_{\text{nominal}}))-1}{1+a^2}} \tag{9.2}$$

其中，$a = \dfrac{\text{GSD}_{\text{Along\_scan}}}{\text{GSD}_{\text{Cross\_scan}}}$，$\partial_{\text{nominal}} = 90 - \text{Nominal Collection Elevation}$。

3) IRS-1C/1D

沿轨道方向入射角为0°，垂直轨道方向入射角为从头文件中查找 "Input view angle"（Deg）项的角度值。

4）KOMPSAT-2

从星历参数文件中（.eph）找到"AUX_IMAGE_SATELLITE_INCIDENCE_DEG"字段，其对应的值近似作为入射角。

5）QuickBird

从 *.IMD 文件中找到"inTrackViewAngle and crossTrackViewAngle"近似作为沿轨道方向入射角和垂直轨道方向入射角。

6）SPOT

入射角一般从头文件（CAP 格式）或者 XML 元数据文件（DIMAP 格式）中找。

SPOT 1~4 的数据，沿轨道方向入射角为 0°；SPOT 5 数据，在 XML 元数据文件中的 <INCIDENCE_ANGLE>值作为沿轨道方向入射角，<VIEW_ANGLE>值作为垂直轨道方向入射角。

对于 CAP 格式的数据，垂直轨道方向入射角信息在头文件记录中的 453~468 字节处。存放的格式为<X>AA.A，如 L12.7 或 R18.1，如果是 L 开头则入射角为负数，如果是 R 开头则入射角为正数。

9.3.3 SPOT 4 PAN 的正射校正

下面以一幅 SPOT 4 PAN 数据为例，以 Tiff 格式提供，介绍自定义 RPC 法正射校正卫星图像的操作过程，其他数据具有类似的操作过程。

第一步　准备数据

除了 SPOT 4 图像数据外，还需要 6 个以上的地面控制点信息（包括高程信息）以及一些图像的属性信息，包括焦距长度、像元大小、入射角大小。图像所在地区的 DEM 数据文件。

第二步　构建 RPC 文件

首先在 ENVI 中打开 SPOT 4 图像数据"spot_pan.tif"，按照以下步骤构建 RCP 文件。

（1）在 Toolbox 工具箱中，双击 Geometric Correction/Orthorectification/Build RPCs 工具。In Select Input File 对话框中，选择 SPOT 4 图像数据文件，单击 OK 按钮，打开 Build RPCs 面板。下面设置 Build RPCs 面板中的参数。

- Type（相机类型）：Pushbroom Sensor。
- Focal Length（焦距长度）：1082.0。
- Principal Point x0（像中心点 x 坐标）&Principal Point y0（像中心点 y 坐标）：0。
- X Pixel Size（mm）&Y Pixel Size（mm）（X/Y 像素大小）：0.013。
- Incidence Angle Along Track（沿轨道方向入射角）：0。
- Incidence Angle Across Track（垂直轨道方向入射角）：16.8。
- Sensor Line Along Axis（传感器前进方向轴）：X。
- Polynomial Orders（多项式系数）：均选择 2。

（2）在 Build RPC 面板中，单击 Select GCPs in Dsiplay 按钮，在打开的 Select GCPs in
Display 对话框中（图 9.15），选择 Select Projection for GCPs 选项，设置控制点的投影参数，单击 OK 按钮，进入控制点选择界面（Exterior Orientation GCPs）。

（3）控制点的选择与几何校正中的选择方式一样，这里不再赘述。

（4）在 Exterior Orientation GCPs 面板中，选择 File→Restore GCPs from ASCII，选择 12 个控制点文件（GCP.pts），RMS 控制在 1 个像素左右。然后选择 Options→Export GCPs to Build RPCs Widget，根据控制点信息计算外方位元素。

（5）回到 Build RPC 面板中，可以看到计算得到的外方位元素（图 9.16）。单击 OK 按钮，出现最大与最小高程选择（Minimum Elevation、Maximum Elevation），系统会自动计算一个默认值，可通过其他途径获取图像所在地区的高程信息。

（6）单击 OK 按钮，执行 RPCs 计算。

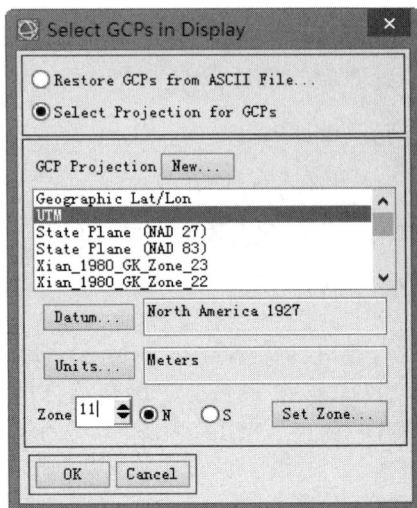

图 9.15　Select GCPs in Display 对话框

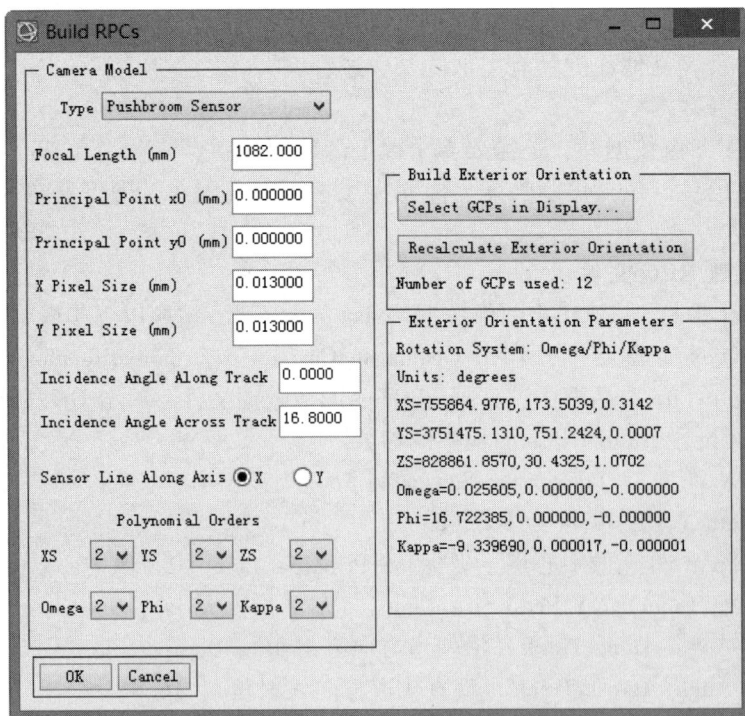

图 9.16　Build RPCs 参数设置结果

计算得到的 RPCs 信息会自动保存在数据文件的头文件中（.hdr），并与图像文件相关联。

第三步 执行正射校正

这一步与前面章节介绍的正射校正过程类似，包括地面控制点、无地面控制点和正射校正流程化工具 3 种正射校正方式，这里不再赘述。

第 10 章　面向对象图像特征提取

面向对象特征提取工具（ENVI Feature Extraction）从 5.0 版本开始，已经集成到 ENVI 新界面的工具箱（Toolbox）中，属于 ENVI 的扩展模块，不需要单独安装。在学习本章前，确认是否获得了使用许可。本章主要介绍 Feature Extraction 工具的使用，简称 Feature Extraction 工具为 "ENVI FX"。

本章主要介绍以下内容：

➢ 面向对象图像分类技术
➢ 基于规则的面向对象信息提取
➢ 基于样本的面向对象信息提取
➢ 面向对象图像分割
➢ 基于灰度图像密度分割
➢ 城市绿地信息提取实例

10.1　面向对象图像分类技术

面向对象分类技术是集合邻近像元为对象用来识别感兴趣的光谱要素，充分利用高分辨率的全色和多光谱数据的空间、纹理和光谱信息来分割和分类，以高精度的分类结果或者矢量输出。从高分辨率全色或者多光谱数据中提取信息，ENVI FX 可以提取各种特征地物，如车辆、建筑、道路、桥、河流、湖泊以及田地等。可以在操作过程中随时预览影像分割效果。

ENVI FX 提供了 3 种独立的流程化工具，可以在根据业务需求选择 FX 如下 3 种功能模块。除此之外，还集成了基于灰度的密度分割工具。

● 基于规则：定义对象规则提取信息；
● 基于样本：选择对象样本提取信息；
● 图像分割：只对图像进行分割和合并处理。

ENVI FX 可应用于：

● 从影像中尤其是大幅影像中查找和提取特征；
● 添加新的矢量层到地理数据库；
● 输出用于分析的分类影像；
● 替代手工数字化过程。

ENVI FX 中进行特征提取的操作可分为两个部分：发现对象（Find Object）和特征提取（Extract Features），如图 10.1 所示。整个操作过程是流程化向导式的操作，系统会一步步引导操作。

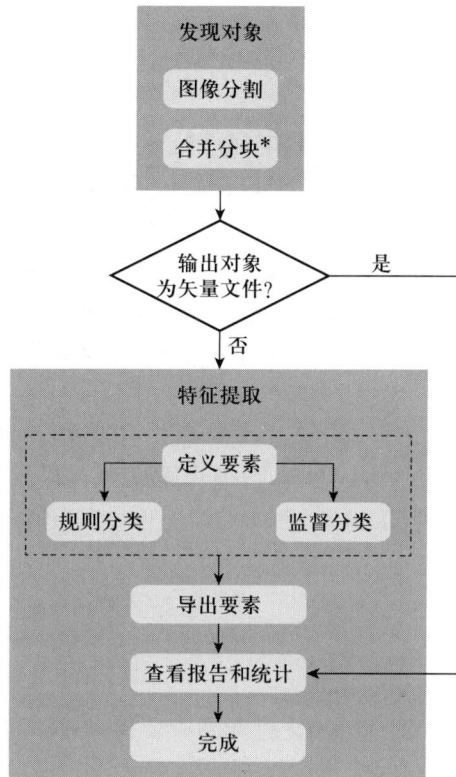

图 10.1 FX 特征提取操作流程示意图 （＊标识为可选项）

在图 10.1 中，规则分类和监督分类分别对应了 ENVI FX 的基于规则和样本的特征提取；如果只进行发现对象的操作，则使用 ENVI FX 的图像分割工具。

下面分别介绍 ENVI FX 提供的几个工具的操作流程。

10.2 基于规则的面向对象信息提取

10.2.1 准备工作

根据数据源和特征提取类型等情况，可以有选择地对数据进行一些预处理。

1）空间分辨率的调整

如果数据的空间分辨率非常高，覆盖范围非常大，而提取的特征地物面积较大（如云、大片林地等），可以降低分辨率，提供精度和运算速度。可利用 ENVI Toolbox 工具箱中的/Raster Management/Resize Data 工具实现。

2）光谱分辨率的调整

如果处理的是高光谱数据，可以将不用的波段除去。可利用 ENVI Toolbox 工具箱中的/Raster Management/Layer Stacking 工具实现。

3）多源数据组合

当有其他辅助数据时，可以将这些数据和待处理数据组合成新的多波段数据文件。这些辅助数据可以是 DEM、LiDAR 图像和 SAR 图像。当计算对象属性时，会生成这些辅助数据的属性信息，可以提高信息提取精度。可利用 ENVI Toolbox 工具箱中的/Raster Management/Layer Stacking 工具实现；或者直接在 ENVI FX 选择数据（Data Selection）时切换到 Ancillary Data 选项卡，单击 Add Data 按钮添加多源数据。

4）空间滤波

如果数据包含一些噪声，可以选择 ENVI 的滤波功能进行一些预处理。

下面以一幅 0.6 m 分辨率的 QuickBird 图像为数据源，详细介绍基于规则特征提取的操作步骤（参见实验数据光盘\第 10 章 面向对象图像特征提取）。

10.2.2　发现对象

第一步　启动 Rule Based FX 工具

（1）在主界面中，选择 File→Open，打开图像文件"qb_colorado. dat"。

（2）在 Toolbox 工具箱中，双击 Feature Extraction/Rule Based Feature Extraction Workflow 工具，启动 Feature Extraction–Rule Based 流程化工具面板。

（3）在 Data Selection 步骤中，有 4 个选项卡。

（4）单击 Input Raster 选项卡，单击 Browse 按钮，在弹出对话框中选择"qb_colorado. dat"。

（5）单击 Input Mask 选项卡，掩膜文件的作用是设置指定区域参与分类。一般有以下几种数据可作为掩膜文件：

● 具有 0 和 1 值的栅格图像，像元值为 1 的区域参与分类。

● 矢量数据，有矢量要素的区域参与分类。

● 一般的单波段栅格图像，通过设置头文件（Raster Management/Edit ENVI Header）中的 Data Ignore Value，忽略值的区域就是不参与分类的区域。

勾选 Inverse Mask 选项可以反转掩膜。本示例中不使用掩膜。

（6）单击 Ancillary Data 选项卡，输入其他多源辅助数据，必须符合以下条件：

● 具有标准地图坐标信息或者使用 RPCs 坐标信息的栅格文件。

● 必须与 Input Raster 图像文件有重叠区。

如果可以输入城市区域的 DSM（Digital Surface Model）数据作为辅助数据，可以使用 DSM 辅助数据来设定高度规则来提取房屋信息。本示例中不使用其他数据。

（7）单击 Custom Bands 选项卡，当输入文件具有标准地图坐标信息时可以使用此选项卡的功能，主要有以下两个设置项：

● Normalized Difference：选择两个波段进行归一化指数计算，计算公式为（b2−b1）/

（b2+b1+eps）。其中，eps 为极小值，为了避免分母为 0。例如，当 b2 为近红外波段、b1 为红波段时，Normalized Difference 的值便是归一化植被指数（NDVI）。本示例中使用了 Quickbird 数据，因此在"Band 1"右侧下拉列表中选择 Band 3，在"Band 2"右侧下拉列表中选择 Band 4，ENVI 将生成"Normalized Difference"波段，可以用来进行分割和分类。

● Color Space：选择 Red、Green 和 Blue 为输入文件的对应波段，ENVI 将执行颜色变换（RGB 到 HSI），并生成新的色相、饱和度和强度波段，用于分割和规则分类。本示例中不使用 Color Space。

（8）设置完毕后，单击 Next 按钮，进入下一步 Object Creation 步骤。

第二步　图像分割与合并

ENVI FX 根据邻近像素亮度、纹理、颜色等对图像进行分割，它使用了一种基于边缘的分割算法，这种算法计算很快，并且只需一个输入参数，就能产生多尺度分割结果。通过不同尺度上边界的差异控制，从而产生从细到粗的多尺度分割。

选择大尺度图像分割将会分出很少的图斑，选择一个小尺度图像分割将会分割出更多的图斑。分割效果的好坏一定程度上决定了分类效果的精确度，我们可以通过预览分割效果，选择一个理想的分割阈值，尽可能好地分割出边缘特征。

进行图像分割时，由于阈值过低，一些特征对象会被错分，有的特征对象也有可能被分成很多部分，可以通过合并来解决这些问题。

下面介绍图像分割与合并的操作步骤。

（1）在 Segment Settings 设置项中可以设置图像分割的算法和参数。通过 Algorithm 下方的下拉列表可以选择分割算法，ENVI FX 提供两种分割算法（本示例中选择 Edge）：

● Edge：基于边缘检测，结合合并算法可以达到最佳效果。

● Intensity：基于亮度，这种算法非常适合于微小梯度变化（如 DEM、电磁场图像等），不需要合并算法即可达到较好的效果。

（2）通过右侧的 Scale Level 滑块或手动输入分割阈值。阈值范围为 0～100，默认值为 50。值越小，则分割得到的图斑越细、数量越多。本例设置为 40。

（3）单击 Select Segment Bands 右侧的按钮，可以设置分割用到的波段，默认为输入图像的所有波段。

提示：为了获得最好的分割效果，建议使用类似光谱范围的波段，如红、绿、蓝和近红外波段，而不要同时使用自定义波段（Normalized Difference 或 Color Space）和可见光/近红外波段。

（4）在 Merge Settings 设置项中可以设置图像合并的算法和参数。通过 Algorithm 下方的下拉列表可以选择合并算法，ENVI FX 提供两种合并算法（本示例中选择默认设置）：

● Full Lambda Schedule：合并存在于大块、纹理性较强的区域，如树林和云等；

● Fast Lambda：合并具有类似颜色和边界大小的相邻图斑。

（5）通过右侧的 Merge Level 滑块或手动输入合并阈值。阈值范围为 0～100，默认值为 0。值越小，则合并效果越不明显。本示例设置为 90。

（6）单击 Select Merge Bands 右侧的按钮，可以设置合并用到的波段，默认为输入图像的所有波段。

（7）在 Texture Kernal Size 文本框中，可以设置纹理核大小（单位为像元）。如果数据区域较大而纹理差异较小，可以把这个参数设置得大一点。默认是 3，最大是 19。

（8）勾选 Preview 选项，在 ENVI 视窗中出现一个矩形的预览区（图 10.2）。在鼠标为选择状态下（在工具栏中选择 ），按住鼠标左键拖动预览区，按住预览区边缘拖动鼠标调整预览区大小。

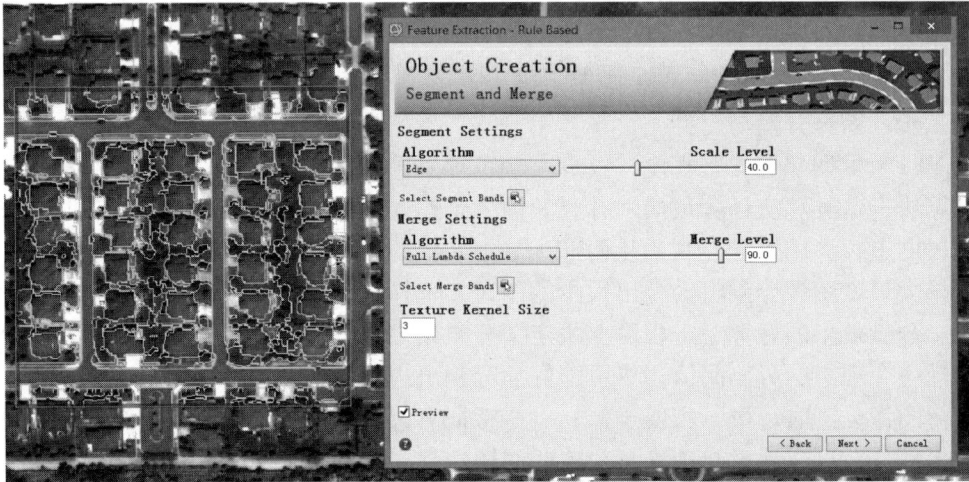

图 10.2   图像分割与合并

（9）取消勾选 Preview 选项，单击 Next 按钮，进入 Rule-based Classification 步骤。

10.2.3 基于规则特征提取

在 Rule-based Classification 步骤中，需要添加类别并制定规则。每一个分类由若干个规则（Rule）组成，每一个规则由若干个属性表达式来描述。规则与规则之间是"与"的关系，属性表达式之间是"并"的关系。

同一类地物可以由不同规则来描述。例如，水体可以是人工池塘、湖泊、河流，也可以是自然湖泊、河流等，描述规则就不一样，需要多条规则来描述，每条规则又由若干个属性来描述。如果提取道路，可能需要用到 Elongation、Length 和 Area 3 个空间属性，如下所示：

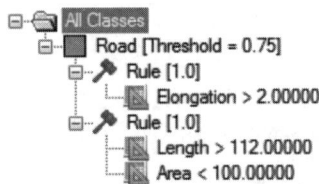

上面规则的逻辑关系为

$$(Elongation>2)\ OR\ [(Length>112)\ AND\ (Area<100)]$$

即满足两个 Rule 中的一个，即归为 Road 类别。而第二条 Rule 中必须同时满足两个条件才能成立。归纳如下：同一类别下，不同 Rule 之间是"与"（OR）的关系；而同一 Rule 下的条件之间是"并"（AND）的关系。

ENVI FX 提供了 3 种类型的对象属性，分别为光谱（Spectral）、纹理（Texture）和空间（Spatial）。每一种类型包括若干个属性。

光谱属性是针对输入图像的每一个波段进行计算的，计算在图像分割与合并的结果中具有相同标签值的对象属性，如均值、标准差等，所有属性详细见表 10.1。

表 10.1 Spectral 属性描述

属 性	描 述	属 性	描 述
Spectral Mean	所选波段的平均灰度值	Spectral Min	所选波段的最小灰度值
Spectral Max	所选波段的最大灰度值	Spectral Std	所选波段的灰度值标准差

纹理属性同样是针对输入图像的每一个波段进行计算的，分为两个步骤：首先，应用之前设定的纹理核大小进行卷积运算，使用得到的属性值替换窗口中心像元的值；然后，将图像分割结果中具有相同标签值的属性值进行平均。纹理属性详细描述见表 10.2。

表 10.2 Texture 属性描述

属 性	描 述	属 性	描 述
Texture Range	卷积核范围内的平均灰度值范围	Texture Variance	卷积核范围内的平均方差
Texture Mean	卷积核范围内的平均灰度值	Texture Entropy	卷积核范围内的平均灰度信息熵

空间属性是根据图像分割与合并结果的对象（多边形）计算的，因此不需要用到波段信息。每一种空间属性都有自身的计算公式和方法，详细描述见表 10.3。

表 10.3 Spatial 属性描述

属 性 名	描 述
Area	多边形的面积（不包含中间的洞）。如果图像没有地理信息，单位为像元；如果图像具有地理信息，则单位与 map 单位一致。其他属性的单位与 area 类似，不再赘述
Length	多边形外边框周长，包括洞的边框周长，与 major_Length 属性不同
Compactness	紧密性，描述多边形紧密性的度量。例如，圆是紧密性最好的形状，其值为 $1/Pi$；正方形的值为 $1/2(Sqrt(Pi))$。Comparctness = Sqrt（4 * 面积 / Pi）/ 外轮廓周长
Convexity	凸出的状态，没有洞的凸多边形的值为 1，其余的小于 1。Convexity = 凸包长度 / 周长
Solidity	坚固性，多边形面积与周围凸出多边形面积比。Solidity = 多边形面积 / 凸包面积
Roundness	描述多边形的圆特征，圆形的值为 1，正方形的值为 4/Pi。Roundness = 4 * （面积）/（Pi * 最大直径^2）
Form_factor	形状要素，圆的值为 1，正方形的值为 Pi/4。Formfactor = 4 * Pi * （面积）/（周长）^{2}

续表

属　性　名	描　　述
Elongation	延伸性，最大直径与最小直径的比值，正方形的值为 1，矩形的值大于 1。Elongation＝最大直径/最小直径
Rectangular_Fit	矩形形状的度量，矩形的值为 1，非矩形的值小于 1。Rectangular_Fit = 面积/（最大直径∗最小直径）
Main_Direction	主方向，长轴（最大直径）与 x 轴之间的夹角，范围是 0～180°，90°为南/北方向，0°和 180°分别为东和西方向
Major_Length	围绕多边形的有向包围盒（Oriented Bounding Box）对应长轴（最大直径）的长度，单位与 map 单位一致
Minor_Length	围绕多边形的有向包围盒（Oriented Bounding Box）对应短轴（最小直径）的长度，单位与 map 单位一致
Number_of_Holes	多边形内洞的个数
Hole_Area/Solid_Area	多边形面积和外轮廓面积的比值，没有洞的多边形的值为 1。Hole_Area/Solid_Area＝多边形面积/外轮廓面积

在了解 ENVI FX 提供的属性后，下面以提取住宅为例说明规则分类的操作过程。

（1）在 Rule-based Classification 步骤中，单击➕按钮可以添加类别。在右侧的 Class Properties 表格中设置以下属性：

- 类名（Class Name）：住宅。
- 类颜色（Class Color）：默认红色即可。
- 类阈值（Class Threshold）：默认值为 0.5。根据类下面的规则和属性权重计算得到。

（2）使用鼠标选中 Rule［1.0］，可以看到右侧 Rule Properties 表格中显示 Rule Weight 为 1.0。因为目前"住宅"类别下只有一个"Rule"，如果有 N 个"Rule"，则"Rule Weight"默认为（1.0/N）。可以手动设置，值越大，则"Rule"作用越大。

（3）下面添加第一条属性描述：划分植被与非植被区。使用鼠标选中 Spectral Mean（BLUE...），在右侧有两个选项卡和其他设置项可以使用。描述如下：

① Attributes 选项卡。
- 属性类型（Type）：3 种属性类型，这里选择 Spectral。
- 属性名称（Name）：选择 Spectral Mean。
- 输入波段（Band）：选择 Normalized Difference。

② Advanced 选项卡。
- 属性权重（Weight）：当只有一条属性时，默认值为 1。当添加了 N 条属性后，每条属性的权重默认为（1.0/N）。
- 算法（Algorithm）：可选有 3 种，分别为二值化（Binary）、线性（Linear）和二次方程式（Quadratic）。
- 容差值（Tolerance）：当算法选择线性（Linear）和二次方程式（Quadratic）时，需要设置此值，默认为 5.00（即 5%）。设置的值越大，表示容错程度越高，提取得到的对象越多。

（4）勾选显示属性窗口（Show Attribute Image），可以使用 Preview 选项预览属性图像，同时，可以单击 ENVI 工具栏中的 💡图标查看感兴趣地物的属性值，如图 10.3 所示，在 Cursor Value 面板中显示了 NDVI 的值。

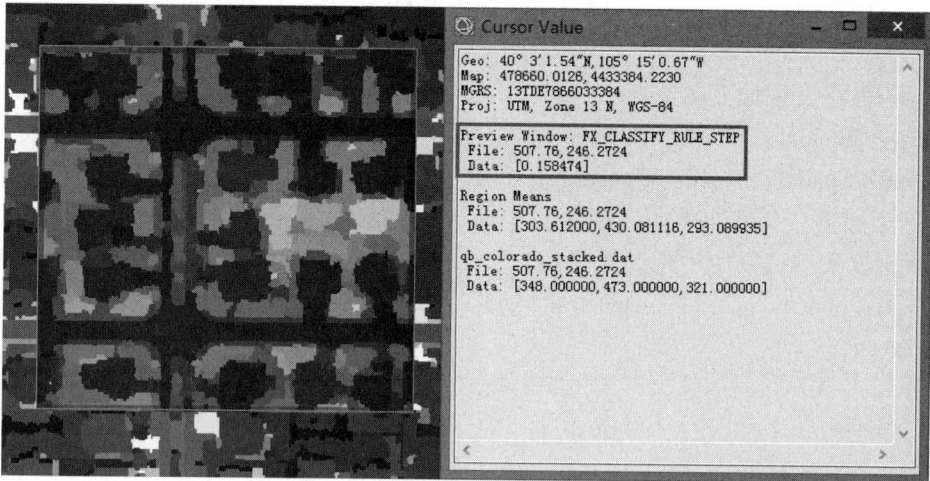

图 10.3　显示属性窗口

（5）下方的直方图中可以设置属性范围，在 Invert 按钮前后的文本框中可以手动输入最小和最大阈值，或使用鼠标拖拽直方图中的绿色和蓝色竖线实现阈值设置。单击 Invert 按钮可以反转阈值范围。单击右侧按钮可以浮动显示直方图界面（Attribute Histogram）。这里设置最大值为 0.3，按回车键确认，勾选 Preview 选项预览结果（图 10.4），其中红色为满足条件的对象（即 NDVI<0.3）。

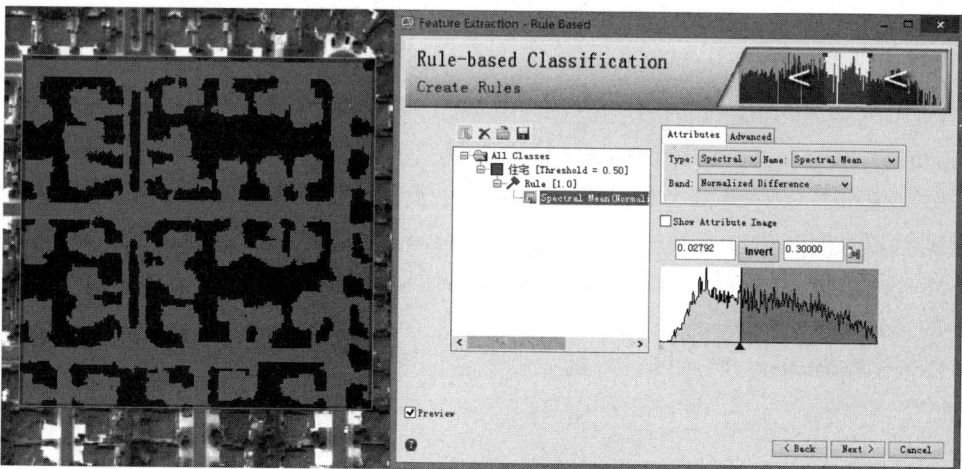

图 10.4　预览提取结果

（6）添加第二条属性描述：剔除道路干扰。居住房屋和道路的最大区别在于房屋是近似矩形，可以设置 Rectangular fit 属性。

- 在 Rule 上右键选择 Add Attibute 按钮，新建一个规则。
- 在右侧 Type 中选择 Spatial。

- 在 Name 中选择 Rectangular fit。
- 设置值的范围是 0.5~1，其他参数为默认值。

提示：预览窗口默认是该属性的结果，单击 All Classes 选项，可预览几个属性共同作用的结果。

同样的方法设置如下属性：

- Type：Spatial；Name：Area——Area>45。
- Type：Spatial；Name：Elongation——Elongation<3。

（7）添加第三条属性描述：剔除水泥地干扰。水泥地反射率比较高，居住房屋反射率较低，所以我们可以使用光谱属性。

- Type：Spectral；Name：Spectral Mean，Band：GREEN——Spectral Mean（GREEN）<650。

（8）单击 All Classes 选项，勾选 Preview 选项预览最终的 Rule 规则提取效果。规则设置好后，单击 Next 按钮进入下一步。

提示：在 Create Rules 步骤中，可以单击🖫图标将当前规则保存为本地文件（.rul）。下次使用时可以单击📂图标加载已保存的规则文件（参加实验数据光盘\第 10 章 面向对象图像特征提取\1-基于规则\住宅.rul）。

10.2.4　输出结果

在 Export 步骤中，可以选择输出多种类型的结果文件，例如，分类矢量、分类栅格以及各种报告和中间结果等。

1）输出矢量（Export Vector）选项卡

- Export Classification Vectors：保存所有的类别到一个 Shapefile 文件中，默认文件名为"inputfilename_vectors. shp"。Shapefile 文件最大为 2 GB，所以当分类过多并超过 2 GB时，结果将被分开保存为多个较小的 Shapefile。大于 1.5 GB 的 Shapefile 不能正常显示，建议数据量较大时，可以将矢量保存到 Geodatabase。
- Merge Adjacent Features：可以把邻近的多边形合并为一条记录。此操作将处理整个图像中的多边形。
- Export Attributes：将中间计算的光谱、空间和纹理属性结果保存到输出到 Shapefile属性表中。

2）输出栅格（Export Raster）选项卡

- Export Classification Image：输出 ENVI 格式的分类图像，不同的 DN 值代表不同类别。默认文件名为"inputfilename_class. dat"。
- Export Segmentation Image：输出一个多波段的 ENVI 格式图像，为图像分割结果。每一个对象的值为此区域内所有像元值的均值。默认文件名为"inputfilename_segmentation. dat"。

3）高级输出（Advanced Export）选项卡

● Export Attributes Image：将中间计算的属性结果输出到一个多波段 ENVI 格式图像中，默认文件名为"inputfilename_attributes. dat"。勾选前面复选框，在打开 Selected Attributes 对话框中选择需要输出的属性（默认为制定规则时用到的所有属性）。

● Export Confidence Image：输出一个 ENVI 格式图像，像元的 DN 值代表像元属于该种类别的可信度。亮度越高，表示可信度越高。输出结果为多波段图像，每一个波段代表一个类别。默认文件名为"inputfilename_confidence. dat"。

4）辅助输出（Auxiliary Export）选项卡

● Export Feature Rulese：输出规则文件到本地。默认文件名为"inputfilename_ruleset. rul"。

● Export Processing Report：输出一个文本文件，描述了分割选项、规则和属性设置等信息。默认文件名为"inputfilename_report. txt"。

10.3　基于样本的面向对象信息提取

基于样本进行图像分类，即监督分类，是利用训练样本数据去识别其他未知对象，包括定义样本、分类方法选择和输出结果三个步骤。与传统基于像元的监督分类不同，传统监督分类中的训练样本由许多像元组成，只能利用样本的光谱信息；而面向对象监督分类的样本由对象组成，除了利用光谱信息外，还可以利用空间和纹理信息（详见第 10. 2. 3 节）。因此，面向对象监督分类能够更加精确地提取地物。下面以一个提取农作物耕种信息的操作为例，介绍处理流程（参见实验数据光盘\第 10 章 面向对象图像特征提取\2-基于样本）。

10.3.1　选择数据

（1）打开数据"imperial_valley_subset. dat"。

（2）在 Toolbox 工具箱中，双击 Feature Extraction/Example Based Feature Extraction Workflow 工具，启动流程化工具。

（3）在 Data Selection 步骤中，单击 Input Raster 选项卡，单击 Browse 按钮，选择输入文件为"imperial_valley_subset. dat"。

（4）单击 Custom Bands 选项卡，勾选 Normalized Difference 和 Color Space 选项，波段选择按照默认即可，用来计算 NDVI 和颜色变换。

提示：Data Selection 步骤中各个选项卡的详细说明可参考本书第 10. 2. 2 节"发现对象"的相关内容。

（5）单击 Next 按钮，进入 Object Creation 步骤。

10.3.2　发现对象

（1）为了得到更好的目视效果，在图层管理（Layer Manager）中，用鼠标右键单击"imperial_valley_subset_stacked. dat"，在弹出菜单中选择"Change RGB Bands"，分别选择波段 4、3、2 对应 R、G、B，单击 OK 按钮，以标准假彩色方式显示图像。

（2）在 Segment Settings 设置项中，输入分割尺度（Scale Level）：50，按回车键。分割算法选择默认即可。

（3）在 Merge Settings 设置项中，输入合并尺度（Merge Level）：80，按回车键。合并算法选择默认即可。

（4）单击 Next 按钮，进入 Example-Based Classification 步骤。

提示：图像分割与合并的参数详细描述可参考本书第 10.2.2 节"发现对象"的相关内容，这里不再赘述。

10.3.3　基于样本图像分类

经过图像分割与合并之后，进入到监督分类（Example-Based Classification）步骤中，在此步骤可以进行样本选择、属性选择和算法设置等操作。下面介绍操作步骤。

第一步　选择样本

（1）选择 Examples Selection 选项卡。工具图标功能描述如下：

- ➕：添加新的类别。
- ✖：删除当前类别。
- 📂：打开已经保存的样本文件（. shp）。
- 💾：保存当前样本到本地文件（. shp）。
- 📥：导入地面真实数据，一般为 Shapefile。在 File Selection 面板中选择地面真实数据，单击 OK 按钮。在弹出的 Select Attribute to Group Classes 面板中，在 Select Attribute 右侧的下拉列表中选择用来区分类别的属性。

提示：在样本列表中同样支持右键菜单，如删除所有类别、添加类别、删除类别和删除类别样本等。

（2）对默认的第一个类别，在右侧的 Class Properties 中修改如下参数：

- 类别名称（Class Name）：生长作物。
- 类别颜色（Class Color）：红色（255，0，0）。

（3）在分割图上选择一些样本，为了方便样本的选择，可以在左侧图层管理（Layer Manager）中将 Region Means 图层不显示，只显示原图。选择一定数量的样本，如果错选样本，可以在这个样本上再次单击左键删除。

提示：可以勾选 Show Boundaries 显示分割边界，方便样本选择。

（4）完成一个类别的样本选择之后，新增类别，用同样的方法修改类别属性和选择样本。在选择样本的过程中，可以随时勾选 Preview 预览分类结果。

（5）在所有样本选择结束后，可以把样本保存为 .shp 文件以备下次使用。

这里我们建立 5 种类别：生长作物、休耕地、早期或晚期作物、非耕地和水体，分别选择一定数量的样本，如图 10.5 所示。

图 10.5　选择样本与结果预览

第二步　设置样本属性

单击 Attributes Selection 选项卡。默认设置为所有的属性都被选择，这些被选择样本的属性将被用于后面的监督分类。可以根据提取的实际地物特性选择一定的属性。这里按照默认设置全选。如果想修改，可以按照下面的说明进行操作。

● 删除属性：在 Selected Attributes 列表中，选中需要删除的属性（支持 Ctrl 和 Shift 多选），然后单击面板中间的 ← 图标即可。

● 添加属性：在 Available Attributes 列表中，选中需要添加的属性，单击 → 图标可以添加属性。

● 自动选择属性：单击面板中间的 图标，可以自动选择属性。

提示：属性的详细描述可参考本书第 10.2.3 节"基于规则特征提取"的相关内容。

第三步　选择分类算法

单击 Algorithms 选项卡（图 10.6）。ENVI FX 提供了 3 种分类方法：K 邻近法（K Nearest Neighbor，KNN）、支持向量机（Support Vector Machine，SVM）和主成分分析法（Principal Component Analysis，PCA）。

1）K 邻近法

K 邻近法依据待分类数据与训练区元素在 N 维空间的欧几里得距离来对影像进行分类，N 由分类时目标物属性数目来确定。相对于传统的最邻近方法，K 邻近法产生更小的敏感异常和噪声数据集，从而得到更准确的分类结果，它会自动确定像素最可能属于哪一类。

在 K 参数里键入一个整数，默认值是 1。K 参数是分类时要考虑的邻近元素的数目，是一个经验值，不同的值生成的分类结果差别也会很大。K 参数的设置依赖于数据组以及

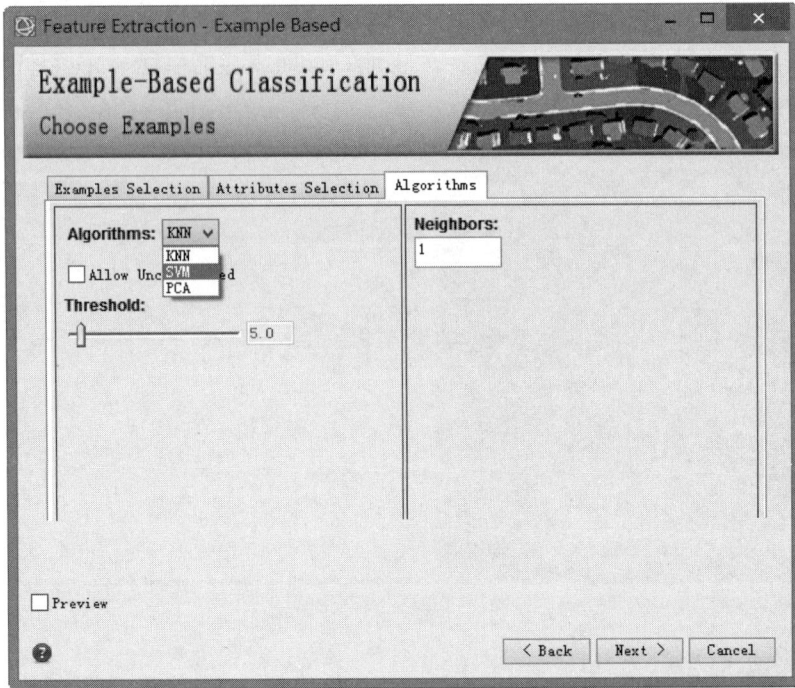

图 10.6　选择分类算法

选择的样本。值大一点能够降低分类噪声，但是可能会产生不正确的分类结果，一般值设为 3 ~ 7 比较好。

2）支持向量机

支持向量机是一种来源于统计学习理论的分类方法。选择这一项，需要定义一系列参数：

（1）Kernel Type 下拉列表里包括 Linear、Polynomial、Radial Basis 和 Sigmoid 4 种选项。

● 如果选择 Polynomial，设置一个核心多项式（Degree of Kernel Polynomial）的次数用于 SVM，最小值是 1，最大值是 6。

● 如果选择 Polynomial 或 Sigmoid，使用向量机规则需要为 Kernel 指定 "the Bias" 参数，默认值是 1。

● 如果选择是 Polynomial、Radial Basis、Sigmoid，需要设置 "Gamma in Kernel Function" 参数。这个值是一个大于零的浮点型数据。默认值是输入图像波段数的倒数。

（2）为 SVM 规则指定 "the Penalty" 参数，这个值是一个大于零的浮点型数据。这个参数控制了样本错误与分类刚性延伸之间的平衡，默认值是 100。

（3）Allow Unclassified 选项允许有未分类这一个类别，将不满足条件的斑块分到该类。默认是允许有未分类的类别。

（4）Threshold 选项为分类设置概率阈值，如果一个像素计算得到所有的规则概率小于该值，该像素将不被分类，范围是 0 ~ 100，默认值是 5。

3）主成分分析法

主成分分析比较主成分空间的每个分割对象和样本，将得分最高的归为这一类。

本示例选择 K 邻近法，Threshold 设置为 5，去掉 Allow Unclassified 选项，单击 Next 按钮进入下一步。

10.3.4　输出结果

在 Export 步骤可以选择输出多种类型的结果文件，具体描述可参考第 10.2.4 节"输出结果"的内容。唯一不同的是 Auxiliary Export 选项卡，基于样本图像分类可选择输出为训练样本（Export Feature Examples）到本地文件（.shp）。

10.4　面向对象图像分割

ENVI FX 中提供了只进行面向对象图像分割的工具。主要有三个步骤，分别为选择数据、发现对象（图像分割与合并）和输出结果。下面以"qb_colorado.dat"数据为例介绍此工具的操作步骤。

（1）打开数据"qb_colorado.dat"。

（2）在 Toolbox 工具箱中，双击 Feature Extraction/Segment Only Feature Extraction Workflow 工具，启动面向对象图像分割的流程化工具。

（3）在 Input Raster 选项卡中单击 Browse 按钮，选择输入数据，其他参数选择默认设置。单击 Next 按钮进入下一步。

（4）在 Object Creation 步骤中，设置分割和合并尺度，分别设置为 Scale Level = 40，Merge Level = 90。其他参数默认，单击 Next 按钮进入下一步。

（5）在 Export 步骤中，可以根据需要输出结果文件，单击 Finish 按钮完成。

生成的矢量结果利用 ENVI 矢量工具，通过目视方式确定和选择矢量要素的类别。

10.5　Segmentation Image 工具

在 Toolbox 工具箱的 Feature Extraction 文件夹下含有 Segmention Image 工具，可以将输入波段分割成许多连通区域或像元图斑（包含在同一类别或具有相似灰度特征）。此工具的输入数据必须为分类结果图像或单波段图像。输出结果中每一个分割斑块具有唯一的 DN 值。在使用过程中可以指定斑块具有的最小像元数以及连通区域类型（四连通或八连通）。下面以一个单波段数据为例（参见实验数据光盘\第 10 章 面向对象图像特征提取\3-Segmentation Image），介绍提取河流信息的具体操作步骤：

（1）打开数据"hawaii_sub_water_pan.dat"。

（2）使用样本统计法确定阈值范围，在"hawaii_sub_water_pan.dat"图层上右键选择"New Region Of Interest"新建 ROI，选择一些河流样本。

（3）在 ROI 图层上右键选择"Statistics"进行统计（图 10.7），得到这个图像中河流区域像元值的最小值和最大值分别为 8 和 20。

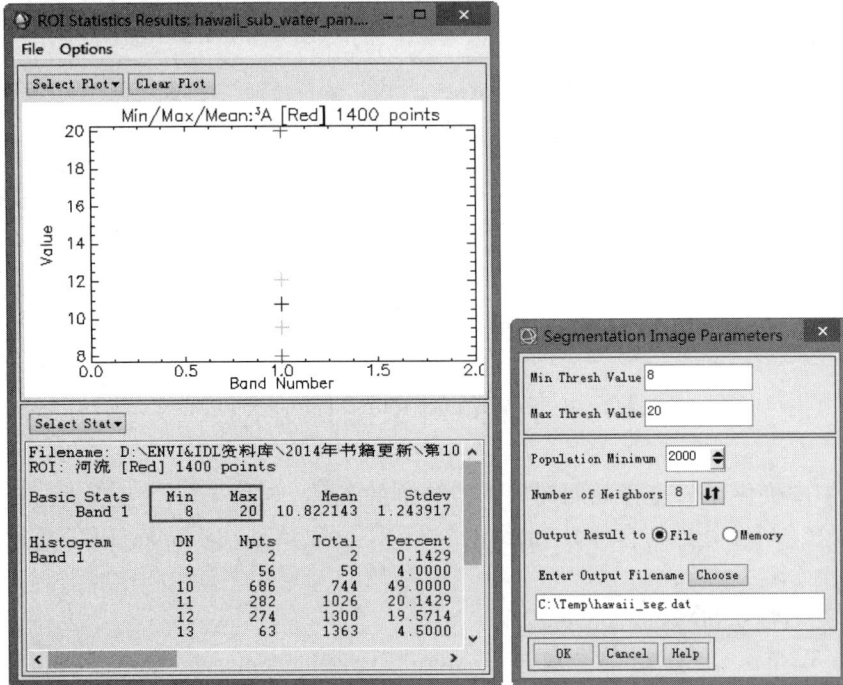

图 10.7　样本统计结果和 Segmentation Image Parameters 面板

（4）在 Toolbox 工具箱中，双击 Feature Extraction/Segmentation Image 工具，在打开的 Segmentation Image Input File 面板中，选择"hawaii_sub_water_pan. dat"，单击 OK 按钮。

（5）在 Segmentation Image Parameters 面板中（图 10.7），可以设置如下参数：

● 最小阈值（Min Thresh Value）：设置用于图像分割最小像元值。本示例设置为 8。

● 最大阈值（Max Thresh Value）：设置用于图像分割的最大像元值。本示例设置为 20。

● 最少像元数（Population Minimum）：设置分割结果中斑块的最少像元个数。

● 连通类型（Number of Neighbors）：可选为四连通或八连通。

● 输出路径（Enter Output Filename）：设置输出路径和文件名。

（6）单击 OK 按钮，输出结果。

（7）在得到的分割结果的图层上，右键选择"Raster Color Slices"，在 Edit Raster Color Slices 面板中，单击 ▓ 按钮删除默认的分割区间。

（8）单击 ➕ 按钮新增一个分割区间，设置 Min：1，Max：4 分割区间。

（9）最终得到河流信息。

10.6 城市绿地信息提取实例

10.6.1 概述

城市绿地在改善城市生态环境和人居环境方面起着积极的作用，城市绿地面积逐渐成为衡量城市生活质量的一个重要指标。此外，城市绿地的空间分布格局与其生态效应有着密切的关系。因此，客观、准确地掌握城市绿地信息十分重要。目前，随着航天遥感技术的发展，高分辨率遥感图像在我国已经得到广泛应用，给城市绿地信息提取提供了更为有效而便捷的手段。

本实例详细介绍利用 0.5 m 空间分辨率的 WorldView-2 图像提取城市绿地空间信息的完整流程，涉及 WorldView-2 图像正射校正、融合、大气校正和面向对象图像信息提取等内容。除了使用 ENVI 主模块功能外，还需要用到大气校正扩展模块中的快速大气校正（QUAC）工具和 ENVI FX 扩展模块。

本实例数据参见"实验数据光盘\第 10 章 面向对象图像特征提取\5-城市绿地提取实例"。

10.6.2 处理流程介绍

根据 WorldView-2 图像处理特点以及城市绿地提取技术要求，采用的技术路线如下：先对 WorldView-2 数据进行预处理，包括图像融合、正射校正、大气校正；在预处理结果的基础上，采用面向对象图像信息提取的方法提取城市绿地信息；最后对提取的绿地矢量结果进行后处理。具体流程如图 10.8 所示。

1）图像获取

WorldView-2 图像数据选择带 RPC 文件的 LV2A 级数据，其中多光谱数据由 8 个波段组成，也可以是包含红光、近红外等 4 个波段组成的产品；成像时间宜为 6—9 月，因为此期间植被长势最好。

2）图像融合

根据 WorldView-2 卫星的特点，先进行全色和多光谱图像的融合，再利用全色图像的 RPC 文件对融合图像进行正射校正，得到的融合图像正射校正结果与全色图像正射校正结果在相同条件下的精度是一致的。这样的顺序能减少流程从而提高效率，并且在进行全色和多光谱的图像融合时，能保证它们之间精确的空间配准。

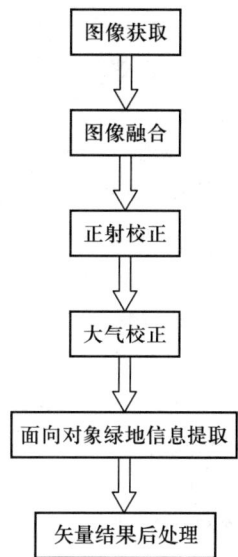

图 10.8 流程图

3）正射校正

基于"控制点+RPC+DEM"完成正射校正过程，控制点从参考图像中选择，也可以使用野外测量获取的控制点。

4）大气校正

使用快速大气校正（QUAC）工具去除部分大气的影响，在进行面向对象绿地信息提取环节中，提高计算对象的 NDVI、光谱属性值的精度。

5）面向对象绿地信息提取

选择一部分区域作为实验区，获取分类规则，包括对象分割和合并阈值、对象提取规则，然后将实验区的分类规则应用到整个图像中。

6）矢量后处理

整个过程在 ArcGIS® for Desktop 的 ArcMap 中完成，包括矢量结果检查与编辑、矢量数据拼接与裁剪、属性赋值。

提示：此处理流程中没有图像镶嵌和裁剪过程，主要是为了减少整个过程中的图像计算量以提高效率。WorldView-2 图像的空间分辨率（0.5 m）和辐射分辨率（16 位）非常高，我们采取分别对单景图像进行预处理和绿地信息提取的方式，最后对生成的绿地矢量数据进行拼接和裁剪，这样就避免了一次性处理海量图像带来的不便。基于其他高分辨图像（如 QuickBird、IKONOS、GeoEye 等）可采用类似的流程。

10.6.3　数据预处理

以下步骤中涉及的部分基础内容没有详细描述，如果遇到问题，可参考本书中相关章节内容。

第一步　图像融合

使用 ENVI 的 Gram-Schmidt Pan Sharpening 融合方法，具体操作如下：

（1）在主界面中，选择 File→Open As→Worldview2，打开 WorldView-2 多光谱（09DEC20024822-M2AS-052298937010_01_P001. TIL）和全色图像（09DEC20024822-P2AS-052298937010_01_P001. TIL）。

（2）在 Toolbox 工具箱中，双击 Image Sharpening/Gram-Schmidt Pan Sharpening 工具。在 Select Low Spatial Resolution Multi Band Input File 对话框中单击选择多光谱图像文件，单击 OK 按钮。

（3）在打开的 Select High Spatial Resolution Pan Band Input Band 对话框中选择全色图像文件，单击 OK 按钮。

（4）在 Pan Sharpening Parameters 面板中，自动识别传感器类型（Sensor）为 World-View-2；设置重采样（Resampling）方法为 Cubic Convolution。选择输出路径及文件名，

其他参数选择默认值（图10.9），单击 OK 按钮执行融合。

提示：① 如果融合的图像文件非常大，需要选择 File→Preferences，将 Directories 选项中的"Temporary Directory"选择为一个具有较大磁盘空间的目录（至少为图像融合结果大小的一倍），重启 ENVI5.1。

② 如果 WorldView-2 图像文件是以多个.TIF 文件构成的，应该选择 .TIL 文件，ENVI 会自动镶嵌 .TIF 图像文件。

第二步　图像正射校正

在正射校正之前，需要确定控制点以及输出正射校正图像的坐标系，本实例中都采

图 10.9　GS 融合参数面板

用北京54坐标系。首先在 ENVI 中定义北京54坐标系。此部分内容可参考本书第4.1节"自定义坐标系"的相关内容，或者可以直接使用"国内坐标系文件"。

提示：北京54坐标系是等角投影坐标系，对统计绿地面积会产生一定的系统误差。

下面利用控制点对图像进行正射校正，此步骤在 ENVI Classic 下完成。

（1）选择开始→ENVI5.1→Tools→ENVI Classic 启动 ENVI Classic。

（2）在 ENVI Classic 中打开第一步中的融合结果图像，在 Display 窗口中以5、3、2（R、G、B）波段组合真彩色显示。

（3）在 ENVI Classic 主菜单中，选择 Map→Orthorectification→WorldView→Orthorectify WorldView with Ground Control，打开 Ground Control Points Selection 面板。

提示：当有两个或两个以上 Display 窗口时，需要选择输入文件对应的窗口号。

（4）在 Ground Control Points Selection 面板中，单击 Change Proj…按钮。

（5）在打开的 Projection Selection 面板中，选择前面定义好的坐标系：Beijing_1954_GK_Zone_21N。单击 OK 按钮，回到 Ground Control Points Selection 面板中。开始选择地面控制点，下面使用两种选择控制点的方法。

●方法一：手动输入控制点信息。① 在校正图像 Display 中移动方框位置，寻找明显的地物特征点作为输入 GCP。② 在 Zoom 窗口中，移动定位十字光标（利用键盘↓↑←→微调），将十字光标定位到地物特征点上。③ 在 Ground Control Points Selection 面板中，将这个点坐标 x(E)、y(N)、高程（Elev）值键盘输入，单击 Add Point 按钮添加控制点。

●方法二：从参考图像上选择控制点，即从参考图像上获得坐标 x(E)、y(N)、高程（Elev）。① 打开参考图像文件"gcpimage.img"和 DEM 数据"Aster-dem.tif"。在波段列表（Available Bands List）中右键单击参考图像，选择菜单 Edit Header，在弹出的对话框中选择 Edit Attributes→Associate DEM File，将参考图像文件和 DEM 数据进行绑定，这样就可以在参考图像上获取 x、y 和相同位置的高程（Elev）值。在 Display 窗口中显示参考图像文件。② 在显示融合图像的 Display 窗口中，单击右键选择 Geographic Link，将显示校正图像和参考图像的 Display 进行地理链接。③ 在校正图像 Display 中找到明显地物特征点，并在 Zoom 窗口中用十字光标定位。由于校正图像有 RPC 文件进行基本地理定位，

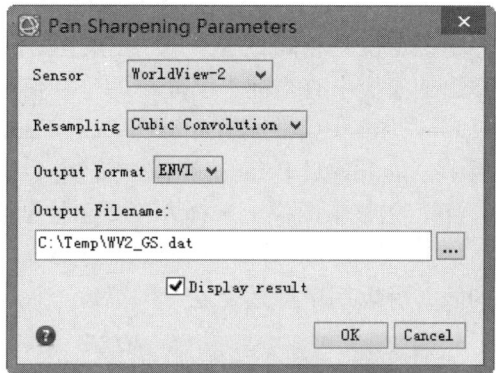

在参考图像的 Display 中会自动定位到大致位置。④ 在参考图像 Display 窗口中，单击右键选择 "Geographic Link"，断开两个 Display 窗口的地理链接，在 Zoom 窗口中移动十字光标精确定位到相同位置。⑤ 在参考图像的 Display 窗口中右键选择 Pixel Locator 菜单，在弹出的面板中有当前十字光标的坐标信息，单击 Export 按钮，自动将 x(E)、y(N)、高程（Elev）导入 Ground Control Points Selection 面板中。⑥ 在 Ground Control Points Selection 面板中，单击 Add Point 按钮添加控制点。

（6）在整景图像上选择 8～12 个控制点即可。

（7）在 Ground Control Points Selection 面板中，单击 Show List 按钮，打开选择的控制点列表，可以用鼠标选择逐个浏览每个控制点情况（图 10.10）。

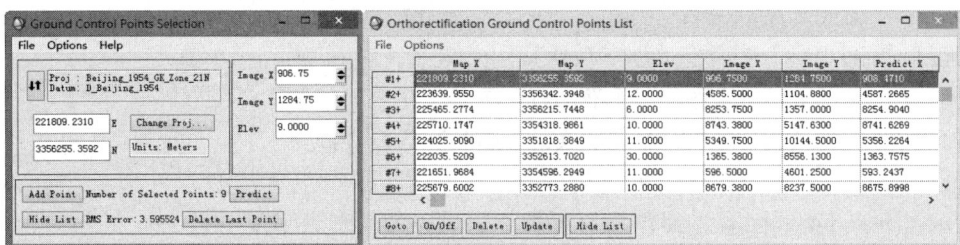

图 10.10　控制点选择面板与列表

（8）控制点的 RMS 为 3.6 个像素左右，约为 1.8 m 的误差，基本符合精度要求。

（9）在 Ground Control Points Selection 面板中，选择 Options→Orthorectify File，在文件选择对话框中选择待校正的 WorldView 文件，单击 OK 按钮，在弹出的对话框中选择 WorldView 全色图像的 RPC 文件（.rpb），之后打开 Orthorectification Parameters 面板。

（10）在 Orthorectification Parameters 面板中，单击 Select DEM File 按钮，选择 DEM 文件；单击 Change proj...按钮选择输出投影坐标系：Beijing_1954_GK_Zone_21N；选择输出路径及文件名；图像和 DEM 重采样方法：Cubic Convolution，其他参数选择默认值，如图 10.11 所示。单击 OK 按钮，执行正射校正。

提示：① 这里正射校正使用的 DEM 是像元分辨率 30 m 免费 ASTERG-Dem，这个分辨率的 DEM 远不能满足 0.5 m 图像的正射校正要求，在实际生产中需要至少 1∶5000 比例尺的 DEM 数据。

② 参考图像、控制点、DEM 数据的坐标系与正射校正结果保持一致，能减少一定的系统误差。

第三步　大气校正

使用快速大气校正（QUAC）工具完成此步骤，此操作在 ENVI5.1 中完成。

（1）在 Toolbox 工具箱中，双击 Radiometric Correction/Atmospheric Correction 工具，在文件选择对话框中选择上一步正射校正的结果，单击 OK 按钮。

（2）在打开的 QUick Atmospheric Correction Parameters 面板中，传感器类型（Sensor Type）按照默认的 Unknown 即可。

（3）设置输出文件名和路径，单击 OK 按钮执行。

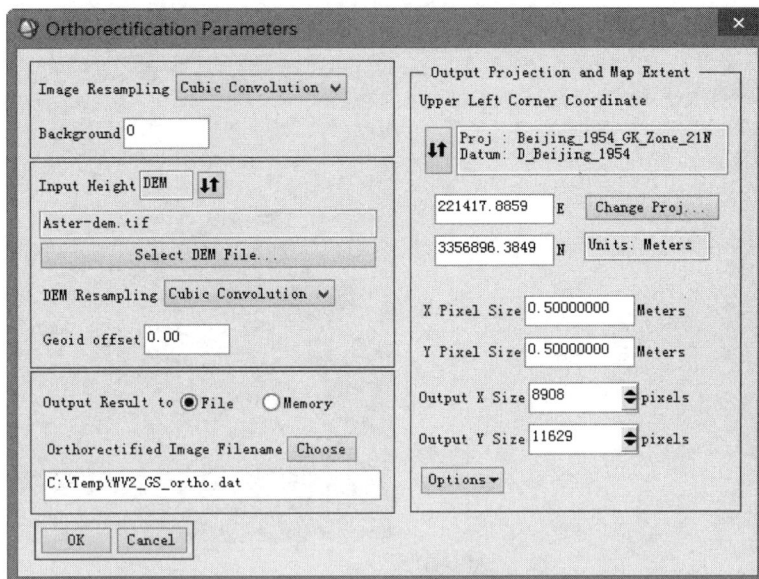

图 10.11 Orthorectification Parameters 面板

10.6.4 面向对象绿地信息提取

利用面向对象分类工具 ENVI FX 完成此过程。由于 WorldView-2 图像文件较大，我们选择一部分区域作为实验区，来确定对象分割与合并阈值、信息提取的规则，之后将试验区获取的阈值以及规则应用到整个图像文件中。

第一步　获取阈值和规则

下面介绍从实验区中获取阈值和规则。

（1）在 ENVI5.1 中打开上节中经大气校正得到的结果，默认是 RGB 真彩色显示。在图层管理（Layer Manager）中右键单击该图层，选择菜单 Change RGB Bands，以 7、5、2 波段对应 R、G、B 进行标准假彩色合成显示，植被以红色显示便于区分。

（2）通过放大、缩小、平移等工具在视窗中寻找一个区域（包含丰富的植被类型如林地、草地、花园绿化等）作为实验区，即在视窗中显示实验区域。

（3）在 Toolbox 工具箱中，双击 Feature Extraction/Rule Based Feature Extraction Workflow 工具，启动流程化工具。

（4）在 Data Selection 步骤中，单击 Input Raster 选项卡下的 Browse 按钮，选择大气校正结果图像，单击对话框下面的 Spatial Subset 按钮选择子区（图 10.12）。在右边展开的区域单击 Use View Extent 按钮，将当前可视区域作为实验区。

提示：为了后面操作的统一性，子区按照下图红框中的行列数设定（图 10.12）。

（5）在 Data Selection 步骤中单击 Custom Bands 选项卡，勾选 Normalized Difference 选项，单击 Next 按钮。

提示：如果选择了空间子区或者自定义波段，ENVI5.1 中的 FX 工具会根据设置单独

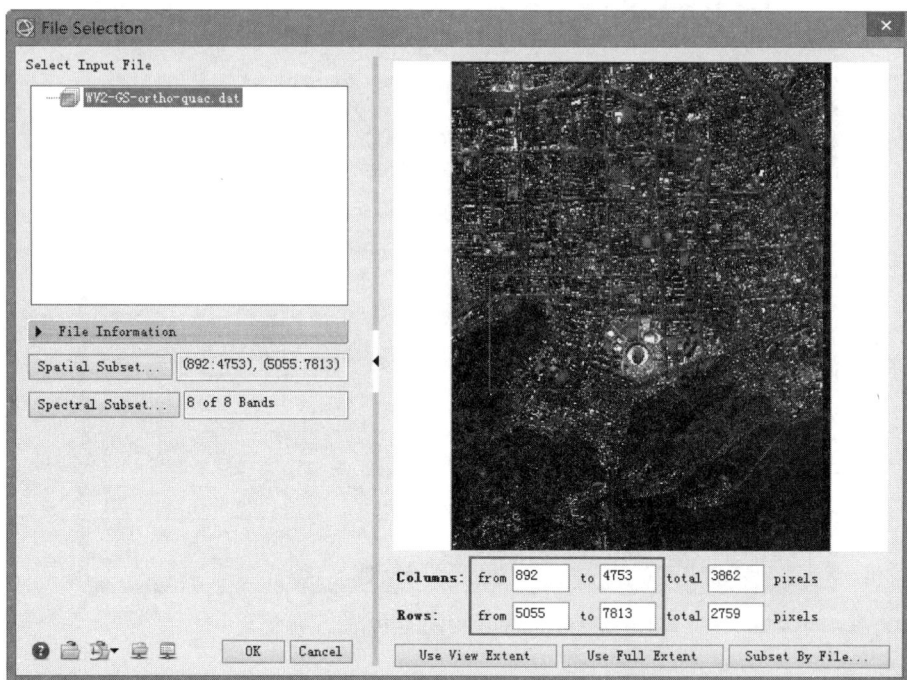

图 10.12　选择图像文件和子区域

生成一个图像文件。

（6）在 Object Creation 步骤中，确定分割和合并阈值，用标准假彩色合成的方法显示图像。

● 在 Scale Level 选项中，通过滑块或者手动输入一个分割阈值，阈值范围为 0 ~ 100，默认值是 50。值越小，分割的块越多。勾选 Preview 前的复选框可以预览分割效果。本示例设置分割阈值为 35，通过预览可以看到路边单棵树木被分割出来了。

● 在 Merge Level 选项中，通过滑块或者手动输入一个合并阈值，阈值范围为 0 ~ 100，默认是 0。值越大，被合并的块越多。通过效果预览，本示例设置阈值为 60。单击 Next 按钮进入下一步。

提示：① 为了能提取很小范围内的绿地信息（如单棵树木），合并阈值不宜设置太大；同时为了能提高后面的运算效率，需要合并部分斑块；在最后输出矢量时，相邻的相同类型斑块会自动生成一个面状矢量。② 这一步花费时间较长，是在进行分割、合并和每个对象的属性计算。

（7）计算完毕自动进入规则分类（Rule-based Classification）步骤。

利用规则分类法提取绿地信息的关键是确定规则。规则由对象属性和阈值构成，首先用到的对象属性是 NDVI，然后是确定阈值。这里介绍一种样本统计法来获取阈值，基本流程如图 10.13 所示。

提示：波段计算和波段合成是可选项，在 ENVI4.8 版本中需要根据 FX 自定义波段类型生成对应的波段；5.0 版本及以上中会自动生成一个临时文件，包括了自定义波段和子区裁剪。

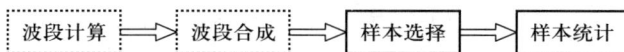

图 10.13　样本统计法流程图

（8）在 Layer Manager 中，右键单击"∗_stacked. dat"选择菜单 View Metadata，在弹出的 Metadata Viewer 面板中，选择 Raster 项，在 Dataset 中可以看到数据存放地址。下面介绍样本统计的操作过程：

① 启动一个新的 ENVI，打开临时路径下面的"WV2_GS_ortho_quac_stacked. dat"。

② 修改 R、G、B 为波段 7、5、3，显示为标准假彩色图像。植被显示为红色，比较容易识别。

③ 单击工具栏中的图标，打开 Region of Interest（ROI）Tool 面板。

④ 在面板中单击图标新建 ROI，修改 ROI Name 为"绿地"。

⑤ 在 ENVI 视窗中目视选择一些绿地作为样本，如选择路边、住宅小区等区域的绿地。

⑥ 在面板中单击图标统计"绿地"样本信息，在打开的对话框中（图 10.14）可以看到，绿地对应的 NDVI 的最小值为 0.110976。通过统计绿地样本得到一个参考阈值，下面将这个阈值应用在 FX 中。

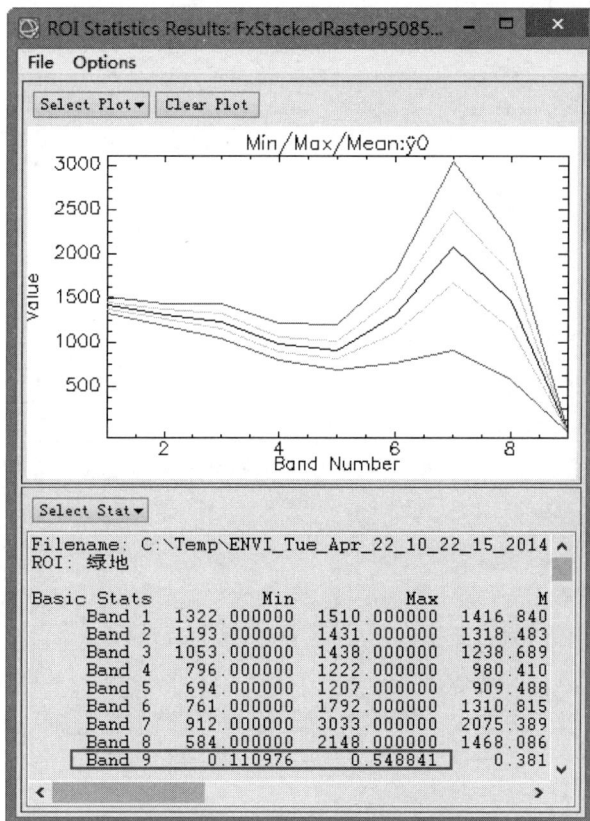

图 10.14　绿地样本统计结果

提示：不要关闭新打开的 ENVI 及 Region of Interest（ROI）Tool 面板，最小化即可。

（9）回到之前的 ENVI5.1 中，在规则分类界面中，单击 ➕ 按钮新建一个类别，修改 Class Name 一项为"绿地"。

（10）选中默认添加的第一条属性，在右侧属性面板中选择 Band：Normalized Difference，设置阈值为 >0.11。

（11）勾选 Preview 选项，在窗口中预览（Normalized Difference>0.11）结果，可发现绝大部分绿地被提取。但是，还有一些表面覆盖人造涂料的地表也被一并提取出来，如工棚、操场塑胶跑道等。下面利用样本统计法来获取区分人造涂料地表的阈值，回到前面统计样本的 ENVI 及 Region of Interest（ROI）Tool 面板。

① 在 Region of Interest（ROI）Tool 面板中，新建一个感兴趣区类型，修改 ROI Name 一项为"非绿地"。

② 在 ENVI 视窗中目视选择一些覆盖人造涂料的地物作为样本，可参考 FX 预览时被错分的地物，主要是人造工棚和屋顶颜色鲜艳的建筑物。

③ 统计"非绿地"样本信息（图 10.15）。结合前面绿地样本的统计可以发现，绿地和非绿地区域在蓝色波段（Band2）具备不同区间的 DN 值，绿地的最大值与非绿地对应的最小值基本接近，为 1431～1496。

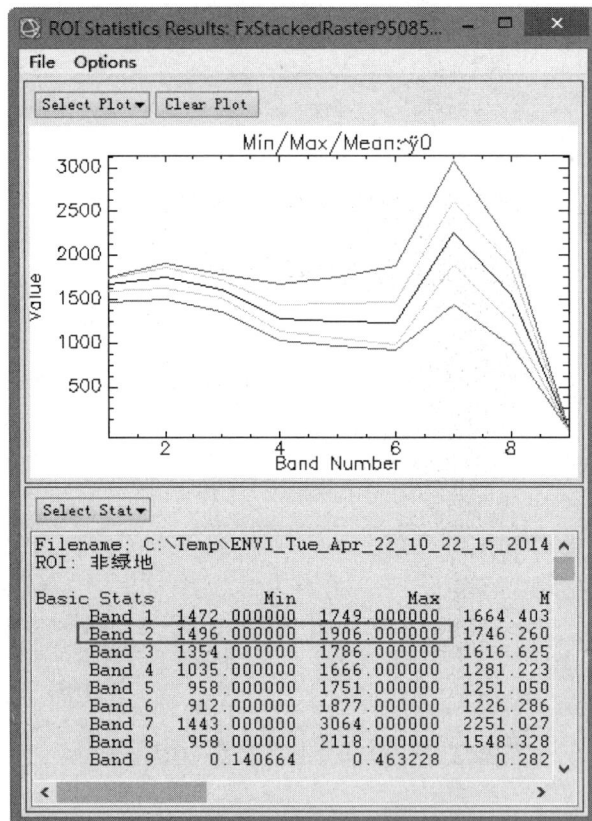

图 10.15　部分非绿地样本统计结果

（12）回到 ENVI FX 中，添加蓝色波段的平均灰度值属性。新建属性，在右侧属性面板选择 Band：Band 2，设置阈值为<1496，勾选 Preview 选项预览本规则结果，非绿地区域基本被剔除。

（13）在 Rule-based Classification 面板中单击 All Classes 选项，在窗口中预览最终结果。

（14）单击 ![按钮] 按钮保存规则文件为 "veg_ruleset. rul"。

（15）单击 Next 按钮进入到结果输出（Export）步骤，选择 Shapefile 矢量结果输出路径，单击 Auxiliary Export 选项卡，将规则文件和报告文档输出到本地。

可以看到最终从实验区提取的绿地矢量结果。

通过以上选择一定图像区域进行实验，获得整景图像比较理想的面相对象分类阈值和规则：

- 分割阈值：35。
- 合并阈值：60。

规则：

- Normalized Difference>0. 11。
- Spectral Mean：Band 2<1496。

第二步 应用规则

再次应用 ENVI5. 1 下的面向对象分类工具 FX，基于此分类规则从整景图像上提取绿地信息，详细操作过程这里不再赘述。

基于面向对象分类方法从 WorldView-2 图像中提取了绿地信息，并以 Shapefile 矢量格式输出。这个步骤是对提取的绿地矢量结果进行后处理，包括矢量结果检查与编辑、矢量数据拼接与裁剪、属性赋值。整个过程在 ArcGIS® for Desktop 中完成，下面简单介绍处理内容，详细内容可查阅相关书籍。

（1）矢量结果检查与编辑。在 ArcMap 中打开 WorldView-2 图像数据、绿地矢量结果。启动 ArcMap 矢量编辑功能，通过目视的方式检查绿地矢量结果，修改错误的地方。

（2）矢量数据拼接与裁剪。从多景遥感图像上提取绿地矢量结果，可使用 ArcMap 中的矢量合并功能完成矢量结果的拼接：

- ArcToolbox 工具箱→Data Management Tools→General→Merge；
- 用行政区矢量数据裁剪上述得到的拼接结果，可使用 ArcMap 中的以下工具：ArcToolbox 工具箱→Analyst Tools→Extract→Clip。

（3）属性赋值。绿地矢量结果包括了面积属性字段，还需要增加绿地类型字段。将获取的绿地矢量结果分为公园绿地、生产绿地、防护绿地、附属绿地、其他绿地。完成这个过程需要一个矢量数据：城市用地分类。使用 ArcMap 中的识别工具对两个矢量数据进行识别分析，将"城市用地分类"中与"绿地矢量"空间对应的图斑添加城市用地分类信息，参照中华人民共和国行业标准《城市绿地分类标准》（CJJ/T 85—2002）进一步完成属性赋值。ArcMap 中的识别分析工具为：ArcToolbox 工具箱→Analyst Tools→Overlay→Identity。

10.6.5　常见问题

当工程区域覆盖范围很大时，WorldView-2 图像的数据量可能非常大，我们可以在保证质量的情况下减少数据量，以提高工作效率。例如，可以通过减少波段数量及裁剪图像区域来减少数据量。

WorldView-2 图像数据由 8 个波段组成，对绿地敏感波段为红光和近红外波段。在面向对象图像分类中，考虑到分割精度，可使用 R、G、B、NIR 这 4 个波段参与图像分割。因此在图像融合过程中，选择低分辨率的多光谱图像文件时可以进行"Spectral Subset"，保留"Band7、5、3、2"。这样数据量能减少一半，对结果影响也较小。

另外，如果单景图像只有部分图像区域在工程区范围内，在完成正射校正后，可使用工程区范围内的矢量数据去裁剪这景图像。

在面向对象绿地信息提取环节中，如果单景图像数据量太大（如>10 GB），容易造成 FX 工具在对象分割、合并及属性计算等环节时间过长，甚至软件异常退出。针对这种情况，建议将单景图像（完成大气校正后）均匀分成两部分或者 4 部分，可使用 ENVI 中的 Spatial Subset 工具完成。ENVI 主界面中，选择 File→Save File As→ENVI Standard，在选择图像文件对话框中打开 Spatial Subset，设置列（Samples）和行（Lines）的起始与终点（像素为单位）位置。

第 11 章　地形分析与可视化

数字高程模型（Digital Elevation Model, DEM）是用一组有序数值阵列形式表示地面高程的一种实体地面模型。DEM 除了包括地面高程信息外，还可以派生地貌特性，包括坡度和坡向等，还可以计算地形特征参数，包括山峰、山脊、平原、位面、河道和沟谷等。建立 DEM 的方法有多种，按数据源及采集方式主要包括根据航空或航天图像，通过摄影测量途径获取；野外测量或者从现有地形图上采集高程点或者等高线，再通过内插生成 DEM 等方法。

DEM 广泛用于生产地图产品，如等高线地图和正射地图等，还可用于高速路和铁路的规划。在遥感应用中，DEM 用于制图、正射校正和土地利用分类。

本章主要介绍以下内容：

➢ 立体像对 DEM 自动提取
➢ 插值生成 DEM
➢ 地形模型计算和特征提取
➢ 可视域分析工具
➢ 三维地形可视化

11.1　立体像对 DEM 自动提取

首先需要确认拥有 DEM Extraction 扩展模块的使用许可。

11.1.1　DEM Extraction 模块

DEM Extraction 是 ENVI 的 DEM 自动提取扩展模块，它能够简单、快速地从多种数据源创建 DEM，包括扫描、数字航空图像，或者沿轨道方向、垂直轨道方向的推扫式卫星传感器，如 ALOS PRISM、ASTER、CARTOSAT – 1、FORMOSAT – 2、GeoEye – 1、IKONOS、KOMPSAT–2、OrbView–3、QuickBird、WorldView、RapidEye、SPOT 1 ~ 6 以及国产的资源三号和天绘卫星系列等。沿轨道方向立体图像是同一轨道上（通常超过一个传感器），从不同角度观测地球获得的；垂直轨道立体图像是同一传感器在不同轨道获得的。DEM Extraction 模块要求立体图像包含 RPC 文件，RPC 文件用来产生 Tie 点和计算立体图像之间的关系。

DEM Extraction 模块除了 DEM 自动提取向导外，还包括 3 个 DEM 工具：DEM 编辑工具、立体 3D 量测工具和核线图像 3D 光标工具（Epipolar 3D Cursor Tool）。立体 3D 量测工具可以从立体像对中量测一个点的高程信息；核线图像 3D 光标工具可以在 3D 立体视图环境中，基于已存在的核线立体相对图像进行 3D 量测。

在 Toolbox 工具箱中，双击 Terrain→DEM Extraction 工具，打开 DEM Extraction 模块功能命令，菜单命令及其功能说明如表 11.1 所示。

表 11.1　DEM Extraction 模块菜单命令及其功能说明

菜 单 命 令	功 能 说 明
Build Epipolar Images	创建核线图像
DEM Extraction Wizard New	新建 DEM 自动提取向导工程
DEM Extraction Wizard: Use Previous File	打开 DEM 自动提取向导工程文件
Edit DEM Result	编辑 DEM 结果
Epipolar 3D Cursor	核线图像 3D 光标工具
Extract DEM	提取 DEM，需要控制点文件、连接点文件等外部辅助文件
Select Stereo GCPs	选择立体像对的地面控制点（GCP）
Select Stereo Tie Points	选择立体像对的连接点（Tie）
Stereo 3D Measurement	立体 3D 量测工具

DEM Extraction 模块可以输出两种 DEM：相对 DEM 和绝对 DEM，输出类型取决于图像与其相关联的信息。如果没有地面控制点信息，DEM 自动提取向导的结果是相对高程 DEM；在有地面控制点情况下，可以得到绝对高程 DEM。

11.1.2　DEM 自动提取向导

DEM 自动提取向导主要包括 6 个过程（图 11.1），其中定义地面控制点和定义连接点可以单独运行，也可以在向导中定义。

下面以 ASTER Level 1 级数据为数据源（参见实验数据光盘\第 11 章 地形分析与可视化\01-立体像对），详细介绍 DEM 自动提取向导的操作过程。ASTER Level 1 级数据以 HDF-EOS 格式提供，由两个文件组成（.hdf 和 .met），它包括了一个标准垂视（3N）和后视（3B）图像。

美日联合数据工作组确定了 ASTER 提取的 DEM 产品标准，相对 DEM 是参考图像内的最低点，不需要 GCP，仅通过卫星星历数据来计算外方位元素，提取的 DEM 精度范围为 10 ~ 30 m（Fujisada，1995）。绝对 DEM 的精度根据 GCP 的提供情况而定，精度为 7 ~ 50 m（Hirano et al.，2003）。

第一步　输入立体像对图像

（1）在主界面中，选择 File→Open As→EOS→ASTER，选择 "AST_L1A.hdf" 文件打开。

（2）在 Toolbox 工具箱中，双击 Terrain/DEM Extraction/DEM Extraction Wizard: New 工具，打开 DEM Extraction Wizard 面板（图 11.2），分为 9 个子步骤（Step1 ~ 9）。

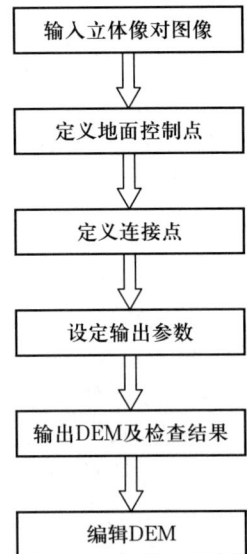

图 11.1　DEM 自动提取
向导工作流程

（3）单击 Select Stereo Images 按钮，选择 ASTER VNIR Band3N 作为左视图像（Left Image）；选择 ASTER VNIR Band3B 作为右视图像（Right Image）。

（4）系统自动根据自带的 RPC 文件（或者星历数据）获得图像区域的最大高程和最小高程，也可以根据已知信息手动输入。

（5）单击 Next 按钮，进入 Step 2 操作。

提示：一般推荐垂直获得图像（nadir-viewing）作为左视图，非垂直方向（off-nadir viewing）获得图像作为右视图。可以简单对比立体像对两幅图像的地面分辨率，分辨率高的当作左视图像。

第二步 定义地面控制点

ENVI 提供 3 种定义控制点方法（图 11.3）。

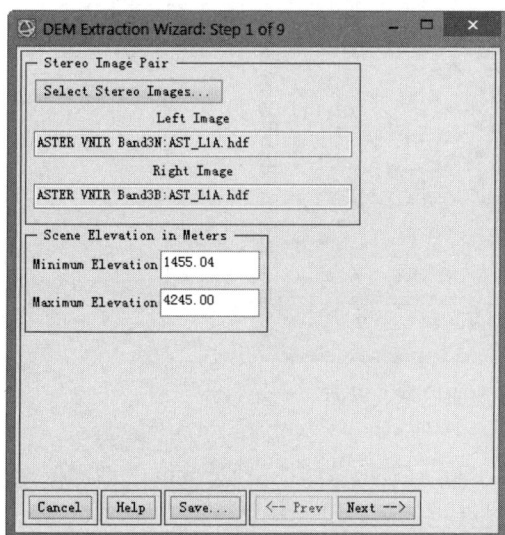

图 11.2   Step1 DEM Extraction Wizard 面板   图 11.3   Step 2 选择定义地面控制点的方式

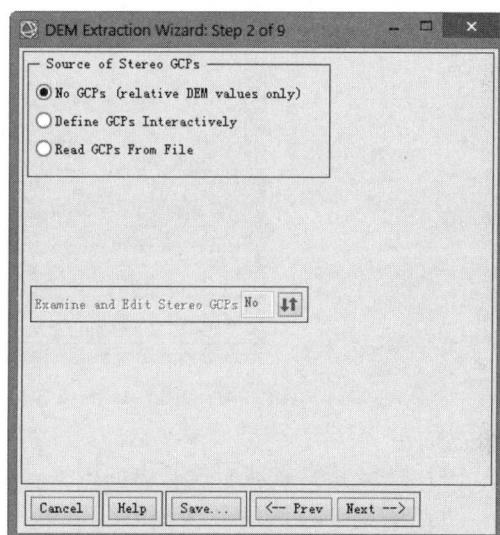

1）No GCPs（relative DEM Values only）

无控制点，选择这个选项得到的 DEM 是相对高程。

2）Define GCPs Interactively

交互式选择控制点，选择这个选项单击 Next 按钮，打开交互定义地面控制点界面（图 11.4）。控制点选择过程与"Image to Map 几何校正"类似，下面为具体操作过程：

（1）选择 Define GCPs Interactively 选项，单击 Next 按钮，进入交互定义地面控制点界面（图 11.4）。

（2）在显示左、右图像的 Display 窗口中移动方框位置，寻找地面控制点在图像上的位置。

（3）在 Zoom 窗口中，移动定位十字光标，将十字光标定位到地面控制点上。

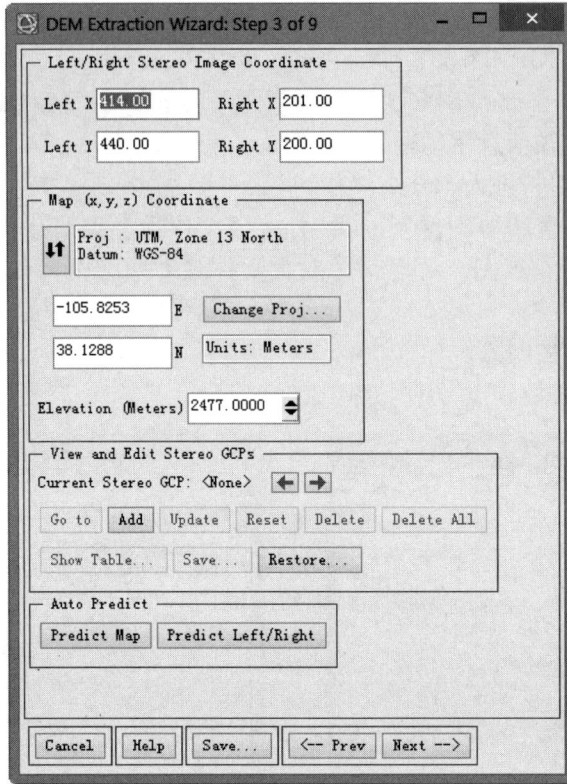

图 11.4　Step 3 交互定义地面控制点界面

（4）在交互定义地面控制点面板上，将该点坐标 $x(\mathrm{E})$、$y(\mathrm{N})$、Elevation 键盘输入。

（5）重复（2）~（4）步骤继续采集其他控制点。

（6）通过 Auto Predict 选项预测辅助选择控制点。

● Predict Map：在图像上确定好位置，单击这个按钮估算控制点坐标。

● Predict Left/Right：输入控制点坐标，单击这个按钮在图像上预测大致位置。

（7）单击 Show Table 按钮，打开控制点列表。

（8）定义好控制点后，单击 Next 按钮进入下一步操作。

3）Read GCPs From File

从外部文件中读取控制点（.pts）。本例中选择 No GCPs（relative DEM value only），单击 Next 按钮，进入 Step 4 步骤。

第三步　定义连接点

ENVI 提供 3 种定义连接点方法：

1）Generate Tie Points Automatically

基于区域灰度匹配法自动寻找重叠区的连接点，如图 11.5 所示。以下是几个参数说明。

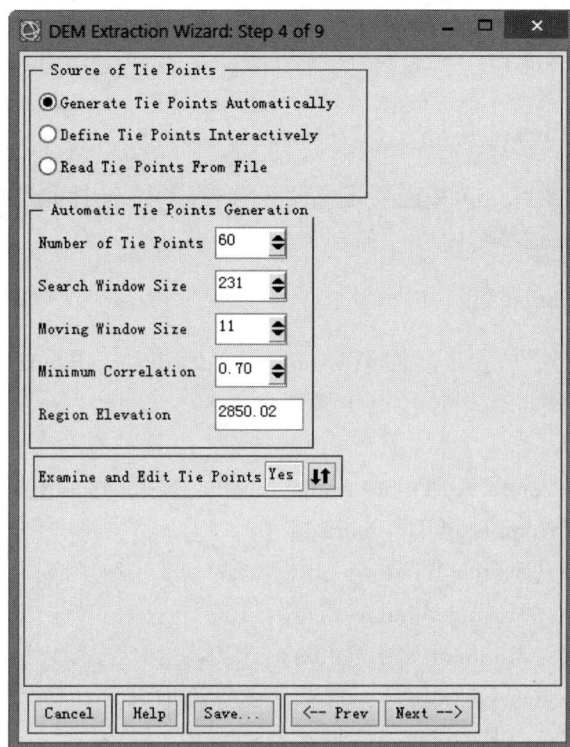

图 11.5　Step 4 自动寻找重叠区的匹配点

- 连接点数目（Number of Tie Points）：需要寻找连接点的数量。
- 搜索窗口大小（Search Window Size）：大于或等于 21 的任意整数，并且必须比移动窗口大。该参数的值越大，找到匹配点的可能性也越大，但同时也要耗费更多的计算时间。

提示：大致确定搜索窗口大小的方法：在立体像对（带有粗略地理坐标）两个图像上找到一个同名点，量测两个图像上同名点的距离 D（像素单位），搜索窗口大小可设置为（$D+1$）*2。

- 移动窗口大小（Moving Window Size）：在搜索窗口中进行检查，寻找地形特征匹配的小区域。移动窗口大小必须是奇数。最小的移动窗口大小是 5，即为 5 像素×5 像素。使用较大的移动窗口将会获得更加可靠的匹配结果，但也需要更多的处理时间。移动窗口的大小与图像空间分辨率有关，根据如下所列设置：大于等于 10 m 分辨率图像，设置值的范围是 9~15；5~10 m 分辨率图像，设置值的范围是 11~21；1~5 m 分辨率图像，设置值的范围是 15~41；小于 1 m 分辨率图像，设置值的范围是 21~81 或者更高。

- 最小相关系数（Minimum Correlation）：设置 0.00~1.00，这是相关系数阈值，用于确定两个 Tie 点匹配的质量。如果相关系数小于这个最小值，那么这两个点匹配得不好而被删除。使用一个较小的阈值可以得到更多的 Tie 点，但降低了匹配的准确性。更高的阈值提高了精度，但得到更少的 Tie 点。一般来说，需要设置大于 0.6。

- 平均高程（Region Elevation）：自动从图像读取，根据提供的 RPC 文件计算得到。

- 是否检查连接点（Examine and Edit Tie Points）：如果选择"Yes"，单击 Next 按钮，

进入查看/添加/编辑连接点步骤（Step 5）；选择"No"，直接跳过查看/添加/编辑连接点步骤（Step 5）。

2）Define Tie Point Interactively

人机交互式定义连接点（至少需要定义 9 个连接点）。选择此选项单击 Next 按钮，进入查看/添加/编辑连接点步骤（Step 5）。

3）Read Tie Points From File

读取外部连接点文件（.pts）。如果 Examine and Edit Tie Points 项选择"Yes"，单击 Next 按钮，进入查看/添加/编辑连接点步骤（Step 5）；选择"No"，直接跳过查看/添加/编辑连接点步骤（Step 5）。

本例中选择的是 Generate Tie Points Automatically 选项，按照上述内容设置好参数

（1）连接点数目（Number of Tie Points）：60。

（2）搜索窗口大小（Search Windows Size）：231。

（3）移动窗口大小（Moving Window Size）：15。

（4）最小相关系数（Minimum Correlation）：0.7。

（5）平均高程（Region Elevation）：自动从图像读取。

（6）是否检查连接点（Examine and Edit Tie Points）：Yes。

（7）单击 Next 按钮，进入查看/添加/编辑连接点步骤（图 11.6）。

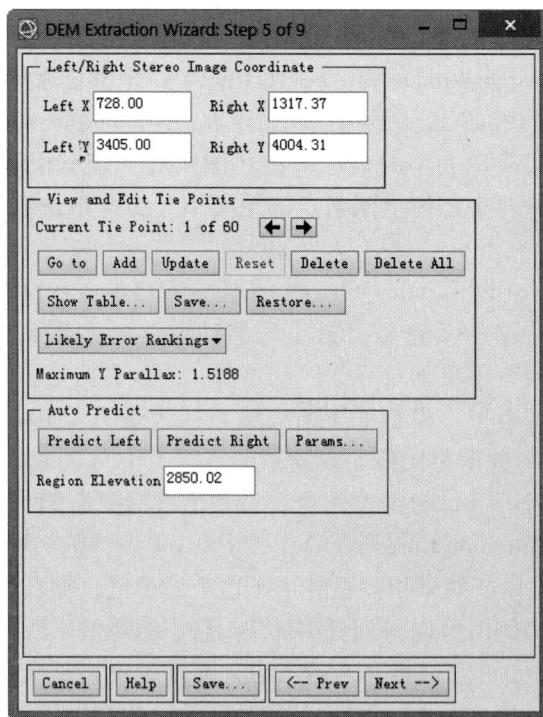

图 11.6　Step 5 查看/添加/编辑连接点

（8）利用这个面板上的功能按钮手动添加新的连接点，编辑已选择的连接点。每个按钮命令的功能说明如表 11.2 所示。

表 11.2 查看/添加/编辑连接点界面按钮命令及功能说明

按 钮 命 令	功 能 说 明
Go to	在图像上定位当前选择的连接点
Add	将左右图像的 Zoom 窗口的十字光标定位到同一位置，单击此按钮新增连接点
Update	选择一个需要编辑的连接点，移动左右图像的 Zoom 窗口的十字光标重新定位一个新位置，单击此按钮，用当前图像的十字光标位置更新连接点的位置
Reset	重设当前选择的连接点回到最初位置，取消之前对该点的所有编辑
Delete	删除当前选择的连接点
Delete All	删除所有连接点
Show/Hide Table	打开/关闭连接点列表
Save	将定义的连接点保存为外部文件
Restore	打开外部连接点文件
Likely Error Rankings	列表方式显示各个连接点的可能性误差队列，以误差从大到小排序方式显示。如果误差队列值为 0～1，是合格连接点；如果队列值大于1，需要检查连接点的正确性。单击列表中显示的连接点，可以将这个点作为当前选择点，并在左、右图像上定位
Predict Left	当在右边图像定位好一个连接点后，利用此按钮可以在左边图像上预测大致位置
Predict Right	当在左边图像定位好一个连接点后，利用此按钮可以在右边图像上预测大致位置
Params	设置预测点参数，包括搜索窗口大小和移动窗口大小

（9）当连接点数量大于9个，且最大 Y 方向视差（Maximum Y Parallax）的值小于10（像素为单位）时，单击 Next 按钮，进入 Step 6 步骤。

在 Step 6 步骤中（图 11.7），利用连接点计算生成核线图像（Epipolar Image），核线图像描述了立体像对之间的像素关系，可以利用立体眼镜浏览 3D 效果。

（1）分别为左、右核线图像选择保存路径及文件名。

（2）核线图像缩放系数（Epipolar Reduction Factor），默认值为 1（不缩放）。

（3）单击 RGB＝Left、Right、Right 或者 RGB＝Right、Left、Left 按钮，在 Display 窗口中显示核线图像，如果有立体眼镜还可以浏览 3D 效果。

（4）单击 Next 按钮，进入 Step 7 步骤。

第四步 设定输出参数

Step 7 步骤是设定输出 DEM 的投影参数、像元大小和范围（图 11.8），单击 Next 按钮，进入 Step 8 步骤。

Step 8 步骤是设定生成 DEM 参数（图 11.9）。需要设定参数如下：

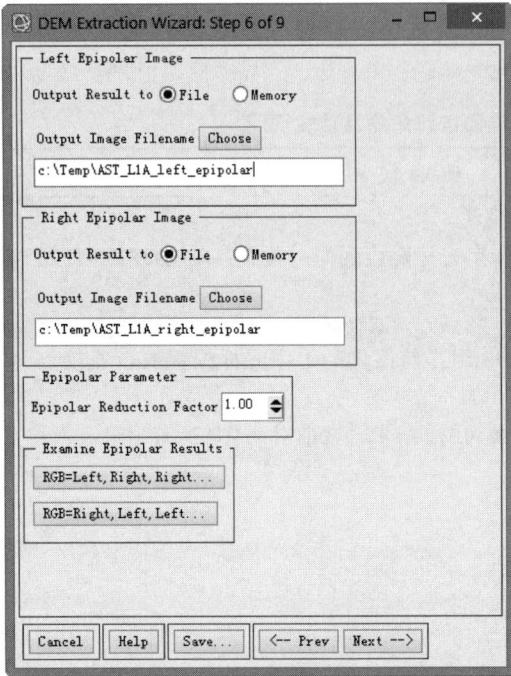

图 11.7　Step 6 生成核线图像

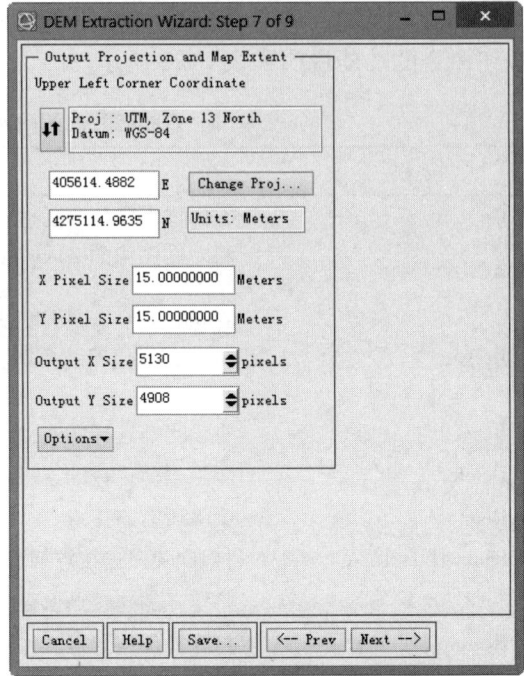

图 11.8　Step 7 设定 DEM 输出投影参数

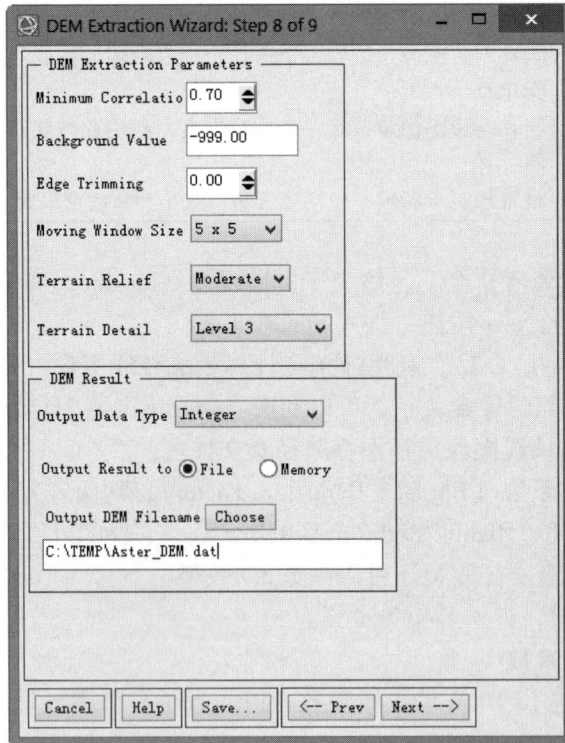

图 11.9　Step 8 设定生成 DEM 参数

（1）最小相关系数阈值（Minimum Correlation）：范围是 0～1，用以评价两个点匹配好坏。该阈值越大，匹配精度越高，能得到的匹配点越少。一般设定为 0.65～0.85。

（2）背景值（Background Value）：设定 DEM 的背景像素值。

（3）外边界清理焊缝（Edge Trimming）：范围是 0.0～0.6。设定输出 DEM 外边界清理焊缝宽度，用占整个 DEM 的百分比来表示。

（4）移动窗口大小（Moving Window Size）：定义计算两图像相关性的范围大小，用来执行图像匹配。值越大越可靠，精确的匹配结果越少，计算量越大。

（5）地形地貌（Terrain Relief）：分为 Low、Moderate 和 High 3 个级别。Low 用于地形平坦覆盖区域；Moderate 用于大多数地形；High 用于山区，地形、地貌很明显的区域。

（6）地形细部（Terrain Detail）：设置 DEM 地形细节等级。等级越高，生成的 DEM 越精细，处理时间越长。

（7）数据输出类型（Output Data Type）：16 位的"Integer"和 32 位的"Floating Point"。

（8）选择 DEM 输出路径及文件名。

（9）单击 Next 按钮，执行 DEM 生成过程。之后进入 Step 9 步骤。

第五步 输出 DEM 及检查结果

到 Step 9 步骤已经产生了 DEM 结果（图 11.10），单击 Load DEM Result to Display 按钮，在 Display 窗口中显示 DEM。

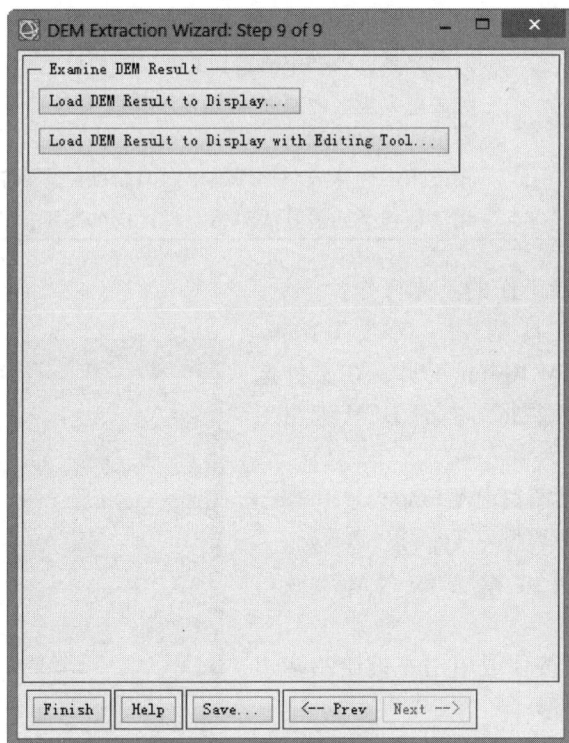

图 11.10 Step 9 输出 DEM 及检查结果

第六步　编辑 DEM

在 Step 9 步骤中，单击 Load DEM Result to Display with Editing Tool 按钮，打开 DEM 编辑窗口，对生成的 DEM 进行编辑（详细操作参考本书第 11.1.3 节"编辑 DEM"的相关内容）。

单击 Save 按钮，将整个操作流程保存为工程文件；单击 Finish 按钮，完成整个 DEM 提取流程。

11.1.3　编辑 DEM

在 DEM 自动提取向导的最后一步（Step 9 步骤）中，单击 Load DEM Result to Display with Editing Tool 按钮，可以打开 DEM 编辑工具并将 DEM 数据显示在 Display 窗口中。也可以在 Toolbox 工具箱中，双击 Terrain/DEM Extraction/Edit DEM Result 工具，打开 DEM 编辑工具。DEM 编辑工具提供 7 种方法在感兴趣区内编辑 DEM 数据的高程值。表 11.3 是这 7 种方法的说明。

表 11.3　编辑 DEM 高程值的 7 种方法

方　　法	说　　明
Replace with value	用指定的值替换感兴趣区内的高程值，需要设定一个替代常量
Replace with mean	用感兴趣区内原来的平均高程值替换整个感兴趣区内的高程值
Smooth	对感兴趣区内做低通卷积滤波，需要设定一个卷积核，默认为 3×3
Median Filter	对感兴趣区内做中值卷积滤波，需要设定一个卷积核，默认为 3×3
Noise Removal	如果感兴趣区内原高程值大于其周围高程值的标准差，则用周围高程值的中值代替
Triangulate	用三角内插算法对感兴趣区内的高程值重新插值
Thin Plate Spline	用薄板样条插值算法对感兴趣区内的高程值重新插值

下面介绍 DEM 编辑工作的具体操作：

（1）在 Toolbox 工具箱中，双击 Terrain/DEM Extraction/Edit DEM Result 工具，在文件选择框中选择编辑的 DEM 数据，打开 DEM 编辑工具（图 11.11）。

（2）选择 ROI 定义窗口（Window）：Image。

（3）选择 ROI 定义类型（Type）：Polygon。

（4）选择像素值编辑方法（Method）：Replace with mean。

（5）在 Image 窗口按住或单击左键绘制多边形，单击右键闭合多边形。

（6）在 DEM Editing Tool 面板上，单击 Apply to Region of Interest 按钮，执行编辑。

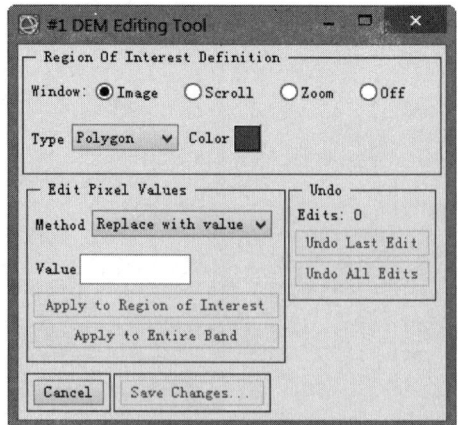

图 11.11　DEM 编辑工具

（7）在 Image 窗口中，单击鼠标中键删除绘制的 ROI，重复（5）、（6）步骤继续编辑其他区域的 DEM。

（8）在 Undo 功能区内显示了编辑次数，利用 Undo Last Edit 或者 Undo All Edit 按钮可以取消之前的编辑。

（9）完成所有的 DEM 编辑区域后，单击 Save Changes 按钮，保存修改结果。

11.1.4   立体 3D 量测工具

利用立体 3D 量测工具（The Stereo Pair 3D Measurement Tool）可以从两幅立体图像中得到点的（x，y，z）坐标值，并可以输出为 ASCII 文件、EVF 矢量文件和 ArcView 3D shapefile 文件。

下面以 ASTER Level 1 级数据为数据源，具体介绍该工具的操作过程。

（1）在主界面中，选择 File→Open As→EOS→ASTER，选择"AST_L1A. hdf"文件并打开。

（2）在 Toolbox 工具箱中，双击 Terrain→ DEM Extraction→Stereo 3D Measurement 工具，选择" ASTER VNIR Band3N "作为左视图（Left Stereo Pair Image）、" ASTER VNIR Band3B"作为右视图（Right Stereo Pair Image）。打开 Stereo Pair 3D Measurement Tool 面板（图 11.12）。

（3）在左视图或右视图窗口中，用 Zoom 的十字光标定位到需要收集的点位。单击 Predict Right 按钮或者 Predict Left 按钮预测另外一个图像上对应位置。如果预测精度太差，单击 Params 按钮，将 Search Window Size 的值设得大一些，或者手动进行调整。

（4）单击 Get Map Location 按钮，获取当前位置坐标。

（5）单击 Export Location 按钮，导出坐标信息（图 11.13）。

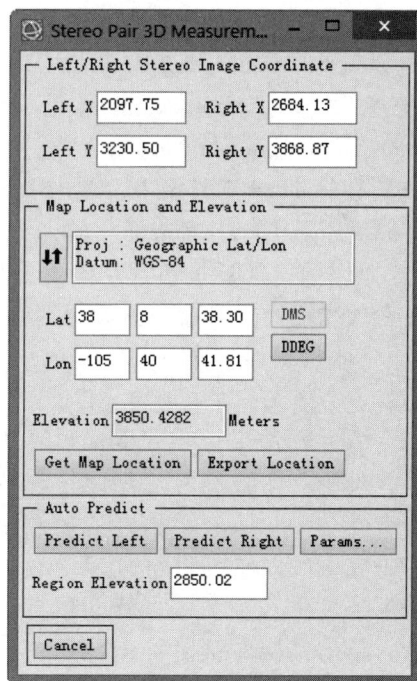

图 11.12   Stereo Pair 3D Measurement Tool 面板

（6）在 ENVI Point Collection 面板中，可以查看所有收集的点坐标信息。

（7）在 ENVI Point Collection 面板中，选择 File→Save Points As→选择一种保存格式。

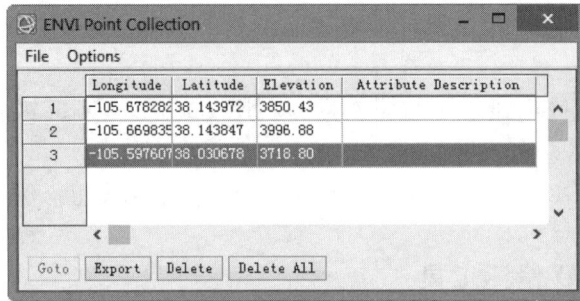

图 11.13　坐标信息收集

11.1.5　核线图像 3D 光标工具

核线图像 3D 光标（Epipolar 3D Cursor）工具可以基于核线图像构成的 3D 立体视图进行 3D 量测。并可以输出为 ASCII 文件、EVF 矢量文件和 ArcView 3D Shapefile 文件。

使用这个工具之前，必须有核线图像构成立体像对，核线图像可以在 DEM 自动提取向导的 Step 6（Generating Epipolar Images）中生成，也可以利用 Toolbox 工具箱/Terrain/DEM Extraction/Build Epipolar Images 生成。

（1）在 Toolbox 工具箱中，双击 Terrain→DEM Extraction→Epipolar 3D Cursor 工具。分别选择左、右核线图像，单击 OK 按钮，左核线图像作为红色波段，右核线图像作为蓝色波段显示在 Display 窗口中，同时打开 Epipolar 3D Cursor 面板（图 11.14）。

（2）在主图像窗口中，鼠标显示为红色和蓝色指针，当用立体眼镜（红绿眼镜）观察时，两个指针合并为一个指针。指针的控制是通过鼠标和键盘来完成的，如表 11.4 所示。

（3）在主图像窗口中，移动鼠标到需要收集的位置，单击鼠标左键使得 3D 指针吸住（Snap）地面。

（4）如果对 3D 指针定位位置满意，单击鼠标滚轮将当前点的（x, y, z）坐标导入 ENVI Point Collection table 中。

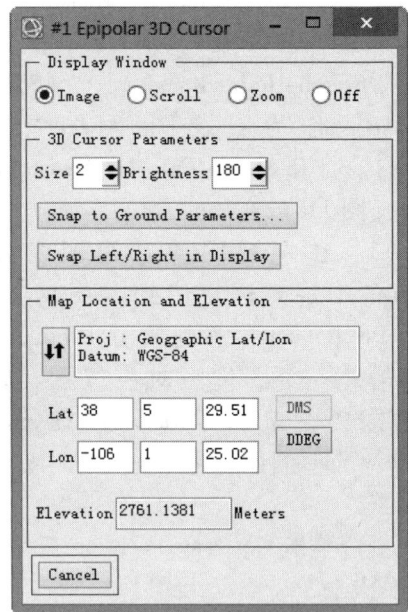

图 11.14　Epipolar 3D Cursor 面板

表 11.4　鼠标和键盘操作说明

鼠标/键盘	功 能 说 明
鼠标	移动 3D 指针
鼠标左键	使 3D 指针吸住（Snap）地面

鼠标/键盘	功 能 说 明
鼠标中键	将当前点的 (x, y, z) 坐标导入 ENVI Point Collection table 中
→ （键盘）	向右移动 3D 指针一个像素单位
← （键盘）	向左移动 3D 指针一个像素单位
↑ （键盘）	向上移动 3D 指针一个像素单位
↓ （键盘）	向下移动 3D 指针一个像素单位
加号（+）（键盘）	增加 3D 指针表观高程
减号（−）（键盘）	减少 3D 指针表观高程

11.2 插值生成 DEM

11.2.1 矢量等高线插值 DEM

在矢量等高线的基础上，经过插值得到三维地表面是一种常见的 DEM 生成途径。ENVI 的 Convert Contours to DEM 工具采用线性（Linear）或者五次多项式内插（Quintic）插值算法，对矢量等高线插值，输出一个连续的栅格 DEM 文件。

矢量数据必须是 ENVI 矢量格式数据（.evf），如果矢量数据是其他格式（如 Shapefile），把它转换成 ENVI 矢量格式也很简单，只需在 ENVI 中打开这个矢量数据，ENVI 则自动将矢量数据转换到 ENVI 矢量格式。EVF 文件必须包含用于指定每个矢量等高线的高程的属性。

（1）在 Toolbox 工具箱中，双击 Terrain→Convert Contours to DEM 工具，选择矢量等高线数据，打开 Convert Vector Elevation Contours to Raster DEM 对话框（图 11.15）。

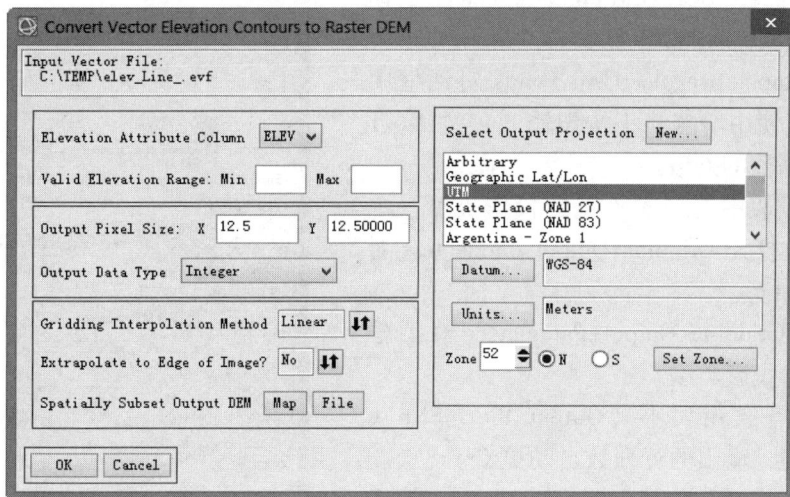

图 11.15 Convert Vector Elevation Contours to Raster DEM 对话框

（2）高程属性字段（Elevation Attribute Column）：选择存储高程信息的字段。

（3）设置有效高程范围（Valid Elevation Range）：可选项，设置用于插值的高程值。

（4）输出像元大小（Output Piexl Size）：根据矢量信息自动计算一个值，如重新设置一个值，要适当大于矢量节点的采样距离。

（5）输出数据类型（Type）：根据高程值覆盖范围选择一个数据类型。

（6）插值算法（Gridding Interpolation Method）：线性（Linear）或者五次多项式内插（Quintic）。

（7）是否外推图像边沿（the Extrapolate Edge of Image）：Yes 或 No。

（8）选择空间子集（Spatially Subset Output DEM）：基于地图坐标范围（Map）或者文件（File）。

（9）定义输出投影参考（Select Output Projection）。

（10）单击 OK 按钮，打开 DEM Output Parameters 对话框，选择 DEM 输出路径及文件名，单击 OK 按钮，执行操作。

提示：当定义输出投影参考选择 "Geographic Lat/Lon" 时，输出像元大小（Output Piexl Size）的单位是度（°）。

11.2.2　高程点文件插值 DEM

ENVI 的 Rasterize Point Data 工具可以将不规则点数据内插为一幅栅格图像（DEM）。它基于 Delaunay 三角测量，选用线性或五次多项式内插算法。不规则点读自 ASCII 文件，包括（X，Y，Z）值。

（1）在 Toolbox 工具箱中，双击 Terrain→Rasterize Point Data 工具。

（2）在 Enter ASCII Grid Points Filename 对话框中，选择需要输入的 ASCII 文件 "lnpts. dat"。

（3）在 Input Irregular Grid Points 对话框中（图 11.16），使用增减箭头按钮输入包含 X、Y 位置和 Z 数据值的列数。

（4）从列表中选择输入点的投影类型，单击 OK 按钮，打开 Gridding Output Parameters 对话框（图 11.17）。

（5）在 Gridding Output Parameters 对话框中，选择输出投影类型。

（6）输出像元大小（Output Piexl Size）：20，按回车键，输出的行列数自动更新。

（7）插值算法（Interpolation）：线性（Linear）。

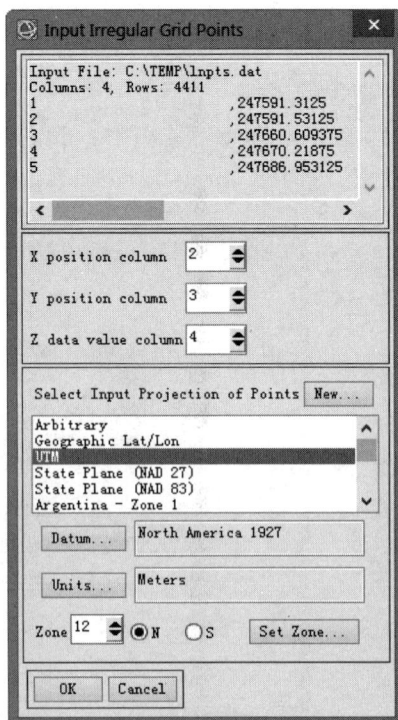

图 11.16　Input Irregular Grid Points 对话框

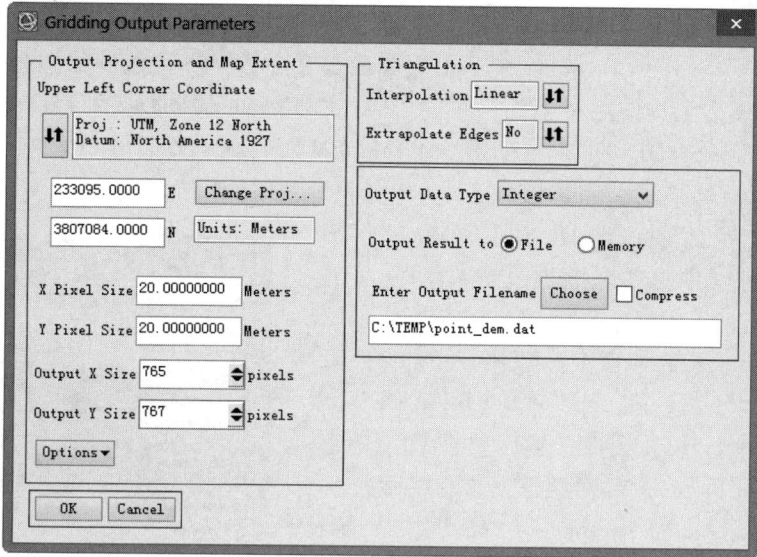

图 11.17 Gridding Output Parameters 对话框

（8）是否外推图像边沿（Extrapolate Edge）：No。
（9）输出数据类型（Type）：Integer。
（10）选择 DEM 数据路径及文件名。
（11）单击 OK 按钮，执行插值。

11.3　地形模型计算和特征提取

11.3.1　地形模型计算

ENVI 可以从 DEM 上计算一些地形模型，包括坡度（Slope）、坡向（Aspect）、阴影地貌图像（Shaded Relief）、剖面曲率（Profile Convexity）、水平曲率（Plan Convexity）、纵向曲率（Longitudnal Convexity）、横向曲率（Cross Sectional Convexity）、最小曲率（Minimum Curvature）、最大曲率（Maximum Curvature）以及均方根误差（RMS Error）。

- 坡度：以度或者百分比为单位，在水平面上为 0°。
- 坡向：以度为单位，ENVI 将正北方向的坡向设为 0°，角度按顺时针方向增加。
- 阴影地貌图像：迎角的余弦。
- 剖面曲率：剖面曲率（与 Z 轴所在的平面和坡面相交）度量坡度沿剖面的变化速率。
- 水平曲率：水平曲率（与 XY 平面相交）度量坡向沿平面的变化速率。
- 纵向曲率：纵向曲率（相交于包含坡度法线和坡向方向平面）度量沿着下降坡面的表面曲率正交性。
- 横向曲率：横向曲率（与包含坡度法线和坡向垂线的平面相交）度量垂直下降坡面的表面曲率正交性。
- 最小曲率：计算得到整体曲率的最小值。

- 最大曲率：计算得到整体曲率的最大值。
- 均方根误差（RMS Error）：表示二次曲面与实际数字高程数据的拟合好坏。

ENVI 地形模型工具作用在图像格式的 DEM 文件，如果是原始的（RAW）DEM 格式，如 USGS DEM、USGS SDTS DEM、DTED、SRTM DEM 等，则需要通过 File→Open As→Digital Elevation→选择一种格式，令 ENVI 自动将原始格式的 DEM 转换为 ENVI 标准栅格文件。

（1）在主界面中，选择 File → Open 打开 "DEM. tif" 文件（参见实验数据光盘\第 11 章 地形分析与可视化\02–DEM 与图像）。

（2）在 Toolbox 工具箱中，双击 Terrain/Topographic Modeling 工具，在 Topo Model Input DEM 对话框中，选择一个 DEM 文件，然后单击 OK 按钮，打开 Topo Model Parameters 对话框（图 11.18）。

（3）在 Topo Model Parameters 对话框中，选择地形核大小（Topographic Kernel Size）为 5。可以使用不同的变化核提取多尺度地形信息，变换核越大，处理速度越慢。

（4）单击 Select Topographic Measures to Compute 列表，选择要计算的地形模型。

（5）如果选择了 Shaded Relief 选项，需要输入或计算太阳高度角和方位角。单击 Compute Sun Elevation and Azimuth 按钮，在 Compute Sun Elevation and Azimuth 对话框中（图 11.19），输入日期和时间，GMT 为 9：0：0，Lat（纬度）为 40°，Lon（经度）为 105°。单击 OK 按钮，ENVI 将自动地计算出太阳高度角和方位角。

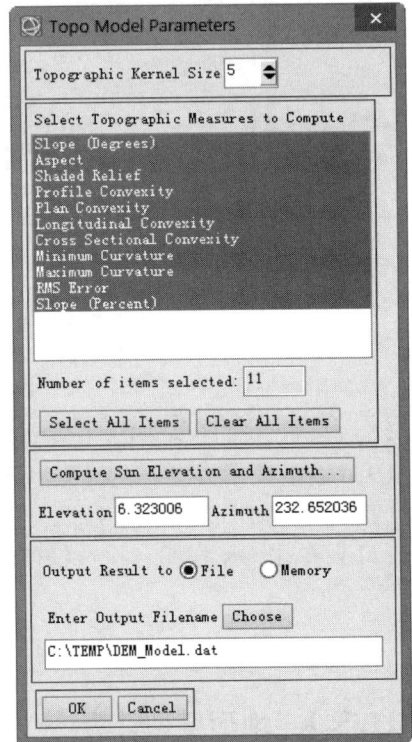

图 11.18　Topo Model Parameters 对话框

（6）选择输出路径及文件名，单击 OK 按钮，执行地形模型计算。

（7）得到的结果是一个多波段图像文件，每一个地形模型组成一个波段。

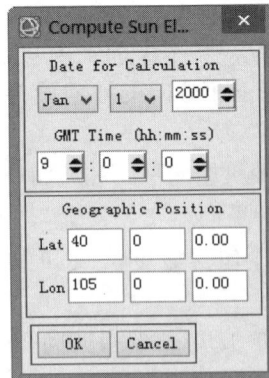

图 11.19　计算太阳高度角和方位角

11.3.2 地形特征提取

ENVI 能够在从 DEM 中提取地形特征，包括山顶（Peak）、山脊（Ridge）、平原（Pass）、水平面（Plane）、山沟（Channel）和凹谷（Pit）。

（1）在 Toolbox 工具箱中，双击 Topographic → Topographic Features 工具，然后在 Topographic Feature Input DEM 对话框中，选择 DEM 文件数据，单击 OK 按钮，打开 Topographic Features Parameters 对话框（图 11.20），设置一些参数。

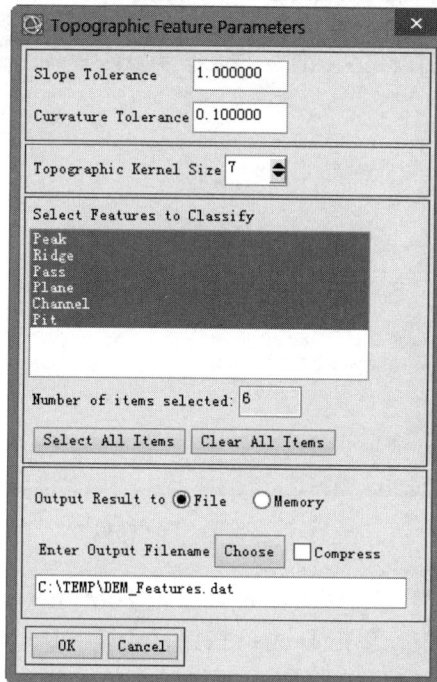

图 11.20 Topographic Features Parameters 对话框

（2）坡度容差（Slope Tolerance）：1，以度为单位；曲率容差（Curvature Tolerance）：0.1。两个容差决定各个特征的分类，划分为 peak、pit 和 pass 的像元对应坡度值必须小于坡度容差，并且垂直方向曲率必须大于曲率容差。增加坡度容差和减少曲率容差能增加 peak、pit 和 pass 的划分数量。

（3）地形核大小（Topographic Kernel Size）：7。

（4）在 Select Feature to Classify 列表中，选择所有地形特征。

（5）选择输出路径及文件名，单击 OK 按钮，执行地形特征提取。

（6）得到的结果是 ENVI 的分类图像。

11.4 可视域分析工具

可视域分析（Viewshed Analysis Workflow）工具利用 DEM 数据，可以从一个或者多个观察源来确定可见的地表范围。观测源可以是一个单点、线或多边形。可视域分析结果可以输出为 Shapefile 矢量文件或者栅格数据文件（ENVI 分类图像文件格式）。

可视域分析工具采用流程化向导式操作方式，一步步引导快速完成操作。

（1）在主界面中，选择 File→Open，同时打开"DEM. tif"和"Orthoimagery. tif"文件（参见实验数据光盘\第 11 章 地形分析与可视化\02−DEM 与图像）。

（2）在 Toolbox 工具箱中，双击 Terrain→Viewshed Analysis Workflow 工具，打开 Select File 面板（图 11.21）。

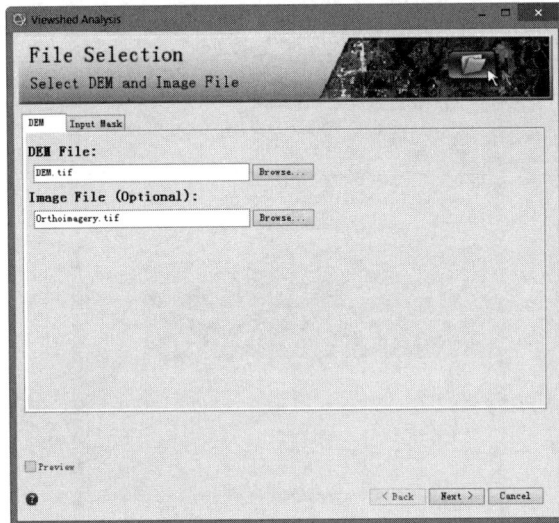

图 11.21　Select File 面板

（3）在 Select File 面板中，在 DEM File 选项中单击 Browse 按钮，选择"DEM. tif"。

（4）在 Image File 选项中，单击 Browse 按钮，选择"Orthoimagery. tif"。这是可选项，选择一个图像数据作为地表纹理可以增加可视域分析的"真实感"。

（5）单击 Next 按钮，进入 Viewshed Analysis 面板。

提示：输入的 DEM 和图像数据必须有投影坐标系。

Viewshed Analysis 面板中的主要参数和按钮的功能如表 11.5 所示。

表 11.5　Viewshed Analysis 面板主要参数说明

鼠标/键盘	功 能 说 明
Default View Range （meters）	默认观测范围（以米为单位）。为观测源设置可视范围半径，在这个半径之外的区域都是不可视区。这个值必须大于 DEM 的 3 个像素距离。可以单独为每个观测源设置值。修改后会影响之后增加的观测源
Default Point Height （meters）	默认点高度（以米为单位）。为观测源设置观测高度。可以单独为每个观测源设置值。修改后会影响之后增加的观测源
Default Point Spacing （pixels）	默认点间距（以米为单位）。当使用线或者多边形作为观测源时，根据该值自动从线或者多边形生成单个观测点。可以单独为每个观测源设置值。更小的值可以在沿着线或者多边形内部生成更多的观测点，得到更精确的结果，但是需要更长的时间。修改后会影响之后增加的观测源

续表

鼠标/键盘	功 能 说 明
Visible From：Any Source	得到每个观测源可视区域的并集
Visible From：All Sources	得到每个观测源可视区域的交集
All Points Within Sources	得到从线上或者多边形内部所有观测点的可视区域，线上和多边形内的点之间是可见的。
Preview	预览功能，勾选后可以预览
✖	删除选择的观测源。也可以在观测源列表中右键选择 Delete Selected View Source 菜单
✖✖	删除所有的观测源
✏	编辑单个观测源的属性信息
📂	打开外部文件作为观测源，Shapefile 格式的矢量文件
💾	保存观测源为 Shapefile 格式的矢量文件
↗	显示/掩藏从线或者多边形观测源中自动生成的观测点

利用不同类型的观测源和选择不同的可视选项（Visible From）可以得到不同的分析结果，以下是几种常见的可视域分析场景：

1）点

场景 1：4 个观测点能监测最大的覆盖面积。设置 4 个点，选择 Any Source 可视选项，至少可以得到一个观测点的可视区域。

场景 2：通讯设施必须连成一条线的 3 个位置是可视的。设置 3 个点，选择 All Sources 可视选项，可视区域就是可选择的位置。

2）线

场景 3：游客选择路线自驾游时，想看到左右两边最大的范围。沿着道路绘制一条折线，设置点间距和观测范围，选择 Any Source 可视选项，可以得到沿着这条路的所有可视范围。

场景 4：通信公司想为一个通信塔选址，要求一段路上的所有位置都能看到通信塔。沿着道路绘制一条折线，选择 All Points Within Sources 可视选项，通信塔的候选位置就在可视区域内。

场景 5：一群徒步旅行者沿着一条小径步行，可能需要在偏离小径的小屋扎营。他们知道小屋会被地形遮蔽，想知道路上哪个位置能看到小屋。沿着小径绘制一条折线，选择合适的点间距，在小屋的位置上绘制一个点或者多边形，选择一个观测范围，选择 All Sources 可视选项，能看到小屋的位置就在可视区域内。

3）多边形

场景 6：一个观测者想知道从另外一个更高的区域能看到的范围。选择一个高地绘制一个多边形，设置点间距和观测范围，选择 Any Source 可视选项，得到的可视区域就是观测者在多边形内任意点能看到的区域。

场景 7：一个徒步旅行者想找一个眺望点，能看到整个湖面。沿着湖边界绘制一个多边形，选择 All Points Within Sources 可视选项，除去湖面的可视区域就是可选择区。

接着上面的步骤，介绍几种可视域分析场景。

1）从多个观测源中找到可视区域

（1）在 Viewshed Analysis 面板中，设置以下参数：
● 观测范围（Default View Range）：1000。
● 点高度（Default Point Height）：100。
（2）默认鼠标的状态是绘制"点注记"，在图像上绘制 4 个观测点。
提示：如果鼠标当前状态是其他，可在工具栏中选择对应的 🔍 工具绘制。
（3）选择 Any Source 选项（4 个观测点的并集），勾选 Preview 选项预览结果，绿色表示可视区域，红色表示不可视区域。
（4）分别选择 All Sources 选项（4 个观测点的交集），预览结果（图 11.22）。

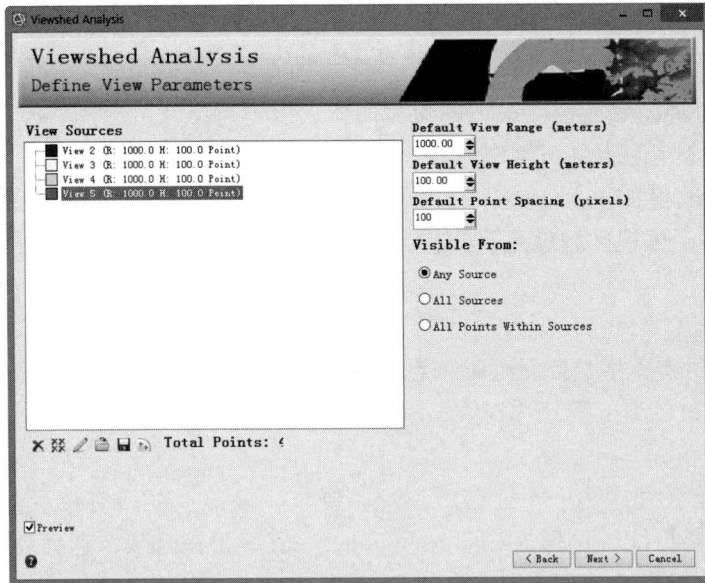

图 11.22　Viewshed Analysis 面板：绘制 4 个点观测源

2）从一个观测源中的所有点中找到可视区域

（1）在 Viewshed Analysis 面板中，设置以下参数：
● 观测范围（Default View Range）：5000。
● 点高度（Default Point Height）：100。
● 点间距（Default Point Spacing）：10。

（2）缩放到一条道路的范围内，在工具栏中选择🖊线段绘制工具。

（3）沿着路单击鼠标左键绘制折线，右键选择 Accept 选项结束一条折线的绘制（或者双击右键）。

提示：可以绘制多条折线。

（4）选择 All Points Within Sources 选项（折线上所有均匀分布的观测点），勾选 Preview 预览结果，绿色表示可视区域，红色表示不可视区域。

3）从更高地面点中找到可视区域

（1）在 Viewshed Analysis 面板中，设置以下参数：
- 观测范围（Default View Range）：3000。
- 点高度（Default Point Height）：0。
- 点间距（Default Point Spacing）：10。

（2）在图上找到一个较高地势的区域，在工具栏中选择🖊多边形绘制工具，绘制一个多边形，右键选择 Accept 菜单。

提示：可以绘制多个多边形。

（3）选择 Any Source 选项，勾选 Preview 选项预览结果，绿色表示可视区域，红色表示不可视区域。

从上述任意一种场景中，单击 Next 按钮，可以将分析结果输出为矢量或者栅格图像文件（图 12.23）。

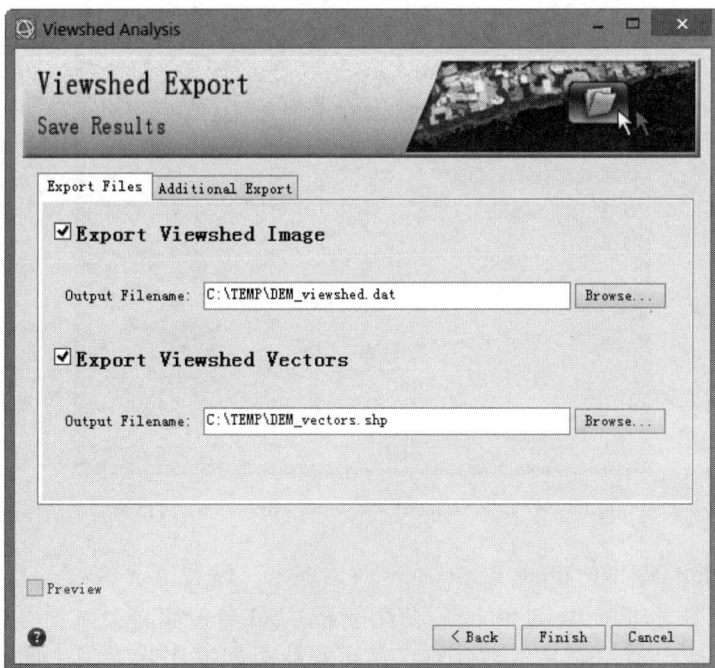

图 11.23　输出结果

11.5　三维地形可视化

　　ENVI 的三维地形可视化功能可以将 DEM 数据以网格结构（wire frame）、规则格网（ruled grid）或点的形式显示出来，或者将一幅图像叠加到 DEM 数据上。使用鼠标，实时地对三维场景进行旋转、平移或者放大、缩小等浏览操作。可以交互式地制定飞行路线，飞行场景可以录制成动画文件。

11.5.1　生成三维场景

　　下面以遥感图像和相应地区的 DEM 数据为例，介绍三维场景的生成步骤（参见实验数据光盘\第 11 章 地形分析与可视化\02-DEM 与图像）。

　　（1）在主界面中，选择 File→Open，同时打开"DEM. tif"和"Orthoimagery. tif"文件。

　　（2）在 Toolbox 工具箱中，双击 Terrain→3D SurfaceView 工具，在弹出的对话框中分别选择"Orthoimagery. tif"的 RGB 波段和"DEM. tif"，单击 OK 按钮，打开 3D Surface-View Input Parameters 对话框（图 11.24）。

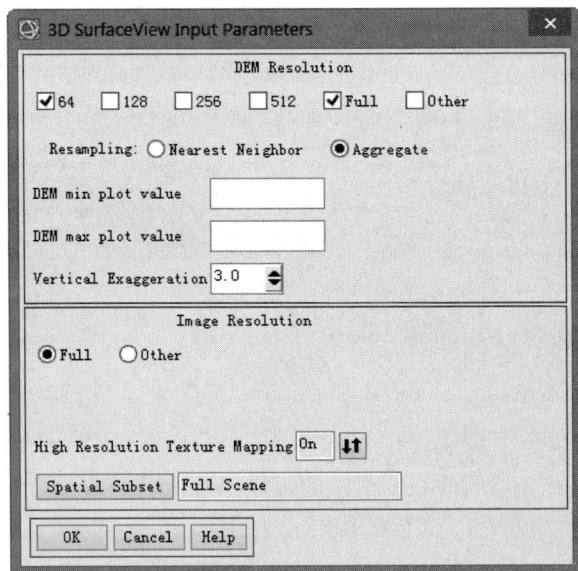

图 11.24　3D SurfaceView Input Parameters 对话框

　　（3）在 3D SurfaceView Input Parameters 对话框中，设置以下参数：

　　● DEM 分辨率（DEM Resolution）：使用较高 DEM 分辨率将会减慢可视化的速度。可以选择多种不同的 DEM 分辨率，在三维场景可视化时根据实际需求来回切换。通常，当确定最佳飞行路径时，选择较低的 DEM 分辨率（如 64）。然后，在显示最终三维曲面飞行时，再选择较高的 DEM 分辨率。

● 重采样方式（Resampling）：最邻近（Nearest Neighbor）和集合（Aggregate）。

● 绘制 DEM 最大/最小值范围（DEM min plot value 和 DEM max plot value）：可选项。从 DEM 数据中选取满足特定需要的数据值（可以被用来去除背景像素值，或者限制 DEM 高程范围）。DEM 值低于最小值或者高于最大值的那些像素将不会绘制在三维场景中。

● 垂直夸张系数（Vertical Exaggeration）：增加垂直夸张的程度。

● 图像纹理分辨率（Image Resolution）：原始大小（Full）和设定值（Other）。

（4）单击 OK 按钮，创建三维场景（图 11.25）。

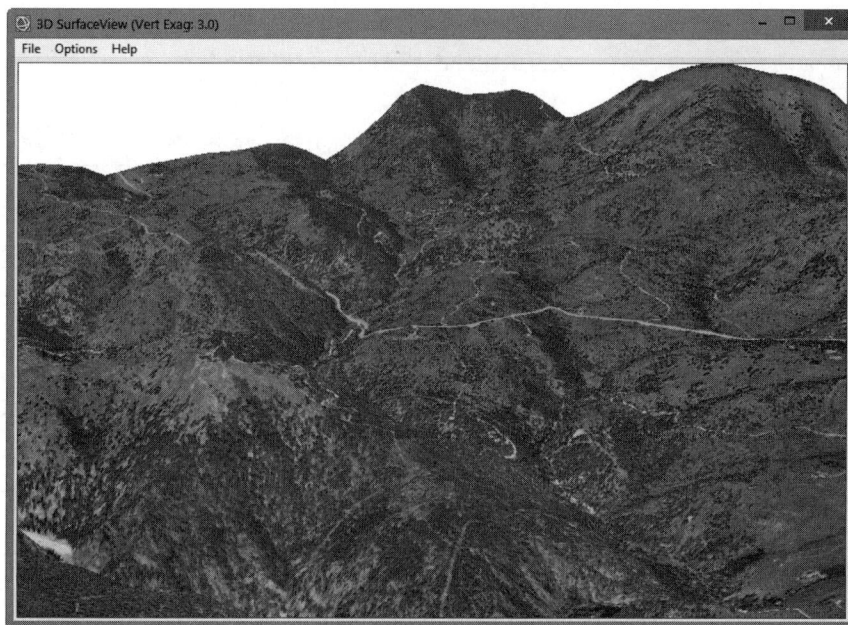

图 11.25　三维场景效果

11.5.2　三维场景窗口

从图 11.25 中可以看到，ENVI 的三维场景窗口很简洁，由显示窗口和菜单命令组成。菜单命令及其功能如表 11.6 所示。

表 11.6　三维场景窗口菜单命令及功能

菜 单 命 令	功　　能
File	文件
Save Surface As	保存三维场景为图像文件或者 VRML 文件
Options	选项
Surface Controls	三维场景浏览控制面板
Motion Controls	三维场景飞行控制面板
Position Controls	三维场景浏览定位对话框

续表

菜单命令	功　　能
Change Background Color	修改三维场景的背景颜色
Import Vector	导入矢量数据
Remove Vector	移除矢量数据
Hide Wire Lines	隐藏/显示网格结构
Bilinear Interpolation	打开/关闭双线性插值，可以让地形平滑
Plot Vector Layers	打开/关闭矢量层的显示
Plot Vector on Move	交互式定位或平移时显示/隐藏矢量层
Annotation Trace	打开/关闭注记飞行路径
Reset View	三维场景视图重新设置为默认状态

下面通过更改三维场景背景颜色和导入矢量数据来美化三维场景。

（1）在 3D SurfaceView 窗口中，选择 Options→Change Background Color，选择一种背景颜色。

（2）将矢量层显示在生成三维场景的主图像窗口中（Overlay→Vector）。

（3）在 3D SurfaceView 窗口中，选择 Options→Import Vectors，所有主图像窗口中的矢量将被叠加在 3D SurfaceView 窗口中。如果主图像窗口中叠加了 ROI，那么将一起加载在 3D SurfaceView 窗口中。

（4）选择 Options→Remove Vector 命令可移除矢量图层，或者选择 Options→ Plot Vector Layers 命令可隐藏矢量图层。

11.5.3　交互式三维场景浏览

1. 鼠标控制

利用鼠标 3 个键可以交互式地旋转、平移（漫游）以及缩放三维曲面。3 个键的功能说明如表 11.7 所示。

表 11.7　3D SurfaceView 窗口中的鼠标功能

鼠标按键	操　　作
左	单击并拖放旋转 X/Y 平面；或双击定位到显示窗口内的像元
中	单击并拖放平移图像
右	单击并向右拖放放大三维场景；单击并向左拖放缩小三维场景

在 3D SurfaceView 窗口中，单击鼠标左键，并沿着水平方向拖动鼠标，可使三维曲面绕着 Z 轴旋转。单击鼠标左键，并沿着垂直方向拖动鼠标，可使三维曲面绕着 X 轴旋转。

在 3D SurfaceView 窗口中，单击鼠标中键，并拖动鼠标，可以在相应的方向平移（漫游）图像。

在 3D SurfaceView 窗口中，单击鼠标右键，并向右拖动鼠标，可以增加缩放比例系数。单击鼠标右键，并向左拖动鼠标，可以减小缩放比例系数。

2. 浏览控制面板

在 3D SurfaceView 窗口中，选择 Options→ Surface Controls，打开三维曲面浏览控制面板（图 11.26）。下面说明控制面板中的功能按钮。

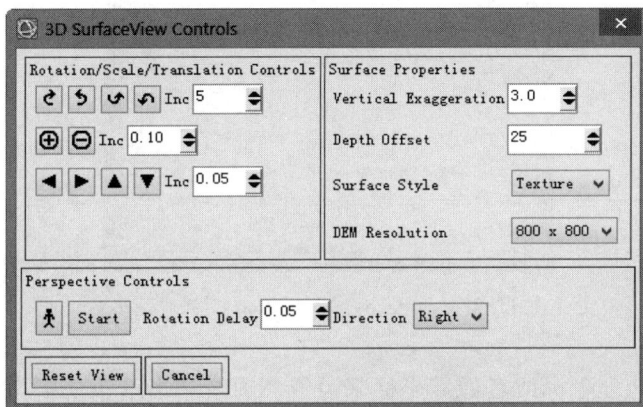

图 11.26 三维曲面浏览控制面板

1）旋转/缩放/平移（Rotate/Scale/Translation Controls）

这组功能与鼠标 3 个键实现的功能基本类似，实现 X/Y 轴旋转、放大/缩小和左右上下平移。Inc 参数项可设置幅度。

2）三维场景属性设置（Surface Properties）

可以设置以下几个选项：
- Vertical Exaggeration：垂直夸大系数。
- Depth Offset：深度偏移
- Surface Style：选择三维场景显示类型，包括图像纹理（Texture）、格网结构（wireframe）、直纹 XZ（ruled XZ）、纵纹 YZ（ruled YZ）或单独点（Point）
- DEM Resolution：DEM 显示分辨率，值越大，地形表现越精细，速度也越慢。

3）观察控制（Perspective Controls）

单击 Start 按钮，可以绕着三维场景某一 Z 线旋转，单击 █ 按钮后在三维场景中重新指定一个旋转中心；速度由 Rotation Delay 选项控制，方向由 Direction 选项设置。

3. 三维浏览定位对话框

通过设置特定的视点、视线方位或视角，可以控制三维曲面浏览。在 3D SurfaceView 窗口中，选择 Options→Position Controls，打开 SurfaceView Position 控制对话框（图 11.27）。

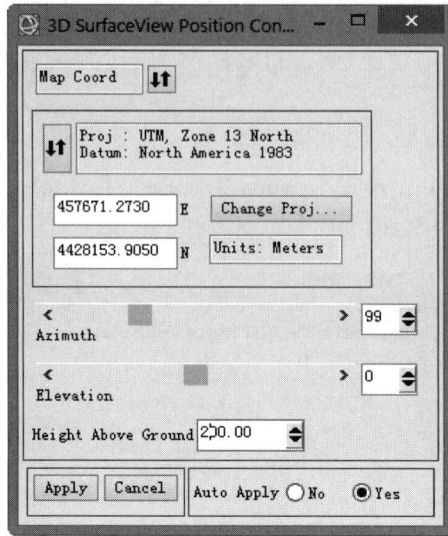

图 11.27　SurfaceView Position 控制对话框

　　视点可以通过地理坐标或者像素坐标来设置。通过单击箭头切换按钮，对于经过地理坐标定位的图像选择"Map Coord"；对于未经过地理坐标定位的图像，选择"Pixel Coord"。若选择了"Pixel Coord"，输入视点的样本和行坐标，或使用增减箭头按钮选择坐标。

　　参数 Azimuth、Elevation 和 Height Above Ground 分别用来设置视点的方位角、仰角和高度。

11.5.4　飞行浏览

　　利用 Motion Controls 命令能够创建一个动画或者三维的曲面飞行浏览。在 3D SurfaceView 窗口中，选择 Options → Motion Controls，打开 SurfaceView Motion Controls 对话框（图 11.28）。

　　（1）在 SurfaceView Motion Controls 对话框中，选择 Options→Motion：User Defined Views。

　　（2）使用鼠标或者 Surface Controls 控制面板，选择三维场景中一个视图作为浏览的起始点。在 SurfaceView Motion Controls 对话框中单击 Add 按钮，将当前浏览视图作为飞行路径的起始点加入。

　　（3）同样的方法选择其他三维视图，并单击 Add 按钮，将该视图添加到飞行路径动画中。重复上面的步骤，直到已经选取了满足需要的

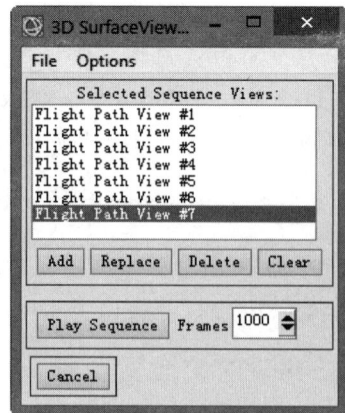

图 11.28　SurfaceView Motion Controls 对话框

视图为止。当播放视图动画时，飞行路径会在这些视图之间进行平滑内插处理。

（4）在 Selected Sequence Views 列表中单击选择飞行路径序列号，然后单击 Replace 按钮，可以在飞行路径列表中替换该浏览视图。单击选择飞行路径序列号，然后单击 Delete 按钮，可以在飞行路径列表中删除掉该浏览视图。单击 Clear 按钮，可以清除所有飞行路径列表。

（5）在 Frames 文本框中输入浏览飞行动画的帧数，较大的帧数会产生更加平滑的效果，但会减慢动画播放的速度。

（6）单击 Play Sequence 按钮，开始播放飞行动画。选择 Options→Loop Play Sequence，可循环播放飞行动画。

（7）选择 Options→Animate Sequence，录制飞行动画。

第 12 章　遥感动态监测

遥感图像是监测地球变化重要的数据源。从遥感图像中可以获取的地球变化信息包括海岸线、森林健康、城市扩张、农业、自然灾害、人为灾害、土地覆盖、冰雪范围和水面变化等。

本章主要介绍以下内容：

➤ 遥感动态监测技术
➤ 图像直接比较法工具
➤ 分类后比较法工具
➤ 林冠状态遥感动态监测实例
➤ 农业耕作变化监测实例

12.1　遥感动态监测技术

从不同时间或在不同条件获取同一地区的遥感图像中，识别和量化地表变化的类型、空间分布情况和变化量，这一过程就是遥感动态监测过程。

地表变化信息可分为两种：转化（conversion）——土地从一种土地覆盖类型向另一种类型的转化，如草地转变为农田、森林转变为牧场，也称"绝对变化"；改变（modification）——某种土地覆盖类型内部条件（结构和功能）的变化，如森林由密变疏或由一种树种组成变成另外一种组成的改变，或植物群落生物量、生产力、物候现象变化，也称"相对变化"。

遥感动态监测过程一般可分为 3 个步骤，如图 12.1 所示。

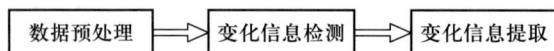

$$\boxed{\text{数据预处理}} \Rightarrow \boxed{\text{变化信息检测}} \Rightarrow \boxed{\text{变化信息提取}}$$

图 12.1　遥感动态监测一般流程

1. 数据预处理

在进行变化信息检测前，需要考虑以下因素对不同时相图像产生的差异信息。

• 传感器类型的差异：考虑选择相同传感器的图像，甚至选择相同波段，因为不同中心波长或者不同的波谱响应会导致相同物质具有不同的像元值。

• 采集日期和时间的差异：季节的变化会引起地表植被的差异。不同的时间段也会影响太阳高度角和方位角。

• 图像像元单位的差异：不同时相的图像具有相同的像元物理单位和值范围，如同时为浮点型的辐射亮度的图像数据。

● 像素分辨率的差异：不同的像素大小会导致错误的变化检测结果。

● 大气条件的差异：不同的天气条件会影响光的传输和散射。这样会导致相同的物质在不同大气条件具有不同的像元值。

● 图像配准的精度：动态监测是获取相同空间位置的地表变化信息，图像的精确配准对监测结果影响很大。可以通过每个文件的精确几何校正来保证，也可以以一个文件作为基准配准另一个时相的文件。

可以通过图像选择、图像定标、图像重采样、大气校正和图像配准减少甚至消除以上因素的影响。预处理的内容根据动态监测的内容和变化信息检测方法的选择不同而有所不同。

2. 变化信息检测

根据处理过程可分为三大类：

1) 图像直接比较法

图像直接比较法是最为常见的方法，它是对经过配准的两个时相遥感图像中像元值直接进行运算或变换处理，找出变化的区域。以下为几种常见的方法。

a. 图像差值/比值法

图像差值法就是将两个时相的遥感图像相减或相除。其原理是：图像中未发生变化的地类在两个时相的遥感图像上一般具有相等或相近的灰度值，而当地类发生变化时，对应位置的灰度值将有较大差别。因此，在差值/比值图像上发生地类变化区域的灰度值会与背景值有较大差别，从而使变化信息从背景图像中显现出来。

$$B_{xT2} - B_{xT1} \text{ 或者 } B_{xT2} / B_{xT1} \tag{12.1}$$

其中，B_{xT1} 为一个时相遥感图像的某一个波段，B_{xT2} 为另一个时相该遥感图像的同一个波段。

这种方法也可以推广到植被指数、水指数、建筑物指数、主成分分析第一成分等相减或相除。

b. 光谱曲线比较法

对于多光谱或者高光谱数据，可以获取一个像素或者一个地物的波谱曲线，如果两幅图像上同一个地方获得的波谱曲线不一样，就说明发生了变化。通过对比两幅图像的波谱曲线的变化就可以检测变化信息。

c. 光谱特征变异法

同一地物反映在某一时相图像上的信息与其反映在另外时相图像上的光谱信息是一一对应的。当将不同时相的图像进行融合时，如果同一地物在两者上的信息表现不一致，那么融合后的图像中此地物的光谱就表现得与正常地物的光谱有所差别，此时称地物发生了光谱特征变异，我们就可以根据发生变异的光谱特征确定变化信息。

d. 假彩色合成法

由于地表的变化，相同传感器对同一地点所获取的不同时相的图像在灰度上有较大的区别。在进行变化信息的发现时，将前、后两时相的数据精确配准，再利用假彩色合成的方法，将后一时相的一个波段数据赋予红色通道，前一时相的同一波段赋予蓝色和绿色通道。利用三原色原理，形成假彩色图像。其中，地表未发生变化的区域，合成后图像灰度值接近，而土地利用发生变化的区域则呈现出红色，即可判定为变化区域。

e. 波段替换法

在 RGB 假彩色合成中，G 和 B 分量用前一时相的两个波段，用后一时相的一个波段图像组成 R 分量，在合成的 RGB 假彩色图像上能够很容易地发现红色区域即为变化区域 。

2）分类后比较法

分类后比较法是将经过配准的两个时相遥感图像分别进行分类，然后比较分类结果得到变化检测信息。该方法的核心是基于分类基础发现变化信息，该方法也是获取土地利用转移矩阵的过程。

3）直接分类法

结合了图像直接比较法和分类后比较法的思想，常见的方法有：多时相主成分分析后分类法、多时相组合后分类法等。以下介绍多时相主成分分析后分类法。

当地物属性发生变化时，必将导致其在图像某几个波段上的值发生变化，所以只要找出两个时相的图像中对应波段值的差别并确定这些差别的范围，便可发现变化信息。在具体工作中将两个时相的图像各波段组合成一个两倍于原图像波段数的新图像，并对该图像作 PC 变换。由于变换结果前几个分量上集中了两个图像的主要信息，而后几个分量则反映出了两图像的差别信息，因此可以选择后几个分量进行波段组合来发现变化信息。

3. 变化信息提取

变化信息的提取可以归结为从图像上提取信息，以下方法供选择：
- 手工数字化法
- 图像自动分类
- 监督分类
- 非监督分类
- 基于专家知识的决策树分类
- 面向对象的特征提取法
- 灰度分割

以上方法中的每一步都可以借助 ENVI 提供的功能实现，如图像几何校正工具、大气校正工具、波段运算（Band Math）工具、主成分分析、植被指数计算器和图像分类等。ENVI 同时也提供动态监测工具，下面将一一介绍这些工具。

12.2 图像直接比较法工具

ENVI 中的图像直接比较法工具包括 Change Detection Difference 工具和 Image Change Workflow 工具。

12.2.1 Change Detection Difference 工具

Change Detection Difference 工具对两个时相图像的一个波段进行相减或者相除，设定相应的阈值对相减或者相除的结果进行分类，此工具也可以应用于两个时相的植被指数、水指数、建筑物指数、主成分分析第一成分等。可选择一些预处理功能，包括将图像归一化为 0~1 的数据范围，或者统一像元值单位。该工具比较适合获取地表相对变化信息。

输入图像必须经过精确配准或精确地理坐标定位，如果输入图像没有经过配准，Change Detection Difference 工具将使用可获取的地图信息对图像进行自动配准，在配准过程中，如果需要重新投影和重采样，系统将使用初始图像作为基准图像。

该工具的详细操作过程如下（参见实验数据光盘\第 12 章 遥感动态监测\0-森林开采监测）：

（1）在主界面中，选择 File→Open 打开 "july_00_quac. dat" 和 "july_06_quac. dat" 两个图像。

（2）使用放大、缩小、平移工具对图像进行浏览。

（3）在工具栏中，单击■按钮，利用 Portal 功能浏览这两幅图像相同区域地表变化情况。

提示：本例中两幅图像分别是 2000 年和 2006 年的 Landsat TM5 数据，使用快速大气校正（QUAC）工具进行了粗略的大气校正。

（4）在 Toolbox 工具箱中，双击 Change Detection→Change Detection Difference Map 工具。在 Select the 'Initial State' Image 文件选择对话框中，从前一时相图像 "july_00_quac. dat" 中选择第四波段，单击 OK 按钮；在 Select the 'Final State' Image 文件选择对话框中，从后一时相图像 "july_06_quac. dat" 中选择与前面相同的波段，单击 OK 按钮，打开 Compute Difference Map Input Parameters 面板（图 12.2）。

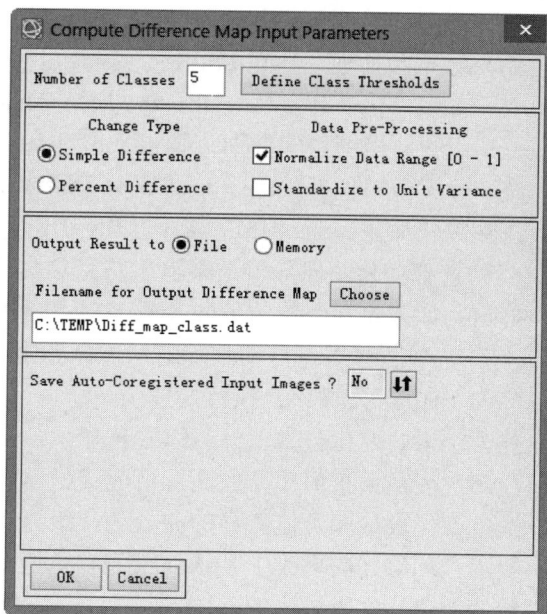

（5）选择分类数（Number of Clas-

图 12.2 Compute Difference Map Input Parameters 面板

ses）：5。每一类都由一个特定的阈值所定义，代表不同的差异变化量，最小类别数为2。

提示：在对图像进行差值运算时（simple difference），默认的分类阈值在−1 和 1 之间等分；在对图像进行比值运算时（percent difference），分类阈值在−100% 和 100% 之间等分。默认的分类定义生成相对称的分类，即以无变化（值为 0）为中心，两侧的正值差异和负值差异的类别数相同。

（6）单击 Define Class Thresholds 按钮，可以在打开的面板中（图 12.3）修改类别名称和分类阈值。

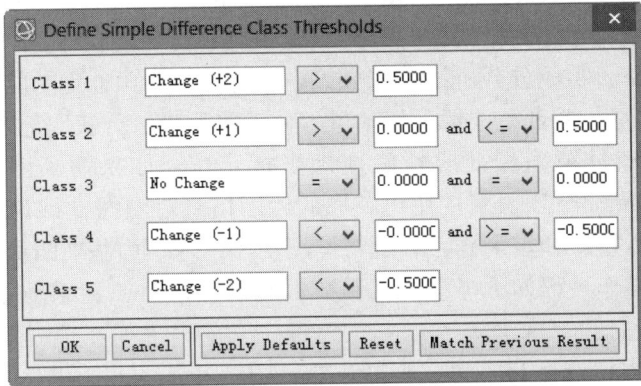

图 12.3　Define Simple Difference Class Thresholds 面板

（7）设置图像比较类型（Change Type）：Simple Difference。

提示：Simple Difference 选项是"Final State Image"减去"Initial State Image"；Percent Difference 选项是用"Simple Difference"结果除以"Initial State Image"。

（8）数据预处理（Data Pre-Processing）：Normalization Data Range[0−1]。

提示：归一化处理（Normalization Data Range[0−1]）使用图像的 DN 值减去图像的最小值，然后再除以图像的数据范围：$Normalization = (DN-DN_{min})/(DN_{max}-DN_{min})$。

统一像元值单位（Standardization to Unit Varance）：使用图像的 DN 值减去图像均值，然后再除以标准差：$Standardization = (DN-DN_{mean})/DN_{stdev}$。

（9）选择变化图像分析结果输出路径和文件名。

提示：如果输入图像需要重新配准或重采样，会出现"saving auto-coregistered Input Images?"选项，可以将自动配准的图像保存到"File"或"Memory"。

（10）单击 OK 按钮，执行处理。

作为结果的变化分类图像将以彩色显示。正值差异以渐变的红色表示，从代表无变化的灰色到代表最大正值差异的亮红色逐级显示。负值差异以渐变的蓝色表示，从代表无变化的灰色到代表最大负值差异的亮蓝色逐级显示。

提示：如果先前更改了默认的正值和负值变化类别数量或定义的类别顺序，会导致结果图像的颜色与这里描述的不同。

12.2.2　Image Change Workflow 工具

Image Change Workflow 工具可以检测两个时相图像中增加和减少两种变化信息，适合获取地表绝对变化信息。

Image Change Workflow 工具对不同的数据采取相应的处理方式：

● 输入的文件可以是有标准坐标信息、像素坐标或者 RPC 信息的图像，不能是包含伪坐标信息（pseudo projection）的图像文件。

● 如果输入的两个图像包含不同的坐标投影，将以第一个输入的文件的坐标参数为准。并且只分析重叠区域。

● 如果输入的两个图像包含不同的空间分辨率，低分辨率图像将重采样为高分辨率。

下面以 2000 年和 2006 年的 Landsat TM5 图像为数据源（参见实验数据光盘\第 12 章遥感动态监测\0-森林开采监测），图像覆盖区是林木采伐区，利用 Image Change Workflow 工具提取林木开采信息。两幅图像已经经过粗略的大气校正（快速大气校正工具）和精确几何配准（下载的数据已经经过几何校正）。

第一步　启动 Image Difference

（1）在主界面中，选择 File→Open 打开 "july_00_quac. dat" 和 "july_06_quac. dat" 两幅图像。

（2）使用放大、缩小、平移工具对图像进行浏览。

（3）在工具栏中，单击██按钮，利用 Portal 功能浏览这两幅图像相同区域地表变化情况。

（4）在 Toolbox 工具箱中，双击 Change Detection→Image Change Workflow 工具，打开 Image Change 面板，分别为 Time1 File 选择 "july_00_quac. dat" 和为 Time2 File 选择 "july_06_quac. dat"。单击 Next 按钮，打开 Image Registration 步骤。

提示：切换 Input Mask 选项，可以选择一个掩膜文件提高检测精度，例如，这里可以制作一个林区的掩膜文件，排除非林区的干扰。掩膜文件可以是单波段栅格图像或者多边形 Shapefile 文件。

（5）在 Image Registration 步骤中，根据输入图像的几何配准情况选择：

① 忽略图像配准（Skip Image Registration）。如果输入的两幅图像包含不同的坐标信息，会出现如下两个选项：

● 重投影方法（Reprojection Method）：提供 3 种方法供选择——多项式（Polynomial）计算速度最快、精度较低；局部三角网（Triangulation）和严格模型（Rigorous）精度高、计算速度较慢。

● 重采样方法（Resampling）。

② 自动图像配准（Register Images Automatically）。

● 匹配波段（Matching Band）：尽量选择包含信息量大的波段，如 TM5 波段。

● 最多连接点数量（Requested Number of Tie Points）：最小为 9。

● 搜索窗口大小（Search Window Size）：值越大，找到的连接点精度越高，搜索速度越慢。根据输入图像的信息自动设置一个默认值。

● 每个连接点允许的最大误差（Maximum Allowable Error Per Tie Point）：该值越大，得到的连接点精度越低。默认为 5 个像素。

● 几何校正方法（Warping Method）：包括仿射变换（RST）、多项式（Polynomial）、局部三角网（Triangulation），其中局部三角网需要更多的同名点及分布要均匀。

（6）本例选择 Skip Image Registration 选项，单击 Next 按钮，进入 Change Method Choice 步骤。

第二步　变化信息检测

在 Change Method Choice 步骤中，有两大类方法供选择。

1）Image Difference

该选项属于图像直接比较法，在 Image Difference 步骤中（图 12.4），设置变化信息检测方法，包括以下 3 种。

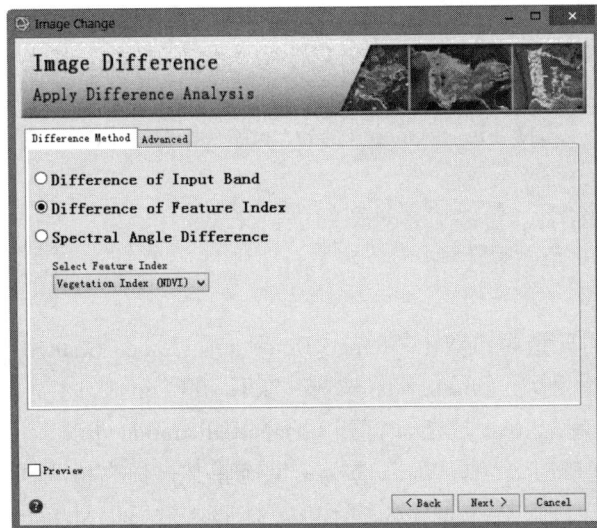

图 12.4　Image Difference 步骤

a. 波段差值（Difference of Input Band）。

选择 Input Band 并选择相应的波段。切换到 Advanced 选项，提供辐射归一化（Radiometric Normalization）选项，可以将两幅图像近似在一个天气条件下成像（以 Time1 图像为基准）。

b. 特征指数差（Difference of Feature Index）。

该方法要求数据源是多光谱或者高光谱数据，自动根据图像信息（波段数和中心波长信息）在 Select Feature Index 列表中选择的特征指数，包括以下 4 种特征指数。

● Vegetation Index（NDVI）：归一化植被指数。植被区域 NDVI 值大。以 Landsat TM 为例，计算公式为 NDVI = （Band 4−Band 3）/（Band 4+Band 3）。

● Water Index（NDWI）：归一化水指数。水体区域 NDWI 值大。以 Landsat TM 为例，

计算公式为 NDWI=（Band 2-Band 5）/（Band 2+Band 5）。

● Built-up Index（NDBI）：归一化建筑物指数。建筑物区域 NDBI 值大。以 Landsat TM 为例，计算公式为（Band 5-Band 4）/（Band 5+Band 4）。

● Burn Index（-NBR）：负归一化燃烧指数。燃烧区域-NBR 值大。以 Landsat TM 为例，计算公式为-NBR=-[（Band 4-Band 7）/（Band 4+Band 7）]。

切换到 Advanced 选项，根据中心波长信息自动为 Band1 和 Band2 选择相应的波段，也可以手动选择波段，计算公式为（Band2-Band1）/（Band2+Band1）。

c. 波谱角差值（Spectral Angle Difference）。

常用于高光谱数据。这种方法是对比分析两个时相上像元波谱曲线之间的波谱角。本示例的操作如下：

（1）选择 Difference of Feature Index 方法，在 Select Feature Index 列表中选择 Vegetation Index（NDVI）参数。

（2）勾选 Preview 选项，预览变化信息检测的结果，红色区域表示为 NDVI 减少，蓝色区域表示 NDVI 增加。

（3）单击 Next 按钮，打开 Choose Thresholding or Export 步骤，提供两种方法：

● Apply Thresholding：设置阈值细分变化信息图像。

● Export Image Difference Only：直接输出变化信息图像。

（4）选择 Apply Thresholding 选项，单击 Next 按钮，打开 Change Thresholding 步骤。

2）Image Transform

该选项是对输入的两个时相的图像进行图像变换，变化信息体现在变换结果的某个波段中。提供 3 种图像变换方法：① 主成分分析（PCA）；② 最小噪声分离（MNF）；③ 独立主成分分析（ICA）。

提示：3 种图像变换方法的详细描述可参考本书第 5 章"图像增强"的相关内容。

第三步　变化信息提取

接着上面的 Change Thresholding 步骤，可以从变化信息检测结果中提取 3 种变化信息：① 增加（蓝色）和减少（红色）变化信息（Increase and Decrease）；② 增加（蓝色）变化信息（Increase Only）；③ 减少（红色）变化信息（Decrease Only）。

提供两种阈值设置方法：

a. Auto-Thresholding

包括 4 种算法自动获取分割阈值。

● Otsu's：基于直方图形状的方法。它基于判别分析法，利用直方图的零阶和一阶累积矩阵来划分阈值。

● Tsai's：基于力矩的方法。

● Kapur's：基于信息熵的方法。它假设待获取阈值的图像根据事件划分为两类，每一类用概率密度分布函数（Probability Density Function，PDF）来描述，之后取两类的信息熵和的最大值作为阈值。

● Kittler's：基于直方图形状的方法，将直方图近似高斯双峰从而找到拐点。

b.　Manual（手动设置阈值）

切换到 Manual 选项查看获取的分割阈值，可以手动更改；勾选 Preview 选项预览分割效果。

本例按照如下步骤操作：

（1）在 Select Change of Interest 列表中选择 Decrease Only 选项，获取林木减少区域。

（2）在 Select Auto-Thresholding Method 列表中选择 Otsu's 方法（图 12.5），单击 Next 按钮，打开 Cleanup 步骤。

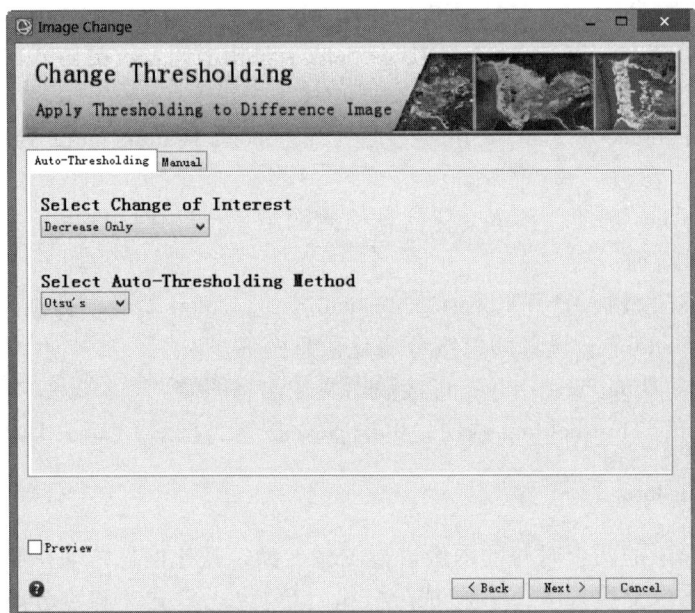

图 12.5　Change Thresholding 步骤

（3）在 Cleanup 步骤中，设置平滑阈值和聚类阈值，以去除结果中的"小碎块"。① 平滑（Enable Smoothing）：主要去除椒盐噪声，如默认 3×3，就是在 3 像素×3 像素范围内的中心点的像素值会被 9 个像素内最多像元数的类别代替；② 聚类（Enable Aggregation）：主要去除小区域"小碎块"，如默认 9，就是小于等于 9 个像素的区域重新合并到邻近的、更大的区域。

（4）勾选 Preview 选项预览效果，单击 Next 按钮，打开 Export 步骤。

第四步　输出变化信息

可以输出 4 种格式的结果：以图像格式输出变化结果；以矢量格式输出变化结果；变化统计文本文件；输出差值图像。

（1）在 Export 步骤中，勾选 Export Change Class Image 选项，选择输出为 ENVI 分类格式。

（2）勾选 Export Change Class Vectors 选项，选择输出为 Shapefile 格式。

（3）切换到 Additional Export 选项，勾选 Export Change Class Statistics 选项，输出统计文件。

（4）单击 Finish 按钮，输出结果。

输出结果将被自动叠加显示在显示窗口中，统计文件中包括了减少面积，即林木采伐面积。

12.3　分类后比较法工具

分类后比较法工具包括 Change Detection Statistics 工具和 Thematic Change Workflow 工具。本章实例使用的数据为墨西哥湾地区卡特里娜飓风前后的两个土地覆盖分类结果图像，数据来源于 NOAA Coastal Services Center 利用的 LandsatTM/ETM+的 30 m 图像，依据 Coastal Change Analysis Program（C-CAP）标准生产。练习数据参见实验数据光盘\第 12 章 遥感动态监测\1-分类后处理。

12.3.1　Change Detection Statistics 工具

Change Detection Statistics 工具对两幅分类结果图像进行差异分析，分析识别出哪些像元发生了变化，输出像元数量、百分比和面积统计参数，同时还会生成一幅掩膜图像，该图像记录两幅分类图像相应像素变化的空间信息，这有助于识别发生变化的区域以及变化像元的归属。

当两幅分析图像是土地利用分类图时，得到的结果就是土地利用转移矩阵。土地利用转移矩阵是不同时间段内同一区域内土地利用类型的相互转换关系，一般用二维表来表达，从二维表中可以快速查看各个地类间相互转化的具体情况。例如，某一类别的土地有多少（面积）分别转化成了其他的土地类型，现在某类型的土地分别是由过去的哪些类别转化而来的，等等。还可以生成变化统计栅格图（掩膜图像），它描述了前后两幅土地分类图之间的地类发生转变的位置和类别。

下面详细介绍这个工具的操作步骤。

（1）在主界面中，选择 File→Open，打开"pre_katrina05. dat"和"post_katrina06. dat"两幅图像。

（2）在 Toolbox 工具箱中，双击 Change Detection→Change Detection Statistics 工具。

（3）在 Select the'Initial State'Image 对话框中选择"pre_katrina05. dat"，在 Select the'Final State'Image 对话框中选择"post_katrina06. dat"；打开 Define Equivalent Classes 面板（图 12.6）。

提示：该工具要求输入的图像格式为 ENVI

图 12.6　Define Equivalent Classes 面板

Classification 栅格格式。

（4）在 Define Equivalent Classes 面板中，如果两个分类名称（像元值）一致，系统自动将 Initial State Class 和 Final State Class 对应，否则应手动选择。

（5）在左边列表中选择一个分类类别，在右边列表选择对应分类名称，单击 Add Pair 按钮。

（6）重复步骤（4），直至所有需要分析的分类类别一一对应（显示在 Paired Classes 列表中）。单击 OK 按钮，打开 Change Detection Statistics Output 面板。

（7）选择生成图表的表示单位（Report Type）：像素（Pixels）、百分比（Percent）和面积（Area）。设置"Output Classification Mask Images?"为"YES"，输出掩膜图像，选择输出路径及文件名。

（8）单击 OK 按钮，执行计算。

提示：当选择了以面积格式输出，但输入数据没有投影信息时，会弹出对话框通过选择像素大小和单位用于统计变化面积。

变化分析的结果之一是统计报表（图 12.7）。Initial State Class 的分类列在每一列中，Final State Class 列在每一行中。为了对变换了类别的像元分布进行充分计算，列中仅包含所选的用于分析的 Initial State Class 类别，行中包含 Final State Class 所有的分类类别。统计报表显示出了这些像元两个分类图中的变化情况。例如，在图 12.7 中，Initial State Class 的"中密度建筑区"中变成了"水体"的有 900 m^2，变成了"疏松海岸"的有 900 m^2。

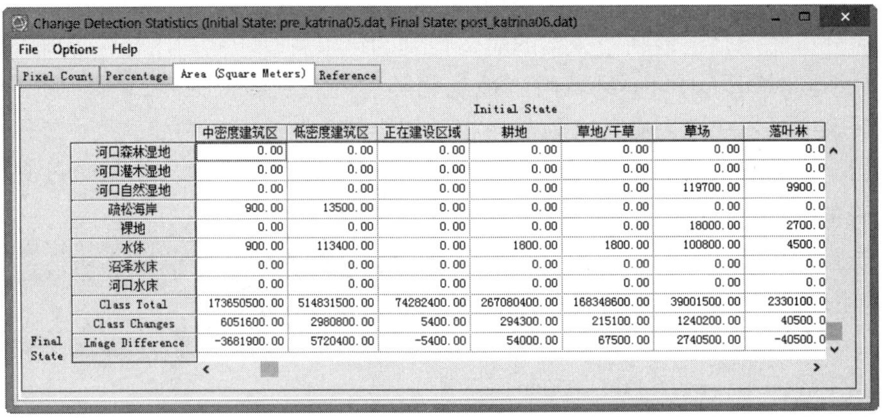

图 12.7　变化分析统计报表

其他字段表示的意义如下：
- "Class Total"行：表示每个 Initial State Class 类别中所包含的像元数。
- "Class Total"列：表示每个 Final State Class 类别中所包含的像元数。
- "Row Total"列：表示 Final State Class 中每一类从 Initial State Class 变化的总和。
- "Class Changes"行：表示改变类别的初始状态像元数。
- "Image Difference"行：表示两幅图像中的分析的像元总数的差值，即 Final State Class 像元总数减去 Initial State Class 像元总数，该值为"正"代表类别增加，"负值"表示类别减少。

分类掩膜图像通过对哪些 Initial State Class 像元改变了类别归属、变化为哪一类进行空间识别。掩膜图像存储为 ENVI 分类图像，图像中的类别属性（名称、颜色和值）与 Final State Class 一致。在掩膜图像中，0 值像元没有发生变化；非 0 值说明像元发生了变化。

12.3.2 Thematic Change Workflow 工具

Thematic Change Workflow 工具可以从相同区域、不同时间的两幅分类结果图像中识别变化信息，可以应用于分析土地利用/覆盖变化、森林砍伐、城市化、农业扩张和水体的变化等。

Thematic Change Workflow 工具对不同的数据采取相应的处理方式：

● 输入的图像格式必须为 ENVI Classification 栅格格式，否则不能输入。

● 输入的数据可以是有标准坐标信息或者像素坐标，如果是包含伪坐标信息（pseudo projection）的数据，得到的结果不能得到精确的空间位置信息。

● 如果输入的两幅图像包含不同的坐标投影，将以第一个输入的文件的坐标参数为准，并且只分析重叠区域。

● 如果输入的两幅图像包含不同的空间分辨率，低分辨率图像将重采样为高分辨率图像。

下面介绍详细操作过程（练习数据参见实验数据光盘\第 12 章 遥感动态监测\1-分类后处理）：

（1）在主界面中，选择 File→Open，打开"pre_katrina05. dat"和"post_katrina06. dat"两幅图像。

（2）在 Go To 工具栏中输入：20693，7299。在工具栏中单击 🔍 按钮浏览像素值。如图 12.8 所示，该点发生了变化。

（3）在 Toolbox 工具箱中，选择 Change Detection→Thematic Change Workflow，打开 Thematic Change 面板，分别为 Time 1 Classification Image File 选择前一时相的分类图像 "pre_katrina05. dat" 和为 Time 2 Classification Image File 选择后一时相的分类图像 "post_katrina06. dat"。单击 Next 按钮，进入 Thematic Change 步骤。

提示：① 切换 Input Mask 面板，可以选择一个掩膜文件提高检测精度。② 如果输入的两幅图像包含不同的坐标信息，需要选择

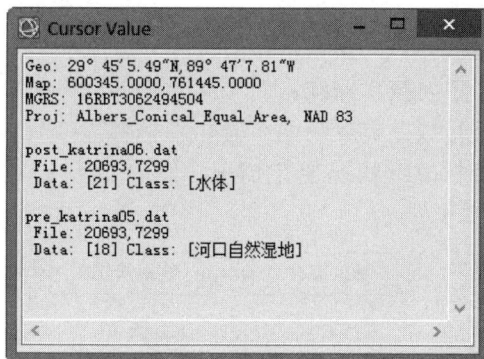

图 12.8 浏览像素值

重投影方法（Reprojection Method）：多项式（Polynomial）速度最快、精度较低；局部三角网（Triangulation）和严格模型（Rigorous）精度高、速度较慢。

（4）在 Thematic Change 步骤中，如果两幅分类图像中分类数目和分类名称都一样，Only Include Areas That Have Changed 选项可选，当选择这个选项时，未发生变化的分类全部归为一类并命名为"no change"。单击 Next 按钮，进入 Cleanup 步骤。

（5）在 Cleanup 步骤中，可以设置平滑阈值和聚类阈值，以去除结果中的"小碎块"。① 平滑（Enable Smoothing）：主要去除椒盐噪声，如默认 3×3，就是在 3 像素×3 像素范围内的中心点的像素值会被 9 个像素内最多像元数的类别代替；② 聚类（Enable Aggregation）：主要去除小区域"小碎块"，如设置为 9，就是小于等于 9 个像素的区域重新合并到邻近的、更大的区域。

（6）勾选 Preview 选项预览效果，单击 Next 按钮，进入 Export 步骤。

（7）在 Export 步骤中，可以输出 3 种格式的结果：以图像格式输出变化结果；以矢量格式输出变化结果；变化统计文本文件。

（8）勾选 Export Thematic Change Image 选项，选择输出为 ENVI 格式。

（9）勾选 Export Thematic Class Vectors 选项，选择输出为 Shapefile 格式。

（10）切换到 Export Statistics 选项，勾选 Export Thematic Chage Statistics 选项，输出统计文件。

（11）单击 Finish 按钮，输出结果。

12.4　林冠状态遥感动态监测实例

林冠是森林与大气相互作用的关键界面。林冠状态主要包括林隙、绿叶生物量、林木树叶量等，它反映了森林的健康状况。林冠状态变化包括由自然因子，如病虫害、林火、干旱等引起的较大面积的林冠变化、由大风等灾害引起的林隙变化以及树冠和林冠的正常变化等几方面。

本章以两幅不同成像时间（2002 年和 2007 年）的 QuickBird 多光谱图像为数据源（参见实验数据光盘\第 12 章 遥感动态监测\2-林冠变化监测），区域位于美国科罗拉多州北部地区，主要覆盖地物是黑松树，由于山松甲虫的爆发，2007 年这片区域的森林遭到严重破坏，大量树木枯萎。

主要技术路线：对不同时相的同一种植被指数进行差值运算，得到植被指数差，这些植被指数差能反映两个时相森林林冠变化情况；确定一定的阈值范围，阈值范围反映监测区森林健康状况变化情况，即林冠状态的变化，从而提取虫害受灾区域。技术流程如图 12.9 所示。

图 12.9　林冠遥感动态监测流程

提示："林区提取"和"数据预处理"两个步骤的顺序是可以对调的，本例采用的顺序是因为数据预处理包括了大气校正和图像配准，而图像配准在 Image Change Workflow 工具中完成。

12.4.1　林区提取

这一步是通过面向对象图像分类方法将林区从图像上提取出来，作为掩膜文件应用于后面的步骤中，以提高检测精度和减少计算量。

（1）在主界面中，选择 File→Open，打开"oct_07_2002. dat"和"aug_25_2007. dat"两幅图像。

（2）在 Toolbox 工具箱中，双击 Feature Extraction→Rule Based Feature Extraction Workflow 工具，启动 Feature Extraction–Rule Based 面板，在 Raster File 选项中选择"oct_07_2002. dat"。

（3）切换 Custom Bands 选项，勾选 Normalized Difference 选项，自动根据中心波长信息选择对应的波段。

（4）单击 Next 按钮，进入 Object Creation 步骤，设置参数：

- 分割阈值（Scale Level）：40。
- 合并阈值（Merge Level）：85。

其他参数选择默认值。勾选 Preview 选项预览分割效果，单击 Next 按钮执行分割，之后进入 Rule–Based Classification 步骤。

提示：在图层管理（Layer Manager）中，在"oct_07_2002. dat"图层上右键选择 Change RBG Bands 菜单，选择 Band4/3/2 组合显示，植被以红色显示而更容易被区分。

（5）在 Rule–Based Classification 步骤中，单击✚按钮新增一类，在 Class Properties 选项中修改参数：

- 分类名称（Class Name）：林区。
- 分类颜色（Class Color）：选择一种绿色。

（6）在左边列表中，单击林区的一条默认规则（Spectral Mean），在右边 Attributes 选项中设置参数：Band：Normalized Difference。值范围设置为>0.28，如图 12.10 所示。

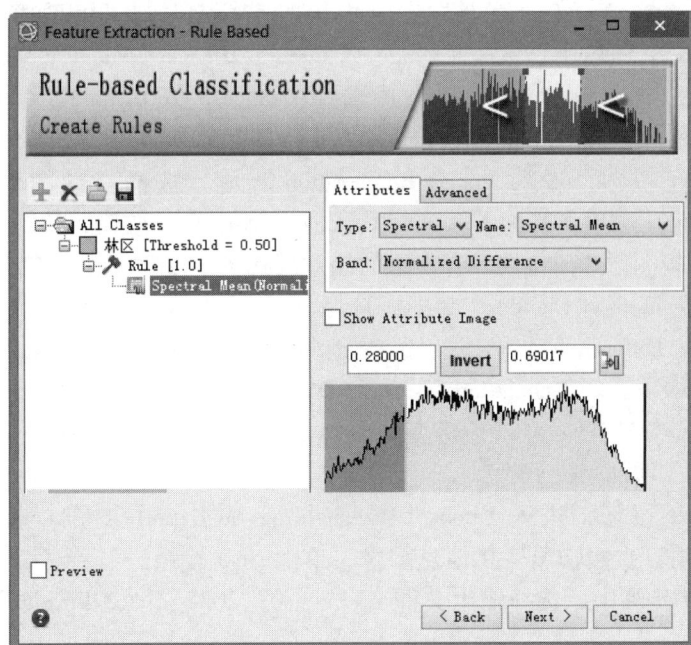

图 12.10　规则定义步骤

（7）勾选 Preview 选项，预览提取结果。

（8）单击 Next 按钮执行分类，之后进入 Export 步骤，将结果输出为栅格图像文件。栅格图像结果中有 3 个像素值：0、1、2，其中值 1 对应的就是林区。

12.4.2　图像预处理（大气校正）

本实例通过对比分析两个时相的图像获取林冠变化信息，因此选择精度较低、操作简便的快速大气校正（QUAC）工具完成大气校正处理。

（1）在 Toolbox 工具箱中，双击 Radiometric Correction → Atmospheric Correction Module/QUick Atmospheric Correction（QUAC）工具，在文件对话框中选择"oct_07_2002. dat"。

（2）在 Quick Atmospheric Correction Parameter 面板中（如图 12.11），选择输出文件名和路径，单击 OK 按钮执行处理。

（3）使用同样方法对"aug_25_2007. dat"进行大气校正。

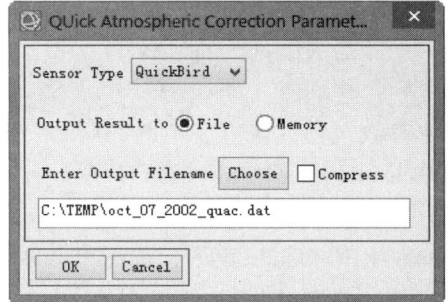

图 12.11　快速大气校正参数设置

12.4.3　林冠变化检测

本步骤获取两个时相的归一化植被指数差，通过分析归一化植被指数差获取林冠变化信息。在 Image Change Workflow 工具中完成整个处理过程，操作过程如下：

（1）在 Toolbox 工具箱中，双击 Change Detection→Image Change Workflow 工具，打开 Image Change 面板，分别为 Time1 File 选项选择"oct_07_2002. dat"大气校正结果和为 Time2 File 选择"aug_25_2007. dat"大气校正结果。切换 Mask 选项，选择林区的栅格图像。

（2）单击 Next 按钮，进入 Image Registration 步骤，选择自动图像配准（Register Images Automatically）选项，其他参数选择默认值，单击 Next 按钮，执行图像配准。

提示：由于两幅图像几何位置只有很小的偏差，默认参数就能得到较精确的配准精度。

（3）在 Change Method Choice 步骤中，选择 Image Difference 方法，单击 Next 按钮。

（4）在 Image Difference 步骤中，选择 Difference of Feature Index 方法；在 Select Feature Index 列表中，选择 Vegetation Index（NDVI）选项。

（5）勾选 Preview 选项，可以预览变化信息检测的结果，红色区域表示 NDVI 减少，蓝色区域表示 NDVI 增加。

（6）单击 Next 按钮，进入 Choose Thresholding or Export 步骤，选择 Export Image Difference Only 选项：直接输出变化信息图像，单击 Next 按钮。

（7）在 Export 步骤中，选择输出文件名"oct_07_2002_quac_diff. dat"和路径，单击 Finish 按钮。

这样就得到两幅图像的归一化植被指数差值图像。

12.4.4 提取森林健康变化信息

本步骤从第二个步骤中得到的归一化植被指数差值图像中提取森林健康变化信息，采用阈值分割方法。阈值分割方法是一种简单有效的图像分割方法，它将图像的灰度级分为几个部分，选用若干个阈值来确定图像的区域。阈值分割一般分为两个步骤：① 确定图像的分割阈值；② 分割图像。

一般利用图像的直方图寻找分割阈值。若图像由多个特征区域构成（即为不同变化区域），则其直方图呈现多峰现象，每个峰值对应一个区域，以谷值点位或凸值点位阈值划分相邻峰值。本例提取的是森林受灾区，将受灾区分为严重虫灾区、中等虫灾区和轻微虫灾区。

（1） 在 Toolbox 工具箱中，双击 Statistics→Compute Statistics 工具，在输入文件对话框中选择前面得到的归一化植被指数差值图像 "oct_07_2002_quac_diff.dat"。

（2） 在 Compute Statistics Parameters 面板中，勾选 Histograms 选项，单击 OK 按钮，打开 Statistics Results 面板。

（3） 在 Statistics Results 面板中，选择 Select Plot→Histograms：Band1。

（4） 在直方图中（图 12.12），按住鼠标左键沿着直方图滑动，在左下方看到对应的像素值，即该点的归一化植被指数差值。通过目视的方式从直方图上寻找一个"拐点"，这个"拐点"对应的像素值就是分割阈值。本例确定了 3 个值：−0.2687、−0.1078 和−0.0274。

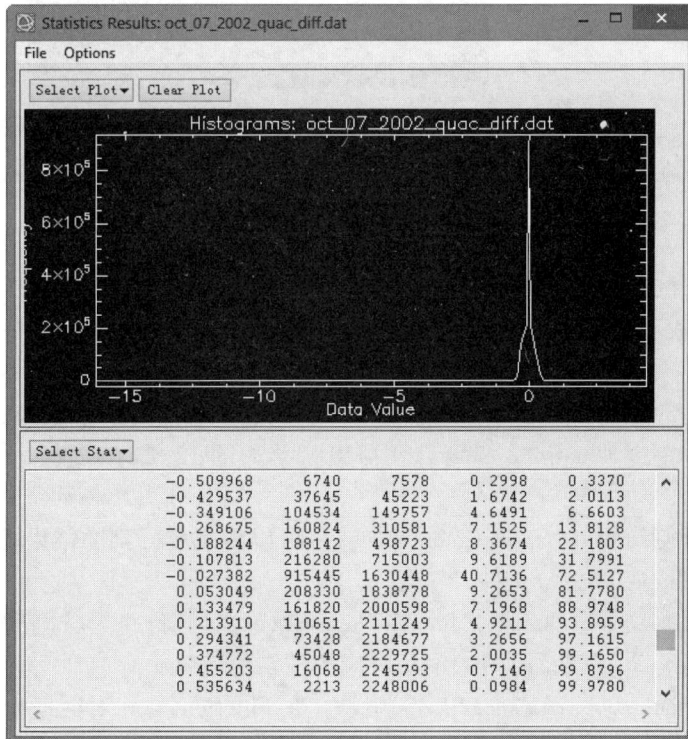

图 12.12　Statistics Results 面板的统计结果

提示：①在直方图上，按住鼠标滚轮拉框可以放大，或右键选择 Previous Range。
②可以通过列表形式判断"拐点"，如 Total 列项达到 100000 认为是一个"拐点"。

（5）在 ENVI 主界面的图层管理器（Layer Manager）中，在归一化植被指数差值图像
"oct_07_2002_quac_diff. dat"图层上右键选择 Raster Color Slices 菜单。在文件选择对话框
中选择差值图像的一个波段，单击 OK 按钮，打开 Edit Raster Color Slices 面板。

（6）在 Edit Raster Color Slices 面板中，单击▨按钮删除所有分割区间，单击➕按钮，
输入 Slice Min：-16.113600（默认获取最小值）；Slice Max：-0.268700。

（7）重复上面的步骤，增加（-0.268700 ~ -0.107800）和（-0.107800 ~ -0.027400）区
间，最终如图 12.13 所示。

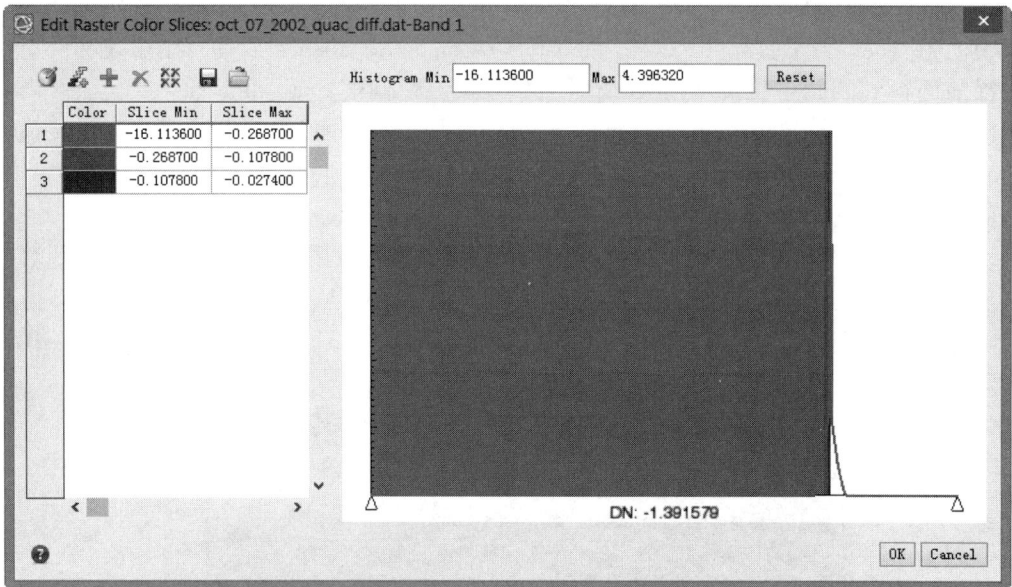

图 12.13　Edit Raster Color Slices 面板

（8）单击 OK 按钮。

得到的结果显示在主界面图层管理器（Layer Manager）和显示窗口中，下面分析
结果。

（1）在图层管理器（Layer Manager）中，Slices 右键菜单有以下选择：

● 编辑灰度分割（Edit Color Slices）：可以打开如图 12.13 的面板，修改分割区间和
颜色等。

● 输出灰度分割结果（Export Color Slices）：可以将灰度分割的结果输出为 ENVI 栅格
分类结果文件或 Shapefile 矢量文件。

● 统计灰度分割结果（Statistics for All Color Slices）：统计每个分割区间像元数量、所
占百分比、面积等信息，以及源图像中相对应的像素值信息。

（2）选择 Statistics for All Color Slices 菜单，在 File Selection 对话框中选择归一化植被
指数差值图像，得到统计结果：

Background：1,533,566 points（68.204%）（8,833,340.1600 Meters^2）

−16.1136 to−0.2687：149,696 points（6.658%）（862,248.9600 Meters^2）

−0.2687 to−0.1078：349,055 points（15.524%）（2,010,556.8000 Meters^2）

−0.1078 to−0.0274：216,183 points（9.615%）（1,245,214.0800 Meters^2）

整个区域受灾面积约为 411 hm^2。

（3）选择 Export Color Slices→Class Image，选择输入文件名和路径。

（4）在工具栏 Go To 输入："3751,6704" 和 "3751,6704"，结合 2007 年的图像可以看到，有 3 个区域的树木消失了，可能是由于灾情太严重而砍伐了树木。

（5）在 Toolbox 工具箱中，双击 Raster Management→Edit ENVI Header 工具，在文件输入对话框中选择前面保存的结果。

（6）在 Header Info 面板中，选择 Edit Attributes→Classification Info 菜单，按照默认设置单击 OK 按钮，打开 Class Color Map Editing 面板（如图 12.14）。

（7）在 Class Color Map Editing 面板中，选择对应的类别，在 Class Name 选项中输入重新定义的类别名称，同时修改显示颜色。

为了得到更好的结果，用分类后处理工具优化监测结果。在 Toolbox 工具箱中，双击 Classification→Post Classification→Majority/Minority 工具，设置 Kermel Size：5×5，去除小斑点。

到目前为止，完成了整个林冠遥感动态监测的操作流程。其中，在林冠变化检测环节中，如果两个时相的数据不需要作预处理，也可以用 Band Math 工具完成 NDVI 的差值运算。

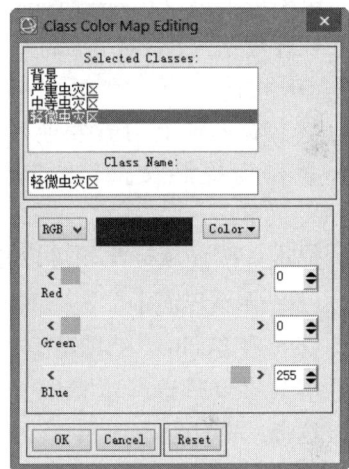

图 12.14 在 Class Color Map Editing 面板中修改类别名称

12.5 农业耕作变化监测实例

本实例以 2008 年和 2009 年获得的 Landsat TM 数据为数据源，获得两个时相的农业耕作类型。TM 数据从美国地质调查局网站（http://glovis.usgs.gov/）免费下载，数据经过基于地形的几何校正。

练习数据参见"实验数据光盘\第 12 章 遥感动态监测\3−农业耕作变化监测"。数据已经经过快速大气校正的处理，并进行了空间子区裁剪。图像覆盖区域的土地类型主要包括水体、沙漠、耕地和城市区域等。

整个过程包括 Landsat TM 农业耕作用地分类和农业耕作用地变化信息提取两部分，变化检测采用分类后比较方法。

12.5.1 Landsat TM 农业耕作用地分类

农业耕作用地的分类可以选择基于样本的面向对象分类方法或者监督分类方法。本例

使用图像分类流程化工具（Classification Workflow）

（1）在主界面中，选择 File→Open，打开"ag_08_quac. dat"和"ag_09_quac. dat"两幅图像。

（2）利用工具栏中的缩放按钮浏览打开的数据，单击 Portal 按钮"透视"两个时相的图像，大致了解两个时期的土地利用情况。

（3）在主界面中，选择 File→New→Vector Layer，在 Create New Vector Layer 面板中设置（图 12.15）以下参数：

- 图层名称（Layer Name）：Mask。
- 矢量类型（Record Type）：Polygon。
- 源数据（Source Data）：ag_08_quac. dat。

单击 OK 按钮。

（4）在图像上沿着农业用地的边缘绘制多边形矢量作为掩膜文件，绘制好后单击右键选择 Accept 菜单。

提示：按住鼠标滚轮可以移动图像辅助绘制。

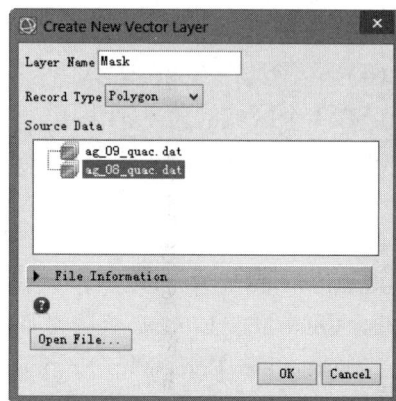

图 12.15　Create New Vector Layer 面板

（5）在主界面中，选择 File→Save As，将绘制的 Mask 文件保存为外部 Shapefile 文件。

（6）在 Toolbox 工具箱中，双击 Classification/Classification Workflow 工具。

（7）在文件选择步骤中（File Selection），单击 Browse 按钮，打开 File Selection 对话框，选择"ag_08_quac. dat"文件，回到 Classification 面板。

（8）切换 Input Mask 选项，单击 Browse 按钮，选择前面制作的矢量文件作为掩膜，单击 Next 按钮。

（9）在 Classification Type 步骤中，选择 Use Training Data 选项，单击 Next 按钮。

（10）在图层管理器（Layer Manager）中，在"ag_08_quac. dat"图层上右键选择 Change RGB Bands 菜单，选择 RGB 为 432 波段组合显示，使植被显示为红色，便于解译，在选择样本期间显示不同的组合，提高样本质量。

（11）在监督分类步骤（Supervised Classification）中，在右边分别修改以下参数：

- 分类名称（Class Name）：绿植耕地。
- 分类颜色（Class Color）：默认。
- 内部填充（Fill Interior）：Solid。

（12）在图像上目视解译绘制有绿色农作物的耕地，即显示红色的图像区域。右键选择 Accept 菜单或者双击鼠标左键结束一个多边形样本的选择。重复操作选择几个多边形样本。

（13）单击■按钮新建一类，利用同样的方法选择其他 4 类训练样本：留茬耕地、休耕地/裸地、水体和居民用地。

提示：可单击按钮选择"训练样本和掩膜文件\class08. shp"样本文件，最终结果如图 12.16 所示。

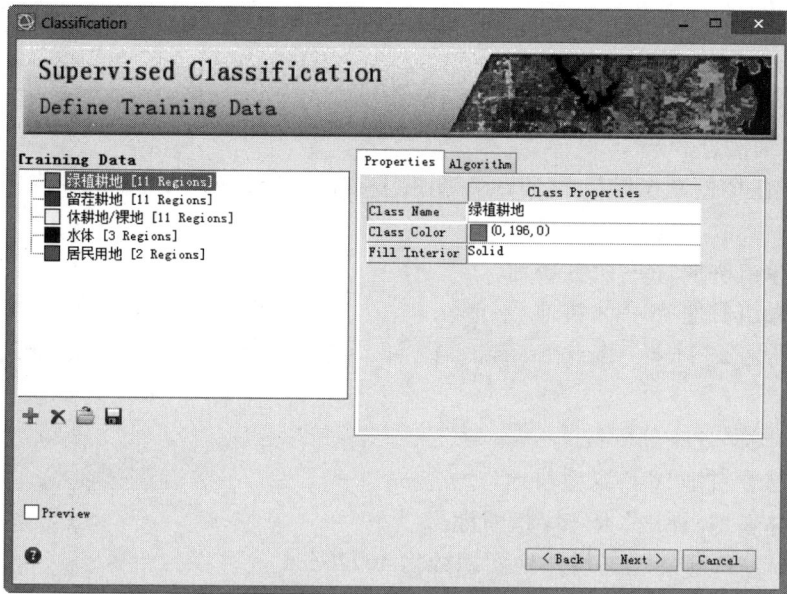

图 12.16 定义训练样本

（14）在 Algorithm 选项中默认选择 Maximum Likelihood 方法，勾选 Preview 选项预览分类结果；单击 Next 按钮执行分类。

提示：选择完所有训练样本之后，勾选 Preview 选项预览分类结果，根据预览结果可适当增加某一类的训练样本。

（15）在 Cleanup 步骤中，设置 Smoothing 参数可以去除椒盐噪声等，设置 Aggregation 参数可以将小斑块合并到大块中。按照默认设置单击 Next 按钮。

（16）在输出结果（Export）步骤中，选择 Export Classification Image 选项，选择分类图像输出路径和文件名"ag_08_maxlike. dat"，单击 Finish 按钮。

（17）目前为止已经完成 2008 年农业用地分类图。

利用同样的方法将"ag_09_quac. dat"图像进行分类，得到分类结果"ag_09_maxlike. dat"。

12.5.2 农业耕作用地变化信息提取

（1）在 Toolbox 工具箱中，双击 Change Detection→Thematic Change Workflow 工具，在 File Selection 步骤中，分别为 Time1 选择"ag_08_maxlike. dat"和为 Time2 选择"ag_09_maxlike. dat"。

（2）选择 Input Mask 选项，在 the Thematic Change Mask 对话框中，选择"mask. shp"文件作为掩膜文件，单击 Next 按钮。

（3）在 Thematic Change 步骤中，勾选 Only Include Areas That Have Changed 选项，只获得变化的区域。勾选 Preview 选项，可以预览结果。单击 Next 按钮。

（4）在 Cleanup 步骤中，设置 Smoothing 参数去除小斑块，单击 Next 按钮。

（5）在 Thematic Change Export 对话框中，将结果输出为图像和矢量以及统计报表，单击 Finish 按钮输出结果。

（6）在输出的变化矢量结果图层上单击右键选择 View Attributes 菜单，可以看到每个变化斑块的详细信息。

（7）在变化栅格图像结果的 Classes 图层上右键选择 Hide All Classes 菜单，勾选以下选项：

- From'绿植耕地' to '留茬耕地'。
- From'绿植耕地' to '休耕地/裸地'。

（8）分别右键选择 Class Statistics 统计，统计得到 2009 年减少耕作地面积约为19601 hm^2。

（9）利用同样方法分析：

- From'留茬耕地' to '绿植耕地'。
- From'休耕地/裸地' to '绿植耕地'。

统计得到 2009 年新增的耕作地面积约为 46770 hm^2。

第 13 章 辐射定标与大气校正

遥感图像通常是用无量纲的数字量化值（DN）记录信息的，进行遥感定量化分析时，常用到辐射亮度值、反射率值和温度值等物理量。通过辐射定标可以实现 DN 值与这些物理量的转化。大气层会影响遥感传感器的成像，大气校正能减少或消除大气对遥感图像的影响，得到真实的地表反射信息。

本章主要介绍以下内容：

➢ 辐射定标
➢ AVHRR 数据定标
➢ 大气校正
➢ 大气校正模块（Atmospheric Correction）
➢ Landsat 8 FLAASH 大气校正
➢ 航空高光谱数据 FLAASH 大气校正
➢ 航天高光谱数据 FLAASH 大气校正
➢ FLAASH 大气校正常见问题解答

13.1 辐 射 定 标

辐射定标是将传感器记录的电压或数字量化值转换为绝对辐射亮度值（辐射率）的过程（梁顺林，2009），或者转换为与地表（表观）反射率、表面（表观）温度等物理量有关的相对值的处理过程。按不同的使用要求或应用目的，可以分为绝对定标和相对定标。绝对定标是通过各种标准辐射源，建立辐射亮度值与数字量化值之间的定量关系，如对于一般的线性传感器，绝对定标通过一个线性关系式完成数字量化值与辐射亮度值的转换：

$$L_\lambda = \text{Gain} * \text{DN} + \text{Offset} \tag{13.1}$$

辐射亮度值 L_λ 常用的单位为 $\text{W}/(\text{m}^2 \cdot \mu\text{m} \cdot \text{sr})$。当定标为反射率时，反射率又分为大气外层表观反射率和地表真实反射率，后者属于大气校正的范畴，有的时候也会将大气校正视为辐射定标的一种方式。

相对定标则指确定场景中各像元之间、各探测器之间、各波谱段之间以及不同时间测得的辐射度量的相对值（童庆禧等，2006）。

传感器辐射定标可分为 3 个阶段或者说 3 个方面的内容：发射前的实验室定标；基于星载定标器的星上定标；发射后的定标（场地定标）。

1. 实验室定标

在遥感器发射之前对其进行的波长位置、辐射精度、光谱特性等进行精确测量，这就是实验室定标。它一般包含两部分内容：
- 光谱定标：确定遥感传感器每个波段的中心波长和带宽以及光谱响应函数。
- 辐射定标：在模拟太空环境的实验室中，建立传感器输出的量化值与传感器入瞳处的辐射亮度之间的模型，一般用线性模型表示，见式（13.1）。

2. 星上定标

有些卫星载有辐射定标源、定标光学系统，在成像时实时、连续地进行定标。

3. 场地定标

场地定标指遥感器处于正常运行条件下，选择辐射定标场地。一般选择沙漠地区，因为它的光谱响应稳定，如利比亚沙漠用于定标 AVHRR、北非沙漠定标 SPOT 图像、敦煌西戈壁沙漠定标 CBERS 图像、美国的白沙导弹靶场常用于高分辨率图像的定标。通过选择典型的均匀稳定目标，用精密仪器进行地面同步测量感器过顶时的大气环境参量和地物反射率，利用遥感方程，建立图像与实际地物间的数学关系，得到定标参数以完成精确的传感器定标。

按辐射定标数据使用的波段不同，辐射定标可分为反射波段的辐射定标和发射波段的辐射定标。反射波段的辐射定标是指在 $0.36 \sim 3 \mu m$ 的可见光到短波红外波段；发射波段的辐射定标是指大于 $3 \mu m$ 的热红外波段，也称"热红外定标"。

13.1.1　图像辐射定标

ENVI 提供通用定标工具（Radiometric Calibration），该工具通过读取元数据文件将图像数据定标为辐射亮度值（radiance）、大气表观反射率（reflectance）和亮度温度（brightness temperatures）。表 13.1 为 Radiometric Calibration 工具支持的数据类型。

提示：ENVI 打开以下类型的图像数据时将自动定标。
- Göktürk-2：辐射亮度值（radiance）。
- MODIS/ASTER Simulator（MASTER）：辐射亮度值（radiance）。
- RASAT：辐射亮度值（radiance）。
- ASTER Level-1B：将 8 位的辐射亮度数据转成浮点型的辐射亮度值。对于 Level-1A 的数据，运行完整的定标处理。输出的辐射亮度值单位为 $W/(m^2 \cdot \mu m \cdot sr)$。
- MODIS Level-1B through 4（HDF-EOS）：将 16 位的数据转化为浮点型、单位为 $W/(m^2 \cdot \mu m \cdot sr)$ 的辐射亮度值。同时自动转成为无单位的发射率（emissivity）和大气表观反射率数据（reflectance）。

下面以 Landsat 8 数据为例（参见实验数据光盘\第 13 章 辐射定标与大气校正\1-Landsat8），介绍 Radiometric Calibration 工具的操作步骤。

表 13.1　Radiometric Calibration 工具支持的数据类型

传　感　器	可选定标类型			打开的元数据文件
	辐射亮度	大气表观反射率	亮度温度	
ALOS AVNIR-2, PRISM Level-1B2	✓	✓		HDR *.txt
DMC DIMAP	✓	✓		.dim
EO-1 ALI	✓	✓		使用 File→Open As→EO-1→HDF 菜单打开 *_HDF.L1G 文件，*_MTL.L1G 文件必须在同一目录中
EO-1 Hyperion	✓	✓		使用 File→Open As→EO1→HDF 菜单选择 .L1R 文件
GeoEye-1	✓	✓		.til
IKONOS	✓	✓		metadata.txt
KOMPSAT-3	✓			*_aux.xml
Landsat TM, ETM+, Landsat 8 OLI/TIRS	✓	✓	✓	*_MTL.txt, *WO.txt, *.met
OrbView-3	✓	✓		.pvl
Pleiades Primary or Ortho（single 或 mosaic）	✓	✓		DIM *.xml
QuickBird	✓	✓		.til
RapidEye Level-1B	✓	✓		*_metadata.xml
ResourceSat-2	✓			.h5
SPOT DIMAP	✓	✓		METADATA.DIM
SSOT DIMAP	✓			METADATA.DIM
WorldView-1/2	✓	✓		.til
高分一号	✓	✓		使用 File→Open As→CRESDA→GF-1 菜单打开 *.xml 文件
资源一号 02C	✓	✓		使用 File→Open As→CRESDA→ZY-1-02C 菜单打开 *.xml 文件
资源三号	✓	✓		使用 File→Open As→CRESDA→ZY-3 菜单打开 *.xml 文件

（1）在主界面中，选择 File→Open，打开"LC81230322013132LGN02_MTL.txt"文件。

（2）在 Toolbox 工具箱中，双击 Radiometric Correction/Radiometric Calibration 工具。在 File Selection 对话框中，选择多光谱数据"*_multispectral"。

（3）单击 OK 按钮，打开 Radiometric Calibration 面板（图 13.1）。以下是面板中的参数说明。

● 定标类型（Calibration Type）：打开时有以下 3 种数据类型供选择。

① 辐射亮度值：这个选项是当数据每个波段包括 Gain 和 Offest 参数时候，ENVI 自动从元数据文件中获取这些参数，并用以下公式进行定标：

$$L = \text{Gain} * \text{DN} + \text{Offset} \tag{13.2}$$

ENVI 默认 Gain 和 Offest 参数定标单位为 $W/(m^2 \cdot sr \cdot \mu m)$，因此得到的辐射亮度值的单位为 $W/(m^2 \cdot sr \cdot \mu m)$。

② 大气表观反射率：值的范围是 $0 \sim 1.0$，这个选项是数据的元数据文件中包括 Gain 和 Offest 参数、太阳辐照度（solar irradiance）、太阳高度角（sun elevation）和成像时间，使用以下公式计算：

$$\rho_\lambda = \frac{\pi L_\lambda d^2}{\text{ESUN}_\lambda \sin\theta} \tag{13.3}$$

式中，L_λ 为以 $W/(m^2 \cdot sr \cdot \mu m)$ 为单位的辐射亮度值；d 为以天文单位的地球-太阳距离；ESUN_λ 为以 $W/(m^2 \cdot \mu m)$ 为单位的太阳辐照度；θ 为以度为单位的太阳高度角。

提示：如果是 Landsat-8 数据，gains 和 offsets 参数会用 $\sin\theta$ 进行调整。

③ 亮度温度：这个选项用于 Landsat-8、ETM+ 和 TM 热红外图像。亮度温度（单位为 K）使用以下公式计算：

$$T = \frac{K_2}{\ln\left(\frac{K_1}{L_\lambda} + 1\right)} \tag{13.4}$$

式中，K_1 和 K_2 是常量，从 Landsat 元数据文件中读取。

● 输出储存顺序（Output Interleave）：有 3 种类型供选择。BSQ：按波段顺序存储；BIL：按行顺序存储；BIP：按像元顺序存储。

● 输出数据类型（Output Data Type）：有 3 种数据类型供选择，分别是浮点型（Float）；双精度浮点型（Double）；无符号 16 位整型（Uint）。

● 缩放系数（Scale Factor）：为了让输出的辐射亮度值单位不是 $W/(m^2 \cdot sr \cdot \mu m)$，输入一个缩放系数。

● 应用 FLAASH 设置按钮（Apply FLAASH Settings）：为了让定标的辐射亮度值符合 FLAASH 大气校正工具的数据要求，包括 BIL 存储顺序；浮点型数据类型；缩放系数：0.1，输出的单位是 $\mu W/(cm^2 \cdot sr \cdot nm)$。

（4）如图 13.1 所示设置参数，选择路径和文件名，单击 OK 按钮，执行定标过程。

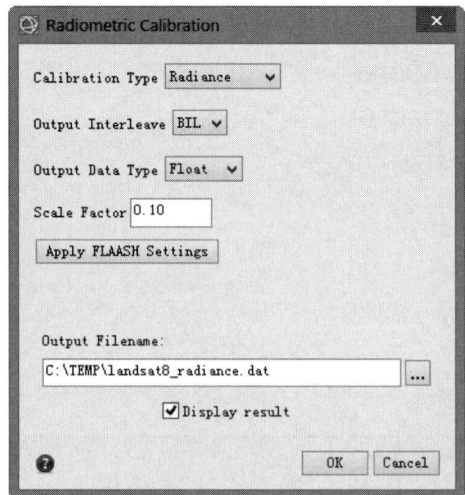

图 13.1 Radiometric Calibration 工具面板

13.1.2 热红外数据定标

ENVI 可以将 NASA 热红外多光谱扫描仪（TIMS）的裸数据定标为辐射亮度，单位为 W/(m² · sr · μm)。参照数据是由传感器平台上的黑体和两个内部参照源产生的，被存储在每个图像行的前 60 个字节，参照数据可以被平滑。用普朗克辐射定律和参考数据计算每一幅 TIMS 波段的增益和偏移值，从而完成数据的定标。

（1）在 Toolbox 工具箱中，双击 Radiometric Correction→Calibrate TIMS 工具，选择所需的 TIMS 输入文件（每行必须包含参考信息的 60 个字节）。

（2）在打开的 TIMS Calibration Parameters 对话框中，键入要平滑的参照数据的行数。

（3）选择输出文件路径及文件名，单击 OK 按钮，执行定标过程。

ENVI 还提供 3 种方法，可用于从热红外辐射亮度值数据中反演发射率和温度信息，其中 Emissivity Reference Channel 和 Emissivity Normalization 方法可以得到发射率和温度；Emissivity Alpha Residuals 方法只能获取发射率，而不提供温度信息。

1. Emissivity Reference Channel

使用 Emissivity Reference Channel 工具可以从热红外辐射数据中计算发射率和温度值。Emissivity Reference Channel 方法假设热红外数据的一个波段中的所有像元有一个固定的发射率，用这一恒定的发射率，计算出一幅温度图像；将这些温度代入普朗克公式中，计算其他波段的辐射率值。

下面以 ASTER L1A 的热红外波段为例，介绍操作过程如下：

（1）在主界面中，选择 File→Open As→EOS→ASTER，打开 .hdf 格式的 ASTER 文件（参见实验数据光盘\第 11 章 地形分析与可视化\01-立体像对）。ENVI 按照波长自动将其归为 4 组：两组可见光-近红外（VNIR）、1 组短波红外（SWIR）和 1 组热红外（TIR），并根据头文件信息自动定标为辐射亮度值，单位为 W/(m² · μm · sr)。

（2）在 Toolbox 工具箱中，双击 Radiometric Correction→Emissivity Reference Channel 工具。

（3）选择 ASTER 数据的热红外波段（Band 10～14），单击 OK 按钮，打开 Calculate Emissivity Parameters 对话框。

提示：在 Thermal IR Input File 对话框中，通过右边的 File Information 中的 Wavelength 信息判断热红外波段。

（4）在 Calculate Emissivity Parameters 对话框中（图 13.2），需要设置以下几个参数：

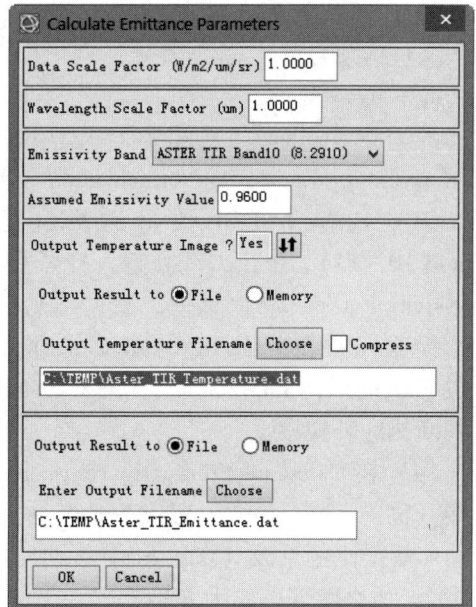

图 13.2 Calculate Emissivity Parameters 对话框

● 数据比例系数（Data Scale Factor）：1。将辐射值的单位统一为 W/(m² · μm · sr)（例如，如果数据单位为 μW/(cm² · μm · sr)，那么要输入的比例系数为 0.1）。

● 波长比例系数（Wavelength Scale Factor）：1。将波长的单位（从头文件中读取）统一为 μm。

● 在 Emissivity Band 下拉列表中，选择采用固定发射率值的波段。

● 在 Assumed Emissivity Value 文本框中，输入与 "Emissivity Band" 下拉列表中波段对应的发射率值（0～1）。这是一个假设值。

（5）单击 "Output Temperature Image?" 箭头切换按钮，选择 "Yes"，选择输出温度图像的路径及文件名。

（6）选择输出发射率文件路径及文件名，单击 OK 按钮，执行定标过程。

（7）得到温度图像（单波段，单位为 K）和发射率数据（与输入的辐射数据波段相同）。

2. Emissivity Normalization

使用 Emissivity Normalization 工具可以从热红外辐射数据中计算发射率和温度值。Emissivity Normalization 方法先用一个假设的发射率值计算每一个像元和波段的温度值，再将每个像元的最高温度用于普朗克公式，从而计算发射率。

下面以 ASTER L1A 的热红外波段为例，介绍操作过程如下：

（1）在主界面中，选择 File→Open As→EOS→ASTER，打开 .hdf 格式的 ASTER 文件（参见实验数据光盘\第 11 章 地形分析与可视化\01-立体像对）。ENVI 按照波长将其自动归为 4 组：两组可见光-近红外（VNIR）、1 组短波红外（SWIR）和 1 组热红外（TIR），并根据头文件信息自动定标为辐射亮度值，单位为 W/(m² · μm · sr)。

（2）在 Toolbox 工具箱中，双击 Radiometric Correction→Emissivity Normalization 工具。

（3）选择 ASTER 数据的热红外波段（Band 10～14），单击 OK 按钮，打开 Calculate Emissivity Parameters 对话框。

提示：在 Thermal IR Input File 对话框中，通过右边的 File Information 中的 Wavelength 信息判断热红外波段。

（4）在 Calculate Emissivity Parameters 对话框中（图 13.3），需要设置以下几个参数：

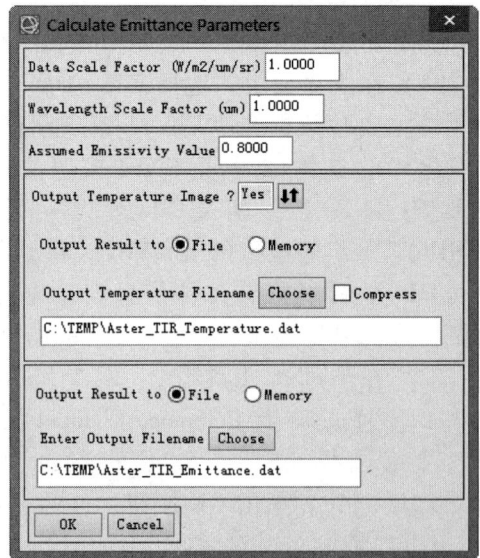

图 13.3　Calculate Emissivity Parameters 对话框

● 数据比例系数（Data Scale Factor）：1。将辐射值的单位统一为 W/(m² · μm · sr)（例如，如果数据单位为 μW/(cm² · μm · sr)，那么要输入的比例系数为 0.1）。

● 波长比例系数（Wavelength Scale Factor）：1。将波长的单位（从头文件中读取）统

一为 μm。

● 在 Assumed Emissivity Value 文本框中，输入假设的发射率值（0~1）。

（5）单击"Output Temperature Image?"箭头切换按钮，选择"Yes"，选择输出温度图像的路径及文件名。

（6）选择输出发射率文件路径及文件名，单击 OK 按钮，执行定标过程。

（7）得到温度图像（单波段，单位为 K）和发射率数据（与输入的辐射数据波段相同）。

3. Emissivity Alpha Residuals

使用 Emissivity Alpha Residuals 工具可以生成 α 残差波谱，它接近于热红外辐射数据的发射波谱形状。由于使用了普朗克函数中的维恩近似值，因此将对数方程线性化。α 残差波谱仅是发射率的函数，与发射率波谱有一个相似的形状，但是均值为 0。因此，发射率波谱要与 α 残差波谱直接对照，必须按比例改变其大小。发射率波谱可以由 α 残余波谱利用经验数据计算出来。

下面以 ASTER L1A 数据的热红外波段为例，操作过程如下：

（1）在主界面中，选择 File→Open As→EOS→ASTER，打开 .hdf 格式的 ASTER 文件（参见实验数据光盘\第 11 章 地形分析与可视化\01-立体像对）。ENVI 按照波长将其自动归为 4 组：两组可见光-近红外（VNIR）、1 组短波红外（SWIR）和 1 组热红外（TIR），并根据头文件信息自动定标为辐射亮度值，单位为 W/(m² · μm · sr)。

（2）在 Toolbox 工具箱中，双击 Radiometric Correction→Emissivity Alpha Residuals 工具。

（3）选择 ASTER 数据的热红外波段（Band 10~14），单击 OK 按钮，打开 Calculate Emissivity Parameters 对话框。

提示：在 Thermal IR Input File 对话框中，通过右边的 File Information 中的 Wavelength 信息判断热红外波段。

（4）在 Calculate Emissivity Parameters 对话框中（图 13.4），需要设置以下几个参数：

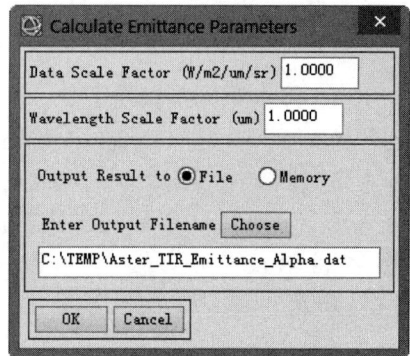

图 13.4 Calculate Emissivity Parameters 对话框

● 数据比例系数（Data Scale Factor）：1。将辐射值的单位统一为 W/(m² · μm · sr)（例如，如果数据单位为 μW/(cm² · μm · sr)，那么要输入的比例系数为 0.1）。

● 波长比例系数（Wavelength Scale Factor）：1。将波长的单位（从头文件中读取）统一为 μm。

（5）选择输出发射率文件路径及文件名，单击 OK 按钮，执行定标过程。

（6）得到温度图像（单波段，单位为 K）和发射率数据（与输入的辐射数据波段相同）。

13.2　AVHRR 数据定标

13.2.1　NOAA AVHRR 介绍

美国 NOAA 极轨卫星从 1970 年 12 月第一颗发射以来，40 多年来连续发射了 18 颗，最新的 NOAA-19 在 2009 年发射升空。NOAA 卫星共经历了 5 代，目前使用较多的为第五代 NOAA 卫星，包括 NOAA-15 ~ 19；作为备用的第四代星，包括 NOAA-9 ~ 14。表 13.2 为部分 NOAA 卫星的发射时间和基本轨道参数。

表 13.2　部分 NOAA 卫星的发射时间和基本轨道参数

卫星	发射时间	正式运行日期	轨道高度/km	轨道倾角/(°)	轨道周期/min
NOAA-11	1988 年 9 月 24 日	1988 年 11 月 8 日	841	98.9	101.8
NOAA-12	1991 年 5 月 14 日	1991 年 9 月 17 日	804	98.6	101.1
NOAA-14	1994 年 12 月 30 日	1995 年 4 月 10 日	845	99.1	101.9
NOAA-15	1998 年 5 月 13 日	1998 年 12 月 15 日	808	98.64	101.2
NOAA-16	2000 年 9 月 12 日	2001 年 3 月 20 日	850	98.9	102.1
NOAA-17	2002 年 6 月 24 日	2002 年 10 月 15 日	811	98.7	101.2
NOAA-18	2005 年 5 月 11 日	2005 年 6 月 26 日	854	未知	102
NOAA-19	2009 年 2 月 6 日	—	852.2	98.7	102.1

NOAA 是太阳同步极轨卫星，采用双星运行，同一地区每天可有 4 次过境机会。第五代（NOAA-15 ~ 19）传感器采用改进型甚高分辨率辐射仪（AVHRR/3），和先进 TIROS 业务垂直探测器（ATOVS），包括高分辨率红外辐射探测仪（HIRS-3）、先进的微波探测装置 A 型（AMSU-A）和先进的微波探测装置 B 型（AMSU-B）。其中，AVHRR/3 传感器包括 5 个波段：可见光红色波段、近红外波段、中红外波段和两个热红外波段，参数如表 13.3 所示。

表 13.3　AVHRR/3 波段信息

通道序号	波长范围/μm	主　要　用　途
1	0.58 ~ 0.68	白天图像、植被、冰雪、气候等
2	0.725 ~ 1.00	白天图像、植被、水/路边界、农业估产、土地利用调查等
3a*	1.58 ~ 1.64	白天图像、土壤湿度、云雪判识、干旱监测、云相区分等
3b*	3.55 ~ 3.93	下垫面高温点、夜间云图、森林 火灾、火山活动
4	10.30 ~ 11.30	昼夜图像、海表和地表温度、土壤湿度
5	11.50 ~ 12.50	昼夜图像、海表和地表温度、土壤湿度

＊3a 白天工作，3b 夜间工作。

AVHRR/3 探测器扫描角为 ±55.4°，相当于探测地面 2800 km 宽的带状区域，两条轨道可以覆盖我国大部分国土，3 条轨道可完全覆盖我国全部国土。AVHRR 的星下点分辨率为 1.1 km。由于扫描角大，图像边缘部分变形较大，实际上最有用的部分在 ±15° 范围内（15° 处地面分辨率为 1.5 km），这个范围的成像周期为 6 天。

ENVI 提供 AVHRR 相应的处理工具，包括地理坐标定位（Georeferencing）、辐射定标（Calibrating）和计算海面温度（SST），其他辅助工具包括查看头文件信息和建立几何校正文件（Geometry File）。

下面介绍 AVHRR 辐射定标和海面温度（SST）计算的操作步骤。注意：应该在进行地理坐标定位之前先进行辐射定标和海面温度计算。

13.2.2 辐射定标

ENVI 提供的 AVHRR 定标工具可以对来自 NOAA-12 ~ 19 卫星的 AVHRR 数据进行定标。波段 1 和 2 被定标为反射率，波段 3、4 和 5 被定标为亮度温度（单位为 K）。

下面以 NOAA-17 的 1b 数据为例，介绍 AVHRR 定标工具的操作步骤。

（1）在主界面中，选择 File→Open As→AVHRR→KLMN/Level 1b，打开 NOAA-17 的 1b 数据。

（2）在 Toolbox 工具箱中，双击 Radiometric Correction→Calibrate AVHRR 工具，在 AVHRR Input File 对话框中选择打开的 NOAA-17 数据，单击 OK 按钮，打开 AVHRR Calibration Parameters 面板。

（3）在 AVHRR Calibration Parameters 面板中（图 13.5），选择卫星类型（Satellite）：NOAA-17；太阳天顶角校正（Correct for Solar Zenith Angles）：Yes。

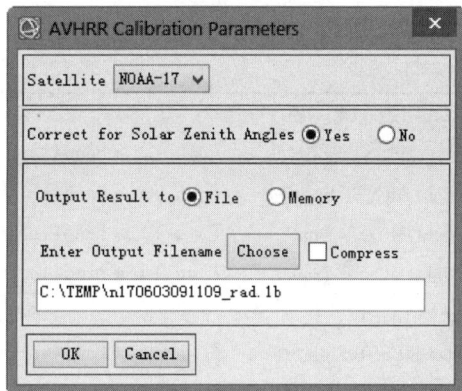

图 13.5 AVHRR Calibration Parameters 面板

（4）选择输出路径及文件名，单击 OK 按钮，执行定标过程。

波段 1 和 2 将按反射率百分比格式输出，波段 3、4 和 5 将按亮度温度（单位为 K）输出。

13.2.3 海面温度（SST）计算

ENVI 在 Compute Sea Surface Temperature 工具中计算海面温度，操作比较简单。下面以 NOAA-17 的 1b 级别数据为例，介绍 Compute Sea Surface Temperature 工具的操作步骤。

（1）在主界面中，选择 File→Open As→AVHRR→KLMN/Level 1b，打开 NOAA-17 的 1b 数据。

（2）在 Toolbox 工具箱中，双击 Raster Management→Data-Specific Utilities→AVHRR Sea Surface Temperature（SST）工具，在 AVHRR Input File 对话框中选择打开的 NOAA-17 数据，单击 OK 按钮，打开 AVHRR Sea Surface Temperature Parameters 面板。

（3）在 AVHRR Sea Surface Temperature Parameters 面板中（图 13.6），选择卫星类型

（Satellite）：NOAA-17；计算方法（SST Algorithm）：Day MCSST Split。

（4）选择输出路径及文件名，单击 OK 按钮，执行定标过程。输出的海面温度图像单位为℃。

注意：输入文件必须包含 AVHRR 波段 3、4 和 5，并且不能转成 8 位数据，因为在转换 1b 级别数据时会丢失头文件中的定标参数。

ENVI 是利用 AVHRR 波段 3、4、5 计算得到 SST 的，用摄氏度（℃）表示。ENVI 在 SST 计算中不使用云或陆地掩模。

ENVI 使用多通道海面温度（Multi-Channel Sea Surface Temperature，MCSST）计算算法（包括 Split-window、dual-window 和 triple-window 3 种），分别用于白天和夜间的数据。每种方法的计算公式如表 13.4 所示。

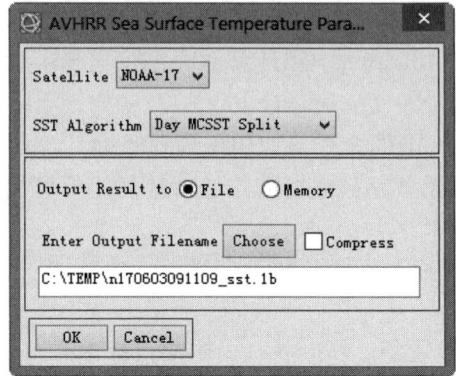

图 13.6　AVHRR Sea Surface Temperature
Parameters 面板

表 13.4　海面温度计算方法

NOAA-12、-14、-15	
Day MCSST Split	$T_s = a_0 + a_1 * \text{band4} + a_2 * (\text{band4}-\text{band5}) + a_3 * (\text{band4}-\text{band5}) * (\sec(\varphi)-1)$
Night MCSST Split	$T_s = a_0 + a_1 * \text{band4} + a_2 * (\text{band4}-\text{band5}) + a_3 * (\text{band4}-\text{band5}) * (\sec(\varphi)-1)$
Night MCSST Dual	$T_s = a_0 + a_1 * \text{band4} + a_2 * (\text{band3}-\text{band4}) + a_3 * (\sec(\varphi)-1)$
Night MCSST Triple	$T_s = a_0 + a_1 * \text{band4} + a_2 * (\text{band3}-\text{band5}) + a_3 * (\sec(\varphi)-1)$
NOAA-16、-17、-18	
Day MCSST Split	$T_s = a_0 + a_1 * \text{band4} + a_2 * \text{band5} + a_3 * (\text{band4}-\text{band5}) * (\sec(\varphi)-1)$
Night MCSST Split	$T_s = a_0 + a_1 * \text{band4} + a_2 * \text{band5} + a_3 * (\text{band4}-\text{band5}) * (\sec(\varphi)-1)$
Night MCSST Dual	$T_s = a_0 + a_1 * \text{band4} + a_2 * (\text{band3}-\text{band4}) + a_3 * (\sec(\varphi)-1)$
Night MCSST Triple	$T_s = a_0 + a_1 * \text{band3} + a_2 * \text{band4} + a_3 * \text{band5} + a_4 * (\text{band3}-\text{band5}) * (\sec(\varphi)-1)$
NOAA-19	
Day MCSST Split	$T_s = a_0 + a_1 * \text{band4} + a_2 (\text{band4}-\text{band5}) + a_3 (\text{band4}-\text{band5})(\sec(\varphi)-1)$
Night MCSST Split	$T_s = a_0 + a_1 * \text{band4} + a_2 (\text{band4}-\text{band5}) + a_3 (\text{band4}-\text{band5})(\sec(\varphi)-1)$
Night MCSST Dual	$T_s = a_0 + a_1 * \text{band4} + a_2 (\text{band3}-\text{band4}) + a_3 (\sec(\varphi)-1)$
Night MCSST Triple	$T_s = a_0 + a_1 * \text{band4} + a_2 (\text{band3}-\text{band5}) + a_3 (\text{band3}-\text{band5})(\sec(\varphi)-1)$
NOAA MetOp-A FRAC	
Day MCSST Split	$T_s = a_0 + a_1 * \text{band4} + a_2 * (\text{band4}-\text{band5}) + a_3 * (\text{band4}-\text{band5}) * (\sec(\varphi)-1)$
Night MCSST Split	$T_s = a_0 + a_1 * \text{band4} + a_2 * (\text{band4}-\text{band5}) + a_3 * (\text{band4}-\text{band5}) * (\sec(\varphi)-1)$
Night MCSST Dual	$T_s = a_0 + a_1 * \text{band4} + a_2 * (\text{band3}-\text{band4}) + a_3 * (\sec(\varphi)-1)$
Night MCSST Triple	$T_s = a_0 + a_1 * \text{band4} + a_2 * (\text{band3}-\text{band5}) + a_3 * (\text{band3}-\text{band5}) * (\sec(\varphi)-1)$

其中，$\sec(\varphi)$ 是卫星高度角的正切值；band3、4、5 是定标后的亮度温度（单位为 K）；a 参数值根据漂流浮标和热带太平洋固定浮标数据，利用回归模型获得。不同的卫星对应的参数不一样，详情可参见表 13.5～表 13.8 所示。

表 13.5　Day MCSST Split

卫　　星	a_0	a_1	a_2	a_3
NOAA-12	-263.006	0.963563	2.579211	0.242598
NOAA-14	-278.43	1.017342	2.139588	0.779706
NOAA-15	-261.029735	0.959456	2.663579879	0.570613
NOAA-16	-273.77	3.301267	-2.30195	0.628966
NOAA-17	-271.206	0.992818	-2.49916	0.915103
NOAA-18	-280.43	1.02453	2.10044	0.0784059
NOAA-19	-278.74596	1.01922	1.72270	0.80263
MetOp-A FRAC	-273.816	1.00255	2.39451	0.903773

表 13.6　Night MCSST Split

卫　　星	a_0	a_1	a_2	a_3
NOAA-12	-263.94	0.967077	2.384376	0.480788
NOAA-14	-282.24	1.029088	2.275385	0.752567
NOAA-15	-271.3969724	0.993892	2.7523466369	0.662999
NOAA-16	-273.15	-2.53655	3.5316	0.753291
NOAA-17	-276.59	1.01015	-2.5815	1.000541
NOAA-18	-276.075	1.00841	2.23459	0.736946
NOAA-19	-277.71304	1.01432	1.91798	0.72064
MetOp-A FRAC	-277.447	1.01377	2.52362	1.03056

表 13.7　Night MCSST Dual

卫　　星	a_0	a_1	a_2	a_3
NOAA-12	-279.846	1.031355	1.288548	2.265075
NOAA-14	-273.914	1.008751	1.409936	1.975581
NOAA-15	-283.5117285	1.041037	1.5875819344	1.67743
NOAA-16	-273.082	1.50825	1.00413	1.52452
NOAA-17	-276.603	1.01805	1.49789	1.96181
NOAA-18	-279.755	1.02958	0.0502887	1.78302
NOAA-19	-276.61174	1.01873	1.47374	1.88560
MetOp-A FRAC	-273.235	1.00711	1.49927	1.88373

表 13.8　Night MCSST Triple

卫　　星	a_0	a_1	a_2	a_3	a_4
NOAA-12	-271.971	1.000281	0.911173	1.710028	
NOAA-14	-275.364	1.010037	0.920822	1.760411	
NOAA-15	-276.7558563	1.015354	1.0635723508	1.294955	
NOAA-16	-271.763	0.733532	1.01684	0.344182	-0.753123
NOAA-17	-274.622	1.00903	0.913248	0.440015	
NOAA-18	-274.398	1.00820	0.841674	0.377061	
NOAA-19	-275.24563	1.01084	0.81643	0.43235	
MetOp-A FRAC	-273.044	1.00424	0.894349	0.508159	

13.3　大　气　校　正

大气校正的目的是消除大气和光照等因素对地物反射的影响，获得地物反射率、辐射率、地表温度等真实物理模型参数，用来消除大气中水蒸气、氧气、二氧化碳、甲烷和臭氧等对地物反射的影响，消除大气分子和气溶胶散射的影响。大多数情况下，大气校正同时也是反演地物真实反射率的过程。

13.3.1　ENVI 大气校正功能

目前，遥感图像的大气校正方法很多，这些校正方法按照校正后的结果可以分为以下两种。

● 绝对大气校正方法：是将遥感图像的 DN 值转换为地表反射率、地表辐射率和地表温度等的方法。常见的绝对大气校正方法有基于辐射传输模型的 MORTRAN 模型、LOW-TRAN 模型、ATCOR 模型和 6S 模型等，以及基于简化辐射传输模型的黑暗像元法、基于统计学模型的反射率反演。

● 相对大气校正方法：校正后得到的图像上相同的 DN 值表示相同的地物反射率，其结果不考虑地物的实际反射率。常见的相对大气校正方法有基于统计的不变目标法和直方图匹配法等。

ENVI 中包含了很多大气校正模型，包括基于辐射传输模型的 MORTRAN 模型、黑暗像元法、基于统计学模型的反射率反演。基于统计的不变目标法可以利用 ENVI 的一些功能实现。其中，MORTRAN 模型集成在 ENVI 大气校正扩展模块中。

13.3.2　简化黑暗像元法大气校正

黑暗像元法是一种古老、简单的经典大气校正方法。它的基本原理是在假设待校正的遥感图像上存在黑暗像元、地表朗伯面反射和大气性质均一，并忽略大气多次散射辐照作用和邻近像元漫反射作用的前提下，反射率很小（近似 0）的黑暗像元由于大气的影响，其反射率相对增加。这样，将其他像元减去这些黑暗像元的像元值，就能减少大气（主要是大气散射）对整幅图像的影响，达到大气校正的目的。整个过程的关键是寻找黑暗像元以及黑暗像元增加的像元值。

ENVI 的 Dark Subtraction 工具提供选择波段最小值、ROI 的平均值、自定义值 3 种方式确定黑暗像元的像素值。操作过程如下：

（1）打开待校正图像文件。

（2）在 Toolbox 工具箱中，双击 Radiometric Correction→Dark Subtraction 工具，在文件选择对话框中选择待校正图像文件，单击 OK 按钮，打开 Dark Subtraction Parameters 面板。

（3）在 Dark Subtraction Parameters 面板中，确定黑暗像素值，包括 3 种方法（Subtraction Method）：

● 波段最小值（Band Minimum）：自动统计每个波段的最小值作为黑暗像元的像元值，每个波段减去这个值作为结果输出（图13.7）。

● ROI（Region Of Interest）的平均值：用 ROI Tool 在待校正图像上绘制黑暗像元区域（阴影区、深水体、浓密植被、黑土壤等）。绘制好的 ROI 显示在 Available Regions 列表中（图13.8），选择标示黑暗像元的感兴趣区。每个波段减去感兴趣区的平均像元值作为结果输出。

● 自定义值（User Value）：手动输入每个波段的黑暗像元值（图13.9）。每个波段减去自定义值作为结果输出。

（4）在 Output Result to 中选择"File"以及相应的输出路径和文件名，单击 OK 按钮，执行操作。

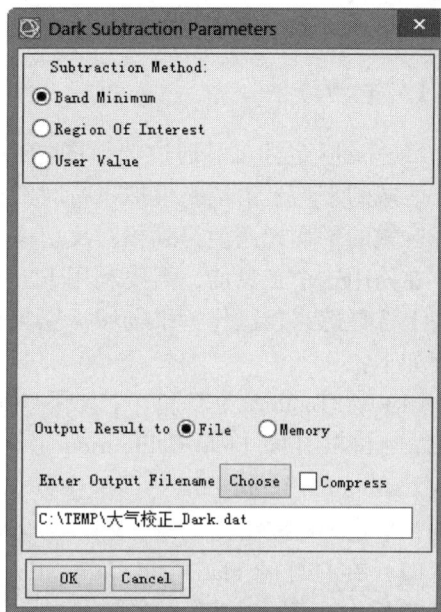

图 13.7　Dark Subtraction Parameters 面板（Band Minimum）

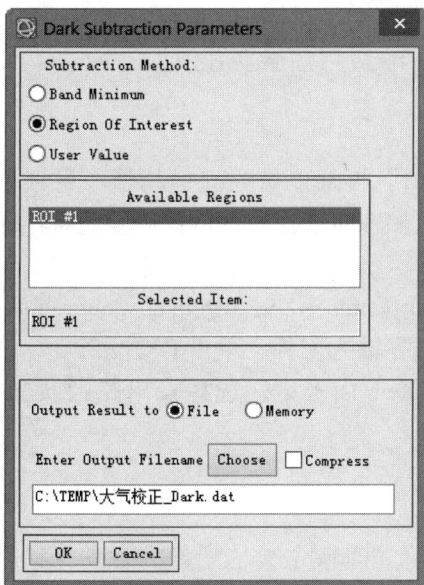

图 13.8　Dark Subtraction Parameters 面板（Region Of Interest）

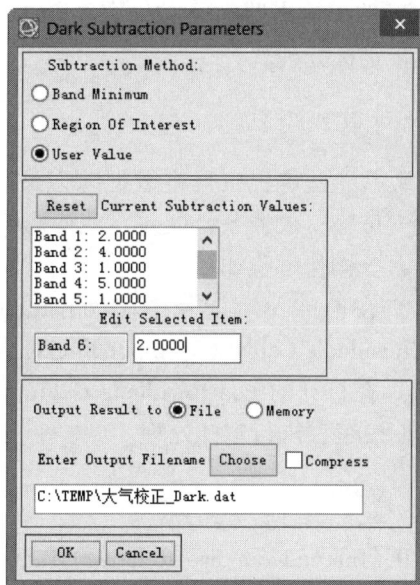

图 13.9　Dark Subtraction Parameters 面板（User Value）

13.3.3　基于统计学模型的反射率反演

基于统计学模型的反射率反演的方法主要有平场域法（Flat Field，FF）、对数残差法

（Log Residuals）、内部平均法（Internal Average Relative Reflectance，IARR）和经验线性法（Empirical Line）。

1. 平场域法

Flat Field 定标工具通过选择图像中一块具有高反射率、光谱变化平坦的区域，利用这个区域的平均光谱值来模拟飞行时的大气条件下的太阳光谱，将每个像元的 DN 值除以选择区域的平均光谱值得到相对反射率，以此来消除大气的影响。

在使用这个工具前，需要利用 ENVI 提供的感兴趣区绘制工具（ROI Tool）在被定标图像上选择感兴趣区作为平场域，感兴趣区可选择沙漠、大块水泥地和沙地等区域。操作过程如下：

（1）在 Toolbox 工具箱中，双击 Radiometric Correction→Flat Field Calibration 工具。在打开的 Calibration Input File 对话框中，选择输入文件，单击 OK 按钮。

（2）在打开的 Flat Field Calibration Parameters 面板中（图 13.10），在标有 "Select ROI for Calibration" 一栏中，选择感兴趣区（只能选择一个），作为平场域定标的平均波谱区。

（3）选择输出路径及文件名，单击 OK 按钮，执行定标处理。

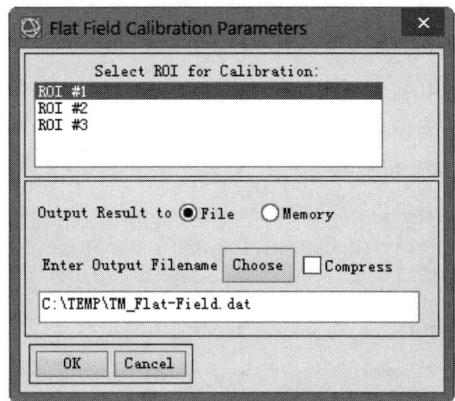

图 13.10　Flat Field Calibration Parameters 面板

2. 对数残差法

对数残差法定标工具将数据除以波段几何均值，再除以像元几何均值，可以消除光照、大气传输、仪器系统误差、地形影响和星体反照率对数据辐射的影响。定标结果的值为 1 左右。操作过程如下：

（1）在 Toolbox 工具箱中，双击 Radiometric Correction→Log Residuals Calibration 工具，在 Log Residuals Calibration Input File 对话框中，选择输入文件，单击 OK 按钮。

（2）在打开的 Log Residuals Calibration Parameters 面板中，选择输出路径及文件名，单击 OK 按钮，执行定标处理。

3. 内部平均法

IAR（Internal Average Relative）Reflectance 定标工具假定整幅图像的平均光谱基本代表了大气影响下的太阳光谱信息，把图像 DN 值与整幅图像的平均辐射光谱值相除，得到的结果为相对反射率。该工具特别适用于没有植被的干旱区域。操作过程如下：

（1）在 Toolbox 工具箱中，双击 Radiometric Correction→IAR Reflectance Calibration 工具。在打开的 Calibration Input File 对话框中，选择输入文件，单击 OK 按钮。

（2）在打开的 IARR Calibration Parameters 面板中，选择输出到 "File" 或 "Memory"。单击 OK 按钮，执行定标处理。

4. 经验线性法

Empirical Line 定标方法是假设图像 DN 值与反射率之间存在线性关系：

$$反射率 = 增益 * DN 值 + 偏移$$

利用两个已知点的地面反射光谱值，再计算图像上对应像元点的平均 DN 值，然后利用线性回归求出增益和偏移值，建立 DN 值与反射率之间的相互关系式，进行反射率的定标。消除太阳辐亮度和大气程辐射。

ENVI 的 Empirical Line 定标工具要求至少需要一个已知区域的地面反射光谱值（Field Spectra）作为参照波谱以及图像上对应像元点的波谱曲线（Data Spectra）。它们可以来自波谱剖面或波谱曲线、波谱库、感兴趣区、统计文件和 ASCII 文件。输入的波谱将自动被重采样，以与选择的数据波长相匹配。也可以用已经存在的系数对数据集进行定标。

1）计算系数并定标（Compute Factors and Calibrate）

使用 Empirical Line 定标工具时，一般可以在图像上选择一个暗区和一个亮区作为已知区域（假定这些区域中的参照波谱是可以获得的）。使用越多的已知波谱越可以提高定标精度，至少需要一组已知区域的波谱。操作过程如下：

（1）在 Toolbox 工具箱中，双击 Radiometric Correction→Empirical Line Compute Factors 工具。在打开的 Empirical Line Input File 对话框中，选择输入文件，单击 OK 按钮。

（2）在打开的 Empirical Line Spectra 面板中（图 13.11），需要选择地面反射光谱值（Field Spectra）以及图像上对应像元点的波谱值（Data Spectra）。

① 选择数据（图像）波谱。在 Empirical Line Spectra 面板中，单击 Import Spectra 按钮，打开 Data Spectral Collection 对话框（图 13.12）。在该对话框中，选择 Import→from ROI/EVF from input file，选择定义好的感兴趣区文件，单击 Apply 按钮，波谱名被输入到 Empirical Line Spectra 面板中。单击 Cancel 按钮，关闭 Data Spectra Collection 对话框。

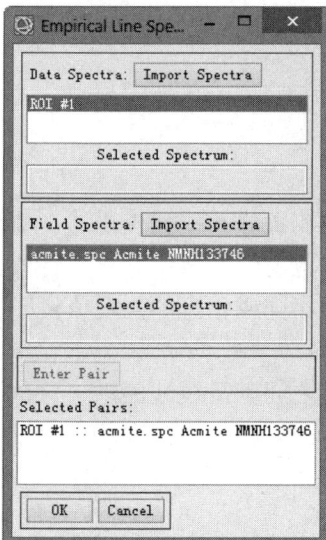

图 13.11 Empirical Line Spectra 面板   图 13.12 Data Spectral Collection 对话框

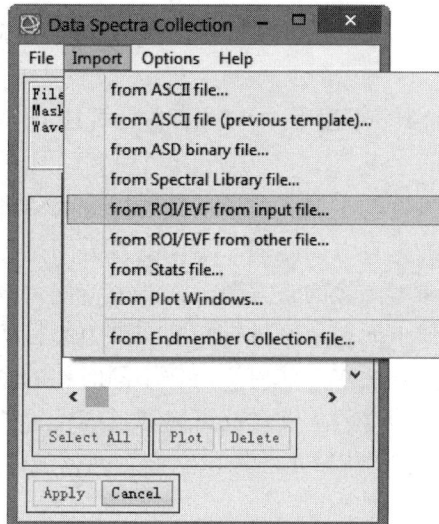

② 选择参照波谱。在 Empirical Line Spectra 面板中，单击 Import Spectra 按钮，打开 Feild Spectra Collection 对话框，这个对话框与 Data Spectra Collection 对话框类似。

在 Feild Spectra Collection 对话框中，选择 Import→from ASD binary file，选择对应图像波谱区域用 ASD 波谱仪测量波谱文件。单击 Apply 按钮，波谱名被输入到 Empirical Line Spectra 面板中。单击 Cancel 按钮，关闭 Feild Spectra Collection 对话框。

（3）回到 Empirical Line Spectra 对话框，在顶部的列表内单击波谱名选择数据波谱。在底部的列表中，单击相应的参照波谱名，单击 Enter Pair 按钮使两个波谱相关联，相关联的波谱将被列在 Selected Pairs 文本框中。（说明：如果错误地选择了关联波谱，在 Selected Pairs 文本框中单击关联波谱可移除。）

（4）重复（3）、（4）步骤可选择关联波谱。

（5）单击 OK 按钮，打开 Empirical Line Calibration Parameters 对话框。

（6）在 Empirical Line Calibration Parameters 对话框中，选择输出定标结果文件路径及文件名，将定标系数保存在 ASCII 文件中；在 Output Calibration Filename 文本框中键入第二个文件名，定标系数文件的默认扩展名是 .cff。

（7）单击 OK 按钮，执行定标过程。

2）使用现有系数定标（Calibrating Using Existing Factors）

Calibrate Using Existing Factors 工具可以使用另一个定标过程中存储的纠正系数来运行经验行定标功能。

（1）在 Toolbox 工具箱中，双击 Radiometric Correction→Empirical Line Calibrate Existing 工具，选择输入文件，单击 OK 按钮。

（2）在打开的 Enter Calibration Factors Filename 对话框中，选择一个之前定标过程中创建的定标系数文件（.cff），单击 OK 按钮。

（3）在打开的 Empirical Line Calibration Parameters 对话框中，选择输出路径及文件名，单击 OK 按钮，执行定标过程。

13.3.4　不变目标法相对大气校正

相对大气校正按照数学基础可以分为两种：非线性校正法和线性校正法。非线性校正法最典型的是直方图匹配。图像的直方图是图像中所有灰度值的概率分布。将校正图像的直方图与参考图像的直方图进行匹配，使两幅图像具有相同或相近的灰度值概率分布，达到两幅图像上同名地物具有相同灰度值的目的。

线性校正法有个前提假设：不同时相的图像灰度值之间满足线性关系，这种假设在近似情况下是成立的。这样就可以通过线性等式来描述不同时相间的灰度关系，用 x 表示参考图像，y 表示待校正图像，它们之间的线性关系可描述为

$$y = a * x + b \qquad\qquad (13.5)$$

式中，a、b 为线性等式中的参数，即为增益和偏移量。线性校正的关键是确定公

式（13.5）中的两个参数，通常是根据两个时相光谱性质相对稳定地物样本点的 DN 值，利用线性回归的方法求得公式（13.5）中的参数 a、b；然后用公式（13.5）对图像的各波段 DN 值进行线性变换，完成相对大气校正。

根据前述原理，完成线性相对校正需要以下 3 个步骤：

（1）在两幅图像中搜寻相对固定目标即光谱稳定的地物样本点，即伪不变特征要素（Pseudo-Invariant Features，PIF）；

（2）运用这些伪不变特征点的 DN 值，利用线性回归的方法求解公式（13.5）中的参数，得到图像间的线性关系；

（3）根据该关系式，通过波段运算，得到与参考图像具有相同或相近辐射值的结果图像，完成相对大气校正。整个过程的关键是 PIF 的选择。

下面以两景不同大气环境下成像、已经经过精确配准、ENVI 标准格式的 Landsat TM5 数据为例（2000 年和 2001 年），介绍线性校正法的操作步骤（参见实验数据光盘\第 13 章 辐射定标与大气校正\2-不变目标法相对大气校正）。

第一步 PIF 选择

选择一幅目视质量较好的图像作为基准图像（2001 年），另外一幅作为待校正图像（2000 年）。在两幅图像上选择相同区域的沥青房顶、砾石面、混凝土停机坪、洁净水体、混凝土、沙地等地物作为 PIF，这些地物不会随时间的变化而变化。

（1）在主界面中，选择 File→Open，打开两幅图像"2000.dat"和"2001.dat"。

（2）在主界面中，选择 Views→Two Vertical Views，打开两个垂直显示窗口。

（3）在图层管理器（Layer Manager）中，选中其中一个 View 窗口，在工具栏中单击 🖼 按钮打开数据管理（Data Manager），在"2000.dat"图层上右键选择 RGB:543，单击 Load data 按钮。利用同样的方法为另外一个 View 窗口加载显示"2001.dat"。

（4）在主界面中，选择 Views→Link Views，在 Link Views 面板中，单击 New Link 按钮，在右边两个视图中单击鼠标左键，单击 OK 按钮，将两幅图像进行地理链接显示。

（5）在图层管理器（Layer Manager）中，在"2000.dat"图层中右键选择"New Region of Interest"，打开 ROI Tool 面板。

（6）通过目视方式，从两幅图像上找到光谱稳定的相同地物作为样本，用 Polygon 或者 Point 类型绘制感兴趣区。

（7）在绘制一定数量感兴趣区后（不宜太多，否则后面的回归运算量会很大），在 ROI Tool 面板中，选择 File→Export→Export ROIs to CSV，在 Export ROIs to CSV 面板中，选择输出的 ROI 以及输出的文件路径及文件名（图 13.13），单击 OK 按钮，将 ROI 内对应位置和像元值输出为 CSV 文件。

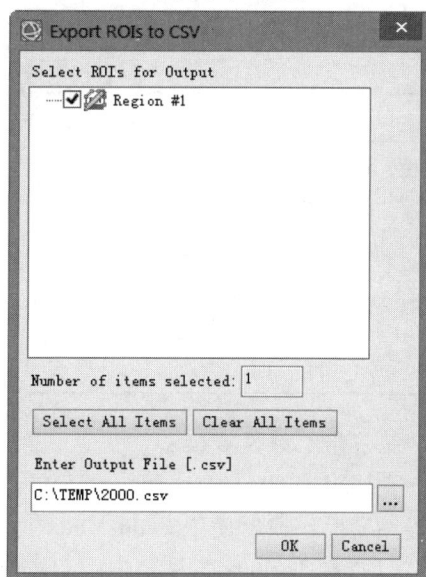

图 13.13 Export ROIs to CSV 面板

（8）回到主界面中，在图层管理器（Layer Manager）中选中显示"2001. dat"的 View 窗口，在工具栏中单击▤按钮打开数据管理（Data Manager），找到前面绘制的 ROI 数据并右键选择 Load 按钮，将 ROI 加载到"2001. dat"图层上。

（9）回到主界面中，在图层管理器（Layer Manager）中"2001. dat"上的 ROI 图层上双击鼠标打开 ROI Tool 面板。重复步骤（7）导出为 CSV 文件。

分别用 Microsoft Office Excel 打开上面步骤得到的两个文本文件，这样就得到了 2000 年的图像和 2001 年的图像相对应伪不变特征要素（PIF）的像素值。从 Excel 中可以看到，两个时相图像中每一个波段的像素值是一一对应关系，刚好对应公式（13.5）中的 x 和 y。以下第二步中利用这些像素值，根据最小二乘回归分析法获得公式（13.5）中的 a 和 b 两个参数。

第二步　线性关系式求解

使用最小二乘回归的方法来求解线性回归式，根据最小二乘回归分析法从公式（13.5）可得

$$a = \frac{\sum\limits_{i=1}^{n}(x_i - \bar{x})(y_i - \bar{y})}{\sum\limits_{i=1}^{n}(x_i - \bar{x})^2} \tag{13.6}$$

$$b = \bar{y} - a\bar{x} \tag{13.7}$$

式中，x_i、y_i 分别表示第 i 个待校正图像（2000 年）和参考图像（2001 年）对应的 PIF 的像元值。

这里直接使用 Microsoft Office Excel 求解线性回归式，将第一步获得的 PIF 的像元值分别导入同一个 Excel 电子表格中（同一个 sheet），利用 Excel 电子表格计算散点图功能很容易计算公式（13.5）中的 a 和 b。这样就得到待校正图像每个波段的线性变换关系式（表 13.9）。

表 13.9　回归解算的 a 和 b 值

波　　段	增　益　a	偏　移　b
Band 1	0. 39	90
Band 2	0. 489	32. 2
Band 3	0. 54	37. 4
Band 4	0. 496	46. 2
Band 5	0. 63	60. 6
Band 7	0. 51	51

第三步　线性变换

利用表 13.9 中的 a 和 b 值，在 ENVI 的 Apply Gain and Offset 工具中对待校正图像进行线性变换，或者使用 Band Math 工具。步骤如下：

（1）在 Toolbox 工具箱中，双击 Radiometric Correction→Apply Gain and Offset 工具，在 Gain and Offset Input File 对话框中选择"2000. dat"。

（2）如图 13.14 所示，根据表 13.9 中的 a 和 b 值分别输入 Gain 和 Offset。选择 Output Data Type：Byte。

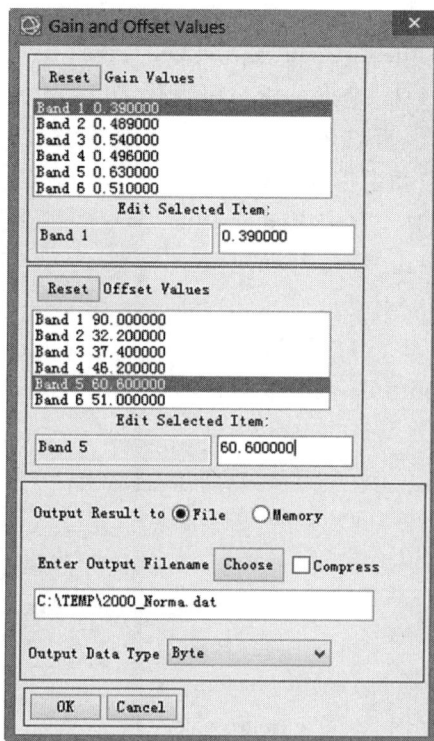

图 13.14 Gain and Offset Values 面板

（3）选择输出路径和文件名，单击 OK 按钮，执行运算。

这样就完成了不变目标法相对大气校正的操作过程。

13.3.5 热红外大气校正

ENVI 提供 Thermal Atm Correction 工具，可以近似去除热红外辐射数据中的大气影响。在进行大气校正之前，为了得到最好的结果，必须将热红外数据定标为比辐射率数据（TIMS 的热红外数据必须被转化为辐射亮度数据），并且待校正数据波长为 8 ~ 14 μm。

ENVI 所用的大气校正的算法类似于 In-Scene 大气补偿算法（ISAC），该算法假设数据源表面上空的大气均一，并将表面近似为黑体。

该算法首先确定最大亮温的波长，这个波长被作为参考波长，在这个波长范围内的亮度温度用于计算大气补偿。每个波长的参考黑体辐射值被绘制成测量辐射值。将曲线上最高点连接成一条线。利用计算的参考波长的黑体辐射值线性回归出增益和偏移值，应用于波段的大气赔偿。

大气上行辐射和大气透射可以根据以下方法近似计算：首先，从数据中估计出每个像元的表面温度；然后，使用普朗克公式（假设发射率为 1）来估算亮度温度；最后，绘制辐射率与亮度温度的散点图，从而确定一条曲线，可以从该曲线的倾斜和偏移得出大气上行辐射和大气透射的值。

下面以 ASTER L1A 的热红外波段为例，介绍操作过程如下：

（1）在主界面中，选择 File →Open As →EOS→ASTER，打开 . hdf 格式的 ASTER 文件（参加实验数据光盘\第 11 章 地形分析与可视化\01－立体像对）。ENVI 按照波长将其自动归为 4 组：两组可见光－近红外（VNIR）、1 组短波红外（SWIR）和 1 组热红外（TIR），并根据头文件信息自动定标为辐射亮度值，单位为 W/（m² · μm · sr）。

（2）在 Toolbox 工具箱中，双击 Radiometric Correction→Thermal Atmospheric Correction 工具。在 Thermal Correction Input File 对话框中，选择热红外数据（Wavelength：8. 291 to 11. 318）。

提示：在 Thermal IR Input File 对话框中，通过右边的 File Information 中的 Wavelength 信息判断热红外波段。

（3）在 Thermal Atm Correction Parameters 面板中（图 13. 15），需要设置以下参数：

● 数据缩放系数（Data Scale Factor）：1。将输入数据的单位缩放为 W/（m² · μm · sr）。

● 波长单位（Wavelength Units）：Micrometers。

● 设定表面温度估算衰退像元（Regression Pixels）：All。

选择 All 选项，将使用整个输入波长范围内的亮度温度最大值对每个像元的表面温度进行估算。

图 13. 15　Thermal Atm Correction
Parameters 面板

选择 Max Hit 选项，仅对那些在特定波长具有最大亮度温度值的像元进行表面温度估算。特定波长是指包含最多具有最大亮度温度的像元的波长范围。

● 散点图拟合技术（Fitting Technique）：Top of Bins。

选择 Top of Bins 选项，将会使曲线向辐射率与亮度温度的散点图的上部拟合，散点图的上部对应着发射率接近 1 的像元，使用该技术的拟合线是通过对散点图上部 5% 的数据做了标准的最小平方回归得到的。（注：该技术易受发生在散点图顶部区域的传感器噪声的影响。）

选择 Normalized Regression 选项，将会先使用标准的最小平方回归把曲线向辐射率与亮度温度的散点图拟合，然后将拟合线的残差与正态概率分布图相比较，在正态图中对残差再进行另一个回归，NESR（noise equivalent sensor response）距离的点将被认为是奇异点而被删除，最后利用减少的像元集在散点图上进行一个最终的回归。（说明：该方法使用散点图中除奇异点以外的所有点，并且不仅将曲线向散点图的上部（发射率近似为 1）拟合。

● 输出增益与偏移参数为文件（Output Gain/Offset File）：可选。

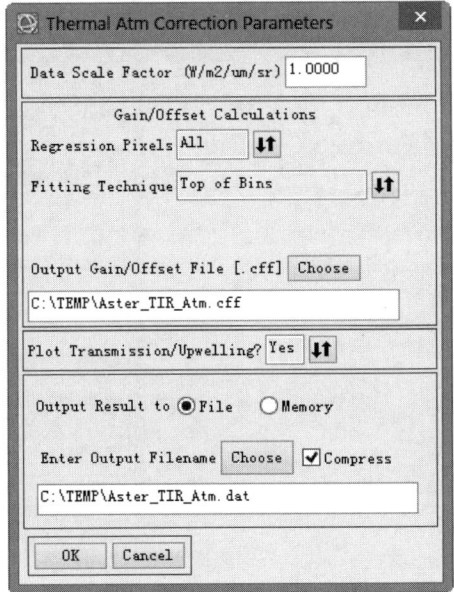

- 是否绘制大气透射和上行辐射光谱结果（Plot Transmission/Upwelling?）：Yes。

（4）选择结果输出路径及文件名，单击 OK 按钮，执行校正过程。

13.4　大气校正模块（Atmospheric Correction）

大气校正模块提供两种大气校正工具：FLAASH（Fast Line – of – sight Atmospheric Analysis of Spectral Hypercubes）校正工具和快速大气校正工具（QUick Atmospheric Correction，QUAC）。这个模块随主模块一起安装，但需要单独购买许可。

13.4.1　FLAASH 大气校正工具

FLAASH 基于 MODTRAN5 辐射传输模型。MODTRAN 模型是由进行大气校正算法研究的领先者 Spectral Sciences，Inc 和美国空军实验室（Air Force Research Laboratory）共同研发的，由 Exelis VIS 公司负责集成和 GUI 设计。

1. FLAASH 的特点

① 支持传感器的种类多，包括多光谱的 ASTER、AVHRR、GeoEye – 1、Gokturk – 2、IKONOS、IRS、Landsat 4/5/7/8、Landsat MSS4/5、MODIS、NPP VIIRS、Pleiades – 1/2、RASAT、SeaWiFS、SPOT 1/4/5/6、QuickBird、RapidEye、WorldView – 2、资源三号（ZY – 3）、资源一号 02C（ZY – 02c）、高分一号（GF – 1）等；高光谱的 AVIRIS、HyMAP、HYDICE、CASI、HYPERION（EO–1）、AISA 等。还可以通过自定义波谱响应函数支持更多的传感器，如环境一号卫星图像。工程化应用价值比较明显。

② FLAASH 采用了 MODTRAN5 辐射传输模型，该算法精度高。任何有关图像的标准MODTRAN 大气模型和气溶胶类型都可以直接使用。

③ 通过图像像素光谱上的特征来估计大气的属性，不依赖遥感成像时同步测量的大气参数数据。

④ 可以有效地去除水蒸气/气溶胶散射效应，同时基于像素级的校正，矫正目标像元和邻近像元交叉辐射的"邻近效应"。

⑤ 对由于人为抑制而导致波谱噪声进行光谱平滑处理。作为结果，除了真实地表反射率外，还可以得到整幅图像内的能见度、卷云与薄云的分类图像、水汽含量数据。

2. 处理步骤

FLAASH 工具中大气校正主要分 3 个步骤：

（1）从图像中获取大气参数，包括能见度（气溶胶光学厚度）、气溶胶类型和大气水汽含量。由于目前气溶胶反演算法多是基于图像中的特殊目标，如水体或浓密植被等暗目标，在 FLAASH 中也延用了暗目标法，一景图像最终能获取一个平均的能见度数据；另一方面，FLAASH 中水汽含量的反演算法是基于水汽吸收的光谱特征，采用了波段比值法，水汽含量的计算在 FLAASH 中是逐像元进行的。

（2）获取大气参数之后，通过求解大气辐射传输方程来获取反射率数据。

（3）为了消除纠正过程中存留的噪声，需要利用图像中光谱平滑的像元对整幅图像进行光谱平滑运算。

云或云影对图像的污染会给大气纠正带来许多问题。被云覆盖的像元不仅无法获得其反射率信息，由于受到云的影响，其他邻近像元的反射率会有不同程度的降低。FLAASH中能够自动判断出图像中受云影响的区域，在大气纠正的过程中避开这些像元，并用图像的平均辐射率来代替云区的辐射率，以进行后续的处理。

3. 算法基本原理

FLAASH 是基于太阳波谱范围内（不包括热辐射）和平面朗伯体（或近似平面朗伯体），在传感器处接收的像元光谱辐射亮度公式为

$$L = \left(\frac{A * \rho}{1 - \rho_e * S} \right) + \left(\frac{B * \rho_e}{1 - \rho_e * S} \right) + (L_a) \tag{13.8}$$

式中，L 为传感器处像元接收到的总辐射亮度；ρ 为像素表面反射率；ρ_e 为像素周围平均表面反射率；S 为大气球面反照率；L_a 为大气后向散射辐射率（大气程辐射）；A 和 B 为取决于大气条件和几何条件的两个系数。

公式（13.8）中的所有变量都与波段范围有关，为了简化公式，波长指数在公式中被省略。将公式（13.8）分为 3 个部分（以括号为分割线），右边第一部分代表了太阳辐射经大气入射到地表后反射直接进入传感器的辐射亮度；右边第二部分为经大气散射后进入传感器的辐射亮度，ρ 和 ρ_e 的区别主要来自于大气散射引起的"邻近像元效应"。在很多大气校正模型中，假设 $\rho = \rho_e$，忽略"邻近像元效应"，这种校正方法对短波范围内的结果产生很大的反射误差，尤其在图像上有薄雾或地物存在强烈对比的条件下；第三部分为大气后向散射辐射率（大气程辐射）。

参变量 A、B、S 和 L_a 的值是通过辐射传输模型 MODTRAN 的计算获取的，需要用到观测视场角、太阳角度、平均海拔以及假设的大气模型、气溶胶类型、能见度范围。A、B、S 和 L_a 的值与大气中水汽含量有密切的关系，MODTRAN4 用波段比值法来进行水汽含量的反演，即用水汽吸收波段（常用 1130 nm）及其邻近的非水汽吸收波段的比值来获取大气水汽含量，生成一个二维查找表来对每一个像元进行水汽含量的反演。（注意：当图像没有适当的波段用于水汽的移除，如 Landsat、SPOT 等，水汽含量的确定由自定义选择大气模型）。

当水汽反演步骤完成后，利用公式（13.8）可以计算传感器所有通道的像素平均反射率，先要计算平均辐射亮度 L_e，可以通过构建以下近似公式估算空间平均反射率 ρ_e 的方法来解决：

$$L_e \approx \left(\frac{(A+B) * \rho_e}{1 - \rho_e * S} \right) + (L_a) \tag{13.9}$$

空间平均反射率用于计算大气点扩散函数（point-spread function），它描述地表未处于视线路径上的部分点对目标像素的辐射贡献关系。FLAASH 中用一个径向距离的近似指数函数代替大气点扩散函数。

FLAASH 中气溶胶光学厚度的反演应用了 Kaufman 提出的暗目标法。Kaufman 认为，由于 2100 nm 波长比大部分气溶胶微粒的直径要大，因此该波段受气溶胶的影响可以忽略；在大量的试验中，他发现 2100 nm 的暗目标反射率与 660 nm 暗目标反射率之间存在稳定的比值关系，平均为 $\rho_{660} = 0.45\rho_{2100}$；利用公式（13.8）和公式（13.9）以及一系列的能见度范围可以反演出气溶胶光学厚度。

13.4.2 FLAASH 输入数据要求

FLAASH 对大气校正的输入图像有一些要求，具体如下：

1. 图像基本参数

波段范围：卫星图像为 400 ~ 2500 nm，航空图像为 860 ~ 1135 nm。如果要执行水汽反演，光谱分辨率应 ≤15 nm，且至少包含以下波段范围中的一个：1050 ~ 1210 nm；770 ~ 870 nm；870 ~ 1020 nm。

像元值类型：经过定标的辐射亮度（辐射率）数据，单位为 $\mu W/(cm^2 \cdot nm \cdot sr)$。

2. 数据存储类型

数据类型：浮点型（Floating Point）、32 位无符号整型（Long Integer）、16 位无符号和有符号整型（Integer、Unsigned Int）。

文件类型：ENVI 标准栅格格式文件，BIP 或者 BIL 存储结构。

3. 辅助信息

中心波长：数据头文件中（或者单独的一个文本文件）包含中心波长值，如果是高光谱数据还必须有波段宽度（FWHM），这两个参数都可以通过编辑头文件信息进行输入（Edit Header）。

波谱滤波函数（波谱响应函数）文件：对于未知多光谱传感器（UNKNOWN-MSI）需要提供波谱滤波函数文件。

13.4.3 FLAASH 输入参数说明

FLAASH 输入参数可分为标准输入参数和高级设置两部分。标准输入参数包括设置文件输入与输出信息、传感器与图像目标信息、大气模型、水汽反演、气溶胶模型、气溶胶反演、初始能见度、光谱打磨、重定标波长、高光谱设置和多光谱设置；高级设置包括波谱仪定义文件、模型参数设置、观测参数和 FLAASH 处理控制。

在 Toolbox 工具箱中，双击 Radiometric Correction → Atmospheric Correction Module → FLAASH Atmospheric Correction 工具可以启动 FLAASH 模块。

打开如图 13.16 所示的标准输入参数设置面板。下面对 FLAASH 输入参数进行详细说明。

设置文件输入与输出信息　　　　　　　　　　　传感器与图像信息

```
┌─────────────────────────────────────────────────────────────────────────┐
│ ⊘ FLAASH Atmospheric Correction Model Input Parameters      _  □  ×       │
├─────────────────────────────────────────────────────────────────────────┤
│  ┌──────────────────────┐                                                 │
│  │ Input Radiance Image │                                                 │
│  └──────────────────────┘                                                 │
│  ┌──────────────────────┐                                                 │
│  │ Output Reflectance File│                                               │
│  └──────────────────────┘                                                 │
│  ┌──────────────────────────────┐ C:\Users\ADMINI~1\AppData\Local\Temp    │
│  │ Output Directory for FLAASH Files│                                     │
│  └──────────────────────────────┘                                         │
│  ┌──────────────────────┐                                                 │
│  │ Rootname for FLAASH Files│                                             │
│  └──────────────────────┘                                                 │
│                                                                           │
│  Scene Center Location  DD <-> DMS   Sensor Type  UNKNOWN-HS   Flight Date │
│                                                               Jan▼ 1▼ 2000⇕│
│  Lat 0    0    0.00    Sensor Altitude (km) 0.000                          │
│                                              Flight Time GMT (HH:MM:SS)    │
│  Lon 0    0    0.00    Ground Elevation (km) 0.000    0⇕ : 0⇕ : 0⇕         │
│                        Pixel Size (m)        0.000                         │
│                                                                           │
│  Atmospheric Model Tropical      ▼  Aerosol Model Rural       ▼  Spectral Polishing Yes ⇅│
│  Water Retrieval Yes ⇅              Aerosol Retrieval 2-Band (K-T) ▼  Width (number of bands) 9│
│  Water Absorption Feature 1135 nm▼  Initial Visibility (km) 40.00  Wavelength Recalibration No ⇅│
│                                                                           │
│  Apply  Cancel  Help        Hyperspectral Settings...  Advanced Settings...  Save...  Restore...│
└─────────────────────────────────────────────────────────────────────────┘
```

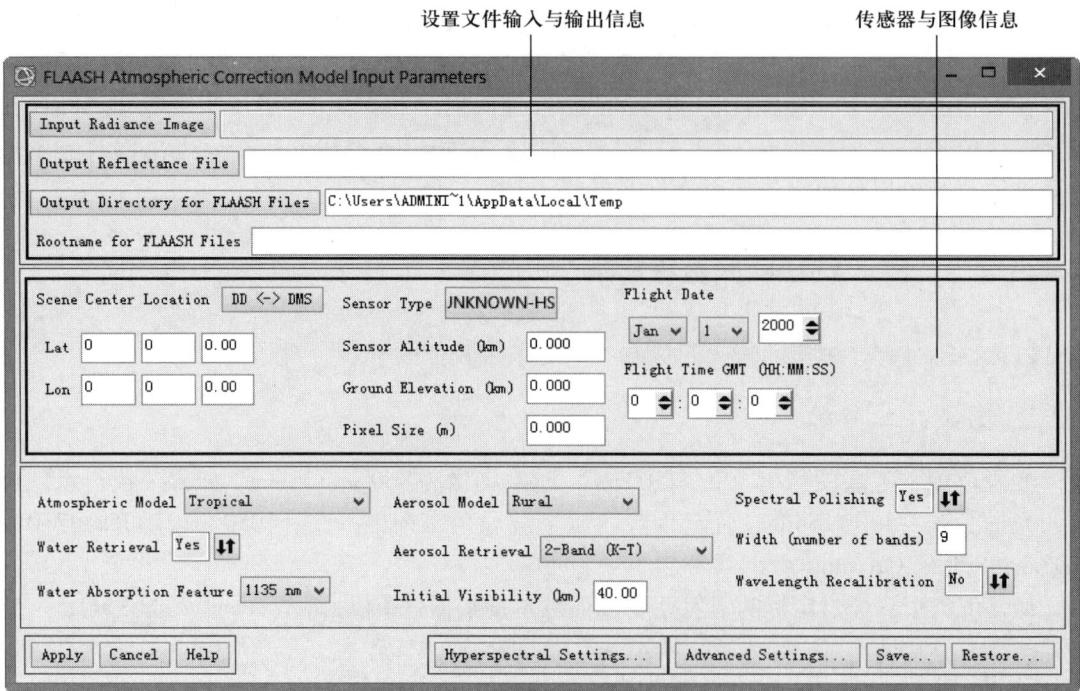

图 13.16　FLAASH 模块标准输入参数设置面板

1. 标准输入参数

1）设置文件输入与输出信息

（1）输入辐射亮度文件（Input Radiance Image）。单击 Input Radiance Image 按钮，在文件选择对话框中输入符合 FLAASH 输入数据要求的图像文件，需要注意以下两种情况：

● 如果用到"Spatial Subset"功能，需要在 Advanced Settings 面板中的 Spatial Subset 选项中设置一样大小的子区。

● 当图像头文件中没有波长信息时，会弹出对话框提示选择记录每个波段中心波长信息的文本文件，这个文本文件要求以一列的方式记录每个波段的中心波长信息。

选择好辐射亮度文件后会弹出 Radiance Scale Factors 对话框（图 13.17），它的作用是将输入的辐射亮度的单位及数据类型变换成单位为 $\mu W/(cm^2 \cdot nm \cdot sr)$ 的浮点型辐射亮度，转换公式为：

$$浮点型辐射亮度 = \frac{浮点或整型辐射亮度图像（单位未知）}{Scale\ factor} \tag{13.10}$$

当各个波段的辐射亮度单位不一致时，选择 Read array of scale factors（1 per band）from ASCII file 选项，这个文本文件要求以一列的方式记录每个波段的转换系数。

当每个波段的辐射亮度单位一致时，选择 Use single scale factor for all bands 选项，并在 Single scale factor 文本框中填入转换系数（scale factor）。

（2）输出反射率文件（Output Reflectance File）。单击 Output Reflectance File 按钮，选

择反射率数据输出目录及文件名。如果只在右边文本框中输入一个文件名，则保存路径将为 Output Directory for FLAASH Files 中的路径。这个设置经常被忽视，导致在执行大气校正时出现类似如图 13.18 所示的对话框。

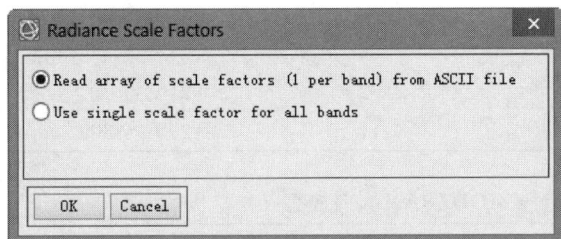

图 13.17　Radiance Scale Factors 对话框

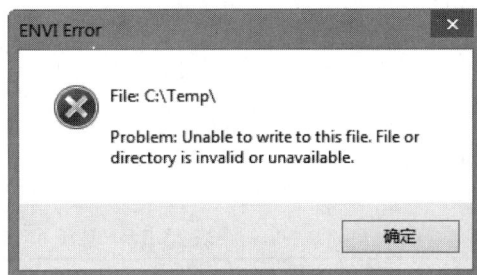

图 13.18　ENVI Error 对话框

（3）输出文件夹 (Output Directory for FLAASH Files)。设置大气校正其他输出结果存储路径，如水汽反演结果、云分类结果和日志等。

（4）根文件名 (Rootname for FLAASH Files)。设置大气校正其他输出结果的根文件名。

2）传感器与图像信息

（1）图像中心经纬度 (Lat/Lon)：以度 (°) 或者度分秒 (°/′/″) 格式输入，当图像位于西半球时，经度为负值；位于南半球时，纬度为负值。

提示：ENVI5.0 SP3 及之后版本自动从有坐标信息图像中获取。

（2）传感器类型 (Sensor Type)：选择辐射亮度图像对应的传感器类型，如果选择 Multispectral→UNKNOWN–MSI，需要提供波谱响应函数 (ENVI 波谱库格式)。

（3）传感器飞行高度 (Sensor Altitude)：当选择航天传感器时，这个值会自动添加。

（4）图像区域平均海拔 (Ground Elevation)：相对于海平面的图像所在区域平均海拔，可通过已知 DEM 数据获取。

（5）图像像素大小 (Pixel Size)：图像空间分辨率，单位为 m，参与"领域效应"校正，当图像非天底角拍摄时，填写最大分辨率值。

（6）成像日期 (Flight Date)：图像成像日期。

（7）成像时间 (Flight Time GMT)：图像成像时间 (格林尼治时间)。

3）大气模型 (Atmospheric Model)

ENVI 提供 6 种标准 MODTRAN 大气模型：亚极地冬季 (Sub-Arctic Winter)、中纬度冬季 (Mid-Latitude Winter)、美国标准大气模型 (U. S. Standard)、亚极地夏季热带 (Sub-Arctic Summer)、中纬度夏季 (Mid-Latitude Summer) 和热带 (Tropical)。

选择一种大气模型所对应水汽含量 (表 13.10) 接近或者稍微大于图像所在场景的水汽含量。如果没有水汽柱或者表面大气温度信息，可以通过季节-纬度信息选择大气模型 (表 13.11)。

表 13.10　MODTRAN 在各个大气模型中水汽含量和表面大气温度（从海平面起算）

大 气 模 型	水汽柱（std atm-cm）	水汽柱（g/cm²）	表面大气温度
Sub-Arctic Winter（SAW）	518	0.42	-16℃ 或 3℉
Mid-Latitude Winter（MLW）	1060	0.85	-1℃ 或 30℉
U. S. Standard（US）	1762	1.42	15℃ 或 59°
Sub-Arctic Summer（SAS）	2589	2.08	14℃ 或 57°
Mid-Latitude Summer（MLS）	3636	2.92	21℃ 或 70°
Tropical（T）	5119	4.11	27℃ 或 80°

表 13.11　基于季节-纬度选择 MODTRAN 大气模型

纬度范围（°N）	1 月	3 月	5 月	7 月	9 月	11 月
80	SAW	SAW	SAW	MLW	MLW	SAW
70	SAW	SAW	MLW	MLW	MLW	SAW
60	MLW	MLW	MLW	SAS	SAS	MLW
50	MLW	MLW	SAS	SAS	SAS	SAS
40	SAS	SAS	SAS	MLS	MLS	SAS
30	MLS	MLS	MLS	T	T	MLS
20	T	T	T	T	T	T
10	T	T	T	T	T	T
0	T	T	T	T	T	T
-10	T	T	T	T	T	T
-20	T	T	T	MLS	MLS	T
-30	MLS	MLS	MLS	MLS	MLS	MLS
-40	SAS	SAS	SAS	SAS	SAS	SAS
-50	SAS	SAS	SAS	MLW	MLW	SAS
-60	MLW	MLW	MLW	MLW	MLW	MLW
-70	MLW	MLW	MLW	MLW	MLW	MLW
-80	MLW	MLW	MLW	MLW	MLW	MLW

4）水汽反演（Water Retrieval）

进行每个像素的水汽含量反演。多光谱数据由于缺少相应波段和光谱分辨率太低不执行水汽反演。Water Retrieval 选项有两个值供选择：

● Yes：执行水汽反演。从 Water Absorption Feature 下拉框中选择水汽吸收光谱特征：1135 nm（包含 1050~1210 nm 范围波段），推荐选择；940 nm（包含 870~1020 nm 范围波段）；820 nm（包含 770~870 nm 范围波段）。

● No：不执行水汽反演，使用一个固定水汽含量值。固定值可参见表 13.10。Water Column Multiplier 选项输入一个固定水汽含量值乘积系数（默认为 1.00）。

5）气溶胶模型（Aerosol Model）

提供以下 5 种气溶胶模型。

- 无气溶胶（No Aerosol）：不考虑气溶胶影响。
- 乡村（Rural）：没有城市和工业影响的地区。
- 城市（Urban）：混合 80% 乡村和 20% 烟尘气溶胶，适合高密度城市或工业地区。
- 海面（Maritime）：海平面或者受海风影响的大陆区域，混合了海雾和小粒乡村气溶胶。
- 对流层（Tropospheric）：应用于平静、干净条件下（能见度大于 40 km）的陆地，只包含微小成分的乡村气溶胶。

6）气溶胶反演（Aerosol Retrieval）

FLAASH 使用黑暗像元反射率比值反演气溶胶和估算能见度，要求传感器包含 660 nm 和 2100 nm 附近的波段。黑暗像元是通过 2100 nm 附近反射率小于等于 0.1 或者 660 nm 与 2100 nm 的反射率比值大于 0.45 来定义。如果输入的图像包含 800 nm 和 420 nm 附近的波段，有其他定义方式供选择，设定 800 nm 与 420 nm 辐射亮度比值小于等于 1，用来选择阴影和水体。具体设置在 Multispectral Settings 或者 Hyperspectral Settings 选项中。

值得注意的是，对于 ASTER 数据，其第二波段较宽，包含植被红边，估算能见度误差较大，一般不使用 K-T 气溶胶反演方法。

Aerosol Retrieval 下拉框中有 3 种方法供选择：

- None：选择此选项时，初始能见度（Initial Visibility）值将用于气溶胶反演模型。
- 2-Band（K-T）：使用 K-T 气溶胶反演方法。当没有找到合适的黑暗像元时，初始能见度（Initial Visibility）值将用于气溶胶反演模型。
- 2-Band Over Water：用于海面上的图像。

7）初始能见度（Initial Visibility Value）

输入一个估计能见度，当不执行气溶胶反演或者使用 K-T 气溶胶反演方法而没有找到合适的黑暗像元时，这个估计能见度值将用于大气校正。可以根据天气条件估计能见度（表 13.12）。

表 13.12　天气条件与估算能见度

天 气 条 件	估算能见度/km
晴朗	40 ~ 100
薄雾天气	20 ~ 30
大雾天气	≤15 km

8）光谱打磨（Spectral Polishing）

针对高光谱数据，FLAASH 提供光谱打磨处理，用相邻 N 个波段的均值进行平滑处理，对波谱曲线进行微调，使波谱曲线更加近似于真实地物的波谱曲线。Spectral Polishing 选项有两个值供选择：

- Yes：执行光谱打磨，还需要在 Width（number of bands）中输入相邻波段数量，范围是 2 ~ 11（选择奇数运算速度更快），光谱分辨率为 10 nm 时推荐使用 9，光谱分辨率越小，建议设置这个值越小。

- No：不执行光谱打磨。

9）重定标波长（Wavelength Recalibration）

选择是否对高光谱数据每个波段的中心波长重新定标。

- Yes：在水汽反演之前定标中心波长。当选择 Sensor Type→Hyperspectral →UNKNOWN– HIS 时，需要在高级设置中选择波谱仪定义文件。最后结果会输出名为"rootname + wl _ recalibration. txt"的文本文件，记录了原始中心波长、定标后的中心波长和偏移量。
- No：使用原始的中心波长。

10）高光谱设置（Hyperspectral Settings）

在 Sensor Type 选项中选择高光谱传感器时，出现 Hyperspectral Settings 按钮，单击此按钮可以打开高光谱设置面板（图 13.19），可设置选择波段用于水汽含量以及气溶胶的反演。

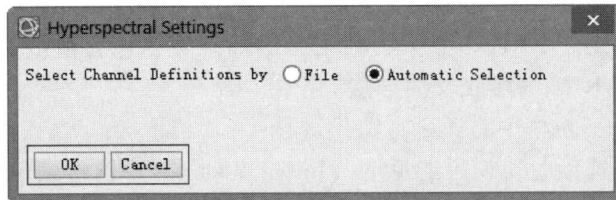

图 13.19　Hyperspectral Settings 面板

（1）File：通过文件（Hyperspectral Channel Definitions File）方式定义波段，以文本文件提供，基本格式为

$$channel\_type = \{ band\_number \}$$

（2）Automatic Selection：FLAASH 基于光谱特征自动选择波段（推荐选择默认值）。必须包括以下内容：water channels reference；water channels absorption；cirrus channel；KT upper channels；KT lower channels；alternate water channels absorption；alternate water channels reference。

以下为一个例子：

```
water channels reference={73 74 75 87 88 89}
water channels absorption={80 81 82}
cirrus channel=109 ;单波段时候不需要{}
KT upper channels   = { 184 185 186 187 188 }
KT lower channels   = { 29 30 31 32 33 34 }
alternate water channels absorption={ 49 50 };
alternate water channels reference = { 44 45 54 55 }
```

11）多光谱设置（Multispectral Settings）

在 Sensor Type 选项中选择多光谱传感器时，出现 Multispectral Settings 按钮，单击此按钮可以打开多光谱设置面板（图 13.20）。有两种设置方式：文件方式（File）和图形方式（GUI），一般选择图形方式。由于多光谱数据一般不用于水汽反演，因此多光谱设

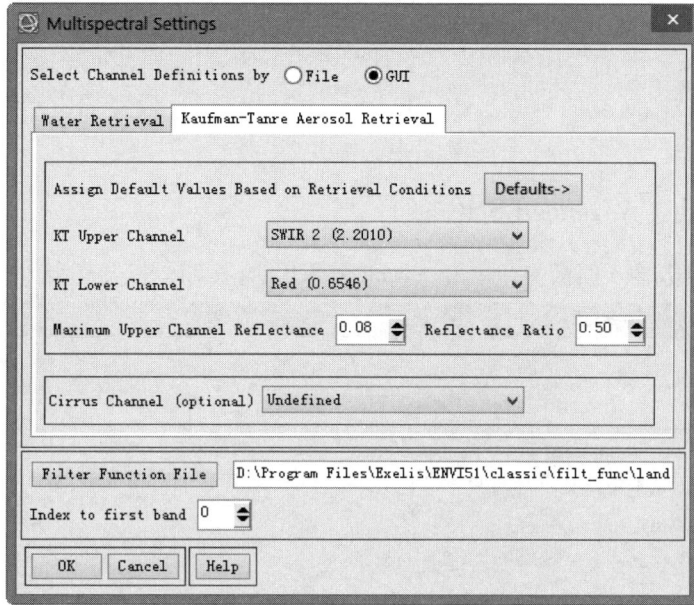

图 13.20 Multispectral Settings 面板

置面板中的主要参数为 Kaufman–Tanre Aerosol Retrieval 面板中（选择 Aerosol Retrieval：2–Band（K–T））的以下参数：

（1）Defaults 下拉框：推荐使用默认设置。

（2）KT Upper Channel：上行通道。

（3）KT Lower Channel：下行通道。

（4）上行通道最大反射率值（Maximum Upper Channel Reflectance）。

（5）反射率比（Reflectance Ratio）：上行通道与下行通道反射率比值。

（6）云通道（Cirrus Channel）：可选项。

注意：以上通道设置是用来寻找黑暗像元和云分类的，手动设置可参考表 13.13。

表 13.13 波长与通道选择推荐对照表

		absorption	1117 ~ 1143 nm
	1135 nm	reference upper wing	1184 ~ 1210 nm
		reference lower wing	1050 ~ 1067 nm
水汽反演（Water Retrieval）	940 nm	absorption	935 ~ 955 nm
		reference upper wing	870 ~ 890 nm
		reference lower wing	995 ~ 1020 nm
	820 nm	absorption	810 ~ 830 nm
		reference upper wing	850 ~ 870 nm
		reference lower wing	770 ~ 790 nm
气溶胶反演（Aerosol Retrieval）	KT upper		2100 ~ 2250 nm
	KT lower		640 ~ 680 nm
云掩膜（Cloud Masking）	cirrus clouds		1367 ~ 1383 nm

（7）波谱响应函数（Filter Function File）：当 Sensor Type 中选择未知多光谱传感器时，需要手动选择波谱响应函数文件，文件为 ENVI 的波谱库文件（.sli）。

（8）第一个波段对应的响应函数（Index to first band）：设置响应函数起始索引（从 0 开始）。

2. 高级设置（Advanced Settings）

在 FLAASH 参数输入面板中，单击 Advanced Settings 按钮，打开高级设置面板（图 13.21）。

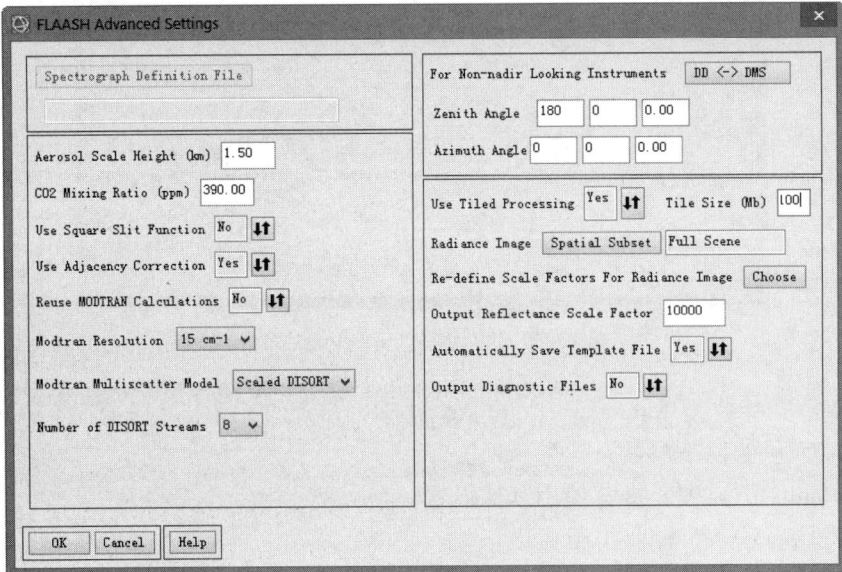

图 13.21　Advanced Settings 面板

由以下 4 个部分的参数组成：

1）波谱仪定义文件（Spectrograph Definition File）

该文件用于重新标定高光谱数据的中心波长。当选择未知高光谱传感器时，需要提供该文件。它是一个文本文件，每一行描述传感器中一个分光计，每行必须包括以下信息：

● 参考吸收特征的波长：如果没有，则设置为 0。

● 参考吸收特征的波段宽度（FWHM）系数：计算式为 4 * (FWHM factor) * (mean FWHM)。

● 分光计中第一个波段对应传感器中波段序号。

● 分光计中最后一个波段对应传感器中波段序号。

如下为 AVIRIS 高光谱数据的 FLAASH 波谱仪定义文件：

```
spectrograph = {0., 0., 1, 32}
spectrograph = {760.17, 0.6, 33, 96}
spectrograph = {0., 0., 97, 160}
spectrograph = {2058.7, 1.5, 161, 224}
```

注意：要设定这个参数，需要在标准输入参数设置中将重定标波长（Wavelength Recalibration）设置为"Yes"。

2）MODTRAN 模型参数设置

（1）气溶胶厚度系数（Aerosol Scale Height）：用于计算邻域效应范围。一般为 1 ~ 2 km，默认为 1.5 km。

（2）CO_2 混合比率（CO_2 Mixing Ratio）：默认为 390 ppm[①]，它是在 2001 年 CO_2 混合比率的测量值（370 ppm）的基础上，增加 20 ppm 以得到更好的结果。

（3）Use Square Slit Function：Yes 或者 No。

（4）使用领域纠正（Use Adjacency Correction）：Yes 或者 No。

（5）使用以前的 MODTRAN 模型计算结果（Reuse MODTRAN Calculations）：

● No：重新计算 MODTRAN 辐射传输模型。

● Yes：执行上一次 FLAASH 运行获得的 MODTRAN 辐射传输模型，每次运行 FLAASH 后，都会在根目录和临时文件夹下生成一个 acc_modroot.fla 文件。

（6）MODTRAN 模型的光谱分辨率（Modtran Resolution）：分辨率越低，具有越快的速度和相对较低的精度，主要影响区域在 2000 nm 附近。高光谱数据默认为 5 cm^{-1}，多光谱数据默认为 15 cm^{-1}。

（7）MODTRAN 多散射模型（Modtran Multiscatter Model）：校正大气散射对成像的影响，提供 3 种模型供选择：ISAACS、DISORT 和 Scaled DISORT。默认设置是 Scaled DISORT，streams 为 8。

● ISAACS 模型：计算速度快，精度一般。

● DISORT 模型：对于短波（小于 1000 nm）具有较高的精度，但是速度比较慢；由于散射对短波（如可见光）影响较大，长波（近红外以上）影响较小，因此当薄雾较大和短波图像时可以选择此方法。

● Scaled DISORT 模型：提供在大气窗口内与 DISORT 类似的精度，速度与 ISAACS 类似，该模型是推荐使用的模型。当选择 DISORT 或者 Scaled DISORT 模型时，需要选择 streams：2、4、8、16，用来估算散射的方向，可见 streams 值越大，速度越慢。

3）观测参数

天顶角（Zenith Angle）：传感器直线视线方向和天顶的夹角，范围是 90° ~ 180°，其中 180° 为传感器垂直观测。

方位角（Azimuth Angle）：从地面到传感器视线的方位角（传感器直线视线方向和正北方向的夹角），范围是 -180° ~ 180°。如果是垂直观测的传感器，这个角度可以是任意的。

4）FLAASH 处理控制

（1）分块处理（Use Tiled Processing）：是否分块处理，选择"Yes"能获得较快的处理速度。Tile Size 一般设为 10 ~ 200 MB。

提示：Tile Size 的设置大小跟物理内存有关，一般情况下，拥有较大的物理内存才能将 Tile Size 设置得大一些，否则容易造成内存溢出。

（2）空间子集（Spatial Subset）：当输入辐射亮度值图像（按钮 Input Radiance Image）时选择了空间子集，这里必须设置一样的空间子集。

（3）重定义缩放比例系数（Re-define Scale Factors For Radiance Image）：重新选择辐射亮度值单位转换系数。

（4）输出反射率缩放系数（Output Reflectance Scale Factor）：为了降低结果图像存储空间，默认反射率乘于 10000，输出反射率范围变成 0 ~ 10000，即 32 位的浮点型用 16 位的整型存储。

（5）自动存储工程文件（Automatically Save Template File）：选择是否自动保存工程文件。

（6）输出诊断文件（Output Diagnostic Files）：选择是否输出 FLAASH 中间文件，便于诊断运行过程中的错误。

13.4.4　FLAASH 输出结果

设置好 FLAASH 输入参数后，在 FLAASH Atmospheric Corrections Model Input Parameters 中，单击 Apply 运行 FLAASH 模块，将得到以下几个结果文件：

1）地表反射率数据

地表真实反射率反演数据，结果一般是乘于系数 10000，以 16 位有符号整型输出，减小结果文件大小。

2）水汽含量数据

以 atm·cm 为单位的水汽含量反演数据，文件名为 "water. dat"。

3）云分类图

以 ENVI 分类格式输出，文件名为 "cloudmask. dat"。

4）日志文件

描述 FLAASH 详细处理过程的日志文件，文件名为 "journal. txt"。

5）FLAASH 大气校正工程文件

记录 FLAASH 大气校正参数设置的工程文件，文件名为 "template. txt"。

提示：只有对高光谱数据进行大气校正时，结果文件才包括水汽含量数据和云分类图。

13.4.5　QUAC 快速大气校正工具

快速大气校正（简称 "QUAC"）工具自动从图像上收集不同物质的波谱信息，获取经验值完成高光谱和多光谱数据的快速大气校正（图13.22）。它得到的结果的精度近似为 FLAASH 或者其他基于辐射传输模型的+/−15%。

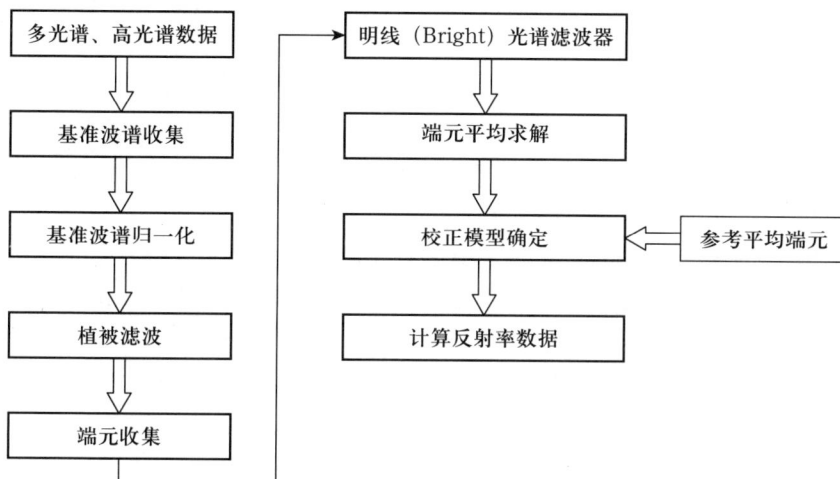

图 13.22　快速大气校正流程图

QUAC 基于从不同物质波谱的平均反射率中验证的经验，而不依赖于每个图像，因此处理速度较快。QUAC 支持任何的观测角度和太阳高度角。如果传感器没有合适的辐射和波长定标，或者缺少太阳光照强度，只要有以下两个条件依然可以获得较准确的精度：①图像中至少有 10 种不同的地物类型。② 图像中有足够的黑暗像元用于基准波谱的收集。

目前，它支持的多光谱和高光谱数据的波谱范围是 0.4 ~ 2.5 μm；支持的传感器包括 AISA、ASAS、AVIRIS、CAP ARCHER、COMPASS、HYCAS、HYDICE、HyMap、Hyperion、IKONOS、Landsat TM、LASH、MASTER、MODIS、MTI、QuickBird、RGB 以及 "unknown sensor"。

QUAC 的输入数据可以是辐射亮度值、表观反射率、无单位的 raw 数据；可以是任何数据存储顺序（BIL/BIP/BSQ）和存储类型；多光谱和高光谱传感器数据的每个波段必须有中心波长信息。

QUAC 要求输入数据包含中心波长信息，操作过程如下：

（1）在 Toolbox 工具箱中，双击 Radiometric Correction→Atmospheric Correction Module→QUick Atmospheric Correction（QUAC）工具，在文件输入对话框（QUick Atmospheric Correction Input File）中选择校正的图像文件。

（2）打开 QUick Atmospheric Correction Parameters 面板（图 13.23），在 Sensor Type 中选择相应的传感器类型，选择文件名和输出路径。

（3）QUAC 得到的地表反射率图像扩大了

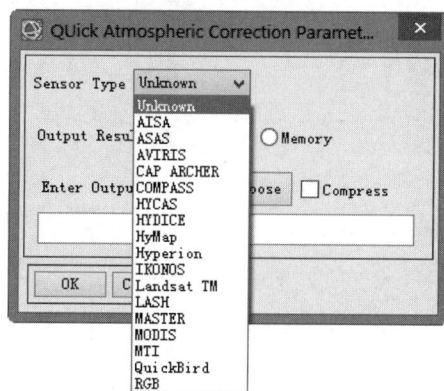

图 13.23　QUick Atmospheric Correction
Parameters 面板

10000 倍，以 16 位无符号整型存储。

提示：如果图像中存在大量背景值，如整景 Landsat 图像，会影响平均波谱的收集，需要在 QUick Atmospheric Correction Input File 文件输入对话框中使用掩膜文件。

13.5　Landsat 8 FLAASH 大气校正

NASA/USGS/GLCF 等机构或网站提供 Landsat 数据免费下载服务，下载的数据格式以包含元数据的 GeoTIFF 居多，元数据文件以 ∗_MTL.txt 或者 ∗.met 格式提供。下面以一景 GeoTIFF 格式（元数据 ∗_MTL.txt）的 Landsat 8 L1T 级数据为例，详细介绍 FLAASH 大气校正过程（参见实验数据光盘\第 13 章 辐射定标与大气校正\1-Landsat8）。

13.5.1　数据准备

这一步主要完成的工作是数据的辐射定标，以及按照 FLAASH 对输入数据的要求进行相关的处理。使用通用定标工具（Radiometric Calibration）可以一步得到符合 FLAASH 对输入数据的要求。

（1）在主界面中，选择 File→Open，在文件选择对话框中选择"LC81230322013132LGN02_MTL.txt"文件，ENVI 自动按照波长分为 5 个数据集：多光谱数据（1~7 波段），全色波段数据（8 波段），卷云波段数据（9 波段），热红外数据（10、11 波段）和质量波段数据（12 波段）。

（2）在 Toolbox 工具箱中，双击 Radiometric Correction→Radiometric Calibration 工具。在 File Selection 对话框中，选择多光谱数据"LC81230322013132LGN02_MTL_multispectral"。打开 Radiometric Calibration 面板（图 13.24）。

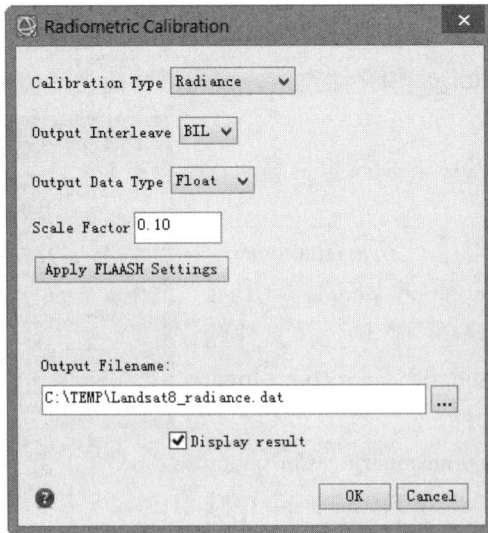

图 13.24　Radiometric Calibration 面板

（3）在 Radiometric Calibration 面板中，设置以下参数：

● 定标类型（Calibration Type）：辐射亮度值（radiance）。

● 单击 Apply FLAASH Settings 按钮。

（4）选择输出路径和文件名，单击 OK 按钮，执行定标处理。

得到的辐射亮度值的单位为 $\mu W/(cm^2 \cdot nm \cdot sr)$；图像文件的存储顺序为 BIL；图像存储格式为浮点型（Float）。

13.5.2 输入 FLAASH 参数

在 Toolbox 工具箱中，双击 Radiometric Correction→Atmospheric Correction Module→FLAASH Atmospheric Correction 工具可以启动 FLAASH 模块（图 13.25）。根据第 13.4.3 节 FLAASH 输入参数说明的方法将填入相关参数。

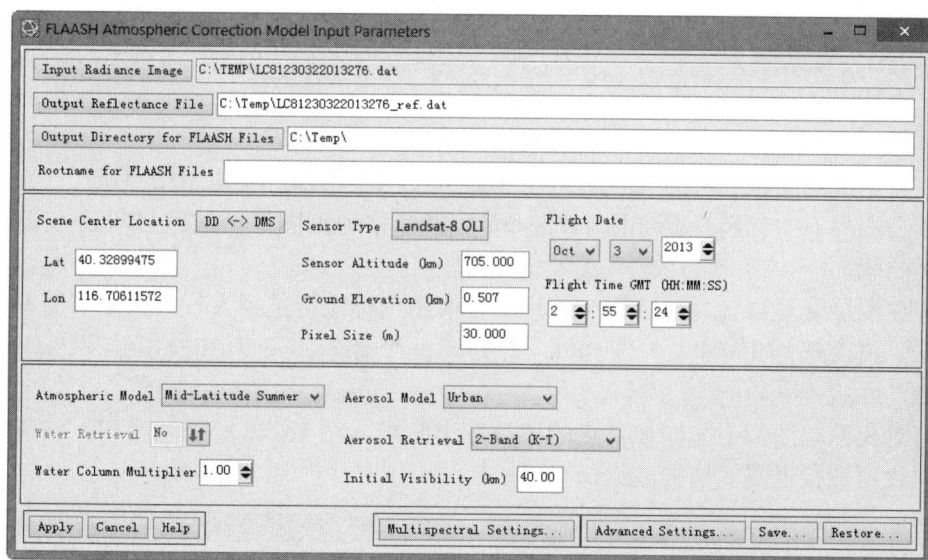

图 13.25 Landsat 8 输入 FLAASH 参数

（1）文件输入与输出信息项目。单击 Input Radiance Image 按钮，选择上一步准备好的辐射亮度值数据。由于经过了单位换算过程，在 Radiance Scale Factors 对话框中选择 Use single scale factor for all bands（Single scale factor：1.000000）。单击 Output Reflectance File 按钮，选择输出文件名和路径。

（2）传感器与图像信息。

● Lat：40.32899444；Lon：116.70611667（自动获取）。

● 传感器类型（Sensor Type）：Landsat-8 OLI。

● 图像区域平均海拔（Ground Elevation）：0.507（从相应区域的 DEM 获得平均值）。

● 成像时间（Flight Date）：2013-10-03；Flight Time：02：55：24。

提示：在图层管理器（Layer Manager）中的 Landsat 8 图层右键选择"View Metadata"，

浏览 time 字段获取成像时间；也可以从元文件"＊_MTL.txt"中找到，具体名称：DATE_ACQUIRED＝2013−05−12；SCENE_CENTER_TIME＝02：55：26.6336980Z。

（3）大气模型（Atmospheric Model）：Mid−Latitude Summer。

提示：根据图像中心纬度 40.3°和 10 月成像从表 13.11 查询获取。

（4）气溶胶模型（Aerosol Model）：Urban。

（5）气溶胶反演（Aerosol Retrieval）：2−Band（K−T）。

（6）初始能见度（Initial Visibility）：40。

（7）多光谱设置（Multispectral Settings）。Defaults 下拉框：Over−Land Retrieval Standard（660：2100）。

（8）高级设置（Advanced Settings）。Tile Size：200；其他按照默认设置。

提示：64 位操作系统，8 GB 物理内存。

（9）单击 Apply 按钮，执行 FLAASH 处理。

13.5.3　浏览结果

（1）执行完 FLAASH 大气校正后得到估算的能见度和平均水汽柱。

（2）显示原始图像和 FLAASH 大气校正后的反射率图像。将原始图像显示在上层。

（3）在主界面中，选择 Profiles→Spectral，鼠标移动到图像植被区域单击左键得到植被的波谱曲线。

（4）在图层管理器（Layer Manager）中，使用鼠标左键选择大气校正结果图像并移动到最上层。再次选择 Profiles→Spectral，得到同一个像素点上大气校正结果图像的波谱曲线。

（5）对比两幅图像上相同像素点的植被波谱曲线（图 13.26）可以看到，校正后的植被波谱曲线更加接近真实植被波谱。

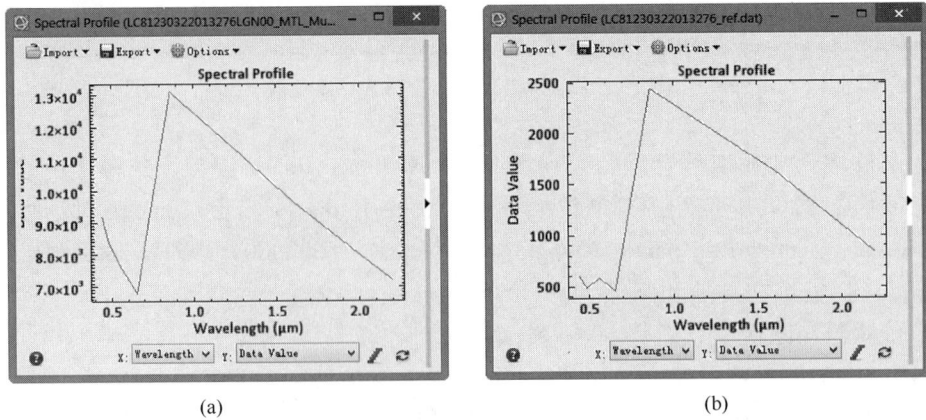

(a)　　　　　　　　　　　　　　　　(b)

图 13.26　大气校正前后植被的波谱曲线：（a）校正前；（b）校正后

13.6 航空高光谱数据 FLAASH 大气校正

本节以 AVIRIS 高光谱数据为数据源（参见实验数据光盘\第13章 辐射定标与大气校正\ 3–AVIRIS 高光谱数据），介绍航空高光谱数据的 FLAASH 大气校正过程。

13.6.1 浏览高光谱数据

本例使用的 AVIRIS 高光谱数据为经过传感器定标的辐射亮度数据。

（1）在主界面中，选择 File→Open，打开"JasperRidge98av.dat"文件。自动显示真彩色合成图像。

（2）在图层管理器（Layer Manager）中的"JasperRidge98av.dat"图层右键选择"View Metadata"，可以浏览所有的信息，如包括了中心波长、波段宽度（FWHM）、Integer 数据类型、BIP 存储顺序。

（3）在主界面中，在工具栏中的 Go To 文本框中输入像素坐标：366,179（此像元为硬质水泥地，吸收特征主要受大气的影响），单击回车键。

（4）在主界面中，选择 Profiles→Spectral，绘制像素（366，179）的波谱剖面(图 13.27)。

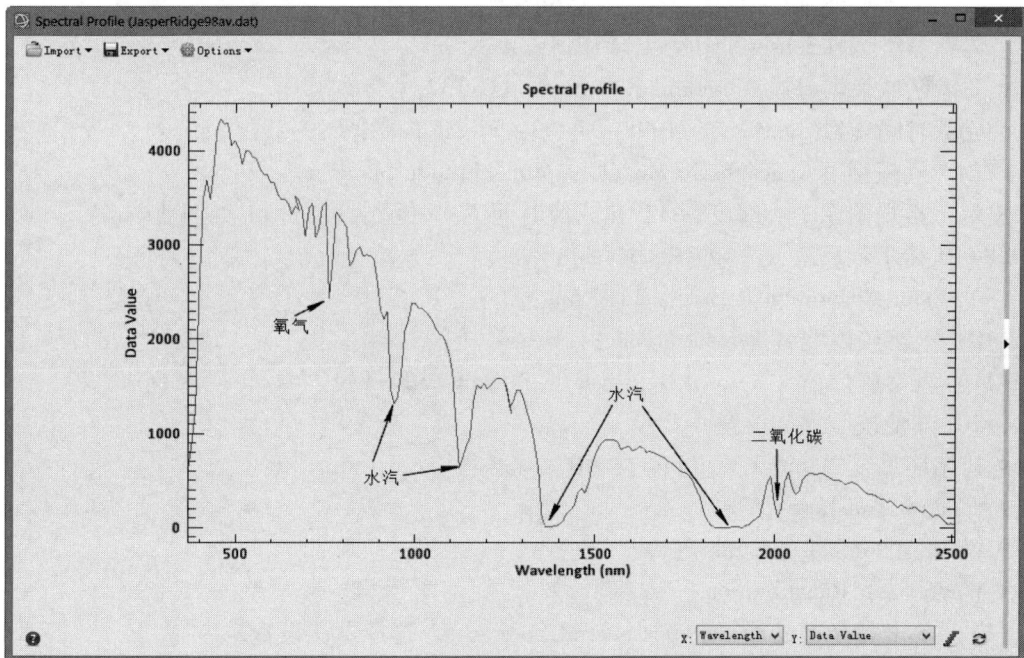

图 13.27 像素点波谱曲线（大气校正前）

（5）在 Spectral Profile 窗口中，可以看到在 760 nm（主要为氧气吸收）、940 nm 和 1135 nm 处，水汽具有吸收特征，1400 nm 和 1900 nm 附近基本没有反射能量，二氧化碳在 2000 nm 附近有两个吸收特征。

13.6.2　AVIRIS 数据大气校正

（1）在 Toolbox 工具箱中，双击 Radiometric Correction→Atmospheric Correction Module→FLAASH Atmospheric Correction 工具，打开 FLAASH Atmospheric Correction Model Input Parameters 面板。

（2）单击 Input Radiance Image 按钮，选择 "JasperRidge98av. dat" 文件。在 Radiance Scale Factors 对话框中，选择 Read array of scale factors（1 per band）from ASCII file，单击 OK 按钮。

（3）选择 "AVIRIS_1998_scale. txt" 文件，按照默认设置单击 OK 按钮。

提示：AVIRIS 辐射率原始的定标结果是浮动型，为了减少存储空间，NASA/JPL 使用一组比例系数将浮点型数据变成整型数据，在使用时需要将整型变回浮点型，单位变为 $\mu W/(cm^2 \cdot sr \cdot nm)$。文本文件中第一列就是缩放系数。这个文件一般随数据提供，如 Hyperion 传感器的系数是 VNIR：400，SWIR：600。

（4）单击 Output Reflectance File 按钮，选择输出路径及文件名。

（5）单击 Output Directory for FLAASH Files 按钮，选择文件输出目录。

（6）传感器与图像信息：

- Lat：37°24'15. 13"；Lon：−122°13'29. 99"。
- 传感器类型（Sensor Type）：AVIRIS。
- 图像区域平均海拔（Ground Elevation）：0. 137。
- 成像时间（Flight Date）：1998−04−03；Flight Time：0:9:29。

（7）大气模型（Atmospheric Model）：Mid−Latitude Summer。

提示：根据图像中心纬度为 37°和成像时间为 4 月可从表 13. 11 查询获取。

（8）执行水汽反演（Water Retrieval）：Yes。

（9）Water Absorption Feature：1135 nm。

（10）气溶胶模型（Aerosol Model）：Urban。

（11）气溶胶反演（Aerosol Retrieval）：2−Band（K−T）。

（12）其他按照默认设置：

- 初始能见度（Initial Visibility）：40。
- Spectral Polishing：Yes。
- Width（number of bands）：9。
- Wavelength Recalibration：No。

（13）单击高光谱设置（Hyperspectral Settings），选择默认设置。

（14）单击 Advanced Settings 标签，打开高级设置面板。修改以下几个参数，其他按照默认设置：

- Aerosol scale Herght（km）：2。
- Tile Size：100。

（15）参数设置如图 13. 28 所示，单击 Apply 按钮，执行 FLAASH 处理。

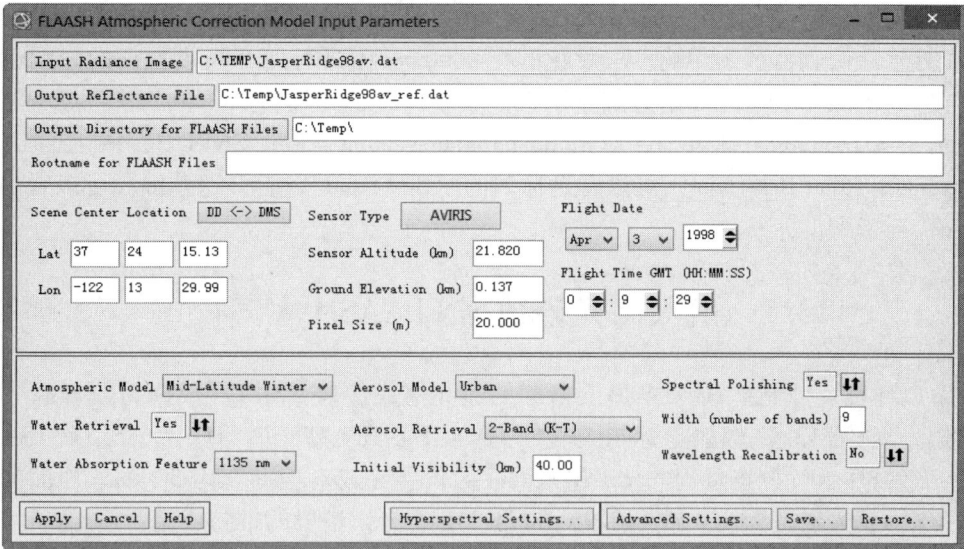

图 13.28　AVIRIS 数据 FLAASH Atmospheric Correction Model Input Parameters 面板

13.6.3　浏览结果

FLAASH 计算完成之后，输出地表反射率图像、水汽含量图像和云分类图像。

（1）在数据管理（Data Manager）中选择大气校正结果图像，单击右键选择 "Load True Color"。

（2）在主界面中，在工具栏中的 Go To 文本框中输入像素坐标：366,179，单击回车。

（3）在主界面中，选择 Profiles→Spectral，绘制像素（366,179）的波谱剖面（图 13.29）。

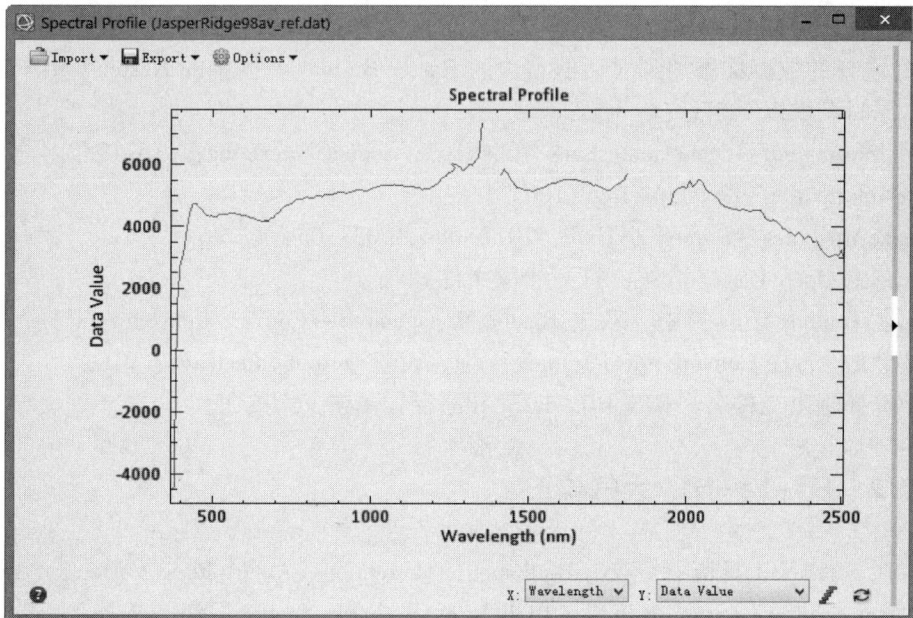

图 13.29　像素点波谱曲线（大气校正后）

（4）对比图 13.27 同一点的波谱曲线可以看到，已经校正了 760 nm、940 nm 和 1135 nm 处水汽吸收特征的影响；二氧化碳在 2000 nm 附近有两个吸收特征的影响也被去除了；在 1400 nm 和 1900 nm 附近属于水汽强吸收，ENVI 标识为"Bad band"。

提示：在 Toolbox 工具箱中，双击 Raster Management→Edit ENVI Header 工具，打开 Edit Attributes→Bad Band List，可以看到标识的"Bad band"。打开这些波段可以看到像素都为 0 值。

13.7　航天高光谱数据 FLAASH 大气校正

本节以环境一号卫星 HJ-1A 星上搭载的超光谱成像仪（HSI）数据为数据源（参见实验数据光盘\第 13 章 辐射定标与大气校正\ 4-HJ-HSI 高光谱图像），介绍航天高光谱数据的 FLAASH 大气校正过程。HSI 超光谱成像仪能完成对地刈宽为 50 km、地面像元分辨率为 100 m、光谱范围为 0.45~0.95 μm 和 115 个光谱谱段的推扫成像。

提示：该数据免费下载于 http://www.cresda.com，版权归中国资源卫星应用中心所有。

13.7.1　图像打开与数据准备

（1）在主界面中，选择 File→Open ，选择"HJ1A - HSI - 2 - 65 - A2 - 20110820 - L20000597997. H5"。

提示：也可以通过 File→Open As→Generic Formats→HDF5 打开。

（2）在打开的 Select HDF5 Datasets 面板中，包括了很多的信息，如图像数据（Image-Data）、坐标信息（MapInformation）、图像属性信息（ImageAttributes）等。双击 ImageData→BandData，选择的数据集添加到对话框右边的 Raster Builder 一栏中的 Raster 1 中。

（3）同时获取以下信息：

- MapInformation→SceneCenterLat：40.4616°；SceneCenterLong：116.195°。
- MapInformation→PixelSpacing：100。
- ImageAttributes→SceneStartTime：2011-08-20 03：03：47.96。

（4）单击 Open Raster 按钮，打开图像文件。

（5）在 Toolbox 工具箱中，双击 Raster Management→Convert Interleave 工具，选择刚打开的图像文件，在 Convert File Parameters 中，设置 Output Interleave：BIL。

（6）选择输出文件名"HIS_BIL. dat"和路径，单击 OK 按钮。

13.7.2　HJ-1A-HSI 大气校正

（1）在 Toolbox 工具箱中，双击 Radiometric Correction→Atmospheric Correction Module→FLAASH Atmospheric Correction 工具，单击 Input Radiance Image 按钮，选择上一步保存的"HIS_BIL. dat"图像。

（2）在打开的 Enter ASCII Filename containing wavelengths and fwhm 对话框中，选择含有波段信息的 txt 文件"HJ1A–HSI–BandInfo. txt"，并在 Input ASCII Filename 对话框中手动输入 Wavelength 和 FWHM 的行数，如图 13.30 所示。

提示：HJ1A–HIS 数据的文件夹中包含一个文本文件，如本示例中的"HJ1A–HSI–2–65–A2–20110820–L20000597997_BandInfo. txt"，包括了每个波段的波谱范围和波段宽度。"HJ1A–HSI–BandInfo. txt"就是基于这个文件生成的，即第一列和第二列的平均值作为中心波长（Wavelenth），第三列作为波段宽度（FWHM）。

（3）在出现的 Radiance Scale Factors 对话中选中 Use single scale factor for all bands，设置缩放系数：1000。

图 13.30 输入中心波长和波段宽度

提示：下载的 HJ1A–HIS 数据已经经过了定标，为了减少存储空间而扩大了 100 倍，单位是 $100W/(m^2 \cdot \mu m \cdot sr)$。

（4）单击 Output Reflectance File 按钮，选择输出文件名和路径。

（5）单击 Output Directory for FLAASH Files 按钮，选择文件输出目录。

（6）传感器与图像信息：

- Lat：40. 4616°；Lon：116. 195°。
- 传感器类型（Sensor Type）：UNKNOWN–HIS。
- 传感器飞行高度 Sensor Altitude：650。
- 图像区域平均海拔（Ground Elevation）：0. 5。
- 成像时间（Flight Date）：2011–08–20；Flight Time：03:03:47. 96。

（7）大气模型（Atmospheric Model）：Mid–Latitude Summer。

提示：根据图像中心纬度为 40°和成像时间为 8 月从表 13.11 查询获取。

（8）执行水汽反演（Water Retrieval）：Yes。

（9）Water Absorption Feature：820nm。

（10）气溶胶模型（Aerosol Model）：Urban。

（11）气溶胶反演（Aerosol Retrieval）：None。

提示：HJ1A–HIS 数据缺少短波红外波段，采用能见度值参与气溶胶计算。

（12）其他按照默认设置：

- 初始能见度（Initial Visibility）：30。
- Spectral Polishing：Yes。
- Width（number of bands）：5。
- Wavelength Recalibration：No。

（13）单击高光谱设置（Hyperspectral Settings）按钮，选择默认设置。

（14）单击 Advanced Settings 按钮，打开高级设置面板。修改以下几个参数，其他按

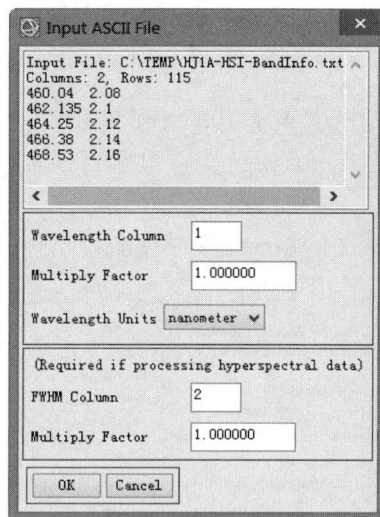

照默认设置：

- Tile Size：100。

（15）参数如图 13.31 所示，单击 Apply 按钮，执行 FLAASH 处理。

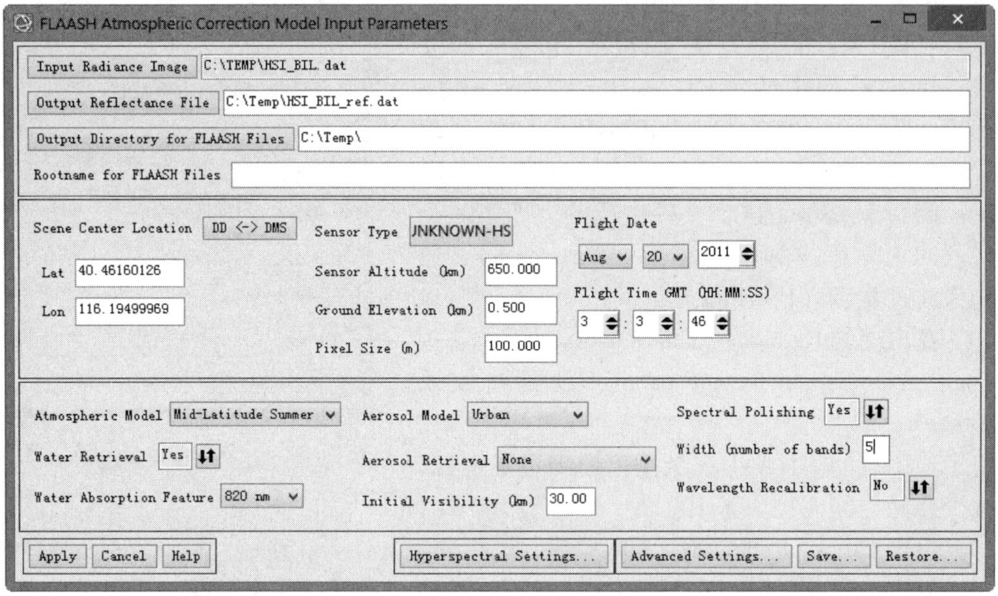

图 13.31　HJ1A–HIS 数据 FLAASH Atmospheric Correction Model Input Parameters 面板

13.7.3　浏览结果

FLAASH 计算完成之后，输出地表反射率图像、水汽含量图像和云分类图像。使用 Display→Profiles→Spectral，可以浏览植被、水体等典型地物波谱曲线。

13.8　FLAASH 大气校正常见问题解答

使用 FLAASH 大气校正工具时，如果没有使用或者在旧版本中没有通用定标工具（Radiometric Calibration）时，在数据准备过程中需要使用一些工具来辅助处理，部分 FLAASH 输入参数同样需要使用一些方法来获取，如图像区域平均海拔等。在 FLAASH 处理过程中，由于参数设置等原因会造成一些错误而执行不下去。本节总结了部分相关内容供参考使用。

13.8.1　缺少元数据的图像辐射定标

缺少表 13.1 中所述的元数据文件时，只要拥有图像辐射定标参数（公式和系数），可以使用 Band Math 工具或者 Apply Gain and Offset 工具实现图像的辐射定标。

例如，中国资源卫星应用中心 2013 年公布的环境一号卫星（HJ–1A/B）CCD 图像

DN 值转换为辐亮度图像的公式为

$$L_\lambda = \text{Gain} * \text{DN} + \text{Bias} \qquad (13.11)$$

式中，L_λ 为转换后的辐亮度，单位为 W/(m^2・μm・sr)；DN 为卫星载荷观测值；Gain 为定标斜率；Bias 为定标截距。Gain 和 Bias 的值如表 13.14 所示。

表 13.14　HJ-1A/B 星 CCD 相机的定标系数

卫星载荷	波段号	Gain	Bias	卫星载荷	波段号	Gain	Bias
HJ-1A-CCD1	Band1	1.2944	13.4450	HJ-1B-CCD1	Band1	0.9838	42.619
	Band2	1.2878	6.7172		Band2	0.9983	35.264
	Band3	0.9875	-4.5131		Band3	0.7528	22.192
	Band4	0.9822	-1.7140		Band4	0.7538	11.214
HJ-1A-CCD2	Band1	1.1185	-9.9414	HJ-1B-CCD2	Band1	1.0649	4.417
	Band2	1.2049	-16.773		Band2	1.1644	-5.503
	Band3	0.8384	-21.915		Band3	0.8507	-6.7944
	Band4	0.9257	-27.660		Band4	0.8436	-2.9271

下面介绍利用 Band Math 工具和 Apply Gain and Offset 工具实现 HJ-1B-CCD1 图像的辐射定标（参加实验数据光盘\第 13 章 辐射定标与大气校正\5-HJ-1B-CCD1 图像）。

1. Band Math 工具

（1）在主界面中，选择 File→Open 打开"HJ-1B-CCD1.dat"图像文件。

（2）在 Toolbox 工具箱中，双击 Band Ratio→Band Math 工具，如图 13.32 所示，在

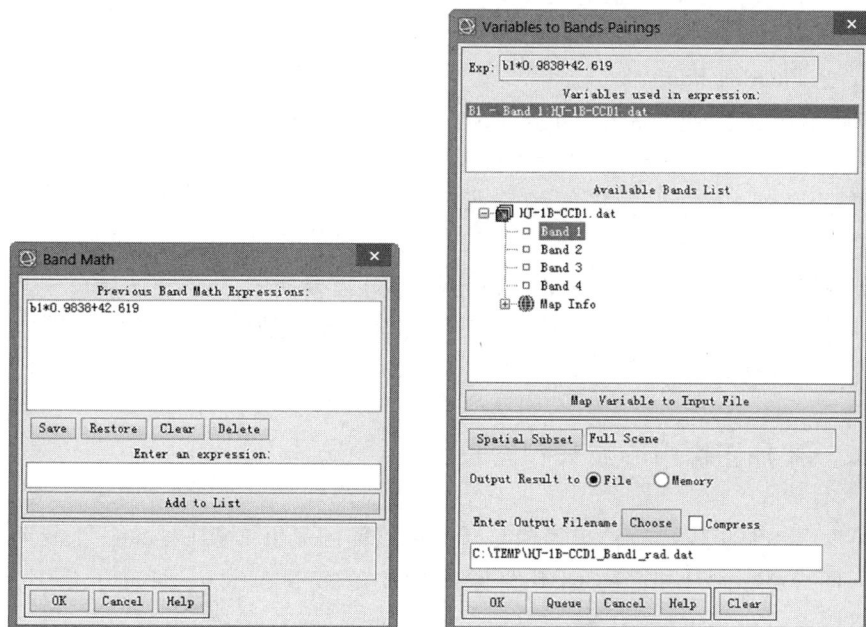

图 13.32　利用 Band Math 工具进行图像定标

"Enter an expression" 中输入：b1 * 0.9838+42.619，即输入"HJ-1B-CCD1"的 Band1 定标表达式。（Band Math 详细操作参考本书第 15 章"波段运算与波谱运算"的相关内容）。

（3）单击 OK 按钮，在打开的 Variables to Bands Pairings 面板中为 b1 变量选择待"HJ-1B-CCD1"的 Band1，选择输出路径和文件名。

（4）单击 OK 按钮执行运算，完成 Band1 的定标计算。

（5）利用同样的方法对 Band2、Band3、Band4 波段进行定标计算。

（6）在 Toolbox 工具箱中，双击 Raster Management→Layer Stacking 工具，在 Layer Stacking Parameters 面板中，单击 Import File 按钮，将（2）~（5）步骤中得到的 4 个波段定标结果组合为一个文件。

（7）最后得到一个 4 个波段的定标图像文件。

2. Apply Gain and Offset 工具

（1）在 Toolbox 工具箱中，双击 Radiometric Correction→Apply Gain and Offset 工具，在 Gain and Offset Input File 对话框中选择"HJ-1B-CCD1.dat"。

（2）如图 13.33 所示，根据表 13.14 中的 Gain 和 Bias 值分别输入 Gain 和 Offset。选择 Output Data Type：Floating Point。

（3）选择输出路径和文件名，单击 OK 按钮，执行运算。

（4）最后得到一个 4 个波段的定标结果文件。

图 13.33　利用 Apply Gain and Offset 工具进行图像定标

从以上两种方法可以看出，Band Math 工具额外需要使用 Layer Stacking 工具才能完成图像定标，Apply Gain and Offset 工具可一次完成图像定标处理，但是它只能应用于公式（13.11）这样的线性定标公式。

13.8.2　添加图像中心波长和波长半径

图像缺少中心波长或者波长半径信息时，可以使用 Edit ENVI Header 工具手动添加这些信息。下面介绍为 HJ-1B-CCD1 图像添加中心波长信息（Band1：0.475，Band2：0.56，Band3：0.66，Band4：0.83，单位：mm）。

（1）在主界面中，选择 File→Open 打开"HJ-1B-CCD1.dat"图像文件。

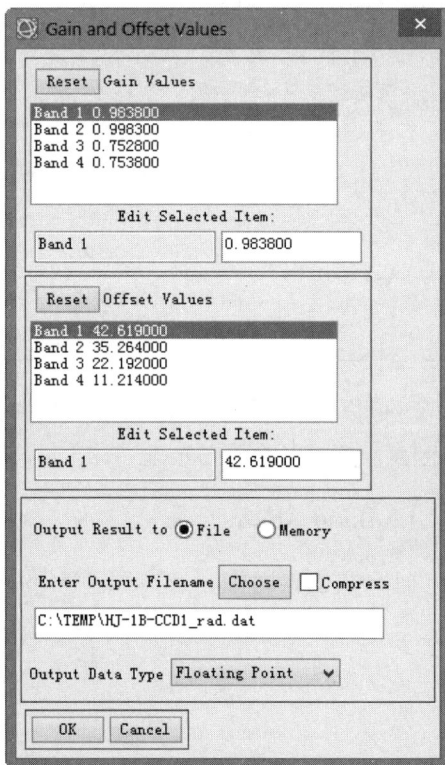

（2）在 Toolbox 工具箱中，双击 Raster Management→Edit ENVI Header 工具。在打开的 Edit Header Input File 对话框中选择"HJ-1B-CCD1. dat"文件。

（3）在 Header Info 面板中，选择 Edit Attributes→Wavelength，在打开的 Edit Wavelength values 面板中分别填入"HJ-1B-CCD1. dat"各个波段的波长，如图 13.34 所示。

（4）Wavelength/FWHM Units：Micrometers。

（5）单击 OK 按钮完成。

在 Header Info 面板中，选择 Edit Attributes→FWHM，可以添加波段宽度信息。

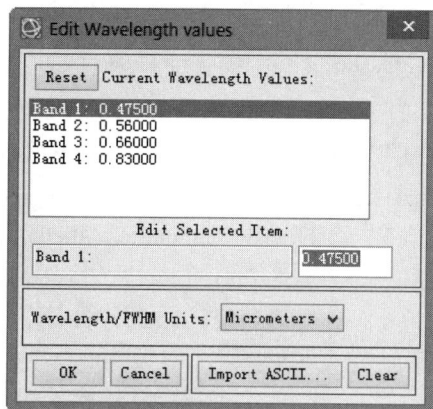

图 13.34　添加中心波长信息

13.8.3　调整图像存储顺序

图像文件有 3 种存储顺序：BSQ（按波段顺序存储）、BIL（按行顺序存储）、BIP（按像元顺序存储）。通过 Convert Interleave 工具可以实现 3 种存储顺序的转换。

（1）在主界面中，选择 File→Open 打开需要转换的图像文件。

（2）在 Toolbox 工具箱中，双击 Raster Management→Convert Interleave 工具，在 Convert File Input File 对话框中选择图像文件。单击 OK 按钮，打开 Convert File Parameters 面板（图 13.35）。

（3）在 Convert File Parameters 面板中，设置以下参数：

● 输出存储顺序（Output Interleave）：BIL。

● 是否在本文件中转换（Convert In Place）：Yes（覆盖原文件）；No（生成新的图像文件）。

（4）单击 OK 按钮，执行处理。

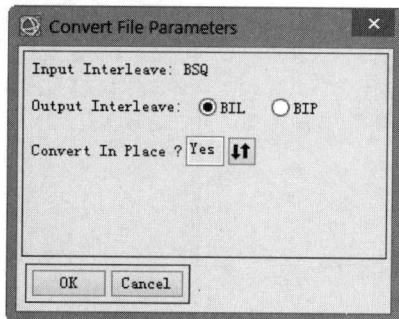

图 13.35　Convert File Parameters 面板

13.8.4　计算图像区域平均高程

FLAASH 中使用的平均高程可以通过统计相应区域的 DEM 数据获取。DEM 数据可以使用免费的 90 m SRTM 或者 30 m 的 Aster G-DEM，也可以使用其他更高分辨率的 DEM 数据。ENVI5.1 版本提供全球 30 s 空间分辨率（约 900 m）DEM 数据。下面介绍通过这个数据获取某一个图像区域的平均高程。

（1）在主界面中，选择 File→Open World Data→Elevation（GMTED2010），打开 ENVI 自带的全球 900 m 分辨率的 DEM 数据。

（2）选择 File→Open，打开需要统计区域对应的图像（必须包括坐标信息）。

（3）在 Toolbox 工具箱中，双击 Statistics → Compute Statistics 工具，打开 Compute Statistics Input File 输入文件对话框，选择"GMTED2010. jp2"数据。单击 Stats Subset 按钮，打开 Select Statistics Subset 对话框。

（4）在 Select Statistics Subset 对话框中，单击 File 按钮，在 Subset by File 对话框中选择需要统计区域对应的图像，单击 OK 按钮。

（5）在打开的 Compute Statistics Parameters 对话框中，按照默认参数设置单击 OK 按钮。

（6）最后得到统计结果，如图 13.36 所示。Mean：507.144148 m 就是图像区域平均高程。

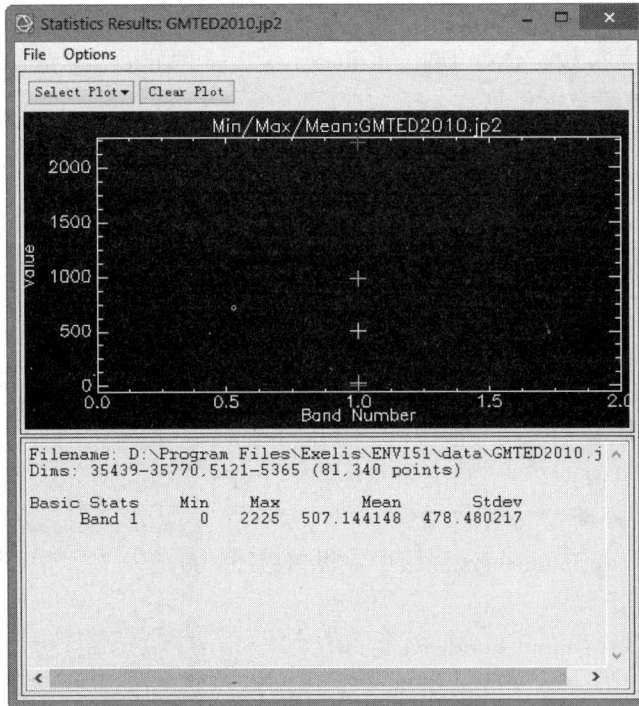

图 13.36　图像区域平均高程统计结果

13.8.5　制作光谱响应函数

光谱响应函数（Spectral Response Function，SRF；或 Relative Spectral Response，RSR），它与宽波段传感器出现。每一个波段都有一个波段范围，如环境一号卫星（HJ-1A/B）的 b1（475 nm）波段范围为 430 ~ 520 nm，实际上，传感器的感光元件在这个波段范围内的每一点所感应的强度都不一样。在成像中，原则上应该根据光谱响应函数来进行加权平均，但由于处理起来比较麻烦，而且一般的精度要求不太高，所以大多数图像都直接用波段范围内的中点值来运算。光谱响应函数描述一定波长范围内（超出波段范围）的量子效应，当需要精确计算像元响应时，如大气校正反演真实地表反射率时，就需要使用光谱响应函数。

任何传感器在设计时都会给出严格的光谱响应函数。例如，以下为环境一号卫星 HJ-1B-CCD1 光谱响应函数的数字表达的一部分，其中第一列表示波长，后面 4 列分别表示 4 个波段对应波长的光谱响应值。

706	5.91E-03	0.00E+00	8.90E-02	0.00E+00
707	5.91E-03	0.00E+00	7.85E-02	0.00E+00
708	5.94E-03	0.00E+00	6.80E-02	0.00E+00
709	5.94E-03	0.00E+00	5.75E-02	0.00E+00

在 ENVI 中，使用光谱曲线来描述光谱响应函数，也就是以波长作为 X 轴，光谱响应值作为 Y 轴，存储格式为 ENVI 光谱库文件（.sli）。下面介绍 ENVI 中的光谱响应函数的制作。

（1）在主界面中，选择 Display→New Plot Window。

（2）在 ENVI Plot 面板中，选择 Import→ASCII，选择"681_HJ1BCCD1.txt"（参见实验数据光盘\第 13 章 辐射定标与大气校正\5-HJ-1B-CCD1 图像）。

（3）在 Input ASCII File 面板中，如图 13.37 所示，将第一列作为 X 轴，选择后面 4 列作为 Y 轴，Wavelength Units：Nanometers，单击 OK 按钮。

（4）如图 13.38 所示，生成了 4 条曲线。展开右边对话框，更改每一条曲线的名称 Name：b1，b2，b3，b4，便于区分。

（5）在 ENVI Plot 面板中，选择 Export→Spectral Library，将光谱曲线保存为光谱库文件。

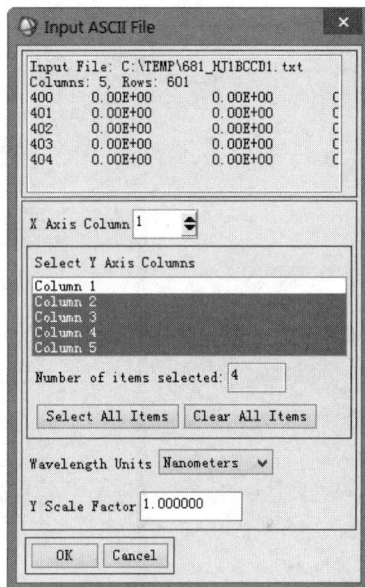

图 13.37 导入 ASCII 文件

得到的光谱响应函数就可以直接在 FLAASH 中使用，执行 HJ-1B-CCD1 图像的大气校正。

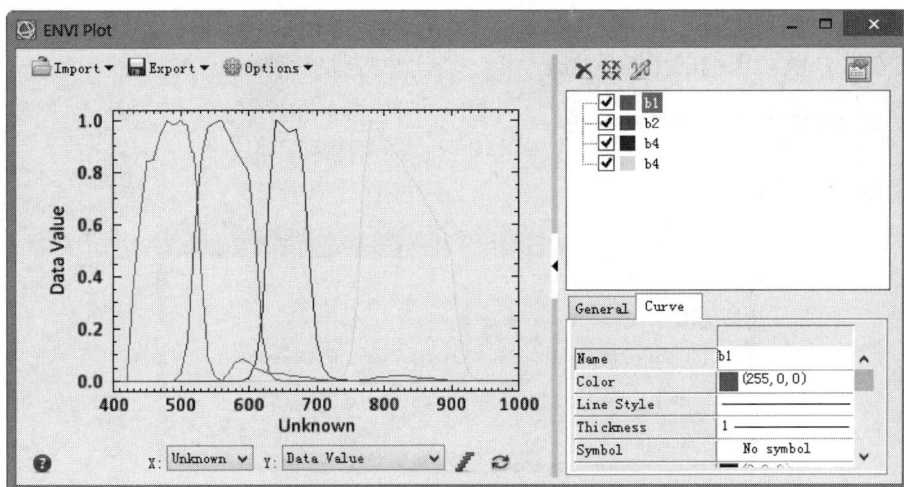

图 13.38 光谱响应函数的曲线表达

13.8.6　常见错误和解决方法

在使用 FLAASH 大气校正工具时，输入错误的参数或者操作不当会造成错误而无法执行工具。本节总结部分常见错误及解决方法。

1. 平均高程值太大

如图 13.39 所示，错误提示：

```
ACC Error:convert7
IDL Error:
End of input record encountered on file unit:0
```

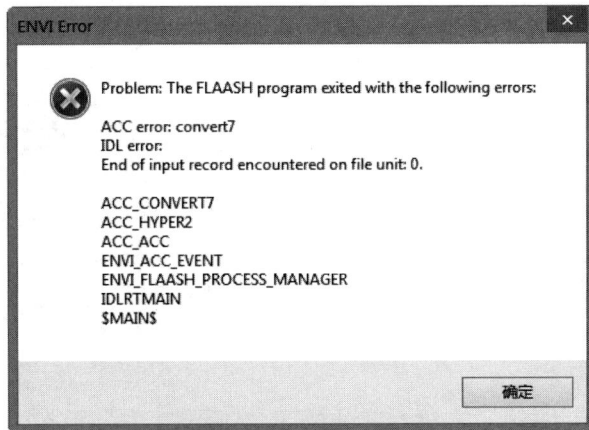

图 13.39　FLAASH 错误提示一

原因：平均高程值太大，图像所在区域的平均海拔单位是 km：Ground Elevation（km）。

解决方法：填写正确的平均高程。

2. 太阳高度角太小或者太大

如图 13.40 所示。

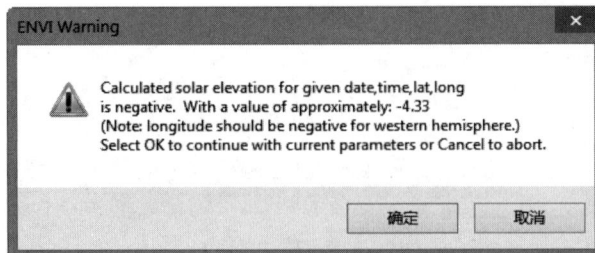

图 13.40　FLAASH 错误提示二

如果单击"确定"按钮会出现如下错误提示：

```
ACC error:modrd5:Nonfinite numbers in coefficient array coef
IDL error:
CDRIVER4V3R2:>>>Wait for MODTRAN4 calculation to finish…
```

原因：传入 MODTRAN 模型参数有误，由于太阳高度角太小或者太大引起的。

解决方法：确认正确填写图像中心位置经纬度信息（西经为负数、南纬为负数）、图像成像时间为格林尼治时间。

3. 分块大小（Tile Size）设置太大

错误提示：

```
ACC error:avrd:
IDL error:
Unable to allocate memory:to make array
Not enough space
```

原因：为了能处理大数据，ENVI 采用分块计算的方式，这个提示是分块（Tile Size）设置太大。

解决方法：在高级设置里（Advanced Settings）→Tile Size，这个值正常是 1 ~ 4 MB（0 背景很少的情况下）；如果 0 背景较多，这个值还需要设置得大一些，如 100 ~ 200 m。

4. 找不到非 0 像素

错误提示：

```
ACC error: avrd:No nonblank pixels found
IDL error:
OPENR: Error opening file. Unit:100
```

原因：当 Tile Size 设置得太小时，如果图像中存在较多背景值（0），就会出现一个 Tile 中全部为 0 的情况，ENVI 将提示这个错误信息。

解决方法：在高级设置里（Advanced Settings）→Tile size，将值设置稍微大一些，如 100 ~ 200 MB。

5. 不能执行邻域纠正

错误提示：

```
ACC error:lsmooth2:
IDL error:
ACC_LSMOOTH2:Cannot continue with smoothing calculation
```

原因：FLAASH 工具提供邻域纠正功能，如 MODIS、AVHRR 等图像分辨率比较低，邻域效应可能区分不出来。

解决方法：在高级设置里（Advanced Settings），将邻域纠正（Use Adjacency Correction）设置为"No"。

6. 结果中某一个波段或者多个波段全部为 0 或者负值

原因：输入的辐射亮度数据值不正确，可能由以下几种情况造成。

- 在传感器定标时选择的是表观反射率（reflectance）而不是辐射率数据（radiance）。
- 没有进行图像辐射定标，即没有将 DN 值转换为辐射亮度值。
- 辐射亮度值的单位换算错误，如进行了两次换算。
- 选择了错误的光谱响应函数。

解决方案：确认输入的辐射亮度图像正确，并选择了正确的光谱响应函数。

第 14 章　高光谱与光谱分析技术

光学遥感技术的发展经历了：全色（黑白）→彩色摄影→多波谱扫描成像→高光谱遥感 4 个历程。

高光谱分辨率遥感（hyperspectral remote sensing）是用很窄而连续的波谱通道对地物持续遥感成像的技术。在可见光到短波红外波段，其波谱分辨率高达纳米数量级，通常具有波段多的特点，波谱通道多达数十甚至数百个，而且各波谱通道间往往是连续的，因此高光谱遥感又通常被称为"成像波谱（imaging spectrometry）遥感"。

本章主要介绍以下内容：

➢ 地物波谱与波谱库
➢ 端元波谱提取技术
➢ 高光谱图像分类与分析技术
➢ 地物识别与目标探测
➢ 植被分析
➢ 光谱分析与水体水色参数反演实例

14.1　地物波谱与波谱库

一切地物，由于其种类和环境条件不同，反射和辐射电磁波的特征随波长而变化。通常用二维几何空间内的曲线表示，横坐标表示波长 λ（或者波段序号），纵坐标表示反射率 ρ（或者像素值），称为"波谱曲线"。地物波谱可以通过仪器测量，如波谱仪，也可以从高光谱/超波谱图像上获取。

ENVI 的波谱库文件以图像文件格式保存，包括一个二进制的数据文件（. sli）和一个头文件（. hdr）。当作为一幅图像显示时，图像的行表示一个波谱曲线，列表示采样点（X 轴波段序号），像素值表示反射率或者其他值。

14.1.1　ENVI 标准波谱库

ENVI5. 1 重新梳理了原有的标准波谱库，新增了一些物质波谱，存放在…\Exelis\ENVI51\ resource\speclib 目录下，分别存放在 4 个文件夹中，存储为 ENVI 波谱库格式，由两个文件组成：. sli 和 . hdr。

1. ASTER Spectral Library Version 2

存放位置：spec_lib\aster。

由美国国家喷气推进实验室和加利福尼亚理工学院提供（http://speclib. jpl. nasa. gov）。

ASTER 波谱库提供 2443 种地物波谱，包括人造材料、陨石、矿物、岩石、土壤、植物和水体，波长范围为 0.4 ~ 15.4 μm。ASTER 波谱库来自 3 个其他波谱库：美国约翰·霍普金斯大学（JHU）波谱库、美国国家喷气推进实验室波谱库（JPL）和 USGS 波谱库。Version 2 版本更新于 2008 年 12 月 3 日。文件命名规则如下：地物名称_来源波谱库_测量仪器_波谱代码。

2. IGCP264 波谱库

存放位置：spec_lib\igcp264。

由 5 种波谱仪从 26 种具备很好特征的样本中测量得到，这些样本经过了手工筛选和金刚砂压碎，并用<100 目和<200 目的网筛进行筛选。这些波谱库的目的是比较不同波谱分辨率和采样对波谱特征的影响，见表 14.1 所示。

表 14.1　IGCP264 波谱库列表

波谱文件	波长范围/μm	波长精度/nm	说　　　　明
igcp-1. sli	0.7 ~ 2.5	1	科罗拉多大学 CSES 中心使用 Beckman 5270 双分光波谱仪测量获取
igcp-2. sli	0.3 ~ 2.6	5	布朗大学使用 "RELAB" 波谱仪测量获取
igcp-3. sli	0.4 ~ 2.5	2.5	科罗拉多大学 CSES 中心使用单分光可见光/红外线智能波谱仪测量获取
igcp-4. sli	0.4 ~ 2.5	近红外 0.5，可见光 0.2	USGS 使用 Beckman 波谱仪测量获取
igcp-5. sli	1.3 ~ 2.5	2.5	科罗拉多大学 CSES 中心使用 PIMAII 型波谱仪量测获取

3. USGS

存放位置：spec_lib\USGS。

由 USGS 波谱实验室提供（http://speclab. cr. usgs. gov/），含 1994 种地物波谱，包括涂料、人造材料、矿物、混合物、植物、挥发物。文件命名规则如下：地物类型_测量仪器_波谱代码。

4. 植被波谱库

存放位置：spec_lib\veg_lib。

由 Chris Elvidge，DRI 提供。Chris Elvidge 植被波谱库使用 Beckman UV-5240 波谱仪测量获取，提供 99 种植被波谱，波长范围为 0.4 ~ 2.5 μm，包括干植被（veg_1dry. sli）和绿色植被（veg_2grn. sli）两个波谱库，其中 0.4 ~ 0.8 μm 波长精度为 1 nm，0.8 ~ 2.5 μm 波长精度为 4 nm。

14.1.2 ENVI Classic 标准波谱库

ENVI5.1 保留了原来的 5 种标准波谱库，存放在···\Exelis\ENVI51\classic\spec_lib 目录下，分别在 5 个文件夹中，存储为 ENVI 波谱库格式，由两个文件组成：.sli 和 .hdr。

1. USGS 矿物波谱

存放位置：spec_lib\usgs_min，波谱文件 usgs_min.sli 和头文件 usgs_min.hdr。

波长范围为 0.4~2.5 μm，包括近 500 种典型的矿物，近红外波长精度为 0.5 nm，可见光波长精度为 0.2 nm。

2. 植被波谱

存放位置：spec_lib\veg_lib，来自两个地方。

USGS 植被波谱库波长范围为 0.4~2.5 μm，包括 17 种植被波谱，近红外波长精度为 0.5 nm，可见光波长精度为 0.2 nm，波谱文件 usgs_veg.sli 和头文件 usgs_veg.hdr。

Chris Elvidge 植被波谱库波长范围为 0.4~2.5 μm，包括干植被（veg_1dry.sli）和绿色植被（veg_2grn.sli）两个波谱库，0.4~0.8 μm 波长精度为 1 nm，0.8~2.5 μm 波长精度为 4 nm。

3. JPL 波谱库

存放位置：spec_lib\jpl_lib，包括以下 3 个波谱库：① jpl1.sli，粒径 < 45 μm；② jpl2.sli，粒径 45~125 μm；③ jpl3.sli，粒径 125~500 μm。

波长范围为 0.4~2.5 μm，来自三种不同粒径 160 种"纯"矿物的波谱。0.4~0.8 μm 波长精度为 1 nm，0.8~2.5 μm 波长精度为 4 nm。

4. IGCP264 波谱库

存放位置：spec_lib\igcp264，5 种波谱仪测量得到的 5 个波谱库（表 14.1）。

5. JHU 波谱库

存放位置 spec_lib\jhu_lib，波谱库种类描述如表 14.2 所示。

表 14.2 JHU 波谱库列表

波谱库文件	地物种类	波长范围/μm
ign_crs.sli	粗糙火成岩	0.4~14
ign_fn.sli	精细火成岩	0.4~14
lunar.sli	月球物质	2.08~14
manmade1.sli	人造原料	0.42~14
manmade2.sli	人造原料	0.3~12.5

续表

波谱库文件	地 物 种 类	波长范围/μm
meta_crs. sli	粗糙变质岩	0.4 ~ 14.98
meta_fn. sli	精细变质岩	0.4 ~ 14.98
meteor. sli	陨石	2.08 ~ 25
minerals. sli	矿物	2.08 ~ 25
sed_crs. sli	粗糙沉积岩	0.4 ~ 14
sed_fn. sli	精细沉积岩	0.4 ~ 14.98
snow. sli	雪	0.3 ~ 14
soils. sli	土壤	0.42 ~ 14
veg. sli	植被	0.3 ~ 14
water. sli	水体	2.08 ~ 14

通过以下操作可以浏览标准波谱库文件。

（1）在主界面中，选择 Display→Spectral Library Viewer，打开 Spectral Library Viewer 面板（图 14.1）。

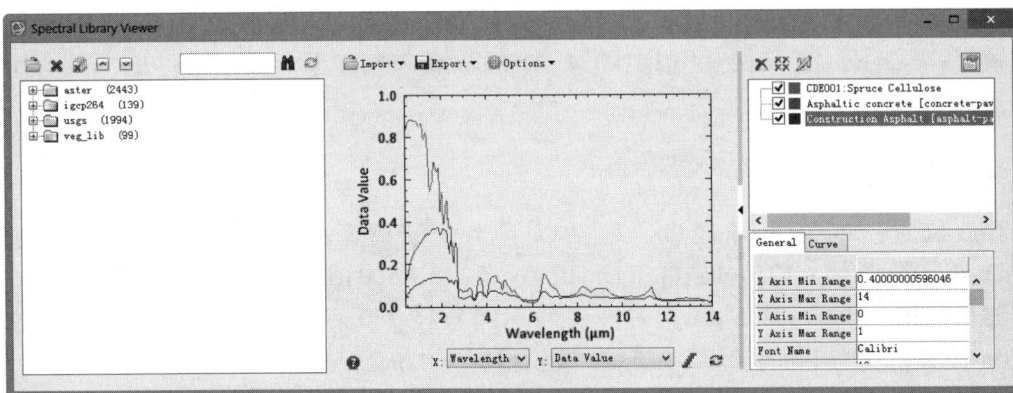

图 14.1　Spectral Library Viewer 面板

（2）在 Spectral Library Viewer 面板中，左边列表框中自动显示了 4 个波谱库，单击波谱库，可以选择波谱库中的某种地物波谱曲线，这个地物的波谱曲线自动在窗口中显示。

（3）在 Spectral Library Viewer 面板中，单击■按钮，可以打开外部波谱库文件，格式包括 . sli、. msl、. asd、. rad。

14.1.3　波谱库创建

ENVI 可以从波谱源中构建波谱库，波谱来源包括 ASCII 文件、由 ASD 波谱仪获取的波谱文件、标准波谱库、感兴趣区均值、波谱剖面和曲线等。

下面介绍波谱库建立的操作步骤。

第一步　输入波长范围

（1）在 Toolbox 工具箱中，双击 Spectral/Spectral Libraries/Spectral Library Builder 工

具，打开 Spectral Library Builder 面板。

（2）为波谱库选择波长范围和 FWHM 值，有 3 个选项：

● Data File（ENVI 图像文件）：波长和 FWHM 值（若存在）从选择文件的头文件中读取。

● ASCII File：波长值与 FWHM 值的列的文本文件。

● First Input Spectrum：以第一次输入波谱曲线的波长信息为准。

（3）选择"First Input Spectrum"，单击 OK 按钮，打开 Spectral Library Builder 面板。

第二步　波谱收集

在 Spectral Library Builder 面板中（如图 14.2），可以从各种数据源中收集波谱（详细说明见表 14.3）。所有收集的波谱自动被重采样到选择的波长空间。

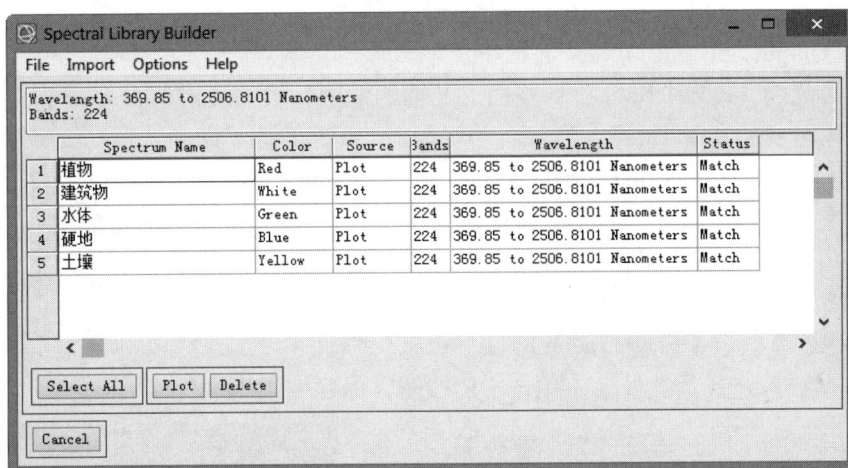

图 14.2　Spectral Library Builder 面板

表 14.3　波谱收集方法说明

菜单命令	功　　能
文本文件（From ASCII file）	从包含波谱曲线 X 轴和 Y 轴信息的文本文件导入波谱曲线，当选择好文本文件时，需要在 Input ASCII File 面板中为 X 轴和 Y 轴选择文本文件中相应的列（图 14.3）。当选择"from ASCII file（previous template）"时，自动按照前面设置导入波谱信息
From ASD Binary Files	从 ASD 波谱仪中导入波谱曲线。波谱文件将自动被重采样以匹配波谱库中的设置。当 ASD 文件的范围与输入波长的范围不匹配时，将会产生一个全 0 结果
From Spectral Library	从标准波谱库中导入波谱曲线
From ROI/EVF from input file	从 ROI 或者矢量 EVF 导入波谱曲线，这些 ROI/EVF 关联相应的图像，波谱就是 ROI/EVF 上每个要素对应图像上的平均波谱
From Stats file	从统计文件中导入波谱曲线，统计文件的均值波谱将被导入
From Plot Windows	从 Plot 窗口中导入波谱曲线

下面介绍从高光谱图像数据中收集波谱。

（1）在主界面中，选择 File→Open，打开高光谱数据并在窗口中显示。

（2）选择 Display→Profiles→Spectral，在 Spectral Profile 对话框中，可以显示图像上任意点的波谱曲线。

（3）回到 Spectral Library Builder 面板中，选择 Options→From Plot Windows，选中所有收集的波谱并导入。

（4）导入的波谱显示在列表中，在波谱名称（Spectrum Name）字段对应的记录双击鼠标以修改波谱名称。利用同样的方法可以修改颜色（Color）字段的信息。

第三步　保存波谱库

（1）Spectral Library Builder 面板中，选择 File→Save Spectra As→Spectral Library，打开 Output Spectral Library 面板（图 14.4）。

（2）在 Output Spectral Library 面板中，输入以下参数：

- Z 剖面范围（Z Plot Range）：空白（Y 轴的范围，根据波谱值自动调节）。
- X 轴标题（X Axis Title）：波长。
- Y 轴标题（Y Axis Title）：反射率。
- 反射率缩放系数（Reflectance Scale Factor）：空白。
- 波长单位（Wavelength Units）：Nanometers。
- X 值缩放系数（X Scale Factor）：1。
- Y 值缩放系数（Y Scale Factor）：1。

（3）选择输入路径及文件名，单击 OK 按钮，保存波谱库文件。

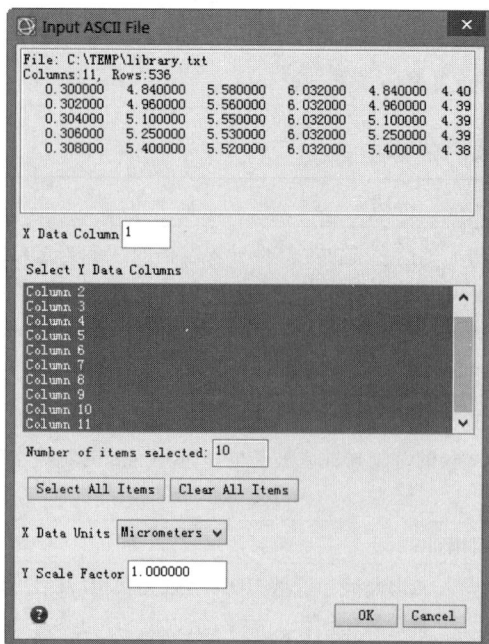

图 14.3　Input ASCII File 面板

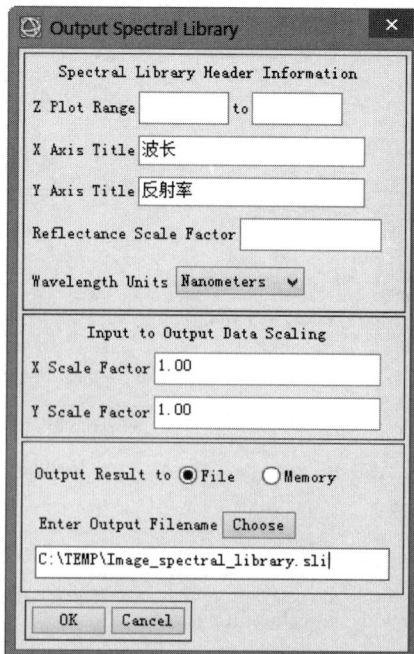

图 14.4　Output Spectral Library 面板

在 Spectral Profile 窗口、Spectral Library Viewer 窗口和 Endmember Collection 窗口中，也可以将收集的波谱曲线保存为波谱库文件。

14.1.4 波谱库交互浏览

波谱库浏览器提供很多的交互功能，包括设置波谱曲线的显示样式、添加注记、对比分析等。在主界面中，选择 Display→Spectral Library Viewer，打开 Spectral Library Viewer 面板，选择一个标准波谱库或者打开一个波谱库文件并浏览其中的地物波谱。

1. 编辑数据与绘图参数

在 Spectral Library Viewer 窗口中，单击右边三角形符号打开右边面板，选择 Curve 选项（图 14.5）。

- 波谱名称（Name）：这个名称可以作为波谱标签名。
- 显示颜色（Color）：波谱曲线显示的颜色。
- 线型（Line Style）：波谱曲线的线型样式，包括实线、虚线、虚线–点等。
- 线宽（Thickness）：波谱曲线线宽 1~10。
- 波谱曲线符号化（Symbol）：设置符号化曲线，包括加号（Plus）、星号（Asterisk）、点（Period）、菱形（Diamond）、三角形（Triangle）、正方形（Square）、×符号、>（左箭头）、<（右箭头）等 26 种符号，修改 SymSize 和 Nsum 值可以改变符号的数量和大小。

单击 General 选项卡（图 14.6），可以设置以下常用参数：

- 标题（Plot Title）：波谱曲线窗口标题，如果要输入中文字符，在 Font name 标签中改成中文字体。
- X、Y 轴显示范围。
- X、Y 轴显示标题。

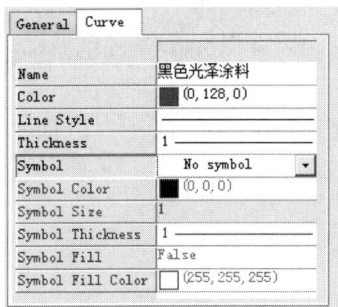

General	Curve
Name	黑色光泽涂料
Color	■ (0, 128, 0)
Line Style	——
Thickness	1
Symbol	No symbol ▼
Symbol Color	■ (0, 0, 0)
Symbol Size	1
Symbol Thickness	1
Symbol Fill	False
Symbol Fill Color	□ (255, 255, 255)

图 14.5 Curve 选项卡

General	Curve	Legend
X Axis Min Range	0.41999998688698	
X Axis Max Range	14	
Y Axis Min Range	1.068	
Y Axis Max Range	87.9464	
Font Name	黑体	
Font Size	12	
Plot Title	人造材料波谱曲线	
X Axis Title	波长（μm）	
Y Axis Title	数据值	
X Major Ticks	-1	
Y Major Ticks	-1	
Left Margin	0	
Right Margin	0	
Top Margin	0	
Bottom Margin	0	
Background Color	□ (240, 240, 240)	
Foreground Color	■ (0, 0, 0)	
Stack Offset	0.1	

图 14.6 General 选项卡

2. 添加注记

在 Spectral Library Viewer 面板的中间波谱曲线窗口中，右键选择 Legend，显示注记（图 14.7）。在右边的 Legend 选择中设置以下常用参数：

- 注记类型（Legend Style）：方框（Solid boxes）、线（Plat lines）、折线（Spike lines）、曲线（Spark lines）。
- 字体（Font Name）：如果 Curve 中的波谱名称是中文，这里需要选择中文字体。
- 是否显示边框（Show Frame）：True。

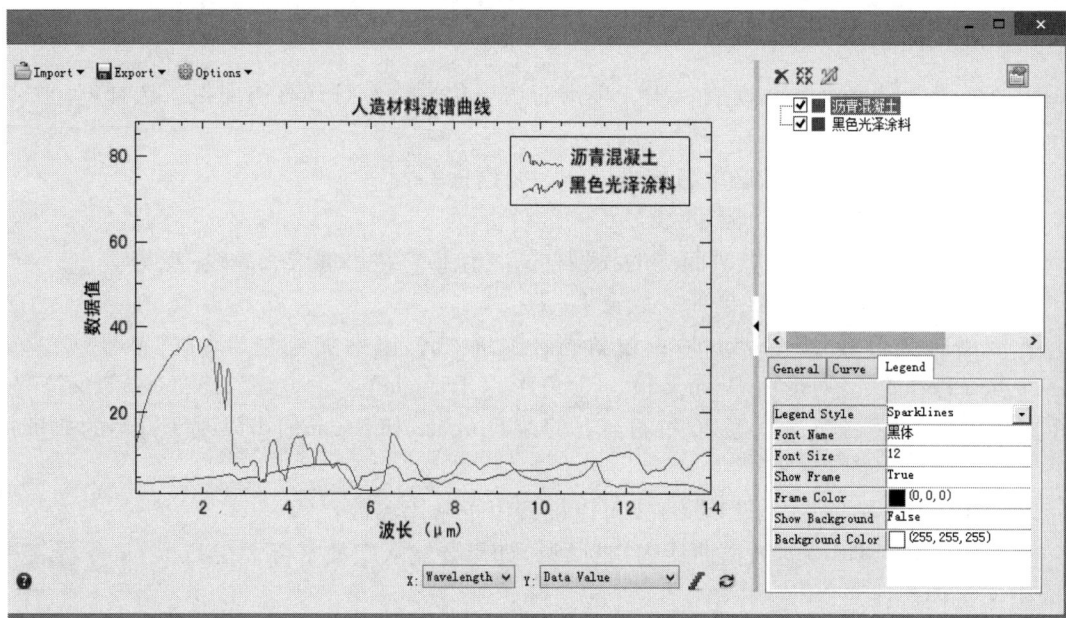

图 14.7　波谱曲线注记显示

3. 波谱曲线对比

可以将不同窗口中的波谱曲线移到一个窗口中同时显示。

（1）打开两个绘图（ENVI Plots）窗口，分别显示需要比较的波谱。

（2）在其中一个窗口中单击右边三角形符号打开右边面板。

（3）在右边的波谱列表中，单击一个波谱曲线，按着鼠标左键将该波谱曲线拖动到另外一个绘图窗口中。

（4）在第二个绘图（ENVI Plots）窗口中可以看到显示了上一步拖动过来的波谱曲线。

14.1.5　波谱重采样

使用波谱重采样（Spectral Library Resampling）工具可以对波谱库进行重采样，使其与其他波谱或者波谱源相匹配，这些波谱或者波谱源来自已知传感器（如 TM、MSS 等）滤波函数（波谱响应函数）、自定义的滤波函数、ASCII 波长文件或一个特定图像的波长文件。重采样方法取决于输入的信息，如果只提供了波长信息，ENVI 采用一个 FWHM 等于波段间距的高斯模型进行临界采样；如果提供了波长和 FWHM 信息，ENVI 将采用一个 FWHM 间隔的高斯模型；如果提供一个滤波函数，ENVI 将用它来进行重采样。

图 14.8　Spectral Library Resampling
Parameters 面板

下面介绍这个工具的详细操作过程。

（1）在 Toolbox 工具箱中，双击 Spectral/Spectral Libraries/Spectral Library Resampling 工具，在 Spectral Resampling Input File 对话框中选择一个 ENVI 波谱库文件，单击 OK 按钮。

（2）在 Spectral Library Resampling Parameters 面板中（图 14.8），在 "Resample Wavelength to" 标签中选择一种匹配源。

● Input Data File：选择一个图像文件作为参考，图像文件必须包含中心波长信息，如果包含 FWHM 值也将作为参考参与重采样。

● Input ASCII File：选择一个文本文件，这个文本文件必须包含波长信息（以列的格式提供），如果包含 FWHM 信息，在 Input ASCII File 对话框中，分别为 Wavelength Column、FWHM Column（如果有）选择对应的列。如果波长单位已知，为 Wavelength Units 选择相应的值。

● User Defined Filter Function：用自定义滤波函数以 ENVI 波谱库格式提供，波谱库以图像方式打开时，每列描述一个波长值，每行描述一个独立的滤波函数。每个波长的数值一定是一个 0~1 的权重，它在进行波谱库重采样时充当放大系数。

● Pre-Defined Filter Function：选择 Pre-Defined Filter Function 重采样方法，将会出现 Sensor 按钮菜单。在 Sensor 按钮菜单中，选择一个传感器类型（如 ASTER、AVHRR）。

（3）当读到一个 "坏" 波段（在输入的波长范围之外的波段被称为 "坏" 波段）时，将会用到该值（Set Bad Values to），而不会对它进行重采样。例如，如果输入的数据范围为 0.4~2.4，要重采样到 0.3~2.5，则 0.3~0.4 和 2.4~2.5 之间的波段值就是在 "Set Bad Values to" 文本框中输入的值。

（4）选择输出路径及文件名，单击 OK 按钮，根据选择的重采样方式选择相应的文件。

如图 14.9 所示，以 Landsat TM 图像作为参考，对一个波谱范围为 0.4~2.5 μm、波谱分辨率为 4 nm 的波谱进行重采样得到结果。

建议不要将低波谱分辨率波谱重采样到高光谱分辨率中，因为生成的结果是不真实的。

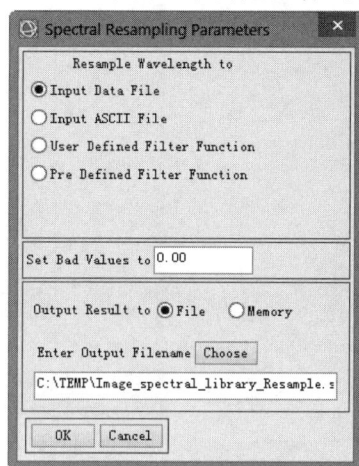

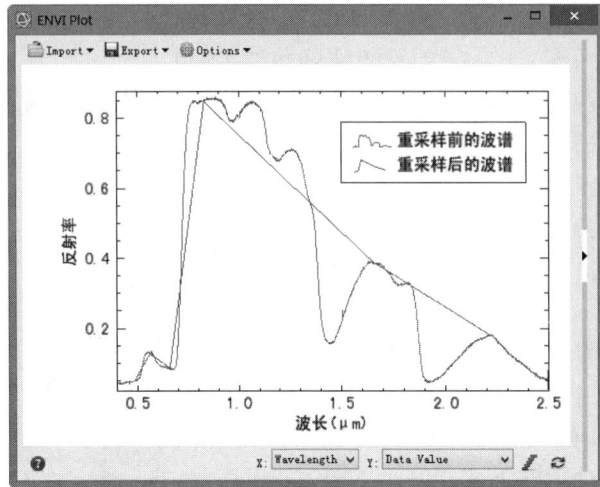

图 14.9　以 Landsat TM 为基准重采样波谱曲线

14.1.6　图像波谱分割

图像波谱分割（Spectral Slices）工具可以从一幅多波段图像提取一个方向上的波谱剖面。通过以下两种方式分割：水平和垂直。

分割的结果是一个波谱库文件，也可以看作是一个灰度图像，具有以下特征：

● 行方向（Y）与被分割图像的空间维数相对应。水平分割，行数与图像列号一致；垂直分割，行数与图像行号一致。在波谱库中表示波谱曲线的数量。

● 列方向（X）与图像波谱维数一致，列数等于波段数。在波谱库中表示采样点（X轴波段序号）。

● 灰度图像的像元值与被分割数据一致。波谱库中表示波谱曲线 Y 轴的值。

1. 水平分割

使用 Horizontal Spectral Slice 工具可以提取输入图像一行中的所有像元的图像波谱信息。

（1）在 Toolbox 工具箱中，双击 Spectral→Spectral Slices→Horizontal Spectral Slice 工具。在 Spectral Slice Input File 对话框中，选择一个图像文件，打开 Spectral Slice Parameters 对话框。

（2）在 Line 文本框中，键入用于水平分割的行数。

（3）选择输出路径及文件名，单击 OK 按钮，执行操作。

2. 垂直分割

使用 Vertical Spectral Slice 工具可以提取输入图像一列中的所有像元的图像波谱信息。

（1）在 Toolbox 工具箱中，双击 Spectral→Spectral Slices→Vertical Spectral Slice 工具。在 Spectral Slice Input File 对话框中，选择一个图像文件，打开 Spectral Slice Parameters 对话框。

（2）在 Sample 文本框中，键入用于垂直分割的列数。

（3）选择输出路径及文件名，单击 OK 按钮，执行操作。

14.1.7 图谱立方体

图谱立方体（Build 3D Cube）工具可以把多波谱或高光谱数据，在通常显示二维图像的基础上添加一个波谱维。为了在视觉上达到三维效果，将数据的每个波段看成一个层面，并采用密度分割的方法，应用一个颜色表，最终合成一幅"三维"RGB 彩色合成图像立方体。用图谱立方体可以很直观地表达多波谱或者高光谱数据的整体。

（1）打开一个高光谱数据。

（2）在 Toolbox 工具箱中，双击 Spectral→Build 3D Cube 工具。在 3D Cube Input File 对话框中选择高光谱数据，单击 OK 按钮。

（3）打开 3D Cube RGB Face Input Bands 对话框时，通过单击所需的波段，选择置于图像立方体表面的 RGB 波段，单击 OK 按钮。

（4）在打开的 3D Cube Parameters 对话框中，设置以下参数：

● 选择颜色表（Select Color Table Lookup）：选择标准 ENVI/IDL 颜色表用于密度分割。

● 波谱缩放系数（Spectral Scale）：波谱维放大系数，对于多波谱等波段数较少的数据，可以适当的设置这个系数。

● 边框宽度（Border）：波谱维的边框宽度，默认为无边框（0）。

（5）选择输出路径及文件名，单击 OK 按钮执行。

（6）在显示窗口中显示结果（图 14.10）。

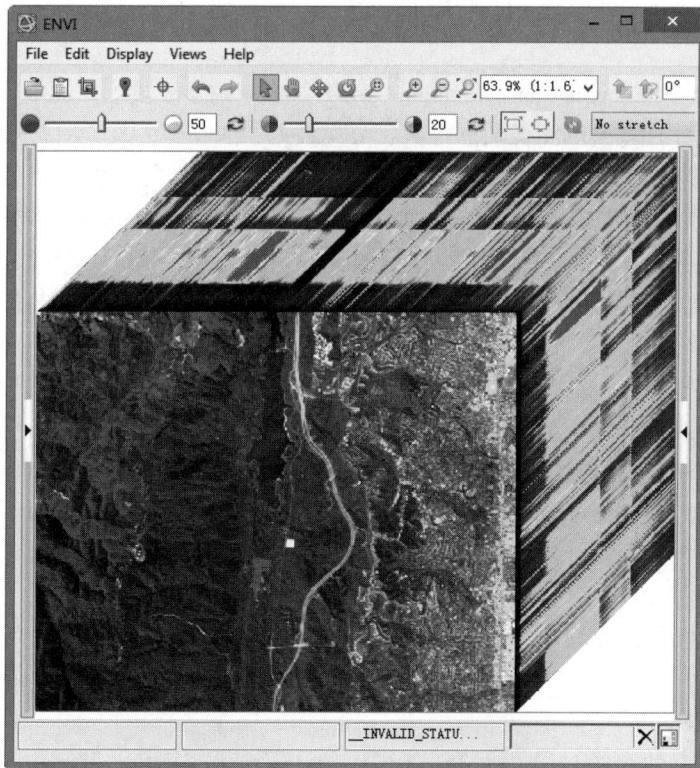

图 14.10　高光谱数据图谱立方体

14.2　端元波谱提取技术

端元波谱作为高光谱分类、地物识别和混合像元分解等过程中的参考波谱，与监督分类中的分类样本具有类似的作用，直接影响波谱识别与混合像元分解结果的精度。

端元波谱的确定方法主要有两种：① 最简单的端元波谱获取途径是选择已知的波谱，这些已知的波谱可以来自标准波谱库，或者通过波谱仪器量测等；② 从图像自身的像元波谱中获得，这些像元一般选择只包含一种地物的纯净像元。此外，还常常采用这两种方法相结合的方式，即使用已知波谱校正和调整图像上获取的端元波谱。方法②可选择的方法包括：

- 通过目视从图像上选择单个像素点波谱曲线作为端元，或者从感兴趣区内得到平均波谱曲线作为端元。
- 从二维散点图中基于几何顶点提取端元。
- 借助纯净像元指数（pixel purity index，PPI）和 n 维可视化工具用于端元波谱收集。
- 基于连续最大角凸锥（sequential maximum angle convex cone，SMACC）的端元自动提取。

本节主要介绍从图像上获取端元波谱的方法和相关的波谱特征提取方法（参见实验数据光盘\第 14 章 高光谱与波谱分析技术\1–波谱识别）。

14.2.1　最小噪声分离（MNF）

最小噪声分离（Minimum Noise Fraction，MNF）将一幅多波段图像的主要信息集中在前面几个波段中，主要作用是判断图像数据维数、分离数据中的噪声，减少后处理中的计算量。

MNF 也是一种线性变换，本质上是含有两次叠置的主成分分析：

第一次变换是利用主成分中的噪声协方差矩阵，分离和重新调节数据中的噪声（噪声白化；noise whitening），使变换后的噪声数据只有最小的方差且没有波段间的相关。

第二次变换是对噪声白化数据进行主成分变换。为了进一步进行波谱处理，检查最终特征值和相关图像来判定数据的内在维数。数据空间被分为两部分：一部分是联合大特征值和相对应的特征图像，另一部分与近似相同的特征值和噪声图像。

使用 MNF 变换从数据中消除噪声的过程：首先进行正向 MNF 变换，判定哪些波段包含相关图像，用波谱子集选择"好"波段或平滑噪声波段，然后进行一个反向 MNF 变换。

可以基于特征值选取 MNF 变换输出的波段子集，这样在使用高光谱数据时，可以从上百个波段中选择十几个主要的波段，达到降维目的，减少运算量。MNF 变换还应用在端元波谱提取的过程中。

MNF 变换包括正向变换和逆向变换，下面详细介绍具体操作过程。

1. 正向 MNF 变换

MNF 变换产生两个统计文件：MNF noise statistics 和 MNF statistics。noise statistics 的计算可以从 3 个途径获取：从输入数据中估计噪声（最常用方式）；使用以前计算的噪声统计文件；使用与数据相关的"黑暗图像"（dark image）进行噪声统计。下面介绍从输入数据中估计噪声的 MNF 变换操作过程。

使用 Forward MNF Estimate Noise Statistics 工具来估计噪声。ENVI 假定每个像元都包含信号和噪声，紧邻的像元包含同样的信号及不同的噪声。通过对数据进行 "shift difference"（把邻近像元区分到每个像元的右侧和上部，并对结果进行平均）操作，获得被处理像元的"噪声"值。最好的噪声估计是对一个均匀区域（而不是整个图像）进行"shift difference"统计得来的。

（1）在 Toolbox 工具箱中，双击 Transform→MNF Rotation→Forward MNF Estimate Noise Statistics 工具。在 MNF Transform Input File 对话框中，选择图像文件。打开 Forward MNF Transform Parameters 面板（图 14.11），设置以下参数。

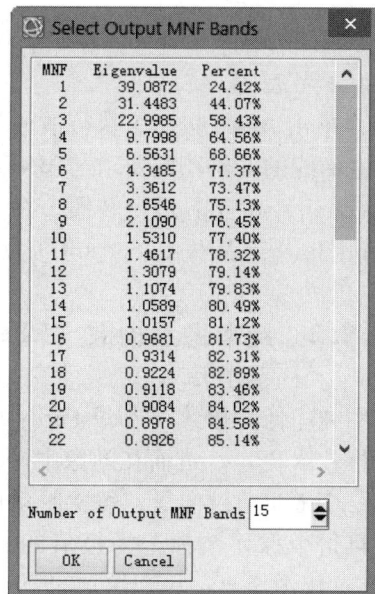

- Shift Diff Subset：选择用于计算统计信息的空间子集。
- Enter Output Noise Stats Filename［. sta］（可选项）：输出噪声统计文件。
- Enter Output Stats Filename［. sta］（可选项）：输出 MNF 统计文件，在逆向 MNF 变换中需要这个文件。

（2）选择 MNF 变换结果输出路径及文件名。

（3）通过特征值来选择 MNF 变换输出的波段数（Select Subset from Eigenvalues）：

- Yes：执行 MNF 变换后，会打开 Select Output MNF Bands 对话框（图 14.12），列表中显示每个波段及相应的特征值，以及每个 MNF 波段包含的数据方差的累积百分比。"Number of Output MNF Bands"设置输出的波段数，一般可以选择波段数特征值大于 1 作为输出波段，如本例中特征值大于 1 的有 15 个波段，那么设置 Number of Output MNF Bands 选项为 15，单击 OK 按钮，继续 MNF 变换。

- No：手动选择输出波段，默认为输入波段数。

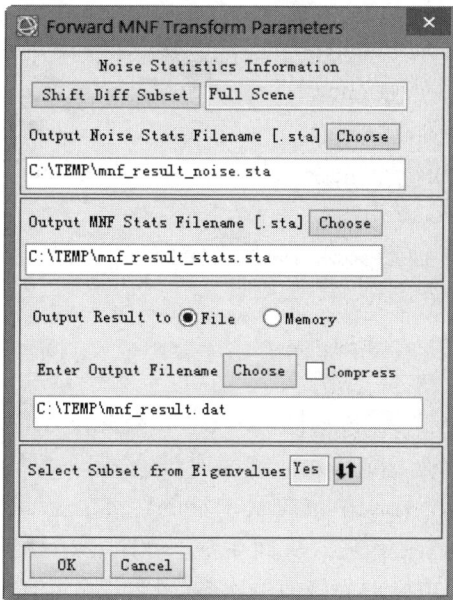

图 14.11 Forward MNF Transform Parameters 面板　　图 14.12 Select Output MNF Bands 对话框

（4）单击 OK 按钮，执行 MNF 变换。MNF 变换的结果显示在数据列表中，同时产生一个 MNF 特征值曲线。

使用以前计算的噪声统计文件和使用与数据相关的"黑暗图像"进行噪声统计，除了要输入噪声统计文件和"黑暗图像"文件外，其他步骤类似，这里不一一介绍。

2. 逆向 MNF 变换

（1）在 Toolbox 工具箱中，双击 Transform→MNF Rotation→Inverse MNF Rotation 工具。在 Inverse MNF Transform Input File 文件对话框中，选择 MNF 变换结果文件。

（2）在打开的 Enter Forward MNF Stats Filename 对话框中，选择正向 MNF 统计文件，单击 OK 按钮。

（3）在 Inverse MNF Transform Parameters 面板中，选择输出路径及文件名。

（4）从 Output Data Type 菜单中，选择输出数据类型。

（5）单击 OK 按钮执行处理。

3. 波谱曲线 MNF 变换

使用 Apply Forward MNF to Spectra 工具可以将端元波谱变换到 MNF 空间，主要用于 Mixture Tuned Matched Filtering 波谱分析工具。

（1）在 Toolbox 工具箱中，双击 Transform→MNF Rotation→Apply Forward MNF to Spectra 工具，在打开的 Forward MNF Statistics Filename 对话框中选择 MNF 统计文件，单击 OK 按钮，打开 Forward MNF Convert Spectra 面板。

提示：这个 MNF 统计文件来源于使用 mixture tuned matched filtering 工具分析图像时进行 MNF 变换产生的文件。

（2）在 Forward MNF Convert Spectra 面板中，选择 Import→选择一种波谱曲线源（详细内容可参考表 14.3）。

（3）单击 Apply 按钮，执行波谱 MNF 变换。

波谱曲线的 Y 轴范围要求与 MNF 变换文件的像元值范围一致。否则，利用 Band Math 或者 Spectral Math 工具进行转换。

Apply Inverse MNF to Spectra 工具可以将 MNF 波谱变换回原始波谱数据空间。

14.2.2　纯净像元指数（PPI）

使用纯净像元指数（Pixel Purity Index，PPI）工具可以计算多波谱和高光谱图像的纯净像元指数（PPI），进而在图像中寻找波谱最"纯"的像元。它是通过 N 维散点图迭代映射为一个随机单位向量，每次映射的极值像元（处于单位向量末端的像元）被记录下来，并且每个像元被标记为极值的总次数也被记录下来，从而生成一幅"像元纯度图像"，在这幅图像上，每个像元的 DN 值表示像元被标记为极值的次数，因此像元值越大，表示这个像元的纯度越高，因此 DN 值也称"纯度"。

PPI 通常运行于排除了噪声波段的 MNF 变换结果。PPI 的结果通常被输入到 ENVI 的 n 维可视化器中进行端元波谱的提取。

ENVI 提供快速纯净像元指数计算和一般纯净像元指数计算。快速纯净像元指数计算将图像数据置于内存中，并在内存中进行计算，这要比基于磁盘的 PPI 方法运算速度更快，但是需要足够的内存空间；一般纯净像元指数计算是基于磁盘，不依赖内存大小，速度相对较慢。

下面介绍一般纯净像元指数计算的具体操作过程，快速快速纯净像元指数计算的过程基本类似。

（1）对图像文件进行 MNF 变换（用 MNF 变换的结果得到的 PPI 更准确）。

（2）在 Toolbox 工具箱中，双击 Spectral→Pixel Purity Index→Pixel Purity Index（PPI）New Output Band 工具。在打开的 Pixel Purity Index Input File 对话框中，选择 MNF 变换结果，单击 OK 按钮。

（3）在打开的 Pixel Purity Index Parameters 面板中（图 14.13），设置以下参数。

● 迭代次数（Number of Iterations）：键入所需值来设定数据被映射到随机向量的次数。迭代次数越多，ENVI 越能较好地发现极值像元，所用时间也越多。因此要平衡迭代次数与所用时间的关系。每次迭代所需的时间是由 CPU 和系统的配置决定的。通常为高光谱数据制图时，需要上千次的迭代。运行中的迭代次数显示在图像头文件的描述行中。

● 每次运行多少次迭代（Iterations per Block）：如果选择的是一般 PPI 计算，需要设置这个参数，它设置一次运行多少次迭代，一般选择默认 250。

● 阈值系数（Threshold Factor）：以数据位数为

图 14.13　Pixel Purity Index Parameters 面板

单位键入一个阈值。例如，阈值为 2，则只有 DN 值与极值像元的差值大于两位数的像元才被标为极值。该阈值在映射向量的末端选取像元。阈值应是数据噪声等级的 2~3 倍。例如，对于 TM 数据，它的噪声通常小于 1 DN，因此阈值设为 2 或 3 即可。当输入数据是 MNF 结果时，1 DN 等于 1sigma，因此阈值设为 2 或 3 即可。较大的域值将使得 PPI 找到更多的极值像元，但是它们包含不纯净像元的数量也越多。

● 数据二次采样（X Resize Factor，Y Resize Factor）：当选择快速纯净像元指数计算（Pixel Purity Index(PPI)[FAST] New Output Band）时需要设置这个参数。

要对数据进行二次采样，使其适于存储到内存中，键入一个小于 1 的 X 和 Y 调整系数。不建议使用小于 0.25 的调整系数（每隔 4 个像元进行一次采样），因为这有可能将极值像元剔除掉。注：一般 PPI 计算没有这个参数。

（4）选择输出路径及文件名，单击 OK 按钮，执行处理。在处理过程中，会出现一个以迭代次数为 X 轴，获取的像元数为 Y 轴的动态曲线。

值得注意的是，要中断 PPI 处理，在处理状态窗口中，单击 Cancel 按钮。要在同一

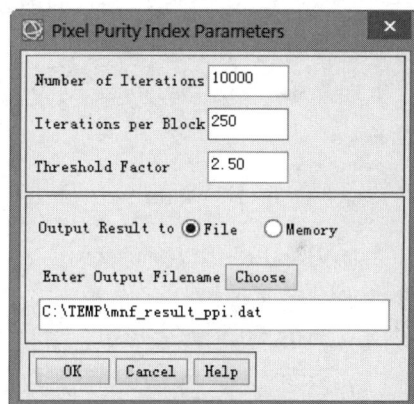

地方重新开始，选择 Spectral→Pixel Purity Index→Pixel Purity Index（PPI）Existing Output Band 或 Pixel Purity Index（PPI）［FAST］Existing Output Band，继续 PPI 的处理过程。

　　PPI 运算结果是一个单波段图像文件，可用于端元波谱的提取，详细操作过程见后面章节。

14.2.3　n 维可视化（n-D Visualizer）

　　n-D Visualizer 工具可以与最小噪声分离变换（MNF）和纯净像元指数（PPI）的结果相结合，用于定位、识别、聚集数据集中最纯的像元，从而获取纯净的端元波谱。当把感兴趣区作为训练样本进行监督分类时，也可使用该工具来检测类别的可分性。

　　在 n-D Visualizer 工具中，实质是显示 n 维散点图，是一个 n 维数据到二维平面的映射。波谱可以被认为是 n 维散点图中的点，其中 n 为波段数。n 维空间中点的坐标由 n 个值组成，它们是每个波段对应的像元值。可以根据这些点在 n 维空间中的分布估计端元波谱数目以及它们的相应的波谱。

　　下面介绍 n-D Visualizer 工具详细功能及操作，具体的应用可参考有关端元收集章节。

1. 启动 n-D Visualizer 工具

　　n-D Visualizer 工具通常使用 MNF 变换结果，它们波段间的相关性已消除，为了显示速度考虑，还要求用一个感兴趣区来限定输入 n 维可视化器的像元数量。

　　（1）打开 MNF 变换结果，并绘制一定数量的感兴趣区。

　　（2）在 Toolbox 工具箱中，双击 Spectral→n-Dimensional Visualizer→n-Dimensional Visualizer New Data 工具。在 n-D Visualizer Input File 对话框中，选择 MNF 变换结果。

　　（3）在打开的 n-D Controls 面板中（图 14.14a），n-D Selected Bands 列表框中单击前 5 个波段，在 n-D Visualizer 窗口（图 14.14b）可以看到 5 个波段构成的 5 维散点图。

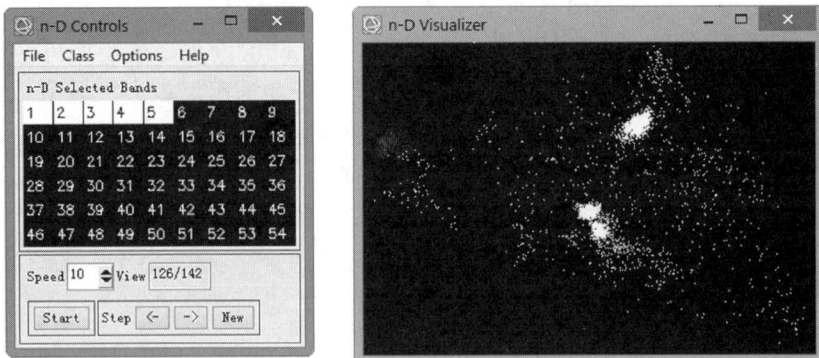

(a)　　　　　　　　　　(b)

图 14.14　n-D Visualizer 窗口（a）和 n-D Controls 面板（b）

2. n-D Visualizer 工具功能详解

在 n-D Controls 面板中，分别有以下功能：

● n-D Selected Bands 列表框：波段以数字方框的形式显示，单击单个方框将其变成白色，作为 n 维散点图的一部分；如果再次单击同一方框（波段号），将方框再次变黑，关闭 n 维散点图中的这个波段数据。选择两个波段（通过单击相应的数字方框），生成一个二维散点图；单击 3 个波段，生成一个三维散点图，以此类推。

● Speed：加快或减慢速度。值越大，在随机投影间的浏览速度越快。

● Start/Stop 按钮：开始或停止旋转。

● Step 按钮组：逐步进行投影浏览，单击 "←" 按钮后退，单击 "→" 按钮前进。单击 New 按钮，显示一个新的随机投影浏览。

结合一些菜单命令，可以在 n-D Visualizer 窗口中选择，菜单命令详细功能见表 14.4。

表 14.4 n-D Controls 面板中菜单命令

菜 单 命 令	功　　能
File	
Save State	存储 n-D Visualizer 窗口状态，为保持一致，键入一个扩展名为 . ndv 的输出文件名
Restore State	打开 n-D Visualizer 窗口状态文件，也可以通过 Toolbox 工具箱→ Spectral→n-Dimensional Visualizer→n-Dimensional Visualizer Saved Data 命令打开
Save Plot As	将 n-D Visualizer 窗口中显示结果保存为图像文件
Class	
New	在 n-D Visualizer 窗口中定义一个新类别。结合 Start/Stop 按钮以及用标准 ENVI 多边形选择方式（左键设置顶点，右键闭合多边形），在 n-D Visualizer 窗口中选择区域。区域的颜色按照默认顺序自动选择，也可以在 Items（数字分组）菜单中选择
Items（数字分组）	为新定义的类别选择一个颜色。如果要去掉部分已选择的区域，可以选择白色（White）作为当前类别颜色
Options	
Class Controls	打开 n-D Class Controls 面板（图 14.15），对每个类别进行控制，包含如下控制功能：① 显示每个定义类中的点数及类别颜色；② 改变相应的符号（Symbol）；③ 打开或关闭单个类的显示（On）；④ 对类别进行 collapse 变换时，选择要用的分类（Clp）；⑤ 用图表显示每一类的最小值、最大值、平均值和标准差波谱（States）；⑥ 单独绘制某一类的均值波谱（Mean）；⑦ 绘制某一类中的所有波谱（Plot）；⑧ 删除分类或将分类输出到感兴趣区（Clear、Export）。用鼠标左键单击所某类对应的颜色框，可以选择当前活动类显示在 Active Class 标签中
Annotate Plot	在 n-D Visualizer 窗口中绘制注记

菜 单 命 令	功　　能
Z Profile	打开一个波谱绘图窗口，显示 n 维可视化器中所选择点的波谱图，选择的文件是原始数据（如果所选文件的空间维数大于作为 n 维可视化器输入文件的维数。当出现提示时，为 n 维空间子集键入 X 和 Y 的偏移值）。在 n-D 图表窗口中，单击鼠标中键，绘制当前点的波谱曲线；单击鼠标右键，不清除前次绘制的波谱曲线
Import Library Spectra	从其他来源中输入波谱，如波谱库，并在 n-D Visualizer 窗口中定位：① 选择 Options→Import Library Spectra。选择当前 n-D Visualizer 工具中的输入文件；② 在 n-D Visualizer Import Spectra 对话框中，选择 Import 菜单，从中选择输入波谱源；③ 单击 Apply 按钮，打开 Import Spectra Parameters 对话框，设置波谱名称（Name）和颜色（Color）；④ 可以看到选择的波谱定位在 n-D Visualizer 窗口中
Delete Library Spectra	从 n 维可视化器中删除输入的波谱
Edit Library Spectra	改变输入的库波谱的颜色或名称
Collapse Classes by Means	通过平均值分离类别*
Collapse Classes by Variance	通过方差分离类别*
UnCollapse	取消对数据进行的 collapse 变换，并返回到原始数据集
Clear Class	清除当前活动类
Export Class	将当前活动类对应它们的图像位置值输出为感兴趣区
Mean Class	为当前活动类绘制平均波谱
Clear All	清除所有
Export All	将所有类对应它们的图像位置值输出为感兴趣区
Mean All	为所有类绘制平均波谱
Show Axes	在 n-D Visualizer 窗口中显示坐标轴
3D：Drive Axes	当选择 3 个波段时（三维），切换为鼠标左键控制 n-D Visualizer 窗口中的旋转

　　*当数据集的维数高于 4 或 5 时，交互式地识别和定义类别通常是比较困难的。n-D Visualizer 工具提供 collapse 变换，使得类别的定义更容易些。它是基于分类定义的数据云团的迭代 collapse 变换，根据类别均值或方差来计算投影，以使得已经定义的类之间的距离达到最小或被隐藏，最大化或增强在数据集中仍然保留的方差。数据屈从于这种特殊的投影，并在 n-D Visualizer 中代替了原始的数据。在使用 collapse 变换时，至少选择一种（方差）或者两种（均值）以上类别。

　　① 在 n-D Controls 面板中（图 14.15），选择 Options→Collapse Classes by Means 或 Collapse Classes by Variance。显示出一幅特征值图，它显示了数据的维数，也暗示了需要被定义的剩余类数。

　　② 用低波段号的波段进行旋转，选择另外的类。

　　③ 再次选择 Options→Collapse Classes by Means 或 Collapse Classes by Variance，再次对所有已经定义的类进行 collapse 变换。

　　④ 重复上述步骤，直到所有需要的分类都已经被选中。

　　在 n-D Visualizer 窗口中，单击右键打开快捷菜单，它是 n-D Controls 面板中的部分菜单命令，这里不一一叙述。

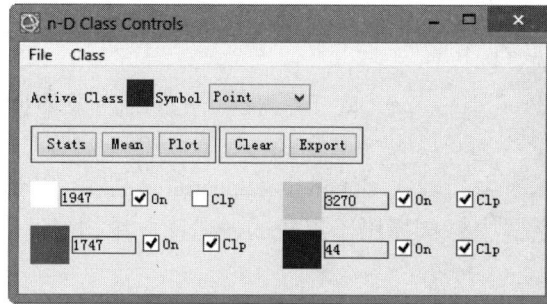

图 14.15 n–D Class Controls 面板

3. 自动聚类（Auto Cluster）

自动聚类（Auto Cluster）工具可以从 MNF 和 PPI 文件中自动确定类别数量以及选择部分样点。算法首先找到具有最大 PPI 值的像元，并将它作为第一次聚类的"种子"，当聚类进行迭代时，将产生更多的聚类，直到聚类数量大于所使用的 MNF 波段数，或达到了数据的内在维数，迭代才会停止；然后对拐角点附近的像元进行聚类，调和需要合并的聚类，并检查由聚类均值形成的纯度维数。

这是一个有用的工具，但还是无法与交互式选择相比，它无法对数据进行深刻的理解和分析，也无法人工定义拐角进行聚类。可作为交互式的参考或者起点，在 Auto Cluster 结果上对端元进行编辑和修改。

（1）在 Toolbox 工具箱中，双击 Spectral→n–Dimensional Visualizer→n–Dimensional Visualizer Auto Cluster 工具。在 n–D Precluster Input MNF File 对话框中，选择 MNF 输入文件。

（2）在 n–D Precluster Input PPI Band 对话框中，选择 PPI 输入文件。

（3）在 n–D Precluster Parameters 对话框中，键入将用于 n 维可视化器的输入数据的最大值。输入的值越小，处理速度越快，显示的像元越纯净。如果输入较大值，可以显示一个比较完整的散点图，但是处理速度较慢，而且也难于选择拐角。PPI 图像自动应用一个阈值，用于在不超出所选最大值的情况下，获得用于 n 维可视化器的最纯净像元。

（4）单击 OK 按钮，打开 n–D Controls 对话框和 n–D Visualizer 窗口，自动聚类结果在 n–D Visualizer 窗口中显示，不同颜色表示不同的类别。

（5）对自动聚类结果进行必要的编辑，如选择 Class→Items 1：20→White，对部分样点删除；选择 Class→Items ##，选择相应的类别颜色，可以手动对一些错分点重新归类。

14.2.4 波谱分析工具

波谱分析（Spectral Analyst）工具根据波谱特征可以帮助鉴别波谱曲线（如提取的端元波谱）。使用二进制编码（Binary Encoding）、波谱角分类（Spectral Angle Mapper）以及波谱特征拟合分类方法（Spectral Feature Fitting）（也可以使用自定义的分类方法），对未知波谱与波谱库中物质波谱进行匹配。输出一个总体的匹配度"得分"，我们就可以根据得分情况鉴别未知波谱。这个工具常用于辅助鉴别端元波谱。

下面介绍这个工具的具体操作过程。

（1）利用 Display→Profiles→Spectral 工具获取待鉴别的波谱曲线，并显示在绘图窗口中。

（2）在 Toolbox 工具箱中，双击 Spectral→Spectral Analyst 工具。在 Spectrum Analyst Input Spectral Library 对话框中，选择用于比较的波谱库，单击 OK 按钮，打开 Edit Identify Methods Weighting 对话框。

（3）在 Edit Identify Methods Weighting 对话框中（图 14.16），各个参数代表的意义如下：

● 权重（Weight）：为每种匹配方法键入权重系数（乘以原始打分值）。如果设为 0，则表示此类方法不参与打分。推荐使用 1.0 的权重。

● 最大、最小值（Max、Min）：设置最大与最小值对比范围，参与归一化到 0～1 打分范围，在不同方法中，这两个值的意义不一样：

波谱角填图（SAM）方法，与波谱库的匹配程度由弧度来衡量，键入的最小值和最大值都用弧度表示。若匹配结果小于或等于最小值，表示匹配程度较好，得分为 1；若匹配结果大于或等于最大值，得分为 0。

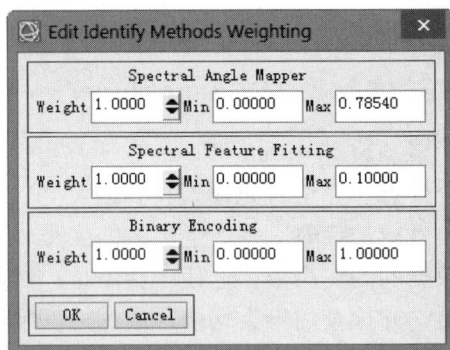

图 14.16　Edit Identify Methods Weighting 对话框

波谱特征拟合（SFF）方法，与波谱库的匹配程度由 RMS 拟合误差来衡量，输入的最小值和最大值都用 RMS 拟合误差表示。若匹配结果小于或等于最小值，表示匹配程度较好，得分为 1；若匹配结果大于或等于最大值，得分为 0。

二进制编码方法，输入的最小值和最大值都用正确匹配的波段百分比（0～1）表示。若二进制编码的匹配结果小于或等于最小值，得分为 0，若二进制编码的结果大于或等于最大值，得分为 1。

将 3 种匹配方法的权重都设为 1，都参与打分，单击 OK 按钮，打开 Spectral Analyst 面板。

（4）在 Spectral Analyst 面板中，单击 Apply 按钮，根据设置的权重进行匹配打分（图 14.17）。如果绘图窗口中具有多个波谱曲线，单击 Apply 按钮时候会打开一个对话框选择鉴别的波谱。

（5）匹配结果显示在列表中，结果包括波谱库中各个地物波谱对应每种匹配方法的分值和总分值（Score），并按照总分值由大到小排序。

（6）双击其中一行波谱库的波谱名称，将未知波谱和波谱库的波谱显示在一个图表窗口中，目视对比两个波谱曲线。

在 Spectral Analyst 面板中还有以下常用的功能。

1）设置匹配波长范围

在绘图窗口中，按着鼠标滚轮拉框将波谱曲线放大到所需的波长范围。在 Spectral Analyst 面板中，单击 Apply 按钮。

Spectral Analyst

File　Options

```
Library Spectrum      Score      SAM      SFF      BE
------------------    -------   -------  -------  -------
Coast Redwood (Green  [2.595]:  {0.912}  {0.760}  {0.923}
Common Buck Bush      [2.565]:  {0.892}  {0.814}  {0.859}
California Valley Oa   [2.556]:  {0.909}  {0.724}  {0.923}
Red Willow            [2.525]:  {0.916}  {0.674}  {0.936}
Arroyo Willow         [2.502]:  {0.883}  {0.761}  {0.859}
Tarweed               [2.500]:  {0.910}  {0.654}  {0.936}
Blue Oak              [2.493]:  {0.893}  {0.665}  {0.936}
Bay Laurel            [2.466]:  {0.894}  {0.636}  {0.936}
Toyon                 [2.407]:  {0.869}  {0.691}  {0.846}
Live Oak              [2.390]:  {0.894}  {0.559}  {0.936}
Coyote Bush 2         [2.366]:  {0.898}  {0.532}  {0.936}
Madrone               [2.349]:  {0.870}  {0.608}  {0.872}
Chamise (Green)       [2.342]:  {0.875}  {0.608}  {0.859}
Leather Oak           [2.339]:  {0.838}  {0.565}  {0.936}
Coyote Bush 1         [2.319]:  {0.879}  {0.504}  {0.936}
Dove Weed             [2.176]:  {0.753}  {0.525}  {0.897}
Coast Sage            [1.689]:  {0.803}  {0.104}  {0.782}
Coast Redwood (Dry)   [1.610]:  {0.776}  {0.000}  {0.833}
Chamise (Flower)      [1.524]:  {0.755}  {0.000}  {0.769}
C. Buckeye            [1.503]:  {0.670}  {0.000}  {0.833}
Jasper Ridge Serpent  [1.424]:  {0.680}  {0.000}  {0.744}
Jasper Ridge Grassla  [1.331]:  {0.665}  {0.000}  {0.667}
Dry Grass             [1.319]:  {0.665}  {0.000}  {0.654}
Jasper Ridge Gravel   [1.275]:  {0.634}  {0.000}  {0.641}
Jasper Ridge Butano   [1.232]:  {0.629}  {0.000}  {0.603}
```

Apply　Cancel　Help

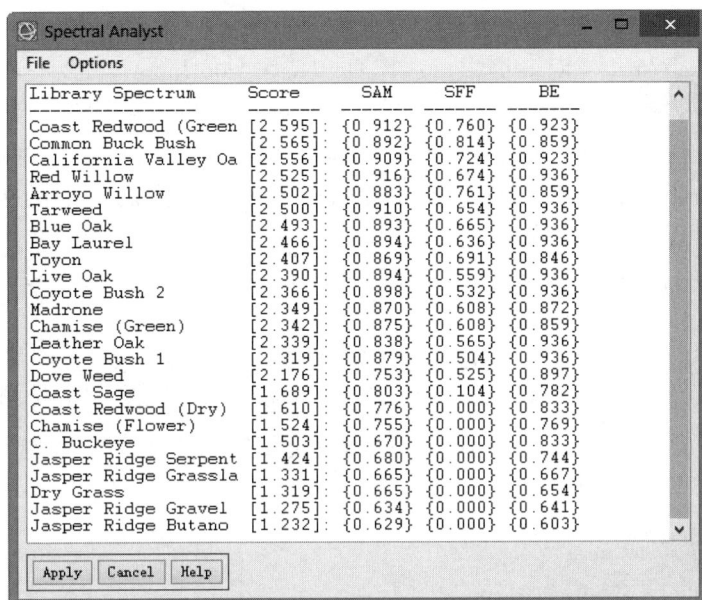

图 14.17　Spectral Analyst 面板

2）打开新的波谱库

重新打开一个波谱库文件用于比较：选择 File→New Spectral Library File。

3）修改方法权重

选择 Options→Edit Method Weights，打开 Edit Identify Methods Weighting 对话框。

4）显示对比库波谱与未知波谱

在 Spectral Analyst 的列表中用鼠标左键双击波谱名称，未知波谱和选择的波谱显示在一个绘图窗口中。

5）设置 X 和 Y 缩放系数

X 和 Y 缩放系数用于缩放输入波谱曲线，使其与波谱库具有相同分辨率：选择 Options→Edit (x, y) Scale Factors，在 Edit (x, y) Scale Factors 对话框中，键入所需的 X 和 Y 缩放系数。

提示：如待鉴别的波谱曲线的 X 轴单位为 nm，波谱库中的 X 轴单位为 μm，需要将 Edit (x, y) Scale Factors 对话框中设置 X：0.001。鉴别的波谱曲线的 X 轴数值是扩大 10000 倍的反射率，波谱库中的 Y 轴数值是 0 ~ 1 反射率，需要将 Edit (x, y) Scale Factors 对话框中设置 Y：0.0001。

6）从 Spectral Profile 中自动输入波谱

自动从 Spectral Profile 窗口中输入未知波谱：

（1）打开一个 Spectral Profile 窗口。

（2）在 Spectral Analyst 对话框中，选择 Options→Auto Input via Z-profile。

（3）在 Select Z-Profiles 对话框中，选择一个 Spectral Profile 名称，单击 OK 按钮。

（4）在图像显示窗口中，单击要分析的像元，Spectral Profile 将被更新，波谱比较信息将出现在 Spectral Analyst 窗口中。当移动缩放框或主图像窗口中的指针时，Spectral Analyst 窗口中的信息将随之发生变化。

（5）如果需要自动对比其他显示窗口的 Spectral Profile 时，先选择 Options→Clear Auto Inputs，之后重复（1）~（4）步骤。

（6）选择 Options→Clear Auto Inputs，取消自动输入波谱功能。

波谱分析工具输出结果是未知波谱与波谱库中每种波谱的匹配得分排序或权重的得分。最高得分表示匹配最接近，波谱相似的可信度高。为了更加有效地使用波谱分析工具，需要注意以下几个事项：

1）波长范围

很多物质在一个波长范围内的波谱信息是类似的，在其他范围内可能具有较大差异。为了得到较好的分析结果，使用包含诊断性波谱吸收特征的波长范围。而波谱分析工具默认对显示在图表窗口中的整个范围进行分析。如果需要使用一个特定范围，在波谱曲线显示窗口中用鼠标中键将波谱图放大到所需的波长范围，然后单击 Spectral Analyst 窗口中的 Apply 按钮。

2）方法的选择

确定物质是否具有波谱吸收特征。如果具有，最好使用波谱特征拟合方法；否则，选择波谱角分类和二进制编码。

3）物质不在波谱库中

如果鉴别波谱在波谱库中不存在，它将不能被识别出来，此时，类似的波谱得分值可能较高。

4）混合物质

如果所分析的波谱对于波谱库中多个要素得分都较高，该物质可能是混合物，例如，在波谱的不同部分都显示有吸收特征的矿物。因此，最好对纯净端元波谱使用波谱分析，能得到较好结果。

5）得分分析

较高的得分预示着较大的可信度。在邻近得分之间存在的较大差值，预示着在波谱相似的可信度高较高。例如，相对于一种物质 0.98 的得分，另一种物质为 0.96 的得分，这表示着未知物质与这两个物质都非常相似。然而，相对于一种物质 0.98 的得分，另一种物质为 0.50 的得分，便预示着未知物质很可能就是第一种物质。

6）多重匹配（得分相同）

在许多情况中，波谱分析结果中各种地物波谱的得分相同，这表示该分析方法无法鉴别未知波谱。这时应该尝试分析不同的波长范围，或修改所用方法的权重来对未知鉴别波谱。

7）不匹配（0分）

如果波谱分析对库中的所有物质全部显示 0 分（不匹配），该结果明确说明了未知物质不在所用的波谱库中，也不与库中的其他物质类似。

此外，波谱分析工具并不是完全有把握的。它是为图像中的物质进行进一步的识别提供一个参考。如果使用一个好的波谱库，可以为物质识别提供非常有效的参考。

14.2.5　基于几何顶点的端元提取

将相关性很小的图像波段，如 PCA、IC、MNF 等变换结果的前面两个波段，作为 X、Y 轴构成二维散点图。在理想情况下，散点图是三角形状。根据线性混合模型数学描述，纯净端元几何位置分布在三角形的 3 个顶点，而三角形内部的点则是这 3 个顶点的线性组合，也就是混合像元，如图 14.18 所示。根据这个原理，我们可以在二维散点图上选择端元波谱。在实际的端元选择过程中，往往先选择散点图周围凸出部分区域，再获取这个区域相应原图上的平均波谱作为端元波谱。

下面以 MNF 变换后的第一、第二波段作为 X、Y 轴构建二维散点图，下面是具体的操作过程。

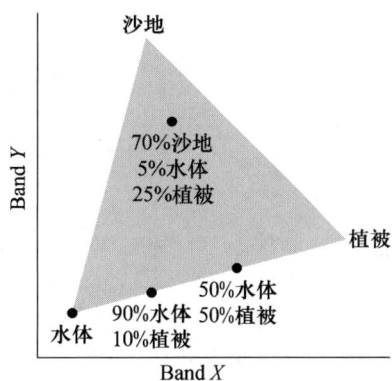

图 14.18　散点图上的纯净
像元与混合像元

第一步　构建二维散点图

（1）打开一个高光谱数据。

（2）在 Toolbox 工具箱中，双击 Transform→MNF Rotation→Forward MNF Estimate Noise Statistics 工具。在 MNF Transform Input File 文件选择对话框中，选择高光谱图像文件。打开 Forward MNF Transform Parameters 面板，选择 MNF 输出路径及文件名，单击 OK 按钮，执行 MNF 变换。

（3）选择 MNF 变换后的前三个波段作为 RGB 组分显示在窗口中。

（4）在主界面中，选择 Display→2D Scatter Plots，在 2D Scatter Plot 面板中，选择 MNF Band1 作为 Band X，MNF Band2 作为 Band Y，右边窗口显示两个波段的二维散点图（图 14.19）。

第二步　选择端元波谱

在 2D Scatter Plot 面板中，选择散点图中周围的凸出部分作为端元波谱。下面为操作步骤：

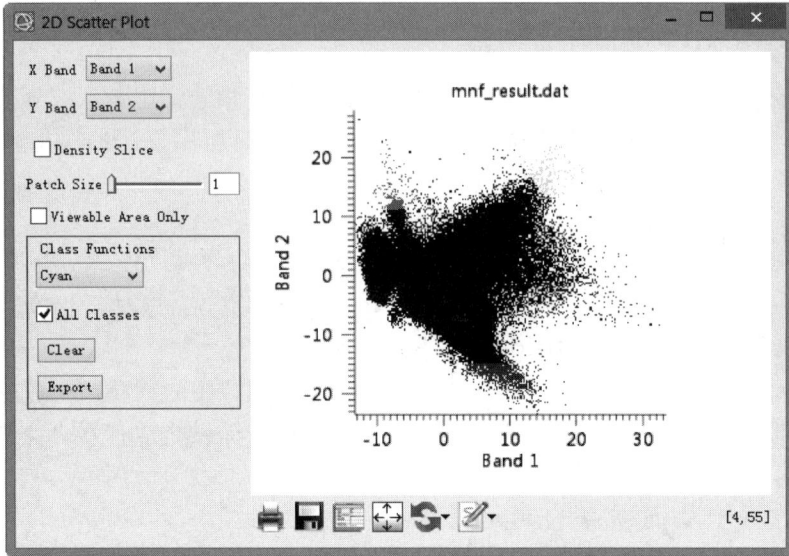

图 14. 19　2D Scatter Plot 面板

（1）在 2D Scatter Plot 面板中，去掉 Viewable Area Only 选项，使散点图显示整个图像区域。

（2）选择一处凸出部分连续单击鼠标左键绘制一个多边形区域。单击中键可以取消绘制的多边形顶点；单击右键闭合多边形完成一个区域的选择。也可以按住鼠标左键绘制一个区域。

（3）选择 Class Functions→<新颜色>，重复（2）步骤绘制另外一个端元区域。

（4）重复（2）、（3）步骤绘制所有的端元。

（5）勾选 All Classes 选项，单击 Export 按钮，将选择的端元区域输出为 ROI。

第三步　输出端元波谱

（1）在 Toolbox 工具箱中，双击 Classification→Endmember Collection 工具，在 Classiification Input File 对话框中选择原图像，单击 OK 按钮。

（2）在 Endmember Collection 面板中，选择 Import→from ROI from input file，将绘制的 ROI 都选中，单击 OK 按钮。

（3）在 Endmember Collection 面板中，单击 Plot 按钮将几条波谱曲线显示出来。

（4）绘制的波谱曲线就是 ROI 的平均波谱曲线。

（5）参考本书第 14.2.4 节 "波谱分析工具" 的相关内容，识别每条波谱曲线对应的地物类型。

（6）在 Endmember Collection Spectra 面板中，选择 Export→Spectral Library（或者 ASCII），将端元波谱保存为波谱库文件或者文本文件。

14. 2. 6　基于 PPI 的端元提取

借助纯净像元指数（PPI）和 n 维可视化工具用于端元波谱收集，下面详细介绍操作步骤。

第一步 获取纯净像元

这个步骤是在 MNF 变换的结果上计算纯净像元指数（PPI），之后选择阈值范围从 PPI 图像上获得感兴趣区，感兴趣区包含的像元就是比较纯净的像元。

（1）打开高光谱数据"CupriteReflectance. dat"。

（2）在 Toolbox 工具箱中，双击 Transform→MNF Rotation→Forward MNF Estimate Noise Statistics 工具。在 MNF Transform Input File 文件选择对话框中，选择图像文件。打开 Forward MNF Transform Parameters 面板，选择 MNF 输出路径及文件名，其他选择默认参数，单击 OK 按钮，执行 MNF 变换。

（3）在 Toolbox 工具箱中，双击 Spectral→Pixel Purity Index→Pixel Purity Index（PPI）[FAST] New Output Band 工具，选择上一步 MNF 变换后的结果，单击 Spectral Subset 按钮，选择前 11 个波段（MNF 后面的波段基本为噪声，为减少计算量），单击 OK 按钮打开。

（4）在打开的 Pixel Purity Index Parameters 面板中（图 14.20），设置以下参数：

- 迭代次数（Number of Iterations）：10000。
- 阈值系数（Threshold Factor）：3。

（5）选择输出路径及文件名，单击 OK 按钮，执行 PPI 计算。

（6）在图像窗口中显示 PPI 计算结果。在图层管理（Layer Manager）中的 PPI 计算结果图层上单击右键，选择 New Region of Interest，打开 ROI Tool 面板。

（7）在 ROI Tool 面板上，选择 Threshold 选项，单击 ⊞ 按钮，在 File Selection 对话框中选择 PPI 计算结果。打开 Choose Threshold Parameters 面板。

（8）在 Choose Threshold Parameters 面板中（图 14.21），在直方图中将最右边红色竖线拖动到最右边，Max Value 自动获取最大值。手动输入 Min Value：10，即大于等于 10 为感兴趣区。

图 14.20 Pixel Purity Index Parameters 面板

（9）勾选 Preview 选项可预览结果，单击 OK 按钮。

（10）最终得到 PPI 指数大于 10 的区域。

第二步 构建 n 维可视化窗口

（1）在 Toolbox 工具箱中，双击 Spectral→n-Dimensional Visualizer→n-Dimensional Visualizer New Data 工具。在 n-D Visualizer Input File 对话框中，选择 MNF 变换结果。

（2）在 n-D Controls 面板中，选择 1、2、3、4、5 波段，构建 5 维散点图。

第三步 选择端元波谱

（1）在 n-D Controls 面板中，设置适当的速度（Speed），单击 Start 按钮，在 n-D Visualizer 窗口中的点云随机旋转，当 n-D Visualizer 窗口中的点云有部分聚集在一起时，单击 Stop 按钮。

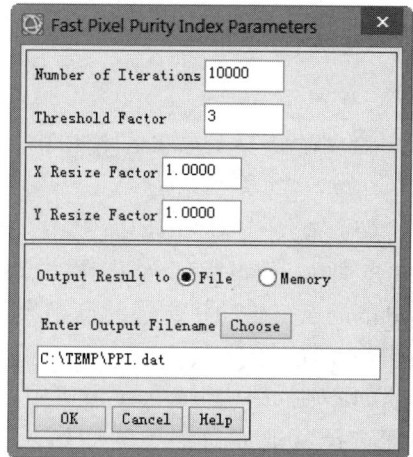

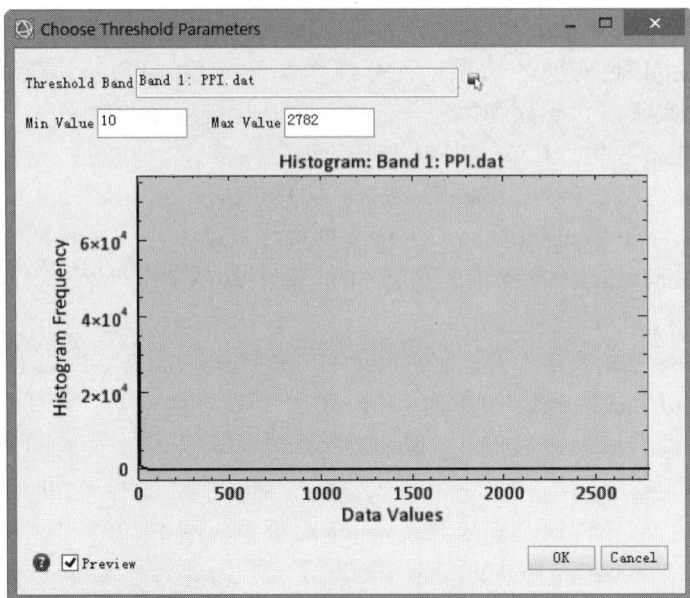

图 14. 21　Choose Threshold Parameters 面板

（2）在 n–D Visualizer 窗口中，用鼠标左键勾画"白点"集中区域，选择的点被标示颜色。

（3）在 n–D Controls 面板中，选择 Class→Items 1　20→White（用于删除点），单击 Start 按钮，当看到有部分选择的点云分散时，单击 Stop 按钮，在 n–D Visualizer 窗口中选择分散的点，自动将选择的点删除。借助←，→，New 按钮可以逐帧从不同视角浏览以辅助删除分散点。

（4）在 n–D Visualizer 窗口中，单击右键选择 New Class 快捷菜单，重复（1）~（3）步骤选择其他"白点"集中区域。最终结果如图 14. 22 所示。

第四步　鉴别端元波谱

（1）在 n–D Controls 面板中，选择 Options→Mean All，在 Input File Associated with n–D Scatter Plot 对话框中，选择原图像 CupriteReflectance. dat，单击 OK 按钮。

（2）获取的平均波谱曲线绘制在 n_D Mean 绘图窗口中。

（3）在 Toolbox 工具箱中，双击 Spectral/Spectral Analyst 工具，选择标准矿物波谱库 ... \Program Files\Exelis\ENVI51\

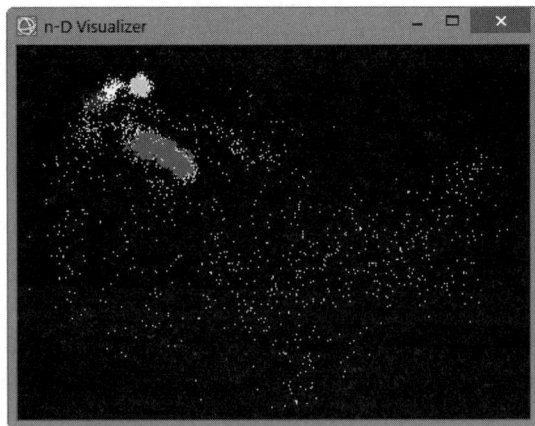

图 14. 22　n–D Visualizer 窗口中的端元

classic\spec_lib\usgs_min \usgs_min. sli 作为对比波谱库，在识别方法权重上将 Binary

Encoding权重设置为1，其他按照默认，单击 OK 按钮。

（4）在 Spectral Analyst 面板上，选择 Options→Edit（x,y）Scale Factors，设置 X Data Multipliter：0.001，设置 YData Multipliter：0.0001，单击 OK 按钮。

提示：图像的像元值为扩大 10000 倍的反射率数据，中心波长单位为 nm。usgs_min.sli 波谱库中的 X 轴波长单位为 μm，Y 轴值为 0-1 反射率。

（5）在 Spectral Analyst 面板上，单击 Apply 按钮，选择一个鉴别的波谱，得到如图 14.23 的打分结果。鉴别该波谱为 Muscovi4。

图 14.23　Spectral Analyst 分析结果

（6）回到 n_D Mean 绘图窗口中，修改像元的波谱名称。重复步骤（5）得到最终结果，如图 14.24 所示。

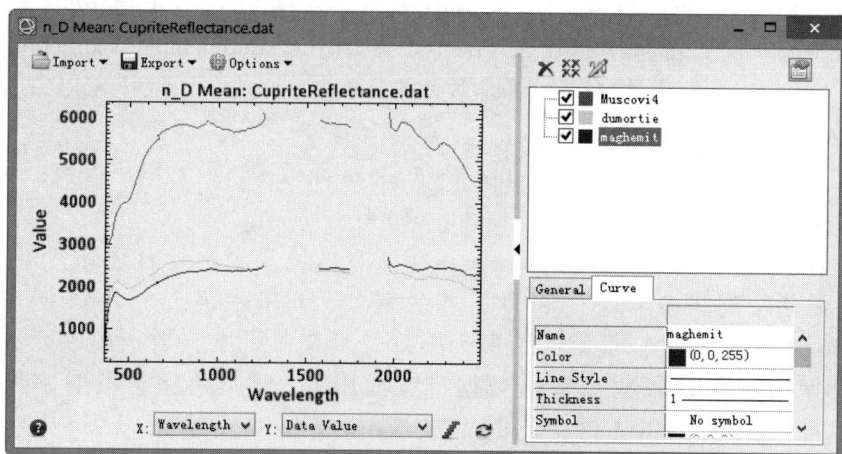

图 14.24　端元波谱提取结果

（7）在 n_D Mean 绘图窗口中，选择 Export→Spectral Library，将端元波谱保存为波谱库文件。

14.2.7　基于 SMACC 的端元提取

连续最大角凸锥（Sequential Maximum Angle Convex Cone，SMACC）方法可以从图像中提取端元波谱以及丰度图像（abundance image）。它提供了更快、更自动化的方法来获取端元波谱，但是它的结果近似程度较高，精度较低。

SMACC 方法基于凸锥模型（也称"残余最小化"）借助约束条件识别图像端元波谱，采用极点来确定凸锥，并以此定义第一个端元波谱；然后，在现有锥体中应用一个具有约束条件的斜投影生成下一个端元波谱；继续增加锥体生成新的端元波谱；重复这个过程直至生成的凸锥中包括了已有的终端单元（满足一定的容差），或者直至满足了指定的端元波谱类别个数。

通俗的解释，即 SMACC 方法首先找到图像中最亮的像元，然后找到与最亮的像元差别最大的像元，继续再找到与前两种像元差别最大的像元；重复该过程直至 SMACC 找到一个在前面查找像元过程已经找到的像元，或者端元波谱数量已经满足。SMACC 方法找到的像元波谱转成波谱库文件格式的端元波谱。

SMACC 方法采用以下数学公式：

$$H(c,i)=\sum_{k}^{N}\boldsymbol{R}(c,k)\boldsymbol{A}(k,j) \tag{14.1}$$

式中，H 为端元波谱；c 为波段索引；i 为像素索引；j、k 分别为从 1 到最大端元 N 的索引；$\boldsymbol{R}$ 为包括端元波谱（列）的矩阵，行表示独立像元；$\boldsymbol{A}$ 为包括每个像素中端元 j 对端元 k 的丰度矩阵。

下面以高光谱数据为例，详细介绍这个工具的操作过程。

（1）在主界面中，选择 File→Open，打开高光谱数据文件"CupriteReflectance. dat"。

（2）在 Toolbox 工具箱中，双击 Spectral→SMACC Endmember Extraction 工具，在 Select Input Image 对话框中选择高光谱数据文件，单击 OK 按钮，打开 SMACC Endmember Extraction Parameters 面板（图 14.25）。

（3）在 SMACC Endmember Extraction Parameters 面板中，设置以下参数：

● 端元波谱提取数量（Number of Endmembers）：15。

● 误差容限值（RMS Error Tolerance）：0。默认值 0 表示只有达到 Number of Endmembers 参数指定的终端个数，SMACC 才会结束。如果指定一个 RMS 误差，那么达到这个 RMS 误差时，SMACC 就会结束，不管是否获取了指定数量的端元波谱。反射率数据推荐使用 0.01，辐射亮度值数据推荐使用 1。但是要注意反射率数据常常扩大了倍数，如扩大了 10000 倍，此时 RMS Error Tolerance 参数设置应该为 $10000 \times 1\% = 100$。

● 分离端元波谱的约束条件（Unmixing Constraint for Endmember Abundances），包括以下 3 种：

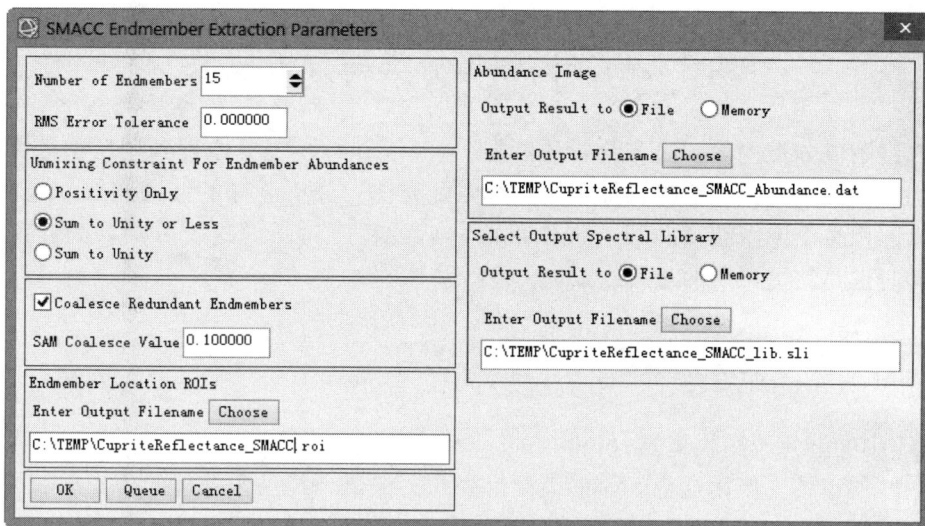

图 14.25 SMACC Endmember Extraction Parameters 面板

Positivity Only：把每个波长的正值端元波谱作为约束条件。这个选项常用于反射率数据，因为负反射率值没有物理意义。

Sum to Unity or Less：等于或者小于每个像素计算得到每种物质的组分之和作为约束条件。当需要从反射率数据中获取物质的物理意义和丰度图像的阴影图时，可以选择这个约束条件，结果中会单独生成一个丰度阴影图像（Shadow Abundance）。

Sum to Unity：等于每个像素计算得到每种物质的组分之和作为约束条件。当零端元波谱没有物理意义或者需要获得暗端元波谱时可以选择这个约束条件。这个约束条件推荐用于辐射亮度数据和热辐射数据。

● 合并相似端元波谱（Coalesce Redundant Endmembers）：该选项是基于波谱角填图方法把阈值（在 SAM Coalesce Value 对话框中定义的值）内的所有端元波谱合并为一个端元波谱。如果需要区分波谱比较相似的地物，不要选择该选项。

● 输出结果文件，包括以下 3 种：

Endmember Location ROIs：包括从终端单元波谱结果中产生的像元感兴趣区文件。这个输出文件是可选的。

Abundance Image：输出丰度图像，该输出文件将包括阴影图像和终端单元聚集图像。该输出图像是可选的。

Select Output Spectral Library Enter Output Filename：包括提取出的终端单元的波谱库信息。此项是必选项。

（4）单击 OK 按钮，执行 SMACC 过程。

获取的端元波谱以 ENVI 波谱库文件形式保存，设置的端元数为 15，由于设置合并相似端元波谱选项，实际获得 11 种端元波谱，借助 Spectral Analys 工具识别获得的端元波谱。同时，还可以得到每种端元波谱的丰度图像。

14.3　高光谱图像分类与分析技术

高光谱图像分类也称"高光谱物质制图"（Mapping），主要原理利用反映地物物理光学性质的波谱曲线来识别地物，即利用一种匹配方法，分析已知的波谱曲线（端元波谱）和高光谱图像每个像素波谱曲线（波谱剖面）匹配程度对图像进行分类。高光谱图像分类过程同时也是波谱识别的过程。

14.3.1　端元波谱收集器

ENVI 中的端元波谱收集器（Endmember Collection）是集收集端元波谱和高光谱图像分类为一体的工具。使用这个工具前需要准备端元波谱、经过预处理的高光谱数据。

（1）在 Toolbox 工具箱中，双击 Classification→Endmember Collection 工具，在 Classification Input File 对话框中选择高光谱数据，单击 OK 按钮，打开 Endmember Collection 面板（图 14.26）。

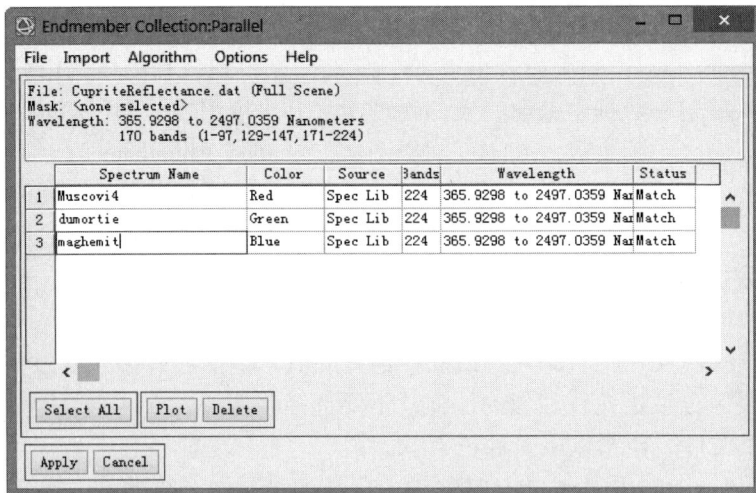

图 14.26　Endmember Collection 面板

（2）在 Endmember Collection 面板中，选择 Import→选择一种导入端元波谱的方式。

（3）在 Endmember Collection 面板中，选择 Algorithm→选择一种分类方法（波谱识别方法）。

（4）单击 Apply 按钮。选择不同的分类方法，打开面板的参数不一样（详细参数说明查看后面章节）。

（5）选择 File→Endmember Collection file，将收集的端元波谱保存为外部文件。

Endmember Collection 面板与 Spectral Library Builder 面板类似，相关菜单功能和操作可参考第 14.1.3 节"波谱库创建"的相关内容。选择 Algorithm→选择一种分类方法，可参考后面章节。

14.3.2 常见高光谱分类

常见高光谱分类方法包括波谱角填图（SAM）、二进制编码（Binary Encoding）和波谱信息散度（Spectral Information Divergence）。

以下为两种常见分类工具的启动方式：

● 在 Toolbox 工具箱中，双击 Classification→Endmember Collection 工具，在 Endmember Collection 面板中，选择 Algorithm→Binary Encoding 或 Spectral Angle Mapper 或 Spectral Information Divergence，单击 Apply 按钮；

● 在 Toolbox 工具箱中，双击 Classification→Supervised Classification→Binary Encoding Classification 或 Spectral Angle Mapper Classification 或 Spectral Information Divergence Classification。

下面分别对几种分类方法的原理以及相应参数设置进行说明。

1. 波谱角填图

波谱角填图（Spectral Angle Mapper，SAM）使用 n 维角度将像元与参照波谱进行匹配。该算法是将像元 N 个波段的波谱看作 N 维波谱向量，通过计算与端元波谱之间的夹角判定两个波谱间的相似度，夹角越小，说明越相似。该算法用于反射率数据时，对照度和反照率对结果的影响不明显。该方法同样适用于辐射亮度值数据。

图 14.27 是 Spectral Angle Mapper Parameters 面板，需要设置最大角度阈值［Set Maximum Angle（radians）］，包括 3 个选项：

● None：不设阈值。

● Single Value：设定一个阈值用于所有分类。单位为弧度，默认为 0.1 弧度，表示像素波谱与端元波谱的夹角小于 0.1 时归为这一类。

● Multiple Values：为每一个端元波谱分类设定一个阈值。

除了输出分类结果，同时还可以选择输出规则图像，规则图像的像元值表示像素波谱与端元波谱的夹角。

2. 二进制编码

二进制编码（Binary Encoding）分类技术根据波段是低于波谱平均值，还是高于波谱平均值，将数据和端元波谱编码为 0

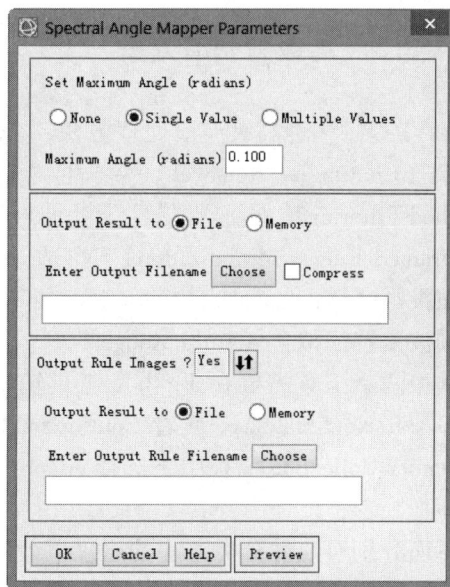

图 14.27 Spectral Angle Mapper Parameters 面板

和 1。使用"exclusive OR"逻辑函数对每一种编码的参照波谱和编码的分类波谱进行比较，生成一幅分类图像。除非指定了一个最小编码阈值（这时，如果一些像元不符合标准，它们将不参与分类），所有像元被分类到与其匹配波段最多的端元波谱一类中。

在二进制编码分类方法参数设置面板中，需要设置最小编码阈值（Set Minimum Encoding Threshold），包括 3 个选项：

- None：不设阈值。
- Single Value：设定一个阈值用于所有分类，值的范围 0.0 ~ 1.0。
- Multiple Values：为每一个端元波谱分类设定一个阈值。

除了输出分类结果，同时还可以选择输出规则图像。规则图像的像元值表示像元波谱与端元波谱的匹配百分比。

3. 波谱信息散度

波谱信息散度（Spectral Information Divergence，SID）是利用散度（divergence）度量像元波谱与端元波谱的匹配程度，散度越小，相似程度越高。

在 Spectral Information Divergence Parameters 面板中，需要设置最大散度阈值（Maximum Divergence Threshold），包括 3 个选项：

- None：不设阈值。
- Single Value：设定一个阈值用于所有分类。默认为 0.05，表示像素波谱与端元波谱的信息散度小于 0.05 时归为这一类，这个值越小，匹配精度越高。
- Multiple Values：为每一个端元波谱分类设定一个阈值。

除了输出分类结果，同时还可以选择输出规则图像。规则图像的像元值表示像元波谱与端元波谱的信息散度。

14.3.3　高级高光谱分析

ENVI 提供多种高级波谱处理方法，包括最小二乘法拟合（Least Squares–Fit）、包络线去除（Continuum Removal）、线性波谱分离（Linear Spectral Unmixing）、匹配滤波（Matched Filtering）、混合调谐匹配滤波（Mixture Tuned Matched Filtering）、最小能量约束（Constrained Energy Minimization）、自适应一致估计（Adaptive Coherence Estimator）、正交子空间投影（Orthogonal Subspace Projection）、波谱特征拟合（Spectral Feature Fitting）和多范围波谱特征拟合（Multi Range Spectral Feature Fitting）。

其中两个工具需要在 Toolbox 工具箱中，通过双击 Spectral→Mapping Methods→Least Squares–Fit New Statistics 或者 Continuum Removal 打开；其余工具可以在 Classification→Endmember Collection 面板中，选择 Algorithm→相应分类方法，单击 Apply 按钮打开相应参数面板。

下面分别对几种分类方法的原理以及相应参数设置进行说明。

1. 最小二乘法拟合

最小二乘法拟合（Least Squares–Fit，LS–Fit）使用一个最小方框（least square）拟合技术来进行线性波段预测，它可以用于在数据集中找出异常波谱响应区。LS–Fit 先计算出输入数据的协方差，用它对所选的波段进行预测模拟，预测值作为预测波段线性组的一个增加值。然后计算实际波段和模拟波段之间的残差，并输出为一幅图像，残差大的像元（无论正负）表示出现了不可预测的特征（如一个吸收波段）。

（1）在 Toolbox 工具箱中，双击 Spectral→Mapping Methods→Least Squares-Fit New Statistics 工具。选择输入文件，单击 OK 按钮，打开 LS-Fit Parameters 面板（图 14.28）。

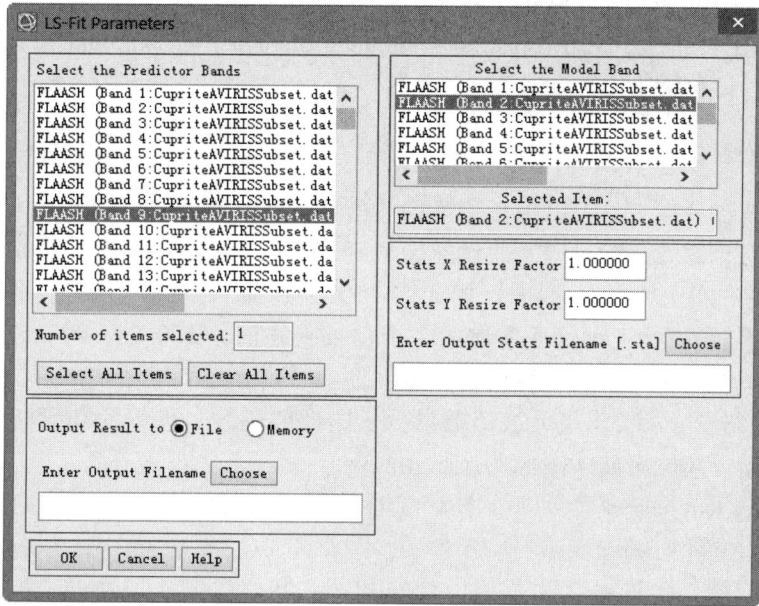

图 14.28　LS-Fit Parameters 面板

（2）在 LS-Fit Parameters 面板中，在 Select the Predictor Bands 列表中选择作为预测值的波段（可多选）。

（3）在 Select the Model Bands 列表中，选择被模拟的波段。如果该波段已经被选为用作预测值波段，它将不能被再次选用。

（4）在计算统计时，在 Stats X/Y Resize Factor 文本框中键入一个小于 1 的调整系数，可以降低统计文件的分辨率而提高速度。如果需要，可输出统计结果。

（5）选择结果输出路径及文件名，单击 OK 按钮执行操作。

输出结果包含两个波段：模拟波段和残差图像。残差图像中绝对值较大的像元，表示所在位置的实际波段和模拟波段的像元值差异。

2. 包络线去除

包络线去除是将反射波谱归一化的一种方法，可以有效地突出曲线的吸收和反射特征，使得在同一基准线上可以对比吸收特征。经过包络线去除后的图像，有效地抑制了噪声，突出了地物波谱的特征信息，便于图像分类和识别。

包络线是连接波谱顶部的凸起（局部波谱最大值）的直线段拟合。第一个和最后一个波谱数据值在外壳上，因此在输出的包络线去除的数据文件中的首末波段都等于 1.0。

包络线去除采用以下公式:

$$S_{cr} = S/C \qquad\qquad (14.2)$$

式中, S_{cr} 为包络线去除结果; S 为初始波谱; C 为包络曲线。

在包络线去除后的图像中, 包络线和初始波谱匹配处波谱等于 1.0, 出现吸收特征的区域波谱小于 1.0。为得到最好的结果, 利用 Spectral Subset 选择包含吸收特征的波段。包络线去除后的图像常用于波谱特征拟合。

在 Toolbox 工具箱中, 双击 Spectral→Mapping Methods→Continuum Removal 工具, 选择图像文件后, 设置输出文件和路径。

3. 线性波谱分离

使用线性波谱分离工具可以根据物质的波谱特征, 获取多波谱或高光谱图像中物质的丰度信息, 即混合像元分解过程。假设图像中每个像元的反射率为像元中每种物质的反射率或者端元波谱的线性组合。例如, 像元中 25% 为物质 A, 25% 为物质 B, 50% 为物质 C, 则该像元的波谱就是 3 种物质波谱的一个加权平均值, 即 0.25A+0.25B+0.5C。线性波谱分离解决了像元中每个端元波谱的权重问题。

ENVI 线性波谱分离要求端元波谱数量少于图像波段数。收集的端元波谱将被自动重采样, 以与要被分离的多波段图像的波长相匹配。

在 Unmixing Parameters 面板中 (图 14.29), 需要设置分离中是否使用总和的限制极值 (Apply a unitsum constraint)。

● No: 不限制, 丰度可以为负值, 且总和不必限制在 1 以内。

● Yes: 使用总和限制, 默认权重为 1。权重越大, 所进行的分离就越满足设定的限制条件, 推荐权重的大小是数据方差的数倍。

输出结果是一系列端元波谱的灰度图像 (丰度图像), 图像的像元值表示端元波谱在这个像元波谱中所占的比例。例如, 端元波谱 A 的丰度图像中一个像元值为 0.45, 则表示这个像元中端元波谱 A 占了 45%。

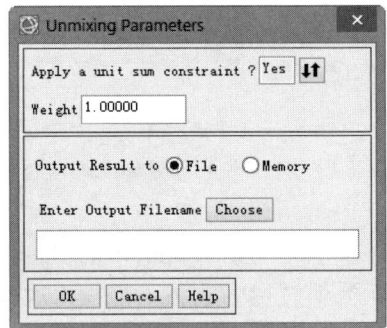

图 14.29　Unmixing Parameters 面板

丰度图像中也可能出现负值和大于 1 的值, 这可能是由于选择的端元波谱没有明显的特征, 或者在分析中缺少一种或者多种端元波谱。

4. 匹配滤波

使用匹配滤波 (Matched Filtering, MF) 工具使用局部分离获取端元波谱的丰度。该方法将已知端元波谱的响应最大化, 并抑制了未知背景合成的响应, 最后 "匹配" 已知波谱。该方法无需对图像中所有端元波谱进行了解, 就可以快速探测出特定要素。这项技术可以找到一些稀有物质的 "假阳性" (false positives)。

在 Matched Filter Parameters 面板中, 可以选择 Compute New Covariance Stats 选项重新计算图像的协方差, 并输出协方差统计文件。选择这种方式时, 在计算背景统计前移除反常像素，勾选 Use Subspace Background 选项，并设置背景阈值（Background Threshold）用于计算子空间背景统计，阈值范围是 0.5 ~ 1（整幅图像）。或者切换到 Use Existing Stats File 选项，选择外部协方差文件（图 14.30）。

匹配滤波工具的结果是端元波谱对比每个像素的 MF 匹配图像。浮点型结果提供了像元与端元波谱的相对匹配程度，近似混合像元的丰度，1.0 表示完全匹配。

5. 混合调谐匹配滤波

使用混合调谐匹配滤波（Mixture Tuned Matched Filtering，MTMF）工具运行匹配滤波，同时把不可行性（infeasiblility）图像添加到结果中。不可行性图像用于减少使用匹配滤波时会出现的"假阳性"（false positives）像元的数量。不可行性值高的像元即为"假阳性"像元。被准确制图的像元具有一个大于背景分布值的 MF 值和一个较低的不可行性值。不可行性值以 sigma 噪声为单位，它与 MF 值按 DN 值比例变化（图 14.31）。

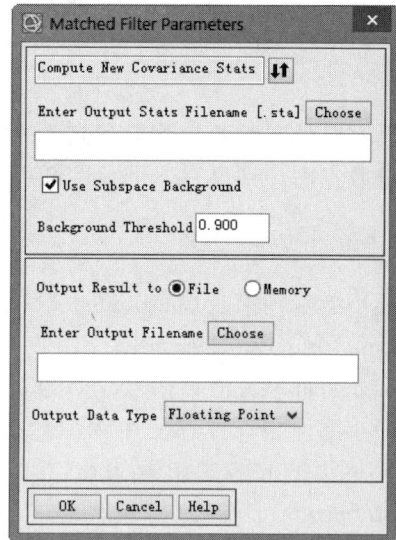

图 14.30 Matched Filter Parameters 面板

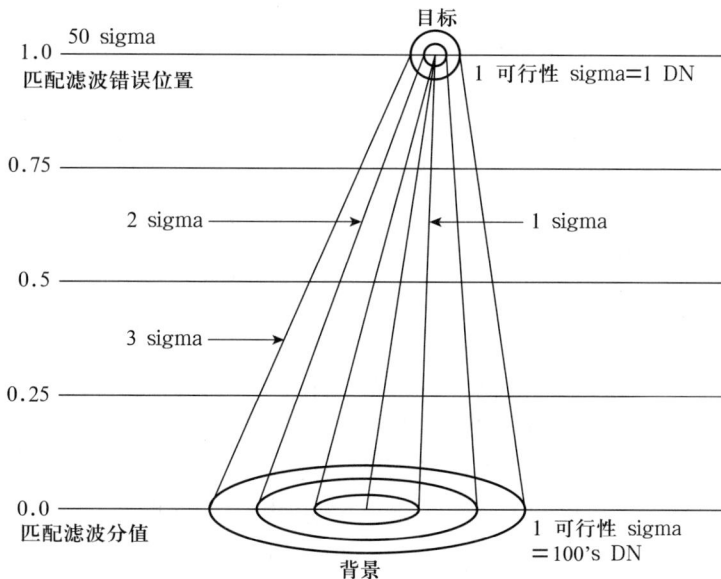

图 14.31 混合调谐匹配滤波技术图解

混合调谐匹配滤波需要输入经过 MNF 变换的文件，端元波谱也需要转换为 MNF 空间下的波谱（在 Toolbox 工具箱中，双击 Transform→MNF Rotation→Apply Forward MNF to Spectra 工具）。Mixture Tuned Matched Filter Parameters 面板的参数与匹配滤波的 Matched Filter Parameters 面板一致，这里不一一赘述。

混合调谐匹配滤波法的结果每个端元波谱对比每个像元的 MF 匹配图像以及相应的不可行性图像。浮点型的 MF 匹配值图像表示像元与端元波谱匹配程度，近似亚像元的丰度，1.0 表示完全匹配；不可行性值以 sigma 噪声为单位，显示了匹配滤波结果的可行性。

具有高的匹配滤波结果和高的不可行性的"假阳性"像元，并不与目标匹配。可以用二维散点图识别具有不可行性低、匹配滤波值高的像元，即正确匹配的像元。

6. 最小能量约束

最小能量约束（Constrained Energy Minimization，CEM）使用有限脉冲响应线性滤波器（Finite Impulse Response，FIR）和约束条件，最小化平均输出能量，以抑制图像中的噪声和非目标端元波谱信号，即抑制背景波谱，定义目标约束条件以分离目标波谱。

最小能量约束推荐使用 MNF 变换文件作为输入文件，同时端元波谱也需要转换为 MNF 空间下的波谱（在 Toolbox 工具箱中，双击 Transform→MNF Rotation→Apply Forward MNF to Spectra 工具）。

在 Constrained Energy Minimization Parameters 面板中（图 14.32），可以选择 Compute New Covariance Stats 选项重新计算图像的协方差，并输出协方差统计文件。选择这种方式时，在计算背景统计前移除反常像素，勾选 Use Subspace Background 选项，并设置背景阈值（Background Threshold）用于计算子空间背景统计，阈值范围是 0.5 ~ 1（整幅图像）。计算过程中可以选择相关系数矩阵（Correlation Matrix）或者协方差矩阵（Covariance Matrix）。

最小能量约束的结果是每个端元波谱对比每个像元的灰度图像。像元值越大，表示越接近目标。可以用交互式拉伸工具对直方图后半部分进行拉伸。

7. 自适应一致估计

自适应一致估计（Adaptive Coherence Estimator，ACE）起源于 Generalized Likelihood Ratio（GLR）。在这个分析过程中，输入波谱的相对缩放比例作为 ACE 的不变量，这个不变量参与检测恒虚警率（Constant False Alarm Rate，CFAR）。

图 14.32　Constrained Energy Minimization Parameters 面板

在 Adaptive Coherence Estimator Parameters 面板中，可以选择 Compute New Covariance Stats 选项重新计算图像文件协方差，并输出协方差统计文件。选择这种方式时，在计算背景统计前移除反常像素，勾选 Use Subspace Background 选项，并设置背景阈值（Background Threshold）用于计算子空间背景统计，阈值范围是 0.5 ~ 1（整幅图像）。

自适应一致估计法的输出结果是每个端元波谱对比每个像元的灰度图像。

8. 正交子空间投影

正交子空间投影（Orthogonal Subspace Projection，OSP）方法首先构建一个正交子空间投影用于估算非目标波谱响应，然后用匹配滤波从数据中匹配目标，当目标波谱很特别时，OSP 方法效果非常好。OSP 方法要求至少两个端元波谱。

正交子空间投影方法的结果是每个端元波谱匹配每个像元的灰度图像。

9. 波谱特征拟合

波谱特征拟合（Spectral Feature Fitting，SFF）是一种基于吸收特征的方法，使用最小二乘法对比图像波谱与参考波谱的匹配。SFF 要求输入的数据经过包络线去除（在 Toolbox 工具箱中，双击 Spectral→Mapping Methods→Continuum Removal 工具），如果没有，ENVI 将动态地对文件进行包络线去除，这将使处理速度大大减慢。

在 Spectral Feature Fitting Parameters 面板中，可以选择 Output separate Scale and RMS Images 或 Output Combined（Scale/RMS）Image 两种输出结果。

选择每个端元波谱输出一幅比例图像和 RMS 图像时（Output separate Scale and RMS Images），在比例图像中，较亮的像元表明其与端元波谱匹配较好。如果输入了错误的端元波谱或使用了错误的波长范围，就会出现一个远远大于 1 的比例值；在 RMS 图像中，像素值越小表示误差值低。

在一幅图像中确定与端元波谱匹配最好的区域，将 RMS 和 Scale 图像作为 X、Y 轴构成二维散点图。在散点图中，选择 RMS 值低、Scale 值高的区域作为感兴趣区，这些感兴趣区就是与端元波谱匹配最好的像素。

另外一种生成结果是"拟合"图像（Scale/RMS）。较高的拟合值表明该像元与端元波谱匹配较好。

10. 多范围波谱特征拟合

多范围波谱特征拟合（Multi Range Spectral Feature Fitting，Multi Range SFF）可以使用多个波长范围对每个端元波谱进行波谱特征拟合，尤其适用于波谱表现为多个吸收特征的情况。

在 Edit Multi Range SFF Endmember Ranges 面板中（图 14.33），选择端元波谱，设置在波谱特征拟合中要使用的端元波谱波长范围（至少需要设置一个）。

（1）在波谱曲线上波长范围起点处单击鼠标左键点，出现一个菱形标志框，可以拖动这个菱形标志框放到其他位置，单击右键选择 Set as Start Range 选项，波长值将出现在 Start Range 文本框中。（单击并拖放鼠标滚轮可以将波谱图放大，使用右键快捷菜单复位。）

（2）再用相同方法确定终点，单击右键，选择 Set as End Range 选项，也可以在相应的文本框中输入所需的波长起点和终点。

（3）单击 Add Range 按钮，包络线去除后的吸收特征曲线绘制在右上方窗口，旁边的数值代表它的强度刻度。这是一个特征强度与包络线等级的比值，值越低，表示特性强度越大。

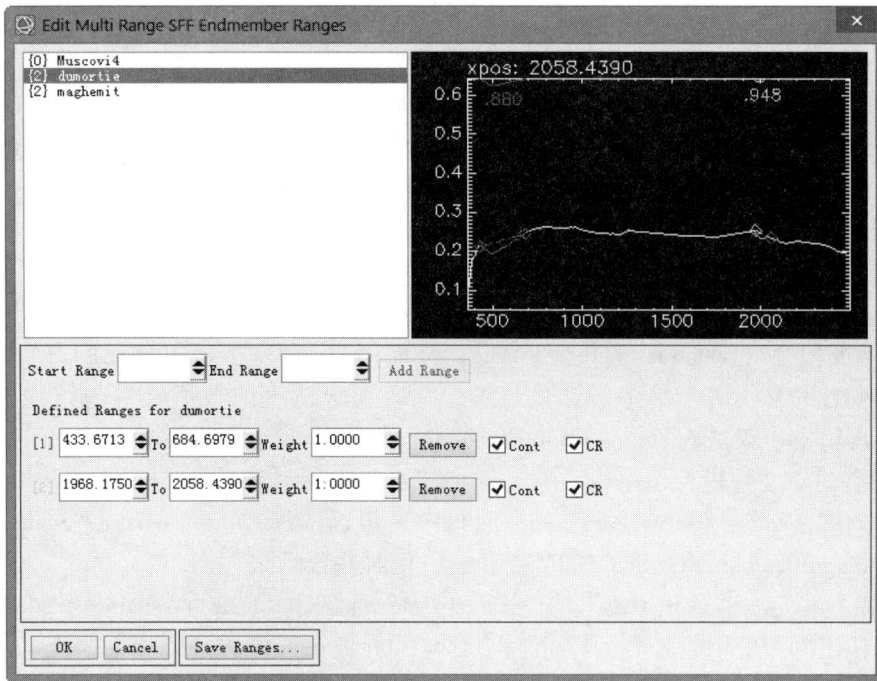

图 14.33　Edit Multi Range SFF Endmember Ranges 面板

（4）为了强调某一波段范围的重要特性，可以为这一范围设置一个权重（Weight），每个权重除以所有权重并参与计算。

（5）使用同样方法选择其他波长范围。

（6）重复（1）~（5）步骤为其他端元波谱选择播放范围。

（7）单击 OK 按钮，打开 Multi Range SFF Parameters 面板。

Multi Range SFF 输出一幅比例图像和 RMS 图像或者"拟合"图像（Scale/RMS），表示意义与波谱特征拟合方法的结果一样。

14.3.4　基于 MNF 的 MTMF 混合像元分解

地球自然表面几乎不是由均一物质所组成的。当具有不同波谱属性的物质出现在同一个像素内时，就会出现波谱混合现象，即混合像元（Mixed Pixel）。Singer 等（1979）发现，如果混合像元的尺度很大（宏观），那么混合像元将存在线性关系。对于微观的混合，混合像元通常表现为非线性关系（Nash and Conel，1974）。

线性模型假设在不同物质间不存在相互作用，位于同一像元区域的波谱是纯净物质波谱的线性组合，是根据它们的组成比例进行加权，获取线性组合的组成比例就是混合像元分解。一般的过程为：首先，获取端元波谱（从图像上、波谱库中或者其他来源）；然后，选择一种分解模型在每个像素中获取每个端元波谱的相对丰度图；最后，从丰度图上提取不同组成比例的像元。

ENVI 中提供的线性波谱分离（Linear Spectral Unmixing）、匹配滤波（MF）、混合调谐匹配滤波（MTMF）、最小能量约束（CEM）、自适应一致估计（ACE）、正交子空间投影（OSP）、波谱特征拟合（SFF）和多范围波谱特征拟合（Multi Range SFF）高光谱分析方法都可以用于混合像元的分解。

下面以经过 FLAASH 大气校正的高光谱图像为例（参见实验数据光盘\第14章 高光谱与波谱分析技术\1–波谱识别），介绍基于 MNF 的 MTMF 混合像元分解的详细操作过程（图 14.34）。

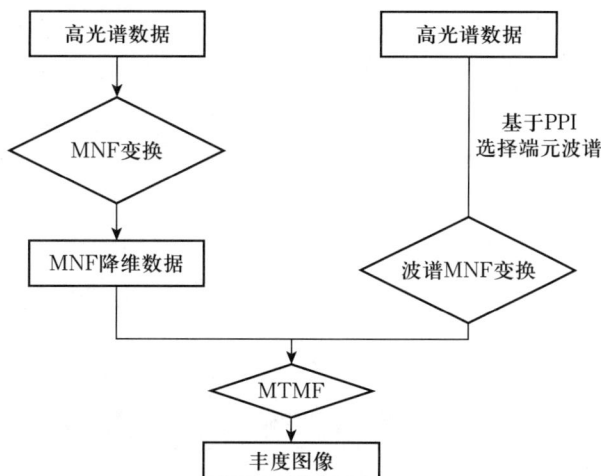

图 14.34　基于 MNF 的 MTMF 混合像元分解

第一步　获取端元波谱

（1）打开高光谱数据"CupriteReflectance. dat"。

（2）在 Toolbox 工具箱中，双击 Transform→MNF Rotation→Forward MNF Estimate Noise Statistics 工具。在 MNF Transform Input File 文件选择对话框中选择图像文件，单击 Spectral Subset 按钮，选择"Band172–224"。注：由于本例是识别矿物，选择 2000～2500 nm 范围的波段用于矿物的识别。

（3）打开 Forward MNF Transform Parameters 面板，设置以下参数：

- Enter Output Stats Filename［. sta］：选择路径及文件名，输出 MNF 统计文件。
- Select Subset from Eigenvalues：No。
- 选择 MNF 输出路径及文件名。

单击 OK 按钮，执行 MNF 变换。

（4）在 Toolbox 工具箱中，双击 Transform→MNF Rotation→Apply Forward MNF to Spectra 工具，在打开的 Forward MNF Statistics Filename 对话框中选择上一步得到的 MNF 统计文件，单击 OK 按钮，打开 Forward MNF Convert Spectra 面板（图 14.35）。

（5）在 Forward MNF Convert Spectra 面板中，选择 Import→from Spectral Library file，选择"端元波谱_已识别. sli"波谱库文件。设置 Y Data Multiplier：1（待识别图像的像素值扩大了 10000 倍）。

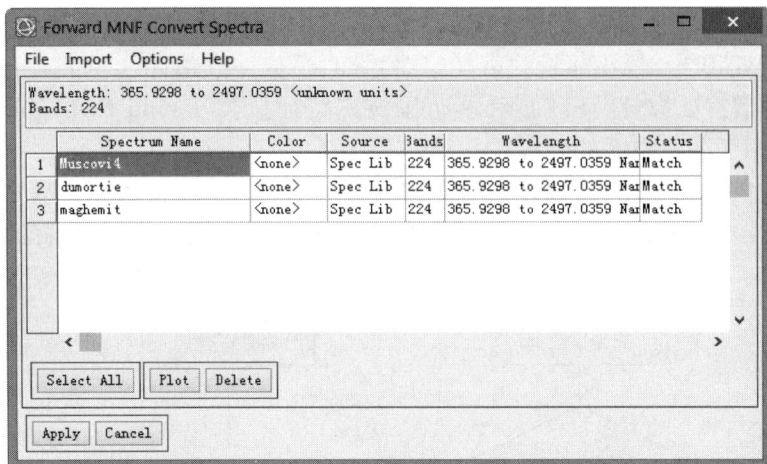

图 14.35　Forward MNF Convert Spectra 面板

提示：以第 14.2.6 节中 "基于 PPI 的端元提取" 得到的端元作为输入波谱。

（6）单击 Apply 按钮，经过 MNF 变换的端元波谱显示在 Forward MNF Spectra 窗口中（图 14.36）。

提示：端元波谱的波段范围会自动重采样，与图像文件的波段范围一致。

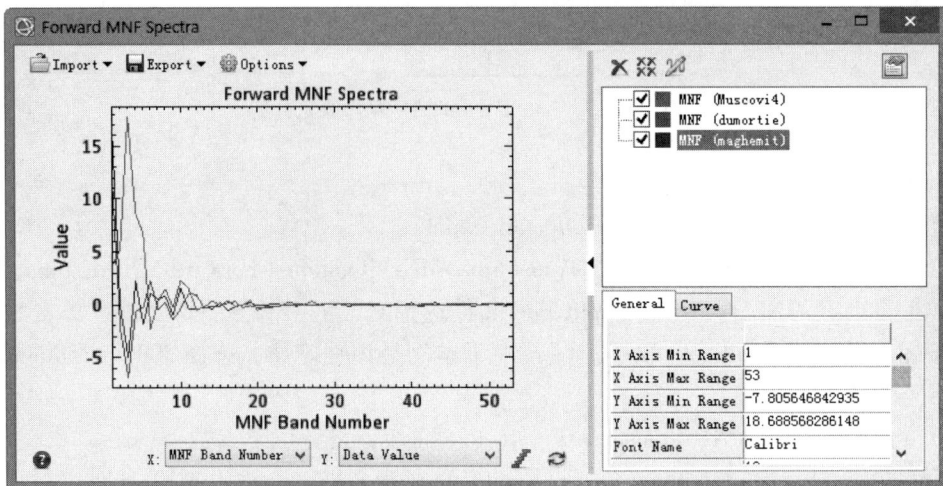

图 14.36　Forward MNF Spectra 窗口

（7）在 Forward MNF Spectra 窗口中，选择 Export→Spectral Library，保存端元波谱。

第二步　MTMF 分解

（1）在 Toolbox 工具箱中，双击 Spectral→Mapping Methods→Mixture Tuned Matched Filtering 工具，在 Mixture Tuned Matched Filtering Input File 对话框中选择 MNF 变换结果文件。单击 OK 按钮，打开 Endmember Collection 面板。

（2）在 Endmember Collection 面板中，选择 Import→from Spectral Library file，选择第一步经过 MNF 变换的端元波谱。

（3）回到 Endmember Collection 面板中，单击 Apply 按钮。

（4）在 Mixture Tuned Matched Filter Parameters 面板（图 14.37）中，选择 Use Sub-space Background 选项，选择输出结果路径及文件名。

（5）单击 OK 按钮，执行处理过程。

第三步 分析结果图像

（1）在主界面中，选择 Display→2D Scatter Plots，在 2D Scatter Plot 面板中，选择"MF Score Muscovi4"作为 Band X，"Infeasibility Muscovi4"作为 Band Y，右边窗口显示 Muscovi4 的匹配滤波分数值（MF Score）波段与不可行性（infeasibility）波段的散点图。

（2）圈出 MF 分数值高、不可行性低的所有像素（图 14.38）。单击 Export 按钮，生成 Muscovi4 的感兴趣区。

（3）重复（1）~（3）步骤，生成 Dumortie 和 Maghemit 的感兴趣区。

至此，将这 3 种矿物从高光谱图像中分离出来了。通过类似的操作过程，选择最小能量约束、正交子空间投影等方法也可分离这 3 种矿物。

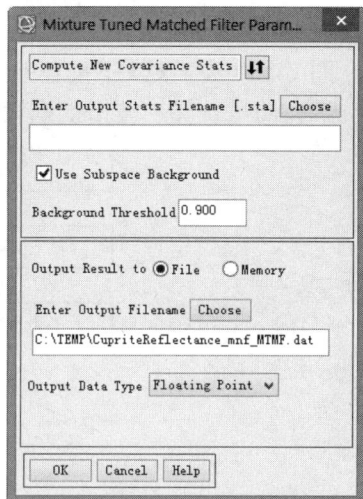

图 14.37 Mixture Tuned Matched Filter Parameters 面板

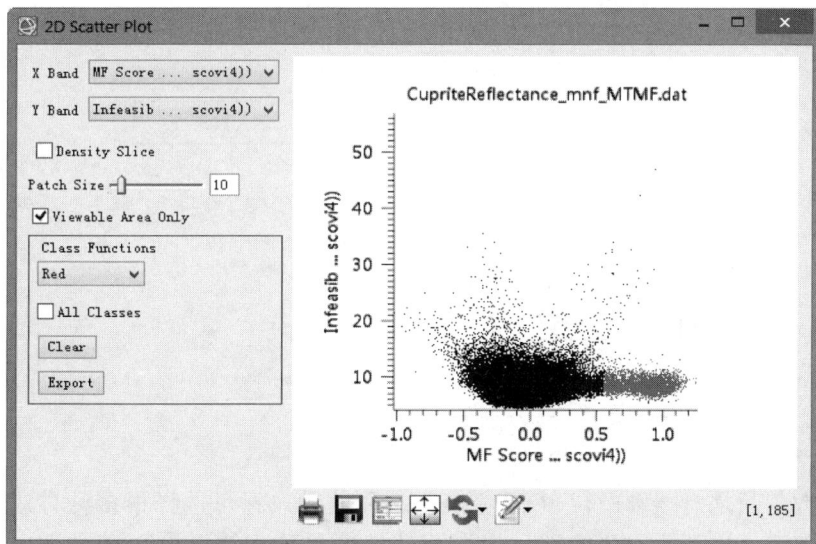

图 14.38 Muscovi4 分解结果的 MF Score 与 Infeasibility 散点图

14.4 地物识别与目标探测

从高光谱图像的每个像元均可以获取一条连续的波谱曲线，就可以考虑用已知的波谱曲线去识别图像中的地物，这也是高光谱遥感最大的优点。高光谱图像分类也属于地物识别范畴，分类更多关注的是地物覆盖和物质成分，目标识别和探测是对特定对象的搜索，其结果是"有"或者"没有"。

14.4.1　波谱识别流程

图 14.39 为 ENVI 下推荐使用的波谱识别流程，大致可以分为 4 个部分：数据维数判断、端元波谱选择、波谱识别和结果分析。

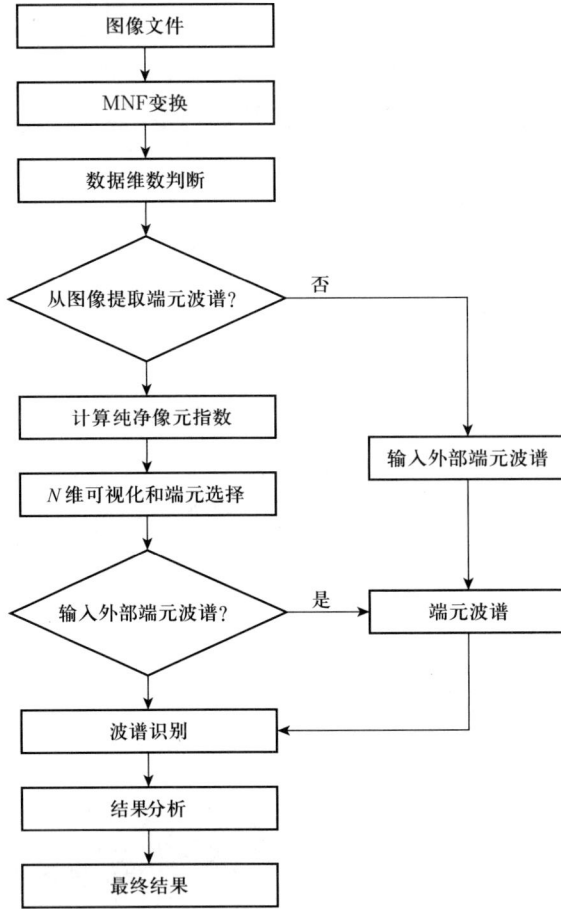

```
        ┌──────────────────┐
        │     图像文件      │
        └──────────────────┘
                 │
        ┌──────────────────┐
        │     MNF 变换      │
        └──────────────────┘
                 │
        ┌──────────────────┐
        │   数据维数判断    │
        └──────────────────┘
                 │
        ◇────────────────◇      否
        ＜ 从图像提取端元波谱? ＞ ──────────────┐
        ◇────────────────◇                      │
                 │                               │
        ┌──────────────────┐          ┌──────────────────┐
        │  计算纯净像元指数  │          │  输入外部端元波谱  │
        └──────────────────┘          └──────────────────┘
                 │                               │
        ┌──────────────────┐                     │
        │ N 维可视化和端元选择│                     │
        └──────────────────┘                     │
                 │                               │
        ◇────────────────◇      是    ┌──────────────────┐
        ＜ 输入外部端元波谱? ＞ ──────→ │    端元波谱       │
        ◇────────────────◇            └──────────────────┘
                 │                               │
        ┌──────────────────┐ ←──────────────────┘
        │     波谱识别       │
        └──────────────────┘
                 │
        ┌──────────────────┐
        │     结果分析       │
        └──────────────────┘
                 │
        ┌──────────────────┐
        │     最终结果       │
        └──────────────────┘
```

图 14.39　ENVI 的波谱识别流程

数据维数判断是对图像进行 MNF 变换；端元波谱选择可选择很多种方法，流程图上标识了两种方法——基于 PPI 的端元提取和从外部源（如波谱库）获取，也可以选择基于几何顶点的端元提取、基于 SMACC 的端元提取等方法；波谱识别也有很多可选方法，包括前面章节中介绍的常见高光谱分类方法和高级高光谱分析方法。

整个流程可以结合 Spectral 菜单中的相应的子菜单完成，ENVI 也将整个流程整合到了流程化的波谱沙漏工具中（Spectral Hourglass Wizard）。

14.4.2　基于波谱沙漏工具的矿物识别

波谱沙漏工具（Spectral Hourglass Wizard）将图 14.39 所示流程中的所有步骤集中在一个界面下完成。下面以高光谱数据中提取矿物信息为例，介绍 ENVI 中的波谱识别过程，用到的数据为经过大气校正的 HyMap 高光谱数据（参见实验数据光盘\第 14 章 高光谱与波谱分析技术\2-矿物识别）。

第一步 启动波谱沙漏工具与输入文件

（1）在 Toolbox 工具箱中，双击 Spectral→Spectral Unmixing→Spectral Hourglass Wizard 工具，打开波谱沙漏工具（第一个界面是整个流程的说明），单击 Next 按钮。

（2）单击 Select Input File 按钮，选择 HyMap 高光谱数据"cup99hy. eff"。

（3）单击 Output Root Name 按钮，选择结果输出目录，单击 Next 按钮，进入 FOR-WARD MNF TRANSFORM 步骤。

第二步 数据维数判断

（1）选择默认 MNF 输出波段（Number of output MNF bands），单击 Next 按钮，执行 MNF 变换，计算完成后进入 VIEW MNF RESULTS 步骤。

（2）单击 Load MNF Result to ENVI Display 按钮查看 MNF 结果。显示亮、颜色纯像元是占优势的纯净像元。

（3）单击 Load Animation of MNF Bands 按钮可以动态浏览 MNF 结果。后面的波段基本上是噪声。

（4）单击 Next 按钮，进入 DETERMINE DATA DIMENSIONALITY 步骤（图 14.40）。

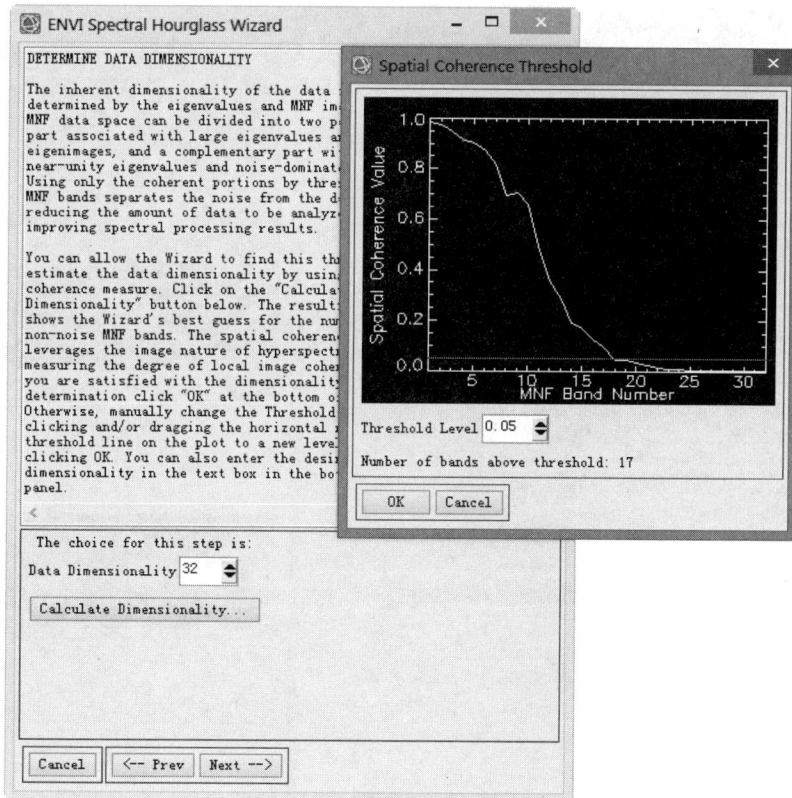

图 14.40 数据维数判断界面

（5）单击 Calculate Dimensionality 按钮，设定 Spatial Coherence 阈值判定数据维数，选择默认参数，单击 OK 按钮，获得数据维数。

（6）单击 Next 按钮，进入 DERIVE OR SELECT ENDMEMBERS 步骤。

说明：重新计算数据的维数，可以实现数据的降维，分离噪声，减少计算量。可以根据特征值（大于 1）判断，也可以根据 Spatial Coherence（正接近 0.0）判断。

第三步　端元波谱选择

（1）在 DERIVE OR SELECT ENDMEMBERS 步骤中，设置"Derive Endmembers from Image?"选项为"Yes"，单击 Next 按钮，进入 PIXEL PURITY INDEX 步骤，设置以下参数：

- Number of PPI Iterations：10000。
- PPI Threshold Value：2.5。
- PPI Maximum Memory use value：100。

单击 Next 按钮，执行 PPI 指数计算。

（2）PPI 指数计算完成之后进入 EXAMINE PPI RESULTS 步骤，选择默认参数设置（参与 n 维可视化工具的最大 PPI 像元数），单击 Next 按钮，进入 N-DIMENSIONAL VISUA-LIZER 步骤（图 14.41）。

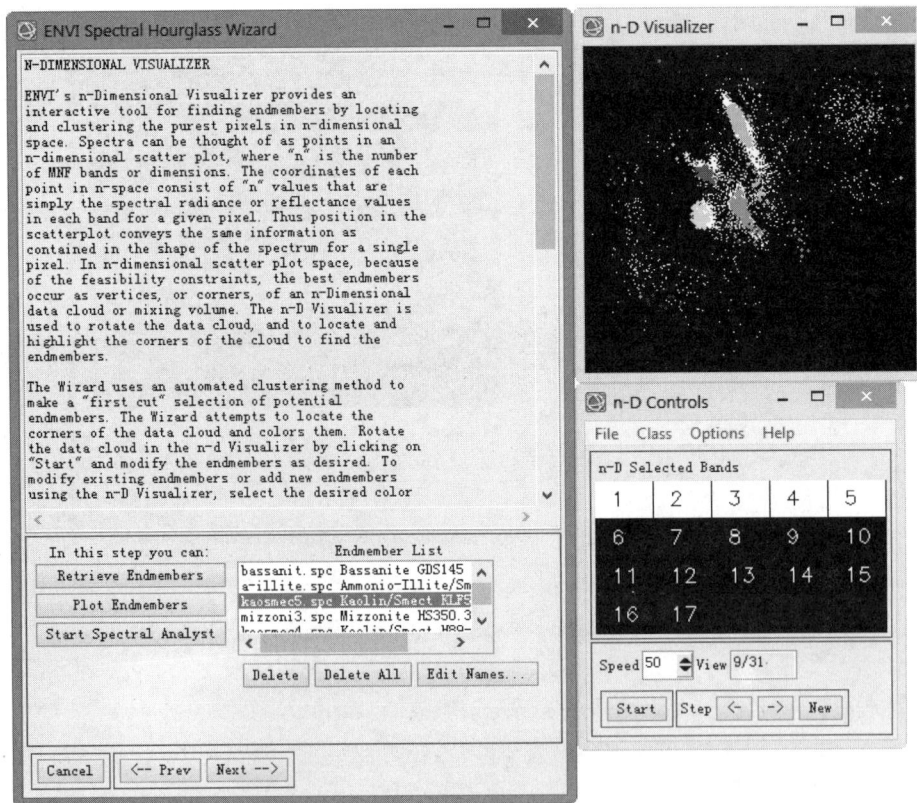

图 14.41　N-DIMENSIONAL VISUALIZER 步骤

（3）系统自动从 n-D Visualizer 窗口中选择端元波谱并以不同颜色表示，结合 n 维可视化工具提供的功能对自动选择的端元波谱进行编辑。

（4）单击 Retrieve Endmembers 按钮，将选择的端元波谱加入，并自动显示在 Endmember List 中。

（5）单击 Plot Endmembers 按钮，将选择的端元波谱绘制在窗口中。

（6）单击 Start Spectral Analyst 按钮，选"usgs_min. sli"波谱库作为参照波谱对端元波谱进行识别。

（7）在 Endmember List 中，双击需要识别的端元波谱，自动加载到 Spectral Analyst 面板中识别，并将最高得分的波谱名称自动加载到 Edit Endmember Name 面板中，如果对名称没有异议，单击 OK 按钮，完成一个端元的识别。

（8）单击 Next 按钮，进入 USER SUPPLIED ENDMEMBERS 步骤，设置是否选择外部端元波谱选项（User supplied Endmembers?）为"No"。

（9）单击 Next 按钮，进入 MAPPING METHODS 步骤。

第四步　波谱识别

（1）在 MAPPING METHODS 步骤中，提供了 SAM、MTMF 和 Unmixing 3 种分析方法（这几种方法的详细说明参考"高光谱分类与分析技术"相关章节），选择默认设置，单击 Next 按钮。

（2）当完成分析后，进入 INVESTIGATE MTMF RESULTS 步骤（图 14.42）。

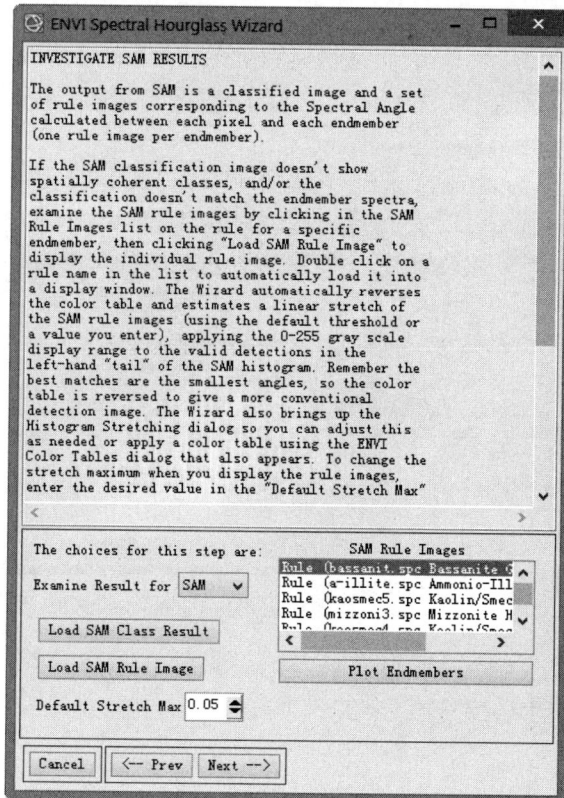

图 14.42　INVESTIGATE MTMF RESULTS 面板

第五步　分析结果

（1）在 Examine Result for 列表中选择 SAM，单击 Load SAM Class Result 选项，在 Display 窗口中显示 SAM 分类结果。

（2）在 Examine Result for 列表中选择 MTMF，在 MTMF Rule Images 列表中选择相应的 MF Score，单击 Load MTMF Rule Image 按钮，自动对 MF Score 值大的部分进行拉伸显示，并显示 MF Score 和 Infeasibility 散点图，在散点图上选择 MF Score 值大和 Infeasibility 值小的点云，也就是右下部分点云。

（3）在 Examine Result for 列表中选择 Unmix 方法，单击 Load Unmix Abundance Image 按钮，将丰度图像显示在 Display 窗口中，拉伸显示丰度值较大的范围。

（4）单击 Next 按钮，显示波谱沙漏工具的整个操作概述。

（5）单击 Finish 按钮，完成整个波谱识别过程。得到的结果保存在根目录下并显示在波段列表中。

提示：① SAM 法得到的是分类结果，每个像元值表示端元波谱的名称。② MTMF 法得到结果是每个端元波谱的 MF 匹配度和 Infeasibility 值，可利用散点图选择较好的识别结果。③ Unmixing 法得到的结果是丰度图像，像元值表示端元波谱所占的比重。

此外，ENVI 提供一个自动波谱沙漏工具，所有的参数都在一个面板中设置。在 Toolbox 工具箱中双击 Spectral→Spectral Unmixing→Automated Spectral Hourglass 工具，选择要进行分析的高光谱数据，单击 OK 按钮，打开 Automated Hourglass Parameters 面板（图 14.43）。设置好每一步的参数后单击 OK 按钮，执行波谱识别过程。

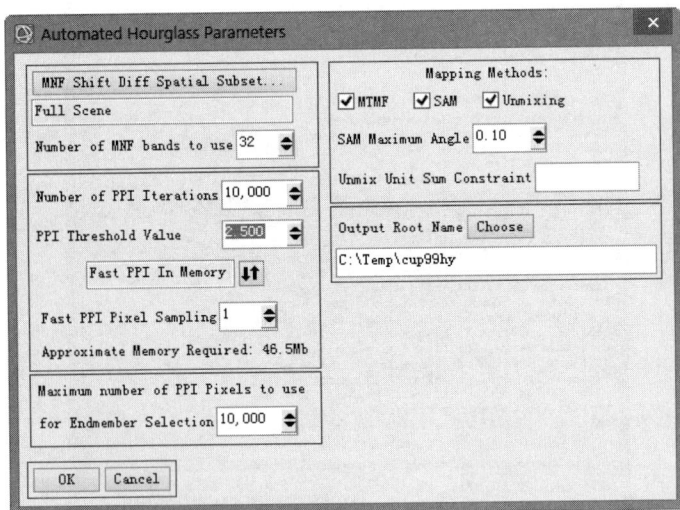

图 14.43　Automated Hourglass Parameters 面板

14.4.3　去伪装目标探测

去伪装目标探测是利用高光谱图像的地物识别能力，从图像上探测遮掩或者伪装的目标，如某种特殊物质、矿物甚至军事目标等。

下面以从图像上探测一个目标为例（参见实验数据光盘\第14章 高光谱与波谱分析技术\3-目标探测），介绍 ENVI 的 Target Detection Wizard 工具的操作。示例数据是包含384 个波段，波段覆盖 382～2500 nm 的高光谱数据。主要过程为：从图上目视解译一个目标（也可以是多个目标），以这个目标的平均波谱作为参考，搜索整个图像，识别具有类似或者相同波谱的目标。

首先准备目标波谱/背景波谱：

（1）打开高光谱数据"nvis_sub1_hsi. img"。

（2）在图层管理器（Layer Manager）中"nvis_sub1_hsi. img"图层上右键选择 New Region of Interest 选项，打开 ROI Tool，在 ROI Tool 中修改 ROI Name：target 1。

（3）在 ENVI 主界面工具栏的 Go to 文本框中输入：130，650，回车定位到一辆装甲车目标。绘制这个目标的一个多边形 ROI。

第一步 选择输入/输出文件

（1）在 Toolbox 工具箱中，双击 Target Detection/Target Detection Wizard 工具。第一个面板显示的是整个流程的描述，单击 Next 按钮。

（2）单击 Select Input File 按钮，选择高光谱数据。

（3）单击 Select Output Root Name 按钮，选择输出结果的根目录。

（4）单击 Next 按钮，进入 Atmospheric Correction 步骤。

第二步 大气校正

本例使用的数据已经经过大气校正，选择 None→Already Corrected 选项，单击 Next 按钮，进入 Select Target Spectra 步骤（图14.44）。

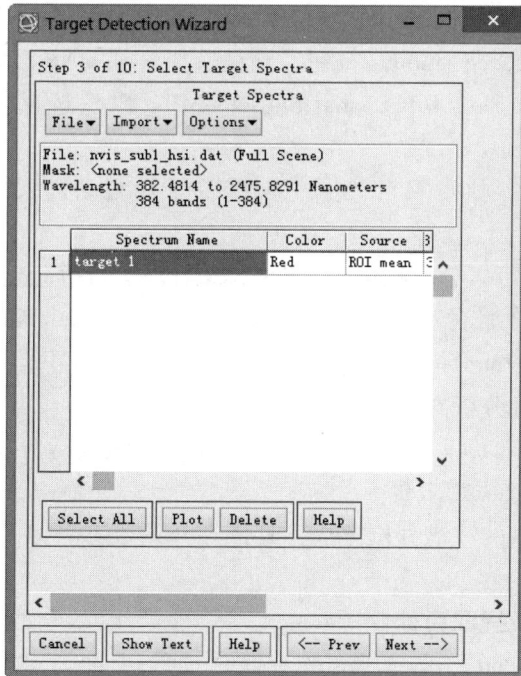

图14.44 Select Target Spectra 步骤

提示：图 14.44 所示面板提供了快速大气校正（QUAC）、几个基于统计学的大气校正方法（IAR Reflectance、Log Residuals、Flat Field、Empirical Line）和简化的黑暗像元法（Dark Subtraction）（几种大气校正方法的详细说明参考本书第 13 章"辐射定标与大气校正"的相关内容）。

第三步　输入目标波谱

选择 Import→From ROI/evf from Input file，选择第一步选取的目标感兴趣区。单击 Next 按钮进入 Select Non-Target Spectra 步骤。

提示：① 如果需要探测多个目标，则输入多个目标的波谱，单击 Select All 选择列表中所有目标波，单击 Next 按钮，执行下一步操作。

② 当需要使用 Orthogonal Subspace Projection（OSP）、Target–Constrained Interference–Minimized Filter（TCIMF）和 Mixture Tuned Target–Constrained Interference–Minimized Filter（MTTCIMF）3 种波谱分析方法时，至少需要两个目标波谱。

第四步　输入背景波谱

选择易与目标波谱混淆的波谱作为背景波谱，可以提高探测精度。本示例选择"No"（不选择背景波谱），单击 Next 按钮，进入 Apply MNF Transform 步骤。

提示：选择需要使用 Orthogonal Subspace Projection（OSP）、Target–Constrained Interference–Minimized Filter（TCIMF）和 Mixture Tuned Target–Constrained Interference–Minimized Filter（MTTCIMF）3 种波谱分析方法时，不能选择背景波谱。

第五步　运行 MNF 变换

（1）设置"Apply MNF Transform?"选项为"Yes"。

（2）单击 Show Advanced Options 按钮，默认选择全部 MNF 波段。

（3）单击 Noise Stats Shift Diff Spatial Subset 按钮，默认选择全部图像区域用于统计噪声。

（4）单击 Next 按钮，执行 MNF 变换。计算完成后自动进入 Target Detection Methods 步骤（图 14.45）。

提示：① MNF 变换可以分离噪声，对数据降维以减少计算量。

② 如果选择"No"，那么不能选择 Mixture Tuned Matched Filter（MTMF）和 Mixture Tuned Target–Constrained Interference–Minimized Filter（MTTCIMF）识别方法。

第六步　选择及运行分析方法

选择 CEM、ACE 和 MTMF 3 种方法，单击 Next 按钮执行分析，之后自动进入 Load Rule Images and Preview Result 步骤。

提示：这个面板提供的波谱分析方法，其详细介绍可参考第 14.3 节"高光谱图像分类与分析技术"的相关内容。

第七步　浏览结果及提取目标

在 Load Rule Images and Preview Result 步骤中（图 14.46），"Target"列表中显示所有探测目标参考波谱，在"Method"列表中选择相应分析方法，得到的规则自动显示在 Display 窗口中，选择规则阈值或者在散点图上选择点云将目标分离。

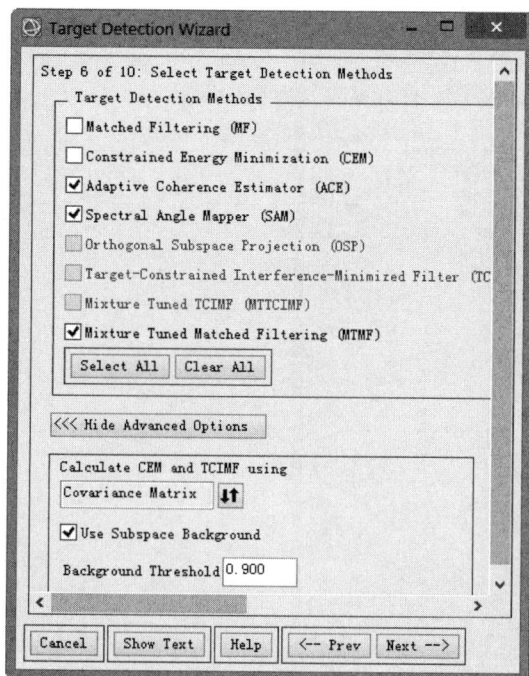

图 14.45　Target Detection Methods 步骤　　图 14.46　Load Rule Images and Preview Result 步骤

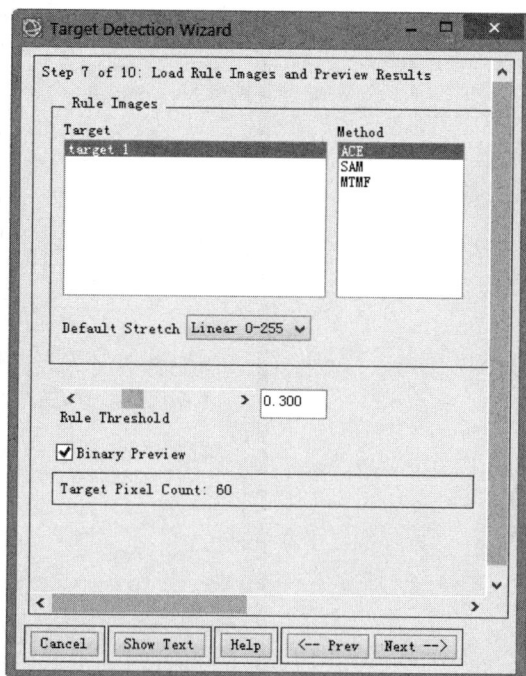

（1）在 Method 列表中选择 CEM，规则阈值（Rule Threshold）：0.2。

（2）在 Method 列表中选择 ACE，规则阈值（Rule Threshold）：0.1。

（3）在 Method 列表中选择 MTMF，会自动生成一个 MF Scores 和 Infeasibility Values 的散点图，选择 MF Scores 值大和 Infeasibility Values 值小的点云，也就是散点图右下角部分的点云，就是探测到的目标。

（4）单击 Next 按钮，执行从规则图像中分离目标，进入 Filter Targets 步骤。

提示：① 对于 MF、CEM、ACE、SAM、OSP 和 TCIMF 方法，ENVI 自动生成默认值阈值。当手动修改阈值时，调整阈值越小，得到的目标点越多，"假目标"也越多，重新获取的目标点会在图上高亮显示。SAM 方法刚好相反。

② 对于 MTTCIMF 和 MTMF 方法，ENVI 自动生成 MF Scores 和 Infeasibility Values 的整个图像的散点图。用鼠标左键绘制多边形区域选择点云，鼠标右键结束选择。鼠标中键拉框可放大点云，单击中键回到上一个视图，同时，之前选择的点云被取消。当选择错误时，可使用这个功能重新选择点云。

第八步　结果后处理

在 Filter Targets 步骤中，按照默认设置单击 Next 按钮，进入 Export Results 步骤（图 14.47）。

说明：这一步提供分类后处理的方法（Clumping 和 Sieving）用于去除结果中的小斑点。Clumping 是用卷积的方法定性地去除小斑点；Sieving 是用定性的方法去除小斑点，通过设置最小聚类像素个数（Group Min Threshold）移除小斑点。

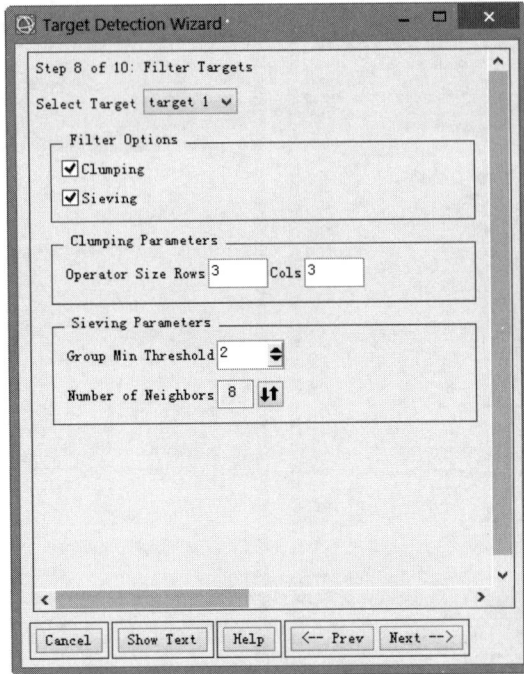

图 14.47　Filter Targets 面板

第九步　输出结果

可以将探测结果输出为感兴趣区（ROI）和矢量（Shapefile），按照默认（ROI）单击 Next 按钮，进入最后一个面板"View Statistics and Report"，自动统计探测的结果，且探测的所有结果自动加载到 ROI Tool 中并显示在图上。定位探测结果（169，163）是一个树林掩盖的目标。

提示：整个流程都可以使用 Prev 按钮回到上一步操作。

ENVI 还提供基于 BandMax 的 SAM 目标探测工具（Target Detection/SAM Target Finder with BandMax），也是采用流程化的向导式操作，主要有以下几个步骤：

（1）选择输入/输出文件。

（2）选择目标波谱。

（3）选择需要抑制的背景波谱信息。

（4）利用 BandMax 计算有效波段——识别对 SAM 分析有效的波段（当选择了背景波谱信息时）。

（5）定义 SAM 最大角并执行 SAM 分析。

（6）检验 SAM 结果以及成果检验。

14.5　植 被 分 析

植被既是陆地生态系统的主体，也是人类重要的环境资源和物质资源。遥感技术逐渐成为植被监测的主要手段，本节介绍植被遥感的基础知识和 ENVI 的植被分析工具。

14.5.1　植被与植被波谱特征

用遥感技术来分析植被需要了解植被结构和特性与植被波谱特征的关系。植被跟太阳辐射的相互关系有别于其他物质（如裸土、水体等），如植被的"红边"现象，即在小于 700 nm 附近强吸收，在大于 700 nm 高反射。很多因素影响植被对太阳辐射的吸收和反射，包括波长、含水量、色素、养分、碳等。因此，可以结合不同波长范围的反射率来增强植被特征，如植被指数（vegetation indices，VI）的计算。

研究植被的波长范围一般为 400~2500 nm，这也是传感器设计选择的波长范围。这个波长范围包括以下 4 个部分：

- 可见光（visible）：400~700 nm。
- 近红外（near-infrared，NIR）：700~1300 nm。
- 短波红外 1（shortwave infrared 1，SWIR-1）：1300~1900 nm。
- 短波红外 2（shortwave infrared 2，SWIR-2）：1900~2500 nm。

其中，NIR 和 SWIR-1 的过渡区（1400 nm 附近）是大气水的强吸收范围，卫星或者航空传感器一般不获取这个范围的反射值。SWIR-1 和 SWIR-2 的过渡区（1900 nm 附近）也是大气水的强吸收范围。

植被可分为 3 个部分：植物叶片（plant foliage）、植被冠层（plant canopies）和非光合作用植被（non-photosynthetic vegetation）。这 3 个部分是植被分析的基础，下面对它们详细介绍。

1. 植物叶片

植物叶片包括叶、叶柄以及其他绿色物质，不同种类的叶片具有不同的形状和化学成分。对波谱特征产生重要影响的主要化学成分包括叶色素（pigments）、含水量（water-content）、碳（carbon）和氮（nitrogen），这也是遥感反演的基础，如用植被指数来估算叶子的化学成分。

1）叶色素

叶色素主要包括叶绿素、叶黄素和花青素，这些都是植被是否健康的指标。例如，含高浓度叶绿素的植被一般很健康；相反，叶黄素和花青素常常出现在健康状况较差的植被，濒临死亡的植被呈现红色、黄色或棕色。

叶色素只影响可见光部分（400~700 nm），图 14.48 为几种叶色素在可见光范围的相对波谱吸收特征。

2）含水量

叶片的几何特性、冠层结构和对水的需求影响植被的含水量。水分对植被反射率的影响波段范围在 NIR 和 SWIR（图 14.49），在 1400 nm 和 1900 nm 附近有吸收波谷，但是传感器一般会避开这两个波段范围；在 970 nm 和 1190 nm 附近有强吸收特征，可利用这两个波段范围监测植被水分。

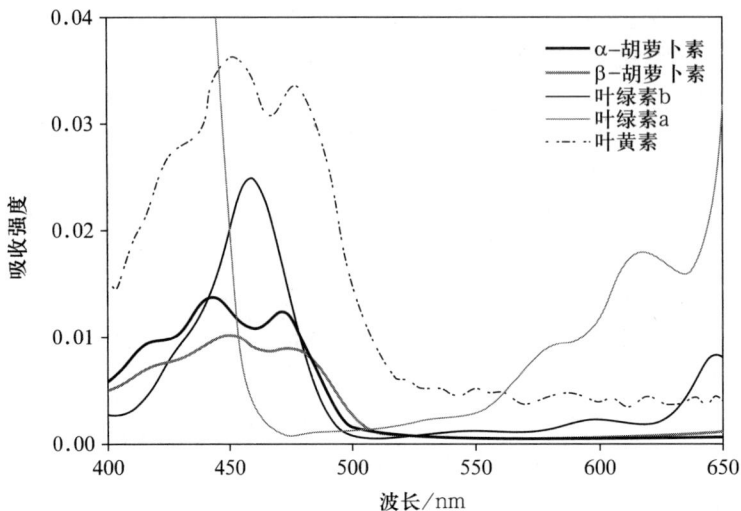

图 14.48　部分叶色素的相对波谱吸收特征

3）碳

植物中的碳以很多形式存在，包括糖、淀粉、纤维素和木质素等。纤维素和木质素的吸收特征表现在短波波谱范围（图 14.49）。

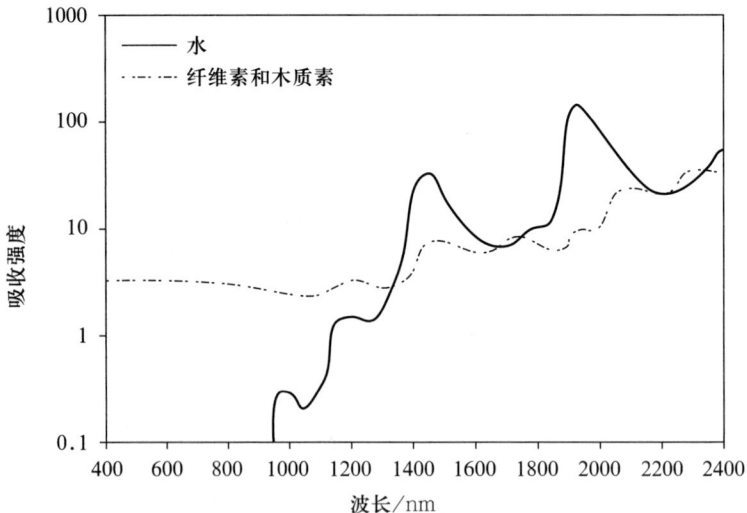

图 14.49　叶片水和碳（纤维素和木质素）相对波谱吸收特征

4）氮

叶片中的氮元素一般包含在叶绿素、蛋白质以及其他分子中。植被指数对包含在叶绿素中的氮元素很敏感（大约含 6% 氮）。包含在蛋白质中的氮元素在 1500 ~ 1720 nm 范围内对叶片波谱特征影响比较大。

从以上可以看出，植被与辐射的相互作用主要体现在叶片的波谱特征。因此，在可见光谱段内，太阳辐射的吸收主要来自叶绿素、叶黄素和花青素，形成 450 nm 和 670 nm 附近的吸收谷；在近红外谱段内，太阳辐射的吸收主要来自水分，形成 970 nm 和 1190 nm 两个水吸收带；在短波红外谱段内，除了水分，各种形式存在的碳和氮也对太阳辐射的吸收有一定的贡献，形成 1400 nm 和 1900 nm 的吸收谷。图 14.50 是叶片反射率与透射率的对比，木本植被和草本植被在色素、水分、氮等含量不一样，反射率与透射率的关系也不一样。

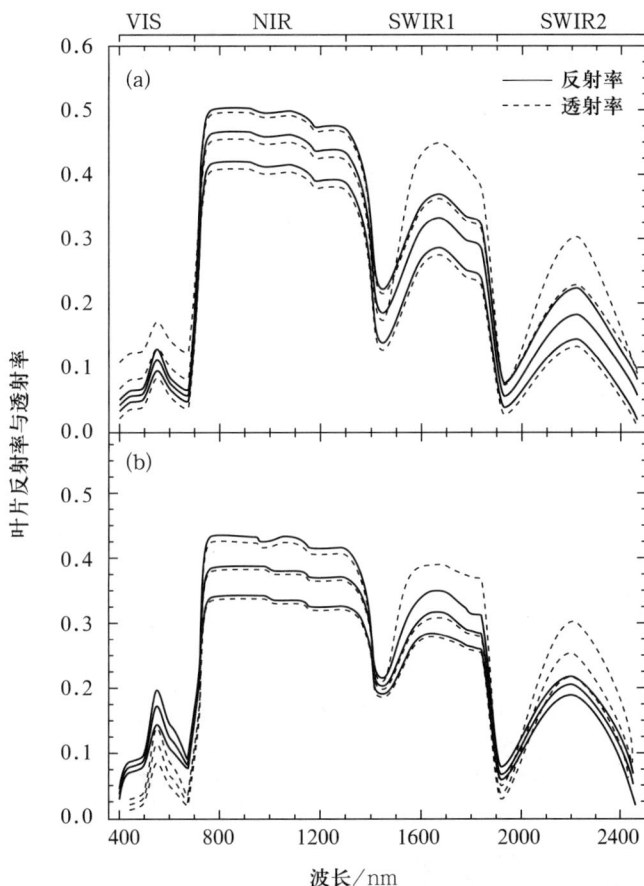

图 14.50　木本植物（a）和草本植物（b）的叶片反射率与透射率

2. 植被冠层

单片叶子的反射特性对植被冠层波谱特征是重要的，此外，叶子数量和冠层结构对植被冠层的散射、吸收也有重要的影响。例如，不同的生态系统中虽然单片叶子很类似，但森林、草原或农业用地等都具有不同的反射特性。

有很多植被模型用于描述冠层波谱特征，最重要的两个是叶面积指数（LAI）和叶倾角分布（LAD）。LAI 指单位面积的地上绿叶面积，表现了冠层中绿色植被的总数；LAD 描述树叶所有类型的定向，常用平均叶倾角（MLA）近似表示。MLA 表示冠层中的每片叶子角度与水平方向的差值的平均值。

图 14.51 表示 LAI 和 LAD 对植被冠层的影响，MLA 近似 LAD。在近红外谱段内，植被强反射太阳辐射，植被冠层在可见光和 SWIR-2 强吸收。使用可见光和 SWIR-2 的植被指数对上层林冠非常敏感。

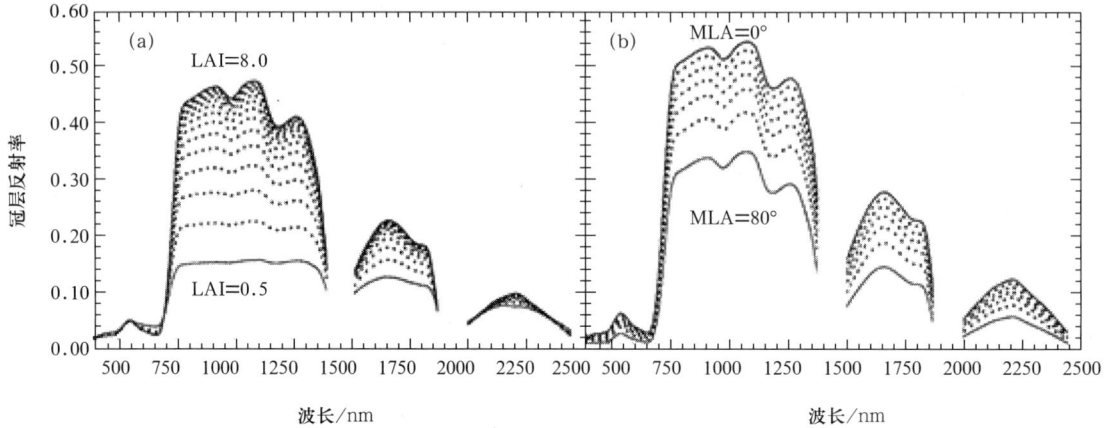

图 14.51　LAI（a）和 MLA（b）的增减对植被冠层的影响

3. 非光合作用植被

前面讨论的是活的绿色植被，在自然界里，衰老或死亡植被占了全球植被覆盖的一半，它们被称为非光合作用植被（NPV）。NPV 的冠层也具有木本森林结构，如树干、茎和树枝等。

NPV 主要包含碳元素，以淀粉、纤维素和木质素形式存在，NPV 的波谱特征主要受这些物质支配。在短波红外内的波动比较大，与绿色植被相反，SWIR-1 和 SWIR-2 范围内散射占主导。图 14.52 显示了绿色植被和 NPV 冠层光谱特征。

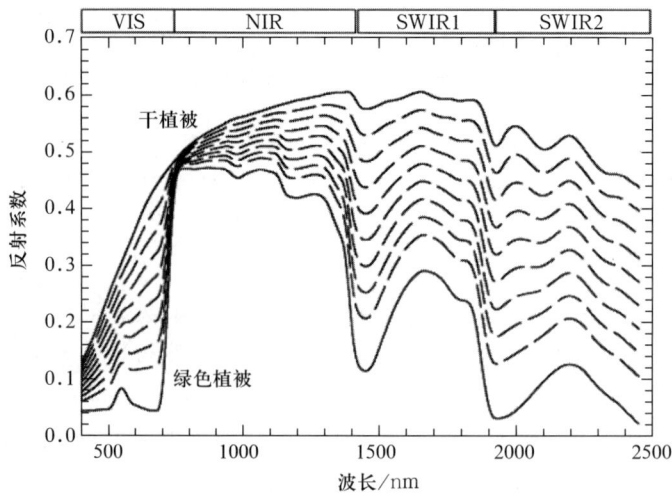

图 14.52　透射绿色植被和干植被的冠层反射特征变化（400～2500 nm）

14.5.2 植被指数

植被指数是两个或多个波长范围内的地物反射率的组合运算，以增强植被某一特性或者细节。目前，在科学文献中发布了超过 150 种植被指数模型，这些植被指数中只有极少数经过系统的实践检验。

所有的植被指数要求从高精度的多波谱或者高光谱反射率数据中计算。未经大气校正的辐射亮度或者无量纲的 DN 值数据不适合计算植被指数。

ENVI 提供了 27 种植被指数，分为 7 类。这些植被指数都经过了严格生物条件下的测试。下面介绍 ENVI 中的植被指数，包括每种指数的计算算法、波段范围、用法和局限性。

1. 宽带绿度

宽带绿度指数（Broadband Greenness Index）可以简单度量绿色植被的数量和生长状况，它对植物的叶绿素含量、叶片表面冠层和冠层结构比较敏感，这些都是植被光合作用的主要物质，与光合有效辐射也有关系。宽带绿度指数（表 14.5）常用于植被物候发育的研究、土地利用和气候影响评估以及植被生产力建模等。

宽带绿度指数选择的波段范围在可见光和近红外，一般的多光谱数据都包含这些波段。下面的公式中规定波段的中心波长：$\rho_{NIR} = 800$ nm，$\rho_{RED} = 680$ nm，$\rho_{BLUE} = 450$ nm。

表 14.5　宽带绿度指数

植 被 指 数	基 本 描 述
归一化植被指数	增加在近红外波段范围绿叶的散射与红色波段范围叶绿素吸收的差异
比值植被指数	在近红外波段范围绿叶的散射与红色波段范围叶绿素吸收的比值
增强植被指数	增强 NDVI，解决土壤背景和大气气溶胶对茂密植被的影响
大气阻抗植被指数	增强 NDVI，更好地解决大气散射的影响
绿波段总和指数	绿色波段范围的整体光散射对植被冠层间隙的敏感度

1）归一化植被指数

归一化植被指数（Normalized Difference Vegetation Index，NDVI）是众所周知的一种植被指数，在 LAI 值很高，即植被茂密时，其灵敏度会降低。计算公式为

$$\text{NDVI} = \frac{\rho_{NIR} - \rho_{RED}}{\rho_{NIR} + \rho_{RED}} \tag{14.3}$$

NDVI 值的范围是 $-1 \sim 1$，一般绿色植被区的范围是 $0.2 \sim 0.8$。

2）比值植被指数

比值植被指数（Simple Ratio Index，SR）也是众所周知的一种植被指数，在 LAI 值很

高，即植被茂密时，其灵敏度会降低。计算公式为

$$SR = \frac{\rho_{NIR}}{\rho_{RED}} \tag{14.4}$$

SR 值的范围是 0~30，一般绿色植被区的范围是 2~8。

3）增强植被指数

增强植被指数（Enhanced Vegetation Index，EVI）通过加入蓝色波段以增强植被信号，矫正土壤背景和气溶胶散射的影响。EVI 常用于 LAI 值高，即植被茂密区。计算公式为

$$EVI = 2.5\left(\frac{\rho_{NIR} - \rho_{RED}}{\rho_{NIR} + 6\rho_{RED} - 7.5\rho_{BLUE} + 1}\right) \tag{14.5}$$

EVI 值的范围是 -1~1，一般绿色植被区的范围是 0.2~0.8。

4）大气阻抗植被指数

大气阻抗植被指数（Atmospherically Resistant Vegetation Index，ARVI）是对 NDVI 的改进，它使用蓝色波段矫正大气散射的影响（如气溶胶）。ARVI 常用于大气气溶胶浓度很高的区域，如烟尘污染的热带地区或原始刀耕火种地区。计算公式为

$$EVI = \frac{\rho_{NIR} - (2\rho_{RED} - \rho_{BLUE})}{\rho_{NIR} + (2\rho_{RED} - \rho_{BLUE})} \tag{14.6}$$

ARVI 值的范围是 -1~1，一般绿色植被区的范围是 0.2~0.8。

5）绿度总和指数

绿度总和指数（Sum Green Index，SG）是用于探测绿色植被变化的最简单的植被指数。由于在可见光范围内绿色植被对光强吸收，SG 指数对稀疏植被的小变化非常敏感。SG 指数是 500~600 nm 范围内平均光谱反射率。总和最后会被转化回反射率。值的范围是 0~50，一般植被区域是 10~25。

2. 窄带绿度

窄带绿度指数（Narrowband Greenness Index）对叶绿素含量、叶片表面冠层、叶聚丛和冠层结构非常敏感。它使用了红光与近红外区域部分——"红边"。红边是介于 690~740 nm 的区域，包括吸收与散射。它比宽带绿度指数更加灵敏，特别是对于茂密植被（表 14.6）。

表 14.6　窄带绿度指数

植被指数	基本描述
红边归一化植被指数	使用红边波段的改进型 NDVI
改进红边比值植被指数	使用红边和蓝色波段比值
改进红边归一化植被指数	使用蓝色波段，补偿了光散射

植 被 指 数	基 本 描 述
Vogelmann 红边指数 1	标示红光至近红外过渡的交接处，指示树冠压力
Vogelmann 红边指数 2	标示近红外过渡形状，指示树冠胁迫性和衰老迹象
Vogelmann 红边指数 3	标示近红外过渡形状，指示树冠胁迫性和衰老迹象
红边位置指数	在红外过渡定位最大衍生物，对叶绿素浓度非常敏感

1）红边归一化植被指数

红边归一化植被指数（Red Edge Normalized Difference Vegetation Index，$NDVI_{705}$）是 NDVI 的改进型，它对叶冠层的微小变化、林窗片断和衰老非常灵敏，可用于精细农业、森林监测和植被胁迫性探测等。计算公式为

$$NDVI_{705} = \frac{\rho_{750} - \rho_{705}}{\rho_{750} + \rho_{705}} \tag{14.7}$$

$NDVI_{705}$值的范围是 $-1 \sim 1$，一般绿色植被区的范围是 $0.2 \sim 0.9$。

2）改进红边比值植被指数

改进红边比值植被指数（Modified Red Edge Simple Ratio Index，mSR_{705}）改正了叶片的镜面反射效应，可用于精细农业、森林监测和植被胁迫性探测等。计算公式为

$$mSR_{705} = \frac{\rho_{750} - \rho_{445}}{\rho_{705} + \rho_{445}} \tag{14.8}$$

mSR_{705}值的范围是 $0 \sim 30$，一般绿色植被区的范围是 $2 \sim 8$。

3）改进红边归一化植被指数

改进红边归一化植被指数（Modified Red Edge Normalized Difference Vegetation Index，$mNDVI_{705}$）是 $NDVI_{705}$的改进型，它考虑了叶片的镜面反射效应。它对叶冠层的微小变化、林窗片断和衰老非常灵敏，可用于精细农业、森林监测和植被胁迫性探测等。计算公式为

$$mNDVI_{705} = \frac{\rho_{750} - \rho_{705}}{\rho_{750} + \rho_{705} - 2\rho_{445}} \tag{14.9}$$

$mNDVI_{705}$值的范围是 $-1 \sim 1$，一般绿色植被区的范围是 $0.2 \sim 0.7$。

4）Vogelmann 红边指数 1

Vogelmann 红边指数 1（Vogelmann Red Edge Index 1，VOG1）对叶绿素浓度、叶冠层和含水量的综合非常敏感，可用于植物物候变化研究、精细农业和植被生产力建模。计算公式为

$$VOG1 = \frac{\rho_{740}}{\rho_{720}} \tag{14.10}$$

VOG1 值的范围是 $0 \sim 20$，一般绿色植被区的范围是 $4 \sim 8$。

5）Vogelmann 红边指数 2

Vogelmann 红边指数 2（Vogelmann Red Edge Index 2，VOG2）对叶绿素浓度、叶冠层和含水量的综合非常敏感，可用于植物物候变化研究、精细农业和植被生产力建模。计算公式为

$$VOG2 = \frac{\rho_{734} - \rho_{747}}{\rho_{715} + \rho_{726}} \qquad (14.11)$$

VOG2 值的范围是 0 ~ 20，一般绿色植被区的范围是 4 ~ 8。

6）Vogelmann 红边指数 3

Vogelmann 红边指数 3（Vogelmann Red Edge Index 3，VOG3）对叶绿素浓度、叶冠层和含水量的综合非常敏感，可用于植物物候变化研究、精细农业和植被生产力建模。计算公式为

$$VOG3 = \frac{\rho_{734} - \rho_{747}}{\rho_{715} + \rho_{720}} \qquad (14.12)$$

VOG3 值的范围是 0 ~ 20，一般绿色植被区的范围是 4 ~ 8。

7）红边位置指数

红边位置指数（Red Edge Position Index，REP）对植被叶绿素浓度变化非常敏感，叶绿素浓度增加使得吸收特征变宽及红边向长波段方向移动。红边位置在 690 ~ 740 nm 范围内急剧倾斜波长范围，一般植被在 700 ~ 730 nm。

REP 指数的结果输出是在 0.69 ~ 0.74 μm 波谱范围内植被红边区域内的反射率的最大导数的波长，常用于农作物监测和估产、生态系统干扰探测、光合作用模型和由气候或其他因素产生的冠层胁迫性。

3. 光利用率指数

光利用率指数（Light Use Efficiency Index）用来度量植被在光合作用中对入射光的利用效率（表 14.7）。光的利用效率直接与碳吸收效率、植被生长速度和光合有效辐射（fAPAR）有很大关系。

表 14.7　光利用率指数

植 被 指 数	基 本 描 述
光化学植被指数	对估算叶片类胡萝卜素（尤其是黄色色素）、叶片胁迫性和碳吸收效率非常有用
结构不敏感色素指数	作为总体冠层结构和植被容量变化的叶片色素含量指标
红绿比值指数	对花青素与叶绿素的比率非常敏感

1）光化学植被指数

光化学植被指数（Photochemical Reflectance Index，PRI）对活植物的类胡萝卜素（尤

其是黄色色素）变化非常敏感，类胡萝卜素可标识光合作用光的利用率、或者碳吸收效率，可用于研究植被生产力和胁迫性、常绿灌木植被的健康、森林以及农作物的衰老。计算公式为

$$PRI = \frac{\rho_{531} - \rho_{570}}{\rho_{531} + \rho_{570}} \qquad (14.13)$$

PRI 值的范围是 $-1 \sim 1$，一般绿色植被区的范围是 $-0.2 \sim 0.2$。

2）结构不敏感色素指数

结构不敏感色素指数（Structure Insensitive Pigment Index，SIPI）用来最大限度地提高类胡萝卜素（如 α-胡萝卜素和 β-胡萝卜素）与叶绿素比率在冠层结构（如叶面积指数）减少时的敏感度，SIPI 的增加标识冠层胁迫性的增加，可用于植被健康监测、植物生理胁迫性检测和作物生产和产量分析。计算公式为

$$SIPI = \frac{\rho_{800} - \rho_{445}}{\rho_{800} + \rho_{680}} \qquad (14.14)$$

SIPI 值的范围是 $0 \sim 2$，一般绿色植被区的范围是 $0.8 \sim 1.8$。

3）红绿比值指数

红绿比值指数（Red Green Ratio Index，RG）指示由于花青素代替叶绿素而引起叶片变红的相关表达式，可估算植被冠层发展过程，它还是叶片生产力与胁迫性的指示器，甚至可标识一些冠层的开花，可用于植物生长周期（物候）研究、冠层胁迫性检测和作物估产。

RG 的结果输出是红色范围内所有波段均值除以绿色范围内所有波段均值。RG 值的范围是 $0.1 \sim 8$，一般绿色植被区的范围是 $0.7 \sim 3$。

4. 冠层氮

冠层氮指数（Canopy Nitrogen Index）提供一种用遥感度量氮浓度的方法。氮是叶绿素的重要组成部分，具有高浓度氮的植被生长速度较快。冠层氮指数使用短波红外测量植被冠层中氮的相对含量。

归一化氮指数（Normalized Difference Nitrogen Index，NDNI）用于估算植被冠层中氮的相对含量。在 1510 nm 的反射率主要取决于叶片中氮的含量以及冠层总体叶生物量。结合叶片氮含量和冠层叶生物量在 1520 nm 范围内可预测叶片的氮含量，在 1680 nm 波长范围可作为参考反射率。冠层叶生物量这个波长范围具有与 1520 nm 波长范围类似的反射特性，而且 1680 nm 波长范围内没有氮吸收影响。NDNI 在植被还是绿色以及覆盖浓密时，对氮含量的变化非常敏感，可用于精细农业、生态系统分析和森林管理。计算公式为

$$NDNI = \frac{\log(1/\rho_{1510}) - \log(1/\rho_{1680})}{\log(1/\rho_{1510}) + \log(1/\rho_{1680})} \qquad (14.15)$$

NDNI 值的范围是 $0 \sim 1$，一般绿色植被区的范围是 $0.02 \sim 0.1$。

5. 干旱或碳衰减

干旱或碳衰减指数（Dry or Senescent Carbon Index）用来估算纤维素和木质素干燥状态的碳含量（表 14.8）。干碳分子大量存在于木质材料和衰老、死亡或休眠的植被中，可用于植被着火性分析和检测森林的枯枝落叶层。干旱或碳衰减指数基于纤维素和木质素在短波红外波段的吸收特性来计算。

表 14.8　干旱或碳衰减指数

植 被 指 数	基 本 描 述
归一化木质素指数	检测叶片木质素在 1754 nm 的特征与 1680 nm 冠层结构区域相互关系产生的木质素增加
纤维素吸收指数	检测纤维素在 2000 nm 波长范围引起的吸收特征
植被衰减指数	使用类胡萝卜素与叶绿素的比值来检测植物开始和衰老程度

1）归一化木质素指数

归一化木质素指数（Normalized Difference Lignin Index，NDLI）用来估算植被冠层木质素的相对含量，可用于生态系统分析和检测森林的枯枝落叶层。计算公式为

$$\text{NDLI} = \frac{\log(1/\rho_{1754}) - \log(1/\rho_{1680})}{\log(1/\rho_{1754}) + \log(1/\rho_{1680})} \qquad (14.16)$$

NDLI 值的范围是 0～1，一般绿色植被区的范围是 0.005～0.05。

2）纤维素吸收指数

纤维素吸收指数（Cellulose Absorption Index，CAI）可以指示地表是否含有干燥植被，对纤维素在 2000～2200 nm 范围内的吸收特征非常敏感，可用于农作物残留监测、植物冠层衰老、生态系统中的着火条件和放牧管理。计算公式为

$$\text{CAI} = 0.5(\rho_{2000} + \rho_{2200}) - \rho_{2100} \qquad (14.17)$$

CAI 值的范围是 -3～4，一般绿色植被区的范围是 -2～4。

3）植被衰减指数

植被衰减指数（Plant Senescence Reflectance Index，PSRI）用来最大限度地提高类胡萝卜素（如 α-胡萝卜素和 β-胡萝卜素）与叶绿素比率的灵敏度，PSRI 的增加预示冠层胁迫性的增加、植被衰老的开始和植物果实的成熟，可用于植被健康监测、植物生理胁迫性检测和作物生产和产量分析。计算公式为

$$\text{PSRI} = \frac{\rho_{680} - \rho_{500}}{\rho_{750}} \qquad (14.18)$$

PSRI 值的范围是 -1～1，一般绿色植被区的范围是 -0.1～0.2。

6. 叶色素

叶色素指数（Leaf Pigments Index）用于度量植被中与胁迫性相关的色素（表 14.9）。

表 14.9 叶色素指数

植 被 指 数	基 本 描 述
类胡萝卜素反射指数 1	检测吸收的相对差异,表示叶片总类胡萝卜素含量相对叶绿素浓度的变化
类胡萝卜素反射指数 2	与 CRI1 类似,只是使用了不同的波长
花青素反射指数 1	叶片花青素在绿光波段相对红光波段的吸收特征的变化
花青素反射指数 2	与 ARI1 类似

胁迫性相关的色素包括类胡萝卜素和花青素等,这些色素大量存在衰减植被中。该指数不能度量叶绿素。叶色素指数可用于农作物监测、生态系统研究、冠层胁迫性分析和精细农业。叶色素指数要求反射率数据范围在 0 ~ 1。

1) 类胡萝卜素反射指数 1

类胡萝卜素反射指数 1 (Carotenoid Reflectance Index 1,CRI1) 对叶片中的类胡萝卜素非常敏感,高的 CRI1 值意味类胡萝卜素含量相比叶绿素含量高。计算公式为

$$CRI1 = \frac{1}{\rho_{510}} - \frac{1}{\rho_{550}} \tag{14.19}$$

CRI1 值的范围是 0 ~ 15,一般绿色植被区的范围是 1 ~ 12。

2) 类胡萝卜素反射指数 2

类胡萝卜素反射指数 2 (Carotenoid Reflectance Index 2,CRI2) 是 CRI1 的改进型,在类胡萝卜素浓度高时更加有效,高的 CRI2 值意味类胡萝卜素含量相比叶绿素含量高。计算公式为

$$CRI2 = \frac{1}{\rho_{510}} - \frac{1}{\rho_{700}} \tag{14.20}$$

CRI2 值的范围是 0 ~ 15,一般绿色植被区的范围是 1 ~ 11。

3) 花青素反射指数 1

花青素反射指数 1 (Anthocyanin Reflectance Index 1,ARI1) 对叶片中的花青素非常敏感,ARI1 值越大表明植被冠层增长或者死亡。计算公式为

$$ARI1 = \frac{1}{\rho_{550}} - \frac{1}{\rho_{700}} \tag{14.21}$$

ARI1 值的范围是 0 ~ 0.2,一般绿色植被区的范围是 0.001 ~ 0.1。

4) 花青素反射指数 2

花青素反射指数 2 (Anthocyanin Reflectance Index 2,ARI2) 对叶片中的花青素非常敏感,ARI2 值越大表明植被冠层增长或者死亡。ARI2 是 ARI1 的改进,当花青素浓度高时更加有效。计算公式为

$$ARI2 = \rho_{800}\left(\frac{1}{\rho_{550}} - \frac{1}{\rho_{700}}\right) \tag{14.22}$$

ARI2 值的范围是 0 ~ 0.2，一般绿色植被区的范围是 0.001 ~ 0.1。

7. 冠层含水量

冠层含水量指数（Canopy Water Content Index）用于度量植被冠层中的含水量（表 14.10）。含水量是一个重要的植物指标，较高的含水量表明植被健康、生长快及不易着火。冠层含水量指数基于水在近红外和短波红外范围内的吸收特征，以及光在近红外范围的穿透性，综合度量总的含水量。

表 14.10　冠层含水量指数

植 被 指 数	基 本 描 述
水波段指数	度量在 900 nm 处吸收强度随冠层含水量增加而增加
归一化水指数	度量植被含水量在 857 nm 吸收相对在 1241 nm 吸收的增率
水分胁迫指数	检测在 1599 nm 植被水分变化
归一化红外指数	度量在 1649 nm 处吸收强度随冠层含水量增加而增加

1）水波段指数

水波段指数（Water Band Index，WBI）对冠层水分状态的变化非常敏感，随着植被冠层水分的增加，在 970 nm 附近吸收强度相比 900 nm 处有所增强，可用于包括冠层胁迫性分析、生产力预测与建模、着火威胁条件分析、农作物管理以及生态系统生理机能研究。计算公式为

$$WBI = \frac{\rho_{900}}{\rho_{970}} \tag{14.23}$$

一般绿色植被区的 WBI 值的范围是 0.8 ~ 1.2。

2）归一化水指数

归一化水指数（Normalized Difference Water Index，NDWI）对冠层含水量的变化非常敏感，这是由于在 857 nm 和 1241 nm 具有相似的反射率，但是又不同于液态水的吸收特性，可用于冠层胁迫性分析、在浓密叶型植被的叶面积指数的研究、植被生产力模型和着火性研究。计算公式为

$$NDWI = \frac{\rho_{857} - \rho_{1241}}{\rho_{857} + \rho_{1241}} \tag{14.24}$$

NDWI 值的范围是 -1 ~ 1，一般绿色植被区的范围是 -0.1 ~ 0.4。

3）水分胁迫指数

水分胁迫指数（Moisture Stress Index，MSI）对叶片含水量的增加非常敏感。当叶片含水量增加，在 1599 nm 处的吸收强度也增加，而在 819 nm 处的吸收强度没有变化，可用

于冠层胁迫性分析、生产力预测与建模、着火威胁条件分析以及生态系统生理机能研究。与其他水指数相反，MSI 值越大，表明水分胁迫性越严重和含水量越少。计算公式为

$$MSI = \frac{\rho_{1599}}{\rho_{819}} \qquad (14.25)$$

MSI 值的范围是 $0 \sim 3$，一般绿色植被区的范围是 $0.4 \sim 2$。

4）归一化红外指数

归一化红外指数（Normalized Difference Infrared Index，NDII）对农作物冠层的含水量变化非常敏感，NDII 的值越大，表示含水量越高，可用于农作物管理、森林冠层监测和植被胁迫性探测。计算公式为

$$NDII = \frac{\rho_{819} - \rho_{1649}}{\rho_{819} + \rho_{1649}} \qquad (14.26)$$

NDII 值的范围是 $-1 \sim 1$，一般绿色植被区的范围是 $0.02 \sim 0.6$。

14.5.3　植被指数计算器

ENVI 提供植被指数计算器，它可以根据输入图像波段情况，自动从 27 种植被中选出能用于计算的植被指数，并提供生物物理学交叉检验功能，能够提高植被指数的计算精度。

输入的图像必须包含中心波长信息，为了得到更加精确的植被指数，还要求反射率数据已经过大气校正。由于阴影区域没有足够光能量，阴影区域的植被指数往往是不准确的。

下面以经过 FLAASH 大气校正包含 224 个波段的高光谱反射率数据（参见实验数据光盘 \ 第 14 章 高光谱与波谱分析技术 \4-植被分析"）为例，介绍植被指数计算器的操作。

（1）在 Toolbox 工具箱中，双击 Spectral→Vegetation→Vegetation Index Calculator 工具，在数据输入对话框中选择反射率数据 "JasperRidge98av_flaash_refl.dat"。单击 OK 按钮，打开 Vegetation Indices Parameters 面板（图 14.53）。

（2）在 Vegetation Indices Parameters 面板中，在 Select Vegetation Indices 列表中显示这个数据能够计算的所有植被指数，默认是全选。

（3）生物物理学交叉检验功能（Biophysical Cross Checking）：

● On：执行此功能（默认）。当植被指数的值发生冲突时，这些值会被忽略。

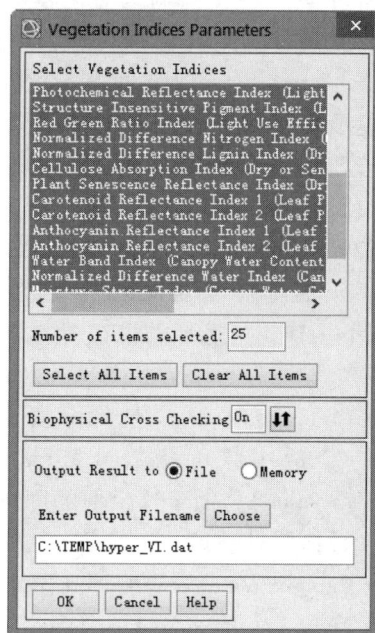

图 14.53　Vegetation Indices Parameters 面板

● Off：不执行此功能。

提示：如果要将计算得到的植被指数用于植被分析工具（vegetation analysis tools），则要选择 Off。

（4）选择输出路径及文件名，单击 OK 按钮，执行植被指数计算。

14.5.4　农作物胁迫分析

使用农作物胁迫分析工具能够创建农作物胁迫的空间分布图。干旱或濒临死亡农作物不能有效地利用氮和光能，表现为胁迫较高；而健康生长的作物表现为较低的胁迫。农作物胁迫工具使用以下几类植被指数：

● 绿度指数：标识闲置农田、虚弱的植被和健康的作物；
● 光利用率指数：标识植被生长率；
● 冠层氮指数：用于估计相关的氮等级；
● 叶色素指数：突出植被胁迫；
● 冠层含水量指数：标识水胁迫的层次。

可以从农作物胁迫的空间分布图上判断出适合农作物生长的区域，该工具可用于精细农业分析，同时该工具也可以用于森林胁迫性分析。

为了得到更好的结果，最好将图上的作物种类进行分类进而生成掩膜文件，分别采用不同的植被指数对不同作物种类区域进行分析。为了得到更加精确的结果，要求输入数据是经过大气校正的高光谱反射率数据。

（1）在 Toolbox 工具箱中，双击 Spectral → Vegetation → Agricultural Stress Vegetation Analysis 工具。在文件输入对话框中选择高光谱反射率数据，单击 OK 按钮，打开 Agricultural Stress Parameters 面板（图 14.54）。

提示：如果有农田区的掩膜文件，可以单击 Select Mask Band 选择掩膜文件，只分析农田区域。

（2）在 Agricultural Stress Parameters 面板中，分别选择 3 种植被指数参与分析（数据不一样，可选择的植被指数种类也不一样）：

● Greenness Index：选择绿度指数。可设置一个最小绿度指数（Minimum valid greenness value），低于这个值的区域不参与计算，被掩膜处理掉。

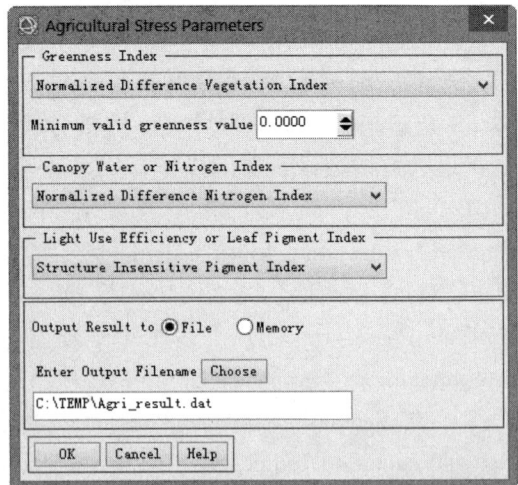

图 14.54　Agricultural Stress Parameters 面板

● Canopy Water or Nitrogen Index：选择光利用率指数或者冠层氮指数。

● Light Use Efficiency or Leaf Pigment Index：选择叶色素指数或者冠层含水量指数。

（3）选择输出路径及文件名，单击 OK 按钮，执行计算。

结果以 ENVI 分类结果的格式输出，根据胁迫程度分为 9 类，数字越大，表示胁迫性越高，作物长势越差。

14.5.5　植被易燃性分布分析

植被易燃性分布分析工具可用于创建某一区域植被易燃性的空间分布图。高易燃性分布区域通常由处于干燥和干旱状态的植被构成，含水量很低；低易燃性分布区通常由茂盛的绿色植被构成，含水量高。易燃性分布分析使用以下几类植被指数：
- 绿度指数：标识大多数的绿色植被；
- 冠层含水量指数：标识植被的冠层含水量；
- 干旱或碳衰减指数：突出非生物指数。

这个工具用于分析植被冠层的易燃性，得到的易燃性空间分布图能够用于森林规划，也可用它来分析城郊混合区的火灾风险等。

为了得到更加精确的结果，要求输入数据是经过大气校正的高光谱反射率数据。

（1）在 Toolbox 工具箱中，双击 Spectral→Vegetation→Fire Fuel Vegetation Analysis 工具。在文件输入对话框中选择高光谱反射率数据，单击 OK 按钮，打开 Fire Fuel Parameters 面板（图 14.55）。

提示：如果有林区的掩膜文件，可以单击 Select Mask Band 选择掩膜文件，只分析林地区域。

（2）在 Fire Fuel Parameters 面板中，分别选择 3 种植被指数参与分析（数据不一样，可选择的植被指数种类也不一样）：
- Greenness Index：选择绿度指数。可设置一个最小绿度指数（Minimum valid greenness value），低于这个值的区域不参与计算，被掩膜处理掉。
- Canopy Water：选择冠层含水量指数。

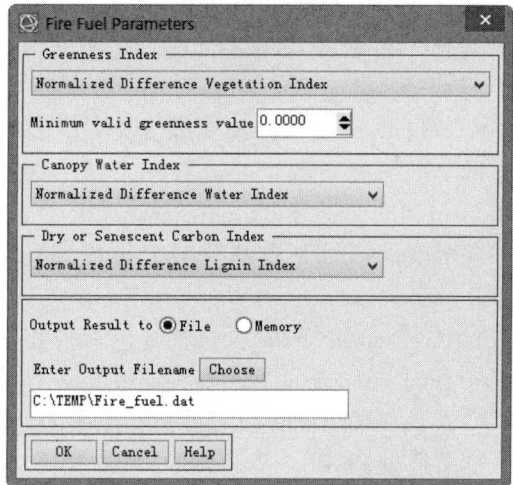

图 14.55　Fire Fuel Parameters 面板

- Dry or Senescent Carbon Index：选择干旱或碳衰减指数。

（3）选择输出路径及文件名，单击 OK 按钮，执行计算。

结果以 ENVI 分类结果的格式输出，根据易然程度分为 9 类，分别对应于该地区植被的易然程度，数字越大，表示易燃性越高。

14.5.6　森林健康分析

森林健康分析工具用于创建整个森林区域健康程度的空间分布图。森林健康程度分布图可用于检测病虫害以及枯萎病的发生情况，也可以用于评估某地区的木材收获量。森林健康分析工具使用以下几类植被指数：

- 绿度指数：标识绿色植被的分布；
- 叶色素指数：标识类胡萝卜素以及花青素的含量；
- 冠层含水量指数：标识冠层含水量；
- 光利用率指数：标识森林生长率。

为了得到更加精确的结果，要求输入数据是经过大气校正的高光谱反射率数据。

（1）在 Toolbox 工具箱中，双击 Spectral→Vegetation→Forest Health Vegetation Analysis 工具。在文件输入对话框中选择高光谱反射率数据，单击 OK 按钮，打开 Forest Health Parameters 面板（图 14.56）。

提示：如果有林区的掩膜文件，可以单击 Select Mask Band 选择掩膜文件，只分析林地区域。

（2）在 Forest Health Parameters 面板中，分别选择 3 种植被指数参与分析（数据不一样，可选择的植被指数种类也不一样）：

- Greenness Index：选择绿度指数，优先选择窄带绿度指数。可设置一个最小绿度指数（Minimum valid greenness value），低于这个值的区域不参与计算，被掩膜处理掉。

图 14.56　Forest Health Parameters 面板

- Leaf Pigment Index：选择叶色素指数。
- Canopy Water or Light Use Efficiency Index：选择冠层含水量指数或者光利用率指数。

（3）选择输出路径及文件名，单击 OK 按钮执行计算。

结果是以 ENVI 分类结果的格式输出，根据森林健康状况分为 9 类，数字越大表示林木越健康。

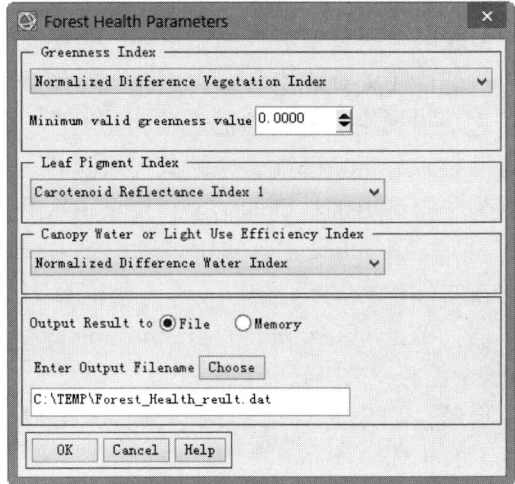

14.5.7　植被抑制工具

植被抑制工具（Vegetation Suppression）利用图像的红光波段和近红外波段，从多光谱和高光谱图像中移除或减少植被光谱信息，对图像进行植被变换。经过植被抑制处理后的图像能够更好地获得地质及城市地物解译的结果，对多光谱尤其是 30 m 左右分辨率的露天植被图像有很好的处理效果。

可以用植被抑制的结果来进行定性分析，但光谱信息已经破坏，不能用来进行光谱分析。它被广泛应用于地质制图、线性特征增强等。

（1）在 Toolbox 工具箱中，双击 Spectral→Vegetation→Vegetation Suppression 工具，在

文件输入对话框中选择一个文件，根据文件信息会出现以下 3 种情况：① 如果头文件中包含中心波长信息，自动将 660 nm 附近范围作为红光波段，830 nm 附近范围作为近红外波段。② 如果头文件中没有包含中心波长信息，会弹出两个对话框分别选择红光波段和近红外波段。③ 如果图像文件中包含中心波长信息，但是没有近红外或者红光波段，弹出错误提示框，不能进行下一步操作。

（2）在 Vegetation Suppression Parameters 对话框中，选择输出路径及文件名。

（3）单击 OK 按钮，执行操作。

选择近红外、红光和绿光波段作为 RGB 合成显示波段，可以看到植被信息被抑制。

14.6 光谱分析与水体水色参数反演实例

水体水色参数主要包括浮游植物、悬浮物质和有色可溶性有机物等。这些水色参数浓度的变化，会引起水体生物光学特性和水面反射率的改变。利用遥感技术能够根据水体光谱特征与水色参数间的关系建立反演模型，从而得到水色参数。

本实例利用环境一号卫星（HJ-1）CCD 图像，采用半经验模型建立实测数据与图像之间的关系，反演叶绿素 a 浓度（Chl-a）。

14.6.1 遥感反演与处理流程

遥感反演是根据观测信息和模型，求解或推算描述地面实况的应用参数。遥感反演的基础是描述遥感信号或遥感数据与地表应用之间的关系模型。这种关系模型可以是遥感模型或应用模型，包括统计模型和物理模型：

• 统计模型基于陆地表面变量和遥感数据的相关关系，优点在于容易建立并且可以有效概括从局部区域获取的数据；缺点在于模型一般具有地域局限性，也不能解释因果关系。

• 物理模型遵循遥感系统的物理规律，可以建立因果关系，地域变化的时候，也可以方便地修改变量；缺点在于模型的建立过程漫长而曲折（梁顺林，2009）。

遥感反演模型的构建方法主要有以下 3 类：

• 经验方法：通过建立遥感数据与地面监测的水色参数值之间的统计关系来外推水色参数值。水色参数与遥感数据之间关系缺乏依据，水质遥感初期的宽波段数据多采用这种方法。

• 半经验方法：在已知的水色参数光谱特征的条件下，利用最佳的波段或波段组合数据与实测水色参数值之间的统计关系进行水色参数估算。得到的模型只适用于当时的条件，对于不同季节和地域的水色参数估算需要进行参数矫正。

• 分析方法：利用遥感数据与水中各组分的吸收系数、后向散射系数关系模型，反演水色参数含量。该方法与水体光学模型相结合具有明确的物理意义，且具有普遍适用性。分析方法是水色遥感反演模型的发展趋势。

叶绿素 a 浓度（Chl-a）是浮游植物的重要成分之一，表 14.11 所示为常用的遥感反演模型。

表 14.11　常见 Chl-a 遥感反演模型

光谱数据模型	关 系 模 型
比值植被指数 ($X = \mathrm{NIR/Red}$)	$\mathrm{Chl-a} = aX + b$
	$\mathrm{Chl-a} = a\ln X - b$
	$\mathrm{Chl-a} = ae^{bX}$
归一化植被指数 ($X = \mathrm{NDVI}$)	$\mathrm{Chl-a} = aX^2 + bX + c$
	$\mathrm{Chl-a} = aX + b$
	$\mathrm{Chl-a} = a\ln X - b$

根据环境一号卫星 CCD 数据的特点，本实例采用图 14.57 所示的技术流程，主要包括数据预处理和模型计算与反演。其他遥感数据可参照类似的技术流程。

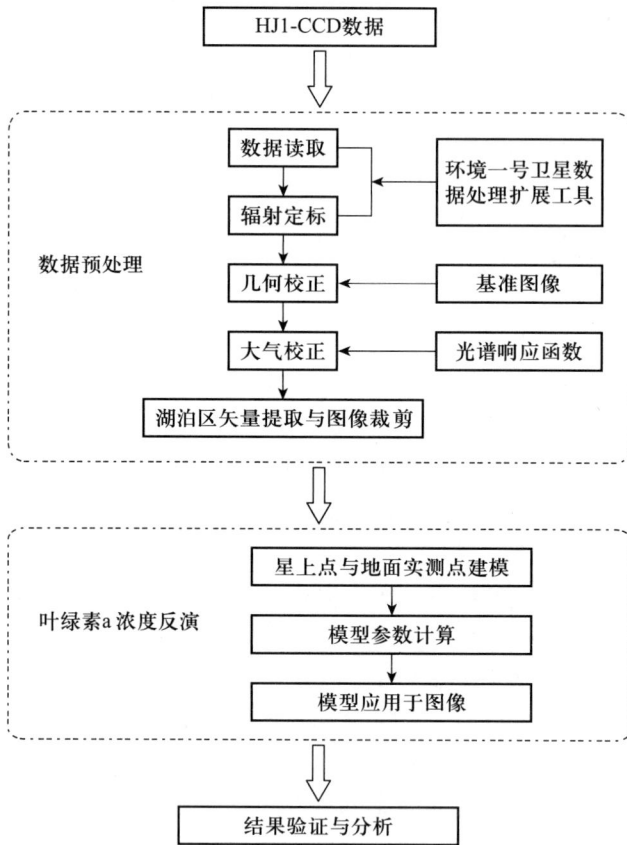

图 14.57　流程图

14.6.2　数据预处理

本实例的练习数据参见：实验光盘数据\第 14 章　高光谱与波谱分析技术\5-水色参数反演。

第一步　安装自定义扩展工具

本实例中使用两个自定义扩展工具：ENVI_HJ1A1B_Tools. sav，用于环境一号卫星数据读取、辐射定标和波段组合等操作；NewROI_from_ASCII. sav，将 ASCII 文件格式存储的实测数据转换成感兴趣区文件（ROI），安装扩展补丁步骤如下：

（1）将"5-水色参数反演\0-扩展工具"文件夹内的"ENVI_HJ1A1B_Tools. sav"和"NewROI_from_ASCII. sav"两个文件复制到"... \ Exelis \ ENVI51 \ extensions"文件夹内。

（2）重启 ENVI 即可使用。

提示：① 如果使用 ENVI Classic，将 . sav 文件复制到"Save_Add"文件夹内。ENVI_HJ1A1B_Tools. sav 支持的 ENVI 最低版本为 4.8。② NewROI_from_ASCII. sav 仅支持 ENVI 5.1 及更高版本。ENVI Classic 具有将 ASCII 文件转换成 ROI 文件的功能。

第二步　数据读取和定标

环境一号卫星 CCD 数据有 4 个波段，每个波段均以一个 TIFF 格式文件提供。

（1）在 ENVI 主界面中，选择 File→Open As→HJ-1A1B，打开 HJ-1A/1B Tools V3.2 面板（图 14.58）。

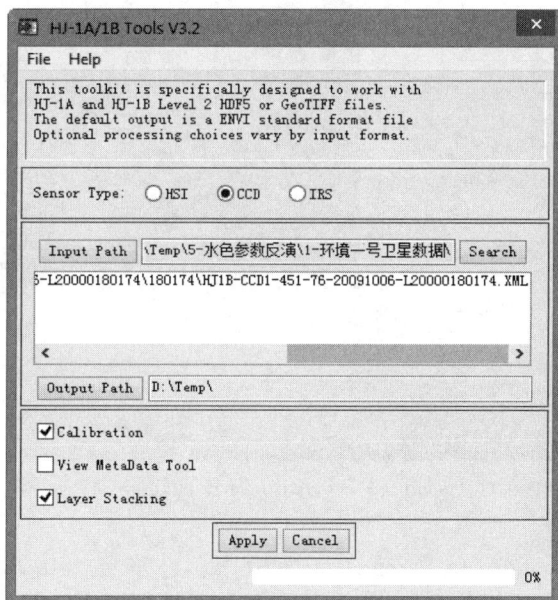

图 14.58　环境小卫星数据读取补丁

（2）Sensor Type：CCD。单击 Input Path 按钮，选择环境一号卫星数据存放文件夹。单击 Search 按钮可以自动搜索输入路径内的元数据（. xml）文件，并显示在列表中。

（3）单击 Output 按钮，设置输出路径。

（4）勾选 Calibration 和 Layer Stacking 选项。

（5）单击 Apply 按钮，执行辐射定标和波段合成处理。

提示：此工具可以进行批处理，即对搜索出来的元数据（. xml）进行批量处理。

第三步　工程区裁剪

环境一号卫星 CCD 标准景数据覆盖范围大，本实例遥感反演区域为太湖，在进行几何校正之前，裁剪太湖以及周边区域图像。操作步骤如下：

（1）打开基准图像"TM_baseimage. dat"。

（2）在主界面中，选择 File→Save As。

（3）在打开的 File Selection 面板中（图 14.59），选择上一步处理得到的图像文件，单击 Spatial Subset 按钮，在右侧打开的面板中单击 Subset By File 按钮，在打开的对话框中选择"TM_baseimage. dat"，单击 OK 按钮。回到 File Selection 面板，单击 OK 按钮。

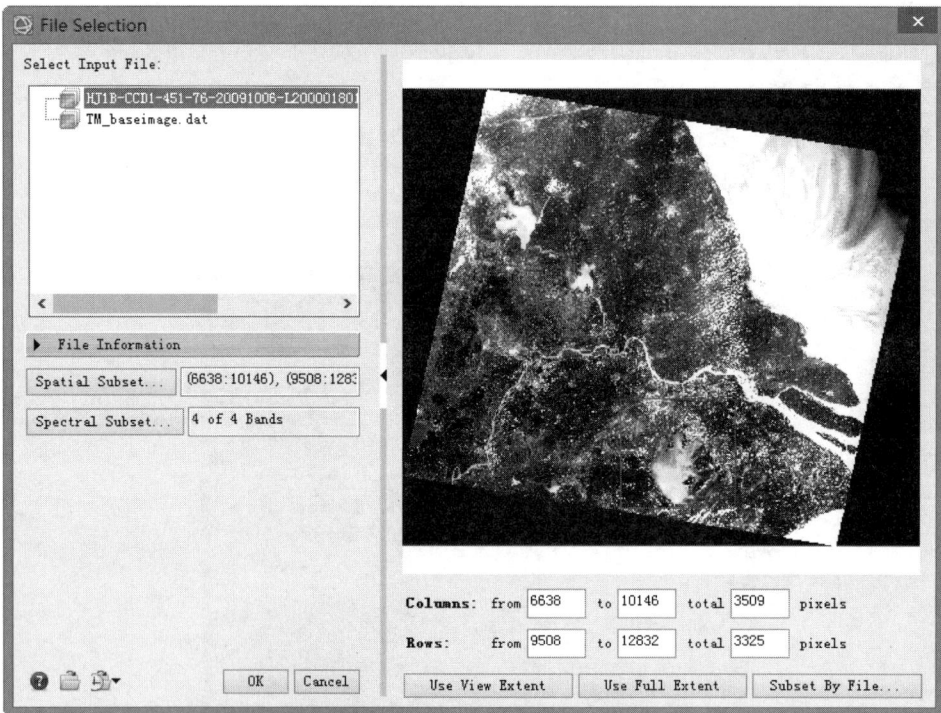

图 14.59　太湖及周边区域裁剪

（4）在打开的 Save File As Parameters 面板中，设置输出格式（Output Format）为 ENVI，设置输出路径和文件名，单击 OK 按钮，完成图像裁剪处理。

第四步　几何校正（图像配准）

此步骤是对环境一号卫星图像进行几何校正，使其具有精确的坐标信息，可以匹配实测数据。基准图像可以是地形图或其他经过校正的中高分辨率图像。本实例使用经过校正的 Landsat TM 数据作为基准图像。操作流程如下：

（1）打开上一步得到的图像裁剪结果和基准图像"TM_baseimage. dat"。

（2）在 Toolbox 工具箱中，双击 Geometric Correction→Registration→Image Registration Workflow 工具，打开图像配准流程化工具。

（3）在 File Selection 步骤中，单击 Base Image File 右侧的 Browse 按钮，选择"TM_baseimage. dat"作为基准图像；为 Warp Image File 选择上一步图像裁剪的结果，作为待配准图像，单击 Next 按钮进入下一步。

（4）在 Tie Points Generation 步骤中，设置如下参数，其他参数默认即可，单击 Next 按钮进入下一步。

● 单击 Main 选项卡。最小 Tie 点匹配度阈值（Minimum Matching Score）：0.70。

● 单击 Advanced 选项卡（图 14.60）。基准图像匹配波段（Matching Band in Base Image）：Band 4。待配准图像匹配波段（Matching Band in Warp Image）：Band 4。拟生成的 Tie 点个数（Requested Number of Tie Points）：300。

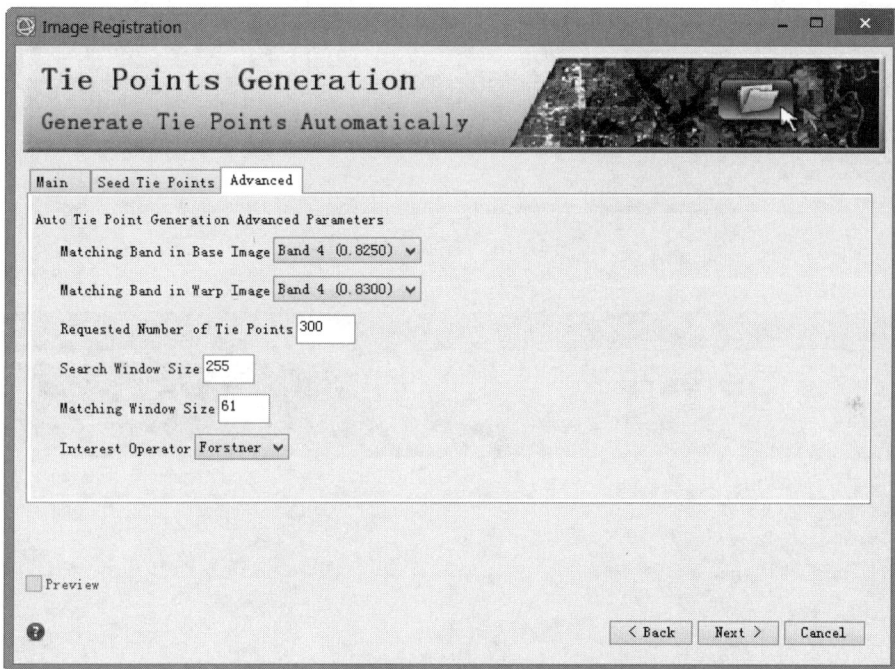

图 14.60 自动配准参数设置

（5）在 Review and Warp 步骤中，单击 Tie Points 选项卡，单击 Show Table 按钮查看控制点列表（图 14.61），直接删除 ERROR 较高的点，这里删除 ERROR>2 的控制点。

提示：在控制点较为稀疏的区域可以手动添加新的控制点，以保证全图的校正精度。在调整过程中，可以勾选 Preview 选项预览校正结果，辅助完成控制点调整。详细方法可参考本书第 4.2.7 节"Image Registration Workflow 流程化工具"的相关内容。

（6）当控制点的 RMS Error 小于 1 个像素时，完成控制点的选择。

（7）单击 Warping 选项卡（图 14.62），重采样方法选择"Cubic Convolution"（该方法采样精度最高，保持图像原始辐射值），其他参数默认，单击 Next 按钮。

（8）在 Export 步骤中，设置校正结果输出路径和文件名，同时可以选择输出控制点文件（.pts），单击 Finish 按钮完成。

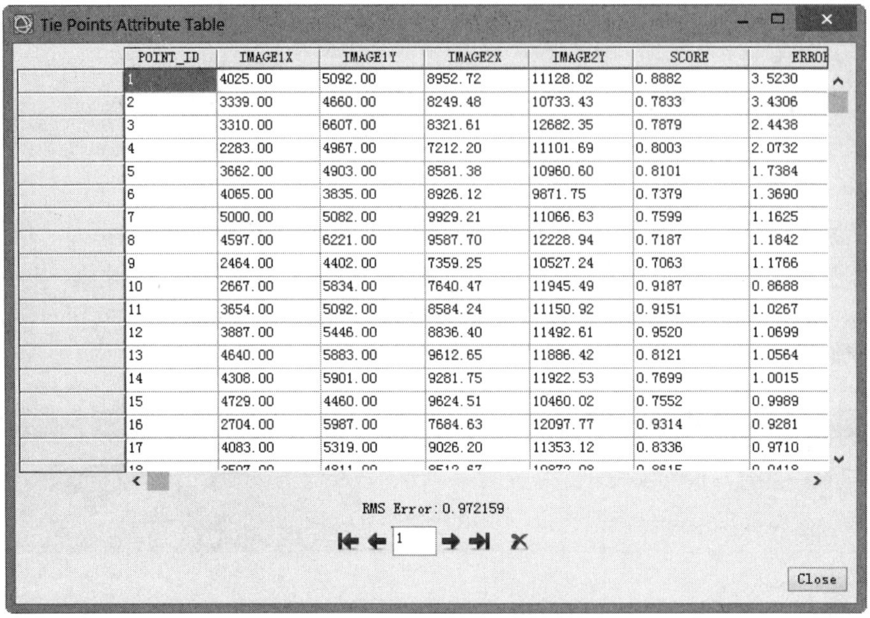

POINT_ID	IMAGE1X	IMAGE1Y	IMAGE2X	IMAGE2Y	SCORE	ERROE
1	4025.00	5092.00	8952.72	11128.02	0.8882	3.5230
2	3339.00	4660.00	8249.48	10733.43	0.7833	3.4306
3	3310.00	6607.00	8321.61	12682.35	0.7879	2.4438
4	2283.00	4967.00	7212.20	11101.69	0.8003	2.0732
5	3662.00	4903.00	8581.38	10960.60	0.8101	1.7384
6	4065.00	3835.00	8926.12	9871.75	0.7379	1.3690
7	5000.00	5082.00	9929.21	11066.63	0.7599	1.1625
8	4597.00	6221.00	9587.70	12228.94	0.7187	1.1842
9	2464.00	4402.00	7359.25	10527.24	0.7063	1.1766
10	2667.00	5834.00	7640.47	11945.49	0.9187	0.8688
11	3654.00	5092.00	8584.24	11150.92	0.9151	1.0267
12	3887.00	5446.00	8836.40	11492.61	0.9520	1.0699
13	4640.00	5883.00	9612.65	11886.42	0.8121	1.0564
14	4308.00	5901.00	9281.75	11922.53	0.7699	1.0015
15	4729.00	4460.00	9624.51	10460.02	0.7552	0.9989
16	2704.00	5987.00	7684.63	12097.77	0.9314	0.9281
17	4083.00	5319.00	9026.20	11353.12	0.8336	0.9710
18	3597.00	4811.00	8512.67	10873.08	0.8615	0.9418

RMS Error: 0.972159

图 14.61　控制点列表

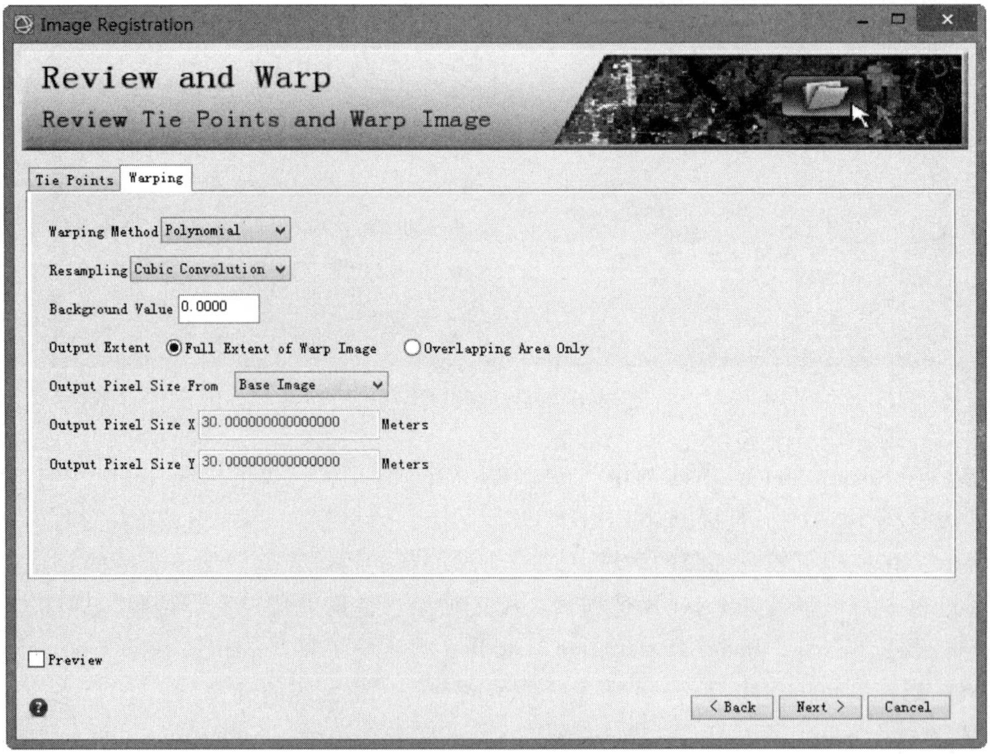

图 14.62　几何校正参数设置

第五步　大气校正

环境一号卫星以文本形式提供了光谱响应函数，第一列表示波长，后面4列分别表示4个波段对应波长的光谱响应值。需要制作光谱曲线来描述光谱响应函数，用于大气校正。本实例不再详细介绍光谱响应函数的制作步骤，可参考本书第13.8.4节"制作光谱响应函数"的相关内容。

本实例中环境一号卫星数据已定标为浮点型的辐射率数据，单位为 W/(m^2·μm·sr)，并且含有中心波长信息。根据 FLAASH 模块对数据的要求，需要利用 Toolbox 工具箱中的 Raster Management/Convert Interleave 工具将 BSQ 格式转成 BIL 格式，具体操作这里不再介绍。

下面介绍 FLAASH 大气校正的操作步骤：

（1）在 ENVI 中打开上一步中的几何校正结果。

（2）在 Toolbox 工具箱中，双击 Radiometric Correction→Atmospheric Correction Module→FLAASH Atmospheric Correction 工具，打开 FLAASH 大气校正工具。

（3）在 FLAASH 面板中，单击 Input Radiance Image 按钮，选择上一步得到的 BIL 格式环境小卫星数据，在 Radiance Scale Factors 面板中选择"Use single scale factor for all bands"，设置 Single scale factor 为 10，将单位转换为 FLAASH 要求的 μW/(cm^2·nm·sr)，单击 OK 按钮。

（4）单击 Output Reflectance File 按钮，设置输出路径及文件名。

（5）设置传感器和图像基本信息：

● FLAASH 自动获取图像中心点的经纬度信息。

● 传感器类型（Sensor Type）：Multispectral→UNKNOWN-MSI。

● 传感器高度（Sensor Altitude）：650。

● 地面高程（Ground Elevation）：0.050。

● 成像日期（Flight Date）：Oct-6-2009，可在环境小卫星的.xml 文件中找到。

● 成像时间（Flight Time）：03：01：31，可在环境小卫星的.xml 文件中找到。

（6）设置大气模型和气溶胶模型：

● 大气模型（Atmospheric Model）：Tropical。

● 水汽反演（Water Retrieval）：No。

● 气溶胶模型（Aerosol Model）：Rural。

● 气溶胶反演（Aerosol Retrieval）：None。

● 能见度（Initial Visibility）：40。

（7）单击 Multispectral Setting 按钮，在打开的面板中单击 Filter Function File 按钮，导入光谱响应函数"环境1B星CCD1光谱响应.sli"（位于"\3-大气校正"文件夹内），单击 OK 按钮。

（8）回到 FLAASH 面板，单击 Advanced Settings 按钮，在弹出的面板中手动修改"Tile Size"为"100 MB"，单击 OK 按钮。

（9）设置所有参数后（图 14.63），单击 Apply 按钮，执行 FLAASH 大气校正。

（10）大气校正完成后，检查大气校正的结果。通过 Spectral Profile 工具查看校正前后同一位置的光谱曲线（图 14.64），可以看到植被的光谱曲线符合其光谱特征。

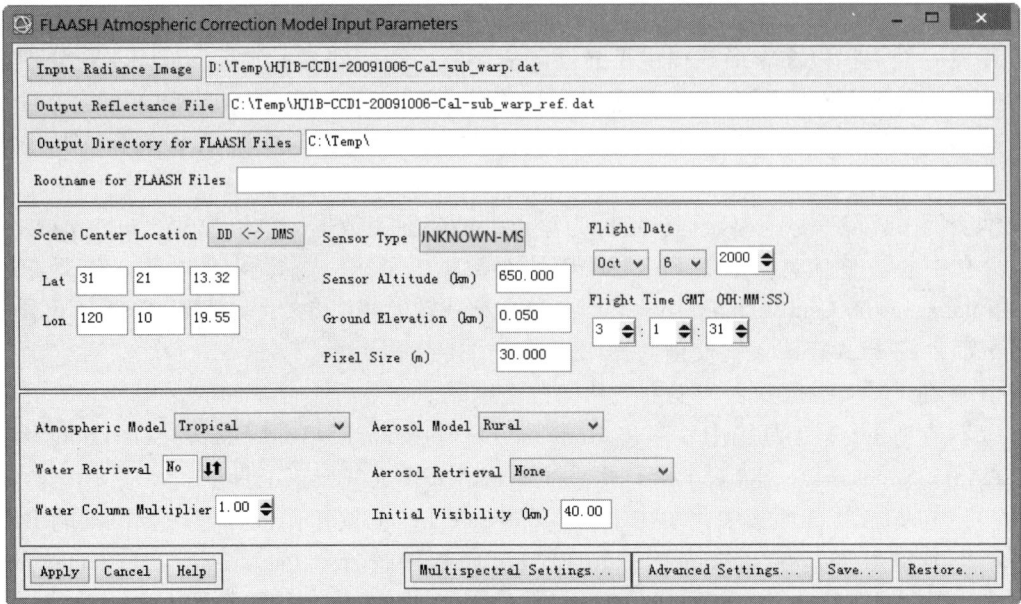

图 14.63　FLAASH 大气校正参数设置

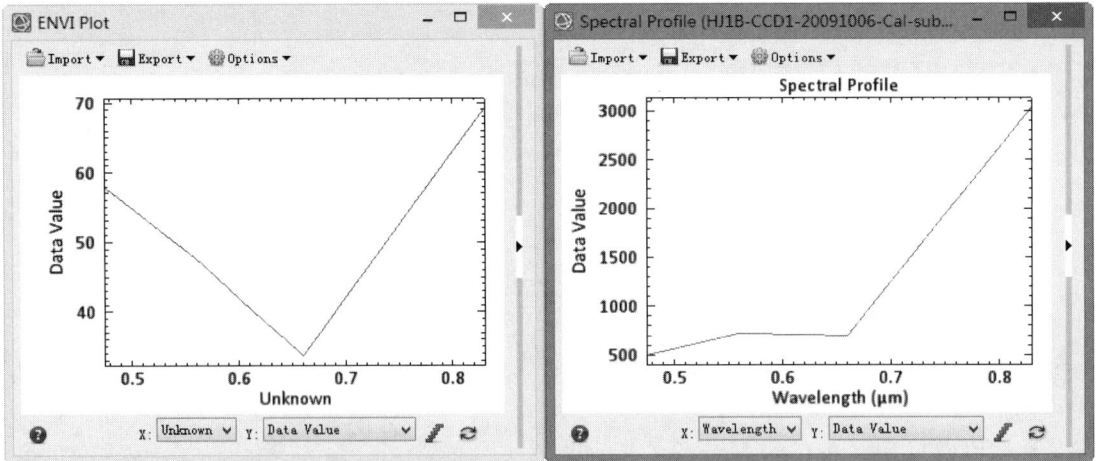

图 14.64　大气校正前后植被光谱曲线对比

第六步　裁剪太湖区域

本步骤首先利用 Feature Extraction 模块中提供的面向对象图像分割工具获取分割矢量结果，然后手动提取太湖边界矢量，最后利用此矢量文件裁剪大气校正结果得到太湖区域的图像。主要操作步骤如下：

（1）在 ENVI 中打开大气校正的结果图像。

（2）在 Toolbox 工具箱中，双击 Feature Extraction→Segment Only Feature Extraction Workflow 工具，打开面向对象图像分割流程化工具。

提示：本工具的详细说明可参考第 10 章相关内容，这里只介绍操作方法。

（3）在 Data Selection 步骤的 Input Raster 选项中，单击 Browse 按钮，在弹出的对话框中选择大气校正结果图像，单击 OK 按钮。

（4）单击 Next 按钮进入下一步。

（5）在 Object Creation 步骤中，设置分割尺度（Scale Level）和合并尺度（Merge Level）分别为 50 和 99，单击 Next 按钮进入下一步。

（6）在 Export 步骤的 Export Vector 选项中，设置矢量分割结果的输出路径和文件名；切换到 Export Raster 选项，为了节省时间和硬盘空间，取消勾选 Export Segmentation Image 选项，即不输出栅格结果，单击 Finish 完成图像分割。

（7）在图像管理器（Layer Manager）中选中生成的 Shapefile 图层，按住 Ctrl 键，使用鼠标左键选中太湖区域矢量多边形（图 14.65）。

图 14.65　选中太湖区域矢量多边形

（8）在图像管理器（Layer Manager）中，右键单击矢量图层，选择菜单 View→Edit Attributes。在打开的 Attributes Viewer 面板中，选择菜单 File→Save Selected Records To New Shapefile，在打开的对话框中，设置输出路径和文件名（taihu_vector.shp），单击 OK 按钮。

（9）对输出的矢量文件可以进行手动编辑（工具栏中的矢量编辑工具），有一些矢量需要选中矢量要素右键选择 "Merge"（空间合并）、"Group"（组合）等。

提示：矢量编辑方法可参考本书第 7 章 "矢量处理" 的相关内容，在每一次修改并确定无误后，在 ENVI 视窗中单击鼠标右键，选择 Save 菜单保存修改好的矢量文件。

（10）在 Toolbox 工具箱中，双击 Regions of Interest→Subset Data from ROIs 工具，在打开的对话框中选择大气校正结果图像，单击 OK 按钮。

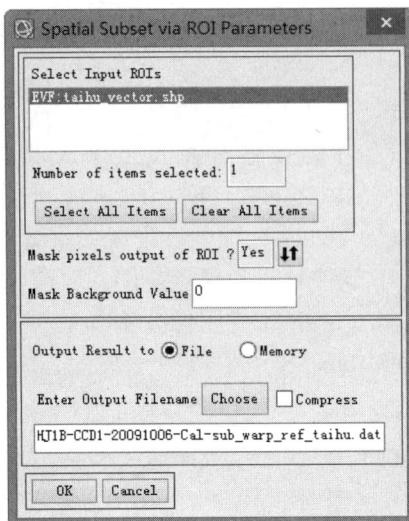

图 14.66　Spatial Subset via ROI Parameters 面板

（11）在 Spatial Subset via ROI Parameters 面板中选择"taihu_vector. shp"，设置 Mask pixels outside of ROI 选项为"Yes"（图 14.66）。

（12）设置输出路径及文件名，单击 OK 按钮。

至此完成了预处理工作，下面介绍叶绿素 a 浓度反演流程。

14.6.3　水色参数反演

本实例选择较成熟的算法，即波段比值法来进行模型的建立，模型如下：

$$\text{Chl-a} = a * (B_{\text{NIR}}/B_{\text{RED}}) + b \qquad (14.27)$$

式中，Chl-a 表示叶绿素 a 浓度；B_{NIR} 和 B_{RED} 分别为近红外波段和红波段；a 和 b 表示参数系数。

第一步　整理采样点实测数据

本步骤需要结合实地调查数据，将水面采样点与实测叶绿素浓度在空间上建立对应关系。实地调查数据包括水面调查点的经纬度和叶绿素含量。以 4 列形式保存为 . txt 和 Excel 文件，格式如下：

序号	纬度	经度	chl-a 实测含量/(mg/L)
1	31.516334	120.182215	0.0531
2	31.457170	120.041978	0.0535
3	31.459692	120.177602	0.0496
⋮			

第二步　获取采样星上数据

（1）在 ENVI 中打开经预处理的太湖区域的图像。

（2）在 Toolbox 工具箱中，双击 Band Ratio→Band Math 工具，在 Enter an expression

文本框中输入表达式：float（b4）/b3，单击 Add to List 按钮，然后单击 OK 按钮。

（3）在打开的 Variables to Bands Pairings 面板中，分别为 b3 和 b4 变量选择波段 3、4，设置输出路径和文件名，单击 OK 按钮，计算得到比值图像。

（4）在主界面中，选择 File→New→ROI from ASCII File，在打开的对话框中选择文件"...\5-叶绿素反演\实测数据\反演点.txt"，单击 OK 按钮。

（5）在打开的 ASCII Template 面板中，在 Step 1 中设置 Data Starts at Line 选项为"2"，单击 Next 进入下一步。

（6）在 Step 2 中，修改 Delimiter Between Data Elements 选项为"Tab"，单击 Next 进入下一步。

（7）在 Step 3 中（图 14.67），修改 FIELD2 中 Name 为"Y"（即纬度），修改 FIELD3 中 Name 为"X"（即经度），单击 Finish 按钮。

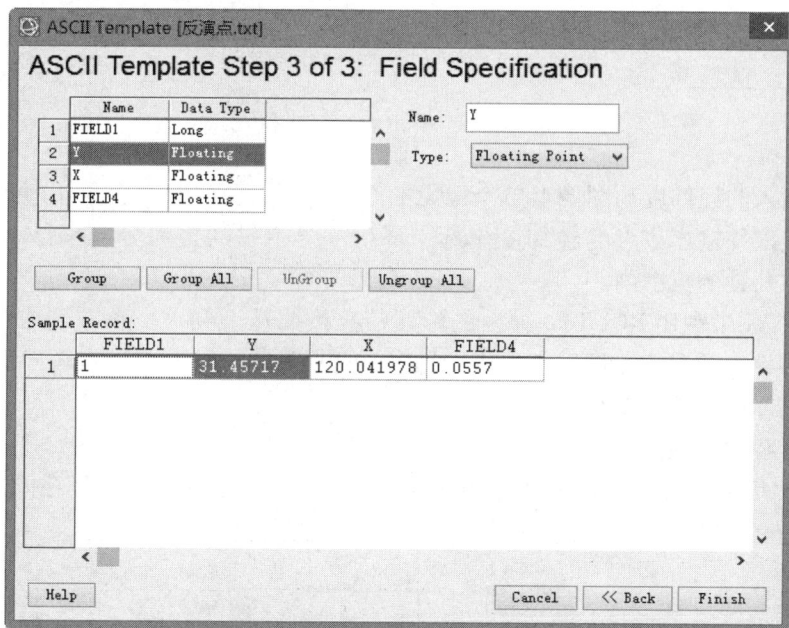

图 14.67　ASCII Template 向导中的 Step 3

（8）在打开的 File Selection 对话框中选择波段运算的结果文件，单击 OK 按钮。在 Layer Manager 中自动加载了图像和 ROI 图层。

（9）单击 ENVI 工具栏中的 图标，打开 Region of Interest（ROI）Tool 面板，选择菜单 File→Export→Export to CSV，在弹出的对话框中设置 CSV 文件输出路径和文件名，单击 OK 按钮。

通过以上操作，便可以将水面调查点与 B_{NIR}/B_{RED} 对应的像元值导出为 CSV 格式的表格（图 14.68）。

经过对比可以发现，通过 ROI 导出的经纬度与输入实测点的经纬度不完全一致，这是因为图像中像元坐标一般取中心点的经纬度，而实测点位不一定对应着图像像元中心

	A	B	C	D	E	F	G
1	; Number of ROIs: 1						
2	; File Dimension: 2194 x 2299						
3	;						
4	; ROI name: 反演点						
5	; ROI rgb	0	0}				
6	; ROI npts: 38						
7	;						
8	; File X	File Y	Map X	Map Y	Lat	Lon	B1
9	;						
10	1441	1360	218898.1	3484065	31.45723	120.0419	0.90806
11	1871	1362	231798.1	3484005	31.45975	120.1775	0.869809
12	2401	1492	247698.1	3480105	31.42818	120.3457	0.699531
13	2157	1697	240378.1	3473955	31.37114	120.2703	0.627219
14	1221	1822	212298.1	3470205	31.33073	119.9765	0.859192
15	2110	1836	238968.1	3469785	31.33324	120.2566	0.631079
16	1688	1836	226308.1	3469785	31.33033	120.1237	0.806488
17	1961	1874	234498.1	3468645	31.32195	120.21	0.619543
18	2238	2109	242808.1	3461595	31.26028	120.299	0.610918
19	1440	2109	218868.1	3461595	31.25475	120.0479	0.567308
20	1872	2110	231828.1	3461565	31.25754	120.1838	0.613873
21	1638	2121	224808.1	3461235	31.25293	120.1103	0.59596
22	2766	2329	258648.1	3454995	31.20418	120.4668	0.975191
23	1104	2432	208788.1	3451905	31.16497	119.945	0.710214

反演点ROI

图 14.68　导出的 CSV 表格

点，所以当输入的经纬度与图像上单个像元的经纬度不一致时，就会采用就近原则，与最邻近的像元匹配并输出该点的经纬度坐标。环境一号卫星的空间分辨率是 30 m，换算成经纬度大致在几秒的范围内。

提示：ENVI 中利用 ROI Tool 导出的像元信息按照从上到下、从左到右的“Z”字形顺序，因此对导入的实测点最好事先进行排序，这样导出结果与实测点顺序保持一致，不需要根据经纬度逐个手动调整。

第三步　模型参数反演

（1）将“反演点 . txt”文件中的 chla 含量与图像中导出的像元值放在同一个 Excel 表格中（图 14. 69），建立一一对应关系。

	A	B	C	D	E
1	ID	Lat	Lon	B4/B3	chla含量（mg/L）
2	1	31.45723131	120.0418702	0.90806	0.0557
3	2	31.45975355	120.177494	0.869809	0.05
4	3	31.42818123	120.3456568	0.699531	0.0354
5	4	31.37113715	120.2703256	0.627219	0.0411
6	5	31.3307295	119.9765059	0.859192	0.054
7	6	31.33323939	120.2566073	0.631079	0.0631
8	7	31.33032761	120.1236923	0.806488	0.048
9	8	31.32195327	120.2099786	0.619543	0.047
10	9	31.26028108	120.2990339	0.610918	0.041
11	10	31.25475397	120.047893	0.567308	0.0445
12	11	31.25753654	120.1838485	0.613873	0.0368
13	12	31.25292696	120.1102986	0.59596	0.0403

Sheet1　Sheet2　Sheet3

图 14. 69　实测数据与图像中导出的像元值

提示：可利用 Excel 中的数据导入功能导入文本文件中的数据。

（2）在 Excel 中选中 B4/B3 计算值与叶绿素 a 实测值（chla 含量），选择 Excel 主菜单“插入”→“散点图”。

（3）在散点图上选中散点，单击鼠标右键，选择菜单"添加趋势线"。打开设置趋势线格式面板，勾选"线性"、"显示公式"、"显示 R 平方值"选项。线性回归方程和 R 平方值在散点图上显示（图 14.70）。可以看到，最终反演模型为：$y = 0.0417x + 0.0167$，$R^2 = 0.7852$。

提示：几何校正和大气校正精度会影响反演模型的结果，但不会与上述结果存在太大偏差。

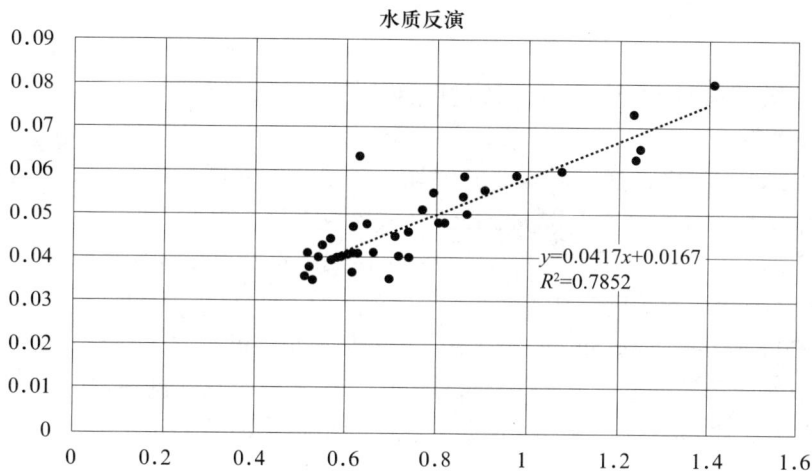

图 14.70 线性反演模型

第四步 叶绿素反演

得到公式（14.27）线性反演模型的参数 a 和 b 之后，反演模型表达为：$Chl-a = 0.0417 * B_{NIR}/B_{RED} + 0.0167$，将此模型应用到比值图像中。

（1）在 Toolbox 工具箱中，双击 Band Ratio→Band Math 工具，在打开面板的 Enter an expression 文本框中输入表达式：$0.0417 * b1 + 0.0167$，单击 Add to List 按钮，将表达式添加到上方列表中，然后单击 OK 按钮。

（2）在 Variables to Bands Pairings 面板中，选择 b1 为 b4/b3 比值图像，设置输出路径和文件名，单击 OK 按钮，计算得到叶绿素 a 反演结果图像。结果图像中的像素值代表该像元范围内（30 m×30 m）平均叶绿素 a 含量，单位与实测数据一致。

14.6.4 结果验证与应用

验证方法与上述"获取采样星上数据"类似。

（1）在主界面中，选择 File→New→ROI from ASCII File，在打开的对话框中选择文件"…\5-叶绿素反演\实测数据\验证点.txt"，单击 OK 按钮。

（2）在打开的 ASCII Template 面板中，在 Step 1 中设置 Data Starts at Line 选项为"2"，单击 Next 按钮进入下一步。

（3）在 Step 2 中，修改 Delimiter Between Data Elements 选项为"Tab"，单击 Next 按

钮进入下一步。

（4）在 Step 3 中，修改 FIELD2 中 Name 为 "Y"（即纬度），修改 FIELD3 中 Name 为 "X"（即经度），单击 Finish 按钮。

（5）在打开的 File Selection 对话框中选择叶绿素 a 反演结果图像，单击 OK 按钮。在 Layer Manager 中自动加载了图像和 ROI 图层。

（6）单击 ENVI 工具栏中的 图标，打开 Region of Interest（ROI）Tool 面板，选择菜单 File→Export→Export to CSV，在打开的对话框中设置 CSV 文件输出路径和文件名，单击 OK 按钮。

（7）将 "验证点. txt" 中的 chla 值与图像中导出的像元值放在同一个 Excel 表格中，建立一一对应关系。

（8）在 Excel 表格中，插入散点图并添加趋势线，R^2 值越大，表明结果可靠性越高。

下面将叶绿素 a 含量大于 0. 05 mg/L 的区域提取出来。

（1）在 Toolbox 工具箱中，双击 Classification→Raster Color Slices 工具，在 File Selection 对话框中选择叶绿素 a 反演结果图像。

（2）在 Edit Raster Color Slices 面板中，只添加一个区间：0. 05，［Max］。

（3）可以看到，叶绿素 a 含量大于 0. 05 mg/L 主要分布在太湖沿岸，这部分区域受人类活动影响较大，比较容易造成水质富营养化，浮游植物易于生长。

第15章 波段运算与波谱运算

图像可以看作是一个矩阵，矩阵中的任一元素对应于图像中的一个点，而相应的值对应于该点的像素值，图像之间的运算就是矩阵运算。在 ENVI 中，有专门的图像运算工具——波段运算（Band Math）工具。波段运算可以完成诸如遥感定量反演中的模型运算、图像辐射定标、图像二值化等处理。使用波谱运算（Spectral Math）工具可以对波谱曲线进行运算，可用于诸如端元波谱的优化等。

本章主要介绍以下内容：
➤ 波段运算（Band Math）工具
➤ 基于 IDL 用户函数的波段运算
➤ 波谱运算（Spectral Math）工具
➤ 利用 Landsat 8 TIRS 反演地表温度实例

15.1 波段运算（Band Math）工具

15.1.1 概述

Band Math 是一个灵活的图像处理工具，其中许多功能是无法在其他图像处理系统中获得的。由于每个用户都有特定的需求，利用此工具用户可以自己定义处理算法，应用到在 ENVI 中打开的某个波段或整幅图像中。用户还可以根据需要自定义简单或复杂的处理程序，例如，可以对图像进行简单加、减、乘、除运算，或使用 IDL 编写更复杂的处理运算功能。

波段运算的实质是对每个像素点对应的像素值进行数学运算。图 15.1 所示为一个简单波段运算的示意图，运算表达式是 3 个变量相加，每一个变量对应于一幅图像数据，对这 3 个图像数据求和并输出结果图像。表达式中的每个变量不仅可以对应某单一波段，也可以对应一个多波段的栅格文件。例如，在表达式 b1+b2+b3 中，如果 b1 是一个多波段图像文件，b2、b3 为单一波段，则结果为 b1 所对应的所有波段分别与 b2、b3 进行求和。

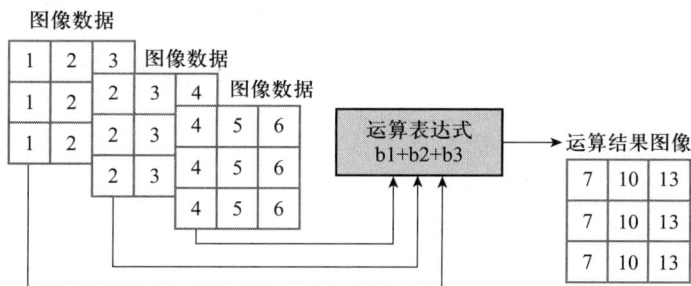

图 15.1　波段运算示意图

15.1.2　Band Math 工具

下面以求图像 3 个波段数据之和为例，介绍 Band Math 工具的使用。在使用 Band Math 之前需要先打开图像数据。

（1）在 Toolbox 工具箱中，双击 Band Ratio→Band Math 工具，打开 Band Math 对话框（图 15.2）。

（2）在运算表达式输入框（Enter an expression）中输入表达式：b1＋b2＋b3，单击 Add to List 按钮，将表达式添加到列表中。

提示：如果表达式语法有误，将不能被添加到列表中。

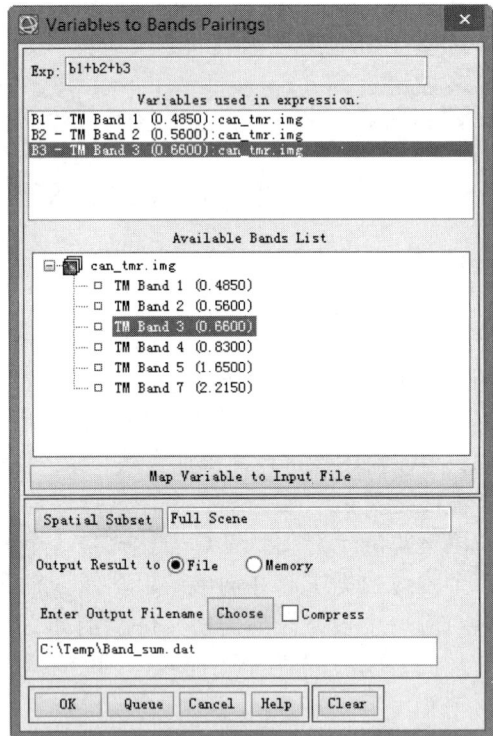

（3）单击 OK 按钮，打开 Variables to Bands Pairings 对话框（图 15.3），为运算表达式中各个变量赋予图像文件或者图像波段。

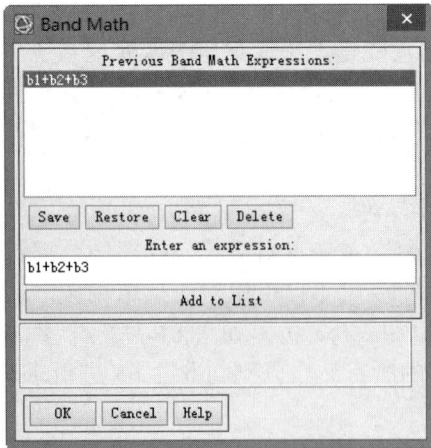

图 15.2　Band Math 对话框　　　　图 15.3　Variables to Bands Pairings 对话框

提示：如果要为一个变量选择多个波段或者图像的所有波段，单击 Map Variable to Input File 按钮。

（4）在 Variables to Bands Pairings 对话框中，在 Variables used in expression 列表框中选择变量 B1，在 Available Bands List 中为 B1 指定一个波段，或使用 Map Variable to Input File 按钮为变量 b1 指定一个图像文件。

提示：当第一个波段或文件被选中后，只有那些与其具有相同行列数的波段被显示在波段列表中。

（5）利用同样的方法分别为 B2 和 B3 变量指定波段或文件（图 15.3）。

（6）单击 Choose 按钮，选择文件名及路径保存结果，单击 OK 按钮，执行运算。

在 Band Math 对话框中，其他按钮的功能说明如下：

● Add to List：可以将表达式添加到 Previous Band Math Expression 列表中。这个列表还同时显示未重启 ENVI 之前使用过的表达式。

● Save：可以将列表中的运算表达式保存为外部文件（. exp）。

● Restore：可以将外部运算表达式文件导入。

● Clear：可以清除列表中的所有运算表达式。

● Delete：可以删除选择的运算表达式。

使用波段运算需要满足以下 4 个基本条件：

1）必须符合 IDL 波段运算表达式语法书写

所定义的处理算法或波段运算表达式必须满足 IDL 语法。不过，书写简单的波段运算表达式无须具备 IDL 的基本知识，但是如果所感兴趣的处理需要书写复杂的表达式，建议学习关于波段运算的 IDL 知识。

2）所有输入波段必须具有相同的空间大小

由于波段运算表达式是根据 pixel-for-pixel 原理作用于波段的，因此输入波段的行列数和像元大小必须相同。对于有地理坐标的数据，如果覆盖区域一样，但是由于像元大小不一样使得行列数不一致，在进行波段运算前可以使用 Toolbox 工具箱→Raster Management→Layer Stacking 功能对图像进行调整。

3）表达式中的所有变量都必须以 Bn（或 bn）命名

表达式中代表输入波段的变量必须以字母"b"或"B"开头，后跟 5 位以内的数字。例如，对 3 个波段进行求和运算的有效表达式可以用以下 3 种方式书写：

b1+b2+b3

B1+B11+B111

B1+b2+B3

4）结果波段必须与输入波段的空间大小相同

波段运算表达式所生成的结果的行列数必须与输入波段的相同。例如，如果输入表达式为 MAX（b1），将不能生成正确结果，因为表达式输出值为一个数，与输入波段的行列数不一致。

15. 1. 3 波段运算的 IDL 知识

波段运算的强大功能是由 IDL 的功能、速度和灵活性所提供的。但是要熟练使用波段运算功能，并不需要成为一个熟悉 IDL 编程的专家。下面的知识有助于熟练使用波段运算功能并避免一些经常出现的问题。

1. 数据类型

IDL 中的数学运算与简单地使用计算器进行运算是有一定差别的，要重视输入波段的数据类型和表达式中所应用的常数。每种数据类型，尤其是非浮点型的整型数据都包含一个有限的数据范围。例如，8 位字节型数据表示的值仅为 0 ~ 255，如果对 16 位整型数据波段求和（b1+b2）并且其值大于 255，那么得到的结果将与期望值不符。当一个值大于某个数据类型所能容纳的值的范围时，该值将会溢出（overflow）并从头开始计算。例如，将 8 位字节型数据 250 和 10 求和，结果为 4。

类似的情况经常会在波段运算中遇到，因为遥感图像通常会被存储为 8 位字节型或 16 位整型。要避免数据溢出，可以使用 IDL 中的一种数据类型转换功能（参见表 15.1）对输入波段的数据类型进行转换。例如，在对 8 位字节型整型图像波段求和时（结果有大于 255），如果使用 IDL 函数 fix( ) 将数据类型转换为整型：fix(b1)+b2，就可以得到正确的结果。

因此，在上面提及的求波段之和（b1+b2+b3）的例子中，正确的表达式应该是 fix(b1)+b2+b3。

你可能会有这样的想法：既然浮点型数据可以表示所有的数据值，为什么不在所有的计算中都使用浮点型数据呢？这是因为一个数据所能表现的动态数据范围越大，它占用的磁盘空间也越多。例如，字节型数据的一个像元仅占用 1 个字节；整型数据的一个像元占用 2 个字节；浮点型数据的一个像元占用 4 个字节。可见，浮点型结果将比整型结果多占用一倍的磁盘空间。关于 IDL 数据类型占用的磁盘空间和数据范围的详细介绍可参考表 15.1。

表 15.1　数据类型及说明

数 据 类 型	转 换 函 数	缩　　写	数 据 范 围	字节/像素
8 位字节型（Byte）	byte（）	B	0 ~ 255	1
16 位整型（Integer）	fix（）		–32768 ~ 32767	2
16 位无符号整型（Unsigned Int）	uint（）	U	0 ~ 65535	2
32 位长整型（Long Integer）	long（）	L	约+/–20 亿	4
32 位无符号长整型（Unsigned Long）	ulong（）	UL	约 0 ~ 40 亿	4
32 位浮点型（Floating Point）	float（）	.	+/–1e38	4
64 位双精度浮点型（Double Precision）	double（）	D	+/–1e308	8
64 位整型（64 位 Integer）	long64（）	LL	约+/–9e18	8
无符号 64 位整型（Unsigned 64–bit）	ulong64（）	ULL	约 0 ~ 2e19	8
复数型（Complex）	complex（）		+/–1e38	8
双精度复数型（Double Complex）	dcomplex（）		+/–1e308	16

2. IDL 数据类型的动态变换

一些数字可以使用几种不同的数据类型表达，IDL 制定了一些默认规则对这些数据进行解译。因此 IDL 的数据类型是可以进行动态变换的，也就是说，IDL 能够将表达式中的数据类型提升为它在表达式中所遇到的最高数据类型。例如，不包含小数点的整型数字，即使它在 8 位字节型的动态范围，也常被解译为 16 位整型数据。如果想为一幅 8 位字节型数据图像加 5，并且使用如下的波段运算表达式：B1+5，数据 5 将被解译为 16 位整型数据，因此波段运算结果将被提升为 16 位整型数据（占用 8 位字节型图像的两倍磁盘空间）。如果想保持结果为字节型图像，可以使用数据类型计算函数 byte()：b1+byte（5），或使用 IDL 中将 16 位整型数据转换为 8 位字节型数据的缩写：b1+5B。

数据后的字母"B"表示将该数据解译为字节型数据。如果在波段运算表达式中经常使用常数，这些类似的缩写是很有用的。详细介绍参考表 15.1。

3. 数组运算符

IDL 的数组运算符使用方便且功能强大，它们可以对图像中的每一个像元进行单独检验和处理，而且避免了 FOR 循环的使用（不允许在波段运算中使用）。数组运算符包含关系运算符（LT、LE、EQ、NE、GE、GT）、Boolean 运算符（AND、OR、NOT、XOR）和最小值、最大值运算符（<、>）。这些特殊的运算符对图像中的每个像元同时进行处理，并将结果返还到与输入图像具有相同维数的图像中。例如，要找出所有负值像元并用值 –999 代替它们，可以使用如下的波段运算表达式：

$$(b1 \ lt \ 0) * (-999) + (b1 \ ge \ 0) * b1$$

关系运算符对真值（关系成立）返回值为 1，对假值（关系不成立）返回值为 0。系统读取表达式（b1 lt 0）部分后将返还一个与 b1 维数相同的数组，其中 b1 值为负的区域返回值为 1，其他部分返回值为 0。因此，在乘以替换值–999 时，相当于只对那些满足条件的像元有影响。第二个关系运算符（b1 ge 0）是对第一个的补充——找出那些值为正或 0 的像元，乘以它们的初始值，然后再加入替换值后的数组中。类似的利用数组运算符的表达式为波段运算提供了很强的灵活性。

表 15.2 描述了 IDL 数组操作函数，详细介绍请参阅 IDL 帮助文档。

表 15.2　IDL 数组操作函数

种　类	操 作 函 数
基本运算	加(+)、减(−)、乘(*)、除(/)
三角函数	正弦 sin (x)、余弦 cos (x)、正切 tan (x)
	反正弦 asin (x)、反余弦 acos (x)、反正切 atan (x)
	双曲正弦 sinh (x)、双曲余弦 cosh (x)、双曲正切 tanh (x)
关系和逻辑运算符	小于（LT）、小于等于（LE）、等于（EQ）、不等于（NE）、大于等于（GE）、大于（GT）
	AND、OR、NOT、XOR
	最小值运算符(<)和最大值运算符(>)
数据类型转换	参见表 15.1

续表

种　　类	操 作 函 数
其他数学函数	指数（^）和自然指数（exp（x）） 自然对数 alog（x） 以 10 为底的对数 alog10（x） 整型取整——round（x）、ceil（x）和 floor（x） 平方根 sqrt（x） 绝对值 abs（x）

4. 运算符操作顺序

在波段运算过程中是根据数学运算符的优先级对表达式进行处理的，而不是根据运算符的出现顺序。使用圆括号可以更改操作顺序，系统最先对嵌套在表达式最内层的部分进行操作。IDL 运算符的优先级顺序列在表 15.3 中。具有相同优先级的运算符根据它们在表达式中出现的顺序进行操作。例如，如下表达式（用常数代替波段）：

$5+3*2$　　　　　　求得的值为 11，因为乘号运算符的优先级高

$(5+3)*2$　　　　　求得的值为 16，因为圆括号改变了运算顺序

将优先级的顺序与数据类型的动态变换结合起来时，如果操作不当，将改变表达式的运算结果。要确保将表达式中的数据提升为适当的数据类型，从而避免数据的溢出或在处理整型除法时出现错误。例如，float（5）+10/3 中所有的常数都为整型，但 float( ) 函数将结果提升为浮点型数据，由于除号的优先级高于加号，因此先以整型数据进行除法运算，将结果与被提升为浮点型数据的 5 相加得到一个浮点型结果 8.0，而不是所期望的结果 8.3。如果将数据类型转换函数移到除法运算中，即 5+10/float（3），则将得到期望的结果 8.3。

表 15.3　运算符优先级

优先级顺序	运　算　符	描　　述
1	（）	用圆括号将表达式分开
2	^	指数
3	*	乘法
	#, ##	矩阵相乘
	/	除法
	MOD	求模
4	+	加法
	−	减法
	<	最小值运算符
	>	最大值运算符
	NOT	Boolean negation

续表

优先级顺序	运 算 符	描 述
5	EQ	等于
	NE	不等于
	LE	小于或等于
	LT	小于
	GE	大于或等于
	GT	大于
6	AND	Boolean AND
	OR	Boolean OR
	XOR	Boolean exclusive OR
7	? :	条件表达式（在波段运算中很少使用）

5. 调用整个图像的 IDL 函数

与其他所有 ENVI 程序一样，波段运算处理也是分块进行的。如果被处理的图像大于在参数设置中被指定的碎片尺寸（Tile Size），图像将被分解为更小的部分，系统对每一部分进行单独处理，然后再重新组合起来。当使用的 IDL 函数同时需要调用所有图像数据时，由于波段运算表达式是对每一部分数据进行单独处理的，这种处理方法将会产生问题。例如，在使用求取数组中的最大值的 IDL 函数 MAX( )时：

$$b1/max(b1)$$

如果波段运算是分块进行的，则每一个部分除以的值是该部分的最大值，而不是整个波段的最大值。如果运行这个运算式发现波段运算结果中有较宽的水平条带，那很有可能是由于分块处理造成的，因为图像是水平分块的。

其他的 IDL 函数还包括 MAX、MIN、MEAN、MEDIAN、STDDEV、VARIANCE 和 TOTAL。在多数情况下，使用 BYTSCL 函数也比较困难。

15.1.4 运算表达式典型举例

1. 避免整型数据除法

当对整型数据波段进行除法运算时，运算结果不是被向上或向下取整，而是直接被简单地舍去（小数点后面的数据被舍弃）。要避免这种情况发生，通常将数据类型转换为浮点型：

$$b1/float(b2)$$

如果想将除法数据结果保持为整型，最好先将数据转换为浮点型进行除法运算，然后再将结果转换为所需的数据类型。例如，如果输入波段为 8 位字节型，想将结果取整并存储为 16 位整型数据，使用下面的表达式：

$$\mathrm{fix}(\mathrm{ceil}(b1/\mathrm{float}(b2)))$$

2. 避免整型运算溢出

整型数据包含一个动态的数据范围。如果波段运算将生成的数据相当大或相当小，无法以输入波段的数据类型表示，要注意提升相应的数据类型。例如，如果示例表达式中的波段 b1 和 b2 为 8 位字节型数据，生成结果的最大值可能为 $256*256=65025$。由于字节型数据所能表示的最大值为 255，因此结果的数据类型只有被提升为 16 位无符号整型才能返回正确的值；否则，大于 255 的值将溢出，并记录一个错误的值。使用下面表达式可以避免数据范围溢出：

$$\mathrm{uint}(b1)*b2$$

关于 IDL 数据类型动态范围的详细介绍可参考表 15.1。

3. 生成混合图像

波段运算为多幅图像的混合提供了简单的方法。例如，如果 b1 和 b2 为 8 位字节型数据，下面的表达式将生成一幅新的 8 位字节图像，b2 所占权重为 0.8，b1 所占权重为 0.2。

$$\mathrm{byte}(\mathrm{round}((0.2*b1)+(0.8*b2)))$$

4. 使用数组运算符对图像进行选择性更改

波段运算为图像的选择性更改和来自多幅图像的数据结合提供了简单的方法。在下面的示例中，把两幅图像结合起来进行处理，从而消除图像中云的影响。在图像 b1 中，像元值大于 200 的像元被认为是云，用图像 b2 中的相应像元对它们进行替换：

$$(b1\ \mathrm{gt}\ 200)*b2+(b1\ \mathrm{le}\ 200)*b1$$

用类似的运算表达式，可以将一幅图像的黑色背景变成白色背景：

$$(b1\ \mathrm{eq}\ 0)*255+(b1\ \mathrm{gt}\ 0)*b1$$

下面的示例是一个较为复杂的表达式。该表达式使用几个标准来生成一幅二进制掩膜图像，用于识别主要为云的像元。该算法可以应用于经过定标的 AVHRR 日间图像中生成云的掩膜图像。在该表达式中，b4（热红外波段）值必须为负，或 b2（反射波段）值必须大于 0.65 并且 b3 和 b4（中红外和热红外波段）的差值必须大于 15°。由于关系运算符为真值（关系成立）返回 1 值，因此生成的掩膜图像在有云处值为 1，在其他区域值为 0。

$$(b4\ \mathrm{lt}\ 0)\mathrm{or}(b2\ \mathrm{gt}\ 0.65)\mathrm{AND}(b3-b4)\mathrm{gt}\ 15$$

5. 最小值和最大值运算符的使用

最小值和最大值运算符也是数组的基础运算符，但与关系运算符或 Boolean 运算符不同的是：它们不返还真值或假值，而返回实际的最小值和最大值。在下面的例子中，对于图像中的每一个像元，0、b2 或 b3 中的最大值将被加到 b1 中，该表达式确保加到 b1 中的值始终为正。

$$b1+(0>b2>b3)$$

在下面的例子中，最小值和最大值运算符的同时运用使 b1 中的值被限制在 0 和 1 之间——b1 中的值不会大于 1 或小于 0，最后得到的结果在 [0，1] 范围内。

$$0>b1<1$$

有时需要计算几年内的数据平均值（如 NDVI），如果某数据的值为 0 则不参加计算，如果 3 个通道都为 0，则赋值为 0。例如，某点 b1＝4，b2＝6，b3＝0，那么平均值 ave＝(b1+b2+b3)/(1+1)，则可用以下运算表达式：

$$(b1>0+b2>0+b3>0)/(((b1\ ge\ 0)+(b2\ ge\ 0)+(b3\ ge\ 0))>1)$$

6. 利用波段运算修改 NaN 值

NaN 是 Not a Number 的缩写，在遥感图像中属于异常值。很多用户有修改 NaN 的需求，如把 0 值修改为 NaN，或把 NaN 修改为 0 值等。由于波段运算公式较为复杂，现归纳如下。

● 修改 0 值为 NaN：

$$float(b1)*b1/b1$$

提示：分母为 0 时，返回的就是 NaN。

● 修改特定值（如 250）为 NaN：

$$b1*float(b1\ ne\ 250)/(b1\ ne\ 250)$$

提示：分母为 0 时，返回的就是 NaN。

● 修改 NaN 为特定值（-999）：

$$finite(b1,/nan)*(-999)or(\sim finite(b1,/nan))*b1$$

提示：finite( ) 是 IDL 函数，获取无效值的下标。

● 修改 NaN 为 0 值：

第一步，将 NaN 值修改为 -999 或其他图像中不存在的值，表达式为

$$finite(b1,/nan)*(-999)or(\sim finite(b1,/nan))*b1$$

第二步，将 -999 修改为 0 值，表达式为

$$(b1\ ne-999)*b1。$$

15.2　基于 IDL 用户函数的波段运算

ENVI 提供对 IDL 程序的访问的功能，可以使用内置的 IDL 函数或者用户自定义 IDL 函数。这些函数要求它们接受一个或多个图像阵列作为输入，并且输出一个与输入波段具有相同行列的单波段二维数组作为计算结果。如下为一个自定义函数的基本格式：

```
FUNCTIONbm_func,b1,[b2,...,bn,parameters and keywords]
   processing steps
   RETURN,result
END
```

下面以一个简单的例子介绍用 IDL 自定义函数，并在 Band Math 中使用这个函数，自定义函数实现的功能是计算一个比值：（b1+b2）/（b1−b2），并且检查分母为 0 的情况。

第一步　编写函数

用记事本或 IDL 工作台编写以下代码，并保存文件为 bm_ratio. pro。

```
FUNCTIONbm_ratio,b1,b2,check=check          ;定义两个变量和一个关键字
    den=float(b1)-b2                         ;计算分母
    IF(keyword_set(check))THEN ptr=WHERE(den EQ 0.,count)  ELSE count=0
    ;如果设置了 check 关键字,检查分母为 0 情况
    IF(count GT 0)THEN den[ptr]=1.0          ;如果分母为 0,临时则将分母赋值 1.0
    result=(float(b1)+b2)/den                ;计算比值
    IF(count GT 0)THEN result[ptr]=0.0       ;分母为 0 时,直接将结果返回 0.0
    RETURN,result
END
```

第二步　编译函数

有两种方式编译这个自定义函数：

● 将 bm_ratio. pro 文件复制到安装路径的 Extensions 目录下，启动 ENVI+IDL 模式，自动编译 bm_ratio. pro。

● 在 IDL 工作台中，首先编译 pro 文件到内存中，然后通过 SAVE 命令将 pro 源码文件编译为 sav 文件，然后复制到 ENVI 安装路径的 Extensions 文件夹下，启动 ENVI 即可使用。

```
IDL>SAVE,Filename='c:\temp\bm_ratio.sav',/ROUTINES
```

第三步　应用函数

（1）打开一个多波谱的图像文件。

（2）在 Toolbox 工具箱中，双击 Band Ratio/ Band Math 工具。在 Enter an expression 文本框中输入：

　bm_ratio(b1,b2);不执行检查分母为 0 的情况

或

bm_ratio(b1,b2,/check) ;执行检查分母为 0 的情况

（3）其他操作过程与 Band Math 工具一样。

如果编写的函数有错误或者没有启动 ENVI+ IDL 模式，一般会出现图 15.4 所示的情况。

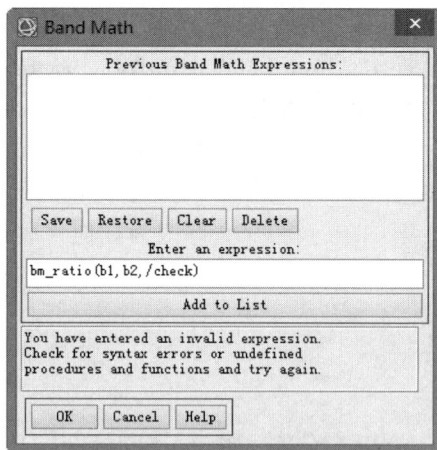

图 15.4　自定义函数不能成功加载

15.3　波谱运算（Spectral Math）工具

Spectral Math 是一种灵活的波谱处理工具，可以用数学表达式或 IDL 程序对波谱曲线（以及选择的多波段图像）进行处理。波谱曲线可以来自一幅多波段图像的 Z 剖面、波谱

库或 ASCII 文件。

图 15.5 为波谱运算的简单示意图——求 3 个波谱曲线的和。在表达式 s1+s2+s3 中（波谱运算中的变量以 s 开头），可以分别给 s1、s2、s3 指定为一条波谱曲线，得到的结果是一条波谱曲线（x 值与 s1、s2、s3 一样，y 值是三者之和）；也可以 s1 是一个多波段图像文件（其实是每个像素点的 Z 剖面），s2 和 s3 分别是两条波谱曲线，得到的结果是一个与输入的多波段图像具有相同波段数和行列数的图像。

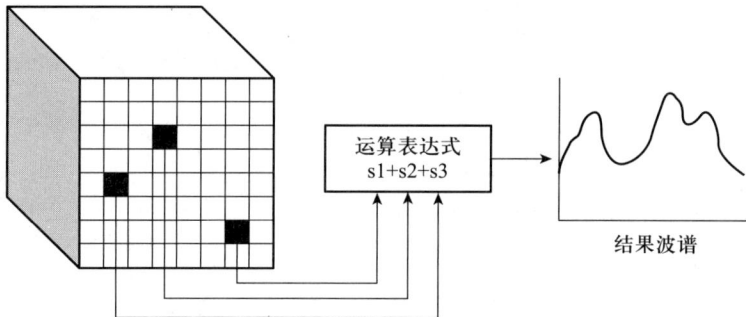

图 15.5 波谱运算示意图

下面以求表达式（s1+s2+s3）/3 为例，介绍 Spectral Math 工具的使用。输入数据源为 ENVI 自带的波谱库文件。

（1）在主界面中，选择 Display→Spectral Library Viewer，启动波谱库浏览器。

（2）在 Spectral Library Viewer 面板左侧，自动加载了 ENVI 自带波谱库文件。选择 veg_lib 文件夹里的"veg_1dry. sli"波谱库文件。

（3）单击波谱列表中的地物名称，其波谱曲线将显示在面板右侧的视图中，任意选择 3 条波谱曲线（图 15.6），可以单击右侧中间的三角箭头浏览已选的波谱列表。

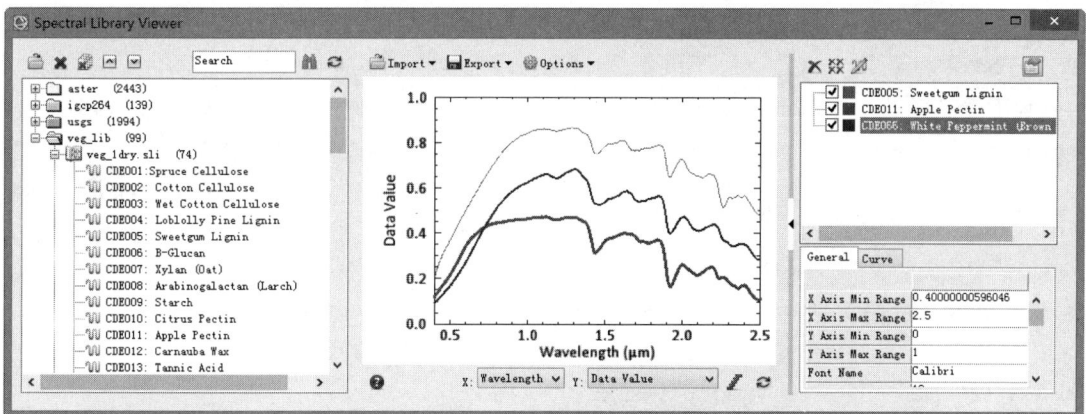

图 15.6 Spectral Library Viewer 面板

（4）在 Toolbox 工具箱中，双击 Spectral→Spectral Math 工具，打开 Spectral Math 面板。

（5）在打开的 Spectral Math 面板中，在 Enter an expression 文本框中输入表达式：（s1+s2+s3）/3，单击 Add to List 按钮将公式添加到上面的列表中，选中列表中的公式，单击 OK 按钮。

提示：由于波谱库中的光谱数据类型为浮点型，所以不需要进行数据类型转换。如果输入光谱数据类型为字节型和整型等，需要进行数据类型转换。

（6）在弹出的 Variables to Spectra Pairings 面板中，为 s1、s2、s3 指定波谱曲线。Output Result to 选项包括 Same Window 或 New Window，本例选择 New Window，即将结果输出到新窗口中。可通过鼠标左键将 3 条曲线输入拖拽到新的窗口中，其中红绿蓝 3 条曲线为输入波谱，紫色为输出波谱。

（7）在 Variable to Spectra Pairings 面板中（图 15.7），为每个变量指定波谱曲线。或者单击 Map Variable to Input File 按钮指定输入文件。

（8）输出结果（Output Result to）：New Window。

（9）单击 OK 按钮执行，结果是一条波谱曲线。

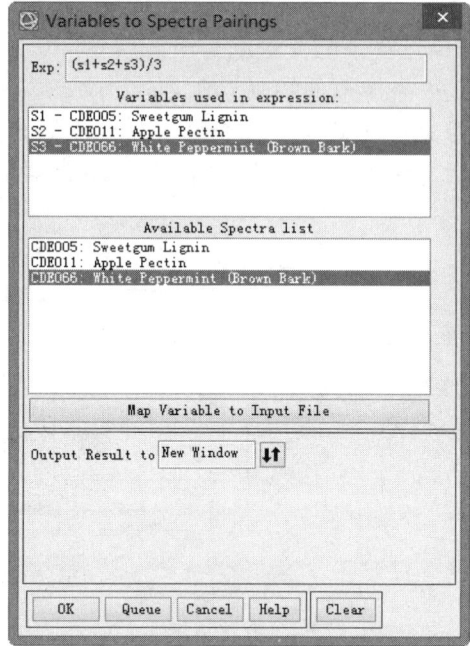

图 15.7　Variable to Spectra Pairings 面板

在波谱运算中也可以使用 IDL 的数组运算符以及数据类型转换函数，详细见表 15.4 所示。

表 15.4　波谱运算常用函数和运算符（括号中所示）

一般数学运算符	三角函数	其他波谱数学选项
＋（加法）	sin(x)（正弦）	关系运算（EQ, NE, LE, LT, GE, GT）
－（减法）	cos(x)（余弦）	布尔运算（AND, OR, XOR, NOT）
＊（乘法）	tan(x)（正切）	类型转换函数：byte( )、fix( )、long( )、float ( )、double( )、complex( )
/（除法）	atan(x)（反正弦）	返回数组结果的 IDL 函数
＜（小于）	acos(x)（反余弦）	返回数组结果的 IDL 程序
＞（大于）	atan(x)（反正切）	用户自定义的 IDL 函数和程序
abs(x)（绝对值）	sinh(x)（双曲正弦）	
sqrt(x)（平方根）	cosh(x)（双曲余弦）	
^（指数）	tanh(x)（双曲正切）	
exp(x)（自然指数）		
alog(x)（自然对数）		

在波谱运算中也可以使用 IDL 程序和函数，操作步骤与波段运算基本一样。以下为自定义函数格式，编译和使用可参考前面章节的波段运算。

```
FUNCTIONsm_func,s1,[s2,...,sn,parameters and keywords]
    processing steps
    RETURN,result
END
```

15.4 利用 Landsat 8 TIRS 反演地表温度实例

热红外遥感（Infrared Remote Sensing）是指传感器工作波段限于红外波段范围之内的遥感，即利用星载或机载传感器收集、记录地物的热红外信息，并利用这种热红外信息来识别地物和反演地表参数，如温度、湿度和热惯量等。目前，有很多卫星携带了热红外传感器，包括 ASTER、AVHRR、MODIS、TM/ETM+/TIRS 等。

为了方便阅读，表 15.5 列举了常见的几个名词解释。

表 15.5 热红外遥感中常见名词解释

名　　词	说　　明
辐射出射度	单位时间内从单位面积上辐射的辐射能量称为辐射出射度，单位一般为 W/m^2
辐射亮度（radiance）	辐射源在某一方向上单位投影表面、单位立体角内的辐射通量，单位一般为 W/（m^2·μm·sr）
比辐射率（emissivity）	也称发射率，物体的辐射出射度与同温度黑体辐射出射度的比值。如果物体指的是地表，称为地表比辐射率
大气透射率	通过大气（或某气层）后的辐射强度与入射前辐射强度之比
亮度温度（brightness temperature）	当一个物体的辐射亮度与某一黑体的辐射亮度相等时，该黑体的物理温度就被称为该物体的亮度温度（简称"亮温"），所以亮度温度具有温度的量纲，但是不具有温度的物理含义，它是一个物体辐射亮度的代表名词

15.4.1 地表温度反演模型概述

目前，地表温度反演算法主要有以下 3 种：大气校正法（也称"辐射传输方程"；Radiative Transfer Equation，RTE）、单窗算法和分裂窗算法。

1. 大气校正法

基本原理：首先估计大气对地表热辐射的影响，然后把这部分大气影响从卫星传感器所观测到的热辐射总量中减去，从而得到地表热辐射强度，再把这一热辐射强度转化为相应的地表温度。

具体实现：卫星传感器接收到的热红外辐射亮度值 L_λ 由三部分组成：大气向上辐射

亮度 $L^{\uparrow}$；地面的真实辐射亮度经过大气层之后到达卫星传感器的能量；大气向下辐射到达地面后反射的能量 $L_{\downarrow}$。卫星传感器接收到的热红外辐射亮度值 L_{λ} 的表达式可写为（辐射传输方程）：

$$L_{\lambda} = \left[\varepsilon B(T_{S}) + (1-\varepsilon)L_{\downarrow}\right]\tau + L^{\uparrow} \qquad (15.1)$$

式中，ε 为地表比辐射率；T_{S} 为地表真实温度（单位为 K）；$B(T_{S})$ 为黑体热辐射亮度；τ 为大气在热红外波段的透过率。则温度为 T 的黑体在热红外波段的辐射亮度 $B(T_{S})$ 为

$$B(T_{S}) = \left[L_{\lambda} - L^{\uparrow} - \tau(1-\varepsilon)L_{\downarrow}\right] / \tau\varepsilon \qquad (15.2)$$

T_{S} 可以用普朗克公式的函数获取：

$$T_{S} = K_{2} / \ln\left[K_{1}/B(T_{S}) + 1\right] \qquad (15.3)$$

对于 TM 数据，$K_{1} = 607.76$ W/（$m^{2} \cdot \mu m \cdot sr$），$K_{2} = 1260.56$ K；对于 ETM+ 数据，$K_{1} = 666.09$ W/（$m^{2} \cdot \mu m \cdot sr$），$K_{2} = 1282.71$ K；对于 TIRS Band10 数据，$K_{1} = 774.89$ W/（$m^{2} \cdot \mu m \cdot sr$），$K_{2} = 1321.08$ K。

从上可知，此类算法需要两个参数：大气剖面参数和地表比辐射率。在 NASA 提供的网站（http://atmcorr.gsfc.nasa.gov/）上，输入成影时间以及中心经纬度可以获取大气剖面参数，适用于只有一个热红外波段的数据，如 Landsat TM/ETM+/TIRS 数据。

2. 单窗算法

单窗算法（Mono-window Algorithm）是覃志豪等（2004）根据地表热辐射传导方程，推导出的一种利用 Landsat TM/ETM+第 6 波段数据反演地表温度的算法，该算法的计算公式如下：

$$T_{S} = \left[a(1-C-D) + (b(1-C-D) + C + D)T_{6} - DT_{a}\right] / C \qquad (15.4)$$

式中，T_{S} 是为地表真实温度（K）；a 和 b 是常量，分别为 -67.355351 和 0.458606；C 和 D 是中间变量，$C = \varepsilon\tau$，$D = (1-\tau)[1 + (1-\varepsilon)\tau]$，其中 ε 是地表比辐射率，τ 是大气透射率；T_{6} 是卫星高度上传感器所探测到的像元亮度温度（K）。大气平均作用温度（T_{a}）与地面附近（一般为 2 m 处）气温（T_{0}）存在如下线性关系（T_{a} 与 T_{0} 的单位为 K）：

热带平均大气（北纬 15°，年平均）

$$T_{a} = 17.9769 + 0.91715 T_{0}$$

中纬度夏季平均大气（北纬 45°，7 月）

$$T_{a} = 16.0110 + 0.92621 T_{0}$$

中纬度冬季平均大气（北纬 45°，1 月）

$$T_{a} = 19.2704 + 0.91118 T_{0}$$

从上可知，此类算法需要 3 个参数：大气平均作用温度、大气透过率和地表比辐射率。

3. 分裂窗算法

分裂窗算法（也称"劈窗算法"）最初是为反演海面温度开发的，具体地说是针对 NOAA/AVHRR 的第 4 和第 5 通道设计的，后来也被用来反演地表温度，这种算法较成熟，精度较高。分裂窗算法以地表辐射传导方程为基础，利用 $10 \sim 13 \mu m$ 大气窗口内两个

相邻热红外通道（一般为 10.5 ~ 11.5 μm、11.5 ~ 12.5 μm）对大气吸收作用的不同，通过两个通道测量值的各种组合来剔除大气的影响，进行大气和地表比辐射率的修正，表达式为

$$T_S = T_4 + A(T_4 - T_5) + B \tag{15.5}$$

式中，T_S 为地表真实温度；T_4 和 T_5 分别为 AVHRR 的第 4 和第 5 通道；A 和 B 为常量。

AVHRR 的第 4 通道（10.15 ~ 11.13 μm）和第 5 通道（11.15 ~ 12.15 μm）恰与 MODIS 的第 31 波段（10.178 ~ 11.128 μm）和第 32 波段（11.177 ~ 12.127 μm）的中心波长相对应，可将 MODIS 的这两个波段用于分裂窗算法进行地表温度计算。

很多学者对这个算法进行了推演，得到很多新的算法。如下为覃志豪等（2005）用于 MODIS 数据的改进的分裂窗法模型，算法为

$$T_s = A_0 + A_1 T_{31} - A_2 T_{32} \tag{15.6}$$

式中，T_s 是地表温度（K）；T_{31} 和 T_{32} 分别是 MODIS 第 31 和第 32 波段的亮度温度；A_0、A_1 和 A_2 是分裂窗算法的参数，定义如下：

$$A_0 = [D_{32}(1 - C_{31} - D_{31})/(D_{32}C_{31} - D_{31}C_{32})]a_{31} - [D_{31}(1 - C_{32} - D_{32})/(D_{32}C_{31} - D_{31}C_{32})]a_{32} \tag{15.7}$$

$$A_1 = 1 + D_{31}/(D_{32}C_{31} - D_{31}C_{32}) + [D_{32}(1 - C_{31} - D_{31})/(D_{32}C_{31} - D_{31}C_{32})]b_{31} \tag{15.8}$$

$$A_2 = D_{31}/(D_{32}C_{31} - D_{31}C_{32}) + [D_{31}(1 - C_{32} - D_{32})/(D_{32}C_{31} - D_{31}C_{32})]b_{32} \tag{15.9}$$

式中，a_{31}、b_{31}、a_{32} 和 b_{32} 是常量，根据 MODIS 的波段特征确定，在地表温度 0 ~ 5 e 范围内，这些常量分别可取 $a_{31} = -64.60363$，$b_{31} = 0.440817$，$a_{32} = -68.72575$，$b_{32} = 0.473453$。

上述公式的中间参数分别计算如下：

$$C_i = \varepsilon_i \tau_i(\theta) \tag{15.10}$$

$$D_i = [1 - \tau_i(\theta)][1 + (1 - \varepsilon_i)\tau_i(\theta)] \tag{15.11}$$

式中，i 是指 MODIS 的第 31 和第 32 波段，即 $i = 31$ 或 32；$\tau_i(\theta)$ 是视角为 θ 的大气透过率；ε_i 是波段 i 的地表比辐射率。

T_{31} 和 T_{32} 的亮度温度可用普朗克函数计算：

$$T_i = K_{i2}/\ln(1 + K_{i1}/I_i) \tag{15.12}$$

式中，K_{i1} 和 K_{i2} 是常量，对于 $i = 31$ 波段，分别为 $K_{31,1} = 729.541636$ W/(m² · μm · sr)，$K_{31,2} = 1304.413871$ K；对于 $i = 32$ 波段，为 $K_{32,1} = 474.684780$ W/(m² · μm · sr)，$K_{31,2} = 1196.978785$ K；I_i 是 31 或者 32 波段的辐射亮度值。

上述 3 种方法都需要两个参数：大气透过率和地表比辐射率。

4. 大气透过率

一般可以通过大气水汽含量来计算大气透过率，对于 Landsat 数据可以在 NASA 公布的网站查询（http://atmcorr.gsfc.nasa.gov）。

5. 地表比辐射率

比较常用的一种方法是先对遥感图像进行分类，将地表分为不同的覆盖类型，再根据实测或者经验值的地物比辐射率给各个地表覆盖类型赋予不同的值，从而生成地表比辐射

率图像。目前，已有一些比辐射率数据库，如 MODIS UCSB 比辐射率库（http://www.icess.ucsb.edu/modis/EMIS/html/em.html）等。

另外，还可利用归一化植被指数（NDVI）计算地表比辐射率，这是由于 NDVI 的对数与地表比辐射率存在线性相关性，利用 NDVI 的阈值对地表进行分类，然后给各个地表覆盖类型赋予不同的值。

15.4.2　反演流程

本实例基于大气校正法，利用 Landsat 8 TIRS 反演地表温度，主要内容是使用 Band Math 工具计算公式（15.2）和公式（15.3），处理流程如图 15.8 所示。

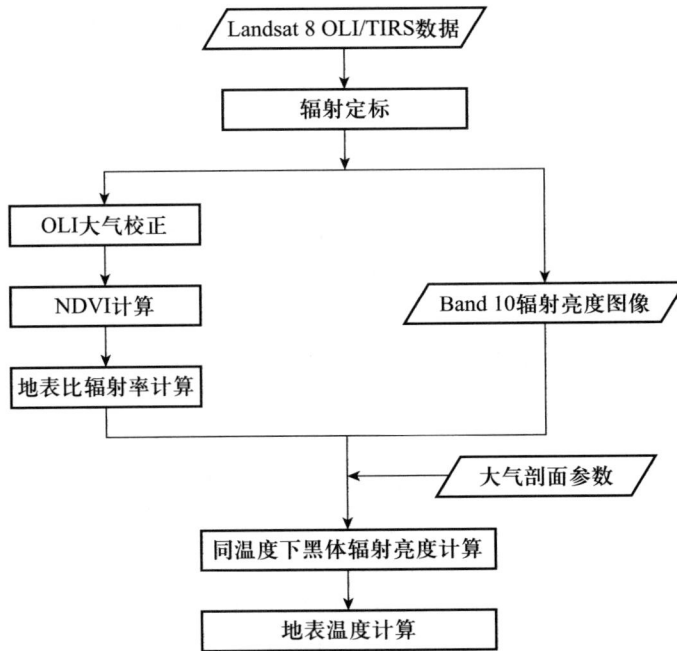

图 15.8　基于大气校正法的 TIRS 反演流程图

15.4.3　图像辐射定标和大气校正

练习数据参见：实验数据光盘\第 13 章　辐射定标与大气校正\1-Landsat8。

（1）在主界面中，选择 File→Open，在文件选择对话框中选择 "LC81230322013276LGN00_MTL.txt" 文件，ENVI 自动按照波长分为 5 个数据集：多光谱数据（1~7 波段）、全色波段数据（8 波段）、卷云波段数据（9 波段）、热红外数据（10、11 波段）和质量波段数据（12 波段）。

（2）在 Toolbox 工具箱中，选择 Radiometric Correction→Radiometric Calibration。在

File Selection 对话框中，选择数据 "LC81230322013132LGN02 _ MTL _ Thermal"，单击 Spectral Subset 选择 "Thermal Infrared1（10.9）"，打开 Radiometric Calibration 面板。

（3）在 Radiometric Calibration 面板中，设置以下参数：

- 定标类型（Calibration Type）：辐射亮度值（radiance）。
- 其他选择默认参数。

（4）选择输出路径和文件名，单击 OK 按钮，执行定标处理。得到 Band10 辐射亮度图像。

Landsat 8 OLI 大气校正可参考本书第 13.5 节 "Landsat 8 FLAASH 大气校正" 的相关内容。

15.4.4 地表比辐射率计算

TIRS 的 Band10 热红外波段与 TM/ETM+6 热红外波段具有近似的波谱范围，本例采用 TM/ETM+6 相同的地表比辐射率计算方法。使用 Sobrino 提出的 NDVI 阈值法计算地表比辐射率：

$$\varepsilon = 0.004P_v + 0.986 \tag{15.13}$$

式中，P_v 是植被覆盖度，用以下公式计算：

$$P_v = \left[(NDVI - NDVI_{Soil}) / (NDVI_{Veg} - NDVI_{Soil}) \right] \tag{15.14}$$

其中，NDVI 为归一化植被指数；$NDVI_{Soil}$ 为完全被裸土或无植被覆盖区域的 NDVI 值，$NDVI_{Veg}$ 则代表完全被植被所覆盖的像元的 NDVI 值，即纯植被像元的 NDVI 值。取经验值 $NDVI_{Veg} = 0.70$ 和 $NDVI_{Soil} = 0.05$，即当某个像元的 NDVI 大于 0.70 时，P_v 取值为 1；当 NDVI 小于 0.05，P_v 取值为 0。

（1）在 Toolbox 工具箱中，双击 Spectral→Vegetation→NDVI 工具，在文件输入对话框中选择 Landsat 8 OLI 大气校正结果。

提示：覃志豪等（2004）提出使用原始 DN 值图像计算 NDVI 对反演结果影响不大。

（2）在 NDVI Calculaton parameters 对话框中，选择 NDVI 计算波段：Red：4，Near IR：5。

（3）选择输出文件名和路径。

（4）在 Toobox 中，选择 Band Ratio→Band Math，输入表达式：

(b1 gt 0.7) * 1+(b1 lt 0.05) * 0+(b1 ge 0.05 and b1 le 0.7) * ((b1−0.05)/(0.7−0.05))

其中，b1 为 NDVI。计算得到植被覆盖度图像。

（5）在 Toobox 中，选择 Band Ratio→Band Math，输入表达式：

$$0.004 * b1 + 0.986$$

其中，b1 为植被覆盖度图像。计算得到地表比辐射率图像。

提示：为了得到更精确的地表比辐射率数据，可使用覃志豪等（2004）提出的先将地表分成水体、自然表面和城镇区，分别针对 3 种地表类型计算地表比辐射率：

- 水体像元比辐射率：0.995。
- 自然表面像元比辐射率：$\varepsilon_{surface} = 0.9625 + 0.0614P_v - 0.0461P_v^2$。

- 城镇区像元比辐射率：$\varepsilon_{\text{building}} = 0.9589 + 0.086P_{\text{v}} - 0.0671P_{\text{v}}^2$。

15.4.5　黑体辐射亮度与地表温度计算

在 NASA 公布的网站查询（http://atmcorr.gsfc.nasa.gov），输入成影时间：2013−10−03 02：55 和中心经纬度（Lat：40.32899857，Lon：116.70610046），以及其他相应参数，得到大气剖面信息为

- 大气在热红外波段的透过率 τ：0.90。
- 大气向上辐射亮度 $L^{\uparrow}$：0.75 W/（m^2·sr·μm）。
- 大气向下辐射亮辐射亮度 $L_{\downarrow}$：1.29 W/（m^2·sr·μm）。

提示：由于缺少地表相关参数（气压、温度和相对湿度等信息），得到的结果是基于模型计算的。

（1）依据公式（15.2），在 Toolbox 工具箱中，双击 Band Ratio→Band Math 工具，输入表达式：

$$(b2 - 0.75 - 0.9 * (1 - b1) * 1.29)/(0.9 * b1)$$

其中，b1 为地表比辐射率图像；b2 为 Band10 辐射亮度图像。计算得到同温度下的黑体辐射亮度图像。

（2）依据公式（15.3），在 Toobox 中，双击 Band Ratio→Band Math 工具，输入表达式：

$$(1321.08)/\text{alog}(774.89/b1 + 1) - 273$$

其中，b1 为同温度下的黑体辐射亮度图像。得到的地表温度图像（单位为℃）。

提示：公式（15.3）中，TIRS Band10 的 K_1 和 K_2 是从 "＊_MTL.txt" 元数据文件中获取的。

（3）在图层管理器（Layer Manager）中的地表温度图像图层上，右键选择 "Raster Color Slices"，将温度划分为 5 个区间：25℃ 以上、22～25℃、20～22℃、15～20℃、低于 15℃。

（4）分别浏览各个温度区间的空间分布范围。

（5）统计反演结果得出 81% 区域的温度集中在 15～22℃。

提示：缺少同步温度测量数据用于验证反演结果，查询 2013 年 10 月 3 日北京市最低气温为 10℃，最高气温为 22℃。本示例反演结果大部分在这个区间内，表明反演结果有一定的参考价值。

第16章 ENVI 二次开发

在阅读本章之前，假设你已具备以下 3 个条件：① 具有一定的 IDL 基础；② 基本了解 IDL 开发环境；③ 拥有 ENVI+IDL 许可。

由于 ENVI 的二次开发功能非常灵活，本章只介绍一些基础知识，起到抛砖引玉的作用。ENVI 自 5.0 版本开始，逐渐推出一套完善的面向对象 API 体系，本章将在介绍 ENVI Classic 二次开发的基础上，详细介绍 ENVI5. x 版本的开发技术。

本章主要介绍以下内容：
➤ ENVI 二次开发简介
➤ ENVI Classic 二次开发基础
➤ ENVI5 二次开发基础
➤ ENVI 功能扩展
➤ 程序发布与部署
➤ 混合像元分解扩展工具开发实例

提示：本章节所有源代码参见实验数据光盘\第 16 章 ENVI 的二次开发。

16.1 ENVI 二次开发简介

ENVI 是使用 IDL 语言编写的功能完整的遥感图像处理平台。在 ENVI 中，用户可以很方便地通过 IDL 语言以及 ENVI 提供的二次开发 API 对 ENVI 的功能进行扩展，例如，添加新的功能函数，甚至开发独立 ENVI 界面的全新系统。

1. ENVI 功能扩展

1）自定义函数

自定义函数是用 IDL 编写的用以实现某一功能的代码，该函数可以在波段运算、波谱运算、基于专家知识的决策分类器、波谱分析等工具中使用。例如，以下函数的功能是将指定像元值变成 0 和 1 的掩膜。

```
FUNCTION dt_choose_values,data,values
  info=SIZE(data)
  result=MAKE_ARRAY(/BYTE,SIZE=info)
  FOR index=0L,(N_ELEMENTS(values)-1)DO $
  result+=(data EQ values[index])
  RETURN,result
END
```

在基于专家知识的决策分类器中调用这个函数，可以让指定的像元不参与分类。

2）自定义功能

自定义功能也称"ENVI 扩展补丁"，它是嵌在 ENVI 上的功能模块，具备交互式操作界面和相应处理功能的函数，以完成某一方面的功能。

当然，ENVI 功能扩展范围比较广，这只是两个比较常用的方式。

2. ENVI 二次开发

ENVI 二次开发是在 ENVI 已有的 API 之上，借助 IDL 开发独立于 ENVI 界面的业务化平台。大部分 ENVI 平台的图像处理功能都以函数方式（ENVI Routines）或对象形式（ENVI Task）提供，IDL 可以很方便地调用这些函数或对象；同时，IDL 本身具有开发 GUI 的功能。这样我们就可以基于 ENVI+IDL 开发一个业务化运行的平台，完全"扔掉" ENVI 的界面和操作方式（图 16.1）。

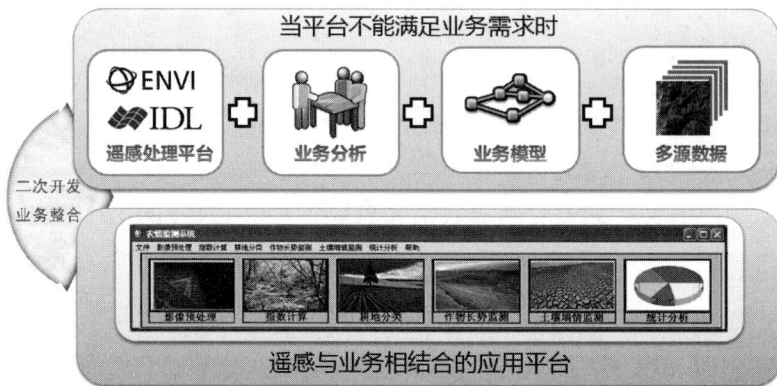

图 16.1　二次开发与业务化遥感平台

3. 集成开发

集成开发是将 IDL 与其他开发语言进行混合编程，可以充分发挥各自编程语言的优点。例如，伽利略系统仿真设施（GSSF）就是将 IDL 编写的数据可视化组件（OCX）嵌入 .NET 开发环境中。有时为了降低开发风险、减少开发量、提供开发效率，会选择两个二次开发平台，如 ArcGIS 与 ENVI/IDL 进行集成开发，可实现真正的 GIS 与遥感的一体化集成。

为了实现与其他语言的集成开发，IDL 拥有以下几个技术：

1）调用外部程序

IDL 调用其他语言功能的最简单的方法就是调用外部程序，即使用 SPAWN 方式。SPAWN 产生一个子进程来执行一个命令或一系列的命令。调用时可以根据需要添加一系列关键字。

2）调用 COM 组件

IDL 可以调用微软的组件对象模型（COM）和 ActiveX 控件，通过这种方式可对 IDL 进行功能扩展。具体是通过 IDLcomIDispatch 类实现 COM 组件的调用，通过 IDLcomActiveX 类实现 ActiveX 控件的调用。

3）调用 Java 类对象

通过 IDL-Java bridge 方法可以直接访问 Java 对象，可参考 *IDL Programmer's Guides—Importing into IDL*。

4）CALL_EXTERNAL 方法

CALL_EXTERNAL 方法是调用其他语言创建的动态库。在 IDL 中创建与 VC 函数中定义的数据结构相匹配的数据结构；利用过程 MAKE_DLL 编译 VC 的函数和程序，生成在 IDL 中可以使用的动态连接库 DLL；最后利用函数 CALL_EXTERNAL 通过动态连接库调用 VC 的函数。

5）DLM 方式

DLM 是 IDL 的功能扩展，通过 C、C++等编译器建立的一个动态库（DLL）和一个 DLM 的 ASCII 文件。IDL 启动时可自动加载并记录该 ASCII 文件中进行函数或类的调用定义方式，这种方式的调用跟调用 IDL 自身的功能函数一样。该方式比普通的 DLL 动态库调用更灵活方便，可以与 IDL 进行无缝集成。

6）Callable 技术

ENVI/IDL 函数可以作为动态链接库被外部程序调用启动，称为"Callable IDL 技术"。使用 Callable IDL 技术，外部程序可以像在 IDL 环境中一样执行 IDL 的代码。

7）IDLDrawWidget 和 COM_IDL_Connect 技术

这两种方式都基于 COM 组件，使用与 Callable 类似的技术。其中，IDLDrawWidget 可以在其他语言框架下创建 IDL 的显示 Draw 组件，使得该技术非常适合用在框架下进行 ENVI/IDL 的可视化展示；COM_IDL_Connect 则非常完善地提供了 ENVI/IDL 现有功能调用的支持。

8）对象导出向导

使用对象导出向导可以通过自定义类将 ENVI 或 IDL 的功能添加到其他应用软件中，该种模式能够很容易地将 ENVI 或 IDL 对象输出到 Java 和 COM 环境，进而直接缩短接口开发时间。

16.2   ENVI Classic 基础知识

本节主要介绍 ENVI Classic 二次开发涉及的一些基础知识。

16.2.1   ENVI Classic 库函数

库函数（Library Routines）是由 IDL 开发的一组功能函数，可以被 IDL 或者 ENVI 命令行调用，由两百多个函数或者组件组成，涵盖了大部分 ENVI 功能，分为 Batch Mode、文件输入与输出、文件信息查询、读取图像文件、ROI 处理、分块处理（Tiling）、状态报告、投影处理、界面组件、图像显示管理、矢量处理以及其他未分类功能。

在 ENVI Classic 帮助文档 Working with ENVI Classic→Using ENVI Classic Routines→ENVI Classic Routines 中，对每个函数和组件都有详细的说明，包括语法、关键字以及示例程序。以下为其中比较典型的 ENVI_GET_DATA 函数：

ENVI_GET_DATA
Syntax | Keywords | Example
Use this function to retrieve spatial image data for any open file. The DIMS keyword allows full control over the spatial dimensions of the returned data, which allows you to retrieve a full band or any spatial subset. The band is specified with the POS keyword, and only a single band is returned. Additional optional parameters allow you to automatically resample the spatial data to smaller or larger pixel sizes. This function will work with any open image, regardless of the format or physical storage order of the file.
You can use this function, along with ENVI_GET_SLICE, in place of tiled processing. However, requests for large images may be limited by the amount of available RAM in your system.
Syntax
Result = ENVI_GET_DATA (/COMPLEX, DIMS = *array*, FID = *file ID* [, INTERP = {0 | 1 | 2 | 3 }], POS = *long integer* [, XFACTOR = *integer*] [, YFACTOR = *integer*])
Keywords
COMPLEX
Set this keyword to return the output data as complex.
DIMS
The "dimensions" keyword is a five-element array of long integers that defines the spatial subset (of a file or array) to use for processing. Nearly every time you specify the keyword FID, you must also specify the spatial subset of the corresponding file (even if the entire file, with no spatial subsetting, is to be processed).
FID
The file ID (FID) is a long-integer scalar with a value greater than 0. An invalid FID has a value of −1. The FID is provided as a named variable by one of several ENVI routines used to open or select a file. Often, the FID is returned from the keyword R_FID in the procedure ENVI_OPEN_FILE. All file processing using ENVI's routines is accomplished by referring to its FID. If you work directly with the file in IDL, the FID is *not* equivalent to a logical unit number (LUN).

```
INTERP(optional)
Set this keyword to one of the following values to indicate the interpolation
type.Use this keyword only when XFACTOR or YFACTOR is not equal to 1.
POS
Use this keyword to specify a scalar long integer that indicates the band
number for the returned data.
XFACTOR(optional)
Use this keyword to specify the x magnification factor for the data.A value of
1 does not change the data.Values greater than 1 cause the size to increase;
values less than 1 cause the size to decrease.
YFACTOR(optional)
Use this keyword to specify the y magnification factor for the data.A value of
1 does not change the data.Values greater than 1 cause the size to increase;
values less than 1 cause the size to decrease.
Example
This example opens a file,determines its spatial size,and requests that all
of the data for the first band are stored in the variable DATA. The procedure
ENVI_OPEN_FILE is used to programmatically open the desired file. Subsequent
references to this file will use the file ID returned in the keyword R_
FID.Once the file is open, ENVI_FILE_QUERY determines the number of samples
and lines.These are used to set the DIMS keyword for the function ENVI_GET_
DATA.A call to ENVI_GET_DATA with the full band specified by DIMS and the
first band specified by POS returns all image data for the first band in a
samples-by-lines 2D array.

ENVI_OPEN_FILE,'can_tmr.img',r_fid=fid
ENVI_FILE_QUERY,fid,dims=dims
data=ENVI_GET_DATA(fid=fid,dims=dims,pos=0)
```

这个函数说明主要包括：

1）语法（Syntax）

使用该函数的语法结构，其中［］内的参数为可选项。

2）关键字（Keywords）

该函数输入参数的详细说明，明确指出必选项和可选项。

3）示例程序（Example）

列举了一个或多个比较典型的示例程序，帮助理解该函数的使用，也可以直接复制到自己的程序中，通过少量的代码修改就能够运行。

16.2.2　关键字与参数

在 ENVI 库函数的语法中，有两类参数值得注意：关键字（Keywords）和参数（Argument）。

1. 关键字（Keywords）

关键字参数是 IDL 中一个可选的变量或表达式。关键字参数传入的可以是一个已经定义好的参数或一个 Bool 的标志，输出关键字参数用来返回所需要的值。关键字参数没有顺序，它可以放在过程或函数的任意位置。

keyword_set（）用于检验布尔关键字。在 IDL 中新建文件，输入如下代码：

```
PRO test_keywords,input,keyword1 = keyword1,keyword2 = keyword2,swap = swap
  COMPILE_OPT idl2
  HELP,input
  HELP,keyword1
  HELP,keyword2
  PRINT,KEYWORD_SET(swap)
  IF KEYWORD_SET(swap)THEN BEGIN
    PRINT,'swap'
  ENDIF
END
```

编译后在 IDL 控制台中输入：

```
test_keywords,'test',keyword2 =1,/swap
```

返回结果：

```
INPUT           STRING = 'test'
KEYWORD1        UNDEFINED = <Undefined>
KEYWORD 2       INT    =        1
      1
swap
```

从上面的例子可以看到，关键字参数（keyword1）和（keyword2）可以为空，且没有顺序。

2. 参数（Argument）

位置参数在过程或函数中用来传递变量或表达式，如下面的过程定义：

```
PRO test_parameters,param1,param2
  HELP,param1,param2
  PRINT,N_PARAMS()
END
```

在调用时用 test_parameters，'par'，'par2'，对一个特定的过程或函数而言，它的位置参数有一定的顺序。位置参数不一定是必选的，有一些是可选的。位置参数的个数可以用函数 N_Params()来检验。

在 IDL 控制台中输入：

```
test_parameters
```

返回结果：

```
PARAM1              UNDEFINED = <Undefined>
PARAM2              UNDEFINED = <Undefined>
                    0
```

在 IDL 控制台中输入：

```
test_parameters,'test',1
```

返回结果：

```
PARAM 1             STRING    = 'test'
PARAM2              INT       =          1
         2
```

16. 2. 3   库函数中的通用关键字

大多数的库函数都包括以下几个重要关键字。

1）FID

文件 ID（FID）是一个大于 0 的长整型变量，当失效时返回 −1。FID 作为 ENVI 程序打开或者选择一个文件时的命名变量。ENVI 程序对该文件进行的所有操作都是通过 FID 完成的。FID 值常取自"ENVI_OPEN_FILE"函数返回 R_FID 关键字的值。如果使用 IDL 直接读取文件时，FID 和 LUN 不是等同的。

2）DIMS

DIMS 关键字是一个包含 5 个元素的长整型数组，它定义了处理文件或数组的空间子集。当需要设定 FID 关键字时，必须同时使用 DIMS 关键字确定相关文件的空间子集。

● DIMS[0]：指向一个打开的 ROI 的 FID，这个 ROI 定义了一个空间子集，其他时候设为 −1L。
● DIMS[1]：列的起始位置，第一个像素列为 0。
● DIMS[2]：列的结束位置。
● DIMS[3]：行的起始位置，第一个像素行为 0。
● DIMS[4]：行的结束位置。

当处理整幅图像，而没有空间子集时，可以使用以下代码获取 DIMS：

```
ENVI_FILE_QUERY,FID,DIMS = DIMS
```

3）IN_MEMORY

将处理结果保存在内存中。如果不设置这个关键字，需要设置 OUT_NAME 关键字为输出文件完整路径。

4）M_FID

M_FID 是一个大于 0 的长整型常数，当无效时返回 −1，用于指定 FID 的掩膜文件。M_FID 常取自"ENVI_OPEN_FILE"函数（用于打开掩膜文件）返回 R_FID 关键字的值。

5）M_POS

M_POS 是一个大于等于 0 的长整型常数，用于指定掩膜文件的波段。

6）OUT_BNAME

字符串数组，用于指定输出的波段名。

7）OUT_NAME

一个字符串，用于指定输出文件名。

8）POS

POS 关键字是长整型的数组，标示用于处理的波段，即波谱子集。有效值从 0 到波段总数减 1，如设置波段从 0 开始：Band1 = 0，Band2 = 1，…。例如，要处理多波段文件的第 3、4 波段数据，则设置 POS = [2,3]。

9）R_FID

ENVI Classic 库函数所产生的结果图像或打开一个图像文件返回一个 R_FID 值，用来存储文件 ID，它是一个简单的命名变量，当无效时返回 −1。

16.2.4 批处理模式（Batch Mode）

在非交互式方式下，执行一个线性 ENVI 处理任务称为 Batch Mode。Batch Mode 下可以直接使用 ENVI_DOIT 库函数（∗_DOIT），以及无交互的自定义函数。

用 IDL 编写的 Batch Mode 程序可以直接在 ENVI 菜单下调用执行，或者在 IDL 控制台中使用。Batch Mode 在以下几种情况下非常有用：
- 在使用 IDL 工作时，需要使用 ENVI 库函数提高效率；
- 自定义应用平台时，混合了 IDL 代码和 ENVI 库函数；
- 进行大量的、重复的 ENVI 处理时，即批处理；
- 在无需人工干预情况下，进行一连串处理步骤时，即流程化线性处理任务。

下面介绍 Batch Mode 的初始化、退出以及输出日志文件的过程。

1. 启动 Batch Mode

启动 Batch Mode 需要加载很多 ENVI 的库文件（.sav）和初始化 Batch Mode。在 IDL 控制台中运行以下命令，可以启动 Batch Mode。

ENVI,/RESTORE_BASE_SAVE_FILES
ENVI_BATCH_INIT

提示：在 IDL 中使用 Batch Mode 之前，建议在 ENVI Classic 主菜单中选择 File→ Preferences，在弹出的面板中切换到 Miscellaneous 选项卡，设置 Exit IDL on Exit from ENVI 选项为"No"，这样在退出 IDL 中启动的 ENVI 时，IDL 不会一同退出。

2. 退出 Batch Mode

运行 Batch Mode 环境，就像运行 ENVI 软件一样，会创建许多不同的变量、一些公共模块、结构、指针和对象等。因此，需要使用 ENVI_BATCH_EXIT 函数来退出 Batch Mode 环境，同时删除这些变量并释放内存，以及释放 ENVI 使用的 License。

3. Batch Mode 日志文件

Batch Mode 一个很重要的作用是在无交互的情况下处理数据文件。为了掌握处理过程中的信息，包括产生的错误信息。在初始化批处理的时候，用户可以使用 LOG_FILE 关键字来定义一个日志文件。这个关键字传递给 ENVI 一个文件名，该文件用来写入各种错误和提示消息。

ENVI_BATCH_INIT,LOG_FILE = 'test_batch_log. txt'

如下为使用 Batch Mode 完整实例代码：

```
PRO BatchMode_init
  ENVI,/RESTORE_BASE_SAVE_FILES
  ENVI_BATCH_INIT,LOG_FILE='batch.log'
  ;编写处理代码
  ENVI_BATCH_EXIT
END
```

值得注意的是，当运行 ENVI 时会自动初始化 Batch Mode，能够访问所有 ENVI Classic 程序和函数，这种状态通常称为"混合批处理模式"。

16.2.5　编写 Batch Mode 程序

Batch Mode 除了能完成非交互式线性 ENVI 处理任务外，还能很方便地利用 ENVI 库函数为 IDL 程序添加函数功能。

如下为一个简单例子，首先提示用户选择一个 DEM 文件，读入数据后，同时显示 DEM 以及它生成的阴影图像（参见实验数据光盘\第16章 ENVI 的二次开发\view_dem. pro）。

```
PRO view_dem
    COMPILE_OPT STRICTARR ;严格编译器要求
    ;初始化 Batch Mode
    ENVI,/RESTORE_BASE_SAVE_FILES
    ENVI_BATCH_INIT,LOG_FILE = 'batch.log'
    ;选择 DEM 文件
    dem_file = ENVI_PICKFILE(TITLE = 'select a DEM')
    IF(dem_file EQ "")THEN RETURN
    ENVI_OPEN_FILE,dem_file,R_FID = dem_fid
    ;打开 DEM 文件及获取文件信息
    ENVI_FILE_QUERY,dem_fid,dims = dims,ns = ns,nl = nl
    proj = ENVI_GET_PROJECTION(FID = dem_fid,PIXEL_SIZE = pixel_size)
    ;从 DEM 文件中计算阴影图像
    ENVI_DOIT,'TOPO_DOIT',AZIMUTH = 15.0,BPTR = [2],DIMS = dims, $
        ELEVATION = 45.0,FID = dem_fid,IN_MEMORY = 1,POS = [0], $
        R_FID = shaded_fid,PIXEL_SIZE = pixel_size
    dem = ENVI_GET_DATA(FID = dem_fid,DIMS = dims,POS = [0])
    shaded = ENVI_GET_DATA(FID = shaded_fid,DIMS = dims,POS = [0])
    ;同时显示 DEM 图像和阴影图像
    WINDOW,/FREE,XSIZE = (2 * ns),YSIZE = nl
    TVSCL,dem,ORDER = 1
    TVSCL,shaded,ns,0,ORDER = 1
    ;退出 batch mode
    ENVI_BATCH_EXIT
END
```

提示：标识下划线的函数就是 ENVI 库函数。

从这个简单的例子可以看出，IDL 调用 ENVI 提供的程序就能减少研究算法和编写代码的时间。结合 IDL 的 GUI 的功能，便可以开发一个全新的平台，完全"扔掉"ENVI 的界面和操作方式。

16.3　ENVI Classic 功能扩展

用 IDL 编写函数可以方便地对 ENVI Classic 的功能进行扩展。程序文件可以是 . pro 或 . sav 文件，与其他 IDL 程序一样，也可以包括调用的 C 或是 Fortran 代码。将自定义函数功能放到 ENVI Classic 安装目录下的 save_add（... \Exelis\ENVI51\classic\save_add）文件夹中，在 ENVI Classic 启动时被自动编译和加载。

在设计扩展程序时，可以选择非交互方式，或使用 ENVI Classic 提供的组件进行简单的用户界面的设计，并保持与 ENVI Classic 一致的界面，或通过 IDL 组件工具创建新的界面。

16.3.1　菜单定制

开发的功能模块可以"挂靠"到 ENVI Classic 菜单项中执行。ENVI Classic 提供两种修改菜单的方法：手动修改菜单文件和函数自动添加。

1. 手动修改菜单文件

ENVI Classic 的菜单文件保存在 ...\Exelis\ENVI51\classic\menu 文件夹下，包含 3 个文件：

- display. men：显示窗口菜单文件。
- display_shortcut. men：显示窗口右键快捷菜单。
- envi. men：主菜单文件。

使用任何文本编辑器都可以打开 envi. men 文件。在文件的顶部有些介绍的注释文本。注释结束后的文件结构如下所示：

```
0{File}
    1{Open Image File}{open envi file}{envi_menu_event}
    1{Open Vector File}{open vector file}{envi_menu_event}
    1{Open Remote File}{open remote file}{envi_menu_event}
    1{Open External File}{separator}
        2{Landsat}
            3{Fast}{open eosat tm}{envi_menu_event}
```

每个菜单项由 3 个部分组成：

LEVEL {BUTTON NAME} [{UVALUE} {EVENT HANDLER PROCEDURE}] [{separator}]

- LEVEL：菜单按钮的级别，以从 0 开始的整数表示，必选项。
- BUTTON NAME：菜单名称，必选项。
- UVALUE：定义菜单项的唯一标识。用户值在同一自定义函数处理多个菜单项时非常有用，可以区分哪个菜单项被选中，必选项。
- EVENT HANDLER PROCEDURE：触发事件名称，可选项。
- separator：菜单分隔符，可选项。

UVALUE 在大多数 ENVI Classic 程序中是需要的，以保持菜单标识的唯一性。但是编写自定义函数时，用户值一般不会被使用。此时，可以将用户值设为与自定义函数名一致，或者将它设置为 {not used} 等醒目的标识。

按照以上的菜单说明，就可以修改、添加和重新编排菜单。以下为新增加一个菜单的示例。

（1）在 IDL 中新建一个源文件，或者打开记事本，编写以下代码：

```
PRO file_info,event
  ENVI_SELECT,title='choose a file',fid=in_fid
    IF (in_fid eq-1L) THEN return
    ENVI_FILE_QUERY,in_fid,ns=ns,nl=nl,nb=nb,fname=fname
    OpenR,unit,fname,/Get_LUN
    info=FSTAT(unit)
    Free_LUN,unit
    print,'you selected',fname
```

```
    print,'number of samples = ',ns
    print,'number of lines = ',nl
    print,'number of bands = ',nb
    print,'file size in bytes = ',info.size
END
```

保存为 file_info. pro，复制到 save_add 目录下。

（2）用记事本打开 envi. men 文件，在文件的最后添加以下语句：

```
0{新增功能}
  1{文件基本信息获取}{not used}{file_info}
```

（3）重启 ENVI Classic+IDL 环境，可以看到，在 ENVI Classic 最末端新增了一个"新增功能"菜单。

（4）单击"新增功能"菜单，打开"文件基本信息获取"菜单并触发 file_info 功能。

2. 函数自动添加

ENVI Classic 库函数中提供 ENVI_DEFINE_MENU_BUTTON 函数，可以自动添加菜单项。ENVI_DEFINE_MENU_BUTTON 函数语法如下：

"ENVI_DEFINE_MENU_BUTTON, ButtonInfo［,/DISPLAY］, EVENT_PRO = string,/MENU, UVALUE = string［, POSITION = long integer or string］［, REF_INDEX = long integer］［, REF_UVALUE = variable］, REF_VALUE = string［, SEPARATOR = {0 | 1 | −1}］［,/SIBLING］, VALUE = string"

其中各参数的含义如下：

● ButtonInfo：ENVI Classic 自动定义。

关键字的含义如下：

● DISPLAY（可选）：设置这个关键字使得在 Display 窗口中新增菜单项，默认是在 ENVI Classic 主菜单中。

● EVENT_PRO（可选）：指定一个响应事件程序名，用于菜单选择时执行。当设置了 MENU 关键字时不需要设置这个关键字。

● MENU（可选）：表明新菜单有子菜单。设置这个关键字后，UVALUE 关键字不需要设置。

● POSITION（可选）：设置新菜单相对参考菜单项的位置，配合 REF_VALUE 使用。

当关键字（/SIBLING）设定时，POSITION 关键字可设置以下的值。① 'before'：参考菜单项的前面；② 'after'：参考菜单项的后面；③ 负整值：参考菜单项前 n 项；④ 正整值：参考菜单项后 n 项。

当新菜单是参考菜单项的子菜单时（SIBLING = 0，默认），POSITION 关键字可设置以下的值：① 'first'：相对于参考菜单项的第一个子菜单；② 'last'：相对于参考菜单项的最后一个子菜单；③−1，0 或者正整数：−1 表示'last'，0 表示'first'；表示参考菜单项的第二个子菜单，以此类推。

默认设置是 POSITION = ' after '(/SIBLING)，POSITION = ' last '(SIBLING = 0)。

- REF_INDEX（可选）：指定作为参考菜单项的索引。
- REF_UVALUE（可选）：设置自定义参考菜单项值，当以前面的新增菜单项作为参考时非常有用。
- REF_VALUE：指定参考菜单项的名称。
- SEPARATOR（可选）：在新菜单前面设置分隔线，默认设置为 0，-1 表示在新菜单后面设置分隔线。
- UVALUE：定义菜单项的唯一标识，常用 VALUE 的值。
- VALUE：给新菜单指定一个名称，同时也作为新菜单的标签。

这个函数的使用有一定规范，例如，编写了一个命名为 my_process. pro 的自定义程序，需要自动为 my_process. pro 创建 4 个菜单项，在 my_process. pro 代码中创建程序名为 "my_process_define_buttons" 的过程，代码如下：

```
PRO my_process_define_buttons,buttonInfo
;   Basic Tools→
;   My Menu→
;       Option 1
;       Option 2
;       ————
;       Option 3
;   Classification→
;创建母菜单
ENVI_DEFINE_MENU_BUTTON,buttonInfo,VALUE='My Menu', $
  /MENU,REF_VALUE='Basic Tools',/SIBLING,POSITION='after'
;创建"My Menu"子菜单
ENVI_DEFINE_MENU_BUTTON,buttonInfo,VALUE='Option 1', $
  UVALUE='option 1',EVENT_PRO='my_process_event', $
  REF_VALUE='My Menu',POSITION='last'
;创建"My Menu"子菜单
ENVI_DEFINE_MENU_BUTTON,buttonInfo,VALUE='Option 2', $
  UVALUE='option 2',EVENT_PRO='my_process_event', $
  REF_VALUE='My Menu',POSITION='last'
;创建"My Menu"子菜单,并用分隔线隔开
ENVI_DEFINE_MENU_BUTTON,buttonInfo,VALUE='Option 3', $
  UVALUE='option 3',EVENT_PRO='my_process_event', $
  REF_VALUE='My Menu',POSITION='last',/SEPARATOR
END
PRO my_process,event
;my_process 主程序
END
```

创建的程序 "my_process_define_buttons" 也可以单独编写在一个 . pro 文件（my_process_define_buttons. pro）中，并复制到 save_add 文件夹中。

16.3.2 组件调用

ENVI Classic 提供了 20 多种组件供外部程序使用，它们属于 ENVI Classic 库函数的一部分。大多数组件的函数以 "WIDGET_" 开头。表 16.1 列举了大部分的组件。

表 16.1　主要 ENVI 组件

名　　　称	说　　　明
AUTO_WID_MNG	自动运算 ENVI 组件的事件处理
ENVI_CENTER	返回一个组件的中心点像素坐标值
ENVI_COLLECT_SPECTRA	运行端元波谱收集对话框
ENVI_DEFINE_MENU_BUTTON	为 ENVI 主菜单自动添加菜单项
ENVI_INFO_WID	显示文本信息的组件
ENVI_PICKFILE	从硬盘中选择文件的对话框，返回选择文件完整路径
ENVI_SELECT	选择打开的文件或波段的对话框
RGB_GET_BANDS	从可用波段列表中选择 3 个波段的对话框
WIDGET_AUTO_BASE	为自动管理组件事件（auto-managed events）创建一个基础组件
WIDGET_EDIT	从列表中编辑值的对话框
WIDGET_GEO	输入经纬度信息的对话框
WIDGET_MAP	输入/编辑地图坐标和投影的组件
WIDGET_MENU	创建单项选择对话框
WIDGET_MULTI	创建多项选择对话框
WIDGET_OUTF	创建选择输出文件路径的对话框
WIDGET_OUTFM	创建选择输出文件路径的对话框，带有保存结果到内存的选择项
WIDGET_PARAM	创建输入数字的对话框
WIDGET_PMENU	创建下拉选择对话框
WIDGET_RGB	创建 RGB 颜色选择对话框
WIDGET_SLABEL	创建带滚动条的文本信息显示框
WIDGET_SLIST	创建列表选择框
WIDGET_SSLIDER	创建带滑块的输入数字对话框
WIDGET_STRING	创建文本输入对话框
WIDGET_SUBSET	创建带 "Spatial Subset" 按钮的空间子集选择对话框
WIDGET_TOGGLE	创建带切换按钮的选择对话框

这些组件在 ENVI Help→Working with ENVI Classic→Sample Code and Instructions→Working with User Functions→Adding Widgets to User Functions→Compound Widgets 有详细的语法说明和例子。下面为调用 ENVI_SELECT 的例子：

```
;首先利用 ENVI_FILE_TYPE 函数定义 16 位整型数据类型
ftype=ENVI_FILE_TYPE('Classification')
;打开文件选择对话框提示选择一个分类结果文件
ENVI_SELECT,fid=fid,pos=pos,/band_only,$
  /no_dims,file_type=ftype,$
  title='Classification Input File'
if(fid[0] eq-1)then return
```

将这行代码在 IDL 控制台中运行（之前需要运行 ENVI 命令，初始化 Batch Mode），可以看到运行结果为一个文件选择对话框。

在通常的 IDL 程序中，程序员必须给程序中使用的组件编写事件处理程序。为了方便使用 ENVI Classic 组件，ENVI 提供了一些可以自动管理组件事件的函数，主要由以下两个库函数来实现：WIDGET_AUTO_BASE 和 AUTO_WID_MNG。

1. WIDGET_AUTO_BASE

在通常的 IDL 程序中，所有的基本组件（widget bases），包括最高级别的基本组件（the top-level base，TLB），都是通过 WIDGET_BASE 函数创建的。在 ENVI Classic 下编程，如果要创建自动管理组件事件的 ENVI 组件，必须通过 WIDGET_AUTO_BASE 创建。WIDGET_AUTO_BASE 语法为：

Result = WIDGET _ AUTO _ BASE（[，GROUP = widget ID][，TITLE = string][，/XBIG][，/YBIG]）

关键字的含义如下：
- GROUP（optional）：为最新创建的组件设置 ID。
- TITLE（optional）：设置标题。
- XBIG（optional）：设置组件水平方向最大长度。
- YBIG（optional）：设置组件垂直方向最大长度。
- Result：返回新创建组件的 ID。

2. AUTO_WID_MNG

在通常的 IDL 部件程序中，一旦 GUI 被定义，XMANAGER 程序被调用进行组件的注册和组件事件的探测，这种情况下需要对不同的事件进行管理。而在自动事件管理的 ENVI Classic 程序中，无须调用 XMANAGER 程序，而是用 AUTO_WID_MNG 函数来注册组件和探测组件事件，并返回结构体变量。AUTO_WID_MNG 函数自动在 GUI 的底部加上了"OK"和"Cancel"两个按钮。通过如下的方式调用该函数：

$$result = AUTO\_WID\_MNG(TLB)$$

表达式中的 TLB 必须是通过 WIDGET_AUTO_BASE 创建的。

当自定义 GUI 关闭后（如单击 OK 按钮），result 将返回一个结构体变量，这个结构体包括特别标识 GUI 中使用的组件，每个标识的命名通过 UVALUE 关键字定义。如下为 WIDGET_EDIT 组件使用的例子：

```
PRO my_user_function ,event
base=widget_auto_base(title='Edit test')
list=['Item A','Item B','Item C','Item D']
vals=[10.0,20.0,30.0,40.0]
we=widget_edit(base,uvalue='edit',list=list,vals=vals,/auto)
result=auto_wid_mng(base)
```

```
if(result.accept eq 0)then return
print,'New Values',result.edit
END
```

在这个例子中，result. edit 的值包含在 WIDGET_EDIT 组件中的所有列表值；result. accept 的值记录 OK 按钮和 Cancel 按钮的返回值。

16. 3. 3　错误处理

在程序中，经常有未知错误发生的情况。为了防止整个程序的崩溃，要尽可能地检测并避免错误的发生。以下为 3 种常见的简单方法：

- 如果一个组件包括 Cancel 按钮，一定要检查 Cancel 按钮是否被选择。
- 在代码中尽量设定变量的默认值，以防止操作员忘记输入参数值。
- 当使用 WHERE 函数时，一定要使用 COUNT 参数确保返回的结果是正确的。

除此之外，还有更复杂的错误处理方式，以下为其中两种。

1. I/O 错误处理

虽然 I/O 错误处理不是必需的，但是推荐在自定义程序中正确使用。可以通过 IDL 函数 ON_IOERROR 来完成。当 I/O 错误发生时，ON_IOEEROR 函数被调用，错误状态存储在系统变量"!ERROR_STATE"中，而错误信息存储在"!ERROR_STATE. MSG"中。

同时，ENVI 库函数中提供 ENVI_IO_ERROR 函数显示错误信息，错误显示风格与 ENVI 保持一致。

下面例子是使用 ON_IOERROR 和 ENVI_IO_ERROR 进行错误捕获和错误信息显示的过程。一般在处理程序中检测 I/O 错误的步骤为：

（1）在程序开始，使用 MESSAGE 库函数清除系统错误代码"!ERROR_STATE"，并定义 I/O 错误跳转语句。

（2）在程序结束时，使用 MESSAGE 库函数清除系统错误代码"!ERROR_STATE"。

（3）判断是否产生 I/O 错误并显示错误信息。

（4）删除当前的输出文件。

具体代码如下：

```
PRO user_function,[parameters and keywords]
  MESSAGE,/reset
  ON_IOERROR,trouble
  (处理代码...)
MESSAGE,/reset
TROUBLE:IF (!error_state.code NE 0) THEN $
ENVI_IO_ERROR,"An error occurred in my processing',unit=unit
  IF (!error_state.code EQ 0) THEN Write an ENVI header
END
```

2. 使用 CATCH 函数进行异常处理

CATCH 是一个 IDL 函数，它使用 IDL 内部的错误捕获机制来进行错误处理，以阻止异常错误的发生。它同样将错误信息传递给 IDL 的系统变量"! ERROR_STATE"，CATCH 的简单调用语法为：

CATCH, error

每当 CATCH 被调用后，ERROR 变量的值被设置为 0。当一个错误发生时，ERROR 被设置为内部的错误代码（!ERROR_STATE. CODE），IDL 程序将会立即跳转到 CATCH 语句并从那儿开始执行。这时候，可以显示存储在系统变量"!ERROR_STATE"中的错误信息，提示用户选择如何进行下一步处理。

例如，将下面代码放在自定义程序中的开头，就可以实现程序的异常处理。

```
CATCH,error
IF (error NE 0) THEN BEGIN
  ok=DIALOG_MESSAGE(!error_state.msg,/cancel)
  IF (STRUPCASE(ok) EQ 'CANCEL') THEN return
ENDIF
```

CATCH 函数提供了一种更为通用的机制来处理异常和错误。CATCH 函数的优点在于它不仅能够捕获 I/O 错误，而且能够捕获其他任何程序错误，包括未定义变量、非法的数组下标或是使用未定义的函数等。

16. 4　ENVI Classic 交互式用户程序

本节主要介绍与 ENVI Classic 交互分析相关的用户程序开发。我们可以开发附加的算法或变换，自动应用到数据中。例如，当选择一个自定义 Plot Function 时，可以自动对数据进行处理，并用结果替代原始数据显示在窗口中。同样，可以自定义 ENVI Classic 的光谱分析功能和添加 ZOOM 窗口事件等。

16. 4. 1　useradd. txt 文件

useradd. txt 文件存放在 ENVI Classic 安装目录下的 menu 文件夹内。它包括了一些自定义附加功能列表，列表中的内容体现在 ENVI 菜单中，如 Plot 功能（Plot 窗口中的 Plot_Function 菜单项）、波谱分析方法（Spectral Analyst 工具）、自定义投影类型（Customixed Map Projections 工具中的 Projection Type 列表）、自定义 RPC 文件读取（Generic RPC and RSM 工具）等。默认包含了 Plot 功能和波谱分析方法，如下为 useradd. txt 文件的默认值：

```
{plot}{Normal}{sp_normal}{type=0}
{plot}{Continuum Removed}{sp_continuum_removed}{type=1}
{plot}{Binary Encoding}{sp_binary_encoding}{type=0}
{identify}{Spectral Angle Mapper}{SAM}{envi_identify_sam}{0,.78539816}
{identify}{Spectral Feature Fitting}{SFF}{envi_identify_sff}{0,.1}
{identify}{Binary Encoding}{BE}{envi_identify_be}{0,1.}
```

不同的列表有一定的格式要求，如下为几种常见的格式说明及部分使用示例。

1. Plot 功能

Plot 函数提供将各种变换或数据在 Plot 窗口中的绘制方法。通常，Plot 函数用于绘制 Z 剖面数据、波谱曲线、ROI 均值或是其他数据。它在 useradd. txt 文件中的格式为：

$$\{plot\}\ \{Button\ Name\}\ \{function\_name\}\ \{type=n\}$$

参数的含义如下：

- {plot}：表示 Plot 函数。
- {Button Name}：Plot 窗口中的 Plot_Function 菜单项中的子菜单名。
- {function_name}：单击菜单 {Button Name} 时调用的功能函数名。
- {type=n}：表示 Plot 函数调用类型。设置 {type=0} 只有当新数据可用的时候调用 Plot 函数，设置 {type=1} 当新数据可用或 Plot 窗口缩放时调用绘图函数。
- {function_name} 调用的 Plot 函数必须包含一定的参数，如下为函数声明的格式：

FUNCTION my_func, x, y, bbl, bbl_array, l_pos = l_pos, $

   r_pos = r_pos, _extra = _extra

参数的含义如下：

- my_func：Plot 函数名。
- x：x 轴数据值。
- y：y 轴数据值。
- bbl：Z 剖面中每个坏波段的指针，如果没有坏波段或是当前绘图不是 Z 剖面，该值为未定义。
- bbl_array：由 0 和 1 组成的数组，代表绘图数据中坏和好的数据。bbl_array 的大小和 x 轴数据维一致。对所有的绘图都可以使用该数组而不用考虑数据的类型。
- l_pos：x 数组的左边最小索引值。
- r_pos：x 数组的右边最大索引值。
- _extra：必须定义的关键字，以收集 ENVI 使用的其他关键字。
- Plot 函数返回的是处理后的 y 轴数据。

下面的示例详细介绍了自定义 Plot 功能的添加步骤：

（1）编写 Plot 函数。此实现函数用于计算绘图的零值平均。该函数仅计算绘图中的有效数据点，并且当绘图缩放时绘图数据不会发生变化。首先，通过检查 bbl_array 获取有效数据点，并构建一个索引将所有有效点设置为1。接着将有效数据点从 y 轴数据中抽取出来计算均值。如果没有合法的数据点存在，结果设置为 0，从函数中返回 y 轴数据结果。

在 IDL 中新建文件，编写如下代码：

```
FUNCTION pf_zero_mean,x,y,bbl,bbl_array,_extra=_extra
  bbl_ptr=where(bbl_array eq 1,count)
  if (count gt 0) then $
    result=y-(total(y[bbl_ptr])/count) $
  else $
    result=fltarr(n_elements(y))
  RETURN,result
END
```

并保存为 irplot. pro 文件，将它放置到 ENVI Classic 安装目录下的 save_add 文件夹内。

（2）修改 useradd. txt 文件。打开 useradd. txt 文件，添加以下内容：

{plot}{Zero Mean}{pf_zero_mean}{type=0}

（3）使用自定义 Plot 功能。启动 ENVI Classic+IDL，打开一个文件并显示 Z 剖面数据，在 Plot 窗口的下拉菜单中选择 "Zero Mean"。

2. 波谱分析方法

Spectral Analyst 工具的波谱分析函数用来匹配未知波谱与波谱库中物质波谱的相似程度。ENVI Classic 默认包括了 3 种常用的波谱分析方法——二进制编码、波谱角分类和波谱特征拟合分类。同时，我们可以将自定义函数加入到波谱分析中，并与 ENVI Classic 中已提供的函数一起使用。每个函数都获得 0~1 的得分，结果以匹配等级最好到最坏的顺序进行排列。

自定义的波谱分析函数必须要在 useradd. txt 文件中加入菜单名和函数名才能显示在 ENVI Classic 的相应菜单中。定义时使用 {identify} 标识来区分波谱分析函数。定义的格式为：

{identify}{Method Name}{Out Name}{func_name}{min,max}

参数的含义如下：
- {identify}：标识波谱分析函数。
- {Method Name}：波谱分析函数表示名称波谱识别部件的方法名。
- {Out Name}：波谱分析输出分值报告窗口的列名。
- {func_name}：波谱分析函数名称。
- {min, max}：分析函数的默认最小和最大输出。默认的最小值和最大值可以在允许波谱分析时进行编辑。

波谱分析函数由两部分组成：第一部分为设置程序，它在选择了指定波谱库后被调用。所有不依赖于输入数据的库运算都在该步处理中执行。该程序具有附加名 "_SET-UP"。例如，func_name 函数的 setup 程序名为 "func_name_setup"。func_name 函数的 setup 程序定义格式为：

Pro func_name_setup,WL,SPEC_LIB,HANDLES,NUM_SPEC = NUM_SPEC

参数的含义如下：
- WL：波谱库的波长值。
- SPEC_LIB：所有波谱库波谱的二维数组。维数为［wavelength_samples，num_spectra］。
- HANDLES：用来存储用户数据的数组，将传递给识别函数。
- NUM_SPEC：库中的波谱数。该值等于 SPEC_LIB 数组的第二维［num_spectra］。

Setup 程序必须定义，即使为空，与波谱识别函数组合起来就构成了波谱分析函数。下面的示例介绍了一个自定义波谱分析函数的实现方法。

（1）编写波谱分析函数。本例创建一个波谱分析函数用于计算当前波谱与波谱库中每一个波谱的最小距离。因为本例中无需 setup 处理，setup 程序虽被定义但是空的。识别函数以距离差之和的平方根形式计算每个波长的距离。同时，每个波谱库的波谱和输入参考波谱都计算一个距离权重值。输出的权重值以最大误差为序排列，以保持距离测量的值为 0 ~ 1。

在 IDL 中新建文件，编写如下代码：

```
PRO irsadist_func_setup,wl,spec_lib,handles,num_spec=num_spec
  ;No initialization is necessary
END
FUNCTION irsadist_func,wl,ref,spec_lib,handles,num_spec=num_spec,$
  scale_vals=scale_vals
  ;计算当前波谱和波谱库中每一个波谱的距离
  result=dblarr(num_spec)
  for i=0L,num_spec-1 do $
    result[i]=sqrt(total((spec_lib[*,i]-ref)^2,/double))
  ;归一化结果到[0,1]范围
  dmax=max(result,min=dmin)
  return,(1d-((result-dmin)/(dmax-dmin)))/scale_vals(1)
END
```

并保存为 irsadist. pro，将它放置到 ENVI Classic 安装目录下的 save_add 目录下。

（2）修改 useradd. txt 文件

打开 useradd. txt 文件，添加以下内容：

｛identify｝｛Minimum Distance｝｛MDIST｝｛irsadist_func｝｛0,1. ｝

（3）使用自定义波谱分析函数功能。启动 ENVI Classic+IDL，选择 Spectral→Spectral Analyst。在打开的 Edit Identify Methods Weighting 对话框中可以看到新增的“Minimum Distance”方法。

3. 自定义投影类型

详细介绍和示例参见本书第 16. 4. 2 节“自定义投影类型”的相关内容。

4. 自定义 RPC 文件读取

详细介绍和示例参见本书第 16.4.3 节 "RPC 文件读取扩展" 的相关内容。

16.4.2 自定义投影类型

ENVI 支持许多不同的地图投影，也能够创建自定义的地图投影，并通过 ENVI Classic 主菜单下的 Map→Customize Map Projections 工具使用。

自定义的投影类型要在 useradd. txt 文件中加入投影名称以及投影函数，才能显示在 Customize Map Projections 的相应 Projection Type 列表中。定义时使用 {projection type} 标识。定义的格式为：

{projection type}{projection name}{routine_root_name}{number of extra parameters}

参数的含义如下：
- {projection type}：标识自定义投影。
- {projection name}：显示在 Projection Type 选项中的投影名称。
- {routine_root_name}：自定义函数的名称。
- {number of extra parameters}：该投影所需的附加参数数目，包括椭球体参数 a，b；投影的起始点经纬度；东、北偏移。如果无需其他参数，该值可以设置为{0}，该值定义的最大值是{9}。

自定义的投影程序由两部分组成：第一部分输入额外的参数；第二部分进行坐标转换。如果需要输入额外的参数，一个名为 "routine_root_name_DEFINE" 的程序可用于输入这些参数，该程序有一个数组额外的参数，是双精度型的浮点数，最多允许输入 9 个。通过 Build Customized Map Projection 对话框或者在程序中设置参数值。如果额外参数的个数为 {0}，那么无需 routine_root_name_DEFINE 程序。第二部分需要命名为 "routine_root_name_CONVERT"，它执行经纬度和新的投影坐标的相互转换。该程序有 6 个参数，格式如下：

Routine_root_name_convert, x, y, lat, lon, to_map_ = to_map, projection = proj

参数的含义如下：
- x，y：地图投影坐标。
- lat/lon：经纬度坐标。
- to_map：如果设置了该参数，程序将经纬度转换为地图坐标 (x, y)；如果没有设置，程序从地图坐标 (x, y) 转换为经纬度。
- proj：自定义的投影，用一个结构体 {envi_proj_struct} 参数表达。

（1）编写程序

在 IDL 中新建文件，编写如下代码（使用了 4 个额外参数，程序由两部分组成）：

```
PRO user_proj_test_define,add_params
  compile_opt idl2
if (n_elements(add_params) gt 0) then begin
    default_1 = add_params[0]
    default_2 = add_params[1]
    default_3 = add_params[2]
    default_4 = add_params[3]
  endif
  base = widget_auto_base(title = 'User Projection Additional +Parameters')
  sb = widget_base(base,/column,/frame)
  sb1 = widget_base(sb,/row)
  wp = widget_param(sb1,prompt = 'Parameter #1',xsize = 12,dt = 4, $
       field = 4,default = default_1,uvalue = 'param_1',/auto)
  sb1 = widget_base(sb,/row)
  wp = widget_param(sb1,prompt = 'Parameter #2',xsize = 12,dt = 4, $
       field = 4,default = default_2,uvalue = 'param_2',/auto)
  sb1 = widget_base(sb,/row)
  wp = widget_param(sb1,prompt = 'Parameter #3',xsize = 12,dt = 4, $
       field = 4,default = default_3,uvalue = 'param_3',/auto)
  sb1 = widget_base(sb,/row)
  wp = widget_param(sb1,prompt = 'Parameter #4',xsize = 12,dt = 4, $
       field = 4,default = default_4,uvalue = 'param_4',/auto)
  result = auto_wid_mng(base)
  if (result.accept) then $
    add_params = [result.param_1,result.param_2, $
                   result.param_3,result.param_4]
END
PRO user_proj_test_convert,x,y,lat,lon,to_map = to_map,projection = p
if (keyword_set(to_map)) then begin
    x = lon * 100. + p.params[4]
    y = lat * 100. + p.params[5]
  endif else begin
    lon = (x-p.params[4])/100.
    lat = (y-p.params[5])/100.
  endelse
END
```

并保存为 user_proj_test. pro 文件，将它放置到 ENVI Classic 安装目录下的 save_add 文件夹内。

（2）修改 useradd. txt 文件。打开 useradd. txt 文件，添加以下内容：

{projection type}{User Projection}{user_proj_test}{4}

（3）使用自定义投影。启动 ENVI Classic+IDL，选择 ENVI Classic 主菜单→Map→Customize Map Projections，如图 16.2 所示，在 Projection Type 列表中显示了 "User Projection"。

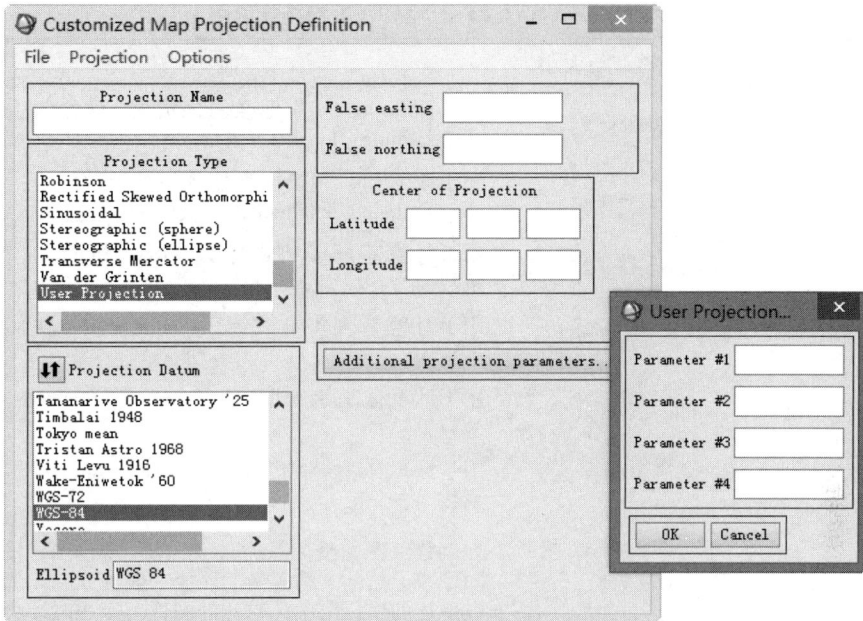

图 16.2　自定义投影类型

16.4.3　RPC 文件读取扩展

在 ENVI Classic 主菜单中，选择 Map→Orthorectification→Generic RPC 可以使用自定义的函数来读一个指定格式的 RPC 文件。

这个 RPC 读入程序必须能够找到图像文件的 RPC 文件，并将它输入到 ENVI 的 RPC 结构中，最后将该结构体返回给 ENVI。如果找不到任何 RPC 系数，则返回-1，表明该函数不能读入任何 RPC 系数。

输入到自定义 RPC 读取程序的参数既可以是图像文件 ID，也可以是文件名。文件 ID 使用 FID 关键字，文件名使用 FNAME 关键字。ENVI 可以通过 FID 关键字或是 FNAME 关键字输入自定义 RPC 读取程序，但两者不能同时使用。

如果输入的是 FID，表示 RPC 信息来自于 ENVI 中已经打开的文件。文件 ID 可用来区别打开的图像以及与之相联系的 RPC 信息。RPC 信息将以 RPC 结构的方式返回给 ENVI。如果从该文件中没有读到任何 RPC 信息，将返回-1 给 ENVI。

如果当前 ENVI 不能够从文件 ID 中导入 RPC 信息，将会提示选择包含 RPC 系数的文件。如果用户选择了包含 RPC 信息的文件，该文件将会以 FNAME 关键字传递给自定义 RPC 读取程序。返回给 ENVI 的 RPC 数据必须以 ENVI_PRC_STRUCT 结构体的形式存放。该结构需要先在 ENVI 中定义，它包含了执行 RPC 转换所需的系数。该结构中的各个标记描述如表 16.2 所示。

表 16.2　ENVI_PRC_STRUCT 结构体说明

标 记 名	数据类型与大小	描　　述
OFFSETS	Double array[5]	用于计算 PRC 转换标准偏移系数，顺序为：line，sample，latitude，longtitude，height
SCALES	Double array[5]	用于计算 PRC 转换标准缩放系数，顺序为：line，sample，latitude，longitude，height
LINE_NUM_COEFF	Double array[20]	用于计算有理多项式行值（row value）的 20 个分子系数
LINE_DEN_COEFF	Double array[20]	用于计算有理多项式行值（row value）的 20 个分母系数
SAMP_NUM_COEFF	Double array[20]	用于计算有理多项式列值（column value）的 20 个分子系数
SAMP_DEN_COEFF	Double array[20]	用于计算有理多项式列值（column value）的 20 个分母系数
P_OFF	Double scalar	列偏移（图像坐标系统），从 RPC 定位图像的左上角到图像左上角的 x 偏移量。该值一般为 0，只有当 RPC 系数描述的坐标范围比对应的图像范围小时才会用上该值
L_OFF	Double scalar	行偏移（图像坐标系统），从 RPC 定位图像的左上角到图像左上角的 y 偏移量。该值一般为 0，只有当 RPC 系数描述的坐标范围比对应的图像范围小时才会用上该值

当编写完自定义的 RPC 读取函数后，将它保存为 .pro 文件或是编译为 .sav 文件，并将其放置到 save_add 目录下，然后通过修改 useradd.txt 加入用户定义的 RPC 读入程序。为了能够使用该 RPC 函数，在文件中加入以下代码：

{rpc reader}{rpc reader name}{rpc reader function name}{}

参数的含义如下：
- {rpc reader}：标识 RPC 读取程序。
- {rpc reader name}：标示自定义 RPC 读取程序的名称。
- {rpc reader function name}：指定自定义 RPC 读取程序名。
- {}：保持为空。

当用户修改并保存 useradd.txt 文件后，就可以通过 ENVI Classic 主菜单下的 Map→Orthorectification→Generic RPC 选项自动使用这个自定义 RPC 读取程序。

下面的示例为编写自定义的 RPC 读入程序，从标准的 ASCII 文件中读入 RPC 系数。在本例中，包含 RPC 系数的文件名和输入的图像文件名一致并以 .rpc 作为扩展名。该 RPC 读入程序使用名称和扩展名直接从相关图像中读入 RPC 系数。

（1）编写程序。在 IDL 中新建文件，编写如下代码：

```
FUNCTION ENVI_USER_RPC_READER,FID=fileID,  $
  FNAME=filename,_EXTRA=extra
  COMPILE_OPT STRICTARR
```

```
;进行以下的错误诊断：
;     --如果没有 RPC 文件,则返回-1.
;     --如果读取 RPC 文件成功,则返回 RPCs 的结构体
IF(N_ELEMENTS(filename)EQ 0)THEN BEGIN
  IF(N_ELEMENTS(fileID)EQ 0)THEN RETURN,-1
  ENVI_FILE_QUERY,fileID,FNAME=filename
  filename=filename+'.rpc'
ENDIF
;创建 RPC 结构体.
rpcCoeffs=get_rpc_coefficient_structure()
;找到 RPC 文件并打开读取
;.rpc 扩展名的文件和图像数据文件放同一文件夹目录下
IF(~FILE_TEST(filename))THEN RETURN,-1
OPENR,unit,filename,/GET_LUN
value="
;给 RPC 结构体赋值
;Fill up the RPC offset values.
FOR index=0,4 DO BEGIN
  READF,unit,value
  rpcCoeffs.OFFSETS[index]=DOUBLE(value)
ENDFOR
;Fill up the RPC scale values.
FOR index=0,4 DO BEGIN
  READF,unit,value
  rpcCoeffs.SCALES[index]=DOUBLE(value)
ENDFOR
;Fill up the RPC numerator coefficients for the line terms.
FOR INDEX=0,19 DO BEGIN
  READF,unit,value
  rpcCoeffs.LINE_NUM_COEFF[index]=DOUBLE(value)
ENDFOR
;Fill up the RPC denominator coefficients for the line terms.
FOR INDEX=0,19 DO BEGIN
  READF,unit,value
  rpcCoeffs.LINE_DEN_COEFF[index]=DOUBLE(value)
ENDFOR
;Fill up the RPC numerator coefficients for the sample terms.
FOR INDEX=0,19 DO BEGIN
  READF,unit,value
  rpcCoeffs.SAMP_NUM_COEFF[index]=DOUBLE(value)
ENDFOR
;Fill up the RPC denominator coefficients for the sample terms.
FOR INDEX=0,19 DO BEGIN
  READF,unit,value
  rpcCoeffs.SAMP_DEN_COEFF[index]=DOUBLE(value)
ENDFOR
READF,unit,value
rpcCoeffs.P_OFF=DOUBLE(value)
READF,unit,value
rpcCoeffs.L_OFF=DOUBLE(value)
;Close the file.
FREE_LUN,unit
```

```
  ;Return the RPC coefficients.
  RETURN,rpcCoeffs
END
```

将代码保存到文件并命名为 envi_user_rpc_reader. pro，放置到 save_add 目录下。

（2）修改 useradd. txt 文件。打开 useradd. txt 文件，添加以下内容：

{rpc reader}{example rpc reader}{envi_user_rpc_reader}{}

（3）使用程序。启动 ENVI Classic+IDL，在 ENVI Classic 主菜单中选择 Map→Ortho-rectification→Generic RPC，ENVI 将会在标准的 ENVI RPC 读入程序读取失败后自动调用自定义 RPC 读入程序。

16.5　ENVI5 库函数

ENVI5 版本在提供更加人性化交互和用户体验的同时，同样提供了一套全新的库函数。与 ENVI Classic 库函数不同（基于 ENVI5. x 二次开发时，同样可以使用 ENVI Classic 库函数，与第 16.2 节介绍的方法一样），ENVI5 的库函数全部采用面向对象的理念，对于初学者或有其他开发语言经验的使用者来说，能够快速地入门。

ENVI5 的库函数包含：程序控制、数据控制、显示控制、图像处理和事件处理。

提示：本节以 ENVI5. 1 版本提供的库函数为例进行介绍。不同 ENVI5 版本提供的库函数有一些不同。

16.5.1　程序控制

程序控制 API 提供了在 IDL 中启动 ENVI5、初始化批处理模式、打开栅格图像和创建图层等功能。

在 IDL 中可以通过命令启动 ENVI5 及批处理模式，命令如下：

Result = ENVI([/CURRENT][, ERROR = variable][,/HEADLESS][, LAYOUT = array][, LOG_FILE = string][, UVALUE = variable])

参数的含义如下：

● CURRENT：设置此关键字可以检查是否已经在 IDL 中启动了 ENVI5。如果已经启动，则 Result 返回 ENVI 对象；如果没有启动，则返回空对象。

● ERROR：用来保存启动 ENVI5 过程中遇到的错误信息，为字符串类型。

● HEADLESS：启动 ENVI5 批处理模式，即不启动 ENVI5 界面，只加载 ENVI 功能接口。

● LAYOUT：启动 ENVI5 时的视窗布局，默认为[1,1]，即一个主视窗。

● LOG_FILE：指定日志文件路径，用来存储日志信息。

● UVALUE：可以设置此关键字为 IDL 任意数据类型的变量，一般情况下不需使用。

例如，在 IDL 控制台运行如下命令可以加载 ENVI5 函数库，并启动 ENVI5 软件界面。

    e=ENVI( )   ;启动 ENVI5 界面

或

    e=ENVI(/headless)   ;headless 关键字表示只调用 ENVI 函数,不启动 ENVI 界面

当调用上述代码返回 e 时，就可以使用 e 的属性和方法。可以使用 PRINT 命令可以查看 e 的所有属性，如下所示：

```
ENVI>PRINT,e
ENVI <198868>
  DATA           =<ObjHeapVar201599(ENVIDATACOLLECTION)>
  LANGUAGE       ='zho'
  LAYOUT         =1,    1
  LOG_FILE       ="
  ROOT_DIR       ='C:\Program Files\Exelis\envi51\'
  UI             =<ObjHeapVar198869(ENVIUI)>
  UVALUE         =!NULL
  VERSION        ='5.1.0.1'
  WIDGET_ID      =936
```

属性的含义如下：

- DATA：用来存储 ENVI5 当前已经打开的栅格和矢量对象。
- LANGUAGE：当前 ENVI5 监测到的系统语言。
- ROOT_DIR：ENVI5 安装路径。
- UI：返回 ENVIUI 对象。
- VERSION：当前 ENVI 版本（5.1）。
- WIDGET_ID：组件 ID。

除了属性之外，e 还提供了其他方法供调用，可以满足大部分程序控制的需求，详细介绍如表 16.3 所示。

表 16.3　程序控制方法的功能描述

方　　法	功　能　描　述
ENVI. AddCustomReader	为 File→Open As→Custom 添加打开自定义格式数据的过程，ENVI5 SP2 新增
ENVI. AddExtension	为 Toolbox 添加扩展工具，ENVI5 SP2 新增可添加菜单功能
ENVI. Close	关闭 ENVI
ENVI. CreateView	创建新的视窗（View）
ENVI. GetPreference	获取 ENVI 设置参数，如输入、输出路径等
ENVI. GetTemporaryFilename	自动获取一个临时文件名，位于临时目录
ENVI. GetView	获取当前视窗，返回值为 ENVIView 对象
ENVI. HideExtensionFiles	启动 ENVI 时隐藏某个扩展补丁

续表

方　　法	功　能　描　述
ENVI. LogMessage	将自定义消息保存到日志文件 LOG_FILE 内
ENVI. OpenRaster	打开栅格数据，支持大多数格式
ENVI. OpenROI	打开 ENVI 的 ROI 文件
ENVI. OpenVector	打开矢量数据
ENVI. Refresh	可以禁用或启用 ENVI 刷新功能
ENVI. ReportError	弹出错误提示对话框
ENVI. Show	使 ENVI 处于当前激活窗口

下面以一个简单功能来演示方法的调用。启动 ENVI+IDL，在 IDL 中的 IDL 控制台中，输入如下代码：

```
;启动 ENVI5
e = ENVI()
;选择输入文件
file = FILEPATH('qb_boulder_msi',ROOT_DIR = e.ROOT_DIR, $
  SUBDIRECTORY = ['data'])
;打开栅格图像,返回栅格对象
raster = e.OpenRaster(file)

;获取当前 View,并创建图层,显示图像
view = e.GetView()
layer = view.CreateLayer(raster)

;创建一个新视窗,并以 CIR 显示图像
view2 = e.CreateView()
layer2 = view2.CreateLayer(raster,/CIR)
```

这段代码实现了启动 ENVI，打开 qb_boulder_msi 图像文件，并启动两个 Views 视窗，并分别显示真彩色和 CRI 标准彩色图像。

16. 5. 2　数据控制

ENVI5 提供了丰富的数据控制接口，包含投影坐标系、元数据信息、分块处理、感兴趣区域（ROI）、栅格/矢量对象等。可以利用这些接口进行各种的数据操作。接口和功能描述如表 16. 4 所示。

表 16. 4　数据控制中对象和方法的功能描述

对象或方法	功　能　介　绍
ENVICoordSys	对象：可通过 ENVIVector 的 COORD_SYS 属性获取此对象
ENVIDataCollection	对象：获取当前打开的文件 Raster 对象数组
ENVIFIDToRaster	方法：将 ENVI 中的文件 ID（FID）转换为 ENVIRaster 对象

续表

对象或方法	功能介绍
ENVIGCPSet	对象：ENVI 的地面控制点对象
ENVIGLTRasterSpatialRef	对象：空间参考对象，包含了地理查找表（GLT）
ENVIMosaicRaster	对象：ENVI 无缝镶嵌栅格对象
ENVIPseudoRasterSpatialRef	对象：空间参考对象，包含了 Pseudo 地理信息
ENVIRaster	对象：ENVI 栅格对象，包含一些栅格数据操作方法
ENVIRasterIterator	对象：ENVI 分块处理对象
ENVIRasterMetadata	对象：ENVI 栅格元数据对象
ENVIRasterToFID	方法：将 ENVIRaster 转换为 FID
ENVIROI	对象：全新的 ENVI 感兴趣区域对象
ENVIRPCRasterSpatialRef	对象：空间参考对象，存储 RPC 信息
ENVIStandardRasterSpatialRef	对象：空间参考对象，包含了标准地理坐标系信息
ENVITime	对象：ENVI 时间对象
ENVIVector	对象：ENVI 矢量数据对象

提示：ENVIMosaicRaster 是 ENVI5.1 版本新增的对象。

下面以 ENVIMosaicRaster 为例，介绍 ENVI 数据控制 API 的使用方法。ENVIMosaicRaster 对应了 ENVI5.1 版本中的 Seamless Mosaic 工具，提供了无缝镶嵌功能，利用此接口可以完成匀色、羽化、忽略值设置和接边线自动生成等功能，轻松实现批处理。当定制系统中需要图像镶嵌功能时，可以利用 IDL 将 ENVI 的接口嵌入到系统中，节省研究算法和开发模型的时间和精力。

ENVIMosaicRaster 的调用格式为：

Result = ENVIMosaicRaster（Scenes [, Properties = value] [, Keywords = value]）

以下是 Scenes、Properties、keywords、Methods 参数的介绍。

1. Scenes

此参数为输入参数，为 ENVIRaster 对象数组。例如，想新建 Raster1 和 Raster2 的镶嵌对象，可以设置 Scenes = [Raster1,Raster2]。注意事项如下：① Scenes 中的每一个 Raster 必须具有相同的波段和数据类型；② Scenes 可以在初始化 ENVIMosaicRaster 时传入，也可以在创建后使用 Scenes 属性赋值；③ Seamless Mosaic tool 可以接收复数数据类型。如果 Complex Function 存在，在镶嵌之前，ENVI 会转换数据为单精度（浮点型）或双精度类型。如果 Complex Function 不存在，ENVI 使用 Power Function 转换复数数据。④ 如果数据含有 NaN 或 Inf，在计算轮廓线和匀色统计时，自动忽略这些像元。

2. Properties

ENVIMosaicRaster 继承了 ENVIRaster 的所有属性。而以下属性是 ENVIMosaicRaster 独

有的（表 16.5）。继承的 ENVIRaster 属性中，Pyramid_exists 属性固定为 0，Read_only
为 1。

表 16.5　**ENVIMosaicRaster 独有属性一览表**

属　　性	功　　能	注　意　事　项
BACKGROUND(Get,Set)	设置背景值（忽略值）	必须在输入栅格数据类型范围内，如过为"byte"，则必须输入 0~255 的值；否则报错
COLOR _ MATCHING _ METHOD（Get，Set）	设置匀色算法	可选值如下： ● histogram matching：直方图匹配 ● none：默认值，不匀色
COLOR _ MATCHING _ ACTIONS（Get，Set）	指定参考图像（reference）和待匹配图像（adjusted）	输入为字符串数组，取值可选 adjust、none 或 reference。只能设置一个 reference，其他可设置 none 或 adjust。默认情况下第一个 Raster 作为 reference。例如，['reference', 'adjust', 'adjust', 'adjust']
COLOR_MATCHING_ STATS（Get，Set）	设置直方图统计范围	如果使用匀色，需要设置此关键字为： ● entire scene：整幅图像 ● overlapping area：默认值，重叠区 注：如果没有重叠区，则统计整图
FEATHERING_ DISTANCE（Get，Set）	设置羽化像元数	可以指定一个数，所以 Raster 通用；也可以指定一个向量，每一个 Raster 使用不同的羽化距离
FEATHERING _ METHOD（Get，Set）	设置羽化方法	可选值如下： ● edge：基于边缘羽化 ● none：默认值，不进行羽化 ● seamline：基于接边线羽化
RESAMPLING（Get，Set）	重采样方法	可选如下： ● Nearest Neighbor：默认值，最近邻域法 ● Bilinear：双线性内插 ● Cubic：三次卷积
SEAM _ POLYGONS（Get，Set）	指定接边线	指定为 ENVIVector 对象，可以使用 e.OpenVector 打开 .shp
SEAMLINE_METHOD（Get，Set）	接边线生成方法	可选如下： ● geometry：自动生成 ● none：不使用接边线，默认值

提示：属性后面的（Get、Set）表示此属性可以获取，也可以进行设置。凡是属性类型为字符串的，均不区分大小写。

3. Keywords

只有一个 ERROR 关键字，可以进行错误处理，返回错误消息。

4. Methods

ENVIMosaicRaster 继承了 ENVIRaster 的大部分方法（有些不可用），如表 16.6 所示。

表 16.6 ENVIMosaicRaster 方法一览表

方 法 名	功 能
Close	关闭对象
CreatePyramid	不可用
CreateTileIterator	分块处理
Export	输出到本地硬盘
GetData	获取数据
Save	不可用
SetData	不可用（ENVIMosaicRaster 为只读对象）
SetTile	不可用（ENVIMosaicRaster 为只读对象）
Subset	裁剪，取子集。可进行空间裁剪和光谱裁剪
WriteMetadata	元数据写出，更新 hdr 头文件
SaveSeamPolygons	保存自动生成的接边线（ENVIMosaicRaster 自有）

在 IDL 中新建一个文件并编写下面的示例代码，保存在本地后，单击编译和运行，在弹出对话框选择要镶嵌的数据文件（多选），单击 OK 按钮，然后选择输出路径，IDL 将自动进行无缝镶嵌，实现功能如下：

- 使用自动生成接边线；
- 羽化距离为 20（接边线两侧各 10 个像元）；
- 忽略值设置为 0；
- 重采样算法为双线性内插；
- 保存的接边线为"文件名+_seamline. shp"。

```
PRO MOSAICBATCH
  COMPILE_OPT IDL2
  ;启动 ENVI 5.1
  e = ENVI()
  ;选择多个文件
  files = DIALOG_PICKFILE(/MULTIPLE,TITLE = 'Select input scenes')
  scenes = !NULL
  ;将每一个 Raster 放在一个 Scenes 中
  FOR i = 0,N_ELEMENTS(files)-1 DO BEGIN
    raster = e.OpenRaster(files[i])
    scenes = [scenes,raster]
  ENDFOR
  ;创建 ENVIMosaicRaster 对象
  mosaicRaster = ENVIMosaicRaster(scenes,                  $
    background = 0,                                         $
    color_matching_method = 'histogram matching',          $
```

```
    color_matching_stats='overlapping area',              $
    feathering_distance=20,                               $
    feathering_method='seamline',                         $
    resampling='bilinear',                                $
    seamline_method='geometry')
;设置输出路径
newFile=ENVI_PICKFILE(title='Select output file',/output)
IF FILE_TEST(newFile) THEN FILE_DELETE,newFile
;输出镶嵌结果
mosaicRaster.Export,newFile,'ENVI'
; 保存接边线
mosaicRaster.SAVESEAMPOLYGONS,newFile+'_seamline.shp'
vector=e.OpenVector(newFile+'_seamline.shp')
;打开并显示栅格和接边线
mosaicRaster=e.OpenRaster(newFile)
view=e.GetView()
layer=view.createlayer(mosaicRaster)
vlayer=view.createlayer(vector)
END
```

16.5.3　显示控制

ENVI5 全新的用户界面，带来了全新的操作习惯。例如，增加了图层管理功能，可以在一个视窗中叠加显示多个图层，同时提供了几种透视窗口，可以进行卷帘和闪烁等操作。

同时，ENVI5 提供了与这些功能相对应的 API，可实现对 ENVI 的图层进行操作、创建透视窗口和弹出选择文件对话框等功能，接口介绍如表 16.7 所示。

表 16.7　ENVI5 提供的显示控制对象

对　　象	功　能　介　绍
ENVIPortal	ENVI 透视窗口对象
ENVIRasterLayer	ENVI 栅格图层对象，可对图层进行移动等操作
ENVIROILayer	ENVI 感兴趣区域图层
ENVIUI	ENVI 用户界面对象，可弹出文件选择对话框和地图坐标系统界面等
ENVIVectorLayer	ENVI 矢量图层对象，可对图层进行移动等操作
ENVIView	ENVI 视窗对象，可对视窗进行平移、旋转、缩放等操作

下面以 ENVIPortal 为例，介绍显示控制的使用方法。启动 ENVI+IDL，在 IDL 中的 IDL 控制台中，输入以下命令：

```
;启动 ENVI
e=ENVI()
;选择输入文件
file=FILEPATH('qb_boulder_msi',ROOT_DIR=e.ROOT_DIR, $
```

```
SUBDIRECTORY = ['data'])
;打开栅格图像
raster = e.OpenRaster(file)
;创建两个图层,分别显示真彩色与标准假彩色图像
view = e.GetView()
layer1 = view.CreateLayer(raster)
layer2 = view.CreateLayer(raster,/CIR)
;创建 Portal 透视窗口
portal = view.CreatePortal()
;卷帘显示透视窗口内容
portal.Animate,2.0,/SWIPE
```

16.5.4 图像处理

从 ENVI5.1 版本开始,ENVI 提供一种全新的图像处理 API 模式（ENVITask）,即基于面向对象理念。可以通过 ENVITask 和 ENVITaskParameter 两个对象的组合使用进行各种图像处理操作,ENVI5.1 目前提供了 4 个 ENVITask,如表 16.8 所示。

表 16.8　ENVI 5.1 版本提供的 ENVITask

ENVITask 名称	功　能　描　述
ENVIQUACTask	对多光谱或高光谱图像执行快速大气校正
ENVIRadiometricCalibrationTask	执行辐射定标,可以得到辐亮度、表观反射率或亮温
ENVIReprojectGLTTask	对 NPP VIIRS 或 MODIS 数据执行几何校正（需要经纬度信息）,同时可以移除蝴蝶结效应（需要 Quality Band）
ENVIRPCOrthorectificationTask	执行 RPC 正射校正操作

下面详细介绍 ENVITask 和 ENVITaskParameter 两个对象以及图像处理示例程序。

1. ENVITask

ENVITask 调用格式:

Result = ENVITask(TaskName [, ERROR = variable])

TaskName 可选如下,同时可以使用 e. TASK_NAMES 获取当前可用"Tasks": QUAC; RadiometricCalibration; ReprojectGLT; RPCOrthorectification。

表 16.9 描述了 ENVITask 所具有的属性和意义。

表 16.9　ENVITask 具有的属性和意义

属　性　名	意　　义
DESCRIPTION（Get, Init）	描述 ENVITask 的信息
IGNORE_VALIDATE（Get, Set, Init）	设置此属性,可以在 ENVITask 验证不通过的情况下执行 Task,默认为 0
NAME（Get, Init）	ENVITask 的名字

以快速大气校正（QUAC）为例，介绍 ENVITask 属性的使用方法。启动 ENVI+IDL，在 IDL 控制台中，依次输入以下命令：

```
ENVI>Task=ENVITask('QUAC')
ENVI>Task.DESCRIPTION
This task performs the QUick Atmospheric Correction workflow on an image
ENVI>Task.NAME
QUAC
ENVI>Task.IGNORE_VALIDATE
   0
```

表 16.10 描述了 ENVITask 具有的方法及功能。

表 16.10　ENVITask 具有的方法及功能

方 法 名	功 能 描 述
Execute	执行给定的 ENVITask
Parameter	返回对应的 ENVITaskParameter 对象
ParameterNames	返回给定 ENVITask 所有的参数名
Validate	判断 ENVITask 是否有效

可以通过 ParameterNames 获取当前 ENVITask 的所有参数名，使用 Parameter 方法获取此参数的 ENVITaskParameter 对象。在 IDL 控制台中，依次输入以下命令：

```
ENVI>Task.ParameterNames()
input_raster
output_raster
output_raster_uri
sensor
ENVI>Task.Parameter('input_raster')
ENVITASKPARAMETER <200824>
        CHOICE_LIST             = !NULL
        DEFAULT                 = !NULL
        DESCRIPTION             = 'Specify an ENVIRaster object on which to
perform the atmospheric correction'
        DIRECTION               = 'IN'
        NAME                    = 'input_raster'
        REQUIRED                = 1
        TYPE                    = 'ENVIRASTER'
        VALUE                   = !NULL
```

2. ENVITaskParameter

每一个 ENVITask 都有自己的参数设定，使用此对象可以查看每一个参数的所有属性，如表 16.11 所示。ENVITaskParameter 的调用格式如下（查看上文示例代码）：

Result=ENVITask. Parameter('TaskProperty' [,ERROR=variable])

其中，'TaskProperty' 为要查看的参数名，如上述的 'input_raster'。

表 16.11　ENVITaskParameter 可以返回参数的属性表

属　性　名	意　　义
CHOICE_LIST（Get，Init）	字符串数组，表示此参数可选列表。如果为空，返回!NULL
DEFAULT（Get，Init）	参数默认值，如果没有默认值，则返回!NULL
DESCRIPTION（Get，Init）	参数描述性信息，或 CHOICE_LIST 中的列表说明
DIRECTION（Get，Init）	表示方向，IN、OUT 或 Both
NAME（Get，Init）	参数名
REQUIRED（Get，Init）	表示此参数是可选参数（0），还是必要的参数（1）
TYPE（Get，Init）	数据类型或对象类型
VALUE（Get，Set，Init）	参数当前设定的值

3.　示例程序

下面以 ENVIRPCOrthorectificationTask 为例，介绍如何使用 ENVITask 进行图像处理。ENVIRPCOrthorectificationTask 具有很多属性，属性列表及描述如表 16.12 所示。

表 16.12　ENVIRPCOrthorectificationTask 属性列表

属　性　名	意　　义
DEM_RASTER	指定 DEM 栅格对象（ENVIRaster）
DESCRIPTION（Get）	描述 ENVITask 要执行的处理
GEOID_OFFSET（optional）	如果 DEM 参考平均海平面，可以指定大地水准面偏移量
GRID_SPACING	网格间距，默认为 10。如果设为 1，将执行严格正射校正（要保证 DEM 分辨率够高，且研究区地形起伏较大，否则不建议使用）。设置值越大，精度越低，速度越快
IGNORE_VALIDATE（optional）	意义同 ENVITask 的同名属性
INPUT_RASTER	输入栅格数据，必须包含 RPC 信息
INPUT_GCP（optional）	输入为 ENVIGCPSet 对象，为正射校正用到的控制点
DEM_IS_HEIGHT_ABOVE_ELLIPSOID（optional）	设为 1 表示 DEM 已经是椭球体上方的高度
NAME（Get）	ENVITask 的名字
OUTPUT_PIXEL_SIZE（optional）	输出栅格像元大小
OUTPUT_INTERPOLATION_METHOD（optional）	重采样方法，0：Nearest Neighbor；1：Bilinear（default）；2：Cubic Convolution
OUTPUT_RASTER（optional）	输出栅格对象（ENVIRaster），默认为 ENVI 标准格式
OUTPUT_RASTER_URI（optional）	输出文件路径，如果不指定，则默认输出到临时文件夹
OUTPUT_SUBSET（optional）	输出结果时可以进行空间裁剪

在 IDL 中新建一个文件并编写下面代码，编译并运行，在弹出的对话框中选择带有 RPC 信息的输入文件，使用 ENVI5.1 自带的 DEM 图像作为输入 DEM，设置输出文件"C：\Ortho_result. dat"，并将执行 RPC 正射校正的结果显示在 ENVI 中。示例代码如下：

```
PRO Example_RPCOrthorectification
  ;启动 ENVI5.1
  e=ENVI()
  ;选择输入文件
  ImageFile=DIALOG_PICKFILE(TITLE='Select an input image')
  Raster=e.OpenRaster(ImageFile)
  ;选择 DEM 文件,这里使用 ENVI5.1 自带的 DEM 数据
  DEMFile=e.ROOT_DIR+'\data\GMTED2010.jp2'
  DEM=e.OpenRaster(DEMFile)
  ;新建 RPCOrthorectification ENVITask
  Task=ENVITask('RPCOrthorectification')
  ;设置 Task 的输入输出参数
  Task.INPUT_RASTER=Raster
  Task.DEM_RASTER=DEM
  Task.DEM_IS_HEIGHT_ABOVE_ELLIPSOID=0
  Task.OUTPUT_RASTER_URI='C:\Ortho_result.dat'
  ;执行 Task
  Task.Execute,Error=error
  ;将输出结果添加到 Data Manager 中
  DataColl=e.DATA
  DataColl.Add,Task.OUTPUT_RASTER
  ;显示结果
  View1=e.GetView()
  Layer1=View1.CreateLayer(Task.OUTPUT_RASTER)
END
```

16.5.5　事件处理

本节主要介绍 ENVI5.1 新增的事件处理方法。ENVI5.1 提供的事件来自于 ENVI-View,即当前选中 View 响应的事件。例如,在 ENVI 当前视窗中单击鼠标、按下键盘等,都会产生事件。

在 ENVI5.1 中提供了 3 种事件处理类型和两种处理方法。

事件处理类型:
- 鼠标事件:包括左键、中键、右键的单击和双击事件等;
- 键盘事件:包括 Ctrl、Shift、Esc、方向键、字母键等事件,以及组合按键;
- 选择改变事件:包括图层选择变化时产生的事件等。

两种处理方法:
- 函数:为每一类事件编写响应函数;
- 类:编写事件响应类,可以处理各种事件类型。

下面以函数处理为例,介绍鼠标、键盘、选择改变事件的处理方法。

1. 鼠标事件

鼠标事件(Mouse Event)有 4 种类型,可以配合使用。例如,在 ENVI 中按下中键可以进行平移就是利用鼠标按下和移动事件实现的。鼠标所有事件类型及其函数格式如表 16.13 所示。鼠标事件函数的参数描述如表 16.14 所示。

表 16.13 鼠标事件类型与函数格式

事 件 类 型	函 数 格 式
鼠标按下	Result＝FunctionName（View，X，Y，Button，KeyMods，Clicks）
鼠标移动	Result＝FunctionName（View，X，Y，KeyMods）
鼠标弹起	Result＝FunctionName（View，X，Y，Button）
鼠标滚轮	Result＝FunctionName（View，X，Y，Delta，KeyMods）

表 16.14 鼠标事件函数的参数描述

参 数 名	含 义
View	为 ENVIView 类的一个实例，表示响应鼠标事件的视窗（View）
X	鼠标 X 轴坐标位置，为设备坐标，视窗左下角为[0,0]
Y	鼠标 Y 轴坐标位置，为设备坐标，视窗左下角为[0,0]
Button	表示产生事件的鼠标按键：1 为左键；2 为中键；4 为右键
Delta	表示中键（滚轮）滚动的方向和次数。前滚为正数，后滚为负数。绝对值大小取决于鼠标设置，一般为较小整型，如+1、-1、+2、-2 等
KeyMods	组合键时使用，1 为 Shift；2 为 Control；4 为 Caps Lock；8 为 Alt
Clicks	鼠标按下次数，1 为单击；2 为双击

例如，我们可以编写鼠标双击 ENVI 视窗时响应的事件。在使用"ENVI：：GetView"获取当前视窗"oView"后，可以使用 Mouse_Down_Handler 关键字设置鼠标按下事件响应函数，格式如下（其中 MouseDown_Handler 为事件函数名）：

oView. SetProperty，MOUSE_DOWN_HANDLER = 'MouseDown_Handler'

编写响应函数，实现在鼠标双击时弹出对话框，代码如下。其中 Return 返回值为 0，则屏蔽 ENVI 原有鼠标按下事件；如果 Return 返回 1，则保留。通过判断 iButton 为 1，并且 nClicks 为 2，确定为鼠标左键双击事件，然后弹出对话框提示"鼠标左键双击"。

启动 ENVI+IDL 环境，在 IDL 中新建文件，编写如下代码，编译并保存为 Example_ENVI51_Event. pro，单击运行。如果修改了事件函数，编译一次即可生效。

```
FUNCTION MouseDown_Handler,oView, $
 x,y,iButton,KeyMods,nClicks
 ;获取当前 ENVI
 e = ENVI(/CURRENT)
 ;判断鼠标左键双击
 IF iButton EQ 1 AND nClicks EQ 2 THEN BEGIN
   ;弹出对话框
   e.ReportError,'鼠标左键双击',/INFORMATION
   ;屏蔽 ENVI 原有双击事件
```

```
     RETURN,0
   ENDIF
   ;保留其他鼠标事件,如果将此处的 1 改为 0,则不能使用鼠标中键按下平移视窗等
   RETURN,1
END

PRO Example_ENVI51_Event
  ;Start the application
  e = ENVI()
  oView = e.GetView()
  oView.SetProperty,MOUSE_DOWN_HANDLER = 'MouseDown_Handler'
END
```

提示：鼠标移动、弹起、滚轮等事件类似，这里不再赘述。

2. 键盘事件

键盘事件（Keyboard Event）响应函数格式如下：

Result = FunctionName（View, IsASCII, Character, KeyValue, X, Y, Press, Release, KeyMods）

表 16.15　键盘事件函数的参数描述

参　　数	含　　义
View	ENVIView 类的一个实例，表示响应鼠标事件的视窗（View）
IsASCII	非 0 值时：字节型，表示按键为 ASCII 按键（字母、数字、Tab、Enter 等），Character 参数返回字节型数值，使用 string 函数可以将其转换为 ASCII 码。例如，Character 返回为 69，则为 E；返回 13，则为 Enter 为 0 值时：KeyValue 参数返回数值，表示产生事件的键
Character	如果 IsASCII 为非 0 值，则 Character 为按键对应字节型数值，否则，返回 0。
KeyValue	如果 IsASCII 为 0，KeyValue 表示按键；否则为 0。可能的值如下：1：Shift；2：Control；3：Caps Lock；4：Alt；5：Left；6：Right；7：Up；8：Down；9：Page Up；10：Page Down；11：Home；12：End
X	鼠标 X 轴坐标位置，为设备坐标，视窗左下角为[0,0]
Y	鼠标 Y 轴坐标位置，为设备坐标，视窗左下角为[0,0]
Press	返回为非 0 值，表示按下
Release	返回为非 0 值，表示弹起
KeyMods	组合按键时使用，可能的值如下：1：Shift；2：Control；4：Caps Lock；8：Alt

例如，当按下按键时，弹出对话框显示按键名。可以使用 KEYBOARD_HANDLER 属性设置键盘事件函数名，在 Example_ENVI51_Event. pro 代码主过程最后加入如下代码：

oView. SetProperty,KEYBOARD_HANDLER = 'KEYBOARD_Handler'

编写如下函数事件，将下面的代码添加到 Example_ENVI51_Event. pro 中，单击编译和运行按钮，即可在 ENVI 视窗中按下键盘时，弹出对话框提示按下的键。

```
FUNCTION Keyboard_Handler,View, $
  IsASCII,Character,KeyValue,X,Y,Press,Release,KeyMods
  e = ENVI(/CURRENT)
  ;为 ASCII 键盘时,弹出对话框
  IF IsASCII AND Character NE 0 AND Press THEN BEGIN
    e.ReportError,'按下的键为:'+ $
      STRING(Character)
    RETURN,0
  ENDIF
  RETURN,1
END
```

3. 选择变化事件

选择变化事件（Selection Change Event）是在 ENVI 中当对象选择变化时触发的事件，例如，图层选择的变化、视窗选择的变化等。事件响应函数格式如下，函数参数说明如表 16.16 所示。

Result = FunctionName(View , Graphic , Mode , WasSelected)

表 16.16　选择变化事件函数的参数说明

参　　数	含　　义
View	ENVIView 类的一个实例，表示响应鼠标事件的视窗（View）
Graphic	选中的图形对象，可能为 ENVIRasterLayer 或 ENVIVectorLayer 等
Mode	返回值表示当前选择类型，可能的值如下：0：Unselect，取消选择；1：Select，选择；2：Toggled selection，切换选择；3：Additive，增加选择
WasSelected	之前的选择状态，0 为未选择；1 为选择状态

启动 ENVI+IDL 环境，在 IDL 中新建文件并编写如下代码，单击编译存储为 ExampleAPIEventsSelection. pro，单击运行按钮，会自动启动 ENVI，在视窗中打开两个栅格图层（Layer Manager），并自动把鹰眼图打开。当平移视窗时，鹰眼图会记录移动痕迹，此时如果选择另一个图层，鹰眼图中的痕迹会自动清除。

```
FUNCTION ExampleAPIEventsSelectionChangeHandler,View, $
  graphic,mode,wasSelected
  ;如果选择为栅格图像,并且之前未选择
  IF ISA(graphic)&& ISA(graphic,'ENVIRASTERLAYER') $
    && ~wasSelected THEN BEGIN
    ;清除鹰眼图内的痕迹
    View.ClearSnailTrail
  ENDIF
  RETURN,1 ;执行默认事件
END
PRO ExampleAPIEventsSelection
  ;启动 ENVI5.1
```

```
e = ENVI(/CURRENT)
;打开一个栅格图像
file = FILEPATH('qb_boulder_msi',ROOT_DIR = e.ROOT_DIR, $
  SUBDIRECTORY = ['data'])
raster = e.OpenRaster(file)
;获取视窗,创建两个图层
oView = e.GetView()
v1layer1 = oView.CreateLayer(raster)
v1layer2 = oView.CreateLayer(raster,/CIR)
;显示鹰眼图及其痕迹保留
oView.SHOW_OVERVIEW = 1
oView.SHOW_SNAIL_TRAIL = 1
;设定选择变化事件响应函数
oView.SetProperty, $
  ELECTION_CHANGE_HANDLER = 'ExampleAPIEventsSelectionChangeHandler'
END
```

16.5.6　错误处理

在进行 ENVI5 功能扩展和二次开发时的错误处理可参考第 16.3.3 节的相关内容。此外，除了第 16.3.3 节中介绍的错误处理方法，在 ENVI5 中还可以使用更方便的方法。由于 ENVI5 提供的库函数中一般都包含 ERROR 关键字，因此可以在调用时使用此关键字。当遇到错误时，ERROR 返回错误消息，为字符串类型；当没有遇到错误时，返回空字符串。

如下代码中，当打开一个不存在的文件时，返回了 ERROR 结果，提示不能打开指定的数据集（Unable to connect to the specified dataset）。在程序中可以通过判断返回的 ERROR 进行下一步操作，这在批处理中非常有用。例如，一次性选择了许多文件后，在 FOR 循环中，通过 IF 语句判断 ERROR 为空时，继续下面的处理；如果 ERROR 不为空，则跳过（CONTINUE）此文件不处理，进入下一个循环。

```
ENVI> raster = e.OpenRaster('doesnotexist.dat',error = error)
ENVI> print,error
Unable to connect to the specified dataset.
```

16.6　ENVI5 功能扩展向导

16.6.1　新建 ENVI 扩展向导

ENVI5 提供了新建功能扩展向导。启动 IDL，在主菜单中选择 File→ENVI 扩展。在打开的"新建 ENVI 扩展"面板中（图 16.3），输入工程名称、扩展名称、IDL 程序名称、扩展路径以及文件保存位置，单击"完成"按钮，IDL 会自动新建工程和主过程源码文件。自动生成的源码如下，它集成了错误处理、工具箱扩展等代码，只需要在标识有 "Insert your ENVI Extension code here..." 的区域添加用户功能即可。

```
;Add the extension to the toolbox.Called automatically on ENVI startup.
PRO my_extension_extensions_init
  ;Set compile options
  COMPILE_OPT IDL2
  ;Get ENVI session
  e=ENVI(/CURRENT)
  ;Add the extension to a subfolder
  e.AddExtension,'My Extension','my_extension',PATH="
END
;ENVI Extension code.Called when the toolbox item is chosen.
PRO my_extension
  ;Set compile options
  COMPILE_OPT IDL2
  ;General error handler
  CATCH,err
  IF(err NE 0)THEN BEGIN
    CATCH, /CANCEL
    IF OBJ_VALID(e)THEN $
      e.ReportError,'ERROR:'+!error_state.MSG
    MESSAGE, /RESET
    RETURN
  ENDIF
  ;Get ENVI session
  e=ENVI(/CURRENT)
  ; * ****************************************
  ;Insert your ENVI Extension code here...
  ; * ****************************************
END
```

图 16.3 新建 ENVI 扩展向导工具面板

16.6.2　菜单定制与工具箱扩展

ENVI5 中进行菜单定制和工具箱扩展，均使用 ENVI∷AddExtension 方法，格式如下：

ENVI.AddExtension,Name,Routine [, AFTER = value] [, BEFORE = value] [, ERROR = variable][, /MENU][, PATH = string][, /SEPARATOR][, UVALUE = value]

参数的含义如下：
- Name：在工具箱 Extensions 文件夹下显示的工具名（或菜单名）。
- Routine：指定响应的 IDL 程序名。

关键字的意义如下：
- AFTER：与 MENU 关键字同时使用，可以指定菜单位置。
- BEFORE：与 MENU 关键字同时使用，可以指定菜单位置。
- ERROR：错误消息。
- MENU：设置此关键字，将新扩展补丁显示在菜单中。
- PATH：指定了扩展所在的工具箱路径或菜单路径。
- SEPARATOR：添加分隔符（与 MENU 关键字同时使用）。
- UVALUE：用户值，利用此关键字可以为一个文件添加多个功能。

下面的代码中，演示了如何对 ENVI 进行菜单定制和工具箱扩展，代码实现了如下功能：
- 在 ENVI5 主菜单中，Display→View Swipe 下面加入 Plot 和 Surface 两个菜单；
- 在 Display 菜单最后加入 Graphics 选项，并在 Graphics 选项下面加入 Plot 和 Surface 菜单；
- 在工具箱 Extensions 文件夹下加入 Graphics 文件夹，并将 Plot 和 Surface 工具加入其中。

具体效果图如图 16.4 所示。将源代码（test_extension.pro）在 IDL 中打开，编译后使用以下命令：

SAVE,/ROUTINES,'test_extension',FILENAME = 'c∶\temp\test_extension.sav'

保存为.sav 文件，复制到 ENVI5 安装路径下的 Extensions 文件夹内，重启 ENVI5 即可。

```
PRO TEST_EXTENSION_EXTENSIONS_INIT
  COMPILE_OPT IDL2
  ;Get the current application
  e=ENVI(/CURRENT)

  ;在 ENVI 原始菜单 Display-View Swipe 下面加入一个新的菜单 Plot,并且有分隔符
  e.ADDEXTENSION,'Plot','TEST_EXTENSION',/menu, $
    PATH='Display',after='View Swipe',uvalue='plot',/sep
```

```
;在 Plot 后边加入一个新的菜单 Surface
e.ADDEXTENSION,'Surface','TEST_EXTENSION',/menu, $
  PATH='Display',after='Plot',uvalue='surface'

;在 Display 中加入一个 Graphics 菜单,再 Graphics 菜单下再加入 Plot 和 Surface
e.ADDEXTENSION,'Plot','TEST_EXTENSION',/menu, $
  PATH='Display/Graphics',uvalue='plot'
e.ADDEXTENSION,'Surface','TEST_EXTENSION',/menu, $
  PATH='Display/Graphics',uvalue='surface'

;在 Toolbox 的 Extensions 下加入 Graphics 文件夹,在其中加入 Plot 和 Surface 工具
e.ADDEXTENSION,'Plot','TEST_EXTENSION', $
  PATH='',uvalue='plot'
e.ADDEXTENSION,'Surface','TEST_EXTENSION', $
  PATH='Graphics',uvalue='surface'
END
```

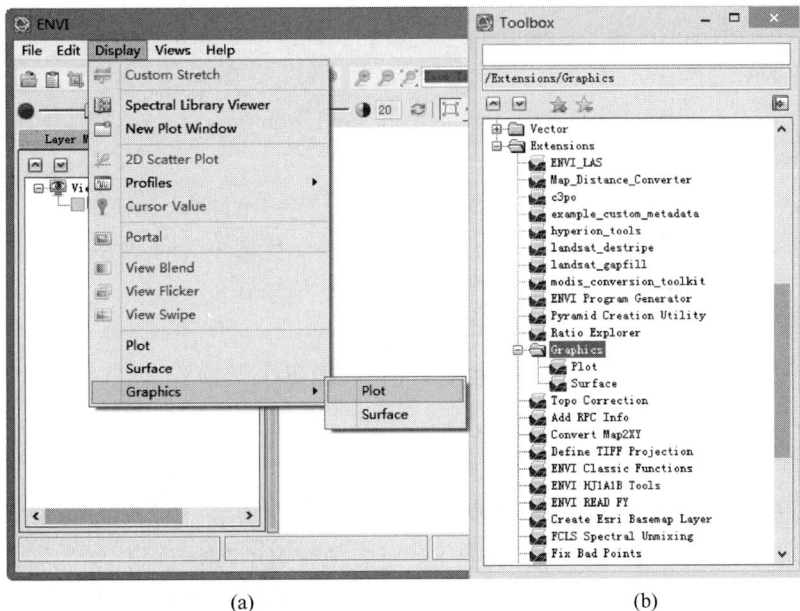

(a)　　　　　　　　　　　　(b)

图 16.4　菜单定制（a）和工具箱扩展（b）

16.7　程序发布与部署

16.7.1　程序发布

　　IDL 编写的代码源文件后缀为 .pro，有时为了代码的保密性，或者没有 IDL 运行许可，需要将 .pro 源文件生成为二进制 .sav 文件或者可执行文件（.exe）。

　　在 IDL 环境下，包括两种发布方式：

1. 发布为 . sav 文件

用 SAVE 命令对已经编译过的单个或多个 . pro 文件生成 . sav 文件。如果自定义的函数 myFun. pro 已经编译，可以用下面命令进行 . sav 文件的生成：

SAVE,/ROUTINES,'myFun',FILENAME = ' c : \myfun. sav '

2. 发布为可执行文件 . exe

将 . pro 源文件以可执行文件（. exe）发布，如程序文件 myApp. pro，操作过程如下：
（1）重启 idl 编译器进程：

. Reset_Session

（2）编译当前 . pro：

. compile myApp. pro

（3）编译系统的基本 function：

Resolve_All, /continue_on_error, skip_routines = 'envi'

（4）保存 sav 文件：

SAVE, file = 'myApp. sav ',/routines

（5）用 make_rt 函数发布：

MAKE_RT, 'myApp', 'c : \', SAVEFILE = saveFile,/overwrite

（6）在发布成功后在 C 盘生成文件夹"myApp"，在这个文件夹里找到"myApp. ini"文件，打开并将 DefaultAction 的值修改为 IDL 完整安装路径：

DefaultAction = C : \Program Files\Exelis\IDL83\bin\bin. x86\idlrt. exe−rt = myApp. sav

说明：ENVI 安装路径不一样，DefaultAction 的值也不一样。

16. 7. 2　程序部署

在程序开发中，如果使用了 ENVI 库函数，在部署计算机上必须安装 ENVI 软件和使用许可。如果直接使用源文件（. pro 文件），还必须有 IDL 使用许可。

使用自定义的功能函数扩展 ENVI 时，根据以下几种情况选择部署方式：

● 启动 ENVI Classic 软件，在主菜单中，选择 File→Compile IDL Module，在 Enter Module Filename 对话框中选择程序文件。如果是 . pro 文件则需要启动 ENVI+IDL 环境。

● 将程序文件（. sav）复制到安装路径的"save_add"目录下，启动 ENVI Classic。如果是 . pro 文件则需要启动 ENVI Classic+IDL 环境，自动加载程序文件。

● 将程序文件（. sav）复制到安装路径的"extensions"目录下，启动 ENVI5。如果是 . pro 文件则需要启动 ENVI+IDL 环境，自动加载程序文件。

提示：使用 IDL 较高版本创建的 . sav 文件，不能用在低版本 ENVI 中。例如，使用 IDL8. 3 开发的扩展补丁，不能被 ENVI5. 0 或更低版本的 ENVI 识别。但是，使用低版本 IDL 开发的工具可以被高版本的 ENVI 识别。

16.8　最小二乘混合像元分解扩展工具开发实例

16.8.1　开发背景

ENVI 提供了功能丰富的光谱分析方法，如 SMACC 端元提取技术、波谱归一化处理、MNF 变换的噪声分析、像元纯度分析、N 维散度分析等功能，还具有二进制编码、波谱角分类、线性波段预测（LS–Fit）、线性波谱分离、光谱信息散度、匹配滤波、混合调谐匹配滤波（MTMF）、包络线去除、光谱特征拟合、多范围光谱特征拟合等光谱分析方法。其中，线性波谱分离即线性混合像元分解（Linear Spectral Unmixing）工具只能进行一个约束条件，即分解丰度图结果的和（一般情况下设为 1）。但是得到的丰度图经常会出现负值的情况，这是不合理的。

理论上讲，一个像元内每种端元的丰度图 DN 值范围为 0~1，并且和为 1。这是两个约束条件，因此可以利用完全约束最小二乘法进行混合像元分解，即本示例扩展工具采用的算法。扩展工具采用均方根误差（Root Mean Square Error，RMSE）对端元提取和混合像元分解结果进行精度评价，并会保存在输出结果的最后一个波段，波段名为"RMS Error"。

本扩展工具可实现以下功能：

- 采用了 ENVI 分块技术，对于输入文件的大小没有限制；
- 采用 ENVI 自带的端元光谱收集面板（Endmember Collection），操作便捷；
- 在每一次循环时，对分块数据进行混合像元分解和 RMS 的计算，效率最优；
- 对于所有波段值全为 0 的像元不进行分解和计算 RMS，保持为 0，起到掩膜效果。

提示：采用的分块顺序为 BIL，这样便能一次性获取一行内所有波段的值，因此结果的默认存储顺序同样为 BIL。如果要修改，可以使用 ENVI 中的 Convert Interleave 工具实现。

16.8.2　实现过程

本示例的源代码参见实验数据光盘\第 16 章 ENVI 的二次开发\fcls_spectral_unmixing. pro。

1. 核心算法实现

首先，利用 IDL 编写完全约束最小二乘法混合像元分解算法（FCLS_Doit），此算法调用了其他几个核心函数，包含 HYPERFCLS、INV、FCLS_MEAN 等。完成算法后，需要利用测试数据（端元数据和待分解图像）在 IDL 中进行测试。

由于在算法实现过程中，考虑到输入数据的大小，所以采用了 ENVI Classic 分块处理技术，用到了如下接口：

- ENVI_GET_TILE：获取图像分块中的一块。

- ENVI_INIT_TILE：初始化分块处理并返回块的 ID 号。
- ENVI_TILE_DONE：分块处理结束。

2. 用户界面构建

由于本扩展工具包含了简单的输入输出、端元波谱收集等人机交互，需要进行用户界面构建。为了使工具具有更好的通用性，选择了如下接口：

- ENVI_SLECT：选择输入文件的组件。
- ENVI_COLLECT_SPECTRA：端元波谱收集界面，极大地降低了用户界面的构建难度，并且保留了 ENVI 的操作习惯。
- WIDGET_OUTF：选择输出文件的组件。
- ENVI_REPORT_INC：设置 ENVI 进度提示界面状态。
- ENVI_REPORT_INIT：ENVI 进度提示初始化和结束。
- ENVI_REPORT_STAT：ENVI 进度提示百分比或进度更新。

3. 菜单定制与工具箱扩展

同时采用 ENVI Classic 与 ENVI5 菜单定制与工具箱扩展的接口，优点是可以同时在 ENVI Classic 和 ENVI5 中使用此工具。核心代码如下，分别在 ENVI5 的 Toolbox/Extensions 文件夹下加入 FCLS Spectral Unmixing 工具，在 ENVI Classic 中，将工具菜单添加入主菜单 →Spectral→Mapping Method→FCLS Spectral Unmixing。

```
;添加 ENVI5 工具箱扩展
PRO FCLS_Spectral_Unmixing_EXTENSIONS_INIT
  ;Set compile options
  COMPILE_OPT IDL2
  ;Get ENVI session
  e=ENVI(/CURRENT)
  ;Add the extension to a subfolder
  e.ADDEXTENSION,'FCLS Spectral Unmixing','FCLS_Spectral_Unmixing',PATH="
END
;添加 ENVI Classic 菜单
PRO FCLS_Spectral_Unmixing_DEFINE_BUTTONS,buttonInfo
  ENVI_DEFINE_MENU_BUTTON,buttonInfo, $
    value='FCLS Spectral Unmixing',uvalue='option 2', $
    event_pro='FCLS_Spectral_Unmixing', $
    ref_value='Linear Spectral Unmixing'
END
```

所有代码开发完毕后，按照第 16.7 节的方法进行工具的发布与部署，即可在 ENVI 中使用。

16.8.3　功能演示

此扩展工具使用了 ENVI 自带的端元收集组件（Endmember Collection），可以从多种途径输入端元波谱，如 ROI、波谱库、ASCII 文件等。

下面介绍扩展工具的操作步骤：

（1）打开输入文件，准备端元波谱（以 ROI 为例）。

（2）在 Toolbox 中，双击 Extensions→FCLS Spectral Unmixing 工具，在弹出的 Select input file 对话框中选择输入文件，单击 OK 按钮。

（3）进入 Endmember Collection 界面，可以通过 ASCII、波谱库、ROI 等导入端元波谱。以 ROI 为例，选择 Import→from ROI/EVF from input file，在弹出的对话框中选择端元 ROI，单击 OK 按钮。

（4）端元数据和信息自动加载到 Endmember Collection 面板的表格中（图 16.5）。

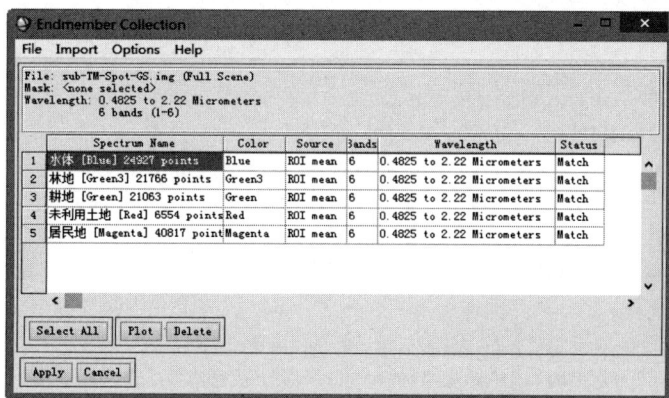

图 16.5 Endmember collection 面板

（5）此时可以单击 Apply 按钮，在弹出的对话框选择输出路径，单击 OK 按钮，执行混合像元分解。

（6）同样，可以选择 Select All 按钮，然后单击 Plot 按钮，进行端元波谱的绘制。

参 考 文 献

邓书斌，武红敢，江涛．2007．基于 PCA/NDVI 的森林植被遥感信息提取方法研究．国土资源遥感，2：82-86

邓书斌，武红敢，江涛．2008．GIS 辅助下的基于数据挖掘的林型遥感分类方法研究．测绘科学，3：121-124

邓书斌，武红敢，江涛．2008．遥感动态监测中的相对辐射校正方法研究．遥感信息，4：71-74

邓书斌，于强，骆知萌，董彦卿，康铭．2009．ENVI 下基于 GLT 的风云三号气象卫星几何校正研究．遥感信息，2：98-99

高懋芳，覃志豪，徐斌．2007．用 MODIS 数据反演地表温度的基本参数估计方法．干旱区研究，24：117-119

梁顺林．2009．定量遥感．范闻捷译．北京：科学出版社

史培军，宫鹏．2003．土地利用/覆盖变化研究的方法与实践．北京：科学出版社

覃志豪，高懋芳，秦晓敏，李文娟，徐斌．2005．农业旱灾监测中的地表温度遥感反演方法——以 MODIS 数据为例．自然灾害学报，14（4）：64-71

覃志豪，李文娟，徐斌，陈仲新，刘佳．陆地卫星 TM6 波段范围内地表比辐射率的估计．国土资源遥感，2004，61（3）：28-36

童庆禧，张兵，郑兰芬．2006．高光谱遥感的多学科应用．北京：电子工业出版社

张友水，冯学智，周成虎．2006．多时相 TM 影像相对辐射校正研究．测绘学报，35（2）：122-127

赵英时．2003．遥感应用分析原理与方法．北京：科学出版社

Anys H，Bannari A，He D C，Morin D. 1994. Texture analysis for the mapping of urban areas using airborne MEIS-II images. Proceedings of the First International Airborne Remote Sensing Conference and Exhibition，3：231-245

Asner G P. 1998. Biophysical and Biochemical Sources of Variability in Canopy Reflectance. Remote Sensing of Environment，64（3）：234-253

BradleyA P. 1997. The use of the area under the ROC Curve in the evaluation of machine learning algorithms. Pattern Recognition，30（7）：1145-1159

Chander G，Markham B L，Helder D L. 2009. Summary of current radiometric calibration coefficients for Landsat MSS，TM，ETM+，and EO-1 ALI Sensors. Remote Sensing of Environment，（113）：893-903

Chang Chein-I，Shao-Shan Chiang. 2002. Anomaly detection and classification for hyperspectral imagery. IEEE Transactions on Geoscience and Remote Sensing，40（6）：1314-1325

Chang H，Ren F M，D Amico，J O，Jensen J. 2004. New Hyperspectral Discrimination Measure for Spectral Characterization. Optical Engineering，43（8）：1777-1786

Coppin P R，Bauer M E. 1994. Processing of multitemporal Landsat TM imagery to optimize extraction of forest cover change features. IEEE Transactions on Geoscience and Remote Sensing，32：918-927

Crippen R E. and Blom R G. 2001. Unveiling the lithology of vegetated terrains in remotely sensed imagery. Photogrammetric Engineering and Remote Sensing，67（8）：935-943

Curran P. J，Windham W R，Gholz H L . 1995. Exploring the relationship between reflectance red edge and chlorophyll concentration in slash pine leaves. Tree Physiology，15：203-206

Daily M. 1983. Hue-saturation-intensity split-spectrum processing of Seasat radar imagery. Photogrammetric Engineering and Remote Sensing，49（3）：349-355

Eliason E M，McEwen A S. 1990. Adaptive box filters for removal of random noise from digital images. Photogrammetric Engineering and Remote Sensing，56（4）：453

Fujisada H. 1995. Design and performance of ASTER instrument. Proceedings of SPIE, 2583: 6-25.

Gamon J A, Surfus J S. 1999. Assessing leaf pigment content and activity with a reflectometer. New Phytologist, 143: 105-117

Gao B C. 1995. Normalized difference water index for remote sensing of vegetation liquid water from space. Proceedings of SPIE, 2480: 225-236

Gitelson A A, Merzlyak M N, Chivkunova O B. 2001. Optical properties and nondestructive estimation of anthocyanin content in plant leaves. Photochemistry and Photobiology, 71: 38-45

Gitelson A A, Zur Y, Chivkunova O B, Merzlyak M N. 2002. Assessing carotenoid content in plant leaves with reflectance spectroscopy. Photochemistry and Photobiology, 75: 272-281

Green A A, Craig M D. 1985. Analysis of aircraft spectrometer data with logarithm micresiduals. Proceedings of the Airborne Imaging Spectrometer Data AnalysisWorkshop, 111-119

Grodecki J, Dial G. Block adjustment of high-resolution satellite images described by rational polynomials. Photogrammetric Engineering and Remote Sensing, 69 (1): 59-68

Gruninger J A, Ratkowski J, Hoke M L. 2004. The Sequential Maximum Angle Convex Cone (SMACC) endmember model. Proceedings SPIE. Algorithms for Multispectral and Hyper-spectral and Ultraspectral Imagery, (5425-1): 255-269

Hall F G, Strebel D E, Nickeson J E, et al. 1991. Radiometric rectification: toward a common radiometric response among multidatede, multisensor images. Remote Sensing of Environment, 35: 11-27

Haralick R M, Shanmugan K, Dinstein I. 1973. Textural Features for Image Classification. IEEE Transactions on Systems. Man. and Cybernetics, 3 (6): 610-621

Haralick R M, Sternberg S R, Zhuang X. 1987. Image analysis using mathematical morphology. IEEE Transactions on Pattern Analysis and Machine Intelligence, PAMI-9 (4): 532-550

Hirano A, Welch R, Lang H. 2003. Mapping from ASTER stereo image data: DEM validation and accuracy assessment. ISPRS Journal of Photogrammetry and Remote Sensing, 57: 356-370.

Huete A R, Liu H, Batchily K, van Leeuwen W. 1997. A comparison of vegetation indices over a global set of TM images for EOS-MODIS. Remote Sensing of Environment, 59 (3): 440-451

Jensen J R. 1986. Introductory Digital Image Processing. Englewood Cliffs: Prentice-Hall: 379

Jet Propulsion Laboratory. 1995. AIRSAR Integrated Processor Documentation. Data Formats. Version 0. 01. Pasadena, CA: JPL Publication.

Kaufman, Y J, Tanre D. 1996. Strategy for direct and indirect methods for correcting the aerosol effect on remote sensing: from AVHRR to EOS-MODIS. Remote Sensing of Environment, 55: 65-79.

Kruse F A, Lefkoff A B, Boardman J B, Heidebrecht K B, Shapiro A T, Barloon P J, Goetz A F H. 1993. The spectral image processing system(SIPS)—Interactive visualization and analysis of imaging spectrometer data. Remote Sensing of Environment, 44: 145-163

Kruse R. 1994. A technique for enhancing digital color images by contrast stretching in Munsell color space. Proceedings of the ERIM Third Thematic Conference, 755-760

Laben C A, Brower B V. Process for enhancing the spatial resolution of multispectral imagery using pan-sharpening. US Patent, 6011875

Lee J S. 1980. Digital image enhancement and noise filtering by use of local statistics. IEEE Transactions on Pattern Analysis and Machine Intelligence, PAMI-2 (2): 165-168

Lobell D B, Asner G P. 2003. Hyperion studies of crop stress in Mexico. Proceedings of the 12th JPL Airborne Science Workshop. Pasadena, CA, USA

Lopes A, Touzi R, Nezry E. 1990. Adaptive speckle filters and scene heterogeneity. IEEE Transactions on Geoscience and Remote Sensing, 28 (6): 992-1000

Mazer A S, Martin M, Lee M, Solomon J E. 1988. Image processing software for imaging spectrometry analysis. Remote Sensing of Environment, 24 (1): 201-210

Merzlyak J R, Gitelson A A, Chivkunova O B, Rakitin V Y. 1999. Nondestructive optical detection of pigment changes during leaf senescence and fruit ripening. Physiologia Plantarum, 106: 135–141

Nash D B, Conel J. E. 1974. Spectral reflectance systematics for mixtures of powdered hypersthene, labradorite, and ilmenite. Journal of Geophysical Research-Atmospheres, 79: 1615–1621

Penuelas J F, Baret F I. 1995. Semi-empirical indices to assess carotenoids/chlorophyll—a ratio from leaf spectral reflectance. photosynthetica, 31: 221–230

Reed I S, Yu X. 1990. Adaptive multiple-band CFAR detection of an optical pattern with unknown spectral distribution. IEEE Trans. Acoustics. Speech and Signal Proc, 38: 1760–1770

Richards J A. 1999. Remote Sensing Digital Image Analysis. Berlin: Springer-Verlag: 240

Shi Z H, Fung K B. 1994. A comparison of digital speckle filters. Proceedings of IGARSS 94, 2129–2133

Singer R B, Mccord T B, Clark R N, Adams J B, Huguenin R L. 1979. Mars surface composition from reflectance spectroscopy: a summary. J. Geophys. Res, 84: 8415–8426

Snyder. 1982. Map projections used by the U. S. Geological Survey. USGS Bulletin, 1532

Sobrino J A, Jiménez-Munoz J C, Paolini L. 2004. Land surface temperature retrieval from LANDSAT TM 5. Remote Sensing of Environment, 90: 434–440

Song C H. Woodcock C E, Seto K C, et al. 2001. Classification and Change Detection using Landsat TM Data: When and How to Correct Atmospheric Effect? Remote Sensing of Environment, 75: 230–244

Stumpf R. P, Holderied K. 2003. Determination of water depth with high-resolution satellite imagery over variable bottom types. Liminology and Oceanography, 48 (1): 547–556.

Tou J T, Gonzalez R C. 1974. Pattern Recognition Principles. Reading, Massachusetts: Addison-Wesley Publishing Company.

Ulaby F T, Moore R K, Fung A K. 1982. Microwave Remote Sensing Active and Passive. Volume II. Norwood, MA: Artech House Inc. : 1064

Vogelmann J E, Rock B N, Moss D M. 1993. Red edge spectral measurements from sugar maple leaves. International Journal of Remote Sensing, 14: 1563–1575

Vrabel J. 1996. Multispectral Imagery Band Sharpening Study. Photogrammetric Engineering and Remote Sensing, 62 (9): 1075–1083

Welch R, Ahlers W. 1987. Merging multiresolution SPOT HRV and Landsat TM data. Photogrammetric Engineering & Remote Sensing, 53 (3): 301–303

Wood J. 1996. The geomorphological characterization of digital elevation models. PhD Thesis. Department of Geography, University of Leicester, Leicester

注 意 事 项

在您使用本书之前，请注意以下两点事项：

（1）本书只提供 ENVI 软件的使用说明及相关练习数据，不提供 ENVI 软件的安装介质及使用许可，请联系 Esri 中国信息技术有限公司购买正版 ENVI 软件。

（2）随书附赠 DVD 光盘中的数据版权所有，禁止用于商业用途。